●収録内容一覧

■2025年度中学受験用

逗子開成中学校

3年間(＋3年間HP掲載)スーパー過去問

入試問題と解説・解答の収録内容

2024年度　１次	算数・社会・理科・国語
2024年度　２次	算数・社会・理科・国語
2024年度　３次	算数・社会・理科・国語 (解答のみ)
2023年度　１次	算数・社会・理科・国語
2023年度　２次	算数・社会・理科・国語
2023年度　３次	算数・社会・理科・国語 (解答のみ)
2022年度　１次	算数・社会・理科・国語
2022年度　２次	算数・社会・理科・国語
2022年度　３次	算数・社会・理科・国語 (解答のみ)
2021～2019年度(HP掲載) 「カコ過去問」 (ユーザー名) koe (パスワード) w8ga5a1o	問題・解答用紙・解説解答DL **◇著作権の都合により国語と一部の問題を削除しております。** ◇一部解答のみ(解説なし)となります。 ◇９月下旬までに全校アップロード予定です。 ◇掲載期限以降は予告なく削除される場合があります。

～本書ご利用上の注意～　以下の点について，あらかじめご了承ください。

★別冊解答用紙は巻末にございます。本書に収録している試験の実物解答用紙は，弊社サイトの各校商品情報ページより，一部または全部をダウンロードできます。
★編集の都合上，学校実施のすべての試験を掲載していない場合がございます。

合格を勝ち取るための
『スーパー過去問』の使い方

本書に掲載されている過去問をご覧になって，「難しそう」と感じたかもしれません。でも，多くの受験生が同じように感じているはずです。なぜなら，中学入試で出題される問題は，小学校で習う内容よりも高度なものが多く，たくさんの知識や解き方のコツを身につけることも必要だからです。ですから，初めて本書に取り組むさいには，点数を気にしすぎないようにしましょう。本番でしっかり点数を取れることが大事なのです。

過去問で重要なのは「まちがえること」です。自分の弱点を知るために，過去問に取り組むのです。当然，まちがえた問題をそのままにしておいては意味がありません。

本書には，長年にわたって中学入試にたずさわっているスタッフによるていねいな解説がついています。まちがえた問題はしっかりと解説を読み，できるようになるまで何度も解き直しをしてください。理解できていないと感じた分野については，参考書や資料集などを活用し，改めて整理しておきましょう。

このページも参考にしてみましょう！

◆どの年度から解こうかな　「入試問題と解説・解答の収録内容一覧」

本書のはじめには収録内容が掲載されていますので，収録年度や収録されている入試回などを確認できます。

※著作権上の都合によって掲載できない問題が収録されている場合は，最新年度の問題の前に，ピンク色の紙を差しこんでご案内しています。

◆学校の情報を知ろう!!「学校紹介ページ」

このページのあとに，各学校の基本情報などを掲載しています。問題を解くのに疲れたら息ぬきに読んで，志望校合格への気持ちを新たにし，再び過去問に挑戦してみるのもよいでしょう。なお，最新の情報につきましては，学校のホームページなどでご確認ください。

◆入試に向けてどんな対策をしよう？「出題傾向＆対策」

「学校紹介ページ」に続いて，「出題傾向＆対策」ページがあります。過去にどのような分野の問題が出題され，どのように対策すればよいかをアドバイスしていますので，参考にしてください。

◇別冊「入試問題解答用紙編」

本書の巻末には，ぬき取って使える別冊の解答用紙が収録してあります。解答用紙が非公表の場合などを除き，（注）が記載されたページの指定倍率にしたがって拡大コピーをとれば，実際の入試問題とほぼ同じ解答欄の大きさで，何度でも過去問に取り組むことができます。このように，入試本番に近い条件で練習できるのも，本書の強みです。また，データが公表されている学校は別冊の１ページ目に過去の「入試結果表」を掲載しています。合格に必要な得点の目安として活用してください。

本書がみなさんの志望校合格の助けとなることを，心より願っています。

株式会社　声の教育社　編集部

逗子開成中学校

所在地	〒249-8510 神奈川県逗子市新宿2-5-1
電　話	046-871-2062
ホームページ	https://www.zushi-kaisei.ac.jp/
交通案内	JR横須賀線「逗子駅」，京浜急行線「逗子・葉山駅」より徒歩12分

くわしい情報は
ホームページへ

トピックス

★繰り上げ合格は2月7日以降，電話で個別に通知されます（参考：昨年度）。
★例年，逗子海岸で9月，10月に実施のヨット帆走実習も公開されています。

創立年
明治36年

男子校

高校募集
なし

応募状況

年度	募集数	応募数	受験数	合格数	倍率
2024	① 150名	453名	439名	215名	2.0倍
	② 50名	441名	391名	82名	4.8倍
	③ 50名	475名	428名	101名	4.2倍
2023	① 150名	485名	464名	211名	2.2倍
	② 50名	463名	404名	86名	4.7倍
	③ 50名	496名	446名	99名	4.5倍
2022	① 150名	423名	415名	205名	2.0倍
	② 50名	385名	348名	87名	4.0倍
	③ 50名	390名	352名	96名	3.7倍

2024年度説明会等日程（※予定）

中学入試説明会【要予約】
11月９日　10：00～
※小６生を優先とします。
帰国生入試説明会【要予約】
７月26日　10：00～

※上記のほかに，例年，夏休み見学会や学校見学会などを実施しています。
※詳細は学校ホームページでご確認ください。

入試情報（参考：昨年度）

・入試日程：
　第１次　2024年２月１日　８：30集合
　第２次　2024年２月３日　８：30集合
　第３次　2024年２月５日　８：30集合

〔各回共通〕
・出願方法：インターネット（web）出願
・試験科目：国算（各50分・各150点満点）
　　　　　　社理（各40分・各100点満点）
・合格発表：試験翌日９：00～　専用サイトにて
　　　　　　（本校HPでも発表されます。）

※上記のほかに，帰国生入試を実施しています。
・入試日程：2023年12月26日
・試験科目：国算または英算
　　　　　　（各60分・各100点満点）
・合格発表：試験当日16：00～　専用サイトにて
　　　　　　（本校HPでも発表されます。）

2024年春の主な大学合格実績

＜国公立大学・大学校＞
東京大，京都大，東京工業大，一橋大，東北大，北海道大，筑波大，千葉大，東京外国語大，東京医科歯科大，横浜国立大，東京学芸大，電気通信大，防衛医科大，東京都立大，横浜市立大

＜私立大学＞
慶應義塾大，早稲田大，上智大，国際基督教大，東京理科大，明治大，青山学院大，立教大，中央大，法政大，学習院大，順天堂大，昭和大

編集部注―本書の内容は2024年4月現在のものであり，変更されている場合があります。正式な情報は，学校のホームページ等で必ずご確認ください。

算数 出題傾向＆対策

◆基本データ(2024年度１次)

試験時間／満点	50分／150点
問題構成	・大問数…５題 計算１題(３問)／応用小問１題(６問)／応用問題３題 ・小問数…18問
解答形式	解答らんには数値だけでなく単位も書く必要がある。また，途中の考え方も書く問題が１問ある。
実際の問題用紙	Ｂ５サイズ，小冊子形式
実際の解答用紙	Ｂ４サイズ

◆過去３年間の出題率トップ５

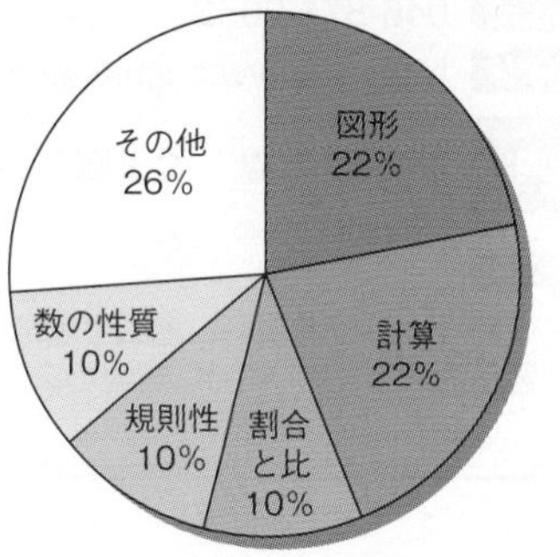

※　配点(推定ふくむ)をもとに算出

◆近年の出題内容

【 2024年度１次 】			【 2023年度１次 】		
大問	1	四則計算，計算のくふう，逆算	大問	1	四則計算，計算のくふう，逆算
	2	単位の計算，仕事算，体積，長さ，整数の性質，割合と比，相当算，調べ		2	比の性質，周期算，和差算，仕事算，水の深さと体積，相似，面積
	3	植木算，つるかめ算		3	通過算，相似
	4	条件の整理		4	場合の数
	5	周期算		5	整数の性質

◆出題傾向と内容

標準レベルを主体に，やや難しめの問題がいくつか見られます。試験時間を上手に活用すれば，ひと通り解答を導けるでしょう。計算問題や応用小問をすばやくすませ，応用問題にバランスよく時間を配分できるよう，計画的に解き進めていきましょう。

●**計算問題**…小数・分数の四則計算のほか，逆算や，計算のくふうが必要なものも見られます。

●**応用小問**…割合と比(売買損益など)，数の性質，比較的簡単な図形(角度，面積，体積など)からの出題がめだち，これらはひんぱんに取り上げられています。ほかに，場合の数，平均，周期算などが見られます。

●**応用問題**…注目したいのは，①図形がよく出されること，②数の性質や規則性を利用したものが多く出題されること，③速さに関する特殊算(旅人算，通過算，流水算など)とグラフをからめた問題がよく取り上げられることです。特に，図形は本校の算数のかなめといってもよく，点の移動(それに面積・体積の変化をからめたものもある)，回転体の体積，立体図形の積み重ね，相似比の利用，水の体積など，さまざまなパターンで出題されます。しかも，どの問題も複雑な考え方を要するものばかりです。

◆対策～合格点を取るには？～

本校の算数の対策としては，**計算力の養成と応用小問の訓練**があげられます。まず，正確ですばやい計算力を毎日の計算練習でモノにしましょう。また，文章題は例題にあたって解法を身につけ，問題集で演習をくり返して解法を確認しましょう。

算数を学習するさいに留意したいのは，**ノートを最大限に活用する**ことです。ふだんからノートに自分の考え方，線分図，式をしっかりとかく習慣をつけておきましょう。**答え合わせをしてマルやバツをつけるだけではなかなか進歩しません。**同じまちがいを二度とくり返さないよう，自分の弱点をそのつど発見するように心がけましょう。

算数 出題分野分析表

分野＼年度		2024 1次	2024 2次	2024 3次	2023 1次	2023 2次	2023 3次	2022 1次	2022 2次	2022 3次
計算	四則計算・逆算	◎	●	●	◎	○	◎	◎	●	◎
	計算のくふう	○			○	◎	○			○
	単位の計算	○								
和と差	和差算・分配算				○				○	
	消去算									
	つるかめ算	○	○	○						
	平均とのべ							○	○	○
	過不足算・差集め算			○						
	集まり								○	○
	年齢算					○				
割合と比	割合と比	○								
	正比例と反比例									
	還元算・相当算	○	○				○			
	比の性質				○					
	倍数算								○	○
	売買損益									
	濃度									
	仕事算	○			○	○	○			
	ニュートン算		○					○		
速さ	速さ								○	
	旅人算		○				○			
	通過算				○					
	流水算									
	時計算									
	速さと比			○		◎		○	○	○
図形	角度・面積・長さ	○	○	○	○	◎	◎	○	○	○
	辺の比と面積の比・相似		○		◎	○				○
	体積・表面積	○		○			○			
	水の深さと体積				○			○		
	展開図							○		
	構成・分割		○				○			
	図形・点の移動			○					○	○
表とグラフ										
数の性質	約数と倍数			○			○			○
	N進数									
	約束記号・文字式			○						
	整数・小数・分数の性質	○			○	○	◎	◎	◎	
規則性	植木算	○								
	周期算	○	○		○	○				
	数列							○	○	○
	方陣算		○							
	図形と規則		○	○		○				
場合の数			○	◎	○	○	○	○		○
調べ・推理・条件の整理		◎						○		
その他										

※ ○印はその分野の問題が１題，◎印は２題，●印は３題以上出題されたことをしめします。

社会　出題傾向＆対策

◆基本データ（2024年度１次）

試験時間／満点	40分／100点
問　題　構　成	・大問数…３題 ・小問数…27問
解　答　形　式	記号選択・ならべかえ・用語の記入・記述など，バラエティに富んでいる。用語の記入は，漢字指定のものもある。記述には字数制限はなく，長めのものも見られる。
実際の問題用紙	Ｂ５サイズ，小冊子形式
実際の解答用紙	Ｂ４サイズ

◆過去３年間の分野別出題率

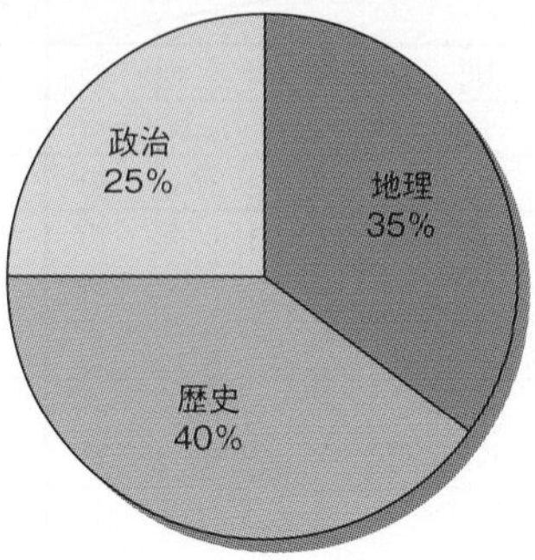

※　配点(推定ふくむ)をもとに算出

◆近年の出題内容

		【 2024年度１次 】	【 2023年度１次 】
大問	1	〔**地理**〕自然災害を題材とした問題	〔**総合**〕沖縄を題材にした総合問題
	2	〔**歴史**〕災害年表を題材とした問題	
	3	〔**政治**〕災害対策を題材とした問題	

◆出題傾向と内容

本校の社会は，①**３分野総合問題を１題だけ出題するもの**と，②**地理・歴史・政治の各分野の総合問題１題ずつに，場合により世界地理・時事問題・環境問題などの大問１～２題を加えて出題するもの**の２通りがあります。①の場合，あるテーマについて深くはば広く検討できるような文章と地図，史料，統計資料などをまず示し，そのテーマについてさまざまな角度から問題を設定しています。これはごく限られた中学でしか見られない構成で，ふだんの受験勉強でもあまりお目にかからないパターンですから，見慣れない問題にとまどう受験生もいるかもしれません。ただし，小問は各分野ごとにある程度まとまっていて，解き進めやすい構成になっているので，その点では安心できそうです。一方，②は，ほかの中学でも見られるスタンダードなスタイルです。各分野とも出題範囲ははば広いですが，深くつっこんだ設問はほとんどないので，コツコツと努力してきた受験生に比較的有利といえます。なお，ここでも地図，年表，グラフ，統計などが豊富に取り上げられており，それらを読み取る能力も要求されます。また，情報化社会，介護保険制度など，近年，関心の高い社会問題を取り上げた大問も出されています。

◆対策～合格点を取るには？～

地理では，**地図とグラフが欠かせません**。地図帳を活用し，教科書や資料集にある統計を頭に入れることが大切です。また，白地図に，地形と気候，資源と産業，交通のようすを順にまとめていきましょう。地名や産業などは漢字で覚え，歴史的背景や政治との関連にも注意してください。

歴史では，教科書や参考書を読むだけでなく，**ノートに年表をつくる**と効果的に覚えられるでしょう。特に，できごとにかかわる年代・人物・影響などについて，よく調べたうえで書きこむようにします。それぞれの分野ごと(政治・文化・外交など)にまとめるくふうも大切です。また，史料集などで写真や絵画・歴史地図などに親しんでおきましょう。

政治では，**日本国憲法の基本的な内容をしっかりおさえる**ことが大切です。特に基本的人権，三権のしくみは重要です。また，国際政治では，日本と関係の深い国について，まとめましょう。さらに，時事的なことがらもおさえる必要があります。日ごろから新聞などを見て，できごとの内容，影響，問題点などを自分のことばで具体的に説明できるようにしておくとよいでしょう。

社会 出題分野分析表

分野		年度	2024			2023			2022		
			1次	2次	3次	1次	2次	3次	1次	2次	3次
日本の地理		地図の見方	○				○	○	○	○	○
		国土・自然・気候	○	○	○	○	○	○	○	○	○
		資源	○			○					
		農林水産業	○	○	○	○	○	★	○	○	○
		工業		○	○	○	○	○	○		○
		交通・通信・貿易	○			○			○	○	○
		人口・生活・文化	○	○	○	○	○		○	○	
		各地方の特色							○	○	
		地理総合	★	★			★			★	★
世界の地理			○	○	○	○		○			○
日本の歴史	時代	原始～古代	○	○	○	○	○	○	○	○	○
		中世～近世	○	○	○	○	○	○	○	○	○
		近代～現代	○	○	○	○	○	○	○	○	○
	テーマ	政治・法律史									
		産業・経済史									
		文化・宗教史									
		外交・戦争史									
		歴史総合	★	★			★			★	★
世界の歴史											
政治		憲法	○		○	○	○	○	○	○	○
		国会・内閣・裁判所	○	○	○	○	○		○	○	★
		地方自治	○						○	○	
		経済	○				○	○		○	
		生活と福祉	○	○	○			○			
		国際関係・国際政治		○	○			○			
		政治総合	★	★			★			★	
環境問題			○	○	○			○			
時事問題						○		○			
世界遺産						○					
複数分野総合					★	★		★	★		

※ 原始～古代…平安時代以前，中世～近世…鎌倉時代～江戸時代，近代～現代…明治時代以降
※ ★印は大問の中心となる分野をしめします。

理科　出題傾向＆対策

◆基本データ（2024年度１次）

試験時間／満点	40分／100点
問題構成	・大問数…４題 ・小問数…21問
解答形式	記号選択と用語・計算結果の記入だけでなく，１～２行の短文記述や作図などもあり，解答形式はさまざまである。記号選択は，択一式が中心となっている。
実際の問題用紙	Ｂ５サイズ，小冊子形式
実際の解答用紙	Ｂ４サイズ

◆過去３年間の分野別出題率

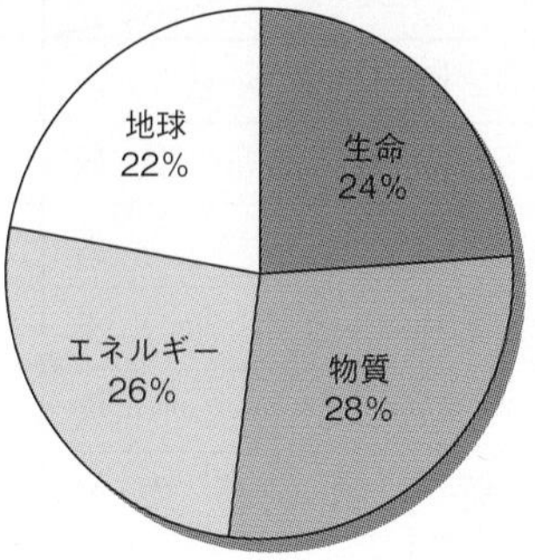

※　配点（推定ふくむ）をもとに算出

◆近年の出題内容

【 2024年度１次 】			【 2023年度１次 】		
大問	1	〔地球〕流れる水のはたらき	大問	1	〔地球〕地層
	2	〔生命〕血液循環		2	〔生命／環境〕二酸化炭素の循環
	3	〔物質〕ろ過，中和		3	〔物質〕ものの溶け方
	4	〔エネルギー〕球の運動		4	〔エネルギー〕音の伝わり方

◆出題傾向と内容

本校の場合，「生命」「物質」「エネルギー」「地球」の各分野から出題され，年度・回によって取り上げるテーマは異なるものの，**各分野からバランスよく出題される**と考えてよいでしょう。また，実験・観察・観測をもとにした問題が多くなっています。目新しい問題も見られるため，一筋縄ではいかない問題といえそうです。

●**生命**…森林のでき方，季節と生物，生物と環境，ジャガイモの育ち方，光合成のはたらきなどが取り上げられています。人体をあつかったものでは，ヒトのからだのしくみ，血液循環，消化などが出されています。

●**物質**…食塩水の濃さ，水溶液の中和反応，気体の発生，さまざまな物質の分類，ものの溶け方，水の状態変化などが出題されています。

●**エネルギー**…電気回路と電流，力のつり合い（ばね，てこ，浮力），球の運動，光・音・熱の伝わり方などが出されています。

●**地球**…地層のでき方，流水のはたらき，火山と岩石，月の動きと満ち欠け，地球上の水の循環などが出題されています。

◆対策～合格点を取るには？～

第一に，**学校で行われる実験，観察，観測に積極的に参加し**，その結果を表やグラフなどを活用してノートにまとめておくこと。

第二に，基本的な知識を確実にするために，教科書・受験参考書をよく読み，**ノートにきちんと整理して**おくこと。

第三に，**問題をできるだけ多く解く**こと。特に，「物質」や「エネルギー」では計算問題が多いので，正確な計算力をつけるようにしましょう。

最後に，**科学ニュースにも目を向け**，新聞や雑誌の記事，テレビのニュース番組や科学番組などを，できるだけ関心を持って見るようにしましょう。

理科 出題分野分析表

分野＼年度		2024			2023			2022		
		1次	2次	3次	1次	2次	3次	1次	2次	3次
生命	植物			★						★
	動物		○					★		
	人体	★					★		★	
	生物と環境				★	★				
	季節と生物									
	生命総合									
物質	物質のすがた			★					★	
	気体の性質					★				★
	水溶液の性質	★					★	★		
	ものの溶け方	○			★					
	金属の性質		○							
	ものの燃え方		★							
	物質総合									
エネルギー	てこ・滑車・輪軸									★
	ばねののび方					★				
	ふりこ・物体の運動	★								
	浮力と密度・圧力		★							
	光の進み方			★					★	
	ものの温まり方			○						
	音の伝わり方				★					
	電気回路							★		
	磁石・電磁石									
	エネルギー総合						★			
地球	地球・月・太陽系		★					★		
	星と星座									
	風・雲と天候						★			
	気温・地温・湿度			★						
	流水のはたらき・地層と岩石	★			★				★	
	火山・地震					★				★
	地球総合									
実験器具		○	★							
観察										
環境問題					○					
時事問題										
複数分野総合										

※ ★印は大問の中心となる分野をしめします。

国語　出題傾向＆対策

◆基本データ（2024年度１次）

試験時間／満点	50分／150点
問　題　構　成	・大問数…３題 知識問題１題／文章読解題２題 ・小問数…16問
解　答　形　式	記号選択と書きぬきなどのほかに，記述問題も見られる。記述問題には字数制限のあるものとないものがある。
実際の問題用紙	Ｂ５サイズ，小冊子形式
実際の解答用紙	Ｂ４サイズ

◆過去３年間の分野別出題率

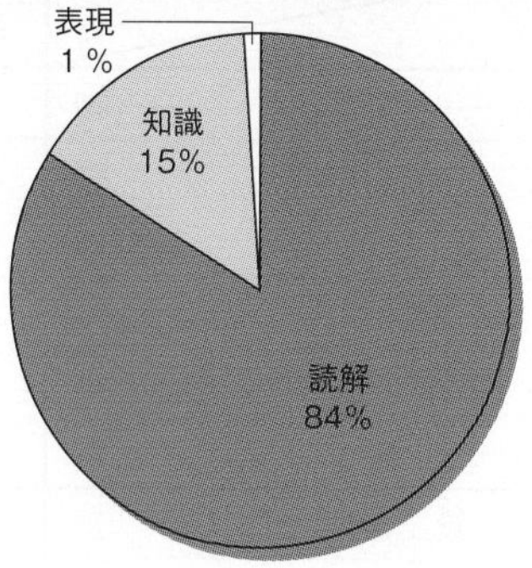

※　配点（推定ふくむ）をもとに算出

◆近年の出題内容

【 2024年度１次 】			【 2023年度１次 】		
大問	一	〔知識〕漢字の書き取りと読み，ことわざの知識	大問	一	〔知識〕漢字の書き取りと読み，慣用句の知識
	二	〔随筆〕ヘレナ・ノーバーグ＝ホッジ著／鎌田陽司監訳『懐かしい未来―ラダックから学ぶ』（約2300字）		二	〔説明文〕伊藤亜紗「〈思考のプリズム〉AIのバイアス問題　人間を『機械』にする罠」（約1400字）
	三	〔小説〕司馬遼太郎『関ヶ原』（約2500字）		三	〔随筆〕大森あきこ『最後に「ありがとう」と言えたなら』（約2100字）

◆出題傾向と内容

本校の国語は，**文章の内容が的確に読み取れるかどうかを，表現力もためしながらあわせて見ようとする問題**だといえます。

●**読解問題**…文章のジャンルは，説明文・論説文，小説・物語文，随筆文などさまざまです。設問を見ると，文章のすみずみまで多種多様な問題が散りばめられています。主題，大意・要旨，段落分け，語句の意味，指示語の内容，接続語や副詞などの補充，脱文のそう入など，読解問題で考えられる設問のほぼすべてが出そろっています。文章全体を大づかみに理解する必要があるのはもちろんですが，文章の細部について自分のことばで説明することにウェートがおかれています。

●**知識問題**…漢字の読みと書き取りは必出です。語句と文法（助動詞の識別，ことわざの完成，熟語の完成，敬語など）も取り上げられますが，問題量は一定ではありません。

◆対策～合格点を取るには？～

本校の国語は，読解力と表現力を見る問題がバランスよく出題されていますから，まず読解力をつけ，そのうえで表現力を養うことをおすすめします。

読解力をつけるためには読書が必要ですが，長い作品よりも短編のほうが主題が読み取りやすいので，特に国語の苦手な人は短編から入るとよいでしょう。

次に表現力ですが，これには内容をまとめるものと自分の考えをのべるものとがあります。内容をまとめるものは，数多く練習することによってコツがわかってきます。自分の考えをのべるものは，問題文のどの部分がどのように問われるのかを予想しながら文章を読むとよいでしょう。また，答えに必要な要点を書き出し，それらをつなげるような練習を心がけましょう。

なお，ことばのきまり・知識に関しては，参考書を１冊仕上げましょう。また，漢字や熟語については，読み書きはもちろん，同音（訓）異義語やその意味などについても調べるとよいでしょう。

国語 出題分野分析表

分野		年度	2024			2023			2022		
			1次	2次	3次	1次	2次	3次	1次	2次	3次
読解	文章の種類	説明文・論説文		★	★	★	★	★	★	★	★
		小説・物語・伝記	★	★			★	★	★	★	
		随筆・紀行・日記	★			★					★
		会話・戯曲									
		詩			○						
		短歌・俳句									
	内容の分類	主題・要旨	○	○	○	○	○	○	○	○	○
		内容理解	○	○	○	○	○	○	○	○	○
		文脈・段落構成		○			○			○	○
		指示語・接続語	○		○	○	○	○	○		○
		その他	○	○	○		○	○	○		○
知識	漢字	漢字の読み	○	○	○	○	○	○	○	○	○
		漢字の書き取り	○	○	○	○	○	○	○	○	○
		部首・画数・筆順									
	語句	語句の意味		○			○	○	○		○
		かなづかい									
		熟語			○				○		○
		慣用句・ことわざ	○	○	○	○	○	○	○	○	○
	文法	文の組み立て					○				
		品詞・用法									
		敬語									
	形式・技法										
	文学作品の知識										
	その他				○						
	知識総合		★	★	★	★	★	★	★	★	★
表現	作文										
	短文記述				○						
	その他										
放送問題											

※ ★印は大問の中心となる分野をしめします。

2025年度 中学受験用

逗子開成中学校

3年間スーパー過去問

をご購入の皆様へ

お詫び

本書、逗子開成中学校の入試問題につきまして、誠に申し訳ございませんが、以下の問題は著作権上の都合により掲載することができません。設問と解答は掲載してございますので、ご必要とされる方は原典をご参照くださいますよう、お願い申し上げます。

記

2023年度〈第3次試験〉国語 三 の問題文

以上

株式会社 声の教育社 編集部

2024 年度　逗子開成中学校

【算　数】〈第１次試験〉（50分）〈満点：150点〉

注意　・定規・コンパス・筆記用具以外の使用は認めません。
・考え方を書く指示がある問題以外は，答えだけを書いてください。
・答えに単位が必要な問題は，必ず単位をつけて答えてください。
・答えが分数になる場合は，それ以上約分できない一番簡単な分数で答えてください。また，仮分数は帯分数に直してください。
・図やグラフをかいて答える問題に対し，定規・コンパスを忘れた場合は手がきでていねいにかいてください。

1　次の□にあてはまる数を求めなさい。

(1)　$64+36\times8+2\times(18-4\div2)-24\times16=\square$

(2)　$\left(5-\frac{1}{4}\right)\div\frac{1}{2}-\left(2\frac{1}{3}-\frac{2}{5}\right)\times2\frac{17}{29}+1\frac{3}{7}\div\frac{5}{490}\times\frac{1}{40}=\square$

(3)　$9999-\left\{\left(260-\square\div8\right)\times111-102\right\}\times\frac{5}{9}-7600=2024$

2　次の各問いに答えなさい。

(1)　365日を時間に換算すると何分になりますか。

(2)　子どもとお母さんがおもちゃを片付けます。もし，子どもだけで片付けると30分かかります。お母さんといっしょに片付けると５分かかります。このとき，お母さん一人だけで片付けたときにかかる時間を求めなさい。

(3)　Ｚ中学校の海洋教育センターには大きなお風呂があります。右の図はお風呂を真上から見た図です。また，お風呂の深さは60cm です。このとき，お風呂の容積は何Ｌですか。

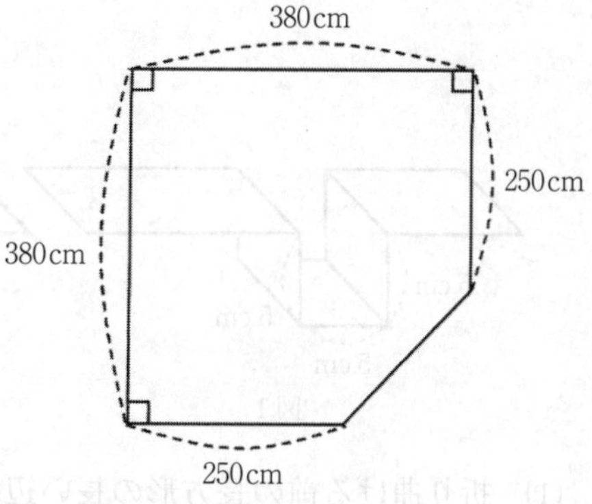

(4)　下の図の四角形ABCDは長方形です。また，四角形EFGHは正方形です。AHの長さは532cm，FCの長さは480cmです。このとき，長方形ABCDの周りの長さを求めなさい。

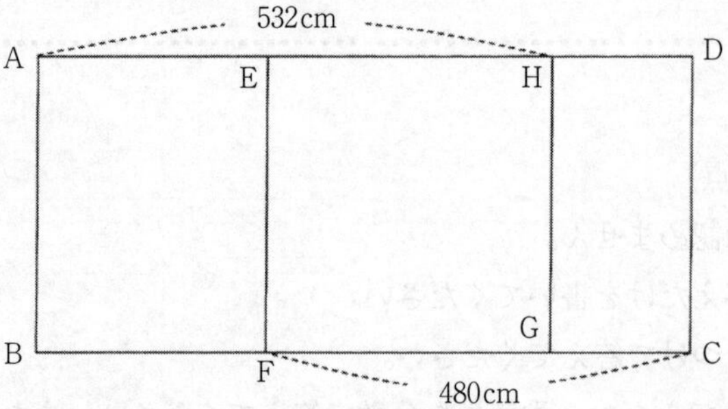

(5)　ある整数Kを11で割ると割り切れます。そのときの商を11で割ると１余ります。このような整数Kのうちで2024に最も近い数はいくつですか。

(6)　おもちゃ箱に白玉と赤玉が合わせて500個入っています。そのうち99％は白玉です。ここからいくつか玉を取り出しました。すると，おもちゃ箱に残った玉のうち98％が白玉でした。このとき，取り出した白玉と赤玉の個数を合計した数として考えられるものをすべて書き出しなさい。

3　同じ大きさの長方形の紙がたくさんあります。長方形の長い辺を４回直角に折り曲げて図１のようなミゾを作ります。このミゾをたくさん作り，のりしろを５cmにしてはり合わせていきます。図２はミゾを２枚はり合わせた物体です。この物体の全長は85cmでした。このときあとの各問いに答えなさい。

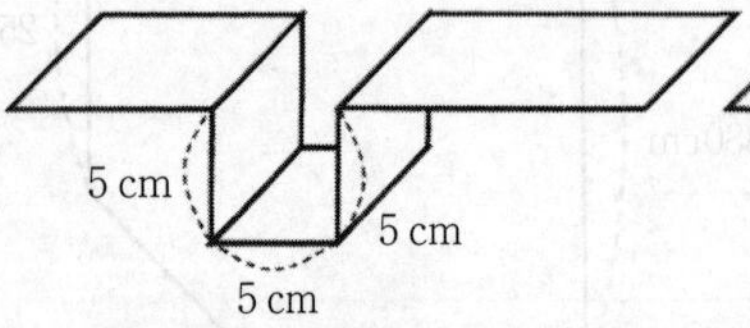

図１

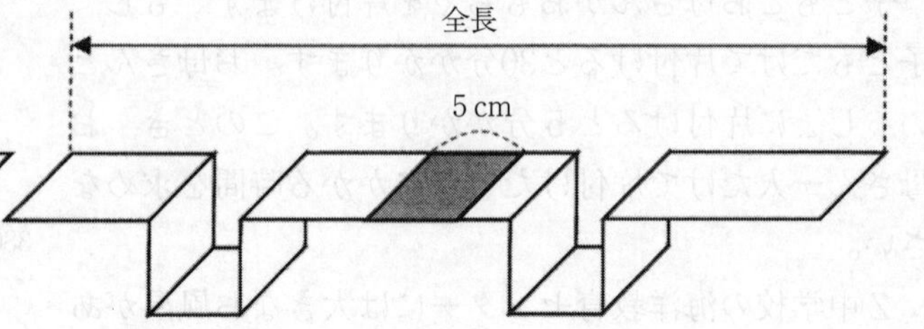

図２

(1)　折り曲げる前の長方形の長い辺の長さは何cmですか。

(2)　ミゾをはり合わせていったとき，全長が2024cmを初めて超えるのは何枚目ですか。

(3)　ミゾを100枚はり合わせました。しかし何か所かのりしろを間違えてはったために全長が3801cmになりました。のりしろは５cm以外に７cmと８cmがありました。７cmののりしろと８cmののりしろの数の比は３：２でした。８cmののりしろの数はいくつありますか。

4 ズトシくんは，対戦相手と互いにモンスターを出して戦うゲームで遊んでいます。このゲームのモンスターは，種類によって決まった３つの能力値(たいりょく，こうげき，ぼうぎょ)を持っています。さらにモンスターの能力値にはボーナス値もあり，たいりょく，こうげき，ぼうぎょのそれぞれに０，１，２，３のどれかが割りふられます。ズトシくんはゲーム大会に出場するために，２種類のモンスターをたくさんつかまえることにしました。右の表は，ボーナス値が加算される前のモンスターの能力値です。

能力値＼モンスター名	ヒダリー	ミギギ
たいりょく(T)	3	2
こうげき　(K)	3	6
ぼうぎょ　(B)	9	5

また，それぞれのモンスターの強さのポイントは次の計算式で計算することができます。

(Tの値＋ボーナス値)×20＋(Kの値＋ボーナス値)×65＋(Bの値＋ボーナス値)×15

とします。

例えば，つかまえたヒダリーのたいりょくのボーナス値が２，こうげきのボーナス値が２，ぼうぎょのボーナス値が１だったときは，ヒダリー　T2　K2　B1と表します。

また，ヒダリー　T2　K2　B1の強さのポイントは，

$(3+2)\times20+(3+2)\times65+(9+1)\times15=575$

となります。このとき次の各問いに答えなさい。

(1) ミギギ T1　K2　B0の強さのポイントはいくつですか。

(2) 強さのポイントが最大のモンスターと最小のモンスターのポイントの差を求めなさい。

(3) 強さのポイントがちょうど675のモンスターが出場できるゲーム大会があります。出場できるモンスターをミギギ T1　K2　B0のような書き方ですべて書き出しなさい。ただし，以下のルールで書き出します。

・モンスター名が異なれば違うモンスターとします。

・モンスター名が同じでもT，K，Bのボーナス値の組合せが異なれば違うモンスターとします。

5 百の位，十の位，一の位が，それぞれある規則にしたがって変化する３けたの数が並んでいます。

111，222，332，441，551，652，642，531，421，312，212，121，131，242，…

このとき次の各問いに答えなさい。

(1) 100番目の３けたの数を求めなさい。

(2) 並んでいる３けたの数は全部で何種類ありますか。

(3) 並んでいる３けたの数のうち，最大の数をXとします。並んでいる３けたの数を１番目から順にたしていき，Xを10回たしたところでたすのを止めました。このとき合計はいくつですか。ただし，答えだけでなく考え方も書きなさい。

【社　会】〈第１次試験〉(40分)〈満点：100点〉

1　次の文章を読み，あとの問いに答えなさい。

日本列島は太平洋を取り囲むように連なる①環《かん》太平洋造山帯に属しており，国土のおよそ＜A＞を山地と丘陵《きゅうりょう》地が占《し》めています。日本は地震大国として知られていますが，世界有数の火山国でもあり，活発な噴火《ふんか》活動で有名な②九州地方の【 X 】県にある桜島をはじめ，111もの活火山が分布しています。

地震や火山活動は時に大規模な災害をもたらします。③東日本大震災では地震とともに津波が発生し，沿岸部に大きな被害をもたらしたほか，この震災はわが国の④エネルギー政策の大きな転換《てんかん》点にもなりました。また，火山の周辺では，噴火が起きると，火山灰や溶岩片《ようがんへん》，高温のガスがまざりあって高速で流れる(1)などが発生し，人々の生命を危険にさらすこともあります。その一方で，⑤火山と深いつながりのある国立公園が多いことから，火山活動は美しい景観を生み出していることがわかります。

さて，日本は四季に恵《めぐ》まれた自然豊かな国ですが，毎年のように台風などによる大雨に見舞《ま》われることから，気象災害が多い国とも言えます。⑥川や海の周りの低地に多くの人口が集中していることも気象災害の一因となっています。台風の通り道になりやすい地域では，強風や高潮による被害や大雨による⑦洪水などが発生することも珍《めずら》しくありません。また，気温も気象災害の要因の一つです。東北地方では初夏から夏にかけて吹《ふ》く北東風の(2)の影響《えいきょう》で夏の気温が上がらず，⑧稲などの農作物に被害が出て冷害になることもあります。一方，近年では熱中症《しょう》による被害が深刻化するなど，暑さそのものが災害となっています。昨年，＜B＞と呼ばれる「１日の最高気温が35度以上の日」が東京都心で観測史上最多日数を記録したことは記憶《きおく》に新しいでしょう。

ところで，2019年に国土地理院は⑨新たな地図記号として「自然災害伝承碑《でんしょうひ》」を追加しました。これは，過去に発生した津波，洪水，火山災害，土砂災害などのようすや被害状況《じょうきょう》などが記載《きさい》されている石碑などの位置を示しています。自然災害伝承碑は，当時の被災場所に建てられていることが多く，地域住民による防災意識の向上に役立つものと期待されます。数多くの災害を経験したわが国には，先人の知恵の蓄積《ちくせき》があります。日本で暮らす私たちは過去の経験から学び，防災・減災につなげていくことが大切ではないでしょうか。

問１　文章中の空らん(１)・(２)に適する語句を答えなさい。(１)は漢字で答えること。

問２　文章中の空らん＜A＞・＜B＞について，以下の各問いに答えなさい。

Ⅰ．＜A＞に適する語句を次のア～エから一つ選び，記号で答えなさい。

ア．35%　　イ．45%

ウ．65%　　エ．75%

Ⅱ．＜B＞に適する語句を次のア～エから一つ選び，記号で答えなさい。

ア．熱帯夜《ねったいや》　イ．夏日《なつび》

ウ．猛暑日《もうしょび》　エ．真夏日《まなつび》

問３　下線部①について，環太平洋造山帯に**含《ふく》まれない国**を次のア～エから一つ選び，記号で答えなさい。

ア．フィリピン　　イ．南アフリカ共和国

ウ．アメリカ合衆国　　エ．ニュージーランド問４　下線部②について，次の表は九州新幹線が通過する４県の人口，米の収穫《しゅうかく》量，トマトの収穫量，ぶた肉の生産量をまとめたものです。【X】県を示しているものを表中のア～エから一つ選び，記号で答えなさい。

県名	人口(千人)	米(千ｔ)	トマト(ｔ)	ぶた肉(ｔ)
ア	5,124	164	19,800	17,078
イ	806	119	3,470	8,125
ウ	1,576	89	5,270	215,729
エ	1,728	156	132,500	14,050

(『データでみる県勢　2023』より作成　データはすべて2021年)

問５　下線部③について，三陸の沿岸で津波の高さがひときわ高くなったのは，海岸の特徴《とくちょう》的な地形にも要因がありました。この地形の名称《めいしょう》を答えなさい。

問６　下線部④に関連して，以下の各問いに答えなさい。

Ⅰ．次のグラフX，Yは2010年度と2022年度の日本の発電電力量の電源構成を示したものであり，以下はその解説文です。解説文中の(ａ)・(ｂ)に適する語句の組み合わせとして正しいものを，下のア～エから一つ選び，記号で答えなさい。

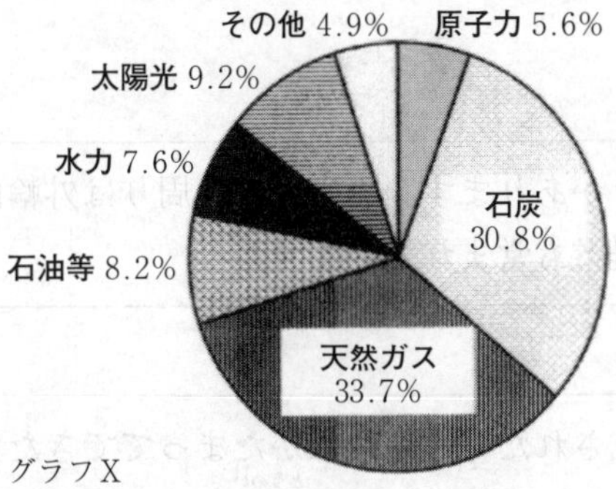

グラフX

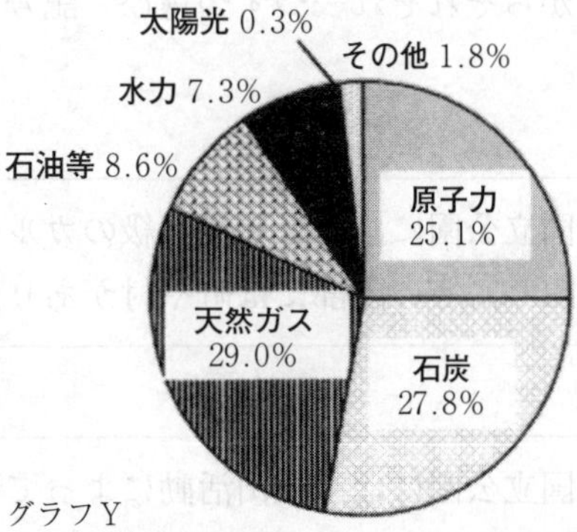

グラフY

(資源エネルギー庁資料より作成)

2022年度の状況を示しているのは，(　ａ　)である。日本は依然《いぜん》として火力発電に頼《たよ》りがちであるが，政府が2050年までに温室効果ガスの排出《はいしゅつ》を全体としてゼロとする(　ｂ　)の実現を目標に掲《かか》げた以上，再生可能エネルギーの充実《じゅうじつ》など，より一層の取り組みが必要である。

ア．(ａ)：グラフX　(ｂ)：カーボンニュートラル
イ．(ａ)：グラフX　(ｂ)：バイオエタノール
ウ．(ａ)：グラフY　(ｂ)：カーボンニュートラル
エ．(ａ)：グラフY　(ｂ)：バイオエタノール

Ⅱ．昨年，ガソリン価格の上昇《じょうしょう》が大きな話題となりました。その要因の一つに円とドルの交換《こうかん》比率（為替《かわせ》レート）の変化があります。「円高」・「円安」について述べた次の文Ｘ・Ｙの正誤の組み合わせとして正しいものを，下のア～エから一つ選び，記号で答えなさい。

Ｘ：円安になると輸入製品の価格が下がるため，国内の物価下落につながる。

Ｙ：為替レートが１ドル＝150円から１ドル＝100円に変化した場合，円高になったといえる。

ア．Ｘ：正しい　Ｙ：正しい
イ．Ｘ：正しい　Ｙ：誤り
ウ．Ｘ：誤り　　Ｙ：正しい
エ．Ｘ：誤り　　Ｙ：誤り

問７　下線部⑤について，次の**【資料１】**～**【資料３】**は火山と深いつながりがある日本の国立公園について説明したものです。**【資料１】**～**【資料３】**が示す国立公園のおおよその位置を右の地図中のア～オからそれぞれ一つずつ選び，記号で答えなさい。

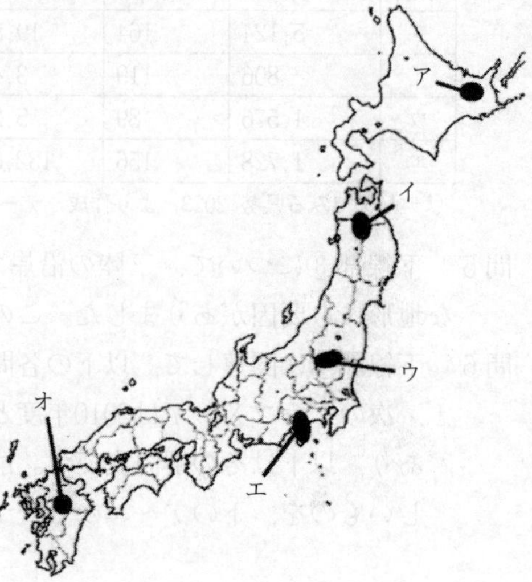

【資料１】

この国立公園には，世界最大級のカルデラがあります。カルデラの周りは外輪山に囲まれており，その内部には町や村があり，農業も営まれています。

【資料２】

この国立公園には，火山活動によって形成されたくぼ地に水がたまってできたカルデラ湖や噴火によってつくられたせきとめ湖があり，日本で最も透明《とうめい》度の高い湖や国の特別天然記念物に指定されたマリモが生息する湖も見られます。

【資料３】

この国立公園には，世界遺産にも指定された火山があります。この火山のふもとには５つの湖が形成されており，日本の名勝にも指定されています。また，この火山の北西には広大な原生林である樹海が広がっています。

問８　下線部⑥に関連して，濃尾平野では水害の対策として輪中が見られます。この平野を流れる木曽三川とは，木曽川，揖斐《いび》川とあと一つは何ですか。漢字で答えなさい。

問９　下線部⑦に関連して，次の**図**は都市化する前と後それぞれにおいて，同じ量の雨が降った場合の「雨水が地中にしみ込まずに地表に流れ出た量」（＝流量）の変化を示したものです。また，下の**レポート**はこの**図**から読み取れること，考えられることをまとめたものです。**レポート**中の（ａ）・（ｂ）に適することば（説明文）をそれぞれ入れなさい。

図

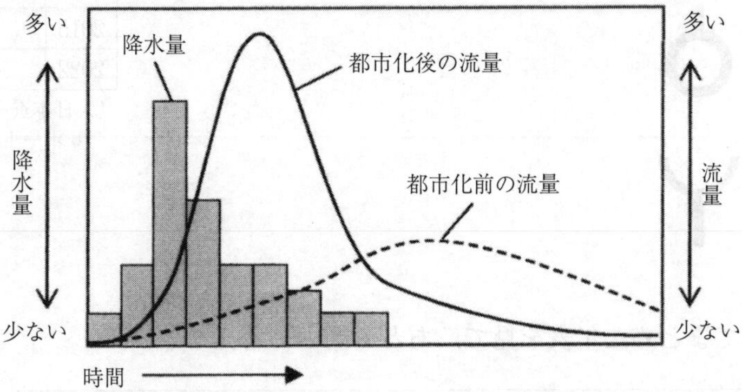

レポート

流量の変化に注目すると，雨の降り方が同じでも都市化後の流量は都市化前に比べて，（　　ａ　　）ことがわかる。その理由は，都市化によって（　　ｂ　　）ため，雨水が地面に吸収されにくくなったからであると考えられる。

問10　下線部⑧について，日本の米や米づくりについて述べた文のうち正しいものを次のア～エから一つ選び，記号で答えなさい。

ア．日本は，食糧《しょくりょう》管理制度の下，現在も米の自由販売《はんばい》が認められていない。

イ．東北地方は日本の米の生産量のうち，約４分の１を占めている。

ウ．日本では米を１年間に２回作る二毛作がさかんにおこなわれている。

エ．日本は世界有数の米の生産国であり，有数の輸出国でもある。

問11　下線部⑨に関連して，以下の各問いに答えなさい。

Ⅰ．右の写真は逗子《ずし》市に隣接《りんせつ》する葉山町にある「自然災害伝承碑」です。次の**資料**はこの碑に刻まれた伝承の内容です。（ａ）に適する年（西暦《せいれき》年）・月・日を数字で答えなさい。

資料

（　ａ　）の関東大震災により，海岸が隆起《りゅうき》し，葉山港の船溜《だ》まりが使えなくなった。その結果，砂浜《すなはま》に係留《けいりゅう》せざるを得なかった漁船は，悪天候時に大破するものが多く発生した。この碑は葉山港の船溜まり復興を記念し建立された。

Ⅱ．地図記号は産業や社会の変化を反映し，時代にあわせて廃止《はいし》・追加されています。右の**表**を参考にして，2013年以降に国土地理院が発行した２万５千分の１地図で使用されなくなった地図記号を次のア～エから一つ選び，記号で答えなさい。

表

年	養蚕農家戸数
1985	99,710戸
1995	13,640戸
2005	1,591戸
2015	368戸
2022	163戸

（大日本蚕糸会『シルクレポート』より作成）

ア．

イ．

ウ．

エ．

2　日本の主な災害についてまとめた年表を見て，あとの問いに答えなさい。

年	主な災害と関連するできごと
684	①白鳳《はくほう》地震が起こり，この地震の記録が②『日本書紀』に残っている
734	③天平６年に地震が起こり，大きな災害をもたらす
869	貞観《じょうがん》地震によって津波が発生し，④多賀城まで押し寄せる
1181	畿内・西日本中心に飢饉《ききん》が起こり，⑤平氏の政権が動揺《どうよう》する
（⑥）	壇ノ浦の戦いと同じ年に，京都で地震が起こる
	⑦
1585	⑧天正地震が起こり，近畿から東海，北陸にかけて被害をもたらす
1657	⑨明暦の大火によって江戸の町の約６割が消失する
1703	⑩元禄地震が起こり，江戸に大きな被害をもたらす
1732	享保の飢饉が起こる。このころ，８代将軍⑪吉宗が改革をおこなう
1782	天明の飢饉(～87)が起こり，百姓一揆やうちこわしが増加する
1833	洪水・冷害などによる全国的な飢饉が起こる(～39)
1854	⑫安政の東海地震・南海地震が起こる
1880	世界初の地震学を専門とする日本地震学会が創設される
	⑬
1914	桜島の大噴火が起こる
1944	⑭東南海地震が起こる
⑮1959	伊勢湾台風により，紀伊半島から東海地方を中心に大きな被害が生じる
1995	阪神・淡路大震災が起こる

問１　下線部①に関連して，この地震は天武天皇の時代に発生しました。天武天皇について述べた文のうち正しいものを次のア～エから一つ選び，記号で答えなさい。

ア．唐・新羅の連合軍と戦い，敗北した。

イ．藤原不比等に大宝律令の制定を命じた。

ウ．壬申の乱で大友皇子を倒《たお》して即位《そくい》した。

エ．日本で最初の本格的な都である平城京を造営した。

問２　下線部②について，『日本書紀』の編さんをおこなった中心的な人物を次のア～エから一人選び，記号で答えなさい。

ア．舎人親王　　イ．稗田阿礼　　ウ．太安万侶　　エ．山上憶良

問３　下線部③に関連して，次の**資料**はこの時代のある天皇が出した命令の一部です。この命令を出した天皇の名前を答えなさい。また，天皇がこの命令を出した目的を，**資料**の内容をふまえて簡潔に説明しなさい。

資料　国分寺・国分尼寺《こくぶんにじ》の建立の命令

> 近頃《ちかごろ》は不作続きで，病《やまい》も流行している。そこで，国ごとに七重の塔《とう》をつくり，経典を写せ。

問４　下線部④について，多賀城は現在の宮城県に置かれ，朝廷の支配に従わない東北地方の人々への対策の拠点《きょてん》となりました。この東北地方に住む人々を総称《そうしょう》して何と呼びますか。漢字２字で答えなさい。

問５　下線部⑤について，平氏が熱心に信仰した，現在の広島県にある神社の名称を漢字で答えなさい。

問６　年表中の空らん(⑥)に適する数字(西暦年)を答えなさい。

問７　年表中の［⑦］の時期に起きたできごとや，この時期に出された法令・命令について説明した次の文章ア～エを，起きた時期・出された時期が古いものから順に並べかえ，記号で答えなさい。

ア

> 所領を質に入れて流したり，売買したりすることは，今後，一切禁止する。御家人でない者が御家人から買った土地は，何年前に買ったものであろうとも，御家人に返さなければならない。

イ

> 近頃の鎌倉の政治はたいへん乱れている。４代目の将軍はまだ幼い。北条義時は尼《あま》将軍の北条政子の命令であるということにして，政治や裁きを全国におよぼし，朝廷が決めたきまりを忘れてしまっている。義時を追討せよ。

ウ

> ９月，天下の土民たちがいっせいに蜂起《ほうき》した。「徳政」といって酒屋・土倉・寺院などの高利貸しを破壊《はかい》し，質に入っている品物を勝手に取り出し，借金の証文をすべて破って捨てた。日本が始まって以来，土民がいっせいに蜂起したのは，これが初めてだ。

エ

> モンゴル帝国《ていこく》の皇帝が，書を日本国王に差し上げる。日本は昔から中国と交流しているのに，私の時代になってからは一度も使いを送ってこない。これからは，お互《たが》いに訪問し合って友好を結ぼうではないか。武力を使うのは好まないので，王はよく考えなさい。

問８　下線部⑧に関連して，天正年間(1573～1592年)に起きたできごととして正しいものを次のア～エから一つ選び，記号で答えなさい。

ア．織田信長が，桶狭間の戦いで武田勝頼の騎馬《きば》隊を破った。

イ．九州のキリシタン大名が，４人の少年をローマ法王のもとに派遣《はけん》した。

ウ．豊臣秀吉が，バテレン追放令を出して南蛮貿易を禁止した。

エ．種子島に漂着《ひょうちゃく》したポルトガル人によって鉄砲が伝わった。

問９　下線部⑨に関連して，明暦の大火後の江戸の再建や寺院の建設に多大な出費をおこなった幕府は財政難におちいりました。この対策として幕府がとった政策についてまとめた以下の文の空らん(ａ)・(ｂ)に適する語句の組み合わせとして正しいものを下のア～エから一つ選び，記号で答えなさい。

江戸幕府の５代将軍は小判に含まれる金の量を(　ａ　)，小判を大量に発行することで財政難を乗りこえようとしたが，その結果，物価が(　ｂ　)した。

ア．(ａ)：増やし　(ｂ)：上昇　　イ．(ａ)：増やし　(ｂ)：下落

ウ．(ａ)：減らし　(ｂ)：上昇　　エ．(ａ)：減らし　(ｂ)：下落

問10　下線部⑩に関連して，元禄文化を代表する菱川師宣の作品を次のア～エから一つ選び，記号で答えなさい。

ア．

「見返《みかえ》り美人図《びじんず》」

イ．

「富嶽三十六景《ふがくさんじゅうろっけい》」

ウ．

「湖畔《こはん》」

エ．

「唐獅子図屏風《からじしずびょうぶ》」

問11　下線部⑪に関連して，享保の改革についての説明として正しいものを次のア～カから二つ選び，記号で答えなさい。完答で正解とします。

ア．目安箱を設けて民衆の意見を聞くようにした。

イ．江戸・大阪周辺を幕府の領地にしようとする上知令を出した。

ウ．農民の離村《りそん》を禁止し，大名には飢饉に備えて米をたくわえさせた。

エ．公事方御定書を制定し，裁判の基準を定めた。

オ．湯島に学問所をつくり，朱子学以外の学問を教えることを禁じた。

カ．株仲間の結成をすすめ，商人に特権を与《あた》える代わりに，税を納めさせた。

問12　下線部⑫について，この地震による津波で，ある港に停泊《ていはく》していたロシア艦隊《かんたい》が大破したという記録が残っています。この港は，安政の東海・南海地震と同じ年に開港が決められました。この港の名称を漢字で答えなさい。また，その位置を右の地図中のア～エから一つ選び，記号で答えなさい。完答で正解とします。

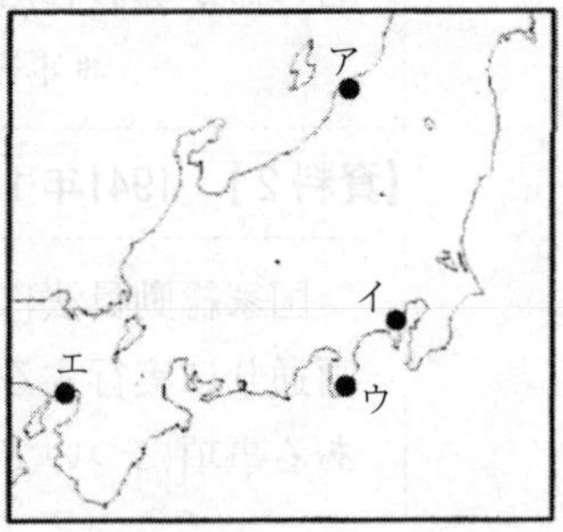

問13　年表中の ⑬ の時期の日本と外国との関わりについて述べた文として**誤っているもの**を次のア～エから一つ選び，記号で答えなさい。

ア．日英通商航海条約を結び，イギリスとの間で領事裁判権を撤廃《てっぱい》した。

イ．日本海海戦でロシアのバルチック艦隊を破った。

ウ．植民地支配をおこなうため，韓国に朝鮮総督府《ちょうせんそうとくふ》を置いた。

エ．ロシア革命の広がりを防ぐため，シベリアへ出兵した。

問14　下線部⑭について，東南海地震に関する以下の各問いに答えなさい。

Ⅰ．東南海地震は1944年12月７日に発生しました。その翌日の３年前には日本が関係する大きなできごとがありました。このできごとを次のア～エから一つ選び，記号で答えなさい。

ア．柳条湖事件　　　イ．国際連盟からの脱退

ウ．盧溝橋事件　　　エ．真珠湾攻撃

Ⅱ．右の地図からわかるように，マグニチュード7.9を記録した東南海地震は日本各地に被害をもたらしました。しかし，この地震の翌日には，目立たないところに「被害を生じた所もある」という小さな新聞記事が載《の》っただけで，日本国内での報道の取り扱《あつか》われ方が小さかったという記録が残っています。次の**【資料１】**，**【資料２】**をふまえ，なぜ，日本国内でこの地震に関する報道の扱いが小さかったのか(小さくしなければならなかったのか)について説明しなさい。

東南海地震の震度分布

(内閣府「災害教訓の継承に関する専門調査会　第２期報告書」より)

【資料１】　前ページの地図中Ｘ地点（愛知県半田市）にある災害伝承碑の伝承内容

昭和19年（1944年）12月７日午後１時36分，昭和東南海地震が発生し，半田市では震度６以上で188名が亡くなった。…（略）…中島飛行機半田製作所山方工場などの＊軍《ぐん》需《じゅ》工場が倒壊《とうかい》し，倒壊した工場の瓦礫《がれき》に押《お》しつぶされ，学徒動員で集められた男女97名の命が奪《うば》われた。

＊軍需工場…兵器，爆薬，航空機など軍事に必要な物資を生産・修理する工場

【資料２】　1941年１月に施行された新聞紙等掲載《けいさい》制限令の内容

国家総動員法に基づき，内閣総理大臣は外交や財政経済政策，戦争などの国策を計画通りに実行する際に重大な支障を生ずるおそれのある事項《じこう》や，外国にかくす必要がある事項について，新聞記事に載せることをあらかじめ制限または禁止できる。

問15　下線部⑮に関連して，この時期以降，いわゆる「三種の神器」と呼ばれる家電製品が各家庭に普及《ふきゅう》するようになり，新聞やラジオだけでなく，テレビでも災害・防災の情報を手に入れることができるようになりました。次のグラフは日本における主な家電の普及率の推移を示しています。「白黒テレビ」に当たるものをグラフ中のア～エから一つ選び，記号で答えなさい。

（内閣府「消費動向調査」をもとに作成）

3　次の文章を読み，あとの問いに答えなさい。

1959年の伊勢湾台風をきっかけに，戦後の災害対策は大きく前進しました。1961年には①国会の審議《しんぎ》を経て，わが国の災害対策の基本法制となる災害対策基本法が制定され，防災に関して政府や②地方公共団体が果たすべき役割が明確になりました。政府には中央防災会議が設置され，各地方公共団体には防災計画の作成が求められるようになるなど，少しずつ③国民の生命，身体および財産を災害から保護し，社会秩序《ちつじょ》を維持《いじ》するための体制づくりが進んでいった

のです。

政府や地方公共団体は，災害に備えて必要な④予算を組んでいます。大規模な災害が発生した場合，地域の自治体を中心に避難《ひなん》所の設置や生活必需品《ひつじゅひん》の支給といった支援《しえん》がおこなわれるほか，地域を超《こ》えて消防や警察，⑤自衛隊が被災《ひさい》地に派遣されます。災害時には自分自身や家族を守る「自助」が大切ですが，地域の住民同士で協力して助け合う「共助」，政府や地方公共団体による被災者への援助や支援である「公助」も極めて重要です。

多くの都道府県や市町村では，土砂災害や洪水などの災害の被害の範囲《はんい》や程度を予測したハザードマップを作成しています。われわれ一人ひとりがこうした情報を積極的に入手するなど防災意識を高め，「もしものとき」に備える心構えを持つことが，災害による被害を減らすことにつながるのではないでしょうか。

問１　下線部①について，日本の国会審議について述べた文のうち正しいものを次のア～エから一つ選び，記号で答えなさい。

ア．予算案は必ず衆議院から先に審議しなければならない。

イ．法律案を審議する際には，必ず公聴会を開かなければならない。

ウ．憲法改正の発議には，各議院の出席議員の過半数の賛成が必要である。

エ．参議院は，内閣総理大臣の不信任決議をおこなうことができる。

問２　下線部②に関連して，地方公共団体に関する以下の各問いに答えなさい。

Ⅰ．地方自治において，住民は直接請求《せいきゅう》権を持っています。そのうち，首長や議員の解職請求を何といいますか。カタカナで答えなさい。

Ⅱ．地方公共団体の歳入《さいにゅう》のうち，国が使い道を指定して地方公共団体に交付する補助金を何といいますか。漢字で答えなさい。

問３　下線部③に関連して，日本国憲法では生命や自由，財産権をはじめ，国民のさまざまな権利が保障されています。日本国憲法が規定する人権について述べた次の文Ｘ・Ｙの正誤の組み合わせとして正しいものを下のア～エから一つ選び，記号で答えなさい。

Ｘ：健康で文化的な最低限度の生活を営む権利は，憲法25条に規定されている。

Ｙ：公共の福祉の観点から，公務員にはストライキが認められている。

ア．Ｘ：正しい　Ｙ：正しい　　イ．Ｘ：正しい　Ｙ：誤り

ウ．Ｘ：誤り　　Ｙ：正しい　　エ．Ｘ：誤り　　Ｙ：誤り

問４　下線部④について，令和５年(2023年)度の国の一般会計予算の歳出において，最も大きい割合を占めている項目《こうもく》を次のア～エから一つ選び，記号で答えなさい。

ア．公共事業関係費　　イ．国債費　　ウ．社会保障関係費　　エ．文教及《およ》び科学振興費

問５　下線部⑤について，自衛隊の管理や運営を担当する省庁を漢字で答えなさい。

問６　文中の二重下線部に関連して，大規模な災害が発生した場合には，自治体が体育館や公民館などに設置する避難所で長期間の生活を送ることがあります。避難所ではさまざまな人と生活を共にすることになるため，お互いが配慮《はいりょ》をする必要があります。次のページの**【イラストＡ】**・**【イラストＢ】**は避難所での生活のようすを描《えが》いています。このイラストをよく見て，以下の各問いに答えなさい。

Ⅰ．**【イラストＡ】**に描かれている避難所内の問題点を一つあげ，わかりやすく説明しなさい。さらに，あなたがこの避難所に避難した場合，この問題解決のためにどのような行動がで

きますか。「共助」の視点から述べなさい。

Ⅱ.【イラストＢ】に描かれている避難所内の問題点を一つあげ，わかりやすく説明しなさい。さらに，あなたがこの避難所を運営する立場であるならば，この問題解決のためにどのような行動ができますか。「公助」の視点から述べなさい。

【イラストＡ】
避難してきた外国人

【イラストＢ】
避難してきた赤ちゃん連れの親子

（熊本県『人権研修テキスト　人権全般編』より作成）

【理　科】〈第1次試験〉(40分)〈満点：100点〉

注意　図やグラフをかく場合は，ていねいにはっきりとかきなさい。必要ならば定規を使ってもかまいません。

1　川の流れについて，下の問いに答えなさい。

(1)　次の文中の(ア)～(エ)に適する語句を入れ，文章を完成させなさい。ただし，(イ)と(ウ)は，しん食・運ぱん・たい積のいずれかを選びなさい。

川が谷に流れて平地に出ると，水の流れる速さが(　ア　)くなります。川の水の流れによる(　イ　)作用が弱まるので川の水にふくまれていた土砂が谷の出口に(　ウ　)していきます。長い年月をかけて(　ウ　)を続けた結果，谷の出口を頂点として平地に向かって広がりをもつ地形がつくられます。これが(　エ　)です。

(2)　(1)の地形では谷の出口のあたりで川の流れが途《と》絶《だ》え，平地の近くで再び川の流れが現れることがあります。このようなことが起こる理由を正しく説明しているものを次のア～エから1つ選び，記号で答えなさい。

ア．川の水が蒸発しやすく，平地近くで降った雨水が再び集まるから。

イ．谷の出口あたりに住宅が建ちならび生活用水として使い，平地近くで生活はい水として捨てるから。

ウ．川の水が地下にしみこみやすく地下を流れて，平地近くでわき出るから。

エ．川の流れが細かく分かれ，平地近くで再び集まるから。

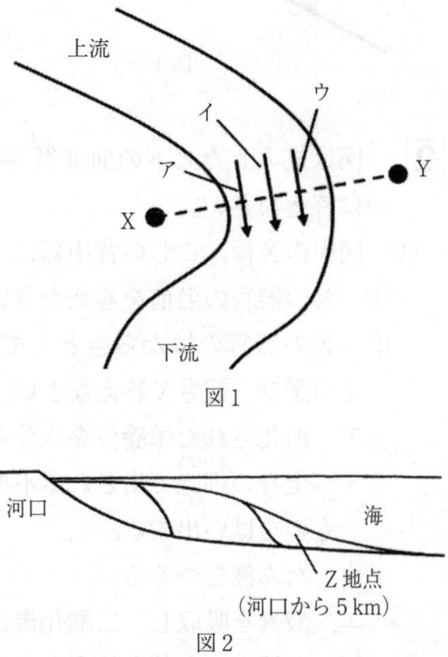

図1

(3)　図1のような川のX―Yの地点で，最も川の流れの速いところをア～ウから選び，記号で答えなさい。

(4)　X―Yの地点の川底と川岸の断面図をかきなさい。ただし，片側の川岸はがけのようになっています。また，断面図は下流から上流に向かって見たときのものとします。

(5)　図2は，海底に土砂がたい積するようすを模式的に表しています。長い年月の間に海水面がしだいに低下し，Z地点が河口に近い海底に変化していきました。このとき，Z地点の地層のようすを最もよく表しているものを次のア～エから選び，記号で答えなさい。

図2

図３　砂防ダムの高さは約10m

右の写真(図３)は，川の上流につくられたもので「砂防ダム」(砂防堰堤《えんてい》)といいます。一年中，川の水は流れていますが，集中ごう雨などによって山くずれが起こった際に，①大量の土砂や岩，木などが水とともに一気に川下の方へ流れるのを防ぐことができます。

(6)　下線部①の自然災害を何といいますか。

砂防ダムのはたらきは(6)のような自然災害を防ぐだけではありません。砂防ダムの上流側に土砂がたまると，②川岸や川底がけずられにくくなる，川の流れる速さがおそくなるなどのはたらきもあります。

(7)　砂防ダムが下線部②のようなはたらきをする理由を説明しなさい。ただし，答えは解答らんに書かれた語句から始めなさい。また，次の図４を活用してもかまいません。

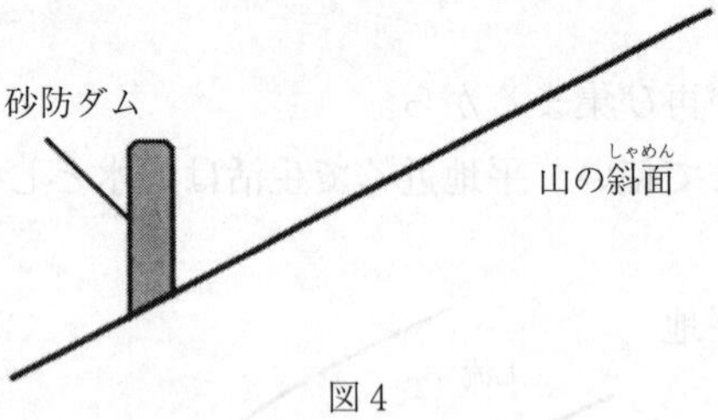

図４

2　図は成人したヒトの血液循環《じゅんかん》のようすを，正面から見て模式的に表したものです。下の問いに答えなさい。

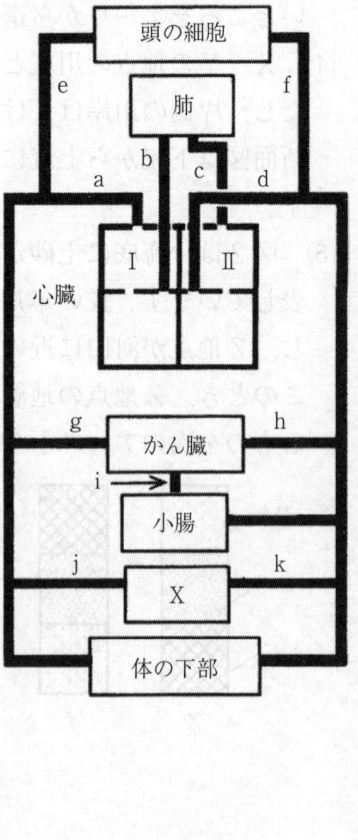

(1)　図中のXは，こしの背中側に１対ある器官を表しています。

①　Xの器官の名前を答えなさい。

②　Xの器官のはたらきとして適するものを次のア～エから１つ選び，記号で答えなさい。

ア．消化された栄養分を水分とともに吸収する。

イ．全身の細胞《さいぼう》で出される不要物のうち，二酸化炭素以外のものをはい出する。

ウ．たん液をつくる。

エ．酸素を吸収し，二酸化炭素をはい出する。

(2)　図の血管ｉの名前を答えなさい。

(3)　図の血管ａ～ｄに流れる血液中の酸素量について，最も適するものを次のア～エから選び，記号で答えなさい。

ア．酸素量は，ａよりもｂの方が多い。

イ．酸素量は，ｄよりもａの方が多い。

ウ．酸素量は，ｃよりもｂの方が多い。

エ．酸素量は，ａよりもｃの方が多い。

かん臓のはたらきの一つに「毒物や薬物などの物質を無毒な物質や体外にはい出されやすい物質に変える」というものがあります。

飲み薬の頭痛薬(頭の痛みを和らげる薬)を使用した場合について考えてみます。飲みこんだ頭痛薬は，図の小腸から吸収され，血液にのってかん臓に集められます。頭痛薬も，かん臓で無毒な物質や体外にはい出されやすい物質に変えられます。そのため，大部分が頭痛薬の効果を失ってしまいますが，かん臓で変えられなかった残りの薬が(あ)を通って頭の細胞(かん部)にまで届き，薬の効果を示します。このような理由から，通常，飲み薬は，かん臓で分解できる以上の量を処方されています。

(4) 文中の(あ)にあてはまるかん臓から頭の細胞(かん部)まで頭痛薬が流れる経路を，図の血管ａ～ｋの記号を使って答えなさい。

(5) うまれる前の赤ちゃんのことを胎児《たいじ》とよびます。胎児の血液循環と出生後のヒトの血液循環には異なる点があります。

１つ目は，胎児の心臓には図中の(Ⅰ)と(Ⅱ)の間に卵円孔《らんえんこう》とよばれる穴があいており，心臓に流れこんできた血液の大部分が(Ⅰ)から(Ⅱ)へ流入するしくみになっています。

２つ目は，図中の(ｂ)と(ｄ)をつなぐ血管があることです。これによって，心臓に流れこんできた血液のうち卵円孔を通らなかった血液は(ｂ)からこの血管を通って(ｄ)へ入ります。

主にこの２つの構造により，肺への血液流入量を(い)しています。生後まもなくして，卵円孔や(ｂ)と(ｄ)をつなぐ血管は，その役割を終えてふさがります。

① 文中および図中の(Ⅰ)，(Ⅱ)に入る語句をそれぞれ答えなさい。

② 文中および図中の(ｂ)，(ｄ)，(い)に入る語句の組合せとして最も適するものを次のア～クから選び，記号で答えなさい。

	ｂ	ｄ	い
ア	肺静脈	大動脈	減ら
ウ	肺動脈	大動脈	減ら
オ	肺静脈	大動脈	増や
キ	肺動脈	大動脈	増や

	ｂ	ｄ	い
イ	肺静脈	大静脈	減ら
エ	肺動脈	大静脈	減ら
カ	肺静脈	大静脈	増や
ク	肺動脈	大静脈	増や

③ 胎児に卵円孔や(ｂ)と(ｄ)をつなぐ血管がある理由を，胎児が酸素を受けとる場所にふれながら説明しなさい。

3　４種類の物質A，B，C，Dが混ざっている粉末の混合物があります。この４種類の物質は，銅，砂糖，鉄，石灰石，食塩，アルミニウムのいずれかです。この混合物に何がふくまれているのかを調べるために[実験１]を行いました。また，[実験１]の試薬として用いた塩酸や水酸化ナトリウム水よう液の性質について調べるために，[実験２]を行いました。次の文を読み，下の問いに答えなさい。

[実験１]

物質A，B，C，Dの混合物に水を加えたところ，物質Aのみが水にとけました。Aの水よう液を蒸発皿にのせ加熱したところ，途中《とちゅう》から茶色のねばりがある液体となり，やがて黒い物質になりました。

次に，残った物質B，C，Dを別の容器に移して水酸化ナトリウム水よう液を加えたところ，物質Bが気体Eを発生しながらとけました。

残った物質C，Dを別の容器に移して塩酸を加えたところ，物質Cが気体Fを発生しながらとけました。気体Fは気体Eとは異なるものでした。

なお，この実験で加える水や水よう液の量は，その物質のすべてがとけるのに十分な量を用いるものとします。また，物質A～Dどうしは，たがいに反応しないものとします。

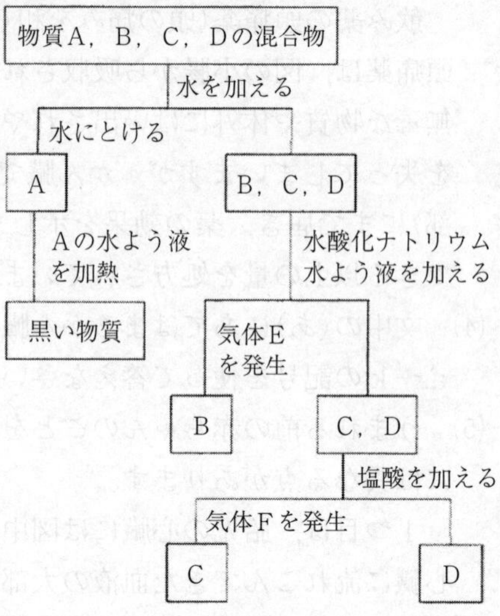

図１

[実験２]

濃度《のうど》の異なる塩酸Xと塩酸Yを用意しました。これらの塩酸を完全に中和するのに必要な水酸化ナトリウム水よう液Zの体積を調べたところ，図２のグラフのようになりました。

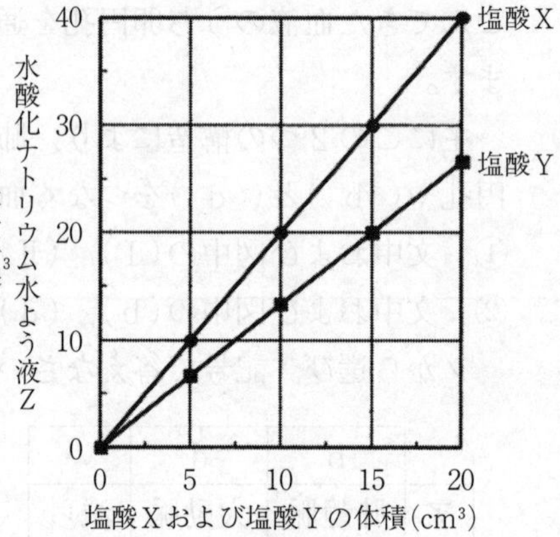

図２

(1)　[実験１]で，水にとけた物質Aととけなかった物質B，C，Dをろ過によって分けました。ろ過の操作として最も適切なものを次のア～エから選び，記号で答えなさい。ただし，ろうと台などの支持器具は省略してあります。

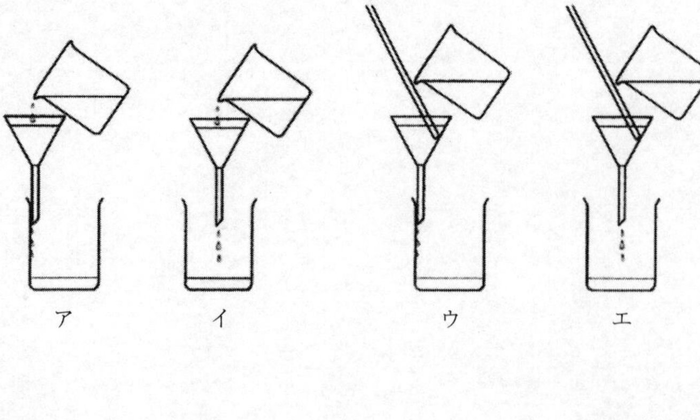

ア　　　イ　　　ウ　　　エ

(2)　[実験１]の物質Ａ～Ｄとして適するものを，次のア～カからそれぞれ選び，記号で答えなさい。

ア．銅　　イ．砂糖　　ウ．鉄　　エ．石灰石　　オ．食塩　　カ．アルミニウム

(3)　[実験１]で発生した気体Ｆの名前を答えなさい。

(4)　[実験２]について，①～③の問いに答えなさい。ただし，答えが割り切れないときは，小数第１位を四捨五入して整数で答えなさい。

①　塩酸Ｘの濃度と塩酸Ｙの濃度の比として正しいものを次のア～キから１つ選び，記号で答えなさい。

ア．１：１　　イ．１：２　　ウ．２：１　　エ．２：３

オ．３：２　　カ．３：４　　キ．４：３

②　３cm^3の塩酸Ｘと６cm^3の塩酸Ｙを混ぜ合わせた水よう液があります。この水よう液を完全に中和するためには，水酸化ナトリウム水よう液Ｚは何cm^3必要ですか。

③　８cm^3の塩酸Ｘに40cm^3の水酸化ナトリウム水よう液Ｚを混ぜ合わせた水よう液があります。この水よう液を完全に中和するためには，塩酸Ｙ，水酸化ナトリウム水よう液Ｚのどちらの試薬を何cm^3加えればよいですか。加える試薬については，解答らんの塩酸Ｙまたは水酸化ナトリウム水よう液Ｚのどちらかに丸(◯)をつけて答えなさい。

4　図１のように，球Ａをある高さXから静かに落とし，点Ｏで地面に衝突《しょうとつ》させた後，まっすぐ上がってくるまでのようすを観察しました。矢印はＡの進む向きと速さのようすを表しています。このとき，「Ａが地面に衝突する直前の速さと，直後の速さ」，「Ａのはじめの高さと，Ａが地面に衝突した後の最高点の高さ」，「Ａを落としてから地面に衝突するまでの時間と，Ａが地面に衝突してから最高点に上がるまでの時間」をそれぞれ比べたところ，いずれも同じであることがわかりました。これらの性質をもつ球を「理想的なスーパーボール」とよぶことにします。表はそのとき記録したＡに関するデータです。下の問いに答えなさい。

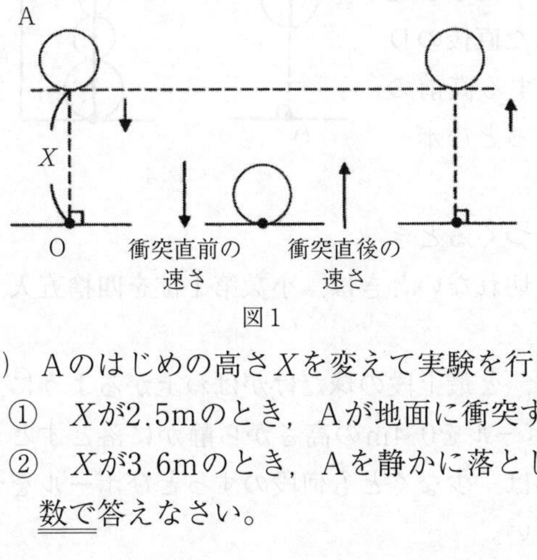

図１

高さX(m)	0.1	0.4	0.9
地面に衝突する直前の速さ(m/秒)	1.4	2.8	4.2
地面に衝突するまでの時間(秒)	$\frac{1}{7}$	$\frac{2}{7}$	$\frac{3}{7}$

(1)　Ａのはじめの高さXを変えて実験を行います。

①　Xが2.5mのとき，Ａが地面に衝突する直前の速さは何m/秒ですか。

②　Xが3.6mのとき，Ａを静かに落としてから最高点に上がるまでの時間は何秒ですか。分数で答えなさい。

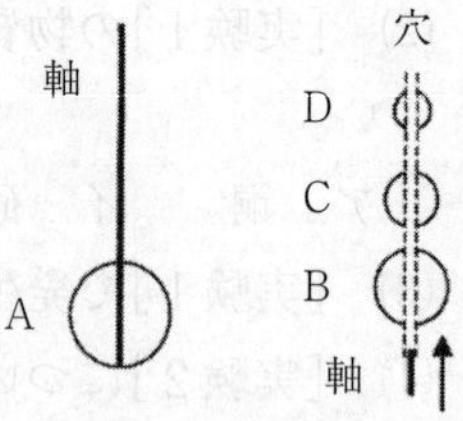

図２

次に，理想的なスーパーボールであるＢ，Ｃ，Ｄの球を新たに用意しました。これらの球はすべてＡと同じ材質でできており，大きさや重さはそれぞれ異なりますが，Ａと同じ落下実験を行ったところ，Ｂ，Ｃ，Ｄの球も表と同じ結果を示すことがわかりました。

ここで，図２のように，Ａには重さの無視できる細い軸《じく》を球の中心を通して固定します。また，Ｂ，Ｃ，Ｄの球には球の中心を通る一直線の穴があいており，Ａの軸を通すことができます。このとき，球と軸の間にまさつはなく，Ｂ，Ｃ，Ｄの球は軸にそって動くことができます。

図３のように，軸を通してＡの上にＢを重ねて静かに落としました。一体となったＡとＢが地面に衝突すると，Ａが地面で静止し，Ｂがまっすぐ上がりました。このとき，Ａが地面に衝突した直後のＢは，一体となったＡとＢが地面に衝突する直前の２倍の速さではね上がりました。これを２段のすっとびボールとよびます。

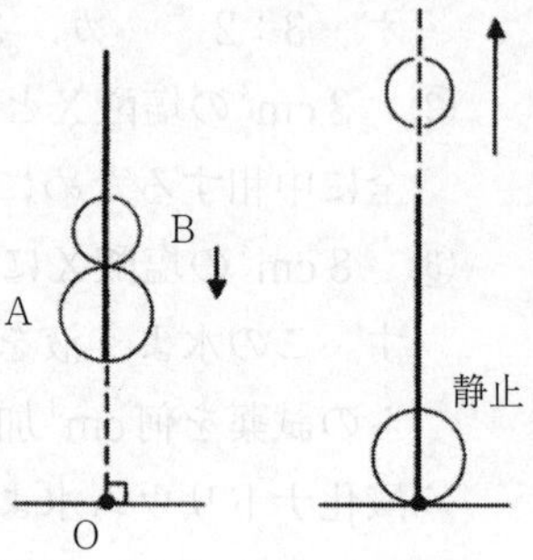

図３

(2)　一体となったＡとＢが地面に衝突した後，Ｂははじめの高さの何倍まで上がりますか。球の大きさを考えずに答えなさい。

(3)　一体となったＡとＢが地面に衝突した後，Ｂが3.6mの高さまで上がるためには，一体となったＡとＢを地面から何mの高さから静かに落とせばよいですか。球の大きさを考えずに答えなさい。

図４のように，軸を通してＡの上にＢ，Ｃ，Ｄを重ねて静かに落としました。Ｂの重さがＡの重さの$\frac{1}{3}$倍，Ｃの重さがＢの重さの$\frac{2}{4}$倍，Ｄの重さがＣの重さの$\frac{3}{5}$倍であるとき，一体となったＡ・Ｂ・Ｃ・Ｄが地面に衝突すると，４段目のＤだけがまっすぐ上がり，Ａ・Ｂ・Ｃは一体となったまま地面で静止しました。このとき，Ａが地面に衝突した直後のＤは，一体となったＡ・Ｂ・Ｃ・Ｄが地面に衝突する直前の４倍の速さではね上がりました。これを４段のすっとびボールとよびます。

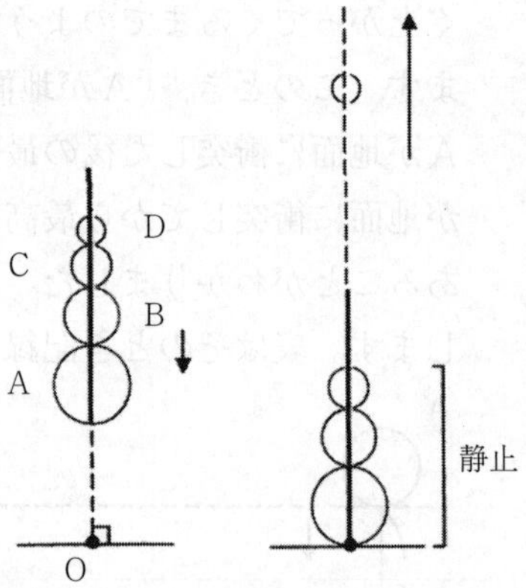

図４

(4)　Ａの重さを80ｇとして４段のすっとびボールをつくるとき，Ｄの重さは何ｇであればよいですか。答えが割り切れないときは，小数第１位を四捨五入して整数で答えなさい。

(5)　４段のすっとびボールの上に，５段，６段，…，と最上段の球だけがはね上がるように，さらに球を積み重ねます。一体となったすっとびボールを0.4mの高さから静かに落とすとき，最上段の球が30mをこえる高さまで上がるためには，少なくとも何段のすっとびボールをつくればよいですか。球の大きさを考えずに答えなさい。

い」とあるが、どういうことか。その説明として最も適切なものを次の選択肢ア～エから一つ選び、記号で答えなさい。

ア　戦に勝利し自分がすべてを決定できる立場になった瞬間、あさましい欲望にとらわれてしまい、自身が権力者の座にしがみつこうとしたのではないかと考えている。

イ　戦に勝利した後に利益の分配が問題になるが、諸大名の不満が出ないように、個人的な好き嫌いにとらわれず公平にとりしきることはできなかったのではと考えている。

ウ　戦に勝利した後は自分が最高権力者となるが、自身にはその実力に乏しいことを痛感しているので、結局は尻込みして身を引くことになったのではないかと考えている。

エ　戦に勝利した後は、諸大名が重んずる考え方に沿って政治を行わなければならないが、結局は自分が信じてきた孟子の教えを強制したのではないかと考えている。

問六　――線部④「それにくらべ、おまえの心はどうなっているのだ」とあるが、この言葉から読み取れる三成の心情についてわかりやすく説明しなさい。

問七　――線部⑤「そのほうの義を、義で返したい」と三成は言ったが、このように三成が決意するに至ったのはなぜか。三成自身が関ヶ原の合戦を戦った理由を踏まえて説明しなさい。ただし、「利」という言葉を必ず用いること。

と、この百姓は三成を叱咤《しった》した。三成は動かなかった。

「⑤そのほうの義を、義で返したい」

と、三成はいった。いまここで遁げれば与次郎大夫は処刑されるであろう。

（司馬遼太郎『関ヶ原』新潮文庫）

注　＊1　孔子　＊2　孟子…ともに古代中国の思想家。戦乱の世で、仁義（思いやり、悪を恥じる道徳）の重要性を説いた。

＊3　甘受…仕方がないものとして受け入れること。

＊4　業…前世（この世に生まれる以前の人生）の行いの報い。

＊5　露顕…隠していたことがあきらかになること。

＊6　往生…この世を去ること。

＊7　生殺与奪…対象を生かしたり殺したり、どのようにでも思うままにすること。

＊8　小早川秀秋…関ヶ原の戦いで裏切り行為を働き、豊臣軍敗北のきっかけをつくった人物。

＊9　家宰…家の仕事を家長になりかわって務める人。

＊10　巨封…巨大なほうび。

問一　本文中の［a］・［b］に入る言葉として最も適切なものを下の選択肢ア～エからそれぞれ一つずつ選び、記号で答えなさい。

［a］…ア　けなげな　イ　もっともな　ウ　ほがらかな　エ　おだやかな

［b］…ア　面目《めんぼく》ない　イ　元も子もない　ウ　さりげない　エ　もったいない

問二　本文中に登場する老僧についての説明として最も適切なものを次の選択肢ア～エから一つ選び、記号で答えなさい。

ア　三成を助けることで自身に迫る死の危険におびえるも、仏の教えを思い命がけで三成を守る覚悟を決めたが、与次郎大夫の申し出を聞き、命が助かったと素直に喜んでいる。

イ　三成をかくまうことで自身に危険が及ぶ恐怖と来世に報いを受ける恐怖との板挟《いたばさ》みに苦しんでいたが、与次郎大夫の申し出によりそれらが解消され、胸をなで下ろしている。

ウ　三成が回復するまではかくまうが、その後は徳川方に引き渡すのもやむをえないと考えていた矢先、与次郎大夫の申し出を受け、嫌な役回りをせずにすみ嬉しく思っている。

エ　来世に自分が受ける報いを恐れ、しぶしぶ三成を助けざるをえないと思っていたが、与次郎大夫の申し出を聞き自分を恥ずかしく思い、与次郎の勇気に心から感動している。

問三　――線部①「なんとそれは空論であったことであろう」とあるが、三成がこのように考えたのは、人々のどのような姿を見たからか。それについて最も具体的に述べている一文をこの――線部より前から探し、最初の五字を抜き出して答えなさい。

問四　――線部②「無いものねだりをして歩いたのであろう」とあるが、三成は孟子についてどのように考えていたのか。その説明として最も適切なものを次の選択肢ア～エから一つ選び、記号で答えなさい。

ア　権力に生きる者に義を説くことは虚《むな》しいと知りつつも、不可能を可能にすべく挑戦することが大切だったのだと考えている。

イ　権力に生きる者に義を説くことは無意味だと知りつつも、信念を捨てきれずかたくなにすがりついたのだと考えている。

ウ　権力に生きる者に義を説くことはつらいと思いつつも、厳しい試練を経て自己の成長につなげようとしたのだと考えている。

エ　権力に生きる者に義を説くことは困難だと思いつつも、夢はきっとかなうと信じて疑わなかったのだと考えている。

問五　――線部③「そのあとどの程度自分が潔いか、自分に自信がな

といった。〈中略〉

三成は、この村から二山ばかり奥に入った与次郎大夫の持ち山に移り、山中の窟《いわや》を居《きょ》にした。与次郎大夫は、三成の看病に専念した。

（世には、ふしぎな人間もいる）

と、三成は、この百姓の甲斐甲斐《かいがい》しさを見るにつけ、いま一つの人の世を知る思いがした。三成は、与次郎大夫の社会にはいない。少年のころに秀吉に見出されたあと、権力社会に生きてきた。二十代以後はその社会のなかでももっとも中核の、いわば権力の梃子《てこ》をにぎり、諸大名の＊7生殺与奪《せいさつよだつ》をさえ自由にするほどの位置で世を送ってきた。

（義というものは、あの社会にはない）

関ヶ原の合戦なかばにして三成はようやくそのことを知った。利があるだけである。

人は利のみで動き、利がより多い場合は、豊臣家の恩義を古わらじのように捨てた。＊8小早川秀秋などはその最たるものであろう。権力社会には、所詮《しょせん》は義がない。

（孟子は、誤っている）

と、三成はおもった。孟子は列強のあいだを周遊し、諸侯に会い、義を説いた。義こそ国家、社会、そして文明の秩序の核心であると説いた。三成は孟子を読み、豊臣家の＊9家宰《かさい》として豊臣家の秩序をたもつ道は孟子の義であるという信念を得たが、①なんとそれは空論であったことであろう。

（いや、孟子を恨むことはない）

とも思う。孟子もまた争乱の世に生き、権力社会にはそういう観念や情緒が皆無であることを知り、みずから空論であると気づきつつも②無いものねだりをして歩いたのであろう。

（しかし人間には義の情緒はある）

そこに、与次郎大夫がいる。

痩《や》せた、顔色のわるい、貧相な中年の百姓である。この取り柄《え》もなさそうな男が、死と一家の滅亡を賭けて三成をかくまい、このように看病してくれている。〈中略〉

「与次郎大夫、すまぬ」

と、三成がいったとき、この百姓は、あのとき百石を頂戴《ちょうだい》つかまつらねば村の者はみな飢え死んだでございましょう。その御恩がえしでありますゆえ、左様な［ b ］お言葉をかけられますな、と泣くようにいうのである。

（この可愛らしさ。おれの居た社会には、それがない）

と、三成は思った。三成でさえそうであった。口では義を唱えながら、実際には西軍に参加する諸侯に利を啖《くら》わせ、＊10巨封《きょほう》を約束することによって味方につけようとした。

（しかも）

ここに不安がある。もし関ヶ原に三成が勝った場合、③そのあとどの程度自分が潔いか、自分に自信がない。石田幕府をつくることはないにしても、鎌倉幕府における北条執権政権ほどのものはつくりあげたであろう。〈中略〉

（すべてが、利さ）

自分は利に敗れた。と思ったとき、ほとんど叫びたいほどの衝動で、

（④それにくらべ、おまえの心はどうなっているのだ）

と、三成は与次郎大夫に問いかけたい思いであった。

岩窟のなかで、ようやく体が癒《い》えた。二日目に与次郎大夫は村に帰り、噂をかきあつめて夕刻もどってきた。

隣村まで知れているという。隣村は三成の旧領ではなかった。

隣村には、捜索隊の宿所がある。かれらがここへ押しよせるのは時間の問題であろうと与次郎大夫はいった。

「お遁《に》げあそばせ」

いたら一村ごと処刑する」とのおふれが回っていた。本文は、三成と寺の老僧の善説との会話から始まる。

「なにごとも、ご運でござりまする」

「運ではない。おれは左様《さよう》なものは信ぜぬ」

「では？」

何を信ずるのか、と老僧は炉の上の鍋の加減を見つつ、思った。

「義をのみ、信じている。＊1孔子は仁を説き、＊2孟子は末世なるがゆえに義を説いた。義のみが、世を立て乱をふせぐ道であると説いた。義は不義に勝ち、義のあるところかならず栄える、と説いた。しかし、このたびの戦いは逆である」

「逆で」

「左様、不義が勝った」

三成はやがて腕を脇腹から落とし、おしつぶされたような姿勢でねむった。

（どうするか）

老僧は、鍋越しに三成の寝姿を見、息を忘れたようにして思案した。訴え出るか、かくまうか、である。

が、老僧はやがて立ち、三成のからだに法衣をかぶせてやった。

（災難だと思おう）

老僧は、運の信者である。三成がこの寺に逃げこんできたのは、老僧にとって悪運であった。善悪ともに運命には人間はさからえない、と老僧の属している仏法は教えている。さからえぬ以上＊3甘受《かんじゅ》せよ、と仏法は言う。なにごとも＊4業《ごう》であり、因果《いんが》である。業も因果も人力ではいかんともしがたく、すでに人のすべての運命は前世できまっている。

（前世で、わしはそれほどの悪をしたのか）

老僧は、三成の足もとで折れくずれた。ふたたびうまれかわるという来世こそこのようなことがあってはならない。その来世での幸《よ》き運をつくるために、いま宿業《しゅくごう》のたねを蒔《ま》いておくべきであった。三成を、せめてかれの健康が回復するまでかくまおうと思った。

二日経った。

おそるべきことがおこった。誰が見たのかこの三珠院にゆゆしき落ち武者がかくまわれていることが、村中の話題になった。

「治部少輔さまであるらしい」

と、人々は察し、ささやきあったが、ただこの災難を怖《おそ》れるのみで訴人《そにん》して出ようという者はない。三成から蒙《こうむ》った百石の恩が、まだ記憶になまなましかったからである。

ここに、与次郎大夫という者がいる。土地の大百姓で、三成がかつてこの村を巡視したとき、

――そちが、与次郎大夫か。

とひとことだけ、声をかけた男であった。このことに感激し、三成に対して格別な感情を抱いている。与次郎大夫は、村と三成を、同時に救おうとした。

まず妻を離別し、子供ともども実家にかえらせた。連座の災難からまぬがれさせるためであった。その上で三珠院をおとずれ、僧善説に申し出た。

「寺は、人の出入りが多うございます」

かといって村のなかの自分の屋敷でかくまうと、＊5露顕《ろけん》したときに村の迷惑になる。与次郎大夫の思案では、村里からやや離れた山中の岩窟《がんくつ》に三成を移し、そこで病いを養わせることであった。露顕した場合の罪は、自分ひとりがひきうけるという。

老僧は、吻《ほっ》とした。与次郎大夫の［a］申し出をほめ、

「＊6往生《おうじょう》のあとは極楽にゆけるだろう」

このように感じたのはなぜか。説明しなさい。

問五　――線部③「既存のものが改善されたかどうかが問われることは、どの段階においても見られない」とあるが、開発者たちが自らの開発がラダックに改善をもたらしたのかどうか検証することがない理由について説明しているものとして、最も適切なものを次の選択肢ア〜エから一つ選び、記号で答えなさい。

ア　西洋人は自らの文化が優れていると信じこみ非西洋文化の価値を否定しているため、開発が状況を悪化させたなど夢にも思っていないので、検証の必要性などまったく感じていないから。

イ　西洋人にとっては開発にともなう自分たちの利益だけが問題なのであり、開発が発展をもたらしたかなど実はどうでもいいことなので、検証についてまったく関心を持とうとしないから。

ウ　西洋人は開発が逆にラダックの状況を悪化させたことに気づいているため、検証することを避け、非西洋文明の価値をことさら否定することで自分たちの罪を隠そうとしているから。

エ　西洋人は自分たちの文化を広めることで世界中に多大な影響力を持つことを重要視しており、非西洋文明の犠牲はやむをえないものと考え、検証の必要性について無視しているから。

問六　本文の内容に合っているものを次の選択肢ア〜エから一つ選び、記号で答えなさい。

ア　階級社会に生きるラダックの人々はもともと体制の不平等性への不満と旧文化に対する疑念が心の底に根づいており、それが西洋文化を積極的に受け入れる基盤となった。

イ　従来の伝統的な生活技術を維持したうえでさらに西洋近代科学技術が加われば多くの利益が生まれるとする思想は、ラダックの人々を開発へと駆《か》り立てる原動力になった。

ウ　開発を否定的なものと断定せず、伝統的文化が失われていくことに感傷的な気持ちをはさむことなく、現地で生きていく人々にとって何が大切かを考える必要がある。

エ　近代化の波が押し寄せてからは、人々の生活レベルが逆に下がってしまったうえに経済格差が発生し、地域以外のさまざまな機構と連携していく体制に組み込まれていった。

問七　筆者がラダックでの生活をもとに描いたこの作品は『懐かしい未来』という題名だが、この題名から、筆者は私たち読者に対してどのようなことを訴えていると考えられるか。その説明として最も適切なものを、次の選択肢ア〜エから一つ選び、記号で答えなさい。

ア　古いラダックの伝統文化は、逆に近代文明の問題点を改め私たちが新しい未来をつくるヒントになりうるということ。

イ　古い伝統文化を改善し、近代文明を採り入れていくラダックの姿は、未来をつくるうえでの理想的な例になるということ。

ウ　近代文明の流れの中で未来を生きる私たちにとって、ラダックの古い伝統文化はよき思い出になりつつあるということ。

エ　近代文明によってラダックの古きよき伝統文化が破壊された悲劇は、未来まで私たちが語り継ぐ必要があるということ。

三

次の文章を読んで、後の各問に答えなさい。なお、文章は設問の都合で省略したところがある。

関ヶ原の合戦で豊臣家の恩に報いるという正義のため徳川家康と戦い、敗れた石田三成(治部少輔《じぶのしょう》)は病の身ながら逃げ落ち、以前自分が領主を務め、冷害の際に租税を取らず百石の米を与えて救った古橋村に流れ着き、三珠院という寺に身を隠した。しかし、すでにこの付近にも徳川方より「三成をかくまう者が構造的な解体という過程の側面として見るようになった。新しい靴、コンクリート製の住宅などが増加するといった日常の小さな変化を、経済への依存や伝統文化の拒否、環境の劣化を、開発全体の一部分としてとらえるようになった。

こうした関係がますます明らかになるにつれ、私は「開発」に疑問を抱くようになった。この計画的に実行される変化は、技術進歩と経済成長を通じて生活水準を引き上げることになったが、生活をよくした部分よりは悪くしたことのほうが多いように思える。欲望をつくり出すことが、この大きな変化の重要な部分であることに気づいた。世界のほかの地域と同じように、ラダックの開発も大規模で構造的な社会改造を要求する。その前提条件として、舗装《ほそう》道路や西洋式の病院、学校、ラジオ放送局、飛行場、そしてもっとも重要な発電所などの社会基盤施設に対し、莫大《ばくだい》な投資を連続的に行う必要がある。これらはすべて途方もない支出となるばかりでなく、大量の労働力の投下と管理をともなう。こうしたたいへんな努力によって、③既存《きそん》のものが改善されたかどうかが問われることは、どの段階においても見られない。それはまるで、開発の前のラダックには社会的な基盤がまったく存在せず、ゼロから出発したというに等しい。医療も教育もなく、通信手段もなく、交通も交易《こうえき》もないというようなものである。網目状に入り組んだ道路や小径《みち》や交易路、[c]広大に発達した灌漑《かんがい》水路網は、一〇〇〇年以上も維持されてきた。これらの生きて機能している文化や経済システムなどの＊3表徴《ひょうちょう》は、まるで存在していないような扱いを受けてきた。ラダックは西洋の手本であるアスファルトとコンクリートと鉄によって、造り変えられているのである。

ラダックは、今日までほとんど完全な形で生きつづけてきた最後の自給経済社会のひとつとして、開発の全体の過程を観察できる、またとない場である。近代世界との衝突は、特に急激であった。[d]今体験している変化は特異なものでもなんでもない。本質的に同じ過程が、世界の隅々まで影響をおよぼしている。

（ヘレナ・ノーバーグ＝ホッジ『懐かしい未来――ラダックから学ぶ』ヤマケイ文庫）

注　＊1　真鍮…楽器や仏具に使用される合金。
＊2　ヤク…チベット高原を中心に生息するウシ科の動物。
＊3　表徴…外部にあらわれたしるし。

問一　本文中の[a]～[d]について、次のi・iiの各問に答えなさい。

i　この四つの空欄の中で、一つだけ他と異なる言葉が入る空欄がある。それを一つ選び、記号で答えなさい。

ii　また、iで選んだ空欄に入る言葉として最も適切なものを、次の選択肢ア～エから一つ選び、記号で答えなさい。

ア　やはり　　イ　しかし　　ウ　つまり　　エ　そして

問二　本文中には「開発」と、カギカッコ（「　」）をつけて開発を表記している箇所がいくつかあるが、この表記の仕方には筆者のどのような意図が込められているか。それについて表している言葉として最も適切なものを、次の選択肢ア～エから一つ選び、記号で答えなさい。

ア　断定　　イ　無視　　ウ　賛同　　エ　皮肉

問三　――線部①「今では、持っているものだけでは十分とは言えなくなった」とあるが、ラダックの人びとがこのようになったのはなぜか。本文中の言葉を用いて、三十字以内で簡潔に説明しなさい。

問四　――線部②「真鍮の壺がピンク色のプラスチックのバケツに代わり、現代風の安物の靴が好まれ、ヤクの毛の靴が捨てられるのを見て、私は当初恐ろしさに似た思いを感じた」とあるが、筆者がのである。これを読んで、後の各問に答えなさい。なお、文章は設問の都合で省略したところがある。

西洋人が非西洋文化を、現存する社会ではなく理想の社会と比べたあげく、非西洋文化は劣るものだと決めつけるのを、私はこれまで何度も見てきた。たとえば人類学者たちは、伝統的なラダックにおける階級の不平等と、理想である完全な平等とを比べる。彼らの属する西洋社会での貧富の差が、ラダックのそれよりずっと大きいことは忘れている。西洋人はまた、無意識に、伝統社会と「開発」によって約束されている理想的な社会とを比べ、現に「開発」が世界中の社会で引き起こしてきた問題を無視している。

ヨーロッパや北アメリカで私が講演すると、人はよく同じような質問をする。屈託《くったく》のない、はち切れんばかりのラダックの人たちの笑顔、伝統美術、建築、風景の美しさ、それと対照的に近代化されたところでの、ひどく寒々としたありさまや精神的な貧しさの写真を見た後で、人びとはこう言う。「どうしてラダックの人たちは、伝統的な生活を放棄しようとするのでしょうか？　彼らは変化を求めているに違いありませんよ。彼らの伝統文化には何か欠陥があって、それが彼らに伝統的な社会を捨てさせようとするのです。昔の暮らしが、そんなに素晴らしかったはずがありません」

〈中略〉

もしラダックをこれから開発しようとするなら、ここの住民にいかにして欲望を抱かせるかという問題を解かなければならない。それ以外に動機づけることは不可能である。

——ラダック開発官　一九八一年

はじめて私がラダックにやってきたころ、人びとの欲望のなさに驚かされた。開発官の見解にもあるように、人びとは単なる利益のために、とりわけ余暇や楽しみを犠牲にすることには関心がなかった。当時、いくらお金を出すといっても人びとが交換に応じないので、旅行客は困惑していた。［a］、数年後には、「開発」を経験した結果として、金儲《もう》けに熱中するようになった。新しい欲求がつくられたのである。

開発の使者としての観光客、広告、映画は、ラダックの人びとの伝統的なやり方は時代遅れで、近代科学の助けを借りれば、天然資源を利用してもっと多くの生産が可能になる、と暗に語りかけていた。開発は不満と貪欲《どんよく》さを刺激し、一〇〇〇年以上にわたって人びとの要求を満たしてきた経済を破壊する。ラダックの人びとは伝統的に、身近で得られる資源を驚くような知恵と技術によって利用し、快適でうらやましいほど安全な生活を実現していた。自分たちの持っているもので満たされていた。だが①今では、持っているものだけでは十分とは言えなくなった。

開発の波がラダックに押し寄せてから十六年ぐらいのあいだに、貧富の差は拡大し、女性は自信と力を失った。失業とインフレが出現し、犯罪が激増し、さまざまな経済的、心理的要因に刺激されたために、人口は急増した。家族や共同体の絆《きずな》が緩《ゆる》み、自給自足から徐々に外部の世界に依存する経済に変わるにつれ、人びとは土地から切り離されてきた。

②＊1真鍮《しんちゅう》の壺《つぼ》がピンク色のプラスチックのバケツに代り、現代風の安物の靴が好まれ、＊2ヤクの毛の靴が捨てられるのを見て、私は当初恐ろしさに似た思いを感じた。［b］自分の美的な好みを押しつける権利はないし、人にあれがいい、これがいいという権利もないことにすぐ気がついた。近代世界の侵入は醜《みにく》く、好ましくないかもしれないが、たしかに物質的な利益をもたらした。私は数年を経て、やっとこれら個別の事柄をひとつにつなぎ合わせ、ラダックの文化の

2024年度 逗子開成中学校

【国　語】〈第一次試験〉（五〇分）〈満点：一五〇点〉

注意　1、字数制限のある問題では、句読点やかっこ、その他の記号も一字として数えます。
　　　2、問題文には、設問の都合で、文字・送りがななど、表現を改めたり、省略したところがあります。

一　次の各問に答えなさい。

問一　次の①〜⑮の各文の――線部のカタカナを漢字で書き、――線部の漢字の読み方をひらがなで書きなさい。

①　風の音に秋のケハイを感じた。
②　環境問題はシンコクな状況だ。
③　アットウ的な強さで優勝した。
④　チーム一丸となってダンケツする。
⑤　侵略の動きに対しケイカイを強める。
⑥　王の命令にフクジュウする。
⑦　ビミョウな雲の動きを観察する。
⑧　ドクトクなアイデアを持つリーダーだ。
⑨　証券会社でカブを買う。
⑩　他人の失敗をセめるな。
⑪　仲介役を買って出る。
⑫　運転を自動的に制御するシステム。
⑬　和やかな空気に包まれた。
⑭　危険を冒しつつも溺れている子供を救った。
⑮　卑劣な行いに憤りを感じる。

問二　次の①〜⑤の各文でそれぞれ言い表していることわざとして最も適切なものを、後の選択肢ア〜カから一つずつ選び、ⅰの解答欄に答えなさい。またⅱの解答欄にはそのことわざの（　）に入る適切な漢字一字をそれぞれ書きなさい。

①　同じアパートに住む響子《きょうこ》さんが好きだ！……でも僕なんて相手にしてくれないだろうな……。
②　うちの会社の経営が危ないという噂《うわさ》を聞いて、本当に驚いたよ。
③　生徒たちに、お前たちは才能があるぞとほめて俳句コンテストにチャレンジするよう励ましたのに、一人も応募してこなかった。
④　ついにボクシング世界チャンピオンとの試合が決まった！自分が新チャンピオンになること間違いなしだ。そうすればテレビのインタビューを受ける機会も増えるだろう。トークの技術を磨いておかねば……。
⑤　もともとお酒は飲めない父のもとに、お中元としてビール一ダースが届けられた。

ア　（　）吹けど踊らず
イ　寝耳に（　）
ウ　取らぬ狸《たぬき》の（　）算用
エ　火のない所に（　）は立たぬ
オ　無用の（　）物
カ　高嶺の（　）

二　次の文章は、伝統的文化が残されていたインドの辺境の町ラダックに魅了された西洋人である筆者が、近代的な西洋文化の流入により変化していく町の様子を目の当たりにし、思いを述べたも

2024年度

逗子開成中学校 ▶解説と解答

算 数 ＜第１次試験＞（50分）＜満点：150点＞

解 答

1 (1) 0 (2) 8 (3) 2024 2 (1) 525600分 (2) 6分 (3) 8157Ｌ (4) 2024cm (5) 2068 (6) 250，300，350，400，450 3 (1) 55cm (2) 51枚目 (3) 34か所 4 (1) 655 (2) 415 (3) ヒダリー T3 K3 B2，ミギギ T2 K2 B0，ミギギ T3 K1 B3 5 (1) 411 (2) 30種類 (3) 112793

解 説

1 四則計算，計算のくふう，逆算

(1) $64+36\times 8+2\times(18-4\div 2)-24\times 16=4\times 16+18\times 2\times 8+2\times(18-2)-24\times 16=4\times 16+18\times 16+2\times 16-24\times 16=(4+18+2-24)\times 16=0\times 16=0$

(2) $\left(5-\frac{1}{4}\right)\div\frac{1}{2}-\left(2\frac{1}{3}-\frac{2}{5}\right)\times 2\frac{17}{29}+1\frac{3}{7}\div\frac{5}{490}\times\frac{1}{40}=\left(\frac{20}{4}-\frac{1}{4}\right)\div\frac{1}{2}-\left(\frac{7}{3}-\frac{2}{5}\right)\times\frac{75}{29}+\frac{10}{7}\times\frac{490}{5}\times\frac{1}{40}=\frac{19}{4}\times\frac{2}{1}-\left(\frac{35}{15}-\frac{6}{15}\right)\times\frac{75}{29}+\frac{7}{2}=\frac{19}{2}-\frac{29}{15}\times\frac{75}{29}+\frac{7}{2}=9.5-5+3.5=8$

(3) $9999-7600=2399$より，$2399-\{(260-\square\div 8)\times 111-102\}\times\frac{5}{9}=2024$，$\{(260-\square\div 8)\times 111-102\}\times\frac{5}{9}=2399-2024=375$，$(260-\square\div 8)\times 111-102=375\div\frac{5}{9}=375\times\frac{9}{5}=675$，$(260-\square\div 8)\times 111=675+102=777$，$260-\square\div 8=777\div 111=7$，$\square\div 8=260-7=253$ よって，$\square=253\times 8=2024$

2 単位の計算，仕事算，体積，長さ，整数の性質，割合と比，相当算，調べ

(1) １日は24時間だから，365日は，365×24＝8760(時間)である。さらに，１時間は60分なので，8760時間は，8760×60＝525600(分)となる。

(2) 片付けるおもちゃの量を30と５の最小公倍数の30とすると，子どもが１分間に片付ける量は，30÷30＝１となる。また，子どもとお母さんが１分間に片付ける量の和は，30÷５＝６となる。よって，お母さんが１分間に片付ける量は，６－１＝５だから，お母さん一人だけで片付けたときにかかる時間は，30÷５＝６(分)と求められる。

(3) お風呂は右の図１の五角形を底面とする五角柱の形をしており，底面は長方形と台形に分けられる。長方形の面積は，250×380＝95000(cm^2)である。また，台形の高さは，380－250＝130(cm)であり，台形の面積は，(380＋250)×130÷２＝40950(cm^2)とわかる。よって，底面積は，95000＋40950＝135950(cm^2)であり，お風呂の容積は，135950×60＝8157000(cm^3)と求められる。これは，１Ｌ＝1000cm^3より，8157000÷1000＝8157(Ｌ)となる。

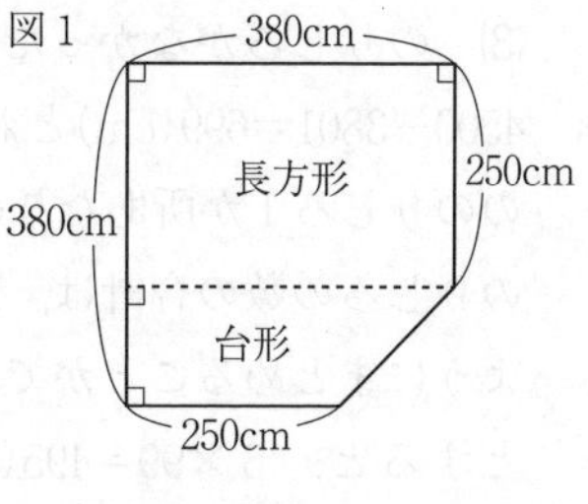

(4) 下の図２のように正方形EFGHの１辺の長さを□cmとすると，長方形ABCDの横の長さは，

532＋480－□＝1012－□(cm)と表すことができる。すると，長方形ABCDのたてと横の長さの和は，□＋(1012－□)＝1012(cm)となるから，長方形ABCDの周りの長さは，1012×２＝2024(cm)と求められる。

図２

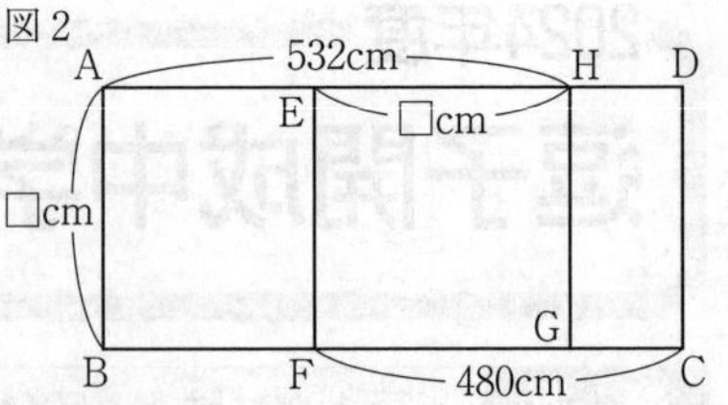

⑸　Kを11で割ったときの商をL，Lを11で割ったときの商をMとして式に表すと，右下の図３のようになる。ここで，$A \div B = C$余りDのとき，$A = B \times C + D$となるから，イの式は，$L = 11 \times M + 1$と表すことができる。これをアの式にあてはめると，$K \div 11 = 11 \times M + 1$より，$K = (11 \times M + 1) \times 11 = 11 \times M \times 11 + 1 \times 11 = 121 \times M + 11$となる。つまり，$K$は121の倍数よりも11大きい数なので，(2024－11)÷121＝16.6…より，2024に最も近い数は，121×17＋11＝2068とわかる。

図３

$K \div 11 = L$　…ア
$L \div 11 = M$余り１…イ

⑹　はじめに入っている赤玉の数は，500×(１－0.99)＝５(個)だから，取り出した赤玉の数は０個～５個である。取り出した赤玉の数が０個の場合，残りの赤玉の数は，５－０＝５(個)であり，これが残りの個数の合計の，100－98＝２(％)にあたるので，(残りの個数の合計)×0.02＝５(個)より，残りの個数の合計は，５÷0.02＝250(個)と求められる。すると，取り出した個数の合計は，500－250＝250(個)となる。さらに，取り出した赤玉の数が１個～５個の場合についても同様に求めると，右の図４のようになる。よって，取り出した白玉と赤玉の個数を合計した数として考えられるものは{250，300，350，400，450}である。

図４

取り出した赤玉	0	1	2	3	4	5
残りの赤玉	5	4	3	2	1	0
残りの個数の合計	250	200	150	100	50	╳
取り出した個数の合計	250	300	350	400	450	╳

3　植木算，つるかめ算

⑴　問題文中の図２で，のりしろを０cmにして並べたとすると，物体の全長は，85＋５＝90(cm)になる。よって，問題文中の図１の横の長さは，90÷２＝45(cm)だから，右の図①のようになる。したがって，折り曲げる前の長方形の長い辺の長さは，45＋５×２＝55(cm)とわかる。

図①

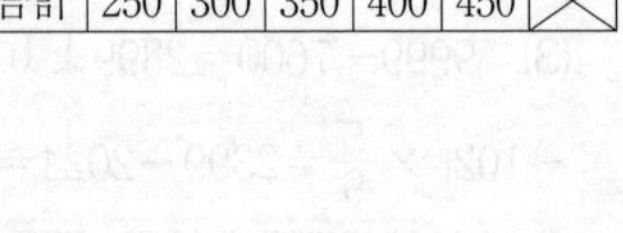

⑵　物体の全長は，１枚目のときは45cmであり，その後は１枚増やすごとに，45－５＝40(cm)ずつ増える。よって，紙を□枚はり合わせたときの全長は，45＋40×(□－１)＝45＋40×□－40×１＝５＋40×□(cm)と表すことができるので，(2024－５)÷40＝50.475より，全長が2024cmを初めて超《こ》えるのは51枚目をはり合わせたときとわかる。

⑶　のりしろがなかったとすると，45×100＝4500(cm)になるので，のりしろの長さの合計は，4500－3801＝699(cm)とわかる。また，７cmと８cmののりしろの数の比は３：２だから，これらののりしろ１か所あたりの平均の長さは，(７×３＋８×２)÷(３＋２)＝7.4(cm)となる。さらに，のりしろの数の合計は，100－１＝99(か所)なので，右の図②のようにまとめることができる。５cmののりしろの数が99か所だとすると，５×99＝495(cm)となり，実際よりも，699－495＝204(cm)短くなる。そこで，５cmののりしろを7.4cmののりしろに交換《こうかん》していくと，１か所あたり，7.4－５＝2.4(cm)ずつ長くなるから，7.4cmののりしろの数は，204÷2.4＝85(か所)とわかる。よっ

図②

１か所５cm　}合わせて
１か所7.4cm　}99か所で699cm

て，８cmののりしろの数は，$85\times\frac{2}{3+2}$＝34(か所)と求められる。

4 条件の整理

(1) 示されている計算式より，ミギギ T1 K2 B0のポイントは，（２＋１）×20＋（６＋２）×65＋（５＋０）×15＝655となる。

(2) ヒダリーとミギギについて，ボーナス値がすべて０の場合とすべて３の場合のポイントを求めると，それぞれ右の表のようになる。よって，最大と最小のポイントの差は，805－390＝415である。

ヒダリー T0 K0 B0	（３＋０）×20＋（３＋０）×65＋（９＋０）×15＝390
ヒダリー T3 K3 B3	（３＋３）×20＋（３＋３）×65＋（９＋３）×15＝690
ミギギ T0 K0 B0	（２＋０）×20＋（６＋０）×65＋（５＋０）×15＝505
ミギギ T3 K3 B3	（２＋３）×20＋（６＋３）×65＋（５＋３）×15＝805

(3) まず，ヒダリーについて考えると，ポイントが675となるヒダリーは，ヒダリー T3 K3 B3よりもポイントが，690－675＝15小さい。ここで，T，K，Bのボーナス値が１増減すると，ポイントがそれぞれ20，65，15増減するから，このようなモンスターは，ヒダリー T3 K3 B3よりもBのボーナス値が１小さいモンスター，つまり，ヒダリー T3 K3 B2とわかる。次に，ミギギについて考えると，ポイントが675となるミギギは，ミギギ T0 K0 B0よりもポイントが，675－505＝170大きい。よって，T，K，Bのボーナス値をそれぞれt，k，bとすると，$t\times20+k\times65+b\times15=170$と表すことができ，等号の両側を５で割ると，$t\times4+k\times13+b\times3=34$となる。$k=0$の場合，$t\times4+b\times3=34$となり，$t$，$b$の値は３以下なので，あてはまる($t$，$b$)の組はない。$k=1$の場合，$t\times4+b\times3=34-1\times13=21$となり，($t$，$b$)＝(３，３)とするとあてはまる。$k=2$の場合，$t\times4+b\times3=34-2\times13=8$となり，($t$，$b$)＝(２，０)とするとあてはまる。したがって，ミギギについては，ミギギ T3 K1 B3，ミギギ T2 K2 B0が出場できる。

5 周期算

(1) ３けたの数の百の位は{1，２，３，４，５，６，６，５，４，３，２，１}の12個の数字，十の位は{1，２，３，４，５，５，４，３，２，１}の10個の数字，一の位は{1，２，２，１}の４個の数字のくり返しになっている。100÷12＝８余り４より，100番目の数の百の位は４(周期の４番目の数字)とわかる。また，100÷10＝10より，100番目の数の十の位は１(周期の10番目の数字)である。さらに，100÷４＝25より，100番目の数の一の位は１(周期の４番目の数字)となる。よって，100番目の数は411である。

(2) 12個，10個，４個の最小公倍数である60個(１番目～60番目)の数について，下の図のように，31番目，32番目，33番目，…，60番目の数はそれぞれ，30番目，29番目，28番目，…，１番目の数と同じになる。さらに，61番目～120番目の数はそれぞれ，１番目～60番目の数と同じになる(以降も同様)。そして，１番目～30番目の数は，互《たが》いに異なっている。よって，並んでいる３けたの数は全部で30種類ある。

1番目↓　2番目↓　3番目↓　…　X↓（6つ目）　…　28番目↓　29番目↓　30番目↓　31番目↓　32番目↓　33番目↓　…

百の位　1 2 3 4 5 6 6 5 4 3 2 1/1 2 3 4 5 6 6 5 4 3 2 1/1 2 3 4 5 6 6 5 4 3 …
十の位　1 2 3 4 5 5 4 3 2 1/1 2 3 4 5 5 4 3 2 1/1 2 3 4 5 5 4 3 2 1/1 2 3 4 …
一の位　1 2 2 1/1 2 2 1/1 2 2 1/1 2 2 1/1 2 2 1/1 2 2 1/1 2 2 1/1 2 2 1/1 2 …

(3) １番目～60番目の数を周期と考えると，１周期の中の百の位だけの和は，（1＋2＋3＋4＋

５＋６)×(60÷６)＝210，十の位だけの和は，(１＋２＋３＋４＋５)×(60÷５)＝180，一の位だけの和は，(１＋２)×(60÷２)＝90なので，１周期の和は，100×210＋10×180＋１×90＝22890と求められる。次に，図より，周期の中の最大の数Xは652であり，この数は周期の６番目と，終わりからかぞえて６番目の２か所にある。よって，10個目のXは，10÷２＝５(周期目)の終わりからかぞえて６番目にあり，周期の終わりからかぞえて１番目～５番目は，周期の１番目～５番目と同じ111，222，332，441，551なので，10個目のXまでの合計は，22890×５－(111＋222＋332＋441＋551)＝112793と求められる。

社　会　＜第１次試験＞（40分）＜満点：100点＞

解　答

1 **問1**　**1**　火砕流　**2**　やませ　**問2**　Ⅰ　エ　Ⅱ　ウ　**問3**　イ　**問4**　ウ　**問5**　リアス(式)海岸　**問6**　Ⅰ　ア　Ⅱ　ウ　**問7**　**資料1**…オ　**資料2**…ア　**資料3**…エ　**問8**　長良川　**問9**　**a**　(例)　急激に増加している　**b**　(例)　コンクリートなどで地表面がおおわれるようになった(森林などの面積が縮小した)　**問10**　イ　**問11**　Ⅰ　1923年９月１日　Ⅱ　ウ　**2** **問1**　ウ　**問2**　ア　**問3**　**天皇名**…聖武　**目的**…(例)　災害や病などの社会不安が続く中，仏教の力で不安を取り除こうとした。　**問4**　蝦夷　**問5**　厳島神社　**問6**　1185　**問7**　イ→エ→ア→ウ　**問8**　イ　**問9**　ウ　**問10**　ア　**問11**　ア，エ　**問12**　下田，ウ　**問13**　エ　**問14**　Ⅰ　エ　Ⅱ　(例)　当時の日本は戦争中であり，地震によって軍需工場が破壊されるなどの大きな被害が生じたことを隠すために，政府が報道の統制を行ったと考えられる。　**問15**　ア　**3** **問1**　ア　**問2**　Ⅰ　リコール　Ⅱ　国庫支出金　**問3**　イ　**問4**　ウ　**問5**　防衛省　**問6**　Ⅰ　**問題点**…(例)　日本語が不自由な外国人が，避難所での指示を理解できない。　**解決策**…(例)　イラストやジェスチャーなどで指示を伝える。(その国の言葉がわかる人を探して通訳してもらう。)(スマートフォンの翻訳機能を使って，その人とコミュニケーションをとる。)　Ⅱ　**問題点**…(例)　赤ちゃんの泣き声やオムツのにおいが周りの迷惑になっている。(おむつ交換の場所がないため交換できず，赤ちゃんが泣いてしまっている。)　**解決策**…(例)　おむつ交換をしやすいように段ボールやカーテンなどで周囲の目をさえぎるブースをつくる。(親子連れとそれ以外の人で，避難スペースを分ける。)(子連れの家族の避難に対応できるよう，おむつなどの赤ちゃん用品(物資)を十分に用意しておく。)

解　説

1 **日本の国土と自然災害についての問題**

問1　**1**　火山が噴火《ふんか》したさい，火山灰や軽石などが火山ガスとともに，ときには時速100kmを超《こ》える速さで山の斜面《しゃめん》を流れ落ちることがあり，この現象を火砕流《かさいりゅう》という。1991年に雲仙《うんぜん》普賢《ふげん》岳(長崎県)で発生した大規模な火砕流では，40人以上の犠牲《ぎせい》者が出た。　**2**　東北地方の太平洋側では，初夏から盛夏にかけて，オホーツク海にある高気圧から吹《ふ》き出す北東の風が，沖合を流れる寒流の親潮(千島海流)の上を通り，しめった冷たい風となって吹きつけることがある。この風を「やませ」といい，霧や雲が発生して日光をさえぎり，気温の上昇《じょうしょう》をさまたげるので，これが長く続くと農作物の生育が遅《おく》れて冷害の原因となる。

問２　Ⅰ　日本は国土の約４分の３を山地・丘陵《きゅうりょう》地が占《し》め，その多くが森林でおおわれているため，森林の割合(国土の約３分の２)が非常に高くなっている。　Ⅱ　１日の最高気温が25℃以上の日を夏日，30℃以上の日を真夏日，35℃以上の日を猛暑《もうしょ》日という。また，最低気温が25℃以上である夜を熱帯夜という。なお，１日の最低気温が０℃未満になった日を冬日，最高気温が０℃未満の日を真冬日という。

問３　世界には，太平洋を取り巻くように連なる環太平洋造山帯と，主にユーラシア大陸の南部を東西に連なるアルプス・ヒマラヤ造山帯の２つの造山帯がある。日本列島やアのフィリピン，ウのアメリカ合衆国，エのニュージーランドは，環太平洋造山帯に属している。イの南アフリカ共和国は，アフリカ大陸の南端《たん》に位置し，どちらの造山帯にもふくまれない。

問４　九州新幹線が通過するのは福岡県，佐賀県，熊本県，鹿児島県の４県で，桜島があるのは鹿児島県(…Ｘ)である。鹿児島県から宮崎県にかけての地域には，古代の火山活動によって噴出した，シラスと呼ばれる火山灰の積もった層が広がっている。シラス台地と呼ばれるそうした地域は，水持ちが悪く稲作には不向きであることから，主に畑作や畜産を中心に農業が行われている。鹿児島県は畜産ではぶたとブロイラー(肉用若鶏《わかどり》)の飼養数が全国第１位なので，表でぶた肉の第１位となっているウが当てはまる。なお，人口が第１位となっているアは福岡県，トマトが第１位となっているエは熊本県，残ったイは佐賀県である。

問５　三陸海岸ではリアス(式)海岸が発達している。リアス海岸は，かつて山地であったところが沈降(下降)し，尾根であったところが半島に，谷であったところが入り江や湾になってできた，海岸線の複雑な地形である。入り江が多いため波が静かで，沿岸部の水深が深く船の出入りがしやすいことから，漁港が発達している場所が多く，養殖《ようしょく》にも適している。しかし，津波が発生すると，せまい湾内に海水が押《お》し寄せて湾の奥で水位がさらに上がるため，湾の周囲に広がる低地が浸水《しんすい》し，特に湾の奥が最も大きな被害を受けやすい。2011年３月11日に起きた東日本大震災《だいしんさい》(東北地方太平洋沖地震)のさい，三陸海岸では津波により多くの犠牲者が出た。

問６　Ⅰ　ａ　グラフＸはグラフＹに比べて原子力発電が少なく太陽光発電が多いので，グラフＸが2022年度，グラフＹが2010年度と判断できる。東日本大震災での福島第一原子力発電所の事故を受け，原発の再稼働《かどう》には厳しい条件が設けられるようになったため，再稼働した原発は少ない。また，太陽光発電は再生可能エネルギーの１つで，近年は水力発電を上回るようになっている。

ｂ　二酸化炭素などの温室効果ガスについて，人間の活動によって排出《はいしゅつ》される量と，植物などによって吸収される量を，差し引きゼロにすることをカーボンニュートラルという。カーボンは「炭素」，ニュートラルは「中立」という意味の英語である。カーボンニュートラルの実現のためには，再生可能エネルギーの割合を増やして，石炭・天然ガス・石油などの化石燃料の使用量を減らす必要がある。なお，バイオエタノールはとうもろこしやさとうきびなどの糖やでんぷんを発酵《はっこう》させることで得られるアルコールで，ブラジルなどではガソリンと混ぜて自動車の燃料などに利用されている。　Ⅱ　Ｘ，Ｙ　国内の通貨と外国通貨の交換《こうかん》比率を為替《かわせ》相場といい，各国の経済状況《じょうきょう》などとの関連で常に変動している。このうち，例えば１ドル＝150円であったものが１ドル＝100円になるような場合は，ドルに対する円の価値が上がったことになるので円高(ドル安)といい，これと逆の場合を円安(ドル高)という。一般《いっぱん》に円安になると，日本が商品を輸入するさいの価格が上がるので，輸入には不利となり，国内の物価上昇にもつながる。その一方で，日本からの輸出品の輸出先での価格が下がることになるので，輸出には有利になる。

問７　**【資料１】**「世界最大級のカルデラ」は阿蘇《あそ》山(熊本県)と判断できるので，地図中のオ(阿蘇くじゅう国立公園)が選べる。　**【資料２】**「日本で最も透明《とうめい》度の高い湖」は摩周《ましゅう》湖，「マリモが生息する湖」は阿寒《あかん》湖で，これらは北海道に位置するカルデラ湖なので，地図中のア(阿寒摩周国立公園)があてはまる。　**【資料３】**　富士山(山梨県・静岡県)についての記述なので，地図中のエ(富士箱根伊豆国立公園)がふさわしい。富士山は火山で，ふもとには富士五湖と呼ばれる５つの湖(河口湖，山中湖など)や樹海がある。また，富士山はユネスコ(国連教育科学文化機関)の世界文化遺産「富士山—信仰《しんこう》の対象と芸術の源泉」の構成資産となっている。　なお，地図中のイは十和田八幡平《はちまんたい》国立公園，ウは日光国立公園である。

問８　岐阜県と愛知県，三重県にまたがる濃尾《のうび》平野南西部は低湿地《しっち》帯となっており，木曽三川《きそさんせん》(西から順に揖斐《いび》川・長良《ながら》川・木曽川)が集中して流れているため，昔から河川のはんらんなどの水害に悩《なや》まされてきた。そのため，この地域では住宅地や田畑の周囲を堤防《ていぼう》で取り囲む輪中と呼ばれる集落が発達した。

問９　**ａ**，**ｂ**　図において，「都市化前の流量」が降水後に長い時間をかけて増え，最大量も少ないのに対し，「都市化後の流量」が降水後に短時間のうちに増え，最大量も多いことがわかる。これは，都市化により地面がコンクリートやアスファルトでおおわれた(森林や緑地が縮小した)ことで，雨水が地面に吸収されにくくなったからである。

問10　ア　現在，食糧管理制度は廃止されており，米は自由販売されているので，誤っている。　イ　東北地方の米の収穫《しゅうかく》量は全国の約27.9％を占める(2021年)ので，正しい。　ウ　二毛作は，１つの耕地で１年に２回，米の裏作として小麦をつくるなど，異なる作物を生産することなので，誤っている。１つの耕地で同じ種類の作物を１年に２回生産することは，二期作という。なお，二毛作は九州地方などでさかんだが，二期作は全国的にほとんど行われていない。　エ　日本の米の生産量は世界の1.6％，輸出量は0.3％なので，誤っている。

問11　Ⅰ　1923年９月１日，相模《さがみ》湾北西部を震源とする大地震が発生し，地震の揺《ゆ》れや火災により，東京と横浜を中心に約10万人の死者・行方不明者を出す大災害となった(関東大震災)。現在，９月１日は「防災の日」とされており，各地で防災訓練などが行われている。　Ⅱ　アの「⌂」は老人ホーム，イの「ȯ」は果樹園，ウの「Y」はくわ畑，エの「Y」は消防署の地図記号である。表の養蚕農家戸数の減少から，くわ畑が廃止されたと考えられる。絹(生糸)を生産する製糸業では蚕の繭《まゆ》が原料とされ，蚕のエサとなるくわの葉が必要だったため，日本で製糸業がさかんだったころにはくわ畑が各地に数多くあった。

2 日本の災害の歴史についての問題

問１　ア　白村江《はくすきのえ》の戦い(663年)で唐(中国)と新羅《しらぎ》の連合軍に大敗したのは中大兄《なかのおおえの》皇子(後の天智天皇)なので，誤っている。　イ　大宝律令(701年)を制定したのは文武《もんむ》天皇なので，誤っている。　ウ　671年に天智天皇が亡くなると，翌672年，弟の大海人《おおあまの》皇子と天智天皇の子の大友皇子の間で皇位をめぐる争いが起こった。これを壬申《じんしん》の乱といい，勝利した大海人皇子は即位《そくい》して天武天皇となった。よって，正しい。　エ　中国の様式を取り入れた日本で最初の本格的な都城(周囲に城壁をめぐらせた都市)は，藤原京(奈良県)である。また，710年に平城京(奈良県)に都を移したのは元明天皇である。よって，誤っている。

問２　『日本書紀』は720年に舎人《とねり》親王らの手によって編さんされた歴史書で，712年に編さんされた『古事記』と合わせて「記紀」と呼ばれる。なお，イの稗田阿礼《ひえだのあれ》とウの太安万侶《おおのやすまろ》は，『古事記』をそれぞれ口承・筆録した人物。エの山上憶良《やまのうえのおくら》は「貧窮問答歌《ひんきゅうもんどうか》」で知られる万葉歌人である。

問３　資料に「国分寺・国分尼《に》寺の建立《こんりゅう》の命令」とあるので，聖武天皇と判断できる。奈良時代には，皇族や貴族の間で争いが絶えなかったほか，ききんや疫病《えきびょう》もしばしば起こった。そのため，仏教を厚く信仰した聖武天皇は，仏教の力で国を安らかに治めようと考え，地方の国ごとに国分寺・国分尼寺を建てさせるとともに，都の平城京には総国分寺として東大寺を建て，大仏をつくらせた。

問４　奈良時代の前半に，東北地方に住む蝦夷《えみし》に対する軍事拠点《きょてん》として多賀《たが》城(宮城県)が築かれ，陸奥《むつ》国(東北地方の太平洋側)の国府と鎮守《ちんじゅ》府が置かれた。そして平安時代初め，征夷《せいい》大将軍に任命された坂上田村麻呂が胆沢《いさわ》城・志波《しわ》城(いずれも岩手県)を築き，朝廷の勢力範囲《はんい》を拡大させた。

問５　広島県にある厳島《いつくしま》神社は航海の守護神をまつる神社で，平安時代末に平氏があつく信仰し社殿を美しく整えたことで知られる。

問６　1185年，壇ノ浦《だんのうら》(山口県)において，源氏と平氏の最後の決戦が行われ，源義経(源頼朝の弟)に率いられた源氏が勝利し，敗れた平氏は滅亡《めつぼう》した(壇ノ浦の戦い)。

問７　アは永仁の徳政令(1297年)，イは承久《じょうきゅう》の乱(1221年)，ウは正長の土一揆《いっき》(1428年)，エは元《げん》寇《こう》(1274年の文永の役と，1281年の弘安の役)に関わる文章である。よって，年代の古い順にイ→エ→ア→ウとなる。

問８　九州のキリシタン大名(大友宗麟《そうりん》ら)がローマ(イタリア)にいる法王のもとに派遣した４人の少年使節は，天正遣欧《てんしょうけんおう》使節と呼ばれる(イ…○)。なお，彼らは1582～90年に派遣された。また，アの桶狭間《おけはざま》の戦い(1560年)は織田信長が今川義元を破った戦いで，信長が武田勝頼《かつより》を破ったのは長《なが》篠《しの》の戦い(1575年)である。ウの豊臣秀吉は1587年にバテレン追放令を出したが，貿易は奨励《しょうれい》した。エの鉄砲伝来は1543年の出来事で，天正年間ではない。

問９　a　直後に「小判を大量に発行する」とあるので，小判１枚あたりにふくまれる金の量は減ったと考えられる。よって，「減らし」が入る。　b　小判などの貨幣が大量に発行されて１枚あたりの貨幣価値が下がると，同じ商品を買うのに必要な貨幣の枚数が増える(つまり，物価が上昇する)。なお，このような現象をインフレーション(インフレ)といい，江戸幕府の第５代将軍徳川綱吉は金の量を減らした小判(元禄《げんろく》小判)を鋳造《ちゅうぞう》して財政難を切りぬけようとしたため，インフレーションが起き，物価が上昇した。

問10　菱川師宣《ひしかわもろのぶ》は江戸時代前半の元禄文化を代表する浮世絵《うきよえ》師で，代表作にアの「見返り美人図」がある。なお，イの「富嶽《ふがく》三十六景」は江戸時代後半の化政文化を代表する浮世絵師葛飾北斎《かつしかほくさい》の浮世絵，ウの「湖畔《こはん》」は明治～大正時代に活躍《かつやく》した洋画家黒田清輝《せいき》の油絵，エの「唐獅子図屏風《からじしずびょうぶ》」は安土桃山時代に活躍した絵師狩野永徳《かのうえいとく》の障壁《しょうへき》画である。

問11　享保《きょうほう》の改革は，江戸幕府の第８代将軍徳川吉宗による改革である。そのなかで吉宗は，一般庶民《しょみん》の意見を聞くために目安箱を設置し，裁判の基準となる公事方御定書《くじかたおさだめがき》を定めたので，ア，エの２つが当てはまる。なお，イの上知令は老中水野忠邦《ただくに》による天保《てんぽう》の改革，ウの帰農令と囲米《かこいまい》の制，オの寛政《かんせい》異学の禁は老中松平定信による寛政の改革，カの株仲間の公認は老中田沼意次《おきつぐ》の政治に関わることがらである。

問12「この港は，安政の東海・南海地震と同じ年に開港が決められました」と述べられているので，年表より，その年は1854年とわかる。また，1854年には日米和親条約が結ばれ，江戸幕府は函館(箱館，北海道)と下田(静岡県)の２港を開いた(以降，イギリス，ロシア，オランダとも同様の和親条約を結んだ)。よって，この港は地図中のウの下田と判断できる。なお，アは新潟，イは横浜(神奈川県)，エは神戸(兵庫県)で，日米修好通商条約(1858年)をはじめとする「安政の五か国条約」により開港した。また，ロシア艦隊は日露和親条約を結ぶために下田に入港していたもので，ロシア使節プチャーチンは津波により乗船を失い，日本で帆船をつくって帰国した。

問13　シベリア出兵は1918年の出来事なので，エが誤っている。なお，アの領事裁判権の撤廃《てっぱい》は1894年，イの日本海海戦は1905年，ウの朝鮮総督《そうとく》府の設置は1910年の出来事である。

問14　Ⅰ　1941年12月８日，日本海軍がハワイの真珠《しんじゅ》湾にあったアメリカ軍基地を攻撃《こうげき》するとともに，陸軍がイギリス領のマレー半島に上陸を開始し，日本はアメリカ・イギリスなど連合国との太平洋戦争(1941～45年)に突入《とつにゅう》した。なお，アの柳条《りゅうじょう》湖《こ》事件(満州事変のきっかけとなった事件)は1931年，イの日本の国際連盟脱退は1935年(脱退通告は1933年)，ウの盧《ろ》溝橋《こうきょう》事件(日中戦争のきっかけとなった事件)は1937年の出来事である。　Ⅱ　【資料１】を見ると，東南海地震により愛知県半田市では工場が壊滅《かいめつ》的な被害を受け，多数の死者が出たことがわかる。一方，【資料２】からは，戦争などの国策のために，政府が新聞記事を制限・禁止できることがわかる。日本国内で東南海地震に関する報道の扱《あつか》いが小さかったのは，当時の日本は戦争中であり，地震によって大きな被害が生じたことを隠そうとして，政府が報道の統制を行ったためだと考えられる。

問15　高度経済成長期(1950年代後半～1970年代初め)の前半には白黒テレビ・電気洗濯《せんたく》機・電気冷蔵庫が各家庭に普《ふ》及《きゅう》して「三種の神器」と呼ばれ，後半にはカラーテレビ・クーラー(エアコン)・カー(自動車)が普及して「新三種の神器(３Ｃ)」と呼ばれた。グラフ中のアが白黒テレビで，イは電気洗濯機，ウは電気冷蔵庫，エはカラーテレビである。白黒テレビの普及率が1968年ごろから減少したのは，カラーテレビが普及するようになったためである。

３　災害対策についての問題

問１　ア　予算案は衆議院に先議権があり，必ず衆議院から審議が始まる(「衆議院の優越《ゆうえつ》」の１つ)。よって，正しい。なお，法律案の審議は衆・参どちらの議院から始めてもよい。　イ　公聴会は，委員会審議のさい，学者や利害関係者を招いて意見を聞く会である。予算および予算をともなう議案の審議，憲法審査会における憲法改正案の審議のさいには必ず開かれるが，その他の案件については義務づけられていないので，誤っている。　ウ「出席議員の過半数」ではなく「総議員の３分の２以上」が正しい。　エ　内閣不信任案(信任案)の議決は衆議院だけの権限で，「衆議院の優越」の１つである。よって，誤っている。

問２　Ⅰ　地方自治において住民に認められている直接請求《せいきゅう》権のうち，首長や議員の解職についての請求はリコールとも呼ばれる。　Ⅱ　国が地方公共団体に支給する補助金には，地方交付税交付金と国庫支出金がある。地方交付税交付金は，収入の少ない地方公共団体に国が出す補助金で，使いみちは地方公共団体が自由に決められる。一方，国庫支出金は，子育て支援など国が地方公共団体に委《い》託《たく》，または共同で行う事業に関する費用を国が負担するものである。

問３　X「健康で文化的な最低限度の生活を営む権利」は生存権と呼ばれ，日本国憲法第25条で定められているので，正しい。　Y　ストライキは労働者の当然の権利であるが，公務員の場合は職務の公共性に照らして考え，原則として禁止されているので，誤っている。なお，「公共の福《ふく》祉《し》」は社会全体の幸福や利益のことで，これに反する場合，権利の主張は認められなかったり制限されたりする。

問４　2023年度の国の一般会計歳出額は約114兆3800億円で，このうち社会保障関係費が36.9％を占めて最も多く，以下，国債《こくさい》費，地方交付税交付金，防衛関係費，公共事業関係費の順となっている。

問５　自衛隊の管理や運営を担当する中央省庁は防衛省で，文民統制（シビリアン・コントロール）にもとづき，その最高指揮監督権は内閣総理大臣にある。

問６　Ⅰ【イラストA】は，「避難《ひなん》してきた外国人」が，避難所のアナウンスが日本語であるため，理解できずに困っている様子を表している。近年，インバウンド（訪日外国人観光客）や外国人出稼ぎ労働者が増えており，通常時には多言語表示の案内板やピクトグラムなどの表示が町中に多く見受けられるが，災害時の避難所にはそうしたものがない。そのため，身振り手振りのジェスチャー，イラストを描いて示す，スマートフォンの翻訳《ほんやく》機能を使う，その国の言語を理解する人がいれば通訳してもらうなどの工夫が必要になる。　Ⅱ【イラストB】は，「避難してきた赤ちゃん連れの親子」が，赤ちゃんの夜泣きやオムツの交換に苦労している様子を表している。避難所の多くは学校の体育館や公民館などで，仕切りがない場所が多いので，赤ちゃん連れの親は周囲の人に迷惑《めいわく》をかけないように余分な気づかいをしなければならない。そのため，段ボールやカーテンで仕切ったスペースを設ける，親子連れとそれ以外の人で避難スペースを分ける，オムツのような赤ちゃん向け用品を事前に準備しておくなどの工夫が必要になる。

理　科　＜第１次試験＞（40分）＜満点：100点＞

解　答

[1]　(1)　**ア**　おそ　　**イ**　運ぱん　　**ウ**　たい積　　**エ**　せん状地　　(2)　ウ　　(3)　ウ　　(4)　右の図　　(5)　イ　　(6)　土石流　　(7)　(例)　(土砂がたまると)川底のかたむきがゆるやかになるから。

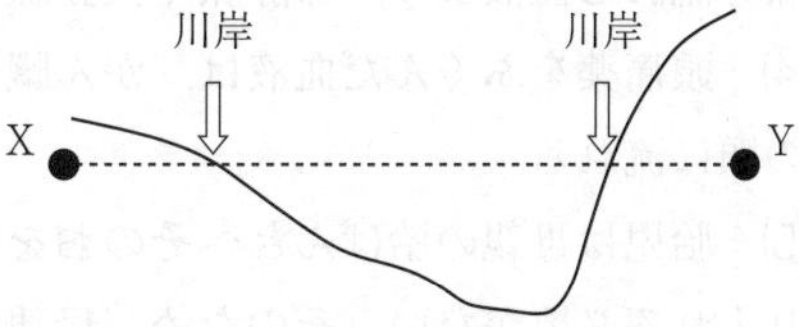

[2]　(1)　①　じん臓　　②　イ　　(2)　(かん)門脈　　(3)　エ　　(4)　(かん臓→) g → a → b → c → d → f (→頭の細胞)　　(5)　①　Ⅰ　右心ぼう　　Ⅱ　左心ぼう　　②　ウ　　③　(例)　胎児は胎ばんから酸素を受け取るので，肺に大量の血液を送る必要がないから。　[3]　(1)　ウ　　(2)　**A**　イ　　**B**　カ　　**C**　エ　　**D**　ア　　(3)　二酸化炭素　　(4)　①　オ　　②　14cm^3　　③　塩酸Yを18cm^3　　[4]　(1)　①　7.0m／秒　　②　$1\frac{5}{7}$秒　　(2)　４倍　　(3)　0.9m　　(4)　８ｇ　　(5)　９段

解　説

[1]　**流れる水のはたらき，せん状地，砂防ダムのはたらきについての問題**

⑴　川が谷を流れて平地に出ると川底のかたむきが小さくなり，水の流れる速さがおそくなるため運ぱん作用が弱まり，谷の出口に土砂がたい積していく。このようにしてつくられた地形をせん状地という。

⑵　谷の出口にたい積した土砂はおもにれきや砂でできているため，川の水が地下にしみこみやすく，しみこんだ水は地下を流れてせん状地のはしでわき出ることが多い。このように，地下にもぐりこんだ水を伏流《ふくりゅう》水という。

⑶，⑷　曲がって流れている川では，流れの外側に近いところ（図１のウ）の流れが最も速く，しん食作用がさかんで，内側に近いところ（ア）の流れが最もおそく，たい積作用がさかんである。そのため，流れの外側の川底は深くなって，川岸はがけのようになっている場合が多い。一方，内側の川底は浅くなっていて，川原ができていることが多い。

⑸　泥《どろ》のように小さい粒《つぶ》はつもりにくいため，河口から遠いところまで運ばれて深い海にたい積するが，小石のように大きい粒はつもりやすいため，河口に近い浅い海にたい積する。Z地点では，深い海がしだい浅くなったことから，下の方の層の粒ほど小さいと考えられるので，イがふさわしい。

⑹　大量の土砂や岩，木などが水とともに一気に川下の方へ流れる現象を，土石流という。

⑺　砂防ダムを設置すると，ダムの上流側の川底に土砂がたい積するようになり，川底がけずられにくくなる。また，川底のかたむきがゆるやかになるため，川の流れる速さがおそくなる。

2　ヒトの体と血液循環《じゅんかん》，胎児《たいじ》の心臓についての問題

⑴　こしの背中側に１対ある，ソラマメのような形をした器官をじん臓という。じん臓は，血液中から尿素《にょうそ》，余分な塩分や水分などの不要物をこし出して，尿をつくっている。

⑵　小腸からかん臓につながる血管を門脈（かん門脈）という。小腸で吸収された養分は血液にとけてかん臓に運ばれるため，食後しばらくすると門脈中の養分の割合が大きくなる。

⑶　全身からもどってきた二酸化炭素を多くふくむ血液は，大静脈（ａ）→右心ぼう（Ⅰ）→右心室→肺動脈（ｂ）→肺→肺静脈（ｃ）→左心ぼう（Ⅱ）→左心室→大動脈（ｄ）の順に通って全身に送られる。また，肺では血液中の二酸化炭素と酸素の交換《こうかん》が行われる。したがって，酸素量は，大静脈や肺動脈を流れる血液より，肺静脈や大動脈を流れる血液の方が多い。

⑷　頭痛薬をふくんだ血液は，かん臓→ｇ→ａ→Ⅰ→ｂ→肺→ｃ→Ⅱ→ｄ→ｆ→頭の細胞→ｅ→ａの順に流れる。

⑸　胎児は母親の胎ばんとへそのおをなかだちとして母親から酸素を受け取るので，肺で酸素を取り入れる必要がない。そのため，母親から送られてきた酸素を多くふくむ血液の多くは，右心ぼうから卵円孔《こう》を通って左心ぼうに送られ，左心室から全身へと送られている。また，肺動脈と大動脈をつなぐ血管があるため，右心室から出された血液の多くも全身へと送られる。これらの構造によって，胎児は肺への血液流入量を減らしている。

3　ろ過のしかた，物質の判別，水よう液の中和についての問題

⑴　ろ過をするときには，ろ液が流れやすいように，ろうとの先のとがっている方をビーカーの内側につける。また，液を注ぐときは，ガラス棒を伝わらせて少しずつ注ぎ，液がろ紙からあふれないようにする。

⑵，⑶　水にとけるのは砂糖と食塩で，砂糖水を加熱してしばらくすると，砂糖がこげ始めるため

ねばりのある茶色っぽい液体になり，さらに加熱して水を蒸発させると，砂糖がこげてできた黒っぽい色の物質(炭素を多くふくむ)ができる。なお，食塩水を加熱して水を蒸発させると，食塩の白い結晶《けっしょう》が残る。したがって，物質Ａは砂糖である。次に，銅，鉄，石灰石は水酸化ナトリウム水よう液と反応しないが，アルミニウムは水酸化ナトリウム水よう液にとけて水素を発生するので，物質Ｂはアルミニウム，気体Ｅは水素とわかる。さらに，銅は塩酸と反応せず，鉄は塩酸にとけて水素を発生し，石灰石は塩酸にとけて二酸化炭素を発生するので，物質Ｃは石灰石，気体Ｆは二酸化炭素，物質Ｄは銅と決まる。

⑷　①　図２より，20cm^{3}の水酸化ナトリウム水よう液Ｚと完全に中和する塩酸Ｘの体積は10cm^3，塩酸Ｙの体積は15cm^{3}とわかる。よって，塩酸Ｘの濃度《のうど》と塩酸Ｙの濃度の比は，$\frac{1}{10}$：$\frac{1}{15}$＝３：２と求められる。　②　３cm^{3}の塩酸Ｘと完全に中和する水酸化ナトリウム水よう液Ｚの体積は，$20\times\frac{3}{10}=6$(cm^3)，６cm^{3}の塩酸Ｙと完全に中和する水酸化ナトリウム水よう液Ｚの体積は，$20\times\frac{6}{15}=8$(cm^3)である。したがって，３cm^{3}の塩酸Ｘと６cm^{3}の塩酸Ｙを混ぜ合わせた水よう液を完全に中和するために必要な水酸化ナトリウム水よう液Ｚの体積は，$6+8=14$(cm^3)となる。　③　８cm^{3}の塩酸Ｘと40cm^{3}の水酸化ナトリウム水よう液Ｚを混ぜ合わせると，８cm^{3}の塩酸Ｘと，$20\times\frac{8}{10}=16$(cm^3)の水酸化ナトリウム水よう液Ｚが完全に中和して，水酸化ナトリウム水よう液Ｚが，$40-16=24$(cm^3)残る。よって，ここに塩酸Ｙを，$15\times\frac{24}{20}=18$(cm^3)加えると，水よう液が完全に中和する。

４　球の運動，衝突《しょうとつ》についての問題

⑴　表で，球Ａを落とす高さを，$0.4\div0.1=4$(倍)，$0.9\div0.1=9$(倍)にすると，地面に衝突する直前の速さは，$2.8\div1.4=2$(倍)，$4.2\div1.4=3$(倍)になり，地面に衝突するまでの時間も，$\frac{2}{7}\div\frac{1}{7}=2$(倍)，$\frac{3}{7}\div\frac{1}{7}=3$(倍)になっている。したがって，$4=2\times2$，$9=3\times3$より，球Ａを落とす高さを(□×□)倍にすると，地面に衝突する直前の速さと，地面に衝突するまでの時間が□倍になることがわかる。　①　$2.5\div0.1=25$，$25=5\times5$より，球Ａが地面に衝突する直前の速さは，$1.4\times5=7.0$(m/秒)と求められる。　②　$3.6\div0.1=36$，$36=6\times6$より，球Ａが地面に衝突するまでの時間は，$\frac{1}{7}\times6=\frac{6}{7}$(秒)である。また，球Ａを落としてから地面に衝突するまでの時間と，球Ａが地面に衝突してから最高点に上がるまでの時間は同じであると述べられている。よって，球Ａを静かに落としてから最高点に上がるまでの時間は，$\frac{6}{7}\times2=\frac{12}{7}=1\frac{5}{7}$(秒)である。

⑵　球Ａが地面に衝突した直後の球Ｂは，一体となった球Ａと球Ｂが地面に衝突する直前の２倍の速さではね上がったと述べられている。また，球が地面に衝突する直前の速さと直後の速さは同じであるとも述べられている。したがって，球を落とす高さを，$2\times2=4$(倍)にすると地面に衝突する直前の速さが２倍になることから，球Ｂははじめの高さの４倍まで上がる。

⑶　⑵より，球Ｂははじめの高さの４倍まで上がるので，球Ｂが3.6ｍの高さまで上がるためには，一体となった球Ａと球Ｂを地面から，$3.6\div4=0.9$(ｍ)の高さから静かに落とせばよい。

⑷　球Ａの重さが80ｇのとき，球Ｂ～球Ｄの重さはそれぞれ，$80\times\frac{1}{3}=\frac{80}{3}$(ｇ)，$\frac{80}{3}\times\frac{2}{4}=\frac{40}{3}$(ｇ)，$\frac{40}{3}\times\frac{3}{5}=8$(ｇ)となる。

⑸　説明文より，□段のすっとびボールの最上段の球は，最下段の球が地面に衝突する直前の□倍の速さではね上がることがわかる。また，⑵より，□段のすっとびボールの最上段の球は，はじめ

の高さの(□×□)倍の高さまで上がる。よって，30÷0.4＝75，８×８＝64，９×９＝81より，最上段の球が30mをこえる高さまで上がるためには，少なくとも９段のすっとびボールを作ればよい。

国　語　＜第１次試験＞（50分）＜満点：150点＞

解　答

一 **問１**　①～⑩　下記を参照のこと。　⑪　ちゅうかい　⑫　せいぎょ　⑬　なご(やか)　⑭　おか(し)　⑮　いきどお(り)　**問２**　①　i　カ　ii　花　②　i　イ　ii　水　③　i　ア　ii　笛　④　i　ウ　ii　皮　⑤　i　オ　ii　長

二 **問１**　i　c　ii　エ　**問２**　エ　**問３**　(例)　開発により不満と貪欲さが刺激され，新しい欲求が作られたから。　**問４**　(例)　ラダックの人びとは身近で得られる資源を知恵と技術によって快適で安全に利用していたのに，西洋文化を追うことでそれを自ら放棄し，環境劣化に進んでいるから。　**問５**　ア　**問６**　ウ　**問７**　ア

三 **問１**　a　ア　b　エ　**問２**　イ　**問３**　人は利のみ　**問４**　イ　**問５**　ア　**問６**　(例)　恩よりも利を優先するのが常識の世の中で，わずかな恩のために命を犠牲にしようとする与次郎大夫のけなげな心に感動している。　**問７**　(例)　豊臣家への恩のために戦った自分が，自分が助かる利のために与次郎大夫を犠牲にすることは信念に反することだから。

●漢字の書き取り

一 **問１**　①　気配　②　深刻　③　圧倒　④　団結　⑤　警戒　⑥　服従　⑦　微妙　⑧　独特　⑨　株　⑩　責(めるな)

解　説

一　漢字の書き取りと読み

問１　①　何となく感じ取れる雰囲気《ふんいき》。　②　ものごとがさしせまって重大なようす。　③　強い力や勢いで，相手を負かすこと。　④　多くの人が，強い力で結びつき，まとまること。　⑤　危険や災害に備えて用心すること。　⑥　他人の意思や命令に従うこと。　⑦　簡単には言い表せないほど複雑なさま。　⑧　その人やものだけが特別に持っているさま。　⑨　株式または株券の略。　⑩　音読みは「セキ」で，「責任」などの熟語がある。　⑪　当事者の間に入って，ものごとがうまく運ぶようにすること。　⑫　機械や装置などを，思いどおりにはたらくように調節すること。　⑬　音読みは「ワ」「オ」で，「温和」「和尚《おしょう》」などの熟語がある。訓読みにはほかに「やわ(らぐ)」がある。　⑭　音読みは「ボウ」で，「冒険」などの熟語がある。　⑮　音読みは「フン」で，「憤然」などの熟語がある。

問２　①「高嶺《たかね》の花」は，遠くからただ眺《なが》めるばかりで，手に入れることはできないもの。「高嶺」は，高い峰《みね》。　②「寝耳《ねみみ》に水」は，不意のできごとに驚《おどろ》くこと。　③「笛吹《ふ》けど(も)踊《おど》らず」は，“あれこれ誘《さそ》ったり勧《すす》めたりしても応じようとしない”という意味。　④「取らぬ(捕《と》らぬ)狸《たぬき》の皮算用」は，まだ手に入れてもいないものをあてにして計画を立てることのたとえ。　⑤「無用の長物《ちょうぶつ》」は，あってもじゃまになるだけで，何の役にも立たないもの。　なお，エの「火のない所に煙《けむり》は立たぬ」は，“うわさが立つのは，何かしらそれなりの根拠《こんきょ》があるか

らだ”という意味。

二 **出典：ヘレナ・ノーバーグ＝ホッジ著／鎌田陽司《かまたようじ》監訳『懐《なつ》かしい未来―ラダックから学ぶ』**。「開発」によりラダックが近代化されていく過程で，伝統的な文化や社会が破壊《はかい》されていったようすを紹介《しょうかい》している。

問１　ⅰ，ⅱ　a　以前は「人びとの欲望のなさに驚かされた」が，数年後には人びとが「金儲《もう》けに熱中するようになった」という文脈なので，前のことがらを受けて，それに反する内容を述べるときに用いる「しかし」がふさわしい。　b　「私は当初恐《おそ》ろしさに似た思いを感じた」が，「自分の美的な好みを押《お》しつける権利はないし，人にあれがいい，これがいいという権利もないことにすぐ気がついた」という文脈なので，aと同様に「しかし」があてはまる。　c　「網目《あみめ》状に入り組んだ道路や小径《こみち》や交易路」につけ加えて，「広大に発達した灌漑《かんがい》水路網《もう》」をあげているので，前のことがらを受けて，さらにつけ加える意味を表す「そして」が合う。　d　「ラダック」の「近代世界との衝突《しょうとつ》は，特に急激であった」が，「今体験している変化は特異なものでもなんでもない」という文脈なので，a，bと同様に「しかし」がよい。

問２　最後から二つ目の段落に「私は『開発』に疑問を抱《いだ》くようになった」とあるように，筆者は「開発」に批判的なので，エの「皮肉」が選べる。このように，ある言葉を文章中で書くときに，カギカッコをつけて引用する形式にすることで，書いている人がその言葉に疑問を持っていることや，皮肉の気持ちをこめていることを表すことがある。

問３　ラダックの人びとが傍線《ぼうせん》部①のようになった原因である「開発」について，傍線部①をふくむ段落と直前の段落で，「開発は不満と貪欲《どんよく》さを刺激《しげき》し，一〇〇〇年以上にわたって人びとの要求を満たしてきた経済を破壊する」，「新しい欲求がつくられた」と説明されている。これをふまえ，「開発が不満と貪欲さを刺激して，新しい欲求をつくったから」のようにまとめる。

問４　筆者は，「ラダックの人びとの伝統的なやり方」が，「開発」のもたらす西洋文化によって破壊されることに対して，「恐ろしさに似た思いを感じ」ている。「ラダックの人びとは伝統的に，身近で得られる資源を驚くような知恵《ちえ》と技術によって利用し，快適でうらやましいほど安全な生活を実現していた」にもかかわらず，「開発」が「経済への依存《いそん》や伝統文化の拒否《きょひ》，環境《かんきょう》の劣化《れっか》」を招いたのである。これをふまえ，「ラダックの人びとは伝統的に，身近な資源を利用して快適で安全に生活していたのに，その文化を開発によって失い，環境劣化に進んでいるから」のようにまとめる。

問５　本文の最初の段落で，西洋人が「非西洋文化は劣《おと》るものだと決めつける」ことや，「伝統社会と『開発』によって約束されている理想的な社会とを比べ，現に『開発』が世界中の社会で引き起こしてきた問題を無視している」ことが述べられている。よって，これらの内容を「非西洋文化の価値を否定しているため，開発が状況《じょうきょう》を悪化させたなど夢にも思っていない」と言いかえているアがふさわしい。

問６　ア　ラダックの人びとが「西洋文化を積極的に受け入れる」ようになったのは，開発が始まって「新しい欲求がつくられ」てからであり，「もともと体制の不平等性への不満と旧文化に対する疑念が心の底に根づいて」いたわけではないので，あてはまらない。　イ　問４でみたように，「ラダックの人びとの伝統的なやり方」は開発がもたらす西洋文化によって破壊されたので，「従来の伝統的な生活技術を維持《いじ》したうえで」は合わない。　ウ　最後から三つ目の段落の内容と合う。

「感傷的な気持ち」は，段落の最初の一文を指している。　エ　開発は「技術進歩と経済成長を通じて生活水準を引き上げることになった」と述べられているので，「人々の生活レベルが逆に下がってしまった」はふさわしくない。

問７　「西洋人」である筆者は，「ラダックは，今日までほとんど完全な形で生きつづけてきた最後の自給経済社会のひとつとして，開発の全体の過程を観察できる，またとない場である」と述べてラダックから学ぼうとしているので，アが選べる。なお，筆者のこのような姿勢は，副題の「ラダックから学ぶ」からもうかがえる。また，開発によって伝統文化は破壊されたので，「古い伝統文化を改善し」たとあるイは合わない。

三　**出典：司馬遼太郎《しばりょうたろう》『関ヶ原』**。義を信じて関ヶ原で戦った石田三成が，与次郎大夫《よじろうだゆう》との出会いによって真実の義に目覚める過程が描《えが》かれている。

問１　**a**　老僧にとって，与次郎大夫は目下の存在である。そんな与次郎大夫がみずからの命をかけて三成を引き取ろうと申し出る場面での老僧の気持ちなので，“力の弱い者が困難に勇ましく立ち向かうさま”を表す「けなげな」がよい。後のほうで，老僧と同様に三成も与次郎大夫に対して「この可愛《かわい》らしさ」と感じていることも，参考になる。なお，イの「もっともな」は道理に合っているようす，ウの「ほがらかな」は快活なさま，エの「おだやかな」は静かで落ち着いているようす。　**b**　与次郎大夫にとって，三成は目上の存在である。そんな三成から「お言葉」をかけられたときの与次郎大夫の気持ちなので，目上の人の好意がありがたすぎて身に余るようだと思う気持ちを表す「もったいない」が選べる。なお，アの「面目《めんぼく》ない」は世間に合わせる顔がないほど恥《は》ずかしいようす，イの「元も子もない」は何もかもすっかりなくすさま，ウの「さりげない」はなにげないようす。

問２　老僧は，三成について「訴《うった》え出るか，かくまうか」を「思案」し，与次郎大夫の申し出を聞いて「吻《ほっ》とした」のだから，「板挟《いたばさ》みに苦しんでいた」，「胸をなで下ろしている」とあるイがふさわしい。なお，「報《むく》い」とは，病の身の三成を徳川方に引き渡《わた》すことに対するものである。

問３　三成が見た人々の姿については，少し前の「人は利のみで動き，利がより多い場合は，豊臣家の恩義を古わらじのように捨てた」の一文で，最も具体的に述べられている。

問４　直前に「みずから空論であると気づきつつも」とあり，「空論」は“実際の役に立たない議論”という意味である。また，傍線部②の「無いものねだり」は，“実現できないことを無理に望むこと”という意味である。よって，「無意味だと知りつつも，信念を捨てきれず」とあるイがあてはまる。

問５　直後に「石田幕府をつくることはないにしても，鎌倉幕府における北条執権《しっけん》政権ほどのものはつくりあげたであろう」とあるので，「自身が権力者の座にしがみつこうとしたのではないか」とあるアが合う。五奉行《ぶぎょう》（豊臣政権の政務を分担した五人の奉行）の一人として権力をふるっていた三成は，「豊臣家の恩義」に報いるという大義名分を立てて関ヶ原の合戦で戦ったが，もしも戦《いくさ》に勝利した場合，自分は秀吉亡き後の豊臣家（秀頼《ひでより》）に権力を潔《いさぎよ》くもどさず，鎌倉幕府で執権となった北条氏のようにして，政治の実権をにぎろうとしたのではないかと考えたのである。

問６　「それ」は，「おれの居た社会」，つまり，恩よりも利を優先《ゆうせん》するのが常識となっている権力社会を指す。そのような権力社会とは対照的に，与次郎大夫は「あのとき百石《こく》を頂戴《ちょうだい》つかまつらねば村の者はみな飢《う》え死んだでございましょう。その御恩《ごおん》がえしでありまするゆえ，左様なもったいないお言葉をかけられますな」と言いながら，「死と一家の滅亡《めつぼう》を賭《か》けて三成をかくま」っている。これをふまえ，「自分のいた権力社会とは逆に，わずかな恩のために命を賭ける与次郎大夫のけなげな心に感動している」のようにまとめる。

問７　三成は，「豊臣家の恩に報いるという正義のため」に関ヶ原の合戦を戦ったが，利を追い求める人々に裏切られて，戦に負けてしまった。三成が傍線部⑤のように言ったのは，義のために戦い，利によって敗れた自分が，自分の命を守るという利のために義にそむく（与次郎大夫が処刑《しょけい》されるような事態をまねく）わけにはいかないと感じたからだと考えられる。

2024 年度　逗子開成中学校

【算　数】〈第２次試験〉（50分）〈満点：150点〉

注意　・定規・コンパス・筆記用具以外の使用は認めません。
・考え方を書く指示がある問題以外は，答えだけを書いてください。
・答えに単位が必要な問題は，必ず単位をつけて答えてください。
・答えが分数になる場合は，それ以上約分できない一番簡単な分数で答えてください。また，仮分数は帯分数に直してください。
・図やグラフをかいて答える問題に対し，定規・コンパスを忘れた場合は手がきでていねいにかいてください。

1　次の□にあてはまる数を求めなさい。

(1)　$\frac{8}{15}\div\left(2-1\frac{5}{7}\right)\div\left(\frac{4}{5}+\frac{1}{4}\right)=$□

(2)　$(0.5+0.05)\times5-4\times8\div\left(\square-23\right)=\frac{7}{4}$

(3)　$(28\times14+26\times17)\div238+\left(\frac{1}{17}+\frac{3}{14}\right)\div\frac{1}{6}=$□

2　次の各問いに答えなさい。

(1)　あるジュースの容量は□mLですが，20％増量すると930mLになります。□にあてはまる数を求めなさい。

(2)　西暦2024年の４月９日は火曜日です。この年の７月20日は何曜日ですか。

(3)　丸い池の周りに散歩コースがあります。A君の歩く速さは分速80mでA君が11分歩くと散歩コース全体の$\frac{1}{3}$だけ進みます。A君とB君が同じ地点からそれぞれ反対方向に歩き始めると，２人は16分後に出会いました。B君の歩く速さを求めなさい。

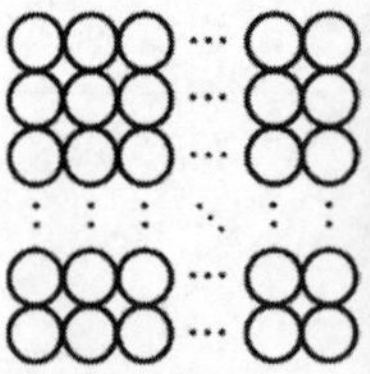

(4)　右の図のようにいくつかのコインを正方形状にぎっしりと並べました。14個余ったので，たてに３列，横に２列増やして長方形状にぎっしりと並べようとしたところ，37個足りません。コインは全部で何個ありますか。

(5)　１つのサイコロを同じ目が２回続けて出るまでくり返し投げました。出た目の合計が７となる目の出方は全部で何通りですか。

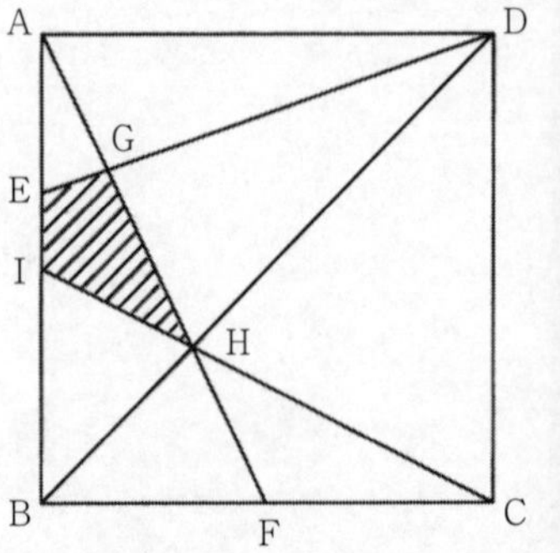

(6)　右の図のような一辺の長さが６cmの正方形ABCDにおいて，点Eは辺ABを３等分したうちのAに近い点とし，点Fは辺BCの真ん中の点とします。直線AFと直線DEの交わる点をG，直線AFと直線BDの交わる点をH，さらに直線CHと辺ABの交わる点をIとするとき，四角形EIHGの面積を求めなさい。

3　ある牧場では牛と羊をたくさん飼育しています。牛１頭は１日に36kgの牧草を食べ，この牧草の量は羊１頭が３日で食べる牧草の量よりも９kg少ないです。この牧場に牛100頭と羊120頭を放牧するとちょうど15日で牧草がなくなります。また，牛150頭と羊160頭を放牧するとちょうど10日で牧草がなくなります。牧草は１日に一定の割合で伸びるものとして，次の各問いに答えなさい。

(1)　牛１頭と羊１頭が１日に食べる牧草の量の比を，もっとも簡単な整数の比で答えなさい。

(2)　放牧を行う前の牧草の量と，１日に伸びる牧草の量の比をもっとも簡単な整数の比で答えなさい。

(3)　牛と羊を合わせて164頭だけ放牧したとき，ちょうど15日で牧草がなくなりました。牛は何頭放牧されていましたか。

4　図１の円柱型の機器は三角形のアンテナがしめす方向へ前進しながら，底面の円の中心Oからインクを出します。これにより，地面に直線をかくことができます。機器は以下の３つのルールに(進)，(回)，(く)にしたがって動き，このルールを組み合わせるといろいろな図形をかくことができます。これらのルールの組み合わせを「プログラム」といいます。

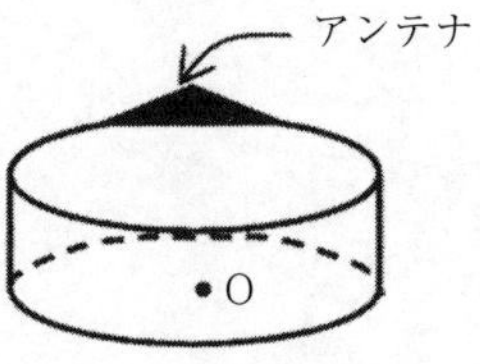

図１

(進)：Acm　…アンテナがしめす方向へAcmだけ進む

(回)：B度　…点Oを中心に左回りにB度だけ回転する

(く)：C回　…C回だけ［　　］の中の命令をくり返す

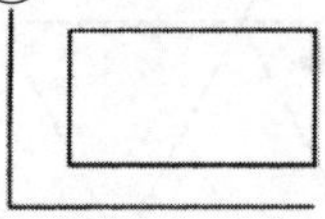

次にプログラムⅠを見てください。プログラムⅠを動かすとスタート地点から三角形のアンテナの方向へ５cm前進しながら直線をひき，次に左回りに90度回転します。これを４回くり返すことで，一辺が５cmの正方形をかくことができます。

(く)：４回
　(進)：５cm
　(回)：90度

プログラムⅠ

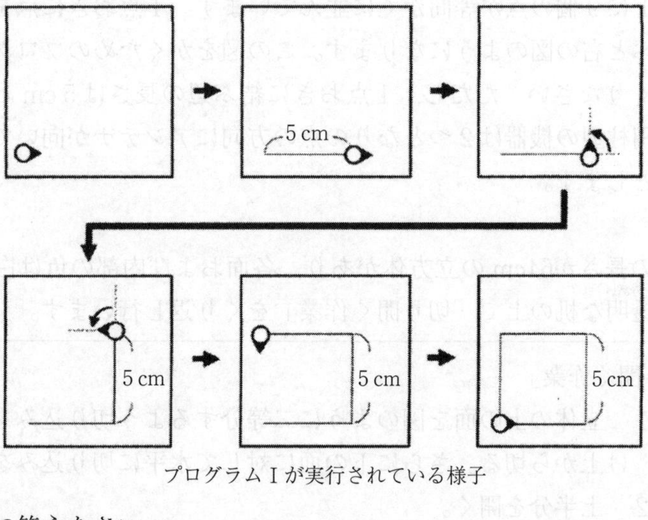

プログラムⅠが実行されている様子

このとき，次の各問いに答えなさい。

(1)　プログラムⅡを実行したところ，円柱型の機器は点A→点B→点C→点Dの順に移動し，下の図の実線をかくことができました。プログラムⅡのX，Yはいくつか答えなさい。ただし，最初に円柱型の機器は点Bの方向にアンテナが向いているものとします。

(進)：6 cm
(回)：120度
(進)：6 cm
(回)：X度
(進)：Ycm

プログラムⅡ

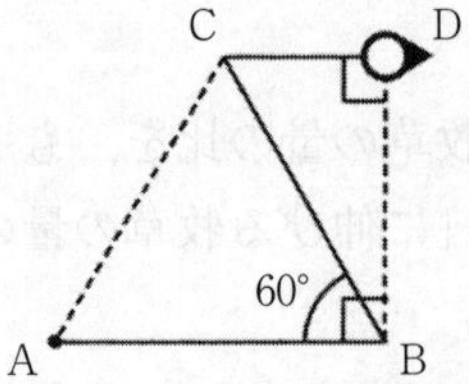

プログラムⅡの実行結果

(2)　プログラムⅢを実行したときにかかれる図形を解答用紙にかきなさい(解答用紙の点線は一辺が1 cmの正三角形をしきつめたものです)。ただし，点Aをスタート地点として，最初アンテナは図の矢印の向きに向いているものとします。

(く)：3回
　(進)：1 cm
　(回)：60度
(進)：3 cm
(回)：180度
(く)：3回
　(進)：1 cm
　(回)：300度

プログラムⅢ

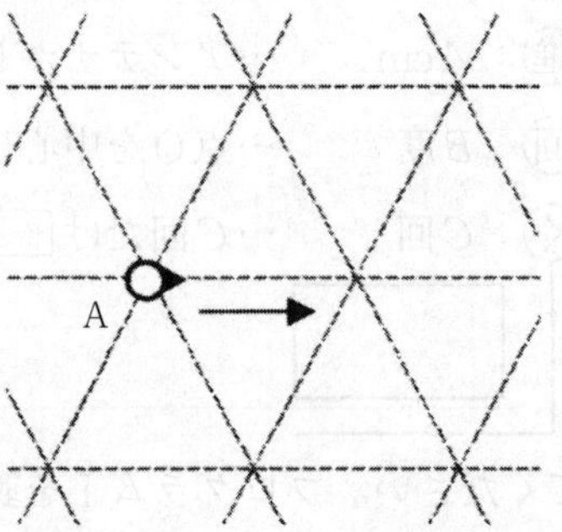

(3)　円周上に9個の点が等間かくに並んでいます。1点おきに点を直線で結ぶと右の図のようになります。この図をかくためのプログラムをつくりなさい。ただし，1点おきに結ぶ辺の長さは5 cmとし，最初に円柱型の機器は2つとなりの点の方向にアンテナが向いているものとします。

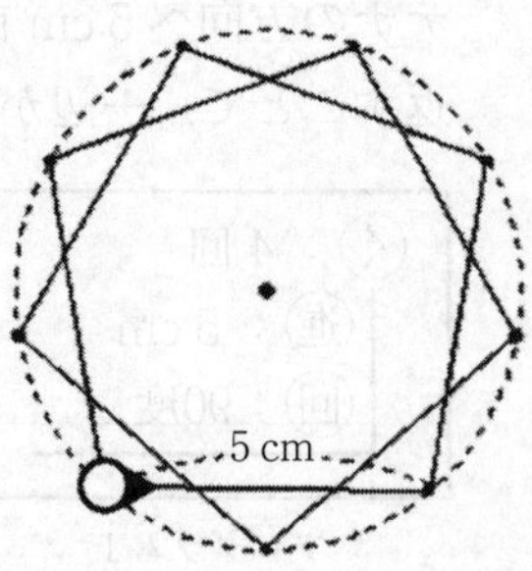

5　一辺の長さが64cmの立方体があり，各面および内部の色は白色です。以下の手順にしたがって，透明《とうめい》な机の上で「切り開く作業」をくり返し行います。

「切り開く作業」
手順1　立体の上の面を図のように二等分するよう切り込みを入れ，立体の高さの半分だけ上から切る。さらに下の面に対して水平に切り込みを入れる。
手順2　上半分を開く。
手順3　切り開く前の立体の上の面が白色ならば，切り口をすべて黒く塗《ぬ》る。切り開く前の立体の上の面が黒色ならば，切り口に色は塗らない。

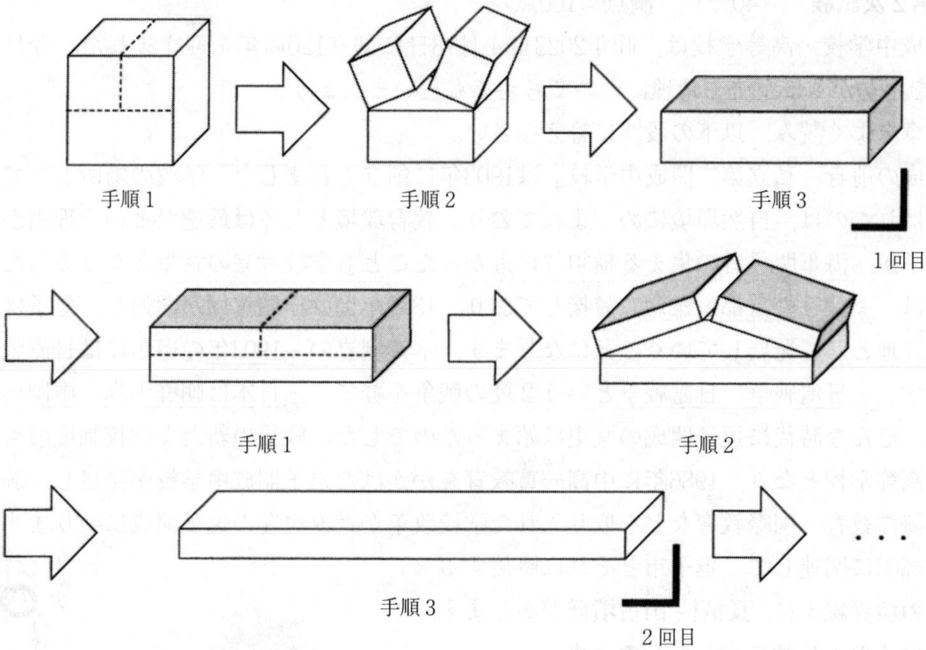

「切り開く作業」を２回くり返したときにできた立体の下の面を透明な机の下からながめると以下のように見える。

このとき，次の各問いに答えなさい。

(1)「切り開く作業」を２回くり返したとき，下の面の面積を求めなさい。

(2)「切り開く作業」を３回くり返したとき，立体の下の面の白い部分の面積と黒い部分の面積の比をもっとも簡単な整数の比で答えなさい。

(3)「切り開く作業」を立体の高さが１cmになるまでくり返します。このとき，「切り開く作業」を何回行う必要がありますか。また，「切り開く作業」を最後まで行ったとき，立体の下の面の白い部分の面積と黒い部分の面積の比をもっとも簡単な整数の比で答えなさい。ただし，答えだけでなく考え方も書きなさい。

【社　会】〈第２次試験〉（40分）〈満点：100点〉

逗子開成中学校・高等学校は，昨年2023年４月18日に創立120周年を迎《むか》えました。今日はこの“**120**”を手がかりに歴史や地理について考えてもらいましょう。

1　次の文章をよく読み，以下の設問に答えなさい。

逗子開成の前身「私立第二開成中学校」は1903年に創立されました。学校の場所として逗子の地が選ばれたのは，自然環境にめぐまれており，教育環境としては最適だという理由からでした。逗子が，海軍関係者の集まる横須賀に近かったことも学校設立の背景となりました。

①逗子は，②武家の古都・鎌倉に隣接《りんせつ》しており，1889年には横須賀線が開通し，逗子は海水浴場，別荘《べっそう》地として発展していくことになります。本校創立の③1903年の翌年には日露戦争が始まります。④日清戦争，日露戦争という２度の戦争を経て，⑤日本は朝鮮半島，中国へ進出していく，そんな時代に逗子開成の歴史は始まったのでした。戦後の新たな学校制度のもとで中学校，高等学校となり，1986年に中高一貫《いっかん》教育をかかげた逗子開成中学校が発足し，施設《しせつ》の改善や，海洋教育，国際教育などを取り入れた学校改革が進み現在の逗子開成に至ります。

問１　下線部①に関連して，逗子市とそれに隣接する葉山町の境界線上に，長柄桜山《ながえさくらやま》古墳群があります。右の図はその１号墳を表したものです。

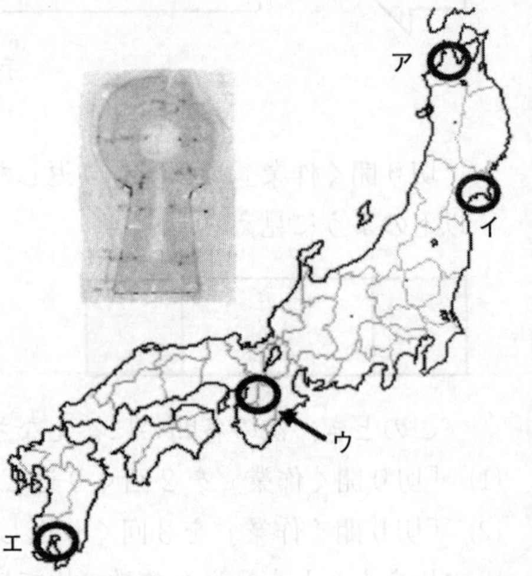

Ⅰ．右の１号墳と同じ形の古墳が多い地域を地図中のア～エから一つ選び，記号で答えなさい。

Ⅱ．古墳時代前後について述べた次の文章**a**～**c**を古いものから順に正しく並べた組み合わせを下のア～カから一つ選び，記号で答えなさい。

a．邪馬台国の女王卑弥呼が中国に使いを送り，中国(魏)の皇帝から金印や鏡を与《あた》えられた。

b．埼玉県・熊本県から鉄剣・鉄刀が出土していることから，大和朝廷(政権)の支配が九州や関東地方まで及《およ》んでいたことがわかる。

c．倭の奴《な》国の王が中国に使いを送り，中国(後漢)の皇帝から金印を与えられた。

ア．**a→b→c**　イ．**a→c→b**　ウ．**b→a→c**
エ．**b→c→a**　オ．**c→a→b**　カ．**c→b→a**

問２　下線部②に関連する以下の設問に答えなさい。

Ⅰ．武士の台頭に関するできごとを古いものから順に正しく並べた組み合わせを下のア～カから一つ選び，記号で答えなさい。

a．保元の乱が起こり，源氏と平氏の武士団もそれぞれが一族を二分して戦い，後白河天皇側が勝利した。

b．平将門の乱が起こったが，朝廷の力ではこれをおさえられず，武士の力を借りることでようやくおさえることができた。

c．前九年合戦と後三年合戦を清原氏が制した。清原氏は藤原氏を名乗り，平泉に拠点《きょてん》をかまえ，後の繁栄《はんえい》の基礎《きそ》を固めた。

ア．**a→b→c**　イ．**a→c→b**　ウ．**b→a→c**

エ．b→c→a　オ．c→a→b　カ．c→b→a

Ⅱ．鎌倉幕府に関する次の説明文中の**ア～エ**のうち一カ所は誤りです。**誤っているもの**はどれか記号で答え，かつ，正しい語句を漢字で答えなさい。完答で正解とします。

源頼朝は，1185年，全国に**ア**守護・地頭を置くことを朝廷に認めさせた。これにより頼朝の支配権は全国に拡大した。1192年，頼朝は朝廷から征夷大将軍に任じられた。鎌倉には，御家人をまとめる侍所，政治や財政の仕事を受け持つ政所(はじめは公文所)，裁判の仕事をおこなう**イ**問注所などが置かれた。承久の乱の後，京都には**ウ**六波羅探題を設け朝廷や西国の御家人を監視した。1232年，３代執権・北条泰時《やすとき》は裁判の基準として**エ**武家諸法度を定めた。51カ条からなり，公正な裁判をおこなうために武家社会の慣習や頼朝以来の裁判の先例などが記されており，長く武家法の基本とされた。

問３　下線部③について以下の設問に答えなさい。

Ⅰ．逗子開成創立の前年の1902年に，日本では小学校の就学率が90％を上回りました。小学校のことについて述べた次の文の空らん(a)にふさわしい語句を漢字で答えなさい。

1872年，政府は(　a　)を発布し，小学校から大学校までの学校制度を定め，満６歳《さい》以上の男女を小学校に通わせることを義務とした。しかし，親は授業料や学校建設費を負担しなければならず，また，子どもは働き手という考えなどから就学率は低かった。

Ⅱ．逗子開成の創立1903年を基準にした下の年表について述べた次の文の空らん(a)～(e)にふさわしい語句を答えなさい。なお，(a)～(d)は漢字で答えなさい。

120年前	1783年…A
100年前	1803年…B
50年前	1853年…C
創立	**1903年**
50周年	1953年…D
100周年	2003年…E
120周年	2023年

Aの年には，７月に浅間山が噴火《ふんか》し，各地に火山灰を降らせ，前年から続く飢饉《ききん》が深刻化した。これを「(　a　)の大飢饉」といい，数年にわたって関東・東北地方で多くの餓死《がし》者を出した。

Bの前後は11代将軍・徳川家斉《いえなり》の治世で，イギリス船やロシア船が日本近海にひんぱんに現れて鎖国政策がゆらいでいた。そこで幕府は1825年に(　b　)を出し，外国船が来ても厳しく撃退《げきたい》することで鎖国体制の維持《いじ》に努めようとしていた。こうした中で，Cの年の７月８日にペリーが(　c　)沖に現れ停泊《ていはく》した。幕府は対応に追われ，ペリー一行の久里浜《くりはま》上陸を許し，アメリカ大統領の国書を受理した。

Dの年には1950年から始まっていた(　d　)戦争の休戦協定が結ばれた。また，Dの年は「電化元年」と呼ばれ，このころから家庭用電化製品が人々の生活の中へ急速に普及《ふきゅう》していった。

Eの年には(　e　)戦争が始まった。この戦争は，(　e　)が大量破壊《はかい》兵器を隠《かく》し持ち，国際テロ組織と関係しているとして，アメリカ軍などが(　e　)を攻撃《こうげき》して始まったが，その後，大量破壊兵器の存在は確認されなかった。

問４　下線部④について，日清戦争，日露戦争の前後のできごとに関する以下の設問に答えなさい。

Ⅰ．次の説明文のうち，日清戦争が終わった後のできごとを次のア～エから二つ選び，記号で答えなさい。完答で正解とします。

ア．朝鮮で，日本などの外国勢力の排除《はいじょ》を求め，甲午農民戦争が起こった。

イ．ロシア・ドイツ・フランスが，遼東半島を清に返すよう日本に求めた。

ウ．伊藤博文がヨーロッパで各国の憲法を調査し憲法草案を作成した。

エ．外国勢力を追い出そうと，北京にある外国の公使館を取り囲んだ義和団が，日本，ロシアなどの連合軍にしずめられた。

Ⅱ．ポーツマス条約の内容として**誤っているもの**を次のア～エから一つ選び，記号で答えなさい。

ア．日本は賠償《ばいしょう》金約３億1000万円を得た。

イ．日本は北緯50度以南の樺太《からふと》(サハリン)の領有権を得た。

ウ．日本は遼東半島南部(旅順・大連)の租借《そしゃく》権を得た。

エ．日本は長春以南の鉄道(南満州鉄道)の利権を得た。

Ⅲ．日清戦争と日露戦争の間に起こったできごととしてふさわしいものを次のア～エから一つ選び，記号で答えなさい。

ア．岩倉使節団を欧米《おうべい》に派遣《はけん》した。

イ．八幡製鉄所が操業を始めた。

ウ．ノルマントン号事件が起こった。

エ．シベリア出兵がおこなわれた。

1904年	日露戦争が始まる
↕ア	
1914年	第一次世界大戦が起こる
↕イ	
1920年	国際連盟が発足する
↕ウ	
1931年	柳条湖事件が起こる
↕エ	
1937年	日中戦争が始まる
↕オ	
1941年	太平洋戦争が始まる

問５　下線部⑤について，次のａ～ｃの三つのできごとは右上の年表の**ア～オ**のどの時期に起こったか，それぞれ記号で答えなさい。

ａ．三・一独立運動

ｂ．満州国の建国

ｃ．朝鮮総督府《ちょうせんそうとくふ》の設置

2　地理に関する以下の設問に答えなさい。

問１　地図上に，逗子市を中心とする半径120kmの円を描《か》いてみました。円周は，７つの県を通り，南の方は伊豆諸島を通ります。この円の中には人口が集中する首都圏《けん》があり，広大な関東平野や房総《ぼうそう》半島の台地などの農業地帯があり，いくつかの工業地帯も含《ふく》まれています。また，大きな貿易港や，海外への玄関《げんかん》口となる巨大な空港もあります。以下の設問に答えなさい。

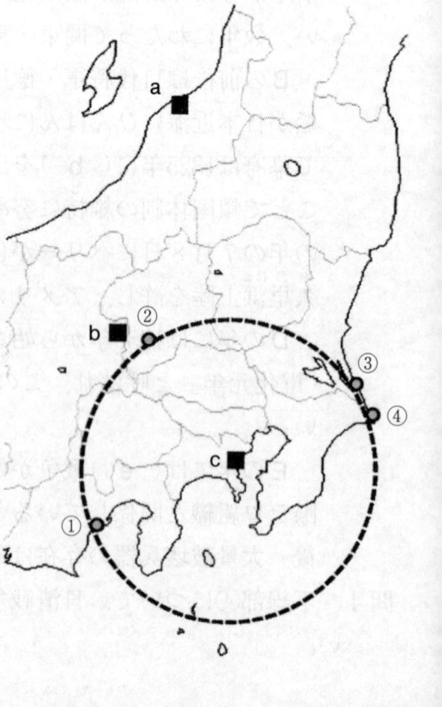

Ⅰ．円に隣接している ● 地点①～④についての説明文ア～エのうち，**誤っているもの**を一つ選び，記号で答えなさい。

ア．①は県庁所在地であり，もとは徳川家康の城下町だった。

イ．②には，明治時代に官営模範《もはん》工場として建設された富岡製糸場がある。

ウ．③には，掘《ほ》り込《こ》み式の人工港があり，豊富な水と森林資源を背景に製紙業が盛《さか》んである。

エ．④には，日本有数の水揚《あ》げ高を誇《ほこ》る漁港がある。

Ⅱ．下の図は，地図中の**a**‐新潟，**b**‐軽井沢，**c**‐横浜のいずれかの雨温図です。このうち，軽井沢の雨温図を次の**ア～ウ**から選び，記号で答えなさい。

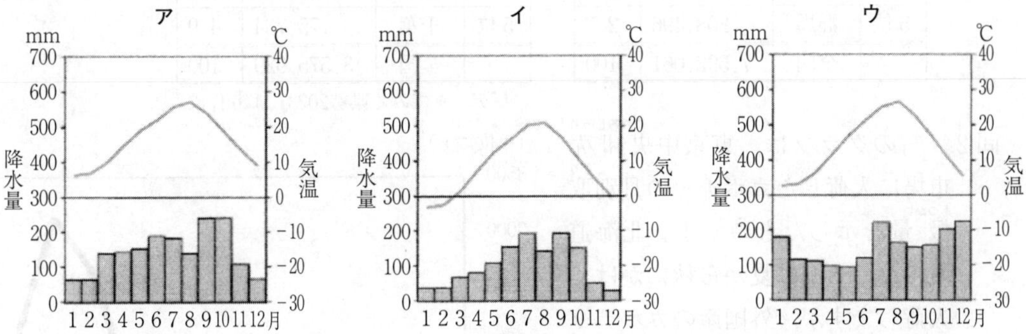

(雨温図作成サイト https://ktgis.net/service/uonzu/で作成)

Ⅲ．次のア～オの文は，東海・北陸・京葉・関東内陸・瀬戸内の各工業地域の特色を説明したものです。このうち，**a**．京葉工業地域，**b**．関東内陸工業地域にふさわしいものを選び，それぞれ記号で答えなさい。

ア．海上輸送路にめぐまれ，塩田や軍用地のあと地などを工業用地として利用できたことから発達し，機械工業，金属工業，化学工業が盛んだ。

イ．冬の副業として発達した伝統工業が盛んで，漆器《しっき》，刃物《はもの》，洋食器，眼鏡フレームの生産，製薬業などが知られる。

ウ．埋《う》め立てにより工業地域が発達した。製鉄所や石油化学コンビナートが形成され，重化学工業が発達している。他の工業地帯・地域と比べると，製造品出荷額等に占《し》める化学工業の割合が高い。

エ．大きな工業地帯の間にあるので，市場や労働力，陸上交通にめぐまれており，機械工業，製紙・パルプ工業，食料品工業などが発達している。

オ．かつては広大な養蚕地帯を背景に製糸業や絹織物業が盛んだったが衰退《すいたい》し，1970年代に高速道路が整備されるとともに工業地域として発達した。食料品や機械工業の割合が高く，特に自動車・電気機器などの製造が盛んだ。

Ⅳ．関東地方の農業について述べた次の文章の空らん（**a**）にふさわしい語句を漢字で答えなさい。また空らん《**b**》にはふさわしい説明文を15字以内で答えなさい。

関東地方の農業は，広大な関東平野がその舞台《ぶたい》だ。

利根川その他の河川がもたらす豊かな水を用いて稲作が盛んにおこなわれ，房総半島の台地や三浦半島などでは畑作も盛んで，日常に消費する野菜の生産を中心に（　**a**　）農業がおこなわれている。

下の表に見られるように，「生乳生産量」は北海道が群を抜《ぬ》いて多いのに対し，「飲用牛乳等生産量」では，神奈川，茨城，栃木，千葉が上位を占めている。４県の割合を合計すると北海道の割合よりも高く，生産量が全国的に見ても多いのは，これらの県が《　b　》からだ。

順位	生乳生産量（2021年／単位ｔ）		割合％
1位	北海道	4,265,600	56.2
2位	栃木	347,879	4.6
3位	熊本	267,173	3.5
4位	岩手	211,532	2.8
5位	群馬	208,496	2.7
	全国	7,592,061	100

順位	飲用牛乳等生産量（2021年／単位 kL）		割合％
1位	北海道	560,252	15.7
2位	神奈川	279,341	7.8
3位	茨城	193,660	5.4
4位	栃木	178,183	5.0
5位	千葉	175,734	4.9
	全国	3,575,929	100

（『データでみる県勢2023』より作成）

問２　右のグラフは，東京中央卸売《おろしうり》市場に入荷したカボチャの月別取《とり》扱《あつかい》量を示したものです。北海道産のカボチャは夏から秋にかけて入荷しますが，外国産のカボチャも取り扱《あつか》っているので，消費者は一年を通じてカボチャを買うことができます。ニュージーランド産を３月，４月に多く取り扱っているのはなぜか，理由として考えられることをニュージーランドの位置についてふれた上で説明しなさい。

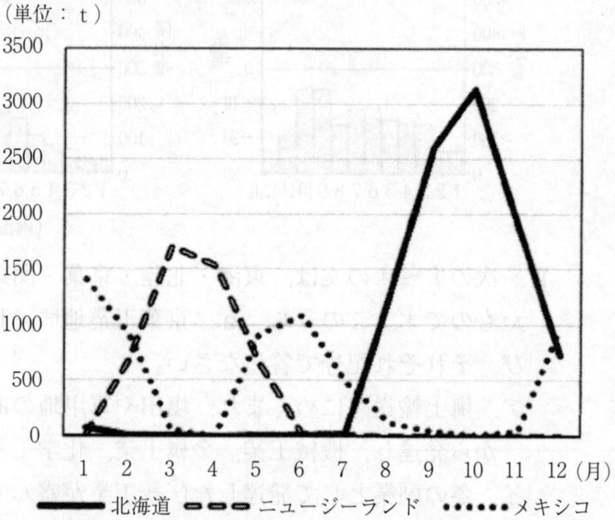

＊数値は2022年，都内全市場合計

（「東京中央卸売市場・市場統計情報」より作成）

問３　下の自動車生産台数のグラフは，アメリカ合衆国，ドイツ，日本，韓国，中国，インドの６カ国の生産台数の推移を示したものです。ａ．日本，ｂ．中国にあてはまるものを，グラフ中のア～カからそれぞれ選び，記号で答えなさい。

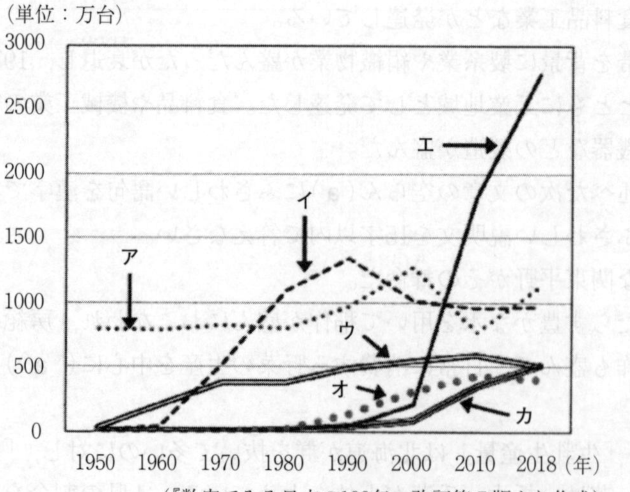

（『数字でみる日本の100年』改訂第７版より作成）

問４　次の文章をよく読み，以下の設問に答えなさい。

世界全体ではおよそ100年の間に年平均気温が0.74℃上昇《じょうしょう》しています。日本の年平均気温は過去100年で1.3℃上がっています。このように長い時間の中で起こる気温などの変化を気候変動といいます。今後も気温の上昇は続くと予想され，気候変動対策が求められています。気候変動対策には「**緩和**《かんわ》」と「**適応**」の二本柱があります。

気候変動の「**緩和**」とは，温室効果ガスの排出量を減らして地球温暖化を抑制《よくせい》することです。緩和策の例としては，省エネ，再生可能エネルギーの普及，森林などの吸収源の増加があげられます。一方，気候変動の「**適応**」とは，すでに起こっている気候変動の影響をできるだけ避《さ》けたり弱めたりすることです。適応策の例としては，沿岸地域での海面上昇に対応するための堤防《ていぼう》の設置，暑さ対策のためのクールビズなどがあげられます。

緩和
（原因を少なくする）
節電／省エネ／エコカーの普及
再生可能エネルギーの活用
森林を増やすなど

適応
（影響に備える）
熱中症予防／災害に備える
水利用の工夫／感染症の予防
農作物の品種改良など

（以上の内容は，国立研究開発法人国立環境研究所，気候変動適応情報プラットフォームより）

Ⅰ．気温の上昇や夏の強い日差しは，次のように畜産物にも影響を及ぼします。

夏の暑さ
→乳牛は適温が５～20℃で，暑さに弱く牛乳の生産量が減少する。
→産卵用のにわとりは気温が27℃を超《こ》えると産卵率が低下する。

暑さによって牛乳や卵の生産量が減らないようにするための「**適応**」策として，どのようなことをすれば良いか，具体的に説明しなさい。

Ⅱ．Ⅰであなたが考えた適応策には，気候変動の「**緩和**」策を進める上での問題点が含まれているかいないかをよく考え，問題点がある場合はどのような問題点があるか説明しなさい。問題点がない場合は，どうしてないと言えるのか説明しなさい。

3　新聞記事や資料をよく読み，以下の設問に答えなさい。

問１　次の新聞記事をよく読み，以下の設問に答えなさい。

閉会，課題積み残し　政府提出案，58本成立

（ **a** ）日間の通常国会が21日，閉会した。昨年の①臨時国会から継続審議《けいぞくしんぎ》となった１本を除く，政府提出の法案全60本中，58本が成立した。成立率は96.7％と３年連続で95％を超えた。国会は終始，政府・与党《よとう》のペースで進んだ一方，取り組まなかった課題も多い。

（朝日新聞2023年６月22日）

Ⅰ．空らん（**a**）にふさわしい数字を答えなさい。

Ⅱ．下線部①が開かれるのは次のどの場合か，正しいものを次のア～エから二つ選び，記号で答えなさい。完答で正解とします。

ア．内閣が必要と認めた場合

イ．衆議院が解散中で，緊急《きんきゅう》の必要がある場合

ウ．衆議院が解散した後の総選挙の日から30日以内

エ．衆議院・参議院いずれかの議院の総議員の４分の１以上の要求があった場合

問２　次の新聞記事をよく読み，以下の設問に答えなさい。

（ａ）省は，タクシーやバス，トラックの運転手が不足していることから，外国人労働者の受け入れを認める在留資格「特定技能」の対象に「自動車運送業」を今年度内に追加する方向で検討に入った。外国人労働者を活用することで，人手不足の改善をめざす。

タクシー運転手はコロナ禍《か》で高齢《こうれい》ドライバーを中心に退職する人が相次ぎ，観光地や地方ではタクシーがつかまらないなど不足が目立っている。トラック運転手も，インターネット通販《つうはん》の増加で慢性《まんせい》的に足りない状況《じょうきょう》だ。

2024年４月には残業時間の上限が年間960時間に規制され，人手不足で物流が滞《とどこお》る恐《おそ》れのある「2024年問題」も抱《かか》えている。

そのため業界団体からは，建設や造船など12分野に認められている特定技能の対象に，運転手を加えるよう求める声が出ていた。（ａ）省は，制度を所管する①出入国在留管理庁と協議を進めている。…以下略

（朝日新聞2023年９月13日）

Ⅰ．空らん（ａ）にふさわしい語句を漢字４字で答えなさい。

Ⅱ．下線部①はどの省に属するか，次のア～エから選び，記号で答えなさい。

ア．法務省　　イ．外務省　　ウ．厚生労働省　　エ．経済産業省

Ⅲ．記事中の波線部の「2024年問題」とは，2018年に改正されたある法律が，今年４月に施《し》行《こう》されることからこう呼ばれています。この法律は，労働時間や時間外労働，休日など，労働条件の基本原則を定めています。この法律の名を漢字で答えなさい。

問３　次の山形県の県議会議員選挙に関する新聞記事をよく読み，以下の設問に答えなさい。

県議選　女性最多当選に「もっと増えて」知事

吉村《よしむら》知事は12日の定例記者会見で，９日に投開票された県議選で女性当選者が過去最多の６人に上《のぼ》ったことに関し，「多いとは思わないが，過去最高になったのはよかった。民意を反映するという点で，もっともっと女性も増えてほしい」と述べた。

海外では，議席や候補者の一定数を女性に割り当てる「クオータ制」の導入が進んでいることを踏《ふ》まえ，吉村知事は「きちんと導入して取り組まないと，(女性進出が)一気に進むということにはならない」と指摘《してき》し，政府に取り組みを求めた。

（読売新聞2023年４月13日，山形面）

※注：現在，山形県議会の議員定数は43名。うち男性議員は37名，女性議員は６名。

※なお，問題作成のため，記事の一部に下線を付して掲載しております。

Ⅰ．男女の人権が尊重され，男女が社会のあらゆる分野で対等に活動できる社会を実現するために，国，地方公共団体，国民が何をすべきかを示すことを目的として1999年に施行された法律の名を漢字で答えなさい。

Ⅱ．記事中の下線部にある「クオータ制」を導入した場合の効果や問題点について述べた次のＸ・Ｙの正誤の組み合わせとして正しいものを，下のア～エから一つ選び，記号で答えなさい。

Ｘ．議会にクオータ制が取り入れられると女性の政治への参加の度合いが高まり，男女が社会のあらゆる分野で対等に活動できる社会を実現していく上での効果が期待できる。

Ｙ．男女別の議席数があらかじめ決められると，仮に同じ得票数でも女性候補者は当選し男性候補者は落選する場合がありうる。

ア．Ｘ―正しい　Ｙ―正しい

イ．Ｘ―正しい　Ｙ―誤り

ウ．Ｘ―誤り　　Ｙ―正しい

エ．Ｘ―誤り　　Ｙ―誤り

問４　次のグラフは日本国内での新聞の発行部数の推移と，インターネット利用率(個人)の推移を表しています。このグラフからわかることについて述べた説明文Ｘ・Ｙの正誤の組み合わせとして正しいものを下のア～エから一つ選び，記号で答えなさい。

棒グラフ(左軸)は新聞発行部数(単位：万部)

折れ線グラフ(右軸)はインターネット普及率(単位：％)

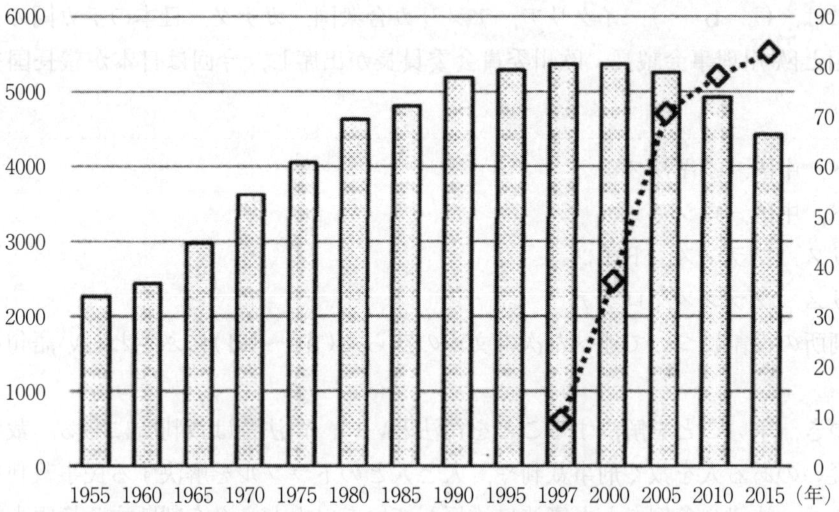

注：インターネット普及率は６歳以上の人口に占める利用者の割合

(『数字でみる日本の100年』改訂第７版より作成)

Ｘ．新聞の発行部数が増えている期間は高度経済成長の時代であり，高度経済成長期が終わるとともに，人々のニュースへの関心が薄《うす》れていったことがわかる。

Ｙ．インターネットの普及率が高まるとともに，新聞の発行部数は次第に減少するようになったことがわかる。

ア．Ｘ―正しい　Ｙ―正しい

イ．Ｘ―正しい　Ｙ―誤り

ウ．Ｘ―誤り　　Ｙ―正しい

エ．Ｘ―誤り　　Ｙ―誤り

問５　次の文章は，昨年８月６日に首相がおこなった「広島平和記念式典」でのあいさつからの抜粋《ばっすい》です。これについての以下の設問に答えなさい。

今から78年前の今日，一発の原子爆弾《ばくだん》により，十数万といわれる尊《とうと》い命が失われました。…中略…核兵器によってもたらされた広島，長崎の惨禍《さんか》は，決して繰り返してはなりません。我が国は，引き続き①非核三原則を堅持《けんじ》しながら，唯一《ゆいいつ》の戦争被爆《ひばく》国として，「核兵器のない世界」の実現に向けた努力をたゆまず続けます。…中略…「核兵器のない世界」の実現に向けた確固たる歩みを進める上で原点となるのは，被爆の実相《じっそう》への正確な理解です。本年５月の②Ｇ７広島サミットでは，世界のリーダーたちに，被爆者の声を聞いていただき，被爆の実相や平和を願う人々の思いに直接触《ふ》れていただきました。…以下略…

Ⅰ．下線部①について，次の空らん（ａ）にふさわしい語句を答えなさい。

> 非核三原則とは「核兵器を，作らない，持たない，（　ａ　）」という三つの原則のことである。

Ⅱ．下線部②について，次の空らん（ｂ）にふさわしい３カ国の組み合わせとして正しいものをア～エから一つ選び，記号で答えなさい。

> Ｇ７には，（　　ｂ　　），イタリア，アメリカ合衆国，カナダ，日本の７カ国の大統領・首相と欧州《おうしゅう》理事会議長，欧州委員会委員長が出席し，今回は日本が議長国を務めた。

ア．インド，中国，イギリス

イ．インド，中国，ロシア

ウ．イギリス，フランス，ドイツ

エ．イギリス，フランス，ロシア

問６　裁判や裁判所の役割について述べた次の文章の空らん（ａ）～（ｄ）にふさわしい語句を漢字で答えなさい。

法律に基づき，争いごとを解決することを司法といい，司法権は裁判所にある。裁判所は，罪を犯した疑いのある人を裁く刑事裁判や，人と人とのトラブルを解決する民事裁判をおこなうだけでなく，法律や条例などが憲法に違反《いはん》していないかどうかを判断する権限も持っており，これを（　ａ　）という。どの裁判所にもこの権限はあるが，判断の最終的な決定権を持っているのは「憲法の番人」とも呼ばれる（　ｂ　）である。

一方，不適格だと考えられる裁判官を（　ｃ　）裁判で裁くのは，国会の役割となっている。

2009年から刑事裁判に国民が参加する（　ｄ　）制度が導入された。裁判の進め方やその内容に国民のいろいろな考えが反映されていくことで，裁判全体に対する国民の理解が深まることが期待されている。

【理　科】〈第２次試験〉（40分）〈満点：100点〉

注意　図やグラフをかく場合は，ていねいにはっきりとかきなさい。必要ならば定規を使ってもかまいません。

1　顕微鏡《けんびきょう》を用いて，水中の微生物を観察しました。下の問いに答えなさい。

(1)　図１の顕微鏡のＸの部分の名前を答えなさい。

(2)　顕微鏡に関する説明として誤っているものを次のア～カからすべて選び，記号で答えなさい。

ア．顕微鏡のレンズを取り付ける際には，先に接眼レンズを取り付け，その後に対物レンズを取り付ける。

イ．顕微鏡は，視野が明るくなるように直射日光が当たる水平な机の上に置く。

ウ．最初に，高倍率のレンズを使用して観察する。

エ．対物レンズをプレパラートから遠ざけるようにしてピントを合わせる。

オ．低倍率の対物レンズから高倍率のものに変えると，視野がせまくなる。

カ．低倍率の対物レンズから高倍率のものに変えると，視野が明るくなる。

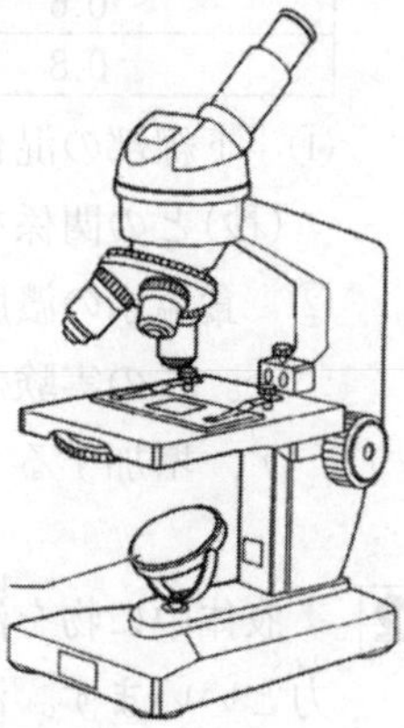

図１

(3)　次のア～オは，顕微鏡を用いた観察手順を示しています。これらを，正しい順に並べなさい。

ア．プレパラートを動かし，観察したいものを中央に移動させる。

イ．プレパラートをステージの上にのせ，クリップで押さえる。

ウ．顕微鏡をのぞきながら（　Ｘ　）の角度を調節し，視野が明るくなるようにする。

エ．顕微鏡をのぞき，調節ねじを回しながらピントを合わせる。

オ．接眼レンズと対物レンズを取り付ける。

(4)　図２は顕微鏡を用いて観察した，あるプランクトンＡの模式図です。このプランクトンＡの名前を答えなさい。

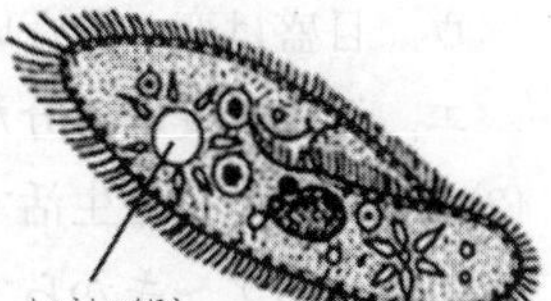

図２

(5)　図３は顕微鏡を用いて観察したときの，プランクトンＡの位置とそこからの移動の向きを表したものです。実際のプレパラート上では，プランクトンＡはどこに位置し，どちらの向きに動きましたか。プランクトンＡを白丸(○)，進む向きを矢印(→)を用いて，図３を参考にして解答用紙に図示しなさい。

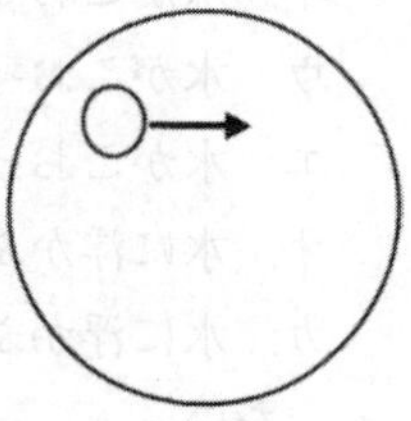

図３

(6)　プランクトンＡのからだには収縮胞という部分があります。収縮胞の主なはたらきは，周期的に収縮して水分をはい出し，体内の塩分濃度《えんぶんのうど》を一定に保つことです。そこで以下のような実験を行いました。

［実験］

蒸留水と，濃度が0.2%，0.4%，0.6%，0.8%の食塩水をそれぞれ10mL準備しました。それらにプランクトンＡの入った培養《ばいよう》液（稲わらを入れた水をふっとうさせて，冷ました液）をそれぞれ10mLずつ合わせ，混合液を作りました。その後，スライドガラスにその混合液を１滴《てき》ずつとって顕微鏡で観察し，収縮胞が５回収縮するのに要した時間を測定しました。表はその結果を示したものです。

準備した食塩水の濃度(％)	５回収縮するのに要した時間(秒)
0（蒸留水）	10
0.2	15
0.4	20
0.6	35
0.8	45

① 下線部の混合液の塩分濃度(％)とプランクトンＡの収縮胞が５回収縮するのに要した時間(秒)との関係を折れ線グラフで表しなさい。

② 食塩水の濃度を高くすると，一定の時間内に収縮胞が収縮する回数はどのようになりますか。この実験でわかることを次のア～ウから１つ選び，記号で答えなさい。

ア．増加する　　イ．減少する　　ウ．変化しない

2 液体中に物を沈《しず》めると，液体が物を上向きに押し上げようとする力を加えます。この力を浮《ふ》力《りょく》といいます。浮力の大きさは，物が押しのけた液体の重さで決まることがわかっています。例えば，１cm^3あたり１ｇの重さをもつ水の中に，体積10cm^3の物を沈めたとき，物には10ｇの浮力が加わります。下の問いに答えなさい。

(1) 液体中に沈めた物の重さをばねはかりではかると，空気中ではかったときに比べて，ばねはかりが示す目盛の大きさはどうなりますか。正しく述べたものを次のア～エから１つ選び，記号で答えなさい。

ア．物の上に液体がのる分だけ目盛は大きくなる。

イ．浮力を受ける分だけ目盛は大きくなる。

ウ．目盛は変わらない。

エ．浮力を受ける分だけ目盛は小さくなる。

(2) 私たちの日常生活では，氷は水に浮《う》かびます。この現象について述べた文章として正しいものを次のア～キからすべて選び，記号で答えなさい。

ア．水がこおって氷になると体積が少し減る。

イ．水がこおって氷になると体積が少し増える。

ウ．水がこおって氷になると重さが少し減る。

エ．水がこおって氷になると重さが少し増える。

オ．水に浮かぶ氷がとけて水になると，水面の高さが高くなる。

カ．水に浮かぶ氷がとけて水になっても，水面の高さは変わらない。

キ．水に浮かぶ氷がとけて水になると，水面の高さは低くなる。

Ｚくんは，浮沈子《ふちんし》とよばれるおもちゃが入った装置を理科の授業で見せてもらいました。浮沈子を用いると，液体中の物にはたらく浮力を目で見ることができます。このときに見た浮沈子は，図１のような軽くてやわらかい容器におもりをつけた作りになっており，フタは外され，容器の口は開いていました。

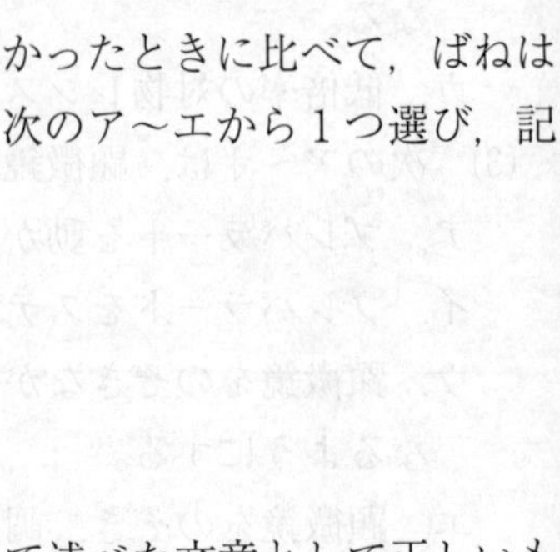

横から見た浮沈子（断面）

図１

図２(ア)のように，この浮沈子が容器の口を下にして，水で満たされたペットボトル内に入っていました。はじめ浮沈子は浮かび上がったままでしたが，図２(イ)のように，ペットボトルをにぎりしめて次第に力を加えると，浮沈子がだんだんと沈みこみ，力をぬくと再び浮沈子は元の状態までもどるようすが確認できました。また，このときペットボトル内の浮沈子をよく観察すると，浮沈子内には常に空気と水が入っており，ペットボトルに力を加えたとき，浮沈子がわずかに変形し，浮沈子内の水面の高さが上がっていました。

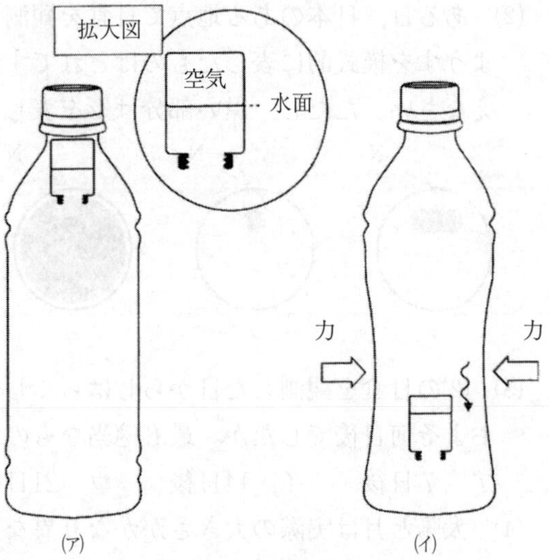

図２

Ｚくんはこのおもちゃを通して，液体中の物の重さと浮力に関する探究学習を行いました。ただし，空気の重さは考えないものとします。

(3)　ペットボトルに力を加えると，浮沈子はなぜ沈むのでしょうか。「空気」「浮力」という２つの言葉を使って説明しなさい。

(4)　教室にしばらく放置されていたこのおもちゃを再び観察したところ，ペットボトルに力を加えることなく，はじめから浮沈子が沈んでいました。このとき，ペットボトルのフタを開け，水に少しずつ食塩をとかしてよく混ぜると，浮沈子が再び浮き上がってきました。この現象を確認するために，480ｇの水を入れたビーカーに体積12cm^3，重さ13ｇの物体を沈め，水に少しずつ食塩をとかしてこの物体を浮かせる実験を行いました。

①　物質１cm^3あたりの重さのことを密度といい，単位はg/cm^3で表されます。この物体の密度は何g/cm^3ですか。分数で答えなさい。

②　この物体を浮かせるためには食塩を何ｇより多く水にとかす必要がありますか。ただし，水は１cm^3あたり１ｇの重さをもっており，水に食塩をとかしても液体の体積は変わらないものとします。

3　次の文は，日食や月食について述べたものです。下の問いに答えなさい。

日食は太陽が月にかくされて見えなくなる現象，月食は月が地球の影《かげ》に入って見えなくなる現象です。日食は，地球，［　A　］，［　B　］の順に一直線上に並んだときに起きます。また，月食は，太陽，［　C　］，［　D　］の順に一直線上に並んだときに起きます。

(1)　文中のＡ～Ｄにあてはまる天体の組合せとして正しいものを次のア～エから１つ選び，記号で答えなさい。

	A	B	C	D
ア	太陽	月	月	地球
イ	月	太陽	月	地球
ウ	太陽	月	地球	月
エ	月	太陽	地球	月

(2)　ある日，日本のある地点で日食を観測することができました。このとき，地球にできた影のようすを模式的に表したものはどれですか。最も適当なものを次のア～エから選び，記号で答えなさい。ただし，黒い部分は影を表し，点Nは北極の位置を示しています。

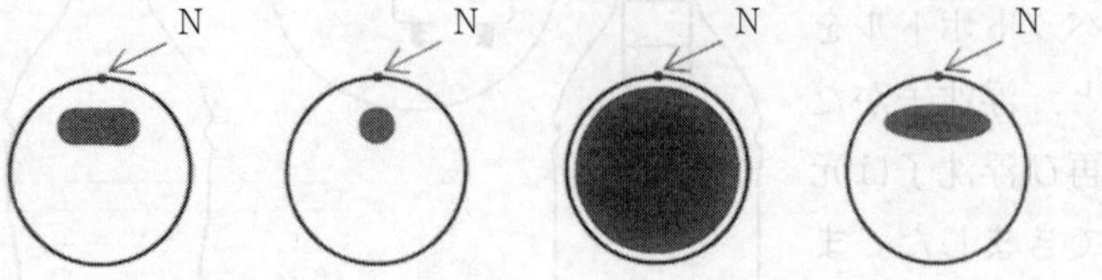

ア　　イ　　ウ　　エ

(3)　(2)の日食を観測した日からしばらくして月食が起こりました。月食を観測した日は日食からおよそ何日後でしたか。最も適当なものを次のア～エから選び，記号で答えなさい。

ア．７日後　　イ．14日後　　ウ．21日後　　エ．28日後

(4)　太陽と月は実際の大きさがかなり異なりますが，日食を観測したときに，ほぼ同じ大きさに見えることがわかりました。このことを，模型を使って確かめることにしました。まず，太陽の模型として直径140cm の球，月の模型として直径3.5mm の球を用意しました。これらの直径の比は，実際の太陽と月の直径の比とほぼ等しくなります。月の模型を自分から38cm はなれた位置に置いたとき，月の模型と同じ大きさに見えるようにするためには，太陽の模型を自分から何ｍはなれた位置に置けばよいですか。答えが割り切れないときは，小数第１位を四捨五入して整数で答えなさい。

(5)　日本で日食が起こる回数は平均で年間2.2回，月食が起こる回数は平均で年間1.4回といわれています。日食や月食が毎月のように起こらない(一直線上に並ばない)のはなぜか説明しなさい。

(6)　月は地球の周りを回っている天体で衛星といいます。地球を回っているのは月だけでなく，人間の作り出した機械もあります。それを人工衛星といいます。ある人工衛星は地上から見ると常に静止しているように見えます。この人工衛星が赤道上空を高度(地球の地上からの距離)を一定に保って，秒速３km で飛行しています。地球を半径6400km の完全な球とし，自転周期(地球が１回自転するのにかかる時間)を24時間とすると，この人工衛星の高度は何km になりますか。ただし，円周率は３とします。

4　ものの燃え方について，下の問いに答えなさい。

(1)　ろうそくの燃え方を観察したところ，ろうそくのほのおは右図のように３つの部分からできていることがわかりました。

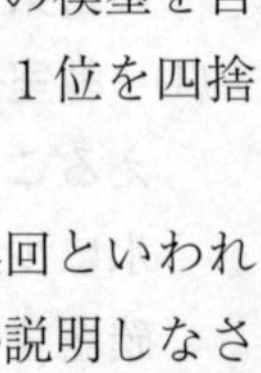

①　最も明るいのはどの部分ですか。Ａ～Ｃの記号で答えなさい。

②　①の理由として正しく述べているものを次のア～エから１つ選び，記号で答えなさい。

ア．酸素に十分ふれているため，ろうがよく燃え，二酸化炭素が発生しているから。
イ．酸素に十分ふれているため，ろうがよく燃え，発生したすすが熱せられているから。
ウ．酸素に十分ふれていないため，まだ燃えていないろうの気体が多くあるから。
エ．酸素に十分ふれていないため，ろうが燃えきれないことで発生したすすが熱せられているから。

(2) 金属も空気中で燃やすことができ，空気中の酸素と結びついて金属の「酸化物」という燃やす前とは別の物質になります。例えば，アルミニウムを燃やすとアルミニウムの酸化物ができます。アルミニウムに塩酸を加えると気体Ｘが発生しますが，アルミニウムの酸化物に塩酸を加えても気体Ｘは発生しません。そこで，実際にアルミニウムを燃やす前後で，物質の重さや性質がどのように変わるのかを調べる実験を行いました。

表は実験の結果をまとめたものです。１班は，アルミニウム3.6ｇを加熱用の皿に入れて十分に燃やしたところ，燃やした後の物質の重さは6.8ｇでした。この燃やした後の物質に塩酸を加えても気体Ｘは発生しませんでした。２班～４班は，アルミニウム2.7ｇを燃やした時間を変え，１班と同様に燃やした後の物質の重さと，燃やした後の物質に塩酸を加えたときの気体Ｘの発生量を調べました。３班と４班の燃やした後の物質を観察すると，アルミニウムの一部が燃えずに残っていました。この結果をもとにして，次の問いに答えなさい。ただし，答えが割り切れないときは，小数第２位を四捨五入して小数第１位まで答えなさい。なお，この実験では塩酸は十分な量を加えており，発生した気体Ｘの体積はすべて同じ温度，同じ圧力ではかったものとします。

	１班	２班	３班	４班
アルミニウムの重さ(ｇ)	3.6	2.7	2.7	2.7
燃やした後の物質の重さ(ｇ)	6.8	5.1	4.3	3.5
発生した気体Ｘの体積(Ｌ)	0	0	1.2	2.4

① 気体Ｘの性質を正しく述べているものを次のア～オから１つ選び，記号で答えなさい。

ア．水にとけやすく空気よりも軽いため，上方置かん法で集める。

イ．水にとけ，赤色のリトマス紙を青色に変える。

ウ．雨にとけると強い酸性を示す酸性雨となる。

エ．空気中で火を近づけると音をたてて燃える。

オ．石灰水に通すと白くにごる。

② ある重さのアルミニウムを燃やしたところ，燃やした後の物質の重さは8.5ｇでした。この燃やした後の物質に塩酸を加えても気体Ｘは発生しませんでした。燃やす前のアルミニウムの重さは何ｇですか。

③ アルミニウム2.7ｇと結びついた酸素の重さ(ｇ)と，発生した気体Ｘの体積(Ｌ)の関係をグラフに表しなさい。

④ アルミニウム2.7ｇに十分な塩酸を加えたとき，発生する気体Ｘの体積は何Ｌですか。

⑤ アルミニウム5.1ｇを燃やしたとき，燃やした後の物質に塩酸を加えたところ，気体Ｘが3.2Ｌ発生しました。燃やした後の物質の重さは何ｇですか。

はどうすればよいかわからず放心状態にあるから。

ウ　深刻な問題とはいえ、玉置さんのつらい思いを無視して一方的に話をする北見先生の様子に怒りを感じたから。

エ　北見先生の厳しい言葉を聞き、玉置さんの目がとても深刻な状態にあることを理解して強い衝撃を受けたから。

問六　――線部④「頷かざるを得ない言葉を、呑み下すようにうつむいていた」とあるが、この時の玉置さんの心情をわかりやすく説明しなさい。

問七　――線部⑤「人が向かい合うことの意味」とあるが、次の会話文は「人が向かい合うことの意味」について、教師と生徒が話し合っているものである。この会話文を読んで後のⅰ・ⅱ・ⅲの各問に答えなさい。

生徒　初めは玉置さんを厳しく注意したり、彼女の様子を見ながら注意深く話したりしていた北見先生だけど、玉置さんがその言葉を聞き入れず、自分の都合ばかりで話をするので、いったんは話をするのを諦めかけていました。

教師　この時点では、「（　Ⅰ　）」とあるように、二人の言っていることは全くかみ合っていなかったんだ。

生徒　ところが、丘本さんの言葉をきっかけにして北見先生は心を動かし、玉置さんに穏やかに話をし始めます。

教師　北見先生は、目が見えるということは当たり前のようでいて実は奇跡的なことであり、玉置さんの傷ついた目について、（　Ⅱ　）と心から玉置さんに語った。この話に玉置さんは頷くんだ。北見先生の言葉を了解したんだね。

生徒　北見先生の言葉が玉置さんの心に届いたんですね。ということは「人が向かい合うことの意味」とは、（　Ⅲ　）ということだと思います。

教師　そのとおりだね。

ⅰ　（Ⅰ）に当てはまる言葉を本文中から十二字で抜き出して答えなさい。

ⅱ　（Ⅱ）に当てはまる適切な言葉を次の選択肢ア～エから一つ選び、記号で答えなさい。

ア　このままでは必ず病気になってしまうのでとても心配だ

イ　どうか心配している周りの人たちを悲しませないでほしい

ウ　このままカラコンにこだわり続けるのは愚かなことだ

エ　大事なものであることに気づかない現状を改めてほしい

ⅲ　（Ⅲ）に当てはまる適切な言葉を、十五字以内の自分の言葉で答えなさい。

とは、奇跡のようなものです。あなたは、それを偶然生まれたときから与えられているから、その大切さに気付かないだけです。けれども、一度、失われれば、どんなにお金を積んでも、どんなに請《こ》い願っても、もう二度と与えられることはないものです。それが、失われてからその大切さに気付くよりも、いまここで、その大切さに気付いてくれれば、丘本さんも、私たちも、あなたを囲む周りの方々も、誰よりあなた自身も辛《つら》く哀しい思いをしなくて済むでしょう。私も、あなたが傷ついた姿でここに通ってくるのを見ずに済みます。私の言っていることは、分かりますか？」

　玉置さんはうつむいて、涙を落としていた。

「カラコンはもう着けられないということですか」

と、玉置さんは震える声で言った。北見先生は首を振った。それから、

「あなたがカラーコンタクトを使用することを、止めることはできません。ただ、いまは少なくとも治療に専念すべきだと申しあげています」

と、はっきりと言った。玉置さんはしぶしぶ頷《うなず》いた。④頷かざるを得ない言葉を、呑《の》み下すようにうつむいていた。

　僕は、玉置さんを見ていた。そして、北見先生を見ていた。⑤人が向かい合うことの意味をじっと見ていた。

（砥上裕將『7・5グラムの奇跡』講談社）

注　＊1　禁忌…してはいけないこと。
　　＊2　円錐角膜…目の角膜が前方に突出する病気。思春期に多い。
　　＊3　不条理…道理に合わないこと。

問一　[A]・[B]・[C] に当てはまる言葉として最も適切なものを次の選択肢ア～エからそれぞれ一つずつ選び、記号で答えなさい。ただし、同じ記号を二度以上用いてはならない。

ア　きちんと　　イ　しぶしぶ
ウ　ゆっくりと　　エ　とやかく

問二　[X] には「直面する問題を見ないようにしよう」という意味になる言葉が入る。その言葉をひらがな五字以内で自分で考えて答えなさい。

問三　――線部①「口を少しだけへの字に曲げて」とあるが、この言葉の意味として最も適切なものを次の選択肢ア～エから一つ選び、記号で答えなさい。

ア　困り果てたとまどいの表情で
イ　がっかりした落胆の表情で
ウ　不愉快そうに顔をしかめて
エ　不安そうに顔をこわばらせて

問四　――線部②「誰かの心を治すことはできない」とあるが、この時の玉置さんの心の状態について説明した次の文の（Ⅰ）（Ⅱ）に当てはまる適切な言葉を、それぞれ自分の言葉で考えて、（Ⅰ）は十字以内、（Ⅱ）は二十字以内で答えなさい。

> 玉置さんは、（　Ⅰ　）と考えてカラコンを使用したが、やがて、それがあれば気持ちが落ち着くとか着けていないと何かを見ることもできなくなるというような依存している状態、つまり（　Ⅱ　）ような心の状態になった。

問五　――線部③「丘本さんの顔が青ざめていく」とあるが、その理由として最も適切なものを次の選択肢ア～エから一つ選び、記号で答えなさい。

ア　北見先生の言葉に反して、自分の目の状態を深刻なものと全く認識できていない玉置さんに不安を感じたから。
イ　北見先生の話も玉置さんの心の闇も理解できるので、自分で

「カラコンがあると気持ちが落ち着くんです。私は大丈夫って感じられます。着けていないと不安で人と目を合わすことも、まっすぐなにかを見ることもできません。どうにかならないのでしょうか」

そう言ったあと、彼女の目が輝き始めた。沈黙の重さと同じくらい鈍い光が強くなると、涙が零《こぼ》れた。それは傷ついた瞳が流す痛みのようだった。

彼女の問いに対して、僕らには打つ手がない。僕らは眼を治療することはできる。けれども、②<u>誰かの心を治すことはできない</u>。彼女は明らかにカラコンに依存《いぞん》していた。カラコンを着けた瞳で世界に接することによって、自分自身のイメージを作り出し守っていた。

自己のイメージを作りあげて、なりたい自分になり、世界に向き合うことは、自然なことなのかも知れない。好きな服を着ることを誰も病気だとは言わないし、化粧をすることを病気だとは思わない。カラーコンタクトを使用することも、誰かに［ B ］言われるようなものではないのかも知れない。実際に、玉置さんのカラコンの使い方に問題がなく、＊2円錐角膜《えんすいかくまく》でなければ、これほど厳しく注意されることもなかっただろう。

彼女の立場に立てば、僕らの伝えていることは、＊3不条理で不快なものだろう。

だが、彼女の目は、いま円錐角膜という病気にかかっていて、その上、深く傷ついている。病気になっている箇所に怪我《けが》が重なっている状態だ。その認識が彼女の中に生まれていないのだろうか？

傍《そば》に立っている③<u>丘本さんの顔が青ざめていく</u>のが分かった。玉置さんの表情は、僕らの沈黙に対して憤り、見る間に上気していった。

僕らはきっとお互いに理解が足りなかったのだろう。一対の目を巡る僕らの架け橋となるものはなにもなかった。ただそこには失明の可能性という事実と玉置さんの抱える心の闇《やみ》があった。

どうすればいい？

その場にいた誰もがそう考えていたのに、言葉はなかった。ただお互いの距離を感じていただけだった。

北見先生が、諦めかけた口調で「では……」と口を開こうとしたとき、丘本さんが声を発した。

「遥香ちゃん！」

と、響くような声で言った。玉置さんが、丘本さんをまっすぐ見た。

「真衣ちゃん……」

と、玉置さんはなにかに気付いたように答えた。

「遥香ちゃん、目が見えなくなっちゃったら、もう一緒に同じ写真を見れなくなるよ。二人で一緒に作品を作れなくなるよ。今なら遥香ちゃんは、これからを選べるんだよ。今だけじゃなく未来を見て。見ないを選んじゃ駄目《だめ》だよ。どうしてそれが分からないの？　先生がこんなに厳しく言うなんて、すごく危ないってことなんだよ」

玉置さんはなにも答えなかった。彼女の瞳は、それでも現実に抗《あらが》っていた。彼女は僕らを見ながらも目を［ X ］とし続けていた。

玉置さんが光を失うか、それとも保持し続けるかという岐路が彼女の前に開かれているようでもあった。丘本さんは必死に言葉を継《つ》いだ。

「北見先生、彼女は私の友達です。だから私から［ C ］言って聞かせます。どうかよろしくお願いします」

と、頭を下げた。玉置さんはその様子を呆然《ぼうぜん》と眺めていた。

丘本さんの瞳は、言葉にならない感情で震え、溢《あふ》れ出てくる気持ちに耐えていた。北見先生は二人を眺めた後、小さく息を吐き、少しだけ瞳を閉じた。それから瞼《まぶた》をあげた。先生はさっきよりも穏やかに話し始めた。

「あなたは……、お若いからまだ分からないかも知れませんが、健康であるということは、目が、光が、当たり前のように見えるということ

ウ　まず岩山の斜面に横穴を＊掘削《くっさく》し、これが玄関と廊下である。
エ　＊居室《きょしつ》は中庭をぐるりと囲むような横穴になっている。
オ　この住居というのが、実によくできている。

注＊穿ち…「穿つ」は穴をあけること。
＊掘削…地盤を掘ったり削ったりすること。
＊居室…家族が日常を過ごす部屋。居間や個室のこと。

問四　――線部②「人間の住む家の基本は、円形なのではなかろうか」とあるが、このように考える理由について説明した次の文の（　）に当てはまる適切な言葉を、本文中から十二字で抜き出して答えなさい。

家というものは、本来、家族が（　　　　）場であるから。

問五　――線部③「強固な壁で隔絶された小部屋」とあるが、具体的にはどのような小部屋なのか。わかりやすく説明しなさい。

問六　――線部④「『四角い家に住む人』の現状」とあるが、これについて説明したものとして最も適切なものを次の選択肢ア～エから一つ選び、記号で答えなさい。
ア　テレビジョンから離れ、家族それぞれが自分の部屋でインターネットを楽しんでいる現状。
イ　他人同士がインターネットを通じて家族のようにつながり、お互いの親交を深めている現状。
ウ　リビングルーム内においても、パソコンや携帯電話を絶対的な道具としてもてはやしている現状。
エ　家族それぞれが各部屋に分かれてインターネットに夢中になり、家族の絆が失われている現状。

問七　――線部⑤「実は多くの知的退行が潜んでいる」とあるが、どういうことか。本文全体の内容を踏まえてわかりやすく説明しなさい。

三　次の文章を読んで、後の各問に答えなさい。

「僕」は北見眼科に勤めている。玉置遥香さんは普段からカラコン（色のついたコンタクトレンズ）を着けていた。ある日、彼女は目の不調を訴えて、北見眼科に勤める友人の丘本真衣さんと北見眼科を訪れ、院長である北見先生の診察を受ける。

「強く目をこすらないようにしてください」

先生は、厳しく注意した。角膜《かくまく》に傷が入っている今の状態で激しく目をこするのは、間違いなく＊1禁忌《きんき》だ。彼女はゆっくりと手を膝の上に戻した。また、彼女の目が細くなった。

北見先生の視線も鋭さを増した。優しさの裏側にある強い感情が、ただ瞳の中だけに怒りのように込みあげていた。先生は、①口を少しだけへの字に曲げて一呼吸置き、

「今の目の状態でカラーコンタクトを使用すれば、失明の危険があります。とても高いリスクを負ってまで使用しなければならない理由がありますか」

と、［A］訊《たず》ねた。相手を侮蔑《ぶべつ》しないように注意深く言葉を発していた。だが、声音《こわね》はさっきよりも遥《はる》かに厳しかった。先生は、自分の感情に耐えていた。丘本さんは狼狽《うろた》え、僕も込みあげるものを抑えていた。

「目が可愛く見えないから、私、カラコンを着けないと、人前に出られません」

玉置さんは、はっきりとそう言った。何を言っているんだ？　と反射的に、僕は思った。だが、瞳を覗《のぞ》き込んでみると、玉置さんもまた信じられないほど真剣だった。

や信頼だけではなく、こうした長い円居のときによって形成されるものであろう。

それにしても、この中庭の進化形態であるはずのリビングルームは、今やその[B]を失ってしまった。私が子供のころには、家族をそこに集束させるだけの力を持った、テレビジョンなる神器があったのだが、この神様は次第に権威を失ってしまって、今や家族各自の部屋に置かれているのみならず、その密室の中においてさえ、パソコンや携帯電話にその神性を奪われてしまった。

かくしてリビングルームは伝統ある円居の場としての存在理由を失い、そのかわり見知らぬ疑似家族が夜な夜な集う、インターネット上の円居の場所が出現した。およそこうしたところが、④「四角い家に住む人」の現状である。思想も教養も道徳も、親から子に引き継がれるものは何もなくなり、そればかりか愛情も信頼も怪しくなった。昨今の奇怪な事件の多くが、この円居のひとときの喪失によって説明がついてしまうのだから、やはりこれは進化ではなく、退行と考えるべきであろう。

このごろ人の親として考えるのだが、子供を育てるにあたって、改まった教育などはさほど必要ないのではなかろうか。それよりも大切なことは、いかに長い時間を子供とともに過ごすかであろう。幸いなことに私は、長い間竪穴式住居のごとき家に住まい、常に子供のかたわらで売れもせぬ小説を書いていた。家にはリビングも書斎《しょさい》もなく、すべてが円居の中庭といえばその通りであった。おかげで子供は、ベルベル人のごとく大らかに育った。

彼らはわれわれの住む四角い家に、今も首をかしげているにちがいない。われわれが文明と信じている生活の中には、⑤実は多くの知的退行が潜んでいる。

（浅田次郎『つばさよつばさ』小学館）

注　＊1　竪穴…地面を掘り下げて造った住居。
＊2　穴居…ほら穴に住むこと。
＊3　梅檀の漢名…「梅檀」は木の名前。「漢名」とは中国での名称のこと。
＊4　四合院…中国の伝統住宅の様式。四つの辺に建物を置き、中央を庭園とする。
＊5　客家…漢民族の一つ。

問一　[A]・[B]に当てはまる言葉として最も適切なものを、下のそれぞれの選択肢ア～エから一つずつ選び、記号で答えなさい。

[A]…ア　こねる　イ　そらす　ウ　あてる　エ　まわす

[B]…ア　抑止力　イ　支配力　ウ　求心力　エ　決定力

問二　――線部①「さだめし奇怪であったろう」とあるが、その理由として最も適切なものを次の選択肢ア～エから一つ選び、記号で答えなさい。

ア　先住民には、ヨーロッパからわざわざサバンナにやって来た白人たちが不思議でならなかったから。

イ　先住民にとってみれば、家といえばそれは石と土と雑木とで造るのが以前からの習慣だったから。

ウ　正円形の家に住む先住民は、四本の柱を建てた四角い家を、家として認識することができなかったから。

エ　正円形の家に住む先住民には、四本の柱を使った四角い家が見慣れないものに感じられたと思われるから。

問三　[X]には次のア～オの各文が入るが、これらの文を正しい順序に並べかえて、ア～オの記号で答えなさい。

ア　その先には円形に巨大な竪穴を掘った露天の中庭がある。

イ　つまり家を建てるのではなく、石灰岩の岩山を縦横に掘って、明るく風通しのよい住居を＊穿《うが》ち出しているのであった。

ニジアを旅した。

チュニジアの地中海沿岸からサハラへと向かう途中に、先住民族であるベルベル人の集落があった。『スター・ウォーズ』のロケ地にもなった、あの赤茶けた岩山ばかりの土地である。なんでもベルベル人は、十二世紀から十三世紀にかけて侵攻してきたアラビアンに追われて、この山岳地帯に逃げこんだらしい。

何しろ大サハラの衝立《ついたて》のような岩山であるから草木もほとんどなく、平らかな場所もない。彼らはそこに横穴と＊1竪穴《たてあな》を掘り、今も＊2穴居《けっきょ》生活を続けているのである。

X

この家はすべてが円い。円い玄関に円い廊下に円い個室。そして中央には円形の中庭がある。

住人の説明によると、夏は涼しく冬は暖かいらしい。むろん、外敵から身を隠して住むという、本来の目的にも適《かな》っている。中庭の竪穴を深く掘って、二階建てとなっている家も多いそうだ。

ミントティーをごちそうになりながら、私はしばらくの間その中庭に座って、円い空を見上げていた。

ふと、②人間の住む家の基本は、円形なのではなかろうかと思った。

山国の日本は建築資材は豊富なのに、稲作が普及して定住生活を始めてからも、人々は竪穴式の円い家に住み続けていた。

そもそも四角い家という発想は、家族がプライバシーを望んだ結果なのではなかろうか。つまり円い家に隔壁《かくへき》は造れないから、その壁に沿って家が四角くなったのではないのか。

さてそう思うと、事は重大である。

プライバシーの要求、隔壁の出現、四角い家、という住居の進化過程は、裏を返せば家族意識の退行を意味しているのではあるまいか。

もしアフリカの先住民たちがそう考えているのなら、「四角い家に住む人」は進歩した人々ではなく、退行した哀れな人々ということになる。

われわれが進化と信ずる住環境は、ついに真四角の住居を三次元的に組み立てた集合体となり、その内部もまた③強固な壁で隔絶された小部屋となってしまった。

ご近所とも家族とも没交渉、これが「四角い家に住む人」の理想なのである。

私は建築史のことなど何も知らないが、小説家らしく理屈を A と、「一家団欒《らん》」の「欒」の字は＊3梅檀《せんだん》の漢名である。広義にはザボンや白檀《びゃくだん》の木もこの文字に含まれる。いずれにせよ花が咲き、実がなり、香りもよい木で、中国では＊4四合院《しごういん》の中庭に好んでこの木を植えた。

四合院という中国の伝統建築は、「四角い家」ではあるが、家族の円居《まどい》の場である中庭を持つのが特徴である。すなわち「団欒」とは、四合院のそれぞれの棟に住む家族が、中庭の梅檀の木の下に集まって、和やかなひとときを過ごすことを指しているのであろう。ちなみに、四合院よりさらに古い＊5客家《はっか》の住居は中庭をめぐる正円形である。

家族の希望と都市生活の必然によって、家が円形から方形に変わらざるをえなくなっても、聡明な中国人はごく近年まで、家族の円居の場を残したとも考えられる。

しかしわが国の住宅事情には、中庭などという贅沢《ぜいたく》は許されない。かくて昔は「お茶の間」、今は「リビングルーム」という家族の共有空間が円居の場所となった。

ベルベル人の家では、竪穴の中庭に家族が寝転んで、円い夜空の星を読んだり、祖父母の昔語りに耳を傾けるのが夜ごとの習いだったのであろう。まさに理想の団欒である。思想も教養も道徳も、完全に正確に子孫へと享《う》け継がれたはずである。家族の絆というものは、愛情

2024年度

逗子開成中学校

【国　語】〈第二次試験〉（五〇分）〈満点：一五〇点〉

注意　1、字数制限のある問題では、句読点やかっこ、その他の記号も一字として数えます。
　　　2、問題文には、設問の都合で、文字・送りがななど、表現を改めたり、省略したところがあります。

一　次の各問に答えなさい。

問一　次の①～⑮の各文の――線部のカタカナを漢字で書き、――線部の漢字の読み方をひらがなで書きなさい。

① サンセイ意見が多い。
② 知識をキュウシュウする。
③ 交通をキセイする。
④ 相手のイコウを聞く。
⑤ ビンボウな暮らし。
⑥ ドキョウをつける。
⑦ 彼の態度はリッパだ。
⑧ 大役をウケタマワる。
⑨ 美しくヨソオう。
⑩ 火山が火をフく。
⑪ 美の権化。
⑫ 今年の抱負を語る。
⑬ 沼地の植物。
⑭ 楽器を奏でる。
⑮ 赤く熟れたトマト。

問二　次の①～⑤の各文の――線部の故事成語やことわざ・慣用句の使い方が正しければ、（　）に当てはまる適切な漢字一字をそれぞれ答えなさい。ただし、――線部の使い方が正しくなければ×をつけて答えなさい。

① 今年もチームは最下位で、監督は交代するらしい。こんな時に監督を引き受けるなんて、火中の（　）を拾うようなものだ。
② 彼は事業に成功していまや飛ぶ鳥を落とす勢いだ。堂々としていていつ見ても肩で（　）を切って歩いているようだ。
③ 大きな病気にかかってしまい、悩んだあげく手術を受けることにした。まな（　）の鯉になるのを決断したのだ。
④ 学級委員のなり手がいない。話し合いの末、じゃんけんで負けたので、僕が漁夫の（　）を得て、やることになった。
⑤ 先輩から態度が悪いと文句ばかり言われていたから、この間、あまりに（　）にすえかねて、思わず言い返してやった。

二　次の文章を読んで、後の各問に答えなさい。

南アフリカの先住民たちは、ヨーロッパからやってきた白人たちを「四角い家に住む人」と呼んだそうである。

諸部族の生活様式を保存公開している文化村に行ってみると、デザインや着彩はそれぞれちがうが、なるほどどの部族の家も形は正円形である。サバンナ地帯には柱になるような巨木が少ないから、石と土と雑木とで家を造ろうとすると、自然こうした円形になるのであろうと私は考えた。彼らの目から見れば、四隅に柱を建てた四角い家は、①さだめし奇怪であったろう。

このところ私の気ままな旅はアフリカ大陸を指向している。もともと暑さが苦手なので、体力のあるうちに暑いところを回っておこうと考えているのである。で、南アフリカの次には、北のモロッコとチュ

2024年度

逗子開成中学校 ▶解説と解答

算　数　＜第２次試験＞（50分）＜満点：150点＞

解　答

[1] (1) $1\frac{7}{9}$　(2) 55　(3) $5\frac{1}{7}$　[2] (1) 775mL　(2) 土曜日　(3) 分速85m　(4) 95個　(5) ８通り　(6) $2\frac{1}{7}cm^2$　[3] (1) 12：５　(2) 120：１　(3) 140頭　[4] (1) *X*　240　*Y*　３　(2) 解説の図③を参照のこと。　(3) （例）解説の図⑤を参照のこと。　[5] (1) $16384cm^2$　(2) ３：１　(3) **切り開く作業**…６回，**面積の比**…11：21

解　説

[1] 四則計算，逆算

(1) $\frac{8}{15}\div\left(2-1\frac{5}{7}\right)\div\left(\frac{4}{5}+\frac{1}{4}\right)=\frac{8}{15}\div\left(\frac{14}{7}-\frac{12}{7}\right)\div\left(\frac{16}{20}+\frac{5}{20}\right)=\frac{8}{15}\div\frac{2}{7}\div\frac{21}{20}=\frac{8}{15}\times\frac{7}{2}\times\frac{20}{21}=\frac{16}{9}=1\frac{7}{9}$

(2) $(0.5+0.05)\times5=0.55\times5=2.75$，$4\times8=32$より，$2.75-32\div(\square-23)=\frac{7}{4}$，$32\div(\square-23)=2.75-\frac{7}{4}=2.75-1\frac{3}{4}=2.75-1.75=1$，$\square-23=32\div1=32$　よって，$\square=32+23=55$

(3) $(28\times14+26\times17)\div238+\left(\frac{1}{17}+\frac{3}{14}\right)\div\frac{1}{6}=(392+442)\div238+\left(\frac{14}{238}+\frac{51}{238}\right)\div\frac{1}{6}=834\div238+\frac{65}{238}\times\frac{6}{1}=\frac{834}{238}+\frac{390}{238}=\frac{1224}{238}=\frac{36}{7}=5\frac{1}{7}$

[2] 相当算，周期算，旅人算，方陣算，場合の数，相似，辺の比と面積の比

(1) 20％増量すると，もとの量の，１＋0.2＝1.2(倍)になる。よって，□×1.2＝930(mL)と表すことができるから，□＝930÷1.2＝775(mL)と求められる。

(2) ４月９日から７月20日までの日数は，(30－９＋１)＋31＋30＋20＝103(日)であり，103÷７＝14余り５より，これは14週間と５日とわかる。よって，４月９日以降，{火，水，木，金，土，日，月}を14回くり返し，最後の５日は{火，水，木，金，土}となるので，７月20日は土曜日である。

(3) Ａ君が分速80mで１周するのにかかる時間は，11×３＝33(分)だから，１周の道のりは，80×33＝2640(m)とわかる。よって，２人が同じ地点からそれぞれ反対方向に歩いて16分後に出会うとき，２人の速さの和は分速，2640÷16＝165(m)となるので，Ｂ君の速さは分速，165－80＝85(m)と求められる。

(4) はじめに並べた正方形の１辺の個数を□個とし，長方形状にぎっしりと並べるときに増える部分にかげをつけて表すと，下の図１のようになる。図１で，かげの部分に並べるのに必要なコインの数は，14＋37＝51(個)であり，このうち斜線《しゃせん》部分の個数は，３×２＝６(個)だから，３×□＋□×２＝51－６より，□×(３＋２)＝45，□×５＝45，□＝45÷５＝９(個)とわかる。よって，はじめに並べた数は，９×９＝81(個)であり，このとき14個余ったから，コインの数は全部で，81＋14＝95(個)と求められる。

図１

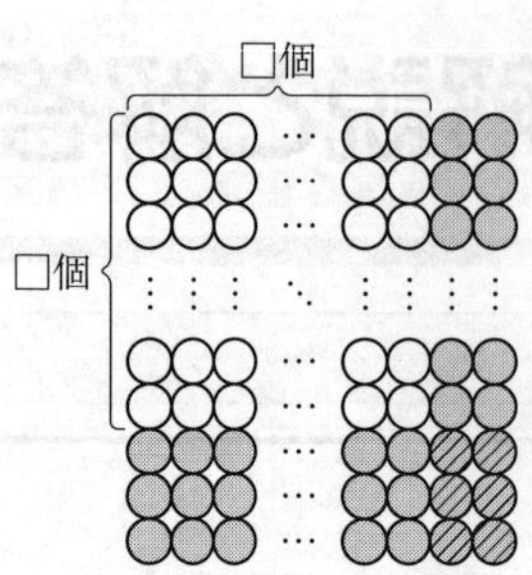

図２

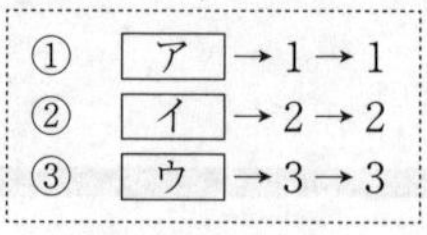

図３

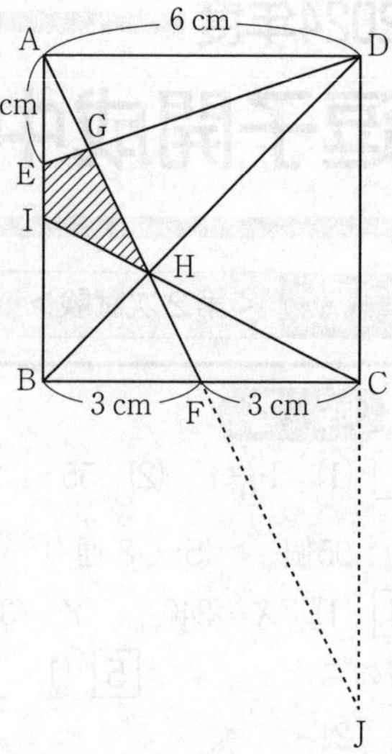

⑸　右上の図２の①～③の場合が考えられる。①の場合，アは「５」「1→4」「2→3」「3→2」「2→1→2」の５通りある。②の場合，イは「３」「2→1」の２通りある。③の場合，ウは「１」の１通りだけである。よって，目の出方は全部で，５＋２＋１＝８(通り)と求められる。

⑹　右上の図３で，DEを除いた部分はDBを軸《じく》とする線対称《せんたいしょう》な図形だから，ＩはABの真ん中の点になる。また，三角形AHDと三角形FHBは相似であり，相似比は，AD：FB＝２：１なので，AH：HF＝２：１とわかる。さらに，三角形ABFの面積は，$3\times6\div2=9$ (cm²)だから，三角形AIHの面積は，$9\times\frac{1}{2}\times\frac{2}{2+1}=3$ (cm²)と求められる。次に，AFとDCをそれぞれ延長して交わる点をＪとすると，三角形ABFと三角形JCFは合同なので，JC＝６cmとなる。また，三角形AEGと三角形JDGは相似であり，相似比は，AE：JD＝２：(６＋６)＝１：６だから，EG：GD＝１：６とわかる。さらに，三角形AEDの面積は，$6\times2\div2=6$ (cm²)なので，三角形AEGの面積は，$6\times\frac{1}{1+6}=\frac{6}{7}$ (cm²)と求められる。よって，四角形EIHGの面積は，$3-\frac{6}{7}=\frac{15}{7}=2\frac{1}{7}$ (cm²)である。

3 ニュートン算，つるかめ算

⑴　羊１頭が１日に食べる牧草の量を□kgとすると，□×３－９＝36(kg)と表すことができる。よって，□＝(36＋９)÷３＝15(kg)とわかるから，牛１頭と羊１頭が１日に食べる牧草の量の比は，36：15＝12：５である。

⑵　１日に伸《の》びる牧草の量を①とする。牛100頭と羊120頭を放牧するとき，15日で，①×15＝⑮の牧草が伸び，その間に，(36×100＋15×120)×15＝81000(kg)の牧草が食べられてなくなる。同様に，牛150頭と羊160頭を放牧するとき，10日で，①×10＝⑩の牧草が伸び，その間に，(36×150＋15×160)×10＝78000(kg)の牧草が食べられてなくなる。よって，右の図１のように表すことができ，⑮－⑩＝⑤にあたる量が，81000－78000＝3000(kg)とわかるから，①＝3000÷５＝600(kg)と求められる。すると，放牧を行う前の牧草の量は，81000－600×15＝72000(kg)となるので，放牧を行う前の牧草の量と１日に伸びる牧草の量の比は，72000：600＝120：１とわかる。

図１

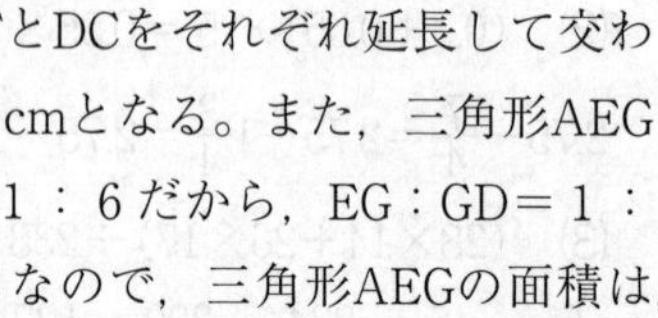

⑶　１日に減った牧草の量は，72000÷15＝4800(kg)なので，164頭が１日に食べた牧草の量は，4800＋600＝5400(kg)である。よって，下の図２のようにまとめることができる。羊を164頭放牧

したとすると，15×164＝2460(kg)食べるから，実際よりも，5400－2460＝2940(kg)少なくなる。そこで，羊を牛に１頭ずつ交換《こうかん》していくと，食べる牧草の量は１頭あたり，36－15＝21(kg)ずつ増えるので，牛の数は，2940÷21＝140(頭)と求められる。

図２

牛（１日に36kg）
羊（１日に15kg）｝合わせて164頭で１日に5400kg

4 平面図形―構成，角度

(1) 機器は下の図①のように動く。図①で，ABとCDは平行だから，角DCBの大きさは60度であり，X＝180＋60＝240(度)とわかる。また，三角形BCDは１辺の長さが６cmの正三角形を半分にした形をしているので，Y＝６÷２＝３(cm)と求められる。

図①

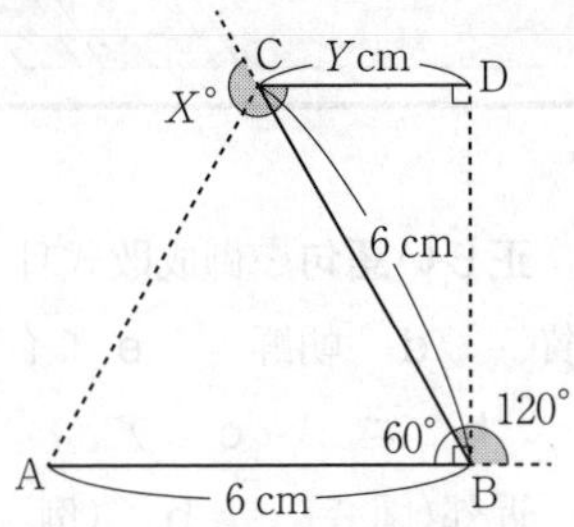

図②

(く)：３回
(進)：１cm
(回)：60度 ｝…ア

(進)：３cm …イ
(回)：180度 …ウ

(く)：３回
(進)：１cm
(回)：300度 ｝…エ

図③

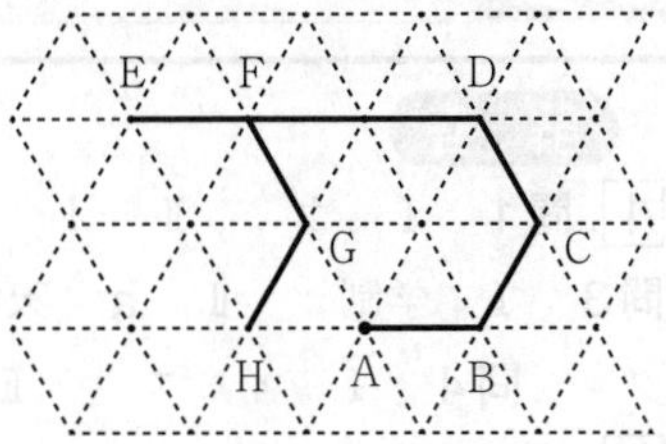

(2) 上の図②のプログラムⅢについて，アで上の図③のA→B→C→Dがかかれ，イでD→Eがかかれ，ウで機器の向きが180度変わり，エでE→F→G→Hがかかれる。

(3) 右の図④で，三角形OABは二等辺三角形であり，角AOB＝360×$\frac{2}{9}$＝80(度)より，角OBA＝(180－80)÷２＝50(度)となる。同様に，角OBC＝50度である。よって，角DBC＝180－50×２＝80(度)とわかるから，A→B→C→…の順にかく場合，プログラムは右上の図⑤のようになる。

図④

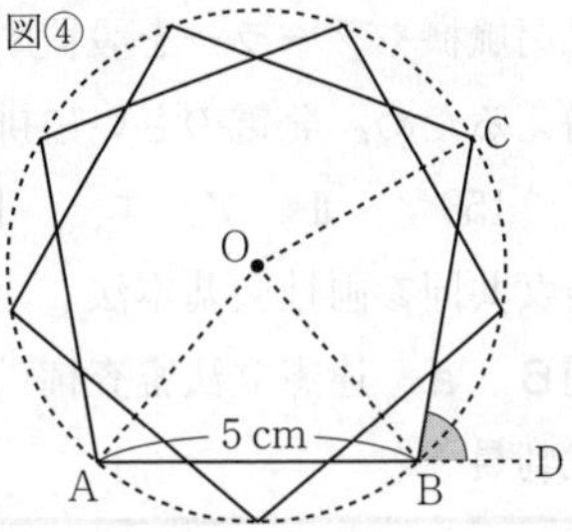

図⑤

(く)：９回
(進)：５cm
(回)：80度

5 図形と規則

(1) 問題文中の図より，「切り開く作業」を１回行うと，下の面の面積が作業前の２倍になることがわかる。よって，一辺の長さが64cmの正方形１個の面積をもとにすると，「切り開く作業」を２回くり返したときの下の面の面積は，正方形，１×２×２＝４(個分)になるので，(64×64)×４＝16384(cm^2)と求められる。

(2)「切り開く作業」を３回くり返したとき，下の面の面積は，正方形，４×２＝８(個分)になる。また，２回目の上の面の色は白なので，３回目の下の面は白い部分が増えて右の図１のようになる。図１より，３回目の下の面の白い部分と黒い部分の面積の比は，６：２＝３：１とわかる。

図１

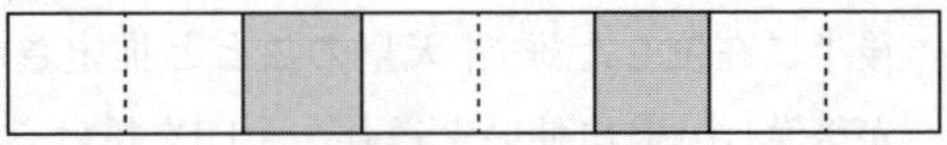

(3)「切り開く作業」を１回行うごとに高さは半分になるから，64cm→32cm→16cm→８cm→４cm→２cm→１cmより，高さが１cmになるのは作業を６(回)くり返したときとわかる。次に，下の面の白い部分，黒い部分の面積がそれぞれ正方形何個分にあたるかを求める。２回目と３回目の

関係を考えると，２回目の上の面の色は白なので，３回目の下の面の黒い部分の面積は２回目と変わらずに正方形２個分のままである。また，３回目の下の面の面積は全部で正方形８個分だから，３回目の下の面の白い部分の面積は正方形，８－２＝６(個分)と求められる。同様に考えると右の図２のようになるので，６回目の下の面の白い部分と黒い部分の面積の比は，22：42＝**11：21**とわかる。

図２

回数	正方形の数	白の数	黒の数	上の面の色
1回目	2	2	0	黒
2回目	4	2	2	白
3回目	8	6	2	黒
4回目	16	6	10	白
5回目	32	22	10	黒
6回目	64	22	42	白

社　会　＜第２次試験＞（40分）＜満点：100点＞

解　答

１ **問１**　Ⅰ　ウ　Ⅱ　オ　**問２**　Ⅰ　エ　Ⅱ　**記号**…エ　**正しい語句**…御成敗式目　**問３**　Ⅰ　学制　Ⅱ　**a**　天明　**b**　異国船打払令　**c**　浦賀　**d**　朝鮮　**e**　イラク　**問４**　Ⅰ　イ，エ　Ⅱ　ア　Ⅲ　イ　**問５**　**a**　イ　**b**　エ　**c**　ア

２ **問１**　Ⅰ　ウ　Ⅱ　イ　Ⅲ　**a**　ウ　**b**　オ　Ⅳ　**a**　近郊(園芸)　**b**　(例)　大消費地である東京に近い　**問２**　(例)　ニュージーランドは南半球に位置し，３・４月が夏から秋にあたり収穫期だから。　**問３**　**a**　イ　**b**　エ　**問４**　Ⅰ　(例)　畜舎の気温を抑えるために扇風機やクーラーを設置する。　Ⅱ　(例)　クーラー等に電気を使うとエネルギー使用量が増えるため，発電のさいに排出される温室効果ガスを減らすことにはつながらない。

３ **問１**　Ⅰ　150　Ⅱ　ア，エ　**問２**　Ⅰ　国土交通　Ⅱ　ア　Ⅲ　労働基準法　**問３**　Ⅰ　男女共同参画社会基本法　Ⅱ　ア　**問４**　ウ　**問５**　Ⅰ　持ちこませない　Ⅱ　ウ　**問６**　**a**　違憲立法審査権(違憲審査権，法令審査権)　**b**　最高裁判所　**c**　弾劾　**d**　裁判員

解　説

１　逗子開成中の歩みを題材とした問題

問１　Ⅰ　図のような，上空から見ると四角形(方形)と円がつながった形の古墳を前方後円墳という。図の古墳では，下側の四角の部分が前，上側の円の部分が後ろにあたる。前方後円墳は日本独特の古墳の形式といわれ，この形の古墳は近畿地方(地図中のウ)に特に多く見られる。大阪府堺市にある大仙古墳は，日本最大の前方後円墳として知られている。　Ⅱ　aの女王卑弥呼が治める邪馬台国《やまたいこく》が存在したのは３世紀である。bの埼玉県の稲荷山《いなりやま》古墳から出土した鉄剣《てっけん》と，熊本県の江田船山古墳から出土した鉄刀には，ともに「ワカタケル大王」の名が刻まれており，これは５世紀後半に在位した雄略《ゆうりゃく》天皇のことと推定されている。cの倭《わ》(日本)の小国の１つであった奴国《なこく》の王が後漢(中国)に使いを送り，金印を授《さず》けられたのは１世紀である。よって，年代の古い順にc→a→bとなる。

問２　Ⅰ　aの保元の乱は1156年，bの平将門の乱は935～40年，cの前九年合戦(前九年の役)は1051～62年，後三年合戦(後三年の役)は1083～87年の出来事である。よって，年代の古い順にb→c→aとなる。　Ⅱ　エは，「武家諸法度」ではなく「御成敗式目(貞永《じょうえい》式目)」が正しい。武家

諸法度は，第２代将軍徳川秀忠以降，江戸幕府が大名を統制するために定めた法令である。

問３　Ⅰ　1872年，明治政府は学制を発布し，６歳以上の子どもに教育を受けさせることにした。しかし，当初の義務教育は授業料があり，農家にとって子どもは貴重な働き手であったため，就学率は低かった。就学率が100％近くになったのは，明治時代の終わりごろである。　Ⅱ　**a**　浅間山は群馬県と長野県の県境に位置する活火山で，1783年の大噴火《ふんか》は天明の大ききん(1782～87年)が深刻化する一因にもなった。　**b**　日本近海に外国船が出没《しゅつぼつ》するようになると，江戸幕府は1825年に異国船(外国船)打払《うちはらい》令を出し，外国船を砲撃《ほうげき》して撃退するように命じた。　**c**　1853年，アメリカの東インド艦隊《かんたい》司令長官ペリーが４隻《せき》の軍艦(黒船)を率いて浦賀《うらが》(神奈川県)に来航すると，江戸幕府は翌54年に日米和親条約を結んだ。これにより，下田(静岡県)と蝦夷《えぞ》地(北海道)の箱館(函館)の２港を開くことと，アメリカ船に水や食料・燃料などを供給することが約束された。　**d**　1950年に朝鮮戦争が始まると，アメリカ軍が日本に大量の軍需《ぐんじゅ》物資を注文したことから，日本は特需景気と呼ばれる好景気となった。この好景気は，第二次世界大戦後の経済の復興《ふっこう》を早め，日本が高度経済成長期(1950年代後半～1970年代初め)をむかえるきっかけとなった。　**e**　2003年，国際連合の安全保障理事会においてアメリカとイギリスは，イラクが大量破壊《はかい》兵器を保有しているとしてイラクへの即時《そくじ》攻撃を主張し，同年３月，国連決議を得ないままイラクへの武力攻撃にふみきった。これをイラク戦争といい，アメリカ軍やイギリス軍などがイラク軍を圧倒し，フセイン政権は崩壊《ほうかい》した。なお，戦後，イラク攻撃の名目となった大量破壊兵器は発見されなかった。

問４　Ⅰ　1895年，日清戦争(1894～95年)の講和条約である下関条約により，日本が清(中国)から遼東《りょうとう》半島をゆずり受けることが明らかになると，日本の大陸進出を警戒《けいかい》したロシアはフランス，ドイツとともに遼東半島の返還を日本に強く求め，ロシアの軍事力をおそれた日本はやむなくこれを受け入れた(三国干渉《かんしょう》)。また，中国では外国勢力の中国進出に反対して義和団の乱(1900～01年)が起こったが，中国に利権を持つ日本や欧米列強が出兵して乱を平定した(イ，エ…○)。なお，アの朝鮮で起こった甲午《こうご》農民戦争(1894年)は日清戦争のきっかけとなった出来事，ウの伊藤博文が作成した憲法草案をもとに大日本帝国憲法が発布されたのは1889年のことである。　Ⅱ　ポーツマス条約は日露戦争(1904～05年)の講和条約で，日本はロシアから賠償金を得られず，その不満が日比谷焼き打ち事件(1905年)につながった(ア…×)。なお，約３億1000万円(２億両《テール》)の賠償金を得たのは下関条約である。　Ⅲ　鉄鋼の国内自給をめざしていた明治政府は，日清戦争で清から得た賠償金の一部を使い，多額の政府資金をつぎこんで，現在の北九州市(福岡県)に官営の八幡《やはた》製鉄所を建設し，八幡製鉄所は1901年に操業開始した(イ…○)。なお，アの岩倉使節団の派遣は1871～73年，ウのノルマントン号事件は1886年，エのシベリア出兵は1918～22年の出来事である。

問５　**a**　朝鮮で起こった三・一独立運動は1919年の出来事なので，年表のイに入る。　**b**　満州国の建国は1932年の出来事なので，年表のエに入る。　**c**　朝鮮総督《そうとく》府の設置は1910年の出来事なので，年表のアに入る。

2　関東周辺の地図をもとにした問題

問１　Ⅰ　③には，砂丘《さきゅう》だったところに掘りこみ式の人工港がつくられており，いくつもの工場や施設がパイプで結びついた，石油化学・鉄鋼などのコンビナートが形成されている。この地域を鹿島臨海工業地域といい，茨城県の鹿嶋市と神栖《かみす》市にまたがっている(ウ…×)。　なお，掘りこみ式の人工港があって製紙業がさかんなのは，苫小牧《とまこまい》市(北海道)である。アは静岡市，イは富岡市

(群馬県)，エは銚子《ちょうし》市(千葉県)についての説明文として正しい。　Ⅱ　軽井沢町(長野県)は高原に位置しており，避暑《ひしょ》地として知られるので，年間を通してほかの２つよりも気温が低いイが選べる。なお，アは冬の降水量(降雪量)が比較《ひかく》的少ない太平洋側の気候に属する横浜市(神奈川県)，ウは冬の降水量(降雪量)が多い日本海側の気候に属する新潟市の雨温図である。　Ⅲ　**a**　京葉工業地域は東京湾東岸の千葉県を範囲《はんい》とする工業地域で，化学工業の割合が高い点が特徴《とくちょう》となっている(ウ…○)。　**b**　関東内陸工業地域は栃木県，群馬県，埼玉県を範囲とする工業地域で，かつては養蚕地帯を背景に製糸業がさかんであった。現在では自動車，電気機器などの機械工業が発達している(オ…○)。　なお，アは瀬戸内工業地域，イは北陸工業地域，エは東海工業地域の特色を説明した文である。　Ⅳ　**a**　関東地方の特に東京などの大都市周辺では，消費地向けの野菜や果物，花きなどを栽培《さいばい》する近郊農業(園芸農業)がさかんである。　**b**　飲用牛乳等生産量に占《し》める神奈川県，茨城県，栃木県，千葉県の割合の合計が高いのは，これらの県が東京などの大消費地に近いからである。一方，北海道は大消費地から遠いので，バターやチーズなどの乳製品に加工して出荷する割合が大きい。

問２　ニュージーランドは南半球にあり，北半球に位置する日本とは季節が逆になっている。そのため，日本の露地《ろじ》栽培のものの出荷量が減る時期には，ニュージーランドなどで生産されたカボチャが多く輸入されている。

問３　**a**，**b**　1980年代から1990年代半ばにかけて，日本は自動車の生産台数が世界第１位であった。また，2000年代以降，急速な経済発展をとげた中国(中華人民共和国)が自動車の生産台数を大きく増やした。よって，日本はグラフのイ，中国はエと判断できる。なお，アはアメリカ合衆国，ウはドイツ，オは韓国(大韓民国)，カはインドである。

問４　Ⅰ「気候変動の『適応』とは，すでに起こっている気候変動の影響《えいきょう》をできるだけ避《さ》けたり弱めたりすることです」と述べられていることを参考にすると，乳牛や産卵用のにわとりの「夏の暑さ」への「適応」策とは，「夏の暑さ」の「影響をできるだけ避けたり弱めたりする」ための対策といえる。よって，畜舎の気温を抑えるために扇風機やクーラーを設置することなどが考えられる。　Ⅱ「気候変動の『緩和《かんわ》』とは，温室効果ガスの排出《はいしゅつ》量を減らして地球温暖化を抑制《よくせい》することです」と述べられているが，Ⅰで考えた「適応」策は電力エネルギーを大量に消費するので，火力発電に頼《たよ》る日本では，発電のさいに排出される温室効果ガスを減らすことにつながらないという問題が起こる。

３　新聞記事などの資料をもとにした問題

問１　Ⅰ　通常国会(常会)は予算の審議と議決を主に行う国会で，会期は150日間である。毎年１月中に召集《しょうしゅう》され，１回に限り延長ができる。　Ⅱ　臨時国会(臨時会)は内閣が必要と認めた場合，あるいは衆参どちらかの議院の総議員の４分の１以上の要求があった場合に開かれる。よって，アとエが正しい。なお，イは参議院の緊急《きんきゅう》集会，ウは特別国会(特別会)の説明である。

問２　Ⅰ「タクシーやバス，トラックの運転手」とあることから，交通や運輸を担当する国土交通省と判断できる。なお，同省はほかに，国土の開発と保全，ダムや港の整備，気象に関する仕事，観光の仕事なども担当している。　Ⅱ　出入国在留管理庁は法務省の外局で，出入国管理と中長期在留者および特別永住者の在留管理，外国人材の受け入れ，難民認定など，外国人関連の仕事を担当している。　Ⅲ　労働時間や時間外労働，休日，賃金など，労働条件の基本原則(最低基準)

は，労働基準法で定められている。

問３　Ⅰ　1979年に国連総会で女子差別撤廃《てっぱい》条約が採択《さいたく》されたことを受け，日本では1985年に男女雇用《こよう》機会均等法が，1999年には男女共同参画社会基本法が制定された。　Ⅱ　Ｘ　クオータ制は，性別などを基準に，一定の比率で人数を割り当てる制度である。政治や経済の分野での男女間格差(ジェンダー・ギャップ)が大きい日本の場合，女性が男性と対等に活動できる社会を実現していくうえでの効果が期待できるので，正しい。　Ｙ　男女別の議席数があらかじめ決められていると，男女別に当選者が決まるので，仮に同じ得票数でも，女性候補者は当選して男性候補者は落選する場合がありうる。よって，正しい。

問４　Ｘ　新聞発行部数は高度経済成長期(1950年代後半～1970年代初め)以降も増えており，減少するのは2000年代に入ってからなので，誤っている。　Ｙ　1997年以降のインターネット普及《ふきゅう》率と新聞発行部数の変化のようすから，正しい。

問５　Ⅰ「非核三原則」は核兵器に対する日本の基本姿勢を表す原則で，「核兵器を持たない，つくらない，持ちこませない」としている。1967年，当時の佐藤栄作首相の国会答弁に始まる。
Ⅱ　サミット(主要国首脳会議)の参加国はフランス，アメリカ合衆国，イギリス，ドイツ，日本，イタリア，カナダの７か国(Ｇ７)で，EU(ヨーロッパ連合)の代表も参加する。よって，ウが正しい。

問６　**ａ，ｂ**　日本では，政治権力は立法権(法律をつくる権限)，行政権(法律に従って実際に政治を行う権限)，司法権(法律を守る権限)の３つに分けられ，それぞれ国会，内閣，裁判所が担当する仕組みがとられている(三権分立)。そして，裁判所は，法律や内閣の行為《こうい》などが憲法に違反していないかどうかを，具体的な裁判を通して判断する権限を持つ。これを違憲立法審査権(違憲審査権，法令審査権)といい，裁判所が違憲と判断した法律や行為などは無効とされる。最高裁判所はその最終的な判断を下すため，「憲法の番人」と呼ばれる。　**ｃ**　国会は弾劾《だんがい》裁判所を設置し，裁判官としてふさわしくない行為《こうい》のあった裁判官を裁くことができる。　**ｄ**　重大な刑事事件について審理する裁判で，地方裁判所で行われる第一審に，事件ごとに満18歳以上の国民の中からくじなどで選ばれた裁判員が参加する仕組みを，裁判員制度という。

理　科　＜第２次試験＞(40分)＜満点：100点＞

解　答

[1] (1)　反射鏡　(2)　イ，ウ，カ　(3)　オ→ウ→イ→エ→ア(オ→ウ→イ→ア→エ)　(4)　ゾウリムシ　(5)　下の図Ａ　(6)　①　下の図Ｂ　②　イ　[2] (1)　エ　(2)　イ，カ　(3)　(例)　空気の体積が少し減って浮沈子が押しのける水の量が減り，浮力が小さくなるから。　(4)　①　$1\frac{1}{12}$ g/cm^3　②　40g　[3] (1)　エ　(2)　イ　(3)　イ　(4)　152m　(5)　(例)　地球の公転する面と月の公転する面がずれているから。　(6)　36800km　[4] (1)　①　Ｂ　②　エ　(2)　①　エ　②　4.5g　③　下の図Ｃ　④　3.6L　⑤　7.5g

図A

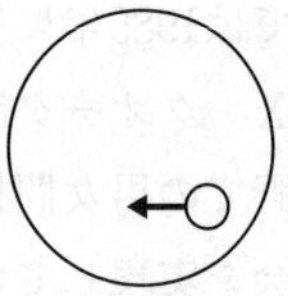

図B

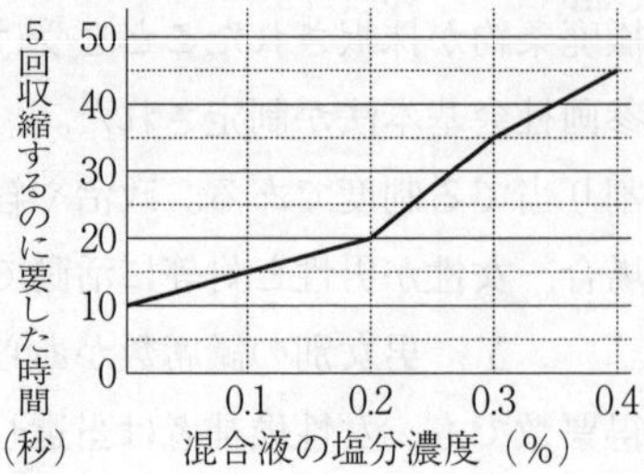

図C

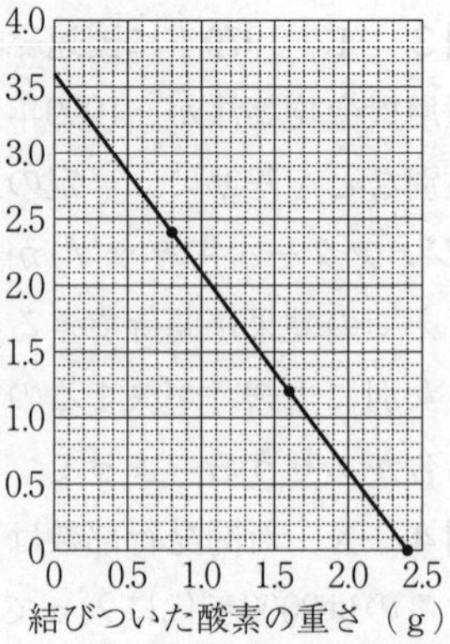

解　説

1　顕《けん》微《び》鏡《きょう》の使い方，ゾウリムシの生態についての問題

⑴　図１のXの部分を反射鏡といい，視野の明るさを調節するときに用いる。

⑵，⑶　顕微鏡を使うときには，最初は視野が広くなるように低倍率のレンズを選ぶ。そして，鏡筒《きょうとう》にほこりが入るのを防ぐために接眼レンズ，対物レンズの順に取り付け，直射日光が当たらない水平な机の上に置いて視野が明るくなるように反射鏡の角度を調節する。次に，ステージにプレパラートをのせてクリップで押《お》さえ，横から見ながら調節ねじを回して対物レンズをプレパラートに近づけた後，接眼レンズをのぞきながら対物レンズをプレパラートから遠ざけるようにしてピントを合わせる。一部分をよりくわしく観察したいときは，その部分が視野の中央にくるようにプレパラートを動かしてから，高倍率のレンズに変える。このとき，視野（観察できる範囲《はんい》）は低倍率のときよりもせまくなる。また，視野がせまくなると対物レンズに入る光の量が減るため，視野は暗くなる。

⑷　プランクトンAはゾウリムシである。ゾウリムシはからだが１つの細胞《さいぼう》でできている単細胞生物で，からだのまわりのせん毛を動かして水の中を自由に移動することができる。

⑸　図１の顕微鏡は上下左右が逆に見えるので，図３で視野の左上側に見えていて右向きに移動しているプランクトンAは，実際のプレパラート上では右下側に位置していて左向きに移動している。

⑹　①　食塩水と培養《ばいよう》液を10mLずつ合わせるので，混合液の濃度《のうど》は食塩水の半分になる。したがって，表より，混合液の塩分濃度が，０÷２＝０（%），0.2÷２＝0.1（%），0.4÷２＝0.2（%），0.6÷２＝0.3（%），0.8÷２＝0.4（%）のとき，５回収縮するのに要した時間がそれぞれ10秒，15秒，20秒，35秒，45秒となるので，これらの点をグラフにとってから直線でつなげばよい。　②　①のグラフより，たとえば１分（60秒）に収縮胞が収縮する回数は，混合液の塩分濃度が０%のとき，$5\times\frac{60}{10}$＝30（回），0.1%のとき，$5\times\frac{60}{15}$＝20（回），0.2%のとき，$5\times\frac{60}{20}$＝15（回），0.3%のとき，$5\times\frac{60}{35}$＝8.5…（回），0.4%のとき，$5\times\frac{60}{45}$＝6.6…（回）となる。したがって，食塩水の濃度を高くすると，一定の時間内に収縮胞が収縮する回数は減少することがわかる。

2　浮沈子《ふちんし》についての問題

⑴　液体中に沈《しず》めた物の重さをばねはかりではかると，空気中ではかったときに比べて，液体から受ける浮力の分だけ目盛が小さくなる。

(2)　ア～エ　水がこおって氷になると，体積は少し増えるが重さは変わらない。そのため，体積あたりの重さが小さくなり，水に浮《う》く。　オ～キ　水に浮かぶ氷がとけて水になるとき，氷がとける前に水を押しのけていた部分と同じ体積の水になるため，水面の高さは変わらない。

(3)　水を満たしてふたをしたペットボトルのような，密閉された容器内の液体の一部に力を加えると，その力は液体のすべての部分に同じ大きさで伝わる。ペットボトルをにぎりしめて力を加えると，その力が浮沈子の内側の空気に伝わって空気が縮むので，浮沈子全体の体積が小さくなる。そのため，浮沈子が押しのけている水の体積が減って浮力が小さくなるので，浮沈子が沈む。

(4)　①　この物体の体積は12cm^3，重さは13ｇなので，密度は，$13\div 12=\frac{13}{12}=1\frac{1}{12}$（ｇ/$cm^3$）と求められる。　②　食塩水の体積は，水480ｇと同じ，480÷１＝480（cm^3）である。①より，食塩水の密度が$\frac{13}{12}$ｇ/cm^3より大きくなったとき，つまり，食塩水の重さが，$\frac{13}{12}\times 480=520$（ｇ）より重くなったときに，この物体を浮かせることができる。よって，この物体を浮かせるためには食塩を，520－480＝40（ｇ）より多く水にとかす必要がある。

3　日食と月食についての問題

(1)　日食は，地球―月―太陽がこの順に一直線上に並ぶ新月のときに，太陽の一部またはすべてが月にかくされる現象である。また，月食は，月―地球―太陽がこの順で一直線上に並ぶ満月のときに，地球の大きな影《かげ》の中に月が入りこむために見られる現象である。

(2)　太陽のすべてが月にかくされる日食を皆既《かいき》日食，太陽のへりが月からはみ出して細い光の輪のようになる日食を金環《きんかん》日食といい，皆既日食や金環日食が見られる地域の周辺では，太陽が部分的に欠ける部分日食が見られる。また，月は球体なので円形の影ができ，皆既日食や金環日食が見られる範囲の直径は100km程度である。たとえば，日本が位置する北半球で皆既日食を観測できるときには，右上の図①のように影ができるので，イが選べる。

図①

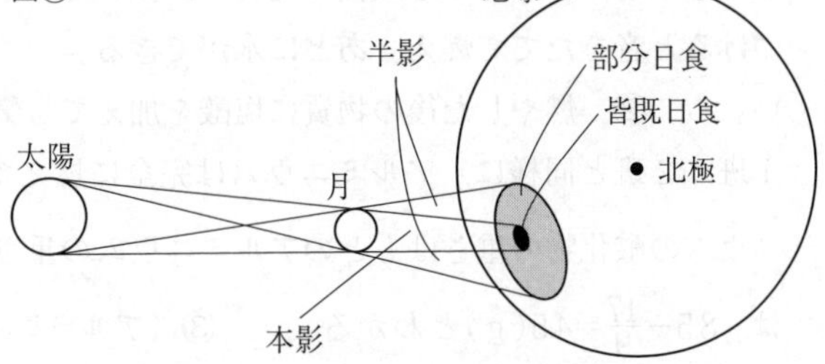

(3)　月の満ち欠けの周期は約29.5日で，日食を観測した新月の日から月食を観測した満月の日までの日数は，最短で約15日である。したがって，イがふさわしい。

(4)　下の図②のように表すことができる。三角形ABCと三角形ADEは相似であり，相似比は，BC：DE＝3.5：(140×10)＝１：400なので，自分から太陽の模型までの距離《きょり》は，$38\times\frac{400}{1}=15200$(cm)，つまり，15200÷100＝152(m)と求められる。

(5)　新月になるたびに日食が起こらず，満月になるたびに月食が起こらないのは，月の公転軌道《きどう》面が地球の公転軌道面に対して約５度傾《かたむ》いていて，太陽に対して，地球，月が同じ平面上を動いていないからである。２つの軌道面が重なる地点で新月になると日食が起こり，満月になると月食が起こる。

図②

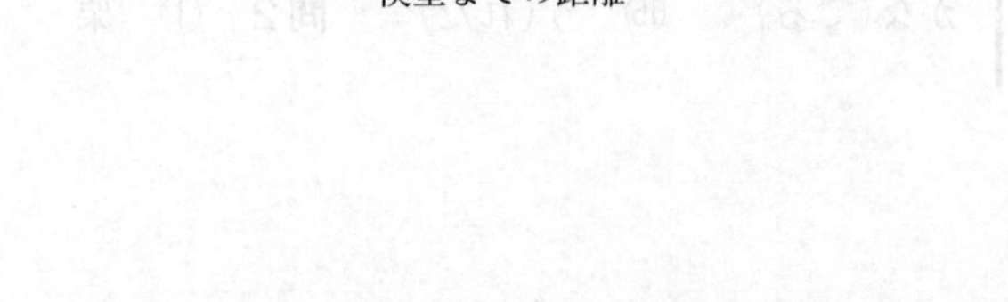

⑹　日本の気象衛星「ひまわり」などは，赤道上空にあって地球の自転と同じ向き・速さで地球の周りを回っているため，地上から見るといつも同じ位置に止まっているように見える。このような人工衛星を静止衛星という。秒速３kmで飛行している静止衛星は，１日に，$3\times(60\times60\times24)=259200$(km)飛行するので，その公転軌道の半径は，$(259200\div3)\div2=43200$(km)である。よって，この静止衛星の高度は，$43200-6400=36800$(km)と求められる。

４　ろうそくやアルミニウムの燃え方についての問題

⑴　Ａは外炎《がいえん》，Ｂは内炎，Ｃは炎心である。外炎は，空気中の酸素と十分にふれているため完全燃焼している部分で，温度が最も高い。内炎は，不完全燃焼している部分で，発生したすす(炭素の粒《つぶ》)が熱せられてかがやくため，最も明るい。炎心は，気体のろうがある部分で，青みがかっていて暗く見える。

⑵　①　アルミニウムに塩酸を加えると，水素が発生する。　ア　水素は空気より軽い。また，水にとけにくいため，ふつうは気体を水と置き換《か》えて集める水上置かん法で集める。　イ　水素は水にほとんどとけず，わずかにとけた水溶液《すいようえき》は中性を示すので，赤色，青色のどちらのリトマス紙の色も変えない。　ウ　酸性雨は，工場の排煙《はいえん》や自動車の排気ガスの中にふくまれる硫黄《いおう》酸化物や窒素《ちっそ》酸化物が，大気中をただようううちに硫酸《りゅうさん》や硝酸《しょうさん》となり，雨にとけこむことで，酸性が強くなって地上に降り注ぐものである。通常の雨は，空気中の二酸化炭素がとけこむためわずかに酸性を示すが，これよりも酸性の度合いが強いものを酸性雨という。　エ　水素に空気中で火を近づけると音をたてて燃え，あとに水ができる。　オ　水素を石灰水に通しても，変化は見られない。　②　燃やした後の物質に塩酸を加えても気体Ｘは発生しなかったと述べられているので，１班，２班と同様に，アルミニウムは完全に燃えている。$6.8\div3.6=\frac{17}{9}$，$5.1\div2.7=\frac{17}{9}$より，アルミニウムの酸化物の重さはもとのアルミニウムの重さの$\frac{17}{9}$倍なので，燃やす前のアルミニウムの重さは，$8.5\div\frac{17}{9}=4.5$(ｇ)とわかる。　③　アルミニウム2.7ｇと結びついた酸素の重さと，発生した気体Ｘの体積は，２班では，$5.1-2.7=2.4$(ｇ)で０Ｌ，３班では，$4.3-2.7=1.6$(ｇ)で1.2Ｌ，４班では，$3.5-2.7=0.8$(ｇ)で2.4Ｌとなっている。したがって，これらの値をグラフ上にかき入れてから直線で結べばよい。　④　③のグラフで，アルミニウム2.7ｇに結びついた酸素の重さが０ｇのとき(アルミニウムを燃やしていないとき)，発生した気体Ｘの体積は3.6Ｌとなっている。よって，アルミニウム2.7ｇに十分な塩酸を加えたとき，発生する気体Ｘの体積は3.6Ｌである。　⑤　燃やした後の物質にふくまれていたアルミニウムの重さは，$2.7\times\frac{3.2}{3.6}=2.4$(ｇ)なので，燃えたアルミニウムの重さは，$5.1-2.4=2.7$(ｇ)である。したがって，燃やした後の物質の重さは，$2.7\times\frac{17}{9}+2.4=7.5$(ｇ)と求められる。

国　語　＜第２次試験＞（50分）＜満点：150点＞

解　答

一　**問１**　①～⑩　下記を参照のこと。　⑪　ごんげ　⑫　ほうふ　⑬　ぬまち　⑭　かな(でる)　⑮　う(れた)　**問２**　①　栗　②　風　③　板　④　×　⑤　腹

二 **問１**　**Ａ**　ア　**Ｂ**　ウ　**問２**　エ　**問３**　オ→ウ→ア→エ→イ　**問４**　和やかなひとときを過ごす　**問５**　(例)　家族一人一人がプライバシーを望んで生まれた，家族の誰とも没交渉の部屋。　**問６**　イ　**問７**　(例)　住環境が変化し，家族団らんの場が失われたことで，親から子へと受け継がれた思想や教養，道徳などが，知らぬ間に衰退したということ。

三 **問１**　**Ａ**　ウ　**Ｂ**　エ　**Ｃ**　ア　**問２**　(例)　そらそう　**問３**　ウ　**問４**　Ⅰ　(例)　目を可愛く見せたい　Ⅱ　(例)　カラコンなしでは生きることができない　**問５**　エ　**問６**　(例)　目の治療に専念する必要があることを頭ではわかっていても，それを素直に受け入れられずに悲しむ心情。　**問７**　ⅰ　お互いの距離を感じていた　ⅱ　エ　ⅲ　(例)　言葉を通して心が通じ合う

●漢字の書き取り

一 **問１**　①　賛成　②　吸収　③　規制　④　意向　⑤　貧乏　⑥　度胸　⑦　立派　⑧　承(る)　⑨　装(う)　⑩　噴(く)

解　説

一　漢字の書き取りと読み，故事成語・ことわざ・慣用句の知識

問１　①　人の意見に同意すること。　②　取り入れて自分のものとすること。　③　規則にのっとって制限などを行うこと。　④　どのようにするかという考えや気持ち。　⑤　収入が少なくて，生活が苦しいこと。　⑥　ものごとに動じない心。　⑦　すぐれていてみごとなようす。　⑧　音読みは「ショウ」で，「承知」などの熟語がある。　⑨　音読みは「ソウ」「ショウ」で，「服装」「衣装」などの熟語がある。　⑩　音読みは「フン」で，「噴火」などの熟語がある。　⑪　ある特徴《とくちょう》が，具体的な姿で現れたかのように思える物や人。　⑫　心に抱《いだ》いている決意や志望。　⑬　深い泥《どろ》におおわれた，じめじめした土地。　⑭　音読みは「ソウ」で，「演奏」などの熟語がある。　⑮　音読みは「ジュク」で，「完熟」などの熟語がある。

問２　①　「火中の栗《くり》を拾う」は，“他人の利益のために，みずから危険なことをする”という意味。　②　「肩《かた》で風を切る」は，“得意になって威勢《いせい》よくする”という意味。　③　「まな板の鯉《こい》」は，相手の意向や運命に任せるよりほかに方法がないこと。　④　「漁夫の利」は，二者が争っているすきをついて，ほかの人が何の苦労もせずに，その利益を横取りすることのたとえ。「僕《ぼく》」は利益を得ていないので，この故事成語はふさわしくない。　⑤　「腹にすえかねる」は，“我慢《がまん》ができなくなる”という意味。

二　**出典：浅田次郎《あさだじろう》『つばさよつばさ』**。人間の住む家の基本は円形なのではないかという仮説を立て，現代人が暮らす四角い家の機能や問題点について考察している。

問１　**Ａ**　「理屈《りくつ》をこねる」は，“あれこれと言い立てる”という意味。　**Ｂ**　直後の一文に「私が子供のころには，家族をそこに集束《しゅうそく》させるだけの力を持った，テレビジョンなる神器《じんぎ》があったのだが，この神様は次第に権威《けんい》を失って」とあるので，空欄《くうらん》Ｂには“引きつける力”という意味の言葉が入ると推測できる。よって，“集団を引きつけてまとめる力”を表すウの「求心力」が選べる。

問２　直前に「彼《かれ》らの目から見れば，四隅《よすみ》に柱を建てた四角い家は」とあり，「彼ら」(先住民)は「正円形」の家に住んでいたと述べられている。また，「奇怪《きかい》」は“常識で考えられないほど怪《あや》しい

ようす”を表す。よって，エがあてはまる。なお，先住民は「四角い家」が家であることを認識《にんしき》していたためそのような名前をつけたのだから，「四角い家を，家として認識することができなかった」とあるウは合わない。

問３　「穴居《けっきょ》生活」のための「住居」の説明が後に続くことを予想させるオが最初となる。次に，「まず」で始まって「玄関と廊下《ろうか》」の説明をするウ，「玄関と廊下」の先を「その先」と表しているア，アの「中庭」を居室が囲むと述べるエが続く。最後は，ウ→ア→エの説明を“要するに”という意味の「つまり」で受け，まとめて言いかえているイとなる。

問４　設問文に示された「家族」について，本文の中ほどで，ベルベル人の家と同様に「中庭」を持つ家である，中国の四合院《しごういん》に住む家族の例があげられている。そして，「四合院のそれぞれの棟《むね》に住む家族が，中庭の栴檀《せんだん》の木の下に集まって，和やかなひとときを過ごす」と述べられているので，「和やかなひとときを過ごす」がぬき出せる。

問５　「隔絶《かくぜつ》」は“たいそうかけはなれていること”を表す言葉で，そのようすは具体的には「ご近所とも家族とも没交渉《ぼっこうしょう》」というものである。また，それを可能にする「四角い家という発想」について，「家族がプライバシーを望んだ結果なのではなかろうか」と述べられている。これをふまえ，「プライバシーを重視した結果生まれた，ご近所とも家族とも没交渉の部屋」のようにまとめる。

問６　直前の一文に「見知らぬ擬似《ぎじ》家族が夜な夜な集う，インターネット上の円居《まどい》の場所が出現した」とあるので，「見知らぬ擬似家族」を「他人同士」，「家族のように」と表しているイがふさわしい。なお，「擬似」は，区別をつけにくいほどよく似ていること。

問７　「退行」については二つ前の段落で，「四角い家に住む人」の「思想も教養も道徳も，親から子に引き継がれるものは何もなくな」ったことは，「退行と考えるべきであろう」と述べられている。これをふまえ，「『四角い家』に住むようになったことで，親から子に引き継がれる思想や教養，道徳などがなくなったということ」のようにまとめる。

三　**出典：砥上裕將《とがみひろまさ》の『7.5グラムの奇跡《きせき》』**。失明の危険があるのにカラコン(カラーコンタクト)の使用をやめられない遥香は，友人の真衣と北見眼科を訪《おとず》れる。

問１　**Ａ**　直後の一文に「注意深く言葉を発していた」とあるので，空らんＡに「ゆっくりと」を入れ，「ゆっくりと訊《たず》ねた」とするのが合う。　**Ｂ**　遥香はカラコンを使い続けたいのに，使用をやめるように北見先生から言われている場面なので，“ああだこうだと文句を言うさま”を表す「とやかく」がよい。　**Ｃ**　直後に「言って聞かせます」とあるので，“はっきりと”という意味を表す「きちんと」があてはまる。

問２　真衣に忠告されても「彼女の瞳《ひとみ》は，それでも現実に抗《あらが》っていた」のだから，“目の前の問題を見ないようにする”という意味を表す「目をそらす」を用いて「そらそう」，「そらせよう」を入れるか，“目に入らないようにするために視線を外す”という意味を表す「目をそむける」を用いて「そむけよう」を入れるのが合う。

問３　北見先生は「怒りのよう」な「強い感情」を抱《いだ》いていたのだから，「不愉快《ふゆかい》そうに」とあるウが選べる。

問４　**Ⅰ**　遥香は「目が可愛《かわい》く見えないから，私，カラコンを着けないと，人前に出られません」と言っているので，「目を可愛く見せよう」などがふさわしい。　**Ⅱ**　直前に「依存《いそん》している状態」とあり，「依存」は“ほかのものに頼《たよ》って生きていること”という意味なので，「カラコンなしに生きることができない」などがよい。

問５　少し後で，真衣が遥香に「先生がこんなに厳しく言うなんて，すごく危ないってことなんだよ」と言っているので，「玉置さんの目がとても深刻な状態にあることを理解して」とあるエがあてはまる。なお，遥香は「失明の危険」を認識《にんしき》していないわけではないので，アは合わない。

問６　「頷《うなず》かざるを得ない言葉」とは，北見先生の「治《ち》療《りょう》に専念すべき」という発言である。しかし，傍線《ぼうせん》部④の直前に「しぶしぶ」とあるように，それはカラコンにこだわる遥香にとって不本意なことがらである。これをふまえ，「目の治療に専念すべきであることは理解したが，それを受け入れがたく思う心情」のようにまとめる。

問７　ⅰ　生徒が「ところが，丘本さんの言葉をきっかけにして」と言っているので，その前の場面に注目する。真衣が「遥香ちゃん！」とよびかけるまで，その場にいた誰《だれ》もがただ「お互《たが》いの距《きょ》離《り》を感じていた」だけだったようすが描《えが》かれている。　ⅱ　遥香の目について，北見先生は「失われてからその大切さに気付くよりも，いまここで，その大切さに気付いてくれれば」と言っているので，エが選べる。　ⅲ　生徒が「北見先生の言葉が玉置さんの心に届いた」と言っているので，「言葉によって心を通い合わせる」などがふさわしい。

2024年度 逗子開成中学校

【算　数】〈第３次試験〉（50分）〈満点：150点〉

注意　１．定規・コンパス・筆記用具以外の使用は認めません。
　　　２．解答用紙への記入上の注意
　　　　・考え方を書く指示がある問題以外は，答えだけを書いてください。
　　　　・答えに単位が必要な問題は，必ず単位をつけて答えてください。
　　　　・答えが分数になる場合は，それ以上約分できない一番簡単な分数で答えてください。また，仮分数は帯分数に直してください。
　　　　・図やグラフをかいて答える問題に対し，定規・コンパスを忘れた場合は，手がきでていねいにかいてください。

1　次の $\square$ にあてはまる数を求めなさい．

(1) $128-2+253-2\times10+372-2\times100+497=\square$

(2) $(0.1+23)\div7-(2+0.1\times4-1.8)\div0.5-(1\div0.5-0.38\div0.2)=\square$

(3) $1.6-\frac{3}{5}\div2+\left(11\frac{1}{2}\times0.8-\square\times2\frac{1}{4}\right)\div1\frac{2}{15}=2\frac{4}{5}$

2　次の各問いに答えなさい．

(1) 1から500までの整数の中で，6または8で割り切れる整数は全部で何個ありますか．

(2) 太郎君は1個120円のお菓子をある個数だけ買うために，過不足の出ないようにお金を持ってお店に行きました．ところが，お菓子の値段が1個15円値上がりしていたために，実際に買った数は予定の数より3個少なく，45円あまりました．太郎君はお金をいくら持ってお店に行きましたか．

(3) 下の図のような直角三角形 ABC があります．この直角三角形を，頂点 C を中心にして時計回りに 45° 回転させたものが直角三角形 A'B'C です．このとき，斜線のついた部分の面積を求めなさい．ただし円周率は 3.14 とします．

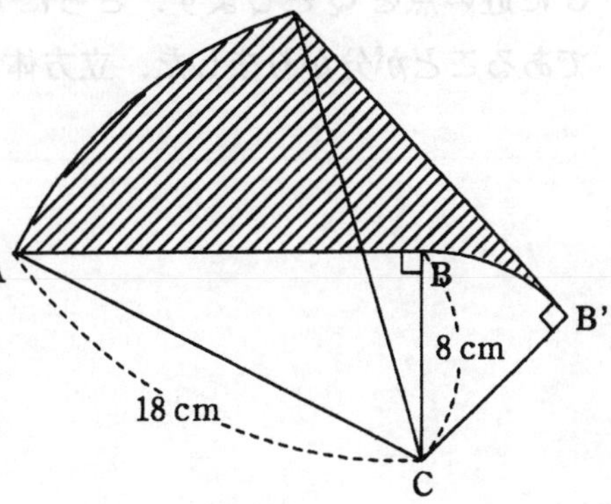

(4) 太郎君と次郎君をふくむ６人の子どもが，部屋 A と部屋 B の２つの部屋に入ります．どちらの部屋も４人まで入ることができます．このとき，太郎君と次郎君が同じ部屋になるような６人の子どもの部屋の入り方は，全部で何通りありますか．

(5) 花子さんが貯金箱を開けたところ，１円玉，５円玉，10 円玉の３種類の硬貨が合わせて 220 枚あり，合計金額はちょうど 800 円でした．いま，合計金額が変わらないように，１円玉 10 枚を 10 円玉１枚にとりかえていくと，１円玉はすべてなくなり，硬貨の枚数は全部で 94 枚になりました．この貯金箱には５円玉が全部で何枚入っていましたか．

(6) 一辺 60 cm の立方体 ABCD－EFGH の容器に水が入っています．この容器をかたむけたときの水面を四角形 IJKL とするとき，EI＝20 cm , HL＝12 cm になりました．また，辺 DC を 3 等分する点のうち，C に近い方を P，辺 HG を 3 等分する点のうち，G に近い点を Q とします．さらに KL と PQ が交わる点を M とすると，QM＝24 cm であることが分かりました．立方体に入っている水の体積を求めなさい．

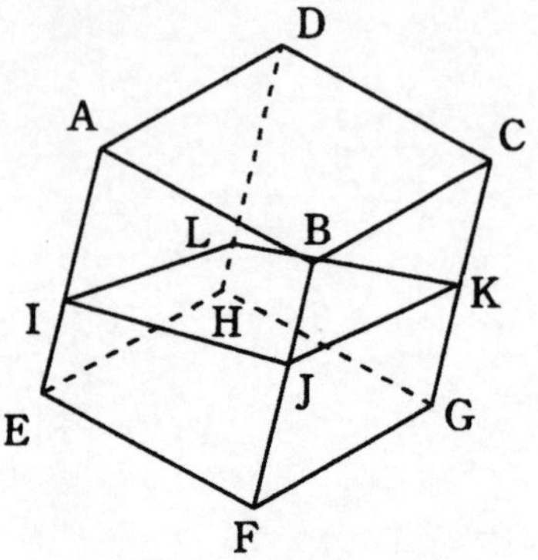

3 一辺の長さが 1 cm の正三角形の形をした黒色のタイルがたくさんあります．これらのタイルを使って，下の図のように一辺の長さが 1 cm , 2 cm , 3 cm , ・・・ , 50 cm となるように正三角形の形をした模様を作り，左から順に A(1) , A(2) , A(3) , ・・・ , A(50) と名前をつけました．このとき，次の各問いに答えなさい．

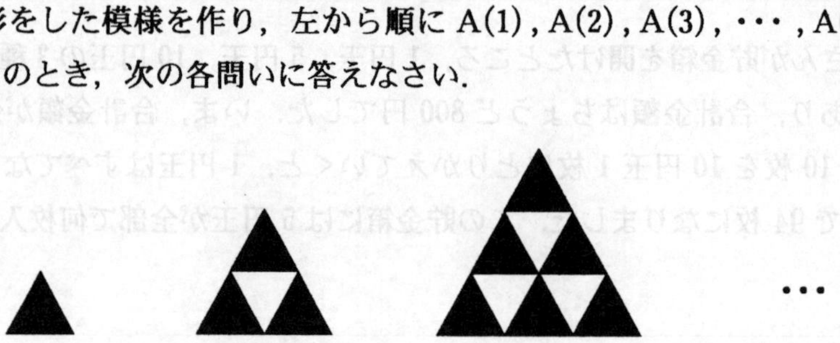

A(1)　　A(2)　　A(3)　　・・・

(1) A(5) に一辺の長さが 1 cm の正三角形の形をした黒色のタイルは何枚使われていますか．

(2) A(3) には A(1) を 6 通り，A(2) を 3 通り，A(3) を 1 通り重ねることができるため，「A(3) には A(1) ～A(3) が合計 10 個ふくまれる」と考えることができます．このとき，A(5) には A(1) ～A(5) が合計何個ふくまれますか．

(3) A(49) には A(1) ～A(49) が合計 20825 個ふくまれます．A(50) には A(1) ～A(50) が何個ふくまれますか．

4 太郎君は長距離走の練習のために，ある池の回りを５分走っては３分歩くことをくり返し，休まずに３周しました．太郎君がスタート地点から走り始めたとき，１周目はちょうど12分，２周目は13分24秒かかりました．また，太郎君の走るときの速さと歩くときの速さはそれぞれ一定であるとします．このとき，次の各問いに答えなさい．

(1) 太郎君が２周目に走った時間の合計を求めなさい．

(2) 太郎君の走るときの速さと歩くときの速さの比を，最も簡単な整数比で答えなさい．

(3) 太郎君が３周目に走った距離と歩いた距離の比を，最も簡単な整数比で答えなさい．

5 記号＜＞は，＜＞内の整数の一の位の数を表すものとします．
たとえば，＜10＞＝0，＜10×2＋8＞＝＜28＞＝8になります．
Ａは10以上50以下の整数，Ｂは10以上20以下の整数，Ｃを100以上200以下の整数としたとき，次の各問いに答えなさい．

(1) ＜Ａ×Ａ＞＝5となるようなＡは全部で何個ありますか．

(2) ＜Ａ＋Ａ＋Ａ＞＝＜Ａ＞＋＜Ａ＞＋＜Ａ＞…　①
＜Ａ＋Ａ＋Ａ＞＝＜3×Ａ×Ａ＞…　②
について，①と②の式がどちらも成り立つようなＡは全部で何個ありますか．

(3) ＜Ｂ×Ｂ＞＝＜Ｃ×Ｃ×Ｃ×Ｃ＞となるようなＢとＣの組み合わせは，全部で何通りありますか．ただし，答えだけではなく，途中の考え方も書きなさい．

【社　会】〈第３次試験〉（40分）〈満点：100点〉

次の文章を読み、各問いに答えなさい。

今から１万数千年前から、縄文時代が始まりました。縄文人は①温暖な気候のもとで、森林資源の活用や、②海産物の獲得《かくとく》などによって生活していました。中には③クリの栽培《さいばい》をおこなう人々もおり、原始的な農業のようすもみられました。このころから、さまざまな病《やまい》に苦しめられていたことがわかっています。

中国や朝鮮半島で戦乱が続くと、多くの人々が④日本列島へ移動してきました。彼らが⑤稲作《いなさく》をもたらしたことで、⑥日本では定住化が進み、人口も増加しました。そして、集落どうしの交流が盛《さか》んになり、流行《はや》り病も同時に広がるようになりました。

日本と大陸は、さらに交流を深めていきます。大陸から日本に移り住んだ（　１　）と呼ばれる人々は、漢字や儒教など、大陸の進んだ技術や文化をもたらしました。６世紀の半ばには、朝鮮から日本に仏教が伝わっています。このころ、天然痘《てんねんとう》と思われる病が流行します。⑦『日本書紀』には、天然痘の流行が仏教導入をめぐる当時の政治的状況に影響《えいきょう》を与《あた》えているようすが書かれています。その後、⑧遣唐使や中国、朝鮮からの使節などが大陸から天然痘を持ち込んだと考えられる文献《ぶんけん》もみられ、国際交流が深まる中で、天然痘も繰《く》り返し流行するようになっていきました。

一方で、医学の知識や治療《ちりょう》法も日本に持ち込まれました。例えば、唐招提寺を建てた（　２　）は、匂《にお》いだけで薬を見わけることができる名医でもありました。そして、⑨彼が持参したと思われる薬は、正倉院におさめられ、時おり使用されました。また、唐で学び、日本に（　３　）宗を広めた⑩空海は、土木技術や医学の知識も日本へ持ち帰りました。

⑪平安時代になると、インフルエンザと思われる感染症の記録が出てきます。この感染症は、その後も流行したという記録がしばしばみられ、江戸時代には⑫「稲葉風《いなばかぜ》」、「谷風《たにかぜ》」、「アメリカ風《かぜ》」などと、名前がつけられました。

19世紀に入ると、⑬新たな感染症の広がりがみられた一方で、⑭明治時代になると、西洋医学が普及《ふきゅう》しました。その後、黄熱病研究で有名な（　４　）などの活躍《かつやく》がみられ、細菌《さいきん》学や公衆衛生などの新たな学問が発展しました。現在では、一部の感染症を制圧することに成功しています。

しかしその一方で、⑮産業の発達や気候変動、⑯グローバル化の進展は、新たな感染症を生み出す、もしくは広げる原因となっています。病原菌やウイルスも、新たな環境に適応するために進化を続けています。こうしたことから、⑰病原菌やウイルスとの共生に基づく社会の構築が目指されています。

歴史から学び、歴史をつくる。逗子開成で学ぶことによって、より成熟した社会を創造できる人になりましょう。

問１　文中の空らん（　１　）～（　４　）にあてはまる語を漢字で答えなさい。（　４　）は、姓名を答えなさい。

問２　下線部①に関連して、左の雨温図は、右の地図中のいずれかの都市のものです。適切なものを地図中のア～エの中から一つ選び、記号で答えなさい。

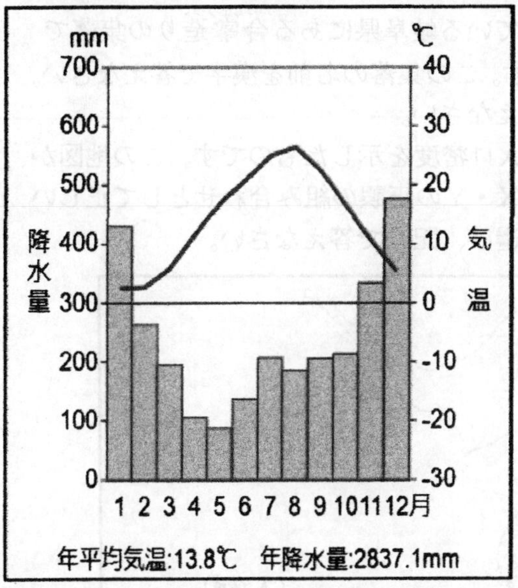

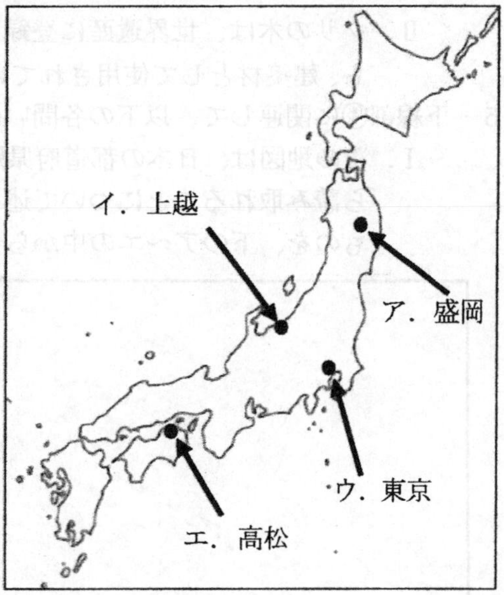

（雨温図作成サイト https://ktgis.net/service/uonzu/で作成）

問３　下線部②に関連して、次のグラフは、ある海産物の養殖《ようしょく》における都道府県別の収獲《しゅうかく》量の割合を示しています。この海産物は何ですか。適切なものを下のア～エの中から一つ選び、記号で答えなさい。

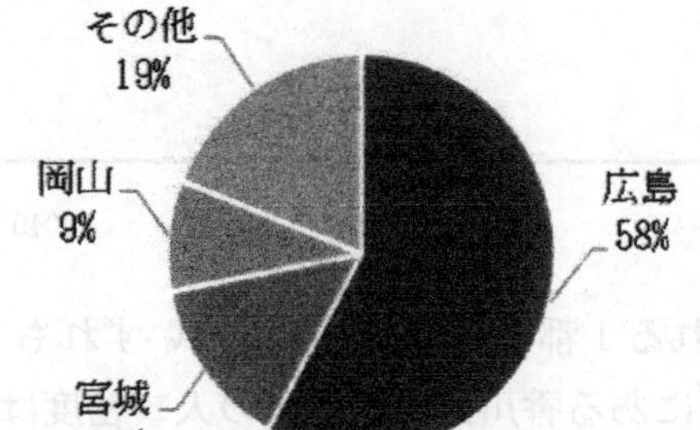

（『日本国勢図会 2023/24』より作成　データは2021年）

ア．ほたて貝　　イ．真珠《しんじゅ》　　ウ．かき類　　エ．のり類問４　下線部③について、以下の各問いに答えなさい。

Ⅰ．食用としてクリを栽培していたことや、建築材としてクリの木を利用していたことが、青森県にある日本最大級の縄文時代集落跡《あと》からわかりました。この遺跡の名前を漢字で答えなさい。

Ⅱ．クリの木は、世界遺産に登録されている岐阜県にある合掌造《がっしょうづく》りの集落でも、建築材として使用されています。この集落の名前を漢字で答えなさい。

問５　下線部④に関連して、以下の各問いに答えなさい。

Ⅰ．次の地図は、日本の都道府県別の人口密度を示したものです。この地図から読み取れることについて述べたX・Yの正誤の組み合わせとして正しいものを、下のア～エの中から一つ選び、記号で答えなさい。

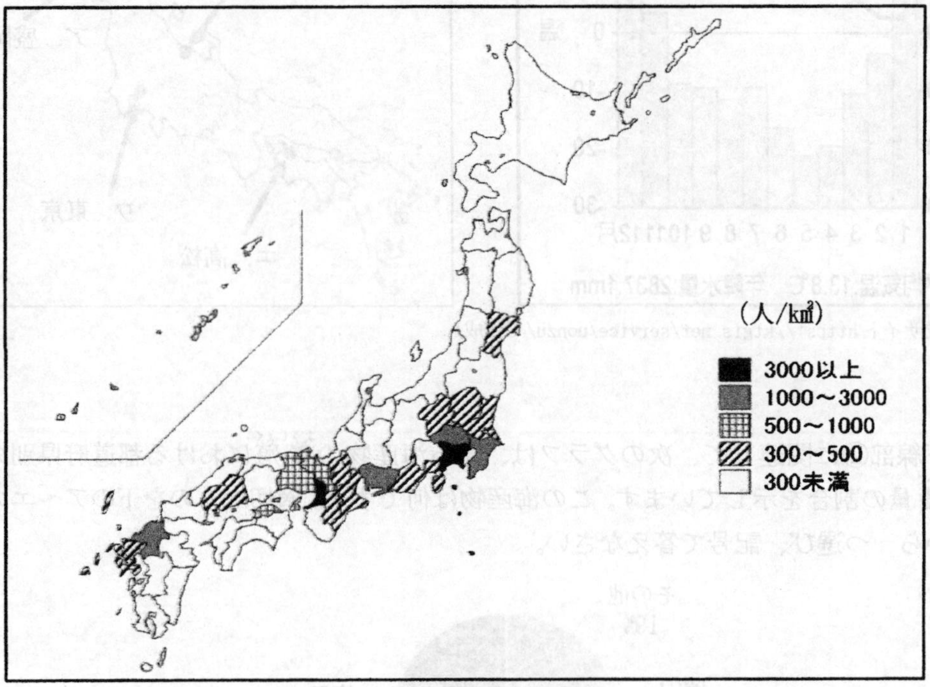

(2015年国勢調査より作成)

X：首都圏にふくまれる１都７県の人口密度はいずれも300人/㎢以上である。

Y：瀬戸大橋の両端《りょうたん》にある香川県と岡山県の人口密度はどちらも500人/㎢以上である。

ア．X－正しい　Y－正しい　　イ．X－正しい　Y－誤り

ウ．X－誤り　Y－正しい　　エ．X－誤り　Y－誤り

Ⅱ．次の地図中のＡ・Ｂの［地名］を下のア～エの中からそれぞれ一つずつ選び、記号で答えなさい。また、それぞれの［農業の特徴《とくちょう》］について、Ａは下のカ・キ、Ｂは下のク・ケの中からそれぞれ一つずつ選び、記号で答えなさい。それぞれ完答で正解とします。

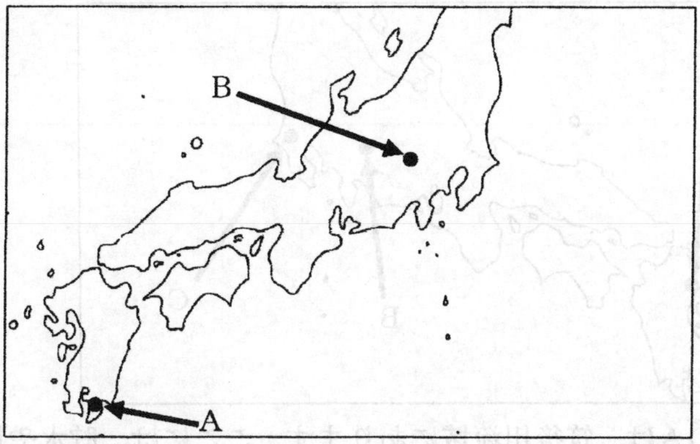

［地名］

ア．野辺山原　　イ．笠野原　　ウ．牧ノ原（牧之原）　　エ．秋吉台

［農業の特徴］

カ．たまねぎや花の栽培が盛んである。

キ．茶の栽培や畜産業が盛んである。

ク．促成栽培が盛んである。

ケ．抑制栽培が盛んである。

問６　下線部⑤について、水田跡や稲作に使用する道具などが発見された、縄文時代末期から弥生時代初期にかけての福岡市の遺跡として正しいものを、次のア～エの中から一つ選び、記号で答えなさい。

ア．登呂遺跡　　イ．野尻湖遺跡　　ウ．板付遺跡　　エ．岩宿遺跡問７　下線部⑥に関連して、人々が定住するようになった特定の地域では、風土病が発生しました。次の地図中のＡ～Ｃは、水田などに生息する貝を通じて感染する、ある風土病の主な発生地域の一部を示しています。これらのＡ～Ｃの地域に関して、以下の各問いに答えなさい。

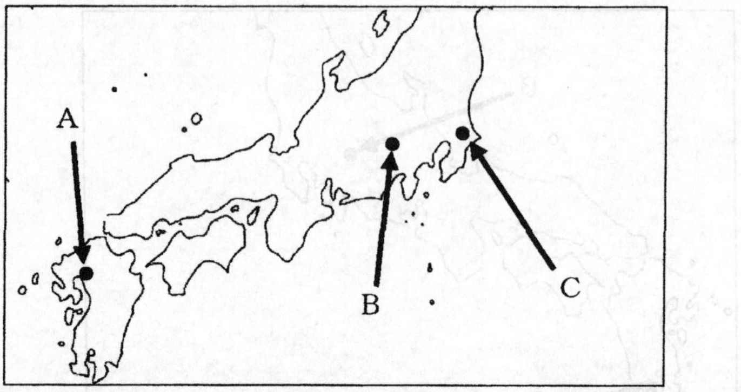

Ⅰ．地図中のＡは、筑後川流域にあります。ここには、貯水や用水、排水機能を持つ農業用の水路が張り巡《めぐ》らされています。こうした水路を何と呼びますか。カタカナで答えなさい。

Ⅱ．地図中のＢは、甲府盆地の中にあります。このＢをふくむ県ではある果実の生産が盛んです。次の表はその主産地をあらわしたものです。この果実は何ですか。下のア～エの中から一つ選び、記号で答えなさい。

＜ある果実の主産地＞

		収穫量(t)	全国に占める割合 (%)
1位	Ｂをふくむ県	40,600	24.6
2位	長野県	28,800	17.4
3位	岡山県	15,100	9.1
4位	山形県	14,600	8.8
5位	福岡県	6,910	4.2

(『日本国勢図会 2023/24』より作成　データは 2021 年)

ア．ぶどう　　イ．さくらんぼ　　ウ．りんご　　エ．みかん

Ⅲ．地図中のＣは、利根川下流域にあります。この地域には、河川や湖、沼が多い低湿地帯があり、このような場所では、人々が水と共に暮らしてきました。こうした水辺地域を何と呼びますか。漢字２字で答えなさい。

問8　下線部⑦に関連して、次の資料は『日本書紀』の一部をわかりやすくしたものです。聖徳太子とともに仏教中心の国づくりをおこなった、空らん（　a　）にあてはまる人物の姓名を漢字で答えなさい。

> 敏達《びだつ》天皇と物部守屋が急に天然痘に冒《おか》された。天然痘で死ぬ者が国に満ちた。老いも若きもひそかに語り合って、「これは仏像を焼いた罪だろう」といった。
> 夏、（　a　）が敏達天皇に「私の病気が重く、今も治りません。仏の力を借りなくては、治すことは難しいでしょう」と進言した。そこで敏達天皇は、（　a　）に「お前ひとりで仏法をおこないなさい。他の人にはさせてはならぬ」と天皇としての命令を出した。（　a　）はこれを受けて喜んだ。新しく寺院をつくり、仏像を迎《むか》え入れ供養した。

問9　下線部⑧について、８世紀前半に天然痘とみられる病が流行しました。そのことに関して、次の各問いに答えなさい。

Ⅰ．遣唐使とともに、このころ帰ってきた人物として適切なものを次のア～エの中から一人選び、記号で答えなさい。

ア．阿倍仲麻呂　　イ．吉備真備　　ウ．行基　　エ．中臣鎌足

Ⅱ．このころの流行は、中国や朝鮮との窓口であり、防人の管理もしていた役所の周辺で始まったと考えられています。この場所はどこですか。次の地図中のア～エの中から一つ選び、記号で答えなさい。

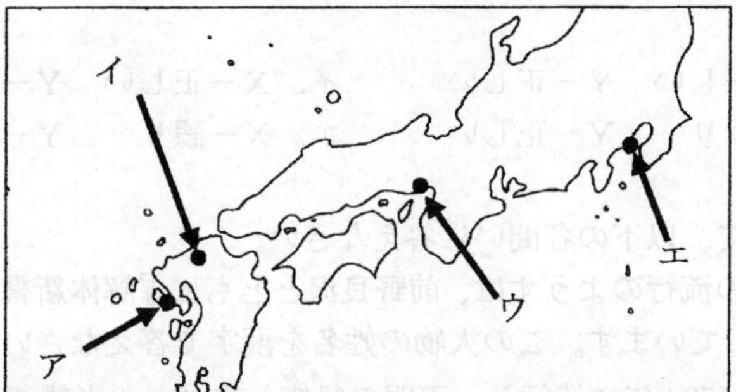

Ⅲ．天然痘の流行を受けて、天皇は「調」を納めさせることを１年間停止しました。これは、感染拡大防止の対策として効果があったと考えられます。「調」の一時的な停止が、感染拡大防止の対策となるのはなぜですか。「調」の内容と納税先、納税方法にふれて、説明しなさい。

問 10　下線部⑨について、正倉院には六十種類ほどの薬がおさめられていました。その中に、現在日本で栽培されている農産物からつくることができるものもあります。次の表は、その農産物の都道府県別の収穫量を示しています。この農産物の名前を答えなさい。

	収穫量（t）	全国に占める割合（%）
沖縄	815,500	60.0
鹿児島	543,700	40.0
全国	1,359,000	100.0

(『日本国勢図会 2023/24』より作成　データは 2021 年)

問 11　下線部⑩について、讃岐平野には、農業用水の確保のために空海によって改修された人工の貯水場があります。この貯水場を次のア～エの中から一つ選び、記号で答えなさい。

ア．満濃池《まんのういけ》　イ．印旛沼《いんばぬま》　ウ．八郎潟《はちろうがた》　エ．宍道湖《しんじこ》

問 12　下線部⑪について、平安時代の文化に関して述べたＸ・Ｙの正誤の組み合わせとして正しいものを、下のア～エの中から一つ選び、記号で答えなさい。

Ｘ：貴族は、寝殿造の邸宅《ていたく》に住んだ。
Ｙ：『古今和歌集』を藤原定家らが編集した。

ア．Ｘ－正しい　Ｙ－正しい　　イ．Ｘ－正しい　Ｙ－誤り
ウ．Ｘ－誤り　Ｙ－正しい　　エ．Ｘ－誤り　Ｙ－誤り

問 13　下線部⑫について、以下の各問いに答えなさい。

Ⅰ．「稲葉風」の流行のようすは、前野良沢とともに『解体新書』を出版した人物が記録しています。この人物の姓名を漢字で答えなさい。

Ⅱ．「谷風」は 1784 年に流行し、天明の飢饉《ききん》と重なった影響で、多くの死者を出しました。当時、各地で百姓一揆や打ちこわしも発生し、社会不安が大きくなっていました。こうした状況から、1786 年に老中を辞職した人物の姓名を漢字で答えなさい。

Ⅲ．「アメリカ風」は 1854 年に流行し、これはある人物が再び浦賀に来航した年であることから名づけられました。ある人物の名前を答えなさい。

問 14　下線部⑬に関連して、1877 年、新たな感染症であるコレラの感染拡大がありました。このことに関する以下の各問いに答えなさい。

Ⅰ．横浜から長野、山梨、群馬へとコレラの感染拡大がみられました。この原因は、ある商品をあつかう業者が感染していたからだと考えられています。当時、これら三つの県で生産され、主要な日本の輸出品となっていたある商品とは何ですか。次のア～エの中から一つ選び、記号で答えなさい。

ア．茶　イ．毛織物　ウ．綿織物　エ．生糸

Ⅱ．この年に起こった戦争のため、徴兵により全国から集められた兵士たちも、コレラの感染を拡大させてしまったといわれています。この戦争として適切なものを、次のア～エの中から一つ選び、記号で答えなさい。

ア．日清戦争　イ．戊辰戦争　ウ．西南戦争　エ．南北戦争

Ⅲ．明治政府は、コレラの感染拡大予防のための法整備を急ぎましたが、1879 年にヘスペリア号事件が発生します。次の資料は、その事件の概要《がいよう》です。なぜ、下線部のようなことが起こったのかを、当時の日本と欧米列強との関係性をふまえ、レポートにまとめました。以下のレポートの（　a　）には語句を、（　b　）には前後につながるように説明文を入れなさい。

【資料】

1879 年、九州地方から近畿地方にコレラの感染拡大がみられました。政府はこの防止策として、東京湾に来航する船を神奈川県の横須賀市で一定期間停船させ検査する法令を出しました。同年 7 月 11 日、ドイツ船ヘスペリア号がコレラ流行地である神戸から来航したので、日本は自国の法令に基づき検疫《けんえき》*場へ誘導《ゆうどう》しました。しかし、ドイツ側は日本の検疫規則には従えないと主張し、決められた停船日数を守らずに横浜へ入港しました。これに対し、日本はドイツに抗議《こうぎ》をしました。

*検疫：感染症の広がりを防ぐため、人や物の出入りを検査し、必要な処置をとること。

【レポート】

日本はドイツをふくむ欧米列強に対して（　a　）を認めていたため、（　b　）から。

問 15　下線部⑭に関連して、以下の各問いに答えなさい。

Ⅰ．明治時代に起こったできごとについて述べた次の文ア～ウを古いものから並べかえ、記号で答えなさい。

ア．八幡製鉄所が建設された。

イ．新橋・横浜間に鉄道が開通した。

ウ．大逆事件が起きた。

Ⅱ．1890 年ころから、銅を取り出す際に出る有毒物質の混じった水が渡良瀬川を汚染し、住民を苦しめる事件が起こりました。生涯《しょうがい》をかけて、この問題の解決に取り組んだ人物の姓名を漢字で答えなさい。

問 16　下線部⑮に関連して、以下の各問いに答えなさい。

Ⅰ．高度経済成長期における社会の変化に関して述べたＸ・Ｙの正誤の組み合わせとして正しいものを、下のア～エの中から一つ選び、記号で答えなさい。

Ｘ：電気洗濯《せんたく》機などの電化製品の普及で家事労働の負担が減った。

Ｙ：農村部では、若者が労働者として都市へ移動したため、過疎化が進んだ。

ア．Ｘ－正しい　Ｙ－正しい　　イ．Ｘ－正しい　Ｙ－誤り
ウ．Ｘ－誤り　　Ｙ－正しい　　エ．Ｘ－誤り　　Ｙ－誤り

Ⅱ．次の資料中のＡ～Ｃは、日本の工業地帯・工業地域の製造品出荷額等の割合を示したものです。Ａ～Ｃにあてはまる工業地帯・工業地域を下の[工業地帯・工業地域]のア～ウの中から一つずつ選びなさい。また、それらの工業地帯・工業地域との関係が深い都市を[都市]のカ～コの中から一つずつ選び、記号で答えなさい。それぞれ完答で正解とします。

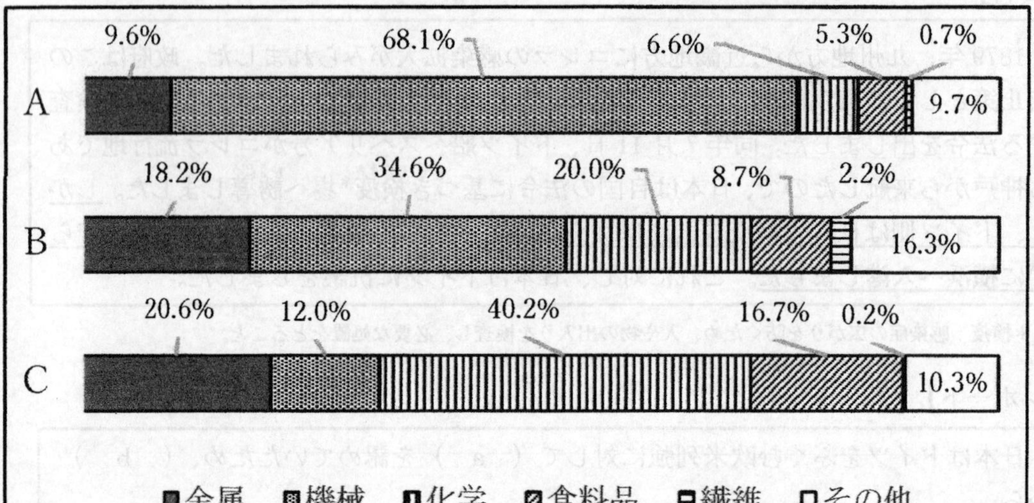

(『日本国勢図会 2023/24』より作成　データは 2020 年)

[工業地帯・工業地域]

ア．中京工業地帯　　イ．京葉工業地域　　ウ．瀬戸内工業地域

[都市]

カ．市原市　　キ．倉敷市　　ク．富士市　　ケ．堺市　　コ．豊田市

Ⅲ．1970 年代から、九州には集積回路（IC）工場が多くつくられ、電子産業が盛んになりました。このことから、九州は何と呼ばれていますか。カタカナで答えなさい。

問 17　下線部⑯に関連して、以下の各問いに答えなさい。

Ⅰ．国際連合は、人類が直面しているグローバルな問題の解決のために、誰《だれ》一人取り残すことなく持続可能な社会で暮らせるように、2030 年までに達成すべき具体的な 17 の目標を立てました。この目標を何といいますか。次のア～エの中から一つ選び、記号で答えなさい。

ア．NGO　　イ．ODA　　ウ．SDGs　　エ．JICA

Ⅱ．世界の人々が健康な生活を送ることができるよう、感染症の撲滅《ぼくめつ》などを進めている国際連合の機関があります。その機関として適切なものを次のア～エの中から一つ選び、記号で答えなさい。

ア．IMF　　イ．UNICEF　　ウ．WTO　　エ．WHO

問 18　下線部⑰に関連して、以下の各問いに答えなさい。

Ⅰ．人々の暮らしを守る社会保障制度について、次のＡ、Ｂは、社会保障制度の内容を示す下のア～エのどれにあたりますか。それぞれ一つずつ選び、記号で答えなさい。

Ａ：乳幼児に予防接種を提供する。
Ｂ：高齢者に年金を支給する。

ア．社会保険　　イ．社会福祉　　ウ．公的扶助　　エ．公衆衛生

Ⅱ．感染症への対応について、2020 年３月 10 日に参議院予算委員会の中で専門家や学者の意見を聞く会が開かれました。このような会を何と呼びますか。漢字３字で答えなさい。

Ⅲ．2021 年７月 16 日に野党は感染症対策のための国会召集を求めました。このとき開催《かいさい》を要求した国会の種類を漢字で答えなさい。

Ⅳ．感染症の患者《かんじゃ》の隔離《かくり》は、基本的人権の制限にあたる可能性があります。次の文は、これに関係している日本国憲法第 22 条の条文です。空らん（　ａ　）に入る適切な語を５字で書きなさい。

何人も、（　ａ　）に反しない限り、居住、移転及び職業選択の自由を有する。

問 19　新型コロナウイルスのワクチン接種が始まったころ、先進国と発展途上国の間に接種率の差がありました。特にアフリカの接種率は低い水準にあり、その理由は多方面にわたります。アフリカの接種率が低い理由として考えられることを次の【資料１】、【資料２】をふまえて述べなさい。

【資料１】：地域別の一人当たりＧＤＰ＊

地域	一人当たりGDP （米ドル）
北アメリカ	67,455
オセアニア	46,088
ヨーロッパ	31,875
アジア	7,989
南アメリカ	7,652
アフリカ	1,959
世界	12,229

（UN, National Accounts-AMA より作成　データは 2021 年）

＊ＧＤＰ：経済的な豊かさを示すものさし。

＊一人当たりＧＤＰ：ＧＤＰを人口で割ったもので、ここでは、その地域の経済力をあらわしているものとして考えてよい。

【資料２】：地域別のワクチン自給率と人口

地域	【A】入手したワクチンの総数 （100万回分）	ワクチンの自給量 （100万回分）	ワクチン自給率 （%）	【B】人口 （100万人）	【A】÷【B】
ヨーロッパ	1794	1503	84	747	2.40
アジア	9811	6538	67	4601	2.13
北アメリカ	1295	734	57	367	3.53
オセアニア	83	15	18	42	1.98
南アメリカ	1200	180	15	648	1.85
アフリカ	971	15	2	1308	0.74

（ワクチンのデータは世界貿易機関 HP より作成　2022 年５月 31 日までの総量
人口は国連 HP より作成　データは 2019 年）

【理　科】 〈第３次試験〉 (40分) 〈満点：100点〉

注意　図やグラフをかく場合は，ていねいにはっきりとかきなさい。必要ならば定規を使ってもかまいません。

1　下の問いに答えなさい。

下の式は，植物の葉が行う２つのはたらきについて，まとめたものです。

はたらきⅠ　　水 ＋ 気体Ａ ⟶ デンプン ＋ 気体Ｂ

はたらきⅡ　　デンプン ＋ 気体Ｂ ⟶ 水 ＋ 気体Ａ

（１）葉の細胞《さいぼう》の中にある緑色の粒《つぶ》を何というか答えなさい。

（２）(1)の粒が関係するはたらきはⅠ，Ⅱのどちらか答えなさい。

（３）上の式に書かれている気体Ａ, Ｂの出入り口となっているのは，葉の何という部分か答えなさい。

（４）気体Ａの名前を答えなさい。

（５）はたらきⅠでつくられたデンプンは，その後どのようになりますか。次のア～エからすべて選び，記号で答えなさい。

ア．道管を通ってからだ全体へ運ばれる。

イ．糖に変わり，成長のための養分として使われる。

ウ．水にとけやすい物質に変えられる。

エ．たねやくき，根にたくわえられる。

（６）葉に日光が当たっているときのはたらきⅡについて，正しく述べたものを次のア～エから１つ選び，記号で答えなさい。

ア．葉に日光が当たっているとき，はたらきⅡは行われない。

イ．葉に強い日光が当たっていると，はたらきⅡは盛んに行われるようになる。

ウ．葉に弱い日光が当たっていると，はたらきⅡは盛んに行われるようになる。

エ．葉に強い日光が当たっていても，弱い日光が当たっていても，はたらきⅡは変わらない。

（７）図は，湖や池の上層（水面付近）における植物プランクトンの１年間の数の変化とその変化にえいきょうをあたえる栄養分，水温，光の量の変化を示したものです。

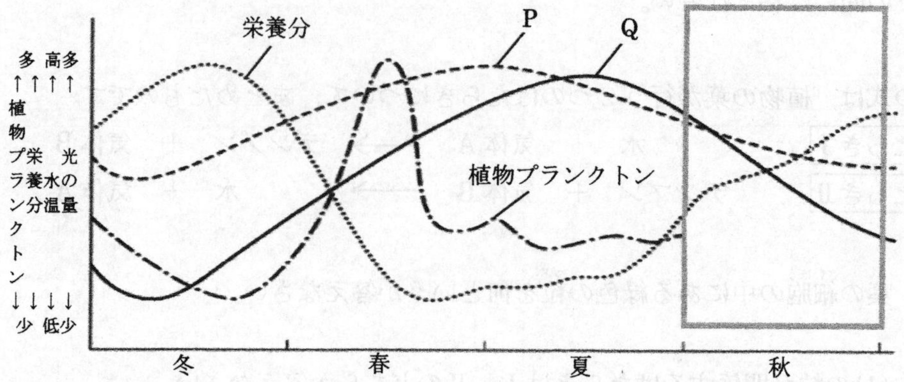

①　図で光の量の変化を表しているのはＰとＱのどちらか記号で答えなさい。

②　春に急増した植物プランクトンの数が春から夏にかけて減少けいこうになる理由をグラフから読み取り，15字以内で答えなさい。

③　秋になると，植物プランクトンの数はどのように変化すると考えられますか。解答らんの［　　　　］にかきなさい。

④　海水中に生活はい水などが流れこむことによって植物プランクトンが異常に増しょくした結果，海面が赤茶色に変わることがあります。この現象を何というか答えなさい。

2 凸《とつ》レンズは中央にふくらみのあるレンズで，そこに入った光を集める性質があります。凸レンズを使って光が集まる点をしょう点といいます。なお，図は模式図であり，距離《きょり》や大きさは実際のものを正確に表してはいません。下の問いに答えなさい。

（1）レンズの中心からしょう点までの距離が 6 cm の凸レンズがあります。図 1 のように，この凸レンズの右側に像を写すためのスクリーンを用意しました。スクリーンの位置は固定して，凸レンズの左側に大きさ 3 cm の物体を置き，スクリーン上の像のでき方について調べました。

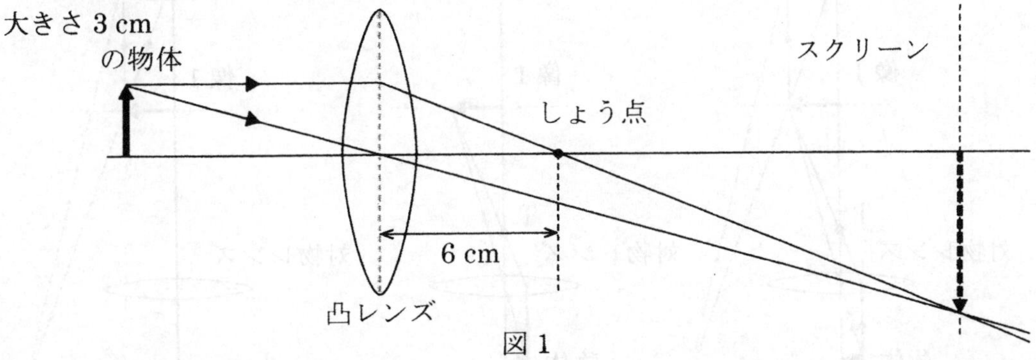

図 1

① ある位置にこの物体を置いたところ，スクリーン上に大きさ 9 cm の像がはっきりと写りました。このとき，凸レンズの中心からスクリーンまでの距離は何 cm ですか。

② ①のとき，物体から凸レンズの中心までの距離は何 cm ですか。

（2）図 2 は，2 枚の凸レンズを組み合わせて作られた顕微鏡《けんびきょう》の仕組みを表したものです。物体に近いレンズを対物レンズ，眼に近いレンズを接眼レンズといいます。顕微鏡内では，まず対物レンズによって像 1 ができます。さらに接眼レンズによって像 1 を拡大した像（像 2）を見ることができるのです。

図 2 の(ア)は 2 枚の凸レンズを組み合わせて像 2 が見えるまでの仕組みを全体図としてまとめています。また，(イ)は像 1 が作られるまでの仕組みを，(ウ)はその像 1 が像 2 として見えるまでの仕組みをそれぞれ作図したものです。なお，T は対物レンズのしょう点を，S は接眼レンズのしょう点をそれぞれ表しています。

図 2 をもとにして，次の問いに答えなさい。ただし，答えが割り切れないときは，小数第 2 位を四捨五入して小数第 1 位まで答えなさい。

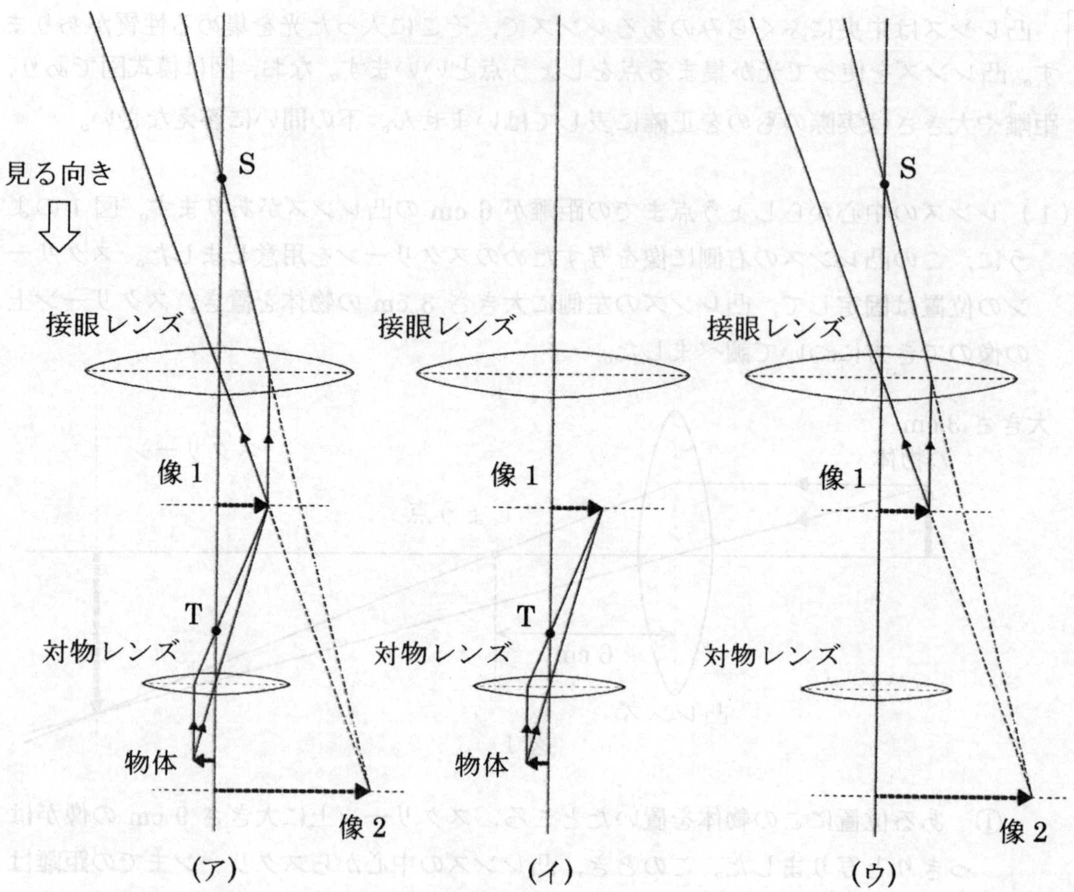

図２

①　物体から対物レンズの中心までの距離を 1.5 cm としたとき，対物レンズの中心から 18 cm の位置に像１ができました。このとき，像１の大きさは物体の大きさの何倍に見えますか。

②　接眼レンズの中心から像１までの距離が 2 cm，像１から対物レンズの中心までの距離が①と同じ 18 cm であるとき，対物レンズの中心から像２までの距離が 5 cm になることがわかりました。像２の大きさは像１の大きさの何倍に見えますか。ただし，接眼レンズの中心と，像１および像２を表す矢印の先端は一直線上にあります。

③　②のとき，像２の大きさは物体の大きさの何倍に見えますか。

3 水の性質と温度の関係について，下の問いに答えなさい。

（1）水の性質の説明について，正しく述べたものを次のア～オから1つ選び，記号で答えなさい。

ア．水を加熱して湯気が出ることを蒸発という。

イ．水がふっとうしているときに出てくる大きなあわは，水にとけていた空気である。

ウ．水の温度がまわりの空気の温度以上でなければ，蒸発は起こらない。

エ．空気にふれている面積が大きい方が，水は蒸発しやすい。

オ．水にふれている空気の温度が高い方が，ふっとうする温度は高い。

（2）冷とう庫などでできた氷を手で取り出すとき，手に氷がくっつくことがあります。これはなぜですか。簡単に説明しなさい。

（3）－20℃の氷 50 g を容器に入れて一定の熱を加えて温めたところ，時間とともに温度が図1のように変化しました。図1の実験結果をもとにして次の問いに答えなさい。

なお，熱の量を表す単位の一つとして「cal（カロリー）」があります。1 cal は水 1 g の温度を 1℃上げるのに必要な熱量とします。また，加えた熱は容器や空気には伝わらず，水や氷だけに伝わるものとします。

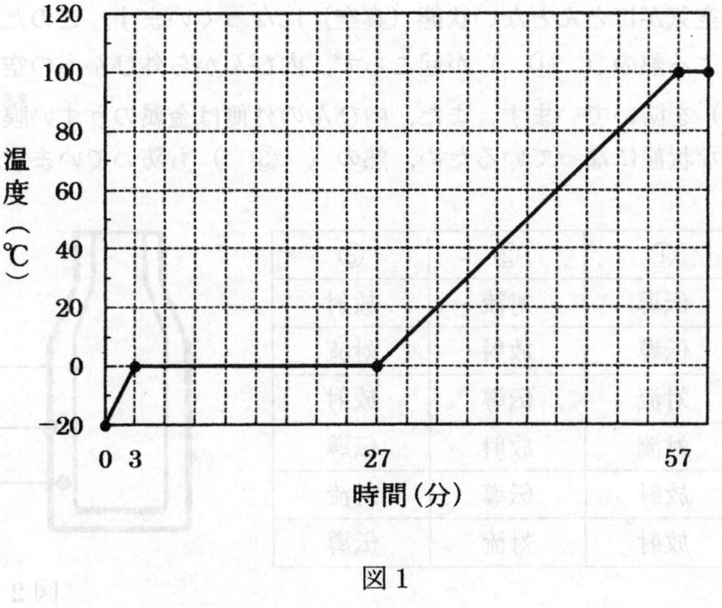

図1

① この実験で，水と氷が混ざっているようすが見られたのは何分間ですか。次のア～カから１つ選び，記号で答えなさい。

ア．３分間　　イ．24分間　　ウ．27分間
エ．30分間　　オ．54分間　　カ．57分間

② 実験の結果から，氷１ｇの温度を１℃上げるのに必要な熱量は何 cal になりますか。次のア～コから１つ選び，記号で答えなさい。

ア．0.1 cal　イ．0.5 cal　ウ．0.8 cal　エ．1 cal　オ．2 cal
カ．8 cal　キ．10 cal　ク．25 cal　ケ．80 cal　コ．500 cal

③ 0℃の氷を15ｇとかすことのできる熱量で，50ｇの水の温度を何℃上げることができますか。答えが割り切れないときは，小数第１位を四捨五入して整数で答えなさい。

（4）近年，ペットボトルごみによる海の汚染《おせん》が問題になっています。逗子開成ではペットボトルごみの削減《さくげん》を目指して，創立120周年の記念品として「保温できる水とう」を作りました。この水とうにお湯を入れて保温しました。次の文中の空らん①～③にあてはまる用語の組合せとして正しいものを下のア～カから１つ選び，記号で答えなさい。

保温できる水とうは，図２のように内びんと外びんの二重の構造になっており，その間は空気がほとんどない状態（真空）になっています。このため，空気が動くことによる熱の（　①　）が起こらず，内びんから外びんへの空気による熱の（　②　）を防いでいます。また，内びんの外側は金属のうすい膜《まく》でおおわれて鏡のような状態になっているため，熱の（　③　）も防いでいます。

	①	②	③
ア	伝導	対流	放射
イ	伝導	放射	対流
ウ	対流	伝導	放射
エ	対流	放射	伝導
オ	放射	伝導	対流
カ	放射	対流	伝導

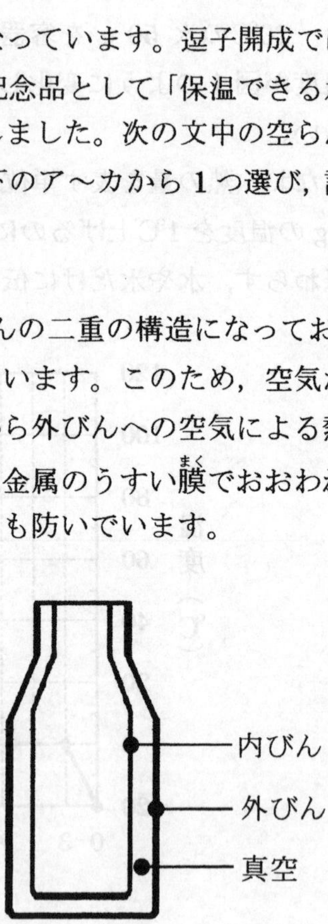

図２

4 空気中にふくまれる水蒸気の量を調べました。下の問いに答えなさい。

［実験］

図1のように，金属製の容器にくみ置きの水と温度計を入れておきます。ゆっくりかき混ぜながら容器の中に少しずつ氷水を加えていくと容器の表面がくもり始めました。このときの水温を測定しました。

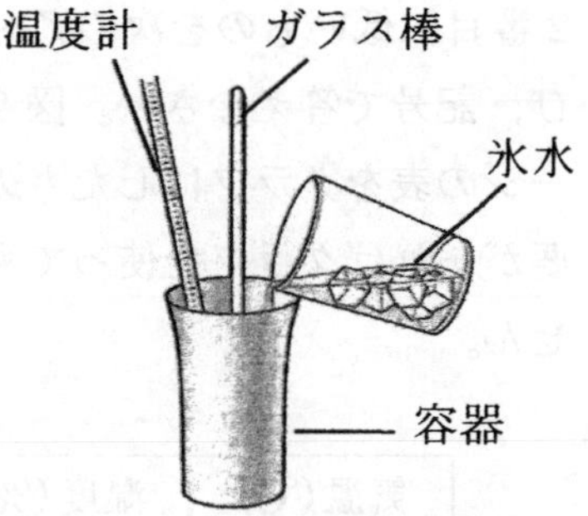

図1

湿度《しつど》は，次の式で求めることができます。

$$湿度(\%) = \frac{空気\,1\,m^3 中の水蒸気量(g)}{その気温でのほう和水蒸気量(g)} \times 100$$

ほう和水蒸気量とは，空気 $1\,m^3$ にふくむことのできる水蒸気量(g)のことで，気温が高くなるほど大きくなります。気温とほう和水蒸気量の関係を次の表に示しました。

気温 (℃)	ほう和水蒸気量 (g/m³)	気温 (℃)	ほう和水蒸気量 (g/m³)	気温 (℃)	ほう和水蒸気量 (g/m³)
0	4.9	18	15.4	28	27.2
5	6.8	20	17.3	30	30.4
10	9.4	22	19.4	32	33.8
15	12.8	24	21.8	34	37.6
16	13.6	26	24.4	35	39.6

（1）容器の材質として金属を使った最も大きな理由は何ですか。

（2）実験を気温32℃で行うと水温が22℃になったとき，容器がくもり始めました。湿度は何％ですか。答えは小数第1位を四捨五入して整数で答えなさい。

（3）実験を異なる条件で行った場合，容器の表面がくもり始めるときの水温が2番目に低いものを次のア～ウから選び，記号で答えなさい。図2は前のページの表をグラフにしたものです。必要があればグラフを使ってもかまいません。

	気温(℃)	湿度(%)
ア	26	80
イ	28	90
ウ	30	50

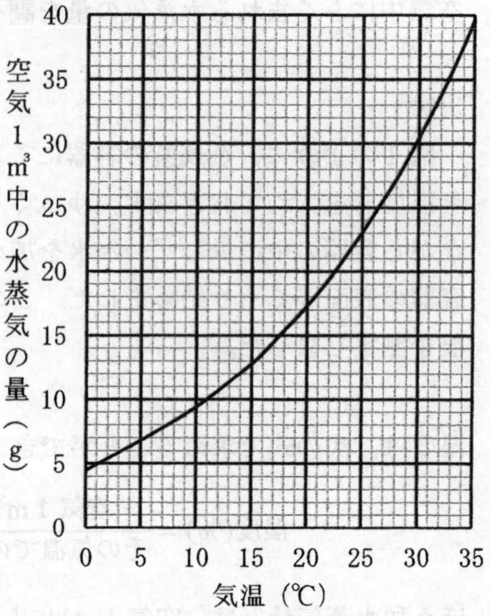

図2

（4）いろいろな気温・湿度のもとで，実験を行った場合，容器の表面がくもり始める水温について正しく述べたものを次のア～エから1つ選び，記号で答えなさい。

ア．気温が同じ場合，湿度に関係なく，くもり始める水温は同じである。

イ．気温が同じ場合，湿度が低いほど，くもり始める水温は高い。

ウ．湿度が同じ場合，気温に関係なく，くもり始める水温は同じである。

エ．湿度が同じ場合，気温が高いほど，くもり始める水温は高い。

（5）実験を行った部屋は縦 2.5 m，横 4 m，高さ 3 m の大きさの直方体で，気温を調節したり，空気中の水蒸気を集めて水にすることができる装置がついています。また，部屋の空気は均一であり，水蒸気はすべて空気中にふくまれているとします。

① ある夏の日，部屋は気温30℃，湿度80%でした。この部屋の水蒸気は何gになりますか。答えは小数第1位を四捨五入して整数で答えなさい。

② 装置を使って，気温15℃，湿度40%にすると，装置内に集められた水は何gになりますか。答えは小数第1位を四捨五入して整数で答えなさい。

［Ｗ］

ア　義務としないことであり、それは息苦しい生き方をしないですむということ
イ　人のために行うことであり、それは多くの人の優しさが育まれるということ
ウ　お互いさまとすることであり、それはみんなが幸福感を得やすくなるということ
エ　追い求めないことであり、それは独り善がりの生き方をしないですむということ

問十一　――線部⑥「虻の姿をした他者が／光をまとって飛んできている」の解釈として最も適切なものを、次の選択肢ア～エから一つ選び、記号で答えなさい。

ア　「虻」という負のイメージを持つ「他者」が、誰かのために生きようと必死になることで、周りからの評価がマイナスからプラスへと変化している様子を「光」を用いて表現している。
イ　「虻」という良くないイメージを持つものが近寄ってきても受け手である「花」は嬉しくないので、「光」というプラスの印象を「虻」に持たせることで、両者が友好に交じり合うことを表現している。
ウ　「虻」というマイナスのイメージを持つ「他者」が、周りの人々に悪影響ばかりを与える様子を読み手に強く印象づけるために、負の印象を与える「光」を加えて表現している。
エ　「虻」という一般的には良くないイメージも持つものが、「光」というプラスのイメージをもたらすものをまとうことで、悪いことにも良いことにも影響を与える他者を的確に表現している。

問十二　――線部⑦「あなたも　あるとき／私のための風だったかもしれない」とあるが、「あなた」が今後、誰かの「風」や「虻」になるとしたら、どのような点に注意する必要があるか。〔文章〕で述べられている「愛」の意味を踏まえて説明しなさい。

問十　次の会話文は、先生と生徒A、生徒Bが〈詩〉「生命は」の[2]について授業で話し合っている場面である。会話文中の［Z］・［W］に入るものとして最も適切なものを後の選択肢ア～エからそれぞれ一つずつ選び、記号で答えなさい。

先生　まず「世界」は「他者の総和」だとしていますが、「他者の総和」とはどのような人の集まりのことでしょうか。

生徒A　［　　Z　　］のことです。

先生　その通りです。それではそのような「世界」は具体的にどのようなものだと述べられていますか。

生徒B　それぞれの「生命」が、お互いに「欠如を満たす」ということを知ってもいないし、知らされてもいません。

生徒A　次のところでは、無関心でいられる間柄だし、うとまれても良いとされる間柄としています。「間柄」は「関係」という言葉にして考えてもいいかな。

先生　そうですね。二人の考え方で良さそうですね。それでは、「生命」がそのように存在するこの「世界」が「ゆるやかに構成されている」のはなぜでしょうか。

生徒A　[2]の最後の作者からの問いかけですよね。それが表現されていないんですよね。

先生　そうですね。「世界」がそのように構成されている「理由」については触れられていません。それでも「世界がゆるやかに構成されている」ことによる人間にとっての「プラスのこと」なら考えられませんか。

生徒B　なるほど。それなら考えられそうです。お互いが欠如を満たすことを「知りもせず」、「知らされもせず」、また、「無関心でいられ」、「うとましく思うこと」も「許される」ということは、他者の欠如を満たすことや誰かに関心を抱いたり嫌われないようにしたりすることを［　　W　　］ですね。

先生　素晴らしいです。AさんもBさんもこの〈詩〉の表現をもとに丁寧に考えることができていますね。

［　Z　］

ア　生まれた国と育った国がそれぞれ異なる人の集まり

イ　話す言語の違う、仲良しとは言えない人の集まり

ウ　思いやりを持つ人も持たない人も含めた様々な人の集まり

エ　誰とも決して協力して生きようとしない人の集まり

問七　――線部③「確信に満ちた他者の予感」とはどのようなことか。このことについて説明したものとして最も適切なものを次の選択肢ア～エから一つ選び、記号で答えなさい。

ア　今は誰かもわからない恋人になるであろう人は、前向きな人だと強く信じていること。

イ　未来は何が起こるかわからないが、必ず恋人ができると強く信じていること。

ウ　「孤独」な思いを抱えている恋人との再会は、もうすぐだと強く信じていること。

エ　将来の恋人は自分と同じような「孤独」を持っている人であると強く信じていること。

問八　――線部④「『万有引力』は、『愛』のメタファー（隠喩）として、実にうってつけのものだと思います」とあるが、ここでいう「愛」を持つことの具体例として最も適切なものを、次の選択肢ア～エから一つ選び、記号で答えなさい。

ア　単身赴任となった恋人が忙しく、なかなか会うことができなくなり、一人で考える時間が増えたことで、その恋人が自分にとって一番必要な人だということがわかり、結婚しようと決意すること。

イ　物語の本を読むことが好きで、毎日図書館に通って一人で本を読んでいたら、図書館の先生に話しかけられ、二人とも同じ作家が好きなことがわかり、それからはさらに図書館に通うことが楽しみになったこと。

ウ　カレーが好きで、多くの人にカレーの魅力を知ってもらいたいと思い、自分が食べてきたカレーをインターネットで毎日紹介していたら、知らない間に、世間からカレー評論家として認められるようになったこと。

エ　学校の授業は、さまざまな教科に分かれており、普段はそれぞれの教科を独立させて考えているが、理科の時間に算数で習った計算をするように各教科で何かしらのつながりがあると実感すること。

問九　――線部⑤「日本人旅行者」はなぜ怒ったのか。バナナを「物乞い」に譲《ゆず》った意図を踏まえて説明しなさい。

問四　[Y] に入る言葉として最も適切なものを次の選択肢ア〜エから一つ選び、記号で答えなさい。

ア　支え合う　　イ　急に淋しい　　ウ　なぐさめ合う　　エ　なお淋しい

問五　[1] 〜 [4] に入る語として最も適切なものを次の選択肢ア〜オから一つずつ選び、記号で答えなさい。ただし、同じ記号を二度以上用いてはならない。

ア　もちろん　　イ　むしろ　　ウ　ですから　　エ　やはり　　オ　しかし

問六　――線部②「そういう相手でなければ恋は成立しない」とあるが、どうして「恋は成立」せず、続かないと考えられるのか。その理由を説明した次の文の（Ⅰ）（Ⅱ）に適切な言葉をそれぞれ自分で考えて、（Ⅰ）は十字以内、（Ⅱ）は漢字二字で答えなさい。

人間は、（　Ⅰ　）を持っておらず、二人とも精神的に（　Ⅱ　）した人でなければ、時間が経つとお互いに支えられなくなり、二人の仲が悪くなると考えられるから。

問一　〰〰線部「一人でいるのは　賑やかだ」とあるが、「一人でいるのは」の後、意図的に一字分の空白をあけていることについて説明したものとして最も適切なものを、次の選択肢ア〜エから一つ選び、記号で答えなさい。

ア　読むときに間ができ、「一人でいる」というイメージを読み手がふくらませる。そこに「一人でいる」の持つ一般的な淋しいイメージとは反対の意味の「賑やかだ」が用いられているため、読み手に強いインパクトを与えている。

イ　その前後が逆接の関係になることを読み手に思わせる。そこに「一人でいる」の持つ一般的な淋しいイメージとは反対の意味の「賑やかだ」が用いられているため、「賑やかだ」という言葉にプラスの内容があるかのように方向づけている。

ウ　なぜ「一人でいる」のかと読み手に疑問を抱かせる。そこに「一人でいる」の持つ一般的な淋しいイメージとは反対の意味の「賑やかだ」が用いられているため、表現される世界はどのようなものかを読み手に考えさせている。

エ　読み手は自然とひと息つくことになり、それまで抱いた詩のイメージを忘れていく。そこに「一人でいる」の持つ一般的な淋しいイメージとは反対の意味の「賑やかだ」が用いられているため、「賑やかだ」という言葉が強調される。

問二　[X] に入る語として最も適切なものを次の選択肢ア〜エから一つ選び、記号で答えなさい。

ア　村　　イ　葉　　ウ　森　　エ　町

問三　――線部①「一人でいるのは賑やかだ」とあるが、ここでの「賑やか」について説明したものとして最も適切なものを次の選択肢ア〜エから一つ選び、記号で答えなさい。

ア　淋しい気持ちを隠して強がって表現したもの。

イ　良いことも悪いことも含めた豊かなもの。

ウ　やりたいことが思い通りにできる楽しいもの。

エ　次々に興味深い新しい何かが生まれるもの。

欠如を満たすなどとは
知りもせず
知らされもせず
ばらまかれている者同士
無関心でいられる間柄
ときに
うとましく思うことさえも許されている間柄
そのように
世界がゆるやかに構成されているのは
なぜ？

[3]

花が咲いている
すぐ近くまで
⑥虻の姿をした他者が
光をまとって飛んできている

[4]

私も　あるとき
誰かのための虻だったろう

[5]

⑦あなたも　あるとき
私のための風だったかもしれない

（吉野弘『続・吉野弘詩集』思潮社）

注　＊１　エーデルワイス……ヨーロッパアルプスの名花として知られる白い花。
＊２　give & take……何かをしたらその分のお返しをしてもらうこと。
＊３　マザー・テレサ……貧困や病に苦しむ人々を救うために生きた人。　＊４　フロム……精神分析や哲学の研究者。

〔詩〕

生命は　吉野弘

1

生命は
自分自身だけでは完結できないように
つくられているらしい
花も
めしべとおしべが揃《そろ》っているだけでは
不充分で
虫や風が訪れて
めしべとおしべを仲立ちする
生命は
その中に欠如《けつじょ》を抱き
それを他者から満たしてもらうのだ

2

世界は多分
他者の総和
しかし
互いに

その国は大変な暑さで、道ばたには物乞《ものご》いがたくさんいます。中には飢えていて、実に哀れな様子の者もあります。そんなとき彼は、ある飢えた物乞いの姿を目の当たりにして、何か施《ほどこ》しをしようと考えました。

彼はちょうど大好物のバナナを五本持っていました。普段の彼は、三本食べると満腹になって満足します。さて、そこで彼は、自分で食べるのは二本で我慢することにして、残りの三本を気の毒な物乞いにあげたのでした。しかし、この物乞いはバナナが嫌いらしく、一言のお礼も言わず、目の前で「こんなものいらない」と、地べたにバナナを投げ捨てたのでした。

さて、バナナをあげた彼は、いったいどんな気持ちになったでしょうか。

きっと「何て恩知らずな奴だ。せっかく私が我慢して恵んでやったのに、感謝もなければ、それどころか捨てるなんて、ひど過ぎる！」と怒り心頭でしょう。

一方、「たまたま余ったので、捨てる代わりにご自由にお役立てください」という場合には、仏教で言うところの「喜捨《きしゃ》」、つまり喜んで捨てるという行為に相当するものになります。これが、「欲望」を捨てられないわれわれに出来る、嘘《うそ》偽りのない「愛」の行為なのです。もちろん、人間として成熟していって「欲望」の割合が小さくなればなるほど、「愛」に使える部分は大きくなってくるでしょう。一本で十分満足になれば、四本を喜捨できるわけです。しかし、本当は三本欲しいのにやせ我慢をして行動したときには、どこかでひょっこり「欲望」が顔を出してくる。これが偽善です。＊3マザー・テレサと同じ行動をまだその境地にない人がやっても、どこか質的に違うものになってしまいます。ですから、表面だけ善人のように整えてもダメで、等身大でなければ内実が不純なものに変わってしまうのです。

ですから、「愛」のために私たちに出来る第一歩は、逆説的ですが、まず自分をきちんと満たしてやることなのです。ところが面白いことに、人間は自分を満たしても、必ずいくらかは余るように出来ている。この余った物を使ったときには「愛」の行為になる。ここが大事なポイントだと思います。そういうわけで、バナナは五本であったのです。

生まれたての赤ん坊は五本食べなければならない。＊4フロムの言う「未熟な愛」です。しかし、その後の成長によって自分に必要な本数は少しずつ減っていくのです。生きているうちに何本にまで減らせるのか、それはその人にかかっているわけです。

（泉谷閑示『「普通がいい」という病』講談社現代新書）

「孤独」は自然にひき合う「万有引力」を持ち、また「万有引力」があるからこそ、人は「孤独」でいられるのだという密接な関係を、谷川さんはこの詩で、さらりと言い当てています。彼が「万有引力」と言ったものは、茨木のり子さんの詩で未知の恋人を予感させたもの、すなわち「愛」のことなのです。

④「万有引力」は、「愛」のメタファー（隠喩）として、実にうってつけのものだと思います。宇宙の無限の闇の中に、星々は「孤独」に浮かんでいる。しかし、その星々は互いに「万有引力」によって結ばれている。「孤独」あるところには必ず「愛」が生じる。しかしまた「愛」は、それぞれが「孤独」であることを前提としている。「孤独」の世界は、この「愛」によって賑やかさが与えられている。だから「孤独」とは、決して冷たい死の闇ではないのです。「孤独」に足を置いた者の最低限の想像力によって、他者も自分と同じように「孤独」という状況を生きていることに気が付くこと。それが「愛」の出発点なのです。しかし、ここで私たちは注意しなければなりません。この「愛」という言葉ほど、手垢《あか》にまみれ、誤って使われているものもないからです。「愛」という言葉は「孤独」という前提なしに用いられると、依存、支配、執着、性欲、虚栄心、強制、偽善などを偽装する偽りのレッテルと化します。常に「愛」を論じるときに起こる混乱は、「愛」の定義が曖昧《あいまい》であることから来ていると考えられます。

もっと詳しく言いますと、「愛」は、無償であり、見返りを期待することがないものです。一方の「欲望」は、たとえわずかであっても＊2give & takeというか、駆け引き的要素が含まれている。そこには、相手を操作しようとする意図が込められており、コントロール志向であると言うことも出来るでしょう。また、「愛」が「心」由来であるのに対して、「欲望」は「頭」に由来するものだと言うことも出来ます。つまり「欲望」は、「偽の心」の産物なのです。さて、この辺まで来ると「そうは言っても自分は聖人君子じゃないんだから、人に欲望を向けずに愛だけを向けるなんて出来そうにない」と思われる人もいるかもしれません。確かに、そこが最も肝心なところです。どうやったら私たちは「愛」の存在になれるのかということ。これはすごく難しい。うっかりすると、「愛」のつもりが「欲望」になってしまうわけですから。さて、いったいどうしたら「愛」そのものが可能になるのでしょうか。そこで、ある仏教の入門書にあった話をもとに私が考えた〈五本のバナナ〉というお話をご紹介しましょう。

バナナに目がない⑤日本人旅行者が、ある貧しい国で旅行をしています。

うことはできない。ですから、夫婦・恋人・友達・親子といった親密な人間関係でも、また治療関係においても、それぞれが自分の足で立っていて、たまたま同じ方向に向かって、並んで歩いているに過ぎないことをわきまえる必要があるのです。

さて、先ほどの詩で「恋人よ」と呼びかけている最後の部分に目を向けてみましょう。「二人」について語っていたはずの詩に、ここで他者が登場します。それは「まだどこにいるのかもわからない　君」ですが、この未知なる「君」は、今は「どこにいるのかもわからない」けれども、将来必ず出会うはずの「恋人」なのです。

この「恋人」は、自分と同じように賑やかな「孤独」を持っている者であってくれ、と呼びかけられているのですが、当然、②そういう相手でなければ恋は成立しないでしょう。この恋は未知のものではありますが、しかし単なる願望や希望の産物というよりも、ここには③確信に満ちた他者の予感が感じ取れます。

さて、この他者の予感を生み出しているものは、いったい何でしょうか。

万有引力とは
ひき合う孤独の力である

宇宙はひずんでいる
それ故《ゆえ》みんなはもとめ合う

宇宙はどんどん膨《ふく》らんでゆく
それ故みんなは不安である

二十億光年の孤独に
僕は思わずくしゃみをした

谷川俊太郎『二十億光年の孤独』「二十億光年の孤独」より　北星堂書店

一人でいるとき淋《さび》しいやつが
二人寄ったら　[Y]
おおぜい寄ったなら
だ　だ　だ　だっと　堕落だな

恋人よ
まだどこにいるのかもわからない　君
一人でいるとき一番賑やかなヤツで
あってくれ

茨木のり子『おんなのことば』「一人は賑やか」より　童話屋

たいへん親しみやすい言葉で書かれた詩ですが、しかしとても大事なことが書かれていると思います。自分にはパートナーがいないとか、友達がいないとかそういうことで「孤独」を嘆いている人もいますが、そういう人たちは「孤独」が淋しいものだという固定観念を持っています。そして、自分が賑《にぎ》やかになるためには、誰か他の人が一緒にいてくれることが必要だと思い込んでいるわけです。

[1]、私たちは映画を見る時も、本を読むのも、物を食べることも、実は一人一人がやっている。どんなに大勢並んで同じ映画を見ていても、それぞれ一人で見ているのです。[2]、後で感想を言い合ったりすることはあるでしょうが、[3]一人で見て感じたことには変わりがない。[4]、一人としての充実をきちんと見つめないと何も始まらないし、誰かといなければ幸せになれないわけではないのです。

「依存関係」が「孤独」を解消してくれるように勘違いしている人もいますが、この詩で言われているように、「一人でいるとき淋しいやつが二人寄ったら[Y]」わけです。寄りかかり合い、もたれ合って、最初はそれも可愛いとか安心すると錯覚するにしても、ある時必ず、どちらかがウンザリして鬱陶《うっとう》しく思うようになってしまいます。

人間というものは、脚力と同じで、自分一人を支えるくらいの力しか持たされて生まれてきていませんから、他人の分まで背負

二 次の〔文章〕と〔詩〕を読んで、後の各問に答えなさい。なお、〔文章〕は設問の都合で省略したところがある。

〔文章〕

それは、「孤独」ということについて本物の認識を持つ人間が、自分自身のたどってきた経験に基づいて「あなたが最後の暗闇と思い込んでいる『孤独』には、まだその先がある。そこには、暗闇ではなく、別の風景が広がっているのだ」と告げることなのです。

それでは、その先の「孤独」の風景とはどんなものでしょうか。それは、意外にもこんな風景です。

一人でいるのは　賑《にぎ》やかだ
賑やかな賑やかな　X　だよ
夢がぱちぱち　はぜてくる
よからぬ思いも　湧いてくる
＊1エーデルワイスも　毒の茸《きのこ》も

一人でいるのは　賑やかだ
賑やかな賑やかな海だよ
水平線もかたむいて
荒れに荒れっちまう夜もある
なぎの日生まれる馬鹿貝もある

①一人でいるのは賑やかだ
誓って負けおしみなんかじゃない

問二　次の文章を読んで、後のⅠ・Ⅱの各問に答えなさい。

> 田辺家の子どもは［　Ａ　］姫［　Ｂ　］太郎である。子ども全員がＵＦＯキャッチャーを一人一度ずつ行い、ぬいぐるみを狙《ねら》ったら、全員が［　Ａ　］石［　Ｂ　］鳥の結果となった。

Ⅰ　［Ａ］・［Ｂ］に入る漢数字一字をそれぞれ答えなさい。

Ⅱ　子ども全員で手に入れたぬいぐるみは何個か。漢数字で答えなさい。

問三　次の条件にしたがって、後のⅠ・Ⅱの各問に答えなさい。

> ・海［　］山［　］の鶴は、一年に一度の一声《ひとこえ》で百円を手に入れて生きている。
> ・亀はゆっくり歩みを進め、一年に十円を手に入れて生きている。
> ・鶴と亀の寿命は、鶴は［　］年、亀は万年である。

Ⅰ　［　］にはすべて慣用句に関連した同じ漢数字が入る。最も適切な漢数字一字を答えなさい。

Ⅱ　「鶴」と「亀」が寿命を迎えたとき、「鶴」と「亀」が手に入れた金額はどうなっているか。最も適切なものを次の選択肢ア～ウから一つ選び、記号で答えなさい。

ア　鶴のほうが手に入れる金額が多い。

イ　亀のほうが手に入れる金額が多い。

ウ　鶴も亀も同じ金額になる。

2024年度

逗子開成中学校

【国　語】〈第三次試験〉（五〇分）〈満点：一五〇点〉

注意　1、字数制限のある問題では、句読点やかっこ、その他の記号も一字として数えます。
2、問題文には、設問の都合で、文字・送りがなを改めたり、省略したところがあります。

一　次の各問に答えなさい。

問一　次の①～⑮の各文の――線部のカタカナを漢字で書き、――線部の漢字の読み方をひらがなで書きなさい。

①　ハイ色の空。
②　手が黒くソまる。
③　黒い雨雲が低くタれる。
④　窓口でザセキを指定する。
⑤　カタガミを用いて布を裁《た》つ。
⑥　遊泳禁止クイキを守る。
⑦　ガイロ樹のきれいな通り。
⑧　友達の顔をチョクシする。
⑨　あざやかなシキサイ。
⑩　早く日が陰る。
⑪　話し合いの機会を設ける。
⑫　言葉を慎む。
⑬　ひと滴の涙。
⑭　度重なる不幸。
⑮　晩秋の山に登る。

2024年度

逗子開成中学校 ▶解　答

※　編集上の都合により，第３次試験の解説は省略させていただきました。

算　数　＜第３次試験＞（50分）＜満点：150点＞

解　答

[1] (1)　1028　(2)　2　(3)　$3\frac{1}{3}$　[2] (1)　125個　(2)　2880円　(3)　102.05cm^2　(4)　22通り　(5)　28枚　(6)　90000cm^3　[3] (1)　15枚　(2)　35個　(3)　22100個　[4] (1)　7分24秒　(2)　15：8　(3)　43：10　[5] (1)　4個　(2)　9個　(3)　192通り

社　会　＜第３次試験＞（40分）＜満点：100点＞

解　答

問１　１　渡来人　**２**　鑑真　**３**　真言　**４**　野口英世　**問２**　イ　**問３**　ウ　**問４**　Ⅰ　三内丸山　Ⅱ　白川郷　**問５**　Ⅰ　エ　Ⅱ　**A**　**地名**…イ　**農業の特徴**…キ　**B**　**地名**…ア　**農業の特徴**…ケ　**問６**　ウ　**問７**　Ⅰ　クリーク　Ⅱ　ア　Ⅲ　水郷　**問８**　蘇我馬子　**問９**　Ⅰ　イ　Ⅱ　イ　Ⅲ　（例）　調は，特産品を都へおさめる税であるので，停止されると都へ向かう人の流れが制限されるため，感染拡大をおさえる効果が期待できるから。　**問10**　さとうきび　**問11**　ア　**問12**　イ　**問13**　Ⅰ　杉田玄白　Ⅱ　田沼意次　Ⅲ　ペリー　**問14**　Ⅰ　エ　Ⅱ　ウ　Ⅲ　**a**　治外法権（領事裁判権）　**b**　（例）　ドイツ人は日本の法に従う必要がなかった　**問15**　Ⅰ　イ→ア→ウ　Ⅱ　田中正造　**問16**　Ⅰ　ア　Ⅱ　**A**　**工業地帯・工業地域**…ア　**都市**…コ　**B**　**工業地帯・工業地域**…ウ　**都市**…キ　**C**　**工業地帯・工業地域**…イ　**都市**…カ　Ⅲ　シリコンアイランド　**問17**　Ⅰ　ウ　Ⅱ　エ　**問18**　Ⅰ　**A**　エ　**B**　ア　Ⅱ　公聴会　Ⅲ　臨時国会（臨時会）　Ⅳ　公共の福祉　**問19**　（例）　アフリカは一人当たりのGDPが低く，経済的な余裕がない。さらに，自分たちでワクチンを製造することができず，人口に対して十分なワクチンの量を確保できていないから。

理　科　＜第３次試験＞（40分）＜満点：100点＞

解　答

[1] (1)　葉緑体　(2)　Ⅰ　(3)　気こう　(4)　二酸化炭素　(5)　イ，ウ，エ　(6)　エ

⑺　①　P　②　(例)　湖や池の栄養分が減ったから。　③　(例)　右の図　④　赤潮　[2]　⑴　①　24cm　②　8 cm　⑵　①　12倍　②　12.5倍　③　150倍　[3]　⑴　エ　⑵　(例)　手が氷にふれて，手の表面の水分がこおったため。　⑶　①　イ　②　イ　③　24℃　⑷　ウ　[4]　⑴　(例)　氷水の熱を伝えやすいから。　⑵　57%　⑶　ア　⑷　エ　⑸　①　730 g　②　576 g

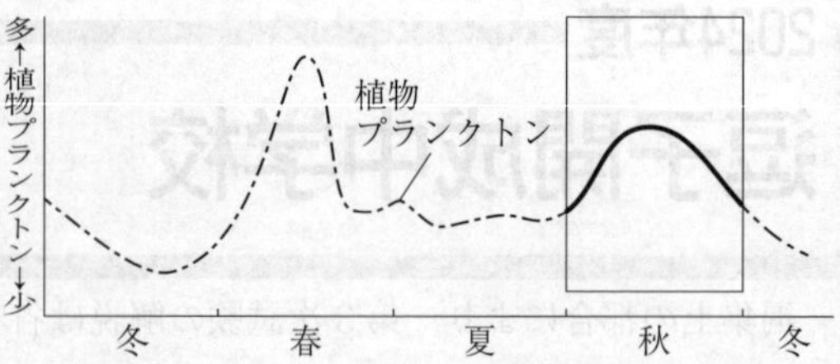

国　語　＜第３次試験＞（50分）＜満点：150点＞

解　答

[一]　**問１**　①〜⑨　下記を参照のこと。　⑩　かげ(る)　⑪　もう(ける)　⑫　つつし(む)　⑬　しずく　⑭　たびかさ(なる)　⑮　ばんしゅう　**問２**　Ⅰ　**A**　一　**B**　二　Ⅱ　四(個)　**問３**　Ⅰ　千　Ⅱ　ウ　[二]　**問１**　ア　**問２**　ウ　**問３**　イ　**問４**　エ　**問５**　**１**　オ　**２**　ア　**３**　エ　**４**　ウ　**問６**　Ⅰ　(例)　他人を支える力　Ⅱ　(例)　自立　**問７**　エ　**問８**　ア　**問９**　(例)　食べたいバナナを我慢してまで物乞いにバナナを与えたにもかかわらず，物乞いは感謝の言葉もなく目の前でバナナを捨てたから。　**問10**　**Z**　ウ　**W**　ア　**問11**　エ　**問12**　(例)　自分自身が満たされたうえで，見返りを求めずに誰かのために行動すること。

●漢字の書き取り

[一]　**問１**　①　灰　②　染(まる)　③　垂(れる)　④　座席　⑤　型紙　⑥　区域　⑦　街路　⑧　直視　⑨　色彩

2023年度 逗子開成中学校

【算　数】〈第１次試験〉(50分)〈満点：150点〉

注意　・定規・コンパス・筆記用具以外の使用は認めません。
・考え方を書く指示がある問題以外は，答えだけを書いてください。
・答えに単位が必要な問題は，必ず単位をつけて答えてください。
・答えが分数になる場合は，それ以上約分できない一番簡単な分数で答えてください。また，仮分数は帯分数に直してください。
・図やグラフをかいて答える問題に対し，定規・コンパスを忘れた場合は手がきでていねいにかいてください。

1 次の□にあてはまる数を求めなさい。

(1) $2.75 \times 5 + 27.5 \times 0.7 - 0.55 \times 15 - 0.055 \times 50 = \square$

(2) $\left(3 + 1\frac{2}{5}\right) \times \frac{1}{5} \div 1\frac{1}{10} - 1\frac{13}{20} \div \left(1\frac{5}{9} + 2\frac{5}{12}\right) = \square$

(3) $6.2 + 2\frac{1}{3} \times \left\{\left(\square - 0.25\right) \div 2\frac{1}{12}\right\} = 7\frac{3}{5}$

2 次の各問いに答えなさい。

(1) Ａ，Ｂの２つのコップを使って，ある容器に水を入れます。Ａのコップ２はいとＢのコップ５はいで，この容器は満水になります。また，Ａのコップ５はいとＢのコップ１ぱいで，この容器は満水になります。このとき，Ａのコップの容積とＢのコップの容積の比を最も簡単な整数の比で表しなさい。

(2) 赤色と青色のランプがあります。ランプのスイッチを入れると，赤色のランプは１秒間ついて２秒間消えることをくり返し，青色のランプは３秒間ついて，３秒間消えることをくり返します。いま，２つのランプのスイッチを同時に入れました。スイッチを入れてから35秒の間にランプがともに消えている時間は全部で何秒間ですか。

(3) ２つの分数があります。２つの分数の和は$\frac{1}{15}$，差は$\frac{1}{150}$です。
小さい方の分数を大きい方の分数で割ったときの値を求めなさい。

(4) ある仕事を兄だけで行うと16日，弟だけで行うと28日かかります。この仕事を２人で行うときは，兄は弟を手伝いながら作業をするので，１日にできる仕事量は，兄は20％減り，弟は40％増えます。この仕事を兄弟２人で行うと，何日かかりますか。

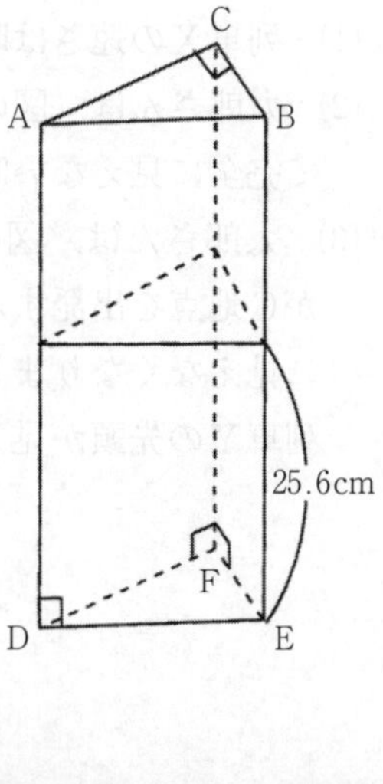

(5) 右の図のように，密閉された三角柱の容器の中に水が入っています。水面の高さは25.6cm です。辺 AC は20cm，辺 AD は40cm，辺 BC は15cm です。また，三角形 ABC は角Ｃが90°の直角三角形です。

いま，この容器を長方形 ADFC が底面になるようにたおしました。このときの水面の高さを求めなさい。

(6)　下の図は，半径12cm の半円です。この半円を直線で区切りました。色のついた部分の面積を求めなさい。ただし，円周率は3.14とします。

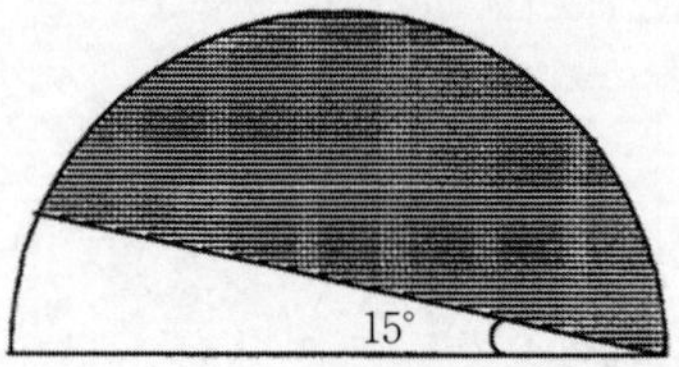

3　下の図のように東西にのびる線路があり，線路と平行に20mの距離を保ちながら AB 間に防音壁(ぼうおんへき)があります。防音壁は長さ160m，高さ10mの長方形の形をしています。また，防音壁の南側からは，線路を走る列車は防音壁にかくれて見えなくなります。なお，図において点Mは AB の真ん中の点で，CM 間の距離は80mです。また，列車Xと列車Yはそれぞれ矢印の方向(東から西)に向かって一定の速さで走っています。

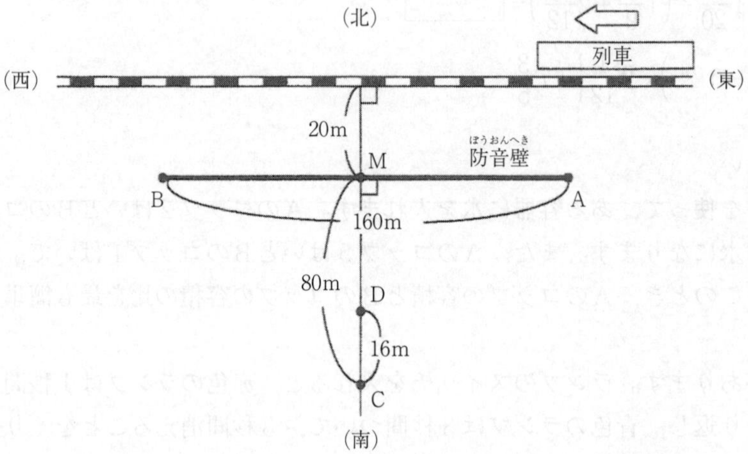

長さ60mの列車Xが160mの区間を走り始めてから走り終わるまで，ちょうど18秒かかりました。このとき，次の各問いに答えなさい。

(1)　列車Xの速さは時速何km ですか。

(2)　太郎さんは，図のC地点に立ち止まって列車Xをながめていました。列車Xが防音壁によって完全に見えない時間は何秒間ですか。

(3)　太郎さんは，図のC地点からD地点に向かって時速7.2km の速さで進みました。太郎さんがC地点を出発するとき，今まで防音壁のA側に見えていた長さ75mの列車Yが防音壁で完全に見えなくなりました。その後，太郎さんは16m進んだD地点に来たとき，防音壁のB側から列車Yの先頭が見え始めました。列車Yの速さは時速何km ですか。

4 図のような正六角形ABCDEFがあり，その頂点上を動く点Pがあります。今からサイコロを何回か投げ，点Pはサイコロの出た目の数だけ反時計回りに頂点の上を移動していきます。最初，点PはAの位置にいますが，その後はサイコロを投げて止まった位置から動いていきます。このとき，次の各問いに答えなさい。

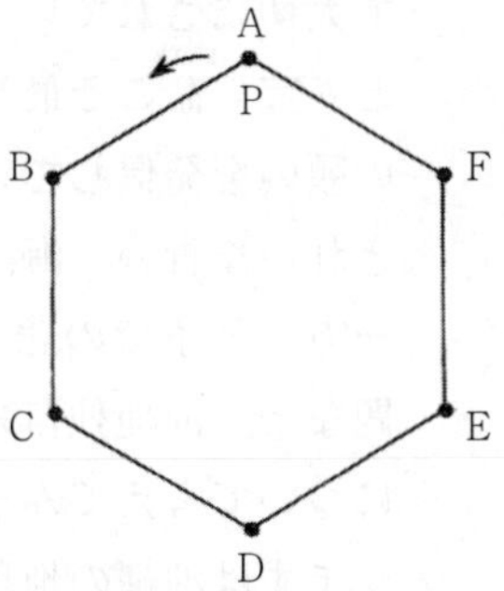

(1) サイコロを３回投げたときに点Pが止まった点を結ぶと正三角形ができました。このとき，サイコロの目の出方は全部で何通りありますか。

(2) サイコロを３回投げたときに点Pが止まった点を結ぶと三角形ができました。このとき，サイコロの目の出方は全部で何通りありますか。

(3) サイコロを４回投げたときに点Pが止まった点を結ぶと三角形ができました。このとき，サイコロの目の出方は全部で何通りありますか。

5 太郎さんと花子さんは整数の約数の個数について話し合っています。２人の会話を読んで，下の各問いに答えなさい。ただし，整数Mの約数の個数を≪M≫という記号で表すことにします。

太郎：花子さん，いろいろな数の約数の個数を調べてみようよ。
花子：じゃあ，７，15，56の３つの数について考えてみましょう。
太郎：７の約数は，「１と７」だから…　≪７≫＝2になるね。
　15の約数は，「１，３，５，15」だから…　≪15≫＝4になるね。
　56の約数は，「１，２，４，７，８，28，56」だから…　≪56≫＝7かな？
花子：太郎さん，56の約数を１つ見落としてるよ！　わたしは見落としがないように，求めた約数どうしでペアを組んでかけ算をして，56になることを確認しているんだ！
　1×56，2×28，4×？，7×8
　４の相手がいないから，14を見落としているよ。
　だから，≪56≫＝8だよ。
太郎：そうか！　約数を見つけるには，約数どうしペアを組んでいけばわかりやすいね！　そうすると，いままで調べた整数の約数には必ずペアができているから，どんな整数でも約数の個数は，偶数になるね。
花子：本当にそうかな…
　例えば，≪36≫は…　≪36≫＝9になるよ！
太郎：なんで偶数にならないんだろう。(ア)約数の個数が奇数になるのはどのようなときなんだろう…

(1) ≪180≫の値を求めなさい。

(2) ≪M≫＝4になる整数Mのうち，６番目に小さい整数Mを求めなさい。

(3) 文中の下線部(ア)を参考にして，≪M≫＝7になる900未満の整数Mのうち，最も大きい整数を求めなさい。ただし，答えだけでなく途中の考え方も書きなさい。

【社　会】〈第１次試験〉(40分)〈満点：100点〉

次の文章を読んで，各問いに答えなさい。

「命《ぬち》どぅ宝」という言葉を知っていますか。「命《いのち》こそ宝」という意味を持つこの言葉は，沖縄で大切にされている言葉です。沖縄戦最後の地につくられた平和祈念《きねん》公園内の石碑《せきひ》には，「命《ぬち》どぅ宝　命《いのち》こそ最高の宝である」と刻まれており，この地を訪れる人たちに命の尊さや平和への願いを発信しています。2022年は，沖縄県が日本復帰50年を迎《むか》えた節目の年でした。沖縄は，きれいな青い①海，白い砂浜《すなはま》，温暖な気候により，国内外問わず多くの②旅行者が訪れます。一方，戦争での悲さんなできごと，戦後のアメリカによる占領《せんりょう》，そして復帰後もかかえる課題など，沖縄独自の苦しみがあることも忘れてはいけません。今日はさまざまな角度から沖縄について考えてみましょう。

まずは沖縄の地理的特色からみていきましょう。沖縄県は日本の南西部に位置し，③九州地方にふくまれます。南北約400kmの海域に点在する160の島々から成立しており，そのうちの１つである日本最西端《たん》の(　１　)島も沖縄県に属します。年間を通して温暖な気候で，④降水量は年間約2000mmと多いですが，⑤沖縄ではしばしば水不足になり，これは沖縄の地形や気候が影響《えいきょう》しています。沖縄の農林水産業は，気候や環境《かんきょう》に適したかたちで営まれています。農業は，温暖な気候を利用した作物が栽培《さいばい》されており，水産業は，特に⑥海面養殖《ようしょく》業が盛《さか》んです。

沖縄では，⑦全国的に少子高齢化《こうれいか》で人口減少が進む中，人口が増加しています。2022年１月１日付けの⑧住民基本台帳によると，日本人住民について人口が増えた唯一《ゆいいつ》の都道府県が沖縄県です。

沖縄は⑨自動車が重要な交通手段となっています。戦争で壊滅《かいめつ》した鉄道が復旧しなかった影響で，陸上交通はもっぱら自動車中心です。⑩沖縄をささえる主産業である「観光」にも欠かせないレンタカーの普及《ふきゅう》の影響もあり，沖縄県の県庁所在地である那覇市周辺では，深刻な渋《じゅう》滞《たい》問題が起こっています。

沖縄にはかつて琉球王国という日本とは別の国が存在していました。その国の王宮であった首里城は，⑪世界遺産に登録されています。2019年，首里城が火災により焼失しました。このできごとは，沖縄の人のみならず日本全体に衝撃《しょうげき》をあたえました。琉球王国はどのように成立し，日本とどのような関わりを持ってきたか，沖縄の歴史を振り返ってみましょう。

およそ１万年前まで続いた氷河時代は，現在よりも海水面が低く，沖縄は日本列島と地続きでした。⑫沖縄では，国内最古の化石人骨とされる「山下洞人《どうじん》」が発掘《はっくつ》されており，約３万2000年前にはすでに沖縄に人が住んでいたと考えられています。

⑬弥生時代になると，日本列島には稲作が広まりましたが，沖縄では漁を中心とした食料採取をおこなう文化が育《はぐく》まれていました。この文化は⑭12世紀頃まで続いたとされます。その後，農耕中心の生産経済へと移行し，有力な指導者たちが勢力争いをくり返すグスク(城)時代が始まります。グスクとは，指導者たちが地域を治めるための拠点《きょてん》として築いた沖縄独特の石積みの建築物です。世界遺産に登録された今帰仁城《なきじんぐすく》は有名な観光名所です。⑮日本の戦国大名たちが建てた城は石垣《いしがき》が直線的であるのに対し，グスクはなめらかなカーブをえがいているのが特徴《とくちょう》的です。15世紀になると尚巴志がはじめて沖縄を統一し，琉球王国が誕生しました。⑯琉球王国は周辺諸国と盛んに交易をおこない，さまざまな影響を受けながら⑰特色ある文化を生

み出し，繁栄《はんえい》しました。

江戸時代になると，琉球王国は島津氏の武力侵攻《しんこう》により（ ２ ）藩の支配下におかれ日本に従属していましたが，⑱「異国」としての位置づけは残りました。幕府に対しては⑲将軍の代替《が》わりごとに使節を派遣《はけん》しました。

⑳明治時代になると，政府は琉球を沖縄県とし，これにより約450年間続いた琉球王国は解体されました。沖縄では，制度や風習が本土と大きく異なっていたため，改革が進みませんでした。例えば，はじめて㉑衆議院議員選挙が実施《じっし》されたのが㉒1912年になるなど，沖縄の近代化は他府県より遅《おく》れました。㉓太平洋戦争では，沖縄は本土防衛最後の拠点でした。1945年には，沖縄本島に上陸したアメリカ軍との地上戦がおこなわれ，沖縄での戦闘《せんとう》で亡くなった日本兵及《およ》び一般《いっぱん》住民の方々は，約20万人といわれています。

戦後，沖縄では㉔冷戦の影響により，アジアにおけるアメリカの重要拠点として基地建設がおこなわれました。㉕サンフランシスコ平和条約で日本の主権が回復したのちも，沖縄はアメリカの占領下だったため，㉖日本国憲法が適用されていませんでした。こうした状　況《じょうきょう》の中，日本への復帰を求める声が高まりました。政府による沖縄返還交　渉《へんかんこうしょう》がおこなわれましたが，アメリカは（ ３ ）戦争で沖縄の基地を使用していたため，交渉は思うように進みませんでした。しかし，日本側のねばり強い交渉の末，1969年，当時の首相であった（ ４ ）とニクソン大統領との会談で沖縄返還に合意，そして1972年５月15日，沖縄は日本に返還されました。返還後の沖縄では，㉗高度経済成長期を経《へ》た本土との間にある経済的な格差をうめるため，政府から財政的支援を受け，生活環境の整備が進みました。その一方で，㉘沖縄には多くのアメリカ軍基地が集中しています。基地をめぐる問題は，いまもなお，沖縄の大きな問題として残っているのです。

このように，美しい自然や独特な文化から沖縄の魅力《みりょく》を知ることができた一方で，歴史をひもとくことで沖縄が抱える問題もみえてきました。日本国民全体がこの問題を他人ごとにせず正面から向き合うことが大切ではないでしょうか。皆さんにもぜひ，考えてみてほしいと思います。

問１　文中の空らん（１）～（４）にあてはまる語句を答えなさい。空らんの（３）はカタカナで，それ以外は漢字で答えなさい。なお，人名が入る場合は，姓名で答えること。

問２　下線部①に関連する次の各問いに答えなさい。

Ⅰ．右の表は，日本の都道府県の中で海岸線の長い上位５都道府県をしめしたものです。表中の空らん（ａ）・（ｂ）に入る道府県として適切なものを，次のア～オからそれぞれ選び，記号で答えなさい。

ア．千葉県　　イ．京都府

ウ．岩手県　　エ．長崎県

オ．北海道（北方領土を含む）

（2019年度）
都道府県別海岸線延長
（海岸線の長さ）

都道府県	海岸線延長（km）
（ａ）	4,445
（ｂ）	4,170
鹿児島県	2,643
沖縄県	2,029
愛媛県	1,704

（『日本国勢図会 2022/23』より作成）

Ⅱ．右の地図中ｃ・ｄは海流を表しており，矢印の方向に向かって流れていることをしめしています。ｃ・ｄの海流名の組み合わせとして正しいものを，次のア～エから一つ選び，記号で答えなさい。

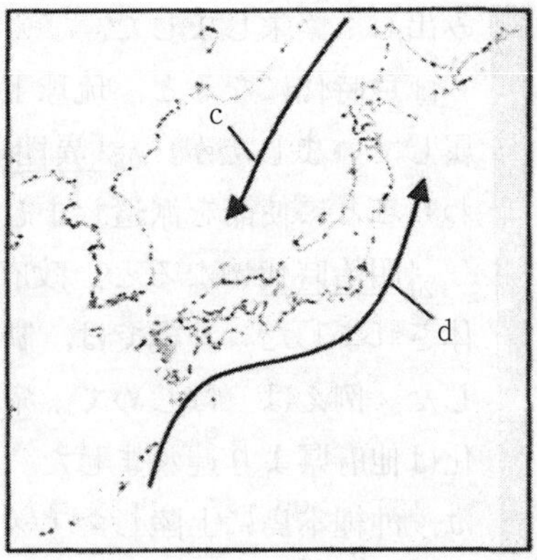

ア．ｃ―リマン海流　ｄ―日本海流
イ．ｃ―リマン海流　ｄ―対馬海流
ウ．ｃ―千島海流　ｄ―日本海流
エ．ｃ―千島海流　ｄ―対馬海流

問３　下線部②に関連する次の文章を読み，以下の各問いに答えなさい。

逗子開成の修学旅行は，中学ではニュージーランド研修旅行，高校では研究旅行というかたちで実施されます。研究旅行では，i.韓国《かんこく》・マレーシア・ベトナム・ii.オーストラリア・沖縄から選択《せんたく》し，現地でのホームステイや現地校との交流をおこなっています。

Ⅰ．文章中の下線部ｉについて，韓国について述べた説明として正しいものを，次のア～エから一つ選び，記号で答えなさい。

ア．ASEAN 諸国の１つで，外国企業《きぎょう》が多数進出してきており，日本との貿易も盛んである。

イ．現在は憲法で禁止されているものの，カーストにもとづく身分差別がいまだに残っている。

ウ．工業では自動車や鉄鋼の生産が盛んで，かつてアパルトヘイトといわれた人種隔離政《かくりせい》策《さく》をおこなっていた。

エ．アジアNIESの１つで，造船・電子部品などの工業が発達しており，中国・アメリカに次ぐ日本の貿易相手国である。

Ⅱ．文章中の下線部ⅱについて，次の雨温図はそれぞれキャンベラ(オーストラリア)・モスクワ(ロシア)・東京(日本)・パリ(フランス)のものです。キャンベラの雨温図として適切なものを，次のア～エから一つ選び，記号で答えなさい。

ア．

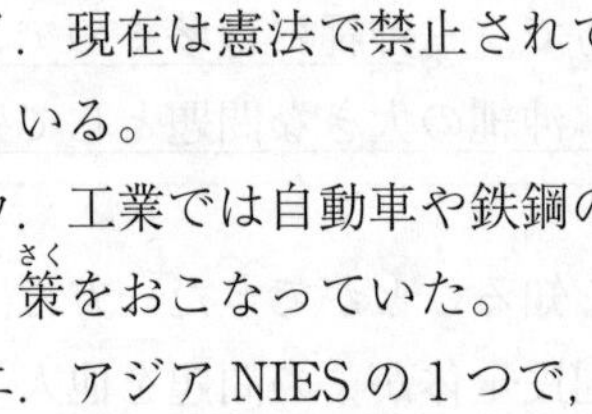

イ．

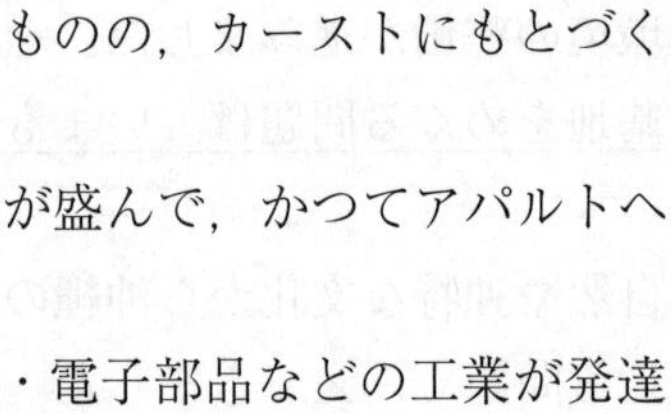

ウ.

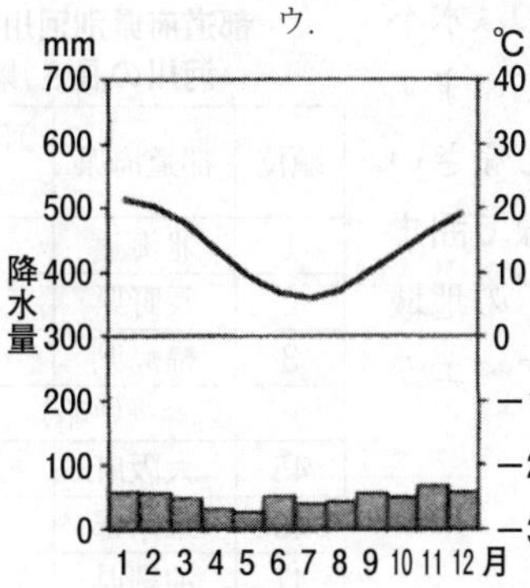

エ.

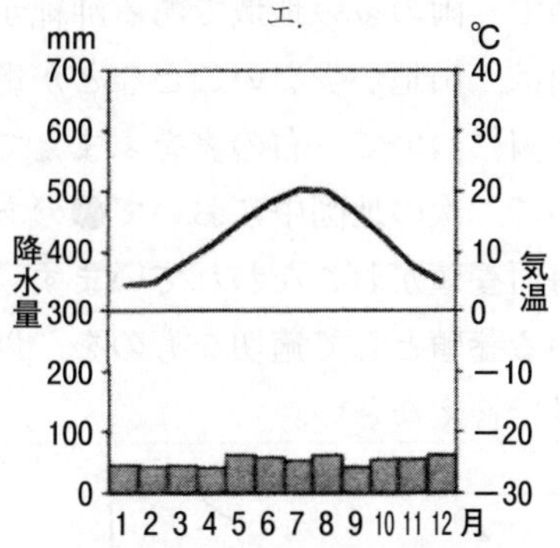

（『気象庁ホームページ』より作成）

問４　下線部③に関連する次の文章を読み，以下の各問いに答えなさい。

山がちな地形が特徴のこの県は，道路トンネルが日本一多い県です。その地形的な特徴はこの県の農林水産業にも影響しており，県北西部の都市は日本有数の林業地のひとつとして知られ，すぎの美しい人工林が広がっています。また，この県は日本を代表する温泉があります。火山の地中から取り出した蒸気を利用した発電が盛んにおこなわれています。

Ⅰ．上の文章は九州地方のある県について説明したものです。この県の位置として正しいものを，右の地図中ア～キから一つ選び，記号で答えなさい。

Ⅱ．文章中の下線部について，このような再生可能エネルギーによる発電方法を何とよびますか，漢字で答えなさい。

問５　下線部④に関連して，次の降水に関する新聞記事中の（　）に入る適切な語句を漢字５字で答えなさい。なお，（　）にはすべて同じ語句が入ります。

気象庁は28日，豪雨《ごうう》災害につながりやすい「（　　）」の発生を半日前に予報する取り組みを６月１日から始めると発表した。予報は「九州北部」「四国」「近畿」「関東甲信」など，国内を11の地域に区分して約12時間前に発表する。

（　　）は，海から入ってきた湿《しめ》った空気で積乱雲が次々と発生し，およそ50～300キロ・メートルにわたる帯状の範囲《はんい》に短時間で強い雨を降らせる。発生の予報は，熊本県などで88人が犠牲《ぎせい》になった2020年７月の九州豪雨を受けて進めてきた取り組みで，斉藤国土交通相は28日の閣議後記者会見で，「大雨災害から一人でも多くの命を守れるよう取り組む」と述べた。

（読売新聞　2022年４月28日より抜粋）

問６　下線部⑤について，雨の多い地域である沖縄がしばしば水不足におちいる理由は，山地が少ないことなどが影響していますが，それ以外の要因について，右の表をふまえて説明しなさい。

都道府県別河川延長（河川の長さ）順位

順位	都道府県	河川の長さ（km）
1	北海道	15455.3
2	長野県	7028.7
3	福島県	5443.2
（中略）		
45	大阪府	964.6
46	東京都	862.8
47	沖縄県	392.0

（国土交通省『河川データブック2022』より作成）

問７　下線部⑥について，次の地図中において●のある点線で囲まれた地域では，海面養殖がおこなわれています。これらの地域でおこなわれている養殖として適切なものを，以下のア～エから一つ選び，記号で答えなさい。

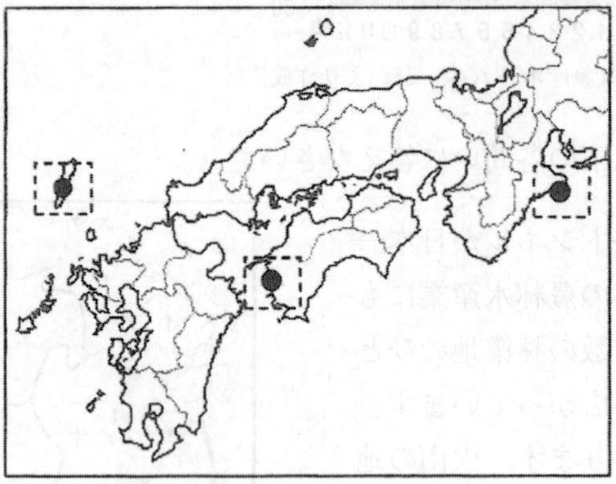

ア．こんぶの養殖
イ．かきの養殖
ウ．真珠の養殖
エ．わかめの養殖

問８　下線部⑦に関連する次の各問いに答えなさい。

Ⅰ．沖縄県では１人の女性が一生の間に産む子どもの平均数が全国平均よりも高いです。この平均数を何とよびますか，漢字７字で答えなさい。

Ⅱ．日本の少子高齢化に関わる問題について述べた次の文Ｘ・Ｙについて，その正誤の組み合わせとして正しいものを，以下のア～エから一つ選び，記号で答えなさい。

Ｘ：今後，少子化が進行すると労働人口が減少することが考えられるため，高齢者の医療《いりょう》費や年金の費用を，少ない働き手で支えなければならなくなるという心配がある。

Ｙ：日本の現在の人口ピラミッドは，出生率，死亡率がともに低い人口停滞《ていたい》の型であるつりがね型のかたちをしている。

ア．Ｘ：正しい　Ｙ：正しい
イ．Ｘ：正しい　Ｙ：誤り
ウ．Ｘ：誤り　　Ｙ：正しい
エ．Ｘ：誤り　　Ｙ：誤り

問９　下線部⑧に関連して，この発表は国勢調査の実施や行政組織管理などをになう省庁によっておこなわれました。この省庁の名称《めいしょう》を漢字で答えなさい。

問10　下線部⑨に関連して，次のグラフは世界の主な国の自動車生産台数の推移をしめしたものです。グラフ中の(a)〜(c)にあたる国の組み合わせとして正しいものを，以下のア〜カから一つ選び，記号で答えなさい。

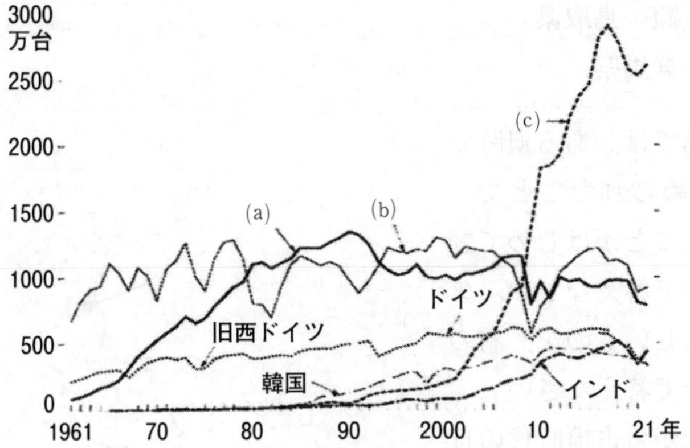

(『日本国勢図会 2022/23』より作成)

ア．(a)：アメリカ　(b)：中国　(c)：日本
イ．(a)：アメリカ　(b)：日本　(c)：中国
ウ．(a)：日本　(b)：アメリカ　(c)：中国
エ．(a)：日本　(b)：中国　(c)：アメリカ
オ．(a)：中国　(b)：アメリカ　(c)：日本
カ．(a)：中国　(b)：日本　(c)：アメリカ

問11　下線部⑩に関連して，次の表は産業別就業者数の都道府県別の割合をしめしたものです。表中の(a)〜(c)にあたる都道府県の組み合わせとして正しいものを，以下のア〜カから一つ選び，記号で答えなさい。

都道府県	就業者数(2015年10月１日現在)			
	総数(千人)	第一次産業(%)	第二次産業(%)	第三次産業(%)
全国	58919	4.0	25.0	71.0
沖縄県	590	4.9	15.1	80.0
(a)	519	11.0	21.1	67.9
(b)	1865	3.9	33.2	62.9
(c)	4122	0.9	22.4	76.7

(『日本国勢図会 2022/23』より作成)

ア．(a)：神奈川県　(b)：宮崎県　(c)：静岡県
イ．(a)：神奈川県　(b)：静岡県　(c)：宮崎県
ウ．(a)：宮崎県　(b)：神奈川県　(c)：静岡県
エ．(a)：宮崎県　(b)：静岡県　(c)：神奈川県
オ．(a)：静岡県　(b)：神奈川県　(c)：宮崎県
カ．(a)：静岡県　(b)：宮崎県　(c)：神奈川県

問12　下線部⑪について，次の日本の世界遺産とその所在地の組み合わせのうち正しいものはいくつありますか，数字で答えなさい。

・百舌鳥・古市古墳群―古代日本の墳墓群―…奈良県
・「神宿る島」宗像・沖ノ島と関連遺産群…福岡県
・白川郷・五箇山《ごかやま》の合掌造り集落…岐阜県・富山県
・石見銀山遺跡とその文化的景観…鳥取県
・富岡製糸場と絹産業遺産群…群馬県

問13　下線部⑫に関連して，日本列島では，ある遺跡で見つかった石片が打製石器と認められたことで，１万年以上前から人が住んでいたことがはじめて証明されました。この遺跡名を漢字で答えなさい。また，この遺跡がある位置として正しいものを，右の地図上ア～エから一つ選び，記号で答えなさい。

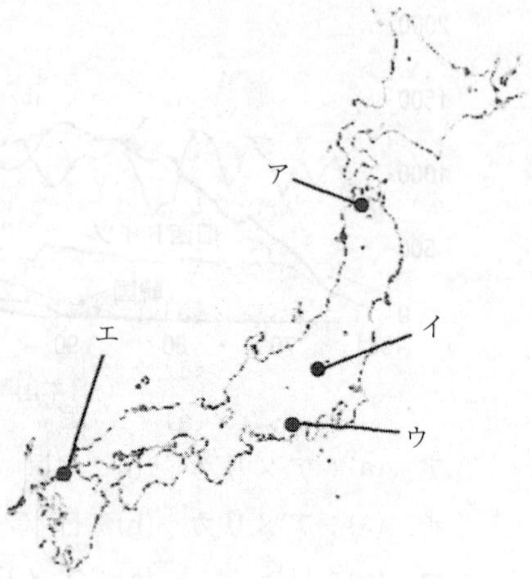

問14　下線部⑬に関連して，弥生時代から古墳時代の日本の様子は，中国の歴史書から知ることができます。日本の様子について述べた次の文章ア～エを古いものから並べかえ，記号で答えなさい。

ア．興《こう》が亡くなり弟の武が王に即位《そくい》した。武はみずからを安東大将軍，倭国《わこく》王と称した。

イ．光武帝《こうぶてい》は倭の奴国の王に，印章と組みひもをさずけた。

ウ．楽浪《らくろう》郡から海をこえたところに倭人が住んでいる。そこは百あまりの小国に分かれている。

エ．その国では以前は男子を王としていた。七，八十年前に倭国は乱れ，戦いが続いた。そこで一人の女子を王に立てた。その名を卑弥呼という。

問15　下線部⑭について，12世紀に起こったできごととして正しいものを，次のア～エから一つ選び，記号で答えなさい。

ア．東北地方の豪族であった清原氏一族の争いを源義家が平定した。

イ．崇徳上皇との勢力争いに勝利したのち，後白河上皇が院政を開始した。

ウ．後鳥羽上皇が，政権奪還《だっかん》を目的に北条義時追討の命令を出した。

エ．最澄と空海が中国にわたり，帰国後，新しい仏教を開いた。

問16　下線部⑮に関連する次の文章を読み，以下の各問いに答えなさい。

　戦国大名たちはさまざまな工夫のもとで自身の治める領国を豊かにしようと試みました。甲斐国の戦国大名だった武田信玄も，その一人です。

　山梨県にある釜無川《かまなしがわ》と御勅使川《みだいがわ》は，甲府盆地にむかって流れる急流河川で，山腹などを浸食し，大量の土砂を運び何度も氾濫《はんらん》をくり返した結果，土砂が積もってできた日本有数の(　　)を甲府盆地に形成しました。両河川は，古くからあばれ川として有名で，大雨が降ると洪水《こうずい》を起こし，甲府盆地中央部に大きな水害をもたらしていました。この水害に対応するため，武田信玄が治水事業に着手したといわれています。

Ⅰ．文章中の(　　)に入る適切な語句を漢字３字で答えなさい。

Ⅱ．右の図は，武田信玄がおこなった治水事業をしめしたものです。武田信玄は，洪水を防ぐために図中の○でかこまれた付近に石積みの堤防《ていぼう》をつくりました。その理由を，文章と図をふまえて説明しなさい。なお，説明の際は，次の語群の語句を必ず使用して答えなさい。

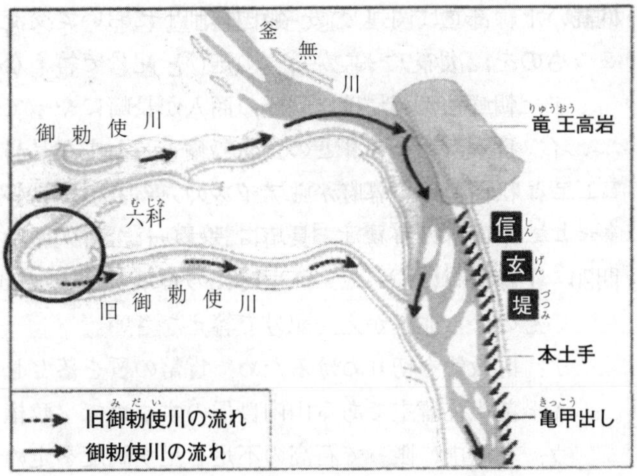

(山川出版社『中学歴史　日本と世界』より作成)

＜語群＞

御勅使川　　釜無川

問17　下線部⑯に関連して，琉球王国は海外貿易を盛んにおこなうことで繁栄しました。この時代の琉球王国がおこなっていた貿易について，その形態を明らかにしたうえで特徴を説明しなさい。

問18　下線部⑰に関連して，この時代，シャム(現在のタイ)との交流の中で，沖縄を代表する酒である「泡盛《あわもり》」がうまれました。泡盛の原料である米は，主にタイ産の米が使用されていますが，タイは世界有数の米の輸出国として知られています。右の表Ⅰは日本の米の輸入先上位３カ国，表Ⅱは世界の米生産量，輸出入量の上位５カ国をしめしたものです。表中の空らん(Ａ)～(Ｃ)に入る国名の組み合わせとして正しいものを，以下のア～カから一つ選び，記号で答えなさい。

表Ⅰ：日本の米の輸入先の上位３カ国(2021年)

国名	輸入量(千ｔ)
(Ａ)	320
タイ	272
(Ｂ)	61

表Ⅱ：世界の米生産量，輸出量，輸入量の上位５カ国(2020年)

国名	生産量(千ｔ)
(Ｂ)	211860
(Ｃ)	178305
バングラデシュ	54906
インドネシア	54649
ベトナム	42759

国名	輸出量(千ｔ)
(Ｃ)	14463
ベトナム	5686
タイ	5665
パキスタン	3944
(Ａ)	2792

国名	輸入量(千ｔ)
(Ｂ)	2902
フィリピン	1908
サウジアラビア	1535
コートジボワール	1338
ガーナ	1320

(表はすべて『日本国勢図会 2022/23』より作成)

ア．Ａ：インド　　Ｂ：中国　　Ｃ：アメリカ
イ．Ａ：インド　　Ｂ：アメリカ　Ｃ：中国
ウ．Ａ：中国　　Ｂ：インド　　Ｃ：アメリカ
エ．Ａ：中国　　Ｂ：アメリカ　Ｃ：インド
オ．Ａ：アメリカ　Ｂ：インド　　Ｃ：中国
カ．Ａ：アメリカ　Ｂ：中国　　Ｃ：インド

問19　下線部⑱に関連して，鎖国体制下において交流のあった国や地域の説明として**誤っているもの**を，次のア～エから一つ選び，記号で答えなさい。

ア．朝鮮との貿易は，朝鮮の商人が長崎にやってきておこなわれた。

イ．日本がオランダとの貿易で輸入した主な品目は中国産の生糸であった。

ウ．松前藩は，幕府からアイヌの人々との交易の独占《どくせん》権を認められていた。

エ．中国との貿易は，長崎に設けられた唐人《とうじん》屋敷《やしき》でおこなわれた。

問20　下線部⑲について，江戸時代の将軍がおこなった政策について述べた次のア～エの文を古いものから並べかえ，記号で答えなさい。

ア．財政難を切りぬけるため，貨幣《かへい》の質を落とした元禄小判を発行した。

イ．前土佐藩主である山内豊信のすすめで，政権を朝廷に返した。

ウ．在職中に限って石高の不足を足す制度を定めた。

エ．参勤交代を武家諸法度で制度化した。

問21　下線部⑳について，次の文章は明治政府の発展に貢献《こうけん》した人物について述べたものです。文章中で説明されている人物の姓名を漢字で答えなさい。

> この人物は，明治政府の大蔵卿《おおくらきょう》などを歴任しました。1881年には，国会の早期開設を主張したのち，イギリス流のゆるやかな立憲主義を目指す政党の党首となりました。総理大臣を２度経験し，２度目の内閣の時に第一次世界大戦への参戦を決定しました。

問22　下線部㉑に関連する次の各問いに答えなさい。

Ⅰ．1890年におこなわれた第１回衆議院議員選挙において，有権者として選挙権があたえられた人の資格は，

> 「直接国税（　　）円以上を納める満（　　）歳以上の男性」

です。（　）に入る適切な数字を，解答らんに合わせてそれぞれ答えなさい。

Ⅱ．現在の衆議院には「衆議院の優越」といわれる参議院よりも強い権限が認められています。次のうち，衆議院の優越にあたるものはいくつありますか。数字で答えなさい。

> ・条約締結《ていけつ》の承認　　・憲法改正の発議
> ・内閣総理大臣の指名　　・予算の先議権
> ・内閣不信任の決議　　・国政調査権

問23　下線部㉒について，この年に成立した桂太郎内閣に対して，尾崎行雄らが藩閥《はんばつ》政治を批判し，政党による議会政治をもとめる運動を起こしました。この運動を何とよびますか。漢字で答えなさい。

問24　下線部㉓に関連して，太平洋戦争中のできごとについて述べた説明として**誤っているもの**を，次のア～エから一つ選び，記号で答えなさい。

ア．日本は，「大東《だいとう》亜共栄圏《あきょうえいけん》」の建設を戦争目的にかかげ，占領地の住民に日本を中心とした共存共栄の新しい地域をつくることを説いた。

イ．1944年にサイパン島が陥落《かんらく》すると，そこからやってくる爆撃《ばくげき》機《き》により日本国内は空襲《くうしゅう》を受けるようになった。

ウ．沖縄戦では中学生や女学生も戦場にかり出され，多くの学生が亡くなった。

エ．1945年８月８日，ソ連は日ソ共同宣言を破って日本に宣戦し，朝鮮や千島に侵攻《しんこう》した。

問25　下線部㉔について，1989年，マルタ会談で冷戦の終結が宣言されました。この会談に参加したソ連の書記長を答えなさい。

問26　下線部㉕について，次の資料は，サンフランシスコ平和条約の内容の一部を記したものです。(　)に入る適切な語句を漢字２字で答えなさい。

> 第２条　(c)　日本国は，千島列島並びに日本国が1905年９月５日のポーツマス条約の結果として主権を獲得《かくとく》した(　　)の一部及《およ》びこれに近接する諸島に対するすべての権利，※権原《けんげん》及び請求《せいきゅう》権を放棄《ほうき》する。
>
> ※権原…法律上，権利を正当なものとする根拠《こんきょ》のこと

問27　下線部㉖に関連する次の各問いに答えなさい。

Ⅰ．日本国憲法が公布された年月日を西暦で答えなさい。

Ⅱ．大日本帝国憲法と日本国憲法を比較《ひかく》してみると，

> 第20条　日本(　ａ　)ハ法律ノ定ムル所ニ従ヒ兵役ノ義務ヲ有ス　　(大日本帝国憲法)

> 第25条　すべて(　ｂ　)は，健康で文化的な最低限度の生活を営む権利を有する。
>
> (日本国憲法)

以上のように，大日本帝国憲法と日本国憲法では，人民に対するとらえ方が異なります。資料中の空らん(ａ)・(ｂ)に入る適切な語句を，それぞれ漢字２字で答えなさい。

Ⅲ．日本国憲法で保障されている人権の中に社会権があります。社会権とはあまり関係がないと考えられるものを，次のア～エから一つ選び，記号で答えなさい。

ア．公的扶助　　イ．表現の自由

ウ．学ぶ権利　　エ．団体行動権

問28　下線部㉗に関連して，1950年代後半～1960年代にかけての日本では，経済成長の一方で，公害問題が起こりました。この時代の公害問題について述べた次の文Ｘ・Ｙについて，その正誤の組み合わせとして正しいものを，以下のア～エから一つ選び，記号で答えなさい。

Ｘ：四大公害病の１つであるイタイイタイ病の原因は，神通《じんつう》川上流の金属鉱山から流れ出たカドミウムによる川の汚染《おせん》であるとされている。

Ｙ：公害に対する住民運動が高まった結果，政府は1967年に公害対策基本法を制定した。

ア．Ｘ：正しい　Ｙ：正しい

イ．Ｘ：正しい　Ｙ：誤り

ウ．Ｘ：誤り　　Ｙ：正しい

エ．Ｘ：誤り　　Ｙ：誤り

問29　下線部㉘に関連して，沖縄県の経済は，ながらくアメリカ軍が駐留《ちゅうりゅう》することで生まれる雇用《こよう》や消費などにたよる「基地経済」への依存《いぞん》度が高いといわれてきました。一方，米軍基地が沖縄の経済に大きく貢献しているとはいえないという意見もあります。後者の意見が出る理由について，次のグラフⅠ・表Ⅱをふまえてあなたの考えを述べなさい。

グラフⅠ：沖縄県民総所得に占める基地関連収入の割合の推移

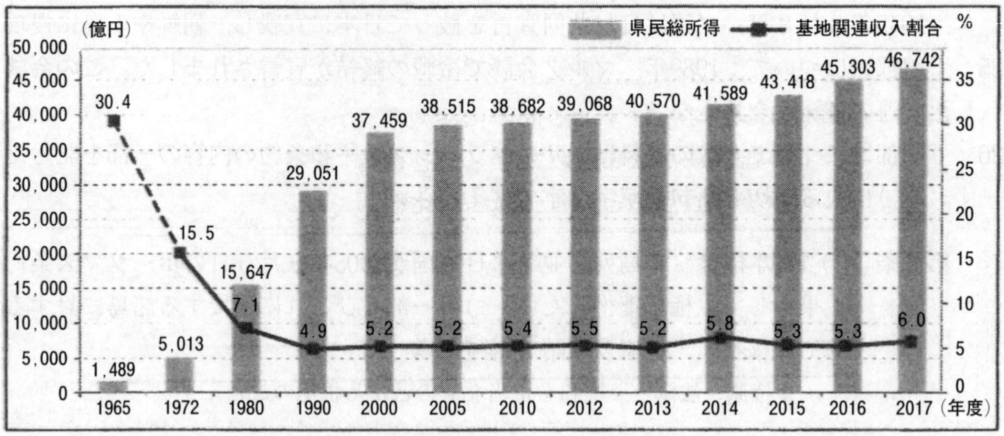

表Ⅱ：基地跡地利用における経済効果と雇用者数の比較

現在は日本に返還されているアメリカ駐留軍用地跡地	沖縄県への経済効果(億円／年)		雇用者数(人)	
	返還前	返還後	返還前	返還後
Ａ地区	52	1634	168	15,560
Ｂ地区	34	489	159	4,636
Ｃ地区	3	336	0	3,368

(グラフⅠ・表Ⅱともに『沖縄から伝えたい。米軍基地の話。
Q&A Book 令和２年版』より引用・作成)

【理　科】〈第１次試験〉（40分）〈満点：100点〉

注意　図やグラフをかく場合は，ていねいにはっきりとかきなさい。必要ならば定規を使ってもかまいません。

1　地層を調べることは，地球の過去のようすを知る手がかりになります。地層について，下の問いに答えなさい。

(1)　少し離《はな》れた場所から２カ所の崖《がけ》を観察しました。それぞれの崖には，２種類の地層Ａ，Ｂが観察でき，図１，２は２種類の地層Ａ，Ｂの接し方を示しています。２カ所とも地層の逆転は見られませんでした。

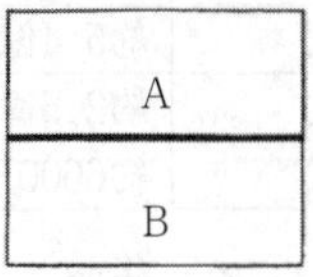

図１　整合

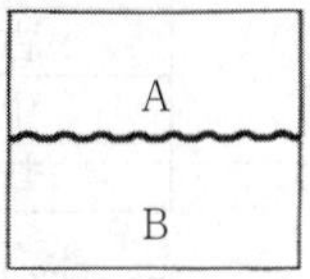

図２　不整合

①　図１の地層Ａ，Ｂの接し方から必ず言えることは何ですか。下のア～カから１つ選び，記号で答えなさい。

②　図２の地層Ａ，Ｂの接し方から必ず言えることは何ですか。次のア～カから２つ選び，記号で答えなさい。

ア．ＡよりＢの方が古い。

イ．ＢよりＡの方が古い。

ウ．ＡとＢは海でできた地層である。

エ．ＡとＢは陸でできた地層である。

オ．ＡとＢとの境界は，雨や風などによって侵《しん》食されたあとがある。

カ．ＡとＢとの境界は，Ａ，Ｂ両方の地層がたい積した後にできた。

(2)　図３のような地形を観察しました。西側の一部がくずれていて，図４のようにＣ，Ｄ，Ｅの３種類からなる地層が観察できました。

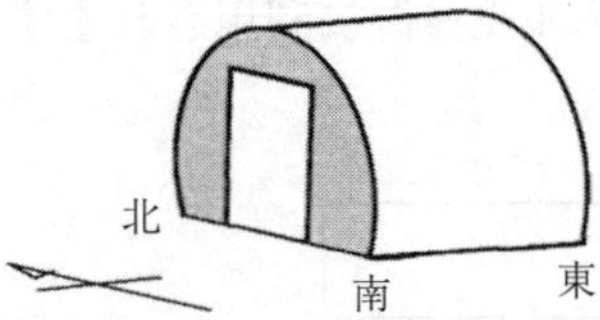

図３

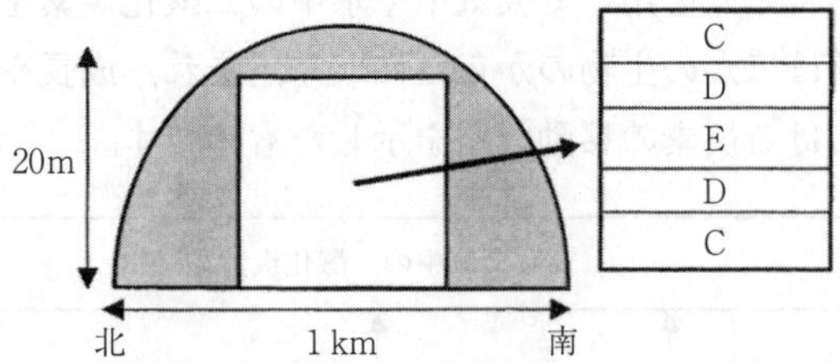

図４　西側の面

［観察の結果］

・地層Ｃには，アサリの仲間の化石が含《ふく》まれていた。

・地層Ｄには，ナウマンゾウの化石が含まれていた。

・地層Ｅには，三葉虫（サンヨウチュウ）の化石が含まれていた。

①　地層Ｃにアサリの仲間の化石が含まれていることで，たい積した当時の環《かん》境が浅い海だったことがわかります。たい積した当時の環境がわかる理由を次のア～オから２つ選び，記号で答えなさい。

ア．生きられる環境が限られているから。

イ．生きていた時代が限られているから。

ウ．似ている生物が現在も生きていて，生活のようすがわかるから。

エ．生きていた環境が様々であるから。

オ．世界中の広い範《はん》囲で生活していたから。

② 地球の歴史は，生物の進化の歴史にもとづいて時代区分が行われています。次の表は，その時代を代表する生物の一部をのせてあります。この表から考えて，地層Ｄと地層Ｅの重なり方を，下のア～エから１つ選び，記号で答えなさい。

先カンブリア時代	約46億年前～約5.4億年前	シアノバクテリア
古生代	約5.4億年前～約2.5億年前	三葉虫，フズリナ
中生代	約2.5億年前～約6600万年前	アンモナイト，キョウリュウ
新生代	約6600万年前～現在	ナウマンゾウ，マンモス

ア．隆《りゅう》起　　イ．沈《ちん》降　　ウ．整合　　エ．不整合

③ 図４の地層Ｃ，Ｄ，Ｅの重なり方から考えて，実際には見えていない次の図の太い点線内の地層のようすをかきなさい。ただし，東側の面は，地層Ｃだけが観察できました。作図するときには，地層Ｃ，Ｄ，Ｅがわかるようにかきなさい。

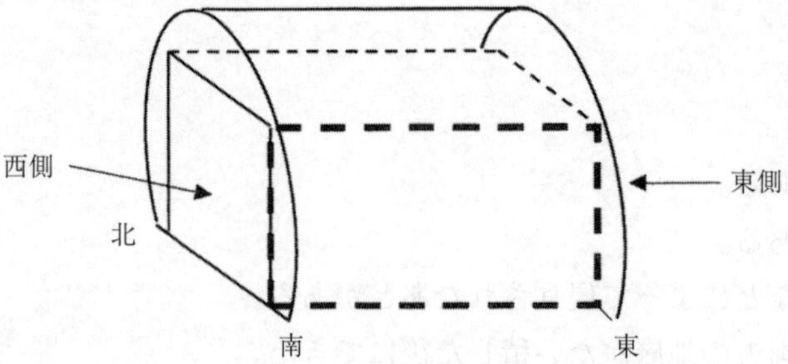

2 自然界における二酸化炭素の循環《じゅんかん》について，下の問いに答えなさい。

植物は光エネルギーを用いて大気中や水中の二酸化炭素を取り込《こ》んで利用しています。植物がつくった物質はほかの生物のからだに取り込まれ，成長やエネルギー源に利用されます。図１は自然界における炭素の移動経路を示したものです。

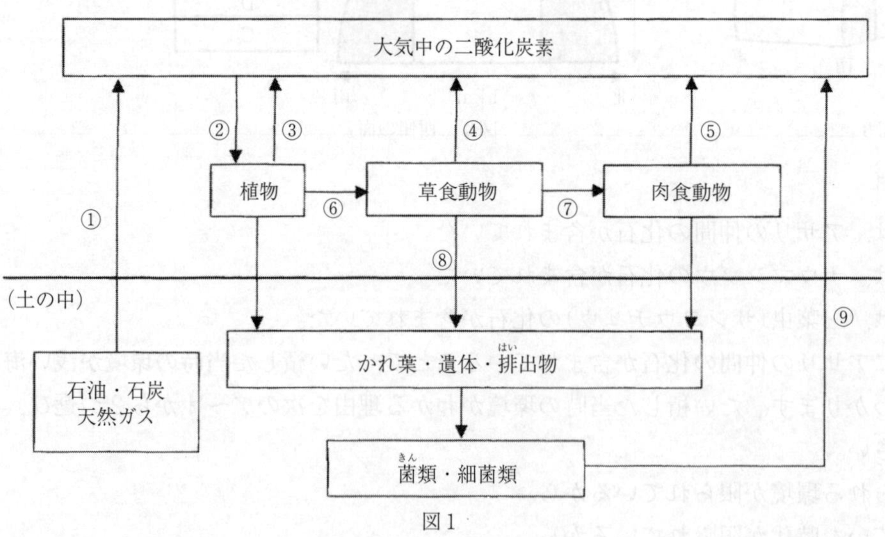

図１

(1) 現在の大気における二酸化炭素の割合は何％ですか。次のア～エから１つ選び，記号で答えなさい。

ア．0.04％　　イ．0.4％

ウ．４％　　エ．40％

(2)　図１の矢印②は何とよばれるはたらきによるものですか。

(3)　図１の矢印⑨と同じはたらきを表している矢印はどれですか。図１の①～⑧からすべて選び，番号で答えなさい。

(4)　大気中の二酸化炭素が増えたことによって直接引き起こされる問題を次のア～エからすべて選び，記号で答えなさい。

ア．山に吹《ふ》きつけた風がふもとの地域に吹き下ろすフェーン現象が起こる。

イ．気温が高くなる地球温暖化が起こる。

ウ．オゾン層が破壊《かい》される。

エ．都市部でヒートアイランド現象が起こる。

(5)　ある植物を用いて，二酸化炭素濃《のう》度が一定の状態で光の強さと温度を変えながら１時間あたりの二酸化炭素の吸収量・排出量を測定したところ図２のようになりました。次のア～エのうち，誤った説明をしているものを１つ選び，記号で答えなさい。

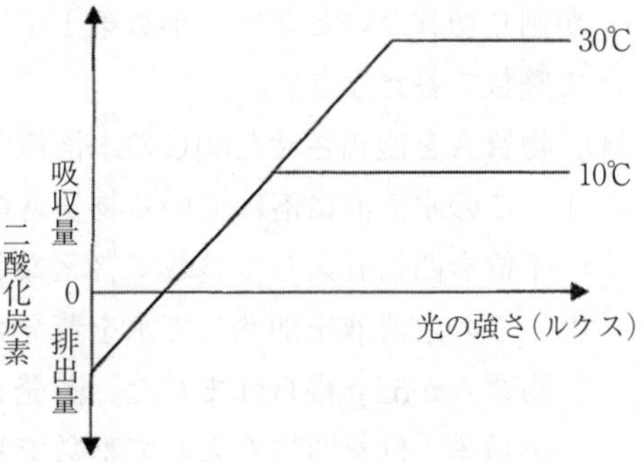

図２

ア．光を強くすればするほど二酸化炭素の吸収量は大きくなる。

イ．二酸化炭素の最大吸収量は温度が高い方が大きくなる。

ウ．光の強さが０ルクスのとき，植物は二酸化炭素を排出している。

エ．二酸化炭素の吸収量と排出量が等しくなる光の強さがある。

(6)　図３は日本のある地点で測定した二酸化炭素濃度の変化を表したグラフです。なぜ直線ではなく折れ線のようなグラフになるのか，理由を推測し答えなさい。

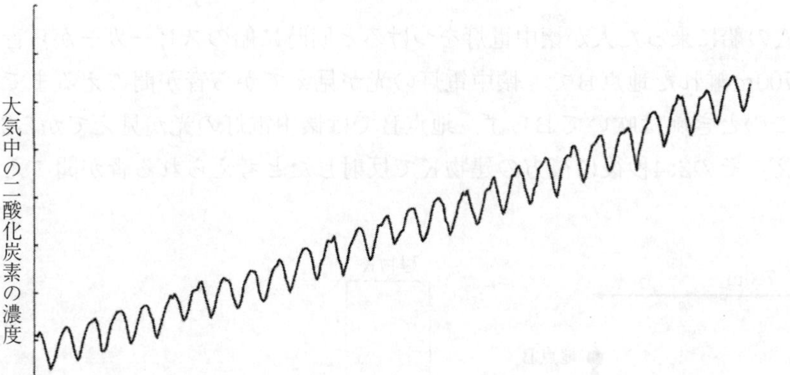

図３

3　右の図は，物質Ａ～Ｃと食塩について，水100ｇに溶《と》ける最大の重さと，水の温度の関係を表したものです。次の問いに答えなさい。

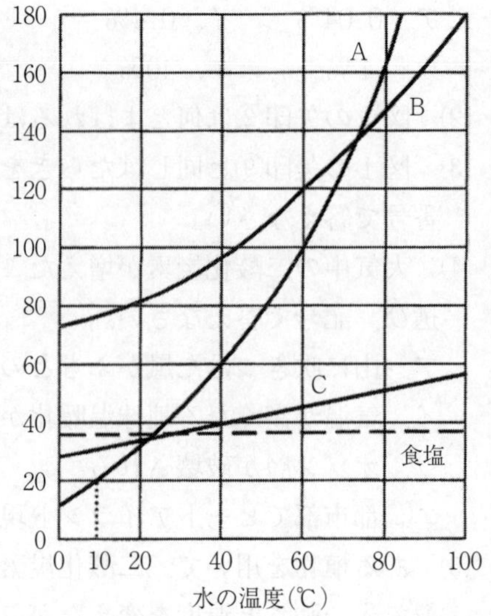

(1)　物質Ａ～Ｃを20ｇずつとって50ｇの水に溶かすとき，最も低い温度ですべて溶ける物質はＡ～Ｃのうちどれですか。

(2)　食塩の水溶《よう》液を冷やしても，溶けている食塩をほとんど取り出すことはできません。その理由を答えなさい。

(3)　60℃の水40ｇに物質Ｂ50ｇを加えてよくかき混ぜました。この水溶液の濃《のう》度は何％ですか。答えが割り切れないときは，小数第１位を四捨五入して整数で答えなさい。

(4)　物質Ａを飽《ほう》和させた60℃の水溶液が150ｇあります。

①　この水溶液に溶けている物質Ａの重さは何ｇですか。答えが割り切れないときは，小数第１位を四捨五入して整数で答えなさい。

②　この水溶液を加熱して水を蒸発させました。その後，10℃に冷やすと溶けきれなくなった物質Ａが62ｇ得られました。蒸発した水の重さは何ｇですか。答えが割り切れないときは，小数第１位を四捨五入して整数で答えなさい。

(5)　40℃の水10ｇに，物質Ｃを１ｇずつ10ｇまで加えていきました。加えた物質Ｃの重さ(ｇ)と，水溶液の濃度(％)の関係をグラフに書きなさい。

4　音の伝わり方を調べた次の[実験１]～[実験３]について，下の問いに答えなさい。ただし，音の速さは気温などの条件で日によって変わり，風が吹《ふ》いても変わります。また光の速さはとても速く，発せられてすぐ見えるとします。

[実験１]

図１のように地点Ａの船に乗った人が懐《かい》中電灯をつけると同時に船のスピーカーから音を出します。地点Ａから700ｍ離《はな》れた地点Ｂで，懐中電灯の光が見えてから音が聞こえるまでの時間を測定しました。このとき風は吹いておらず，地点Ｂでは懐中電灯の光が見えてから2.1秒後に最初の音が聞こえ，その2.4秒後に後方の建物Ｋで反射したと考えられる音が聞こえました。

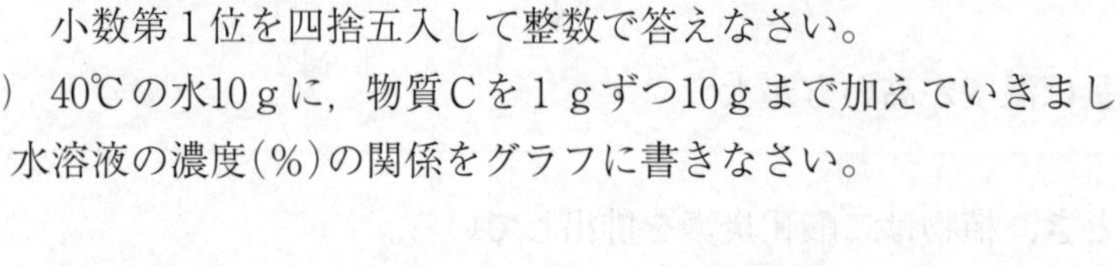

図１

(1)　[実験１]より，この日の音の速さは毎秒何ｍですか。答えが割り切れないときは，小数第１位を四捨五入して整数で答えなさい。

(2)　地点Ｂから後方の建物Ｋまでの距離《きょり》は何ｍですか。答えが割り切れないときは，小数第１位を四捨五入して整数で答えなさい。

［実験２］

［実験１］とは別の日に，図２のように地点Ａの船から地点Ｂと反対の方向に700ｍ離れた地点Ｃの船に乗った人も，地点Ａの人がつけた懐中電灯の光が見えてから音が聞こえるまでの時間を測定しました。この実験をしたときは，地点Ｃから地点Ｂの向きに毎秒7.0ｍの速さの風が吹いていました。地点Ｂでは懐中電灯の光が見えてから2.0秒後に音が聞こえました。

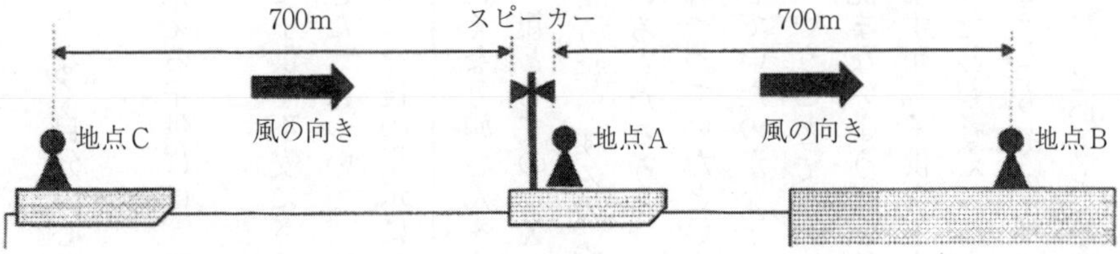

図２

(3)　［実験２］について説明した次の文章中の空欄《らん》(ア)にあてはまる語句と(イ)と(ウ)にあてはまる数値をそれぞれ答えなさい。

風があるときの音の速さは，風がないときの音の速さに風の速さを足したり，引いたりすることで求めることができます。スピーカーから出た音が地点Ｂに向かうとき，音が進む向きと風の向きは(　ア　)になるので，音の速さは風の速さが足されて速くなっています。この速くなった音は，2.0秒で地点Ｂに届いたので，その速さは毎秒(　イ　)ｍとわかります。また，この日の風がないときの音の速さは毎秒(　ウ　)ｍだと考えられます。

(4)　地点Ｃで音が聞こえたのは，懐中電灯の光が見えてから何秒後ですか。次のア～エからもっとも近い値を１つ選び，記号で答えなさい。

ア．1.9秒後　　イ．2.0秒後　　ウ．2.1秒後　　エ．2.2秒後

［実験３］

次に［実験１］と同じ実験を別の日に違う場所で行いました。図３のように，地点Ｄの船のスピーカーから地点Ｅまでの距離は360ｍで，この実験のときは毎秒15ｍの風が地点Ｄから建物Ｌに向かって吹いていました。地点Ｅでは，地点Ｄの人がつけた懐中電灯の光が見えてから1.0秒後に最初の音が聞こえ，その2.3秒後に後方の建物Ｌで反射したと考えられる音が聞こえました。

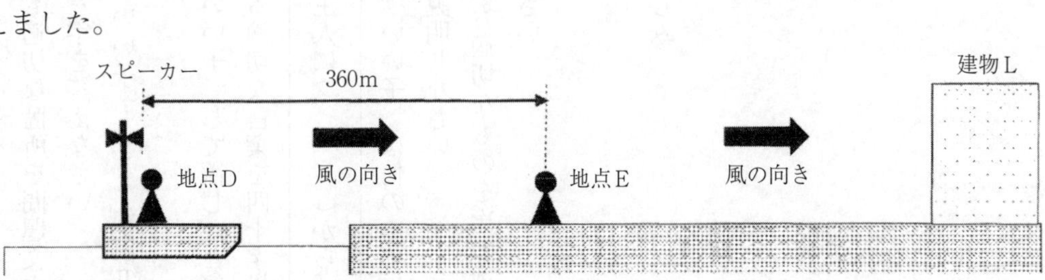

図３

(5)　［実験３］より，この日の風がないときの音の速さは毎秒何ｍですか。答えが割り切れないときは，小数第１位を四捨五入して整数で答えなさい。

(6)　地点Ｅから建物Ｌまでの距離は何ｍですか。答えが割り切れないときは，小数第１位を四捨五入して整数で答えなさい。

イ　みんなが抱く奥様の印象を変えなければ、奥様が誤解され続けると考えたから。

ウ　誰にも気を使うことなく自分の心に正直に振る舞うことが必要だと考えたから。

エ　不安な気持ちを抱える子供には、多くの人が関わることが重要だと考えたから。

問四　――線部④「今まで子供を不安にさせないように、無理に明るく振る舞い頑張ってきた」について、次の先生と生徒A、Bの会話文中にある（X）～（Z）を後の指示にしたがって答えなさい。

先生　ご主人が亡くなり娘さんを育てていかなければならないという親としての（X）感から「子供を不安にさせないように」するために「無理に明るく振る舞」っているんだろうね。それじゃあ、「無理に明るく振る舞」っていたというのは、具体的にどういうことをしていたのかな？

生徒A　「笑う」ということですかね。確かに奥様自身が（Y）に沈まないように「笑う」こともあったと書いてありますが「子供を不安にさせないように」するためだったとも考えられます。

生徒B　「笑う」こともその理由にあたりますが、「（　Z　）」というところも、ご主人が亡くなったというつらい現実から少しでも離れて、「子供を不安にさせないように」するための奥様の「振る舞」いの一つだと考えられます。

（X）…入るものとして最も適切な語句を漢字二字で考えて答えなさい。

（Y）…入るものとして最も適切な語句を三字で考えて答えなさい。

（Z）…入るものとして最も適切な箇所を問題文中から二十字で抜き出し最初と最後の三字を答えなさい。

問五　＝＝線部《Ⅰ》「いい子、いい子」と＝＝線部《Ⅱ》「いい子、いい子」について。

(1)　奥様が《Ⅰ》「いい子、いい子」して欲しいと望んだ理由を説明した次の文の（　）に入る適切な言葉を四十字以内で答えなさい。

心の支えであったご主人に（　　　　）から。

(2)　娘さんの《Ⅱ》「いい子、いい子」は何のために行ったと考えられるか、三十字以内で説明しなさい。

問六　本文のテーマとして最も適切なものを次の選択肢ア～エから一つ選び、記号で答えなさい。

ア　家族の絆《きずな》

イ　亡き夫の娘への思い

ウ　夫を亡くした妻の苦しみ

エ　親子の支え合い

そして何度も、

「私、頑張ったよね」

とご主人に語りかけます。

今、私の隣にいる小さな背中の女性は、④今まで子供を不安にさせないように、無理に明るく振る舞い頑張ってきたのです。

「主人はいつもこうやって頭を撫でてくれたの」

顔をあげて言ったその言葉に、私はなんて返していいかわかりません。本当に頑張りましたね、と思ったものの口には出せず、うなずくことしかできませんでした。その後、納棺式、通夜と進むと、奥様はまた、あの笑顔に戻り、お子さんやご親戚、ご友人と話をされていました。何となく後ろ髪引かれる思いでその場を後にしました。

それから2週間ほど経ったある日、葬儀会社の担当者さんから電話がありました。朝、式場へ寄ってほしいと言われ、指定の時間に行くと、久しぶりにあの奥様と娘さんにお会いすることができたのです。

娘がどうしても渡したかったものがあると奥様が言います。すると娘さんは、手にもった小さな紙袋から折り紙で作った金メダルを出して言いました。

「パパをきれいにしてくれてありがとう」

私は嬉しくて女の子のもとに走りより、金メダルを首からかけてもらおうと跪《ひざまず》きました。背伸びをして私の首にメダルをかけると、小さな手で私の頭をポンポンと撫でながら、

「ありがとう」

と笑うのです。

あっ、ご主人の《Ⅱ》いい子、いい子だ！

はっとして奥様を見ると目が合い、彼女は「そうそう」と言うようにうなずきながら笑っていました。

（大森あきこ『最後に「ありがとう」と言えたなら』新潮社）

注　＊1　喪主…葬儀を主催する人。
＊2　怪訝そうな顔…わけがわからなくて納得がいかない表情。
＊3　納棺式…亡くなった人を棺に入れる儀式。ご遺体を清めたり化粧をしたりすることもある。
＊4　安置室…葬儀や火葬が行われるまでの間、遺体を保管しておく場所。

問一　――線部①「今回の喪主さん、旦那さんを突然亡くしたのに、ずっと笑ってるんだよね」とあるが、この時の話し手の様子の説明として最も適切なものを次の選択肢ア～エから一つ選び、記号で答えなさい。

ア　思いがけない出来事に激しく動揺しているんだろうなと喪主さんを哀れんでいる様子。

イ　大切な人を急に失って悲しくないのかなと喪主さんの気持ちをはかりかねている様子。

ウ　大事な人が亡くなっているのでここで笑うべきではないと喪主さんを強く非難している様子。

エ　天国のご主人を心配させないためにあえて笑う喪主さんの気持ちを理解できないでいる様子。

問二　――線部②「行く手を阻んでいるように見えます」とあるが、なぜ「私」はこのように感じてしまうのかをわかりやすく説明しなさい。

問三　――線部③「少しほっとしているような奥様にひとつ提案しました」とあるが、「私」がそうした理由を説明したものとして最も適切なものを次の選択肢ア～エから一つ選び、記号で答えなさい。

ア　お通夜などでいそがしくなる奥様には一人で考える時間が必要だと考えたから。

イクの事故で突然帰らぬ人となりました。喪主の奥様も30代で小さなお子さんがいるとお聞きしています。

大きなメイクバッグは心なしか、いつもより重い気がします。

＊4 安置室がある式場の敷地は朝早くから社員総出で雪かきをし、駐車場にアスファルトの黒い道ができていました。まるで「こちらです」とご遺族を誘導しているように見えます。

しかし、社員や業者しか使用しない裏の階段は、前日降った雪が固く張り付き、②行く手を阻《はば》んでいるように見えます。メイクバッグを持ったまま、滑らないように恐る恐る歩き、安置室への入口がある階段の一番上に何とか到着しました。

ドアの前に立つと中から女の子の声がしました。会話というより笑い声が聞こえてくることに驚き、開けようと伸ばした手を止めます。しばらく耳を澄まし、笑い声が止んだタイミングで、

「失礼します」

と声をかけて中に入りました。

（中略）

奥様とお子さんに囲まれ、傷を隠し、少し血色も足します。

「パパはおっちょこちょいだね、こんな怪我しちゃって」

奥様はお子さんに、まるでお父さんが生きているように話します。

「パパ、ダメだねー」

後を追うようにお子さんも言います。

それから4日間、奥様はわざわざ、私がドライアイスを交換する時間に合わせて、おにぎり持参でお子さんと一緒に安置室へ通ってこられました。もしかしたら、奥様は誰かと一緒にいることで自分を保っていたのかもしれません。

安置室で何度か会うと、少しずつ気持ちを話してくださるようになりました。

ご主人は転勤族で周りには頼る人がいないこと、子供が不安がっているから泣いていられないこと、それ以上に笑ってないと泣いてしまいそうになること。それを聞いてこちらが涙目になるのを見て、

「何で納棺師さんが泣くのよ」

と笑って私の肩を軽くたたくのです。

通夜になって九州の実家から奥様のお母さんがいらっしゃいました。

③少しほっとしているような奥様にひとつ提案しました。

「ご主人とおふたりだけの時間を作りませんか？」

奥様は少し下を向き、考えた後、決心したように顔をあげました。

「納棺師さんも一緒に来てくれますか？」

40名程が座れる式場には、白を基調とした花で作られた祭壇がしつらえられ、部屋中が花の香りでいっぱいです。特に香るのが白百合。中央には笑ったご主人の遺影が掛かり、奥様とストレッチャー（移動式のベッド）の上のご自身を見下ろしています。

ストレッチャーにゆっくりと近づき、冷たくなった手を握りながら決心したように、ご遺体のお顔を見つめてゆっくりと話します。

「頭を撫《な》で欲しいの……」

「《Ⅰ》いい子、いい子して欲しい……」

奥様の言葉が、ご主人に頭を撫でて欲しいということだと理解をするのに、少し時間がかかりました。

今度は私への言葉です。

「頭を撫でてもらうことはできますか？」

「もちろんできます！」

胸の上で組んでいた左腕の関節をマッサージし、ご主人の手をゆっくり伸ばすと、奥様が自分の頭をご主人の手のひらの下に潜り込ませます。下を向いたまま奥様は、ようやく小さな声を出して泣くことができました。

問一　（a）〜（c）に入る言葉として最も適切なものを次の選択肢ア〜カから一つずつ選び、記号で答えなさい。ただし、同じ記号を二度以上用いてはならない。

ア　確かに　　イ　むしろ　　ウ　ところで
エ　たとえば　オ　すなわち　カ　ところが

問二　〈ⅰ〉、〈ⅱ〉に適切な言葉をそれぞれ漢字二字で答えなさい。

問三　═線部《X》「米アマゾン社」と《Y》「複数の米大手企業」の「採用試験」はどのような問題点を含む結果となったのか、三十字以内で説明しなさい。

問四　──線部①「重大な罠」について説明した最も適切なものを次の選択肢ア〜エから一つ選び、記号で答えなさい。

ア　AIに「人間」のさまざまなデータを学習させれば改善をはかれると思い込んでいること。
イ　AIを作った外国籍の会社に、AIの弱点を修正してもらうという他人任せの考えのこと。
ウ　AIを作った会社が訴えられることで、AIの開発が予定通り進まなくなってしまうこと。
エ　会社の採用試験にAIを用いることで、人間の価値がAIよりも低く見られてしまうこと。

問五　──線部②「横断歩道のない場所で道を渡る人」がいることについて説明した最も適切なものを次の選択肢ア〜エから一つ選び、記号で答えなさい。

ア　生死に関わるほどの重要な規則であっても、結局人間は規則を破《やぶ》ってしまうということ。
イ　人間は規則を破ることもあり、どのように行動するかは一人一人によって異なるということ。
ウ　車の自動運転の実現には大きな課題があることを命がけで教えてくれた人がいるということ。
エ　歩行者は車道であっても自分にとって都合よく道路を横断しようとしているということ。

問六　──線部③「いや、他方で違う未来も見える気がする」とあるが、筆者が不安を感じてしまう未来の「人間」のあり方について説明した次の文の（Ⅰ）・（Ⅱ）に入る適切な言葉をそれぞれの指示にしたがって答えなさい。

「人間」は本来（Ⅰ　本文中から三字で抜き出し）があり、その人だけの世界を持っているが、人間が（Ⅱ　二十字以上三十字以内）ことになってしまうという不安。

三　次の文章は、亡くなった人の体を清めるなど、通夜の準備をする納棺師という仕事をしている「私」が書いたものである。これを読んで、後の各問に答えなさい。なお、設問の都合上、本文は省略されているところがある。

「①今回の＊1喪主さん、旦那さんを突然亡くしたのに、ずっと笑ってるんだよね」

そう言って、葬儀会社の担当者さんは＊2怪訝《けげん》そうな顔のまま、私にドライアイスの入ったバッグを渡しました。

納棺式を行っていると、突然の死別への反応として、なかなか周囲の人に理解してもらえない態度をとる方がいらっしゃいます。この時の喪主さんもそんな誤解を受けたひとりでした。

ご遺族とお会いしたのは季節外れの大雪が降った次の日でした。

葬儀会社からの依頼は、お通夜までの6日間のドライアイスの交換と、通夜の前に行う＊3納棺式です。亡くなったご主人は30代で、バ下すことができるようになる。人間は現実の世界の中で学ぶが、ＡＩにとっては与えられたデータがすべてだ。データに偏《かたよ》りがあれば、偏った判断を下すＡＩになってしまう。結果として、人間の社会に含まれる偏見が、写し鏡のように、ＡＩに移行してしまうことがある。

たとえば２０１８年には、《Ｘ》米アマゾン社が採用試験を自動化するために開発したＡＩにバイアスがあったことが明らかになった。このＡＩは、過去１０年間の採用実績にもとづき、応募者の履歴書を１〜５個の星の数でランクづけする。（ｂ）実際に動かしてみると、「女子大学」「女子チェスクラブ部長」など「Ｗｏｍａｎ」という言葉が入っている履歴書を低く評価する傾向が明らかになったのだ。アマゾンは全社員のうち約6割が〈ｉ〉だ。この＊2ジェンダーバランスに倣《なら》ったために、〈ii〉を差別する採用システムができあがってしまったのである。

採用試験にＡＩを用いる動きは、アマゾン以外にも広がっている。（ｃ）《Ｙ》複数の米大手企業が、ビデオを用いた面接を導入している。応募者は実際に人事担当者に会うことなく、パソコンのモニター越しに与えられた質問に答えていく。その様子は映像に撮られ、ＡＩがそれを分析する。しゃべり方や声のトーン、表情の変化などから、次の面接に進むべき人物を＊3リコメンドするのだ。このシステムが、まひや＊4吃音《きつおん》の当事者など、流暢《りゅうちょう》な発語が難しい応募者をあらかじめ排除するものであることは言うまでもない。

こうしたバイアスをなくすために、学習に用いるデータに多様性をもたせ、偏りがないようにすることは重要だろう。人種、ジェンダー、障害の有無等、さまざまな人間がいることをＡＩに知ってもらい、「人間」なるものの定義を精緻《せいち》化していくのだ。アメリカでは、ＡＩ製造元の責任を問う動きもある。

しかし、だ。実はここにこそ①重大な罠《わな》があるのではないか。そもそも私たちは、有限個の特徴の束によって記述し尽くせるような存在ではないはずだ。現実とそれについての記述はイコールではない。生きているということは、＊5パラメータに還元できない、その人だけの世界を持っているということだ。そのことを忘れて現実と記述を同一視してしまうと、多様性を目指していたはずが、人間を＊6ステレオタイプに固定してしまうことになる。

１８年にアメリカで自動運転テストカーが、歩行者を死亡させる事故が起きた。その車に搭載《とうさい》されていたシステムが、②横断歩道のない場所で道を渡る人がいることを、想定していなかったのである。そう、人間とは、横断歩道がなくたって道を渡るような自由な存在なのだ。

③いや、他方で違う未来も見える気がする。それは、ＡＩが想定する定義に合わせて、人間が横断歩道以外の場所では絶対に道を渡らなくなる未来だ。パソコンしかり、スマホしかり、新しいテクノロジーが登場すると、人間はむしろ自分の方をそれに合わせて作り変えてしまう傾向がある。ＡＩそのものを否定するつもりはない。だがそこに潜むバイアスに、私たちは十分注意する必要がある。なぜならその本当の意味は、ＡＩが人間を機械のようなものだと見下し、そして実際に人間が機械のようになっていくことにあるのだから。

（伊藤亜紗　朝日新聞二〇二〇年一月十五日・夕刊）

注　＊1　バイアス…かたより。

＊2　ジェンダーバランス…性別による差。

＊3　リコメンド…すすめる。

＊4　吃音…言葉が正しく発音されなかったり繰り返されたりすること。

＊5　パラメータに還元できない…ここでは「決まった型にはまらない」という意。

＊6　ステレオタイプ…型にはまった画一《かくいつ》的なイメージ。

2023年度

逗子開成中学校

【国語】〈第一次試験〉（五〇分）〈満点：一五〇点〉

注意　1、字数制限のある問題では、句読点やかっこ、その他の記号も一字として数えます。
　　　2、問題文には、設問の都合で、文字・送りがななど、表現を改めたり、省略したところがあります。

一　次の各問に答えなさい。

問一　次の①～⑮の各文の――線部のカタカナを漢字で書き、――線部の漢字の読み方をひらがなで書きなさい。

① トランプのエフダを集める。
② 問題のコンテイにあるものを考える。
③ 彼は海外生活の経験がホウフだ。
④ 川のキシベを歩く。
⑤ 地面をスイヘイにならす。
⑥ 話を聞くシセイに気をつける。
⑦ 音楽の授業でカシを覚える。
⑧ 白のキヌイトでほつれを直す。
⑨ 冬は日がクれるのが早い。
⑩ 五輪が終わり役職からシリゾく。
⑪ 領土問題で暗雲が立ちこめる。
⑫ 悲しいことに戦闘が始まった。
⑬ 寒さで樹氷ができた。
⑭ 仲間の応援に奮い立つ。
⑮ お米を俵でもらう。

問二　次の《例》にしたがい、（　）に入る数字の合計を a ～ c にそれぞれ漢数字で答えなさい。

《例》
問［・（　）つに組む。　・（　）も（　）もなく。］⇒［　］
答［・（四）つに組む。　・（一）も（二）もなく。］⇒［七］

［・（　）矢を報いる。　・（　）の足を踏む。］⇒［ a ］
［・（　）足のわらじをはく。　・（　）拍子そろう。］⇒［ b ］
［・（　）石を投じる。　・（　）の（　）の言う。］⇒［ c ］

問三　［　］の意味を持つ慣用表現となるように（Ⅰ）は漢字一字を、（Ⅱ）は最も適切な二字の語をそれぞれ答えなさい。

・（Ⅰ）も承知…［わざわざ言われなくても十分わかっている様子。］
・うそ八（Ⅰ）…［たくさんのうそ。または全部がうそのこと。］
・顔が（Ⅱ）…［世間に対して名誉が保たれること。］
・角が（Ⅱ）…［理屈っぽい言い方などによって他人との関係が穏やかでなくなること。］

二　次の文章を読んで、後の各問に答えなさい。

ＡＩの＊1バイアスをめぐる議論が世界的に盛んになりつつある。バイアス、（ａ）偏見や差別のことだ。
周知の通り、ＡＩは膨大なデータを学習することによって、判断を

2023年度 逗子開成中学校 ▶解説と解答

算 数 ＜第１次試験＞（50分）＜満点：150点＞

解 答

[1] (1) 22 (2) $\frac{5}{13}$ (3) $1\frac{1}{2}$ [2] (1) 4：3 (2) 11秒間 (3) $\frac{9}{11}$ (4) 10日 (5) 6 cm (6) 152.4cm^2 [3] (1) 時速44km (2) $11\frac{5}{11}$秒間 (3) 時速58.5km [4] (1) 12通り (2) 120通り (3) 720通り [5] (1) 18 (2) 21 (3) 729

解 説

[1] 四則計算，計算のくふう，逆算

(1) $2.75\times5+27.5\times0.7-0.55\times15-0.055\times50=2.75\times5+2.75\times10\times0.7-0.55\times15-0.55\times\frac{1}{10}\times50=0.55\times5\times5+0.55\times5\times7-0.55\times15-0.55\times5=0.55\times25+0.55\times35-0.55\times15-0.55\times5=0.55\times(25+35-15-5)=0.55\times40=22$

(2) $\left(3+1\frac{2}{5}\right)\times\frac{1}{5}\div1\frac{1}{10}-1\frac{13}{20}\div\left(1\frac{5}{9}+2\frac{5}{12}\right)=4\frac{2}{5}\times\frac{1}{5}\div\frac{11}{10}-\frac{33}{20}\div\left(1\frac{20}{36}+2\frac{15}{36}\right)=\frac{22}{5}\times\frac{1}{5}\times\frac{10}{11}-\frac{33}{20}\div3\frac{35}{36}=\frac{4}{5}-\frac{33}{20}\div\frac{143}{36}=\frac{4}{5}-\frac{33}{20}\times\frac{36}{143}=\frac{4}{5}-\frac{27}{65}=\frac{52}{65}-\frac{27}{65}=\frac{25}{65}=\frac{5}{13}$

(3) $6.2+2\frac{1}{3}\times\left\{(\square-0.25)\div2\frac{1}{12}\right\}=7\frac{3}{5}$より，$2\frac{1}{3}\times\left\{(\square-0.25)\div2\frac{1}{12}\right\}=7\frac{3}{5}-6.2=7.6-6.2=1.4$，$(\square-0.25)\div2\frac{1}{12}=1.4\div2\frac{1}{3}=\frac{14}{10}\div\frac{7}{3}=\frac{7}{5}\times\frac{3}{7}=\frac{3}{5}$，$\square-0.25=\frac{3}{5}\times2\frac{1}{12}=\frac{3}{5}\times\frac{25}{12}=\frac{5}{4}$　よって，$\square=\frac{5}{4}+0.25=1\frac{1}{4}+\frac{1}{4}=1\frac{2}{4}=1\frac{1}{2}$

[2] 比の性質，周期算，和差算，仕事算，水の深さと体積，相似，面積

(1) A，Bのコップの容積をそれぞれⒶ，Ⓑとすると，容器の容積は，Ⓐ×２＋Ⓑ×５，または，Ⓐ×５＋Ⓑ×１と表すことができる。これらが等しいから，Ⓐ×２＋Ⓑ×５＝Ⓐ×５＋Ⓑ×１，Ⓐ×５－Ⓐ×２＝Ⓑ×５－Ⓑ×１，Ⓐ×３＝Ⓑ×４より，Ⓐ：Ⓑ＝$\frac{1}{3}$：$\frac{1}{4}$＝４：３とわかる。

(2) 赤色のランプは，１＋２＝３(秒)ごとに同じ点滅《てんめつ》をくり返し，青色のランプは，３＋３＝６(秒)ごとに同じ点滅をくり返す。つまり，２つのランプを合わせて考えると，３と６の最小公倍数の６秒ごとに同じ点滅をくり返す。また，右上の図１より，この６秒の中で２つのランプがともに消えている時間は２秒間あることがわかる。35÷６＝５余り５より，35秒間ではこれが５回くり返され，さらに５秒余る。そして，余りの５秒の中で，ともに消えている時間は１秒間ある。よって，２つのランプがともに消えている時間は全部で，２×５＋１＝11(秒間)と求められる。

図１

赤色	○	×	×	○	×	×
青色	○	○	○	×	×	×

(3) 右の図２より，小さい方の分数の２倍が，$\frac{1}{15}-\frac{1}{150}=\frac{3}{50}$とわかるので，小さい方の分数は，$\frac{3}{50}\div2=\frac{3}{100}$と求められる。すると，大きい方の分数は，$\frac{3}{100}+\frac{1}{150}=\frac{11}{300}$となるから，小さい方

図２

の分数を大きい方の分数で割ったときの値は，$\frac{3}{100}\div\frac{11}{300}=\frac{9}{11}$である。

(4)　兄と弟が１日に行う仕事量の比は，$\frac{1}{16}:\frac{1}{28}=28:16=7:4$である。そこで，兄が１日に行う仕事量を７，弟が１日に行う仕事量を４とすると，この仕事全体の量は，$7\times16=112$となる。また，２人で行うときに１日に行う仕事量は，兄が，$7\times(1-0.2)=5.6$，弟が，$4\times(1+0.4)=5.6$となる。よって，２人で行うときにかかる日数は，$112\div(5.6+5.6)=10$(日)とわかる。

(5)　問題文中の図で，水が入っていない部分の高さは，$40-25.6=14.4$(cm)だから，水が入っている部分と入っていない部分の容積の比は，$25.6:14.4=16:9$となる。よって，容器を長方形ADFCが底面になるようにたおしたときのようすを正面から見ると，右の図３のようになる。図３で，三角形BPQと三角形BCAは相似であり，面積の比は，$9:(9+16)=9:25$である。したがって，$9:25=(3\times3):(5\times5)$より，三角形BPQと三角形BCAの相似比は３：５とわかるから，BPの長さは，$15\times\frac{3}{5}=9$(cm)と求められる。以上より，水面の高さは，$15-9=6$(cm)である。

図３

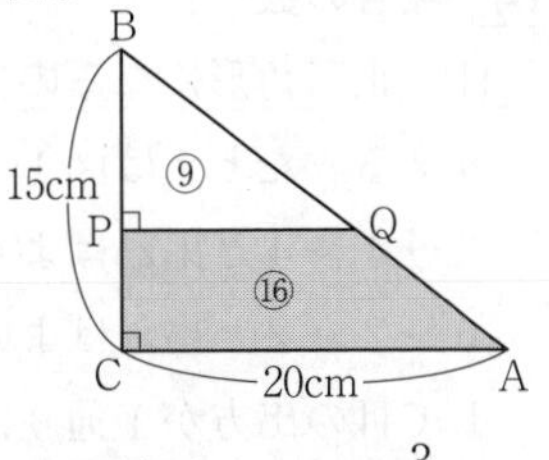

(6)　右の図４で，三角形OBAは二等辺三角形だから，角AOBの大きさは，$180-15\times2=150$(度)となり，おうぎ形OBAの面積は，$12\times12\times3.14\times\frac{150}{360}=60\times3.14=188.4$(cm²)とわかる。また角AOCの大きさは，$180-150=30$(度)なので，三角形OACは１辺12cmの正三角形を半分にした形の三角形であり，ACの長さは，$12\div2=6$(cm)，三角形AOBの面積は，$12\times6\div2=36$(cm²)とわかる。よって，色のついた部分の面積は，$188.4-36=152.4$(cm²)と求められる。

図４

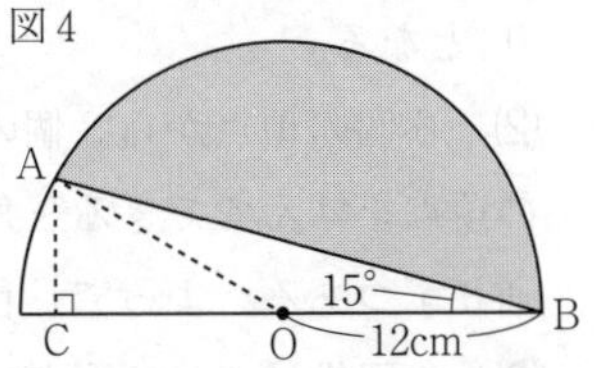

3　通過算，相似

(1)　列車Ｘは，$160+60=220$(m)を18秒で走るから，その速さは秒速，$220\div18=\frac{110}{9}$(m)である。これを時速に直すと，$\frac{110}{9}\times60\times60\div1000=44$(km)となる。

(2)　下の図１で，列車Ｘがアの位置からイの位置まで進むのにかかる時間を求めればよい。三角形CABと三角形CEFは相似であり，相似比は，$CM:CN=80:(80+20)=4:5$なので，EFの距離《きょり》は，$160\times\frac{5}{4}=200$(m)とわかる。よって，列車Ｘがアの位置からイの位置まで進むときに走る距離は，$200-60=140$(m)なので，そのときにかかる時間は，$140\div\frac{110}{9}=11\frac{5}{11}$(秒)となる。

図１

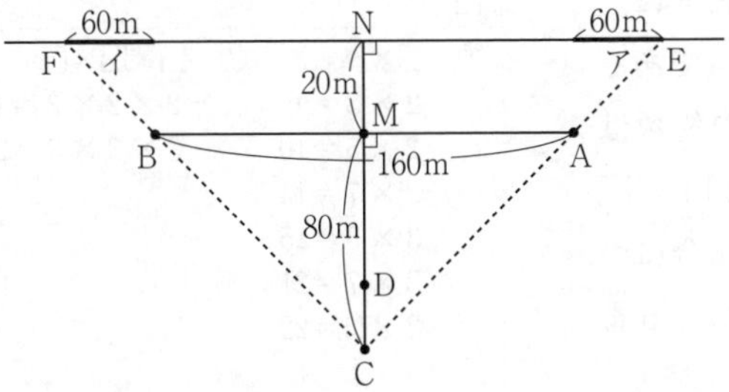

図２

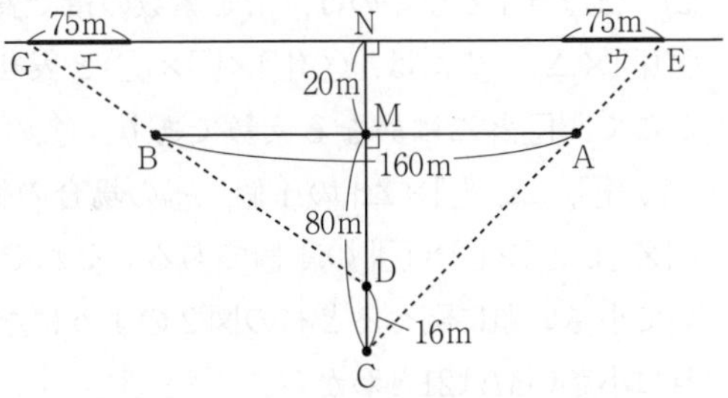

(3)　太郎さんの速さは秒速，$7.2\times1000\div(60\times60)=2$(m)だから，太郎さんがCD間にかかる時間は，$16\div2=8$(秒)である。よって，上の図２で，列車Ｙがウの位置からエの位置まで進むのにか

かる時間も８秒になる。ここで，(2)より，ENの距離は，200÷２＝100(m)とわかる。また，三角形DMBと三角形DNGは相似であり，相似比は，DM：DN＝(80－16)：(80－16＋20)＝16：21だから，NGの距離は，$160\div 2\times\frac{21}{16}$＝105(m)と求められる。したがって，ウの位置からエの位置まで進むときに走る距離は，100＋105－75＝130(m)なので，列車Ｙの速さは秒速，$130\div 8=\frac{65}{4}$(m)とわかる。これは，時速に直すと，$\frac{65}{4}\times 60\times 60\div 1000$＝58.5(km)になる。

4　場合の数

(1)　正三角形になるのは，右の図１，図２の２つの場合がある。たとえば図１で，Ｃ→Ａ→Ｅの順に止まるには２→４→４と出ればよく，Ａ→Ｃ→Ｅの順に止まるには６→２→２と出ればよい。このように，止まる順番に対して目の出方が１通りに決まる。また，止まる順番は，３×２×１＝６(通り)あるから，目の出方も６通りとわかる。同様に，図２の場合も目の出方が６通りある。よって，目の出方は全部で，６×２＝12(通り)となる。

図１

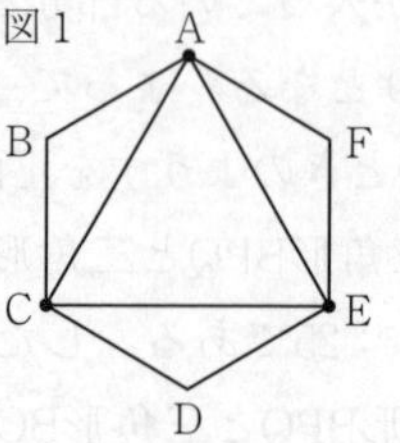

図２

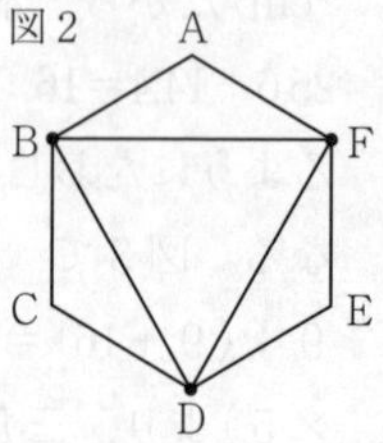

(2)　６個の頂点から３個の頂点を選ぶ組み合わせの数は，$\frac{6\times 5\times 4}{3\times 2\times 1}$＝20(通り)なので，正六角形の頂点を結んでできる三角形の数は20個とわかる。そして，どの三角形についても，目の出方が６通りずつある。よって，目の出方は全部で，６×20＝120(通り)と求められる。

(3)　４回投げて三角形ができるので，１つの頂点に２回止まることになる。たとえば図１の場合，止まる頂点は，㋐{A，A，C，E}，㋑{A，C，C，E}，㋒{A，C，E，E}の３つの場合が考えられる。㋐の場合，４回のうちＣに止まる１回の選び方が４通り，Ｅに止まる１回の選び方が残りの３通りあり，残りの２回がＡに止まることになるから，止まる順番は，４×３＝12(通り)になり，目の出方も12通りある。㋑，㋒の場合も同様だから，三角形ACEができる目の出方は全部で，12×３＝36(通り)とわかる。これは，20個の三角形すべてについて同様だから，目の出方は全部で，36×20＝720(通り)と求められる。

5　整数の性質

(1)　180を２つの整数の積で表すと，右の図１のように９組のペアができる。よって，180の約数の個数は，２×９＝18(個)だから，《180》＝18となる。

図１

180	1	2	3	4	5	6	9	10	12
	180	90	60	45	36	30	20	18	15

(2)　《M》＝４となるのは，Mを素数の積で表したときに，㋐(□×△)，または，㋑(□×□×□)と表せるときである。ここで，□と△は異なる素数であり，㋐の場合の約数は{1，□，△，□×△}の４個，㋑の場合の約数は{1，□，□×□，□×□×□}の４個である。それぞれの場合について小さい順に調べると右の図２のようになるから，６番目に小さいMは21とわかる。

図２

㋐　□×△
２×３＝６
２×５＝10
２×７＝14
３×５＝15
３×７＝21
２×11＝22
⋮

㋑　□×□×□
２×２×２＝８
３×３×３＝27
⋮

(3)　36を２つの整数の積で表すと，１×36，２×18，３×12，４×９，６×６となる。ここで，＿の部分には36の約数が２個ずつあるが，＝の部分には36の約数が１個しかない。このように，同じ整数を２個かけてできる数(平方数)の場合，約数の個数は奇数《きすう》になる。そこで，900未満の平方数について調べると右の図３のようになるから，最も大きいMは729とわかる。なお，約数の個数が７個になるのは，素数の積で表したときに(□×□×□×□×□×□)と表せるときなので，３×３×３×３×３×３＝729より，729と求めることもできる。

図３

29×29＝841(→約数は１，29，841の３個)
28×28＝784(→約数は１，２，４，７，８，14，16，28，…)
27×27＝729(→約数は１，３，９，27，81，243，729の７個)

社　会　＜第１次試験＞（40分）＜満点：100点＞

解　答

問１　**１**　与那国　**２**　薩摩　**３**　ベトナム　**４**　佐藤栄作　**問２**　Ⅰ　**a**　オ　**b**　エ　Ⅱ　ア　**問３**　Ⅰ　エ　Ⅱ　ウ　**問４**　Ⅰ　エ　Ⅱ　地熱(発電)　**問５**　線状降水帯　**問６**　(例)　沖縄県を流れる川は長さが短く，降った雨がすぐ海に流れてしまうため。　**問７**　ウ　**問８**　Ⅰ　合計特殊出生率　Ⅱ　イ　**問９**　総務省　**問10**　ウ　**問11**　エ　**問12**　３　**問13**　岩宿(遺跡)，イ　**問14**　ウ→イ→エ→ア　**問15**　イ　**問16**　Ⅰ　扇状地　Ⅱ　(例)　御勅使川の流れを堤防により２つに分けることで，釜無川に注ぐ水の勢いを弱めて，氾濫を防ぐため。　**問17**　(例)　琉球王国は，中国(明)や東南アジア，日本の国々との間でほかの国から得た商品を国外に輸出する中継貿易で繁栄した。　**問18**　カ　**問19**　ア　**問20**　エ→ア→ウ→イ　**問21**　大隈重信　**問22**　Ⅰ　(「直接国税)15(円以上を納める満)25(歳以上の男性」)　Ⅱ　２　**問23**　護憲(運動)　**問24**　エ　**問25**　ゴルバチョフ(書記長)　**問26**　樺太　**問27**　Ⅰ　1946(年)11(月)３(日)　Ⅱ　**a**　臣民　**b**　国民　Ⅲ　イ　**問28**　ア　**問29**　(例)　沖縄では，県民総所得に占める基地関連収入の割合が何年にもわたって低く推移しており，基地関連収入が沖縄県の経済へ与える影響は少ないと考えられるため。また，現在は日本に返還されているアメリカ駐留軍用地跡地の経済効果は，返還前を大きく上回っており，返還後のほうが沖縄の経済に好影響を与えていると考えられるため。

解　説

沖縄県の自然・産業や歴史を題材とした問題

問１　**１**　日本の最西端に位置するのは与那国《よなぐに》島(沖縄県)である。なお，日本の最東端は南鳥島(東京都)，最北端は択捉《えとろふ》島(北海道)，最南端は沖ノ鳥島(東京都)。　**２**　かつて沖縄に存在した琉《りゅう》球《きゅう》王国は，江戸時代に薩摩《さつま》藩(鹿児島県)の支配を受け，幕府の将軍の代替わりごとに使節(慶賀使)を江戸に派遣していた。　**３**　沖縄のアメリカ軍基地は，ベトナム戦争のさいに利用された。なお，ベトナム戦争は1965年に激化し，1973年に戦争の終結が宣言された。　**４**　アメリカのニクソン大統領と佐藤栄作首相の話し合いの結果，沖縄返還協定が結ばれ，1972年に日本への復帰が実現した。なお，佐藤は沖縄返還を実現したことや非核三原則を打ち出したことなどが評価され，日本人として初めてノーベル平和賞を受賞した。

問２　Ⅰ　**a**，**b**　都道府県別の海岸線延長は，北海道が最も長く，島の多い長崎県がこれにつぐ。統計資料は『日本国勢図会』2022／23年版，『地理統計要覧』2023年版などによる(以下同じ)。

Ⅱ　c，ｄ　地図中ｃは寒流のリマン海流，ｄは暖流の日本海流(黒潮)である。なお，千島海流(親潮)は太平洋側の沖合を南下する寒流，対馬《つしま》海流は日本海側の沖合を北上する暖流。

問３　Ⅰ　ア　ASEAN《アセアン》(東南アジア諸国連合)にはタイやインドネシアなどの東南アジア諸国が参加しており，東アジアに位置する韓国(大韓民国)は参加していない。　イ　カースト制度が残っているのはインドである。　ウ　かつてアパルトヘイトによる人種隔離《かくり》政策をとっていたのは，南アフリカ共和国である。　エ　韓国は，香港《ホンコン》，台湾，シンガポールとともに，アジアNIES《ニーズ》(新興工業経済地域)とよばれる。また，韓国は中国，アメリカにつぐ日本の貿易相手国である。　Ⅱ　オーストラリアは南半球に位置しているので，日本と季節が逆になる。よって，１年のうちで７月の気温が最低になっているウがキャンベラと判断できる。なお，アは東京，イはモスクワ(ロシア)，エはパリ(フランス)。

問４　Ⅰ　大分県(地図中エ)の北西部に位置する日田《ひた》市は製材都市として知られ，周辺には「日田すぎ」の人工林が広がっている。また，同県の中部に位置する湯布院《ゆふいん》や別府《べっぷ》は，温泉地として知られている。　Ⅱ　大分県の山間部の八丁原《はっちょうばる》などでは，地中から得られた熱や水蒸気をエネルギー源とする地熱発電が行われている。

問５　次々と発生する積乱雲が列のように並び，数時間にわたってほぼ同じ地域を通過・停滞《ていたい》することによって生じる，大量の雨が降る雨域を線状降水帯という。日本では1990年代以降，各地で観測されるようになっており，水害や土砂崩《くず》れなどの災害を引き起こしている。

問６　資料の都道府県別の河川延長をみると，沖縄県が最下位であることがわかる。沖縄県は亜《あ》熱帯の気候に属するため降水量は多いが，隆起《りゅうき》サンゴ礁《しょう》でできた琉球石灰岩の土地が多いため，水もちが悪い。また，大きな川や湖がなく，降った雨のほとんどが海に流れてしまうため，水不足になりやすい。

問７　地図中で，●のある点線で囲まれた地域は東から，三重県の志摩《しま》半島，愛媛県の宇和海沿岸，長崎県の対馬を示している。これらの地域では真珠《しんじゅ》の養殖《ようしょく》がさかんで，この３県は真珠の生産量上位３県を占《し》めている。

問８　Ⅰ　１人の女性が生涯《しょうがい》に産む子どもの数の平均を「合計特殊《とくしゅ》出生率」という。沖縄県はこの数値が1.80と全国で最も高い(全国平均は1.30)。　Ⅱ　Ｘ　少子高齢化にかかわる問題についての説明として正しい。　Ｙ　人口ピラミッド(年齢階級別人口構成)はふつう，その国の産業・経済が発展するのにともない，富士山型(多産多死型)→つりがね型(多産少死型)→つぼ型(少産少死型)と変化していく。日本の現在の人口ピラミッドはつぼ型に近い。

問９　政府は，人口や世帯に関する調査を，日本国内に住むすべての人を対象として５年ごと(西暦で５の倍数の年)に行っている。この調査を国勢調査といい，総務省統計局が担当している。総務省は内閣官房《かんぼう》や内閣府と同様に内閣総理大臣を補佐し，行政組織，公務員制度，地方自治，選挙制度，情報通信，統計など，国家のしくみにかかわる多様な行政業務を担当している。

問10　1990年ごろまで伸び続けていた(a)は日本，2000年以降に伸び続けて現在第１位となっている(c)は中華人民共和国(中国)と判断できるので，ウが選べる。

問11　選択肢《せんたくし》の神奈川，静岡，宮崎の３県は，この順に人口や就業者数が多い。また，宮崎は第一次産業(農林水産業)，静岡は第二次産業(製造業・建設業)，神奈川は第三次産業(商業・サービス業)の就業者の割合が高い。よって，エがあてはまる。

問12　あげられている５つはいずれも，ユネスコ(国連教育科学文化機関)の世界文化遺産に登録されている。「百舌鳥《もず》・古市古墳群―古代日本の墳墓群―」は大阪府，「『神宿る島』宗像《むなかた》・沖ノ島と関連遺産群」は福岡県，「白川郷・五箇山《ごかやま》の合掌《がっしょう》造り集落」は岐阜県・富山県，「石見《いわみ》銀山遺跡とその文化的景観」は島根県，「富岡製糸場と絹産業遺産群」は群馬県にあるので，３つが正しい。

問13　地図中イの岩宿遺跡(群馬県)は，考古学研究者の相沢忠洋《ただひろ》が国内で初めて打製石器(旧石器)を見つけたことで知られる。この発見により，縄文時代より前の旧石器時代にも日本列島に人類が生活していたことが証明された。

問14　アは『宋書《そうじょ》』倭国伝の内容で５世紀ごろ，イは『後漢書《ごかんじょ》』東夷《とうい》伝の内容で１～２世紀ごろ，ウは『漢書』地理志の内容で紀元前１世紀ごろ，エは『魏志《ぎし》』倭人伝《わじんでん》の内容で３世紀ごろの日本のようすである。よって，古いものから順にウ→イ→エ→アとなる。

問15　アは後三年の役(1083～87年)で11世紀，イは保元《ほうげん》の乱(1156年)で12世紀，ウは承久《じょうきゅう》の乱(1221年)で13世紀，エは９世紀初めのできごとである。よって，イが正しい。

問16　Ⅰ　山梨県の甲府盆地は，扇状地《せんじょうち》が発達しているため果樹栽培がさかんで，ぶどう・ももの収穫量は全国一となっている。扇状地は川が山間部から急に平地に流れ出るところに，上流から運ばれた土砂が堆積《たいせき》してできたゆるやかな傾斜《けいしゃ》地で，上空から見るとおおむね扇《おうぎ》形になることにその名が由来する。中央部(扇央)では河川水が伏流《ふくりゅう》水となって地下を流れるため，水はけのよい土地になり，かつては桑《くわ》畑，現在では果樹園に利用されている。　Ⅱ　図をみると，○でかこまれた部分の堤防《ていぼう》によって「御勅使《みだい》川」が北側に分流され，その分流が「竜王高岩」にあたることで，「釜無《かまなし》川」に合流する水の勢いが弱められることがわかる。武田信玄《しんげん》はこのようにして川の氾濫《はんらん》を防ぎ，さらに「信玄堤《づつみ》」を築くことで二重の備えとした。

問17　琉球王国は，日本・中国・東南アジアとの中継《ちゅうけい》貿易で栄えた。中継貿易とは，貿易貨物が輸出国から輸入国へ直送されず，第三国に一度陸あげされてから本来の輸入国に向けて再輸出される貿易のこと。現代の代表的な中継貿易港には，香港やシンガポールなどがある。

問18　1995年に日本で米の輸入が認められるようになり，以降はアメリカとタイからの輸入が大半を占めている。また，米の生産量は，世界第１位の中国と第２位のインドだけで世界の生産量の約半分を占めている。よって，カが選べる。

問19　江戸時代の鎖国中，朝鮮(李氏朝鮮)とは対馬藩(長崎県)の宗氏を通じて国交が開かれており，対馬藩には朝鮮との交易も認められていた。よって，アが誤っている。

問20　アの元禄《げんろく》小判の発行は第５代徳川綱吉《つなよし》のとき，イは大政奉還で第15代慶喜《よしのぶ》のとき，ウは足高《たしだか》の制で第８代吉宗による享保《きょうほう》の改革のとき，エの参勤交代の制度化は第３代家光のときの政策である。よって，時期の古い順にエ→ア→ウ→イとなる。

問21　文章中で説明されている人物は，肥前《ひぜん》藩(佐賀県)出身で，東京専門学校(現在の早稲田大学)の創立者としても知られる大隈重信《おおくましげのぶ》である。1881年，明治政府が「国会開設の詔《みことのり》」を出して国会開設を約束すると，翌82年，大隈らは立憲改進党を結成した。

問22　Ⅰ　1890年の帝国議会の開設にともなう第１回衆議院議員総選挙では，選挙権は直接国税15円以上を納める満25歳以上の男子に限定され，有権者の割合は全国民のわずか1.1％に過ぎなかった。
Ⅱ　衆議院は任期が短く解散もあるので，世論(国民の意思)を政治に反映しやすいと考えられることから，参議院よりも強い権限が認められている。これを「衆議院の優越」といい，条約締結《ていけつ》の承認や内閣総理大臣の指名など，衆参両議院の議決が異なった場合に衆議院の議決が優先される。なお，衆議院のみが持つ予算の先議権や内閣不信任の決議権といった権限を衆議院の優越にふくむことがある。また，憲法改正の発議，国政調査権については，衆議院と参議院の権限は対等である。

問23　大正時代には，第一次世界大戦によって世界的な民主主義(デモクラシー)の気運が高まるなか，日本でも護憲運動(憲政擁護《ようご》運動)や普通選挙運動など，大正デモクラシーとよばれる民主主義的風潮が高まった。護憲運動は，1912年に桂《かつら》太郎内閣が発足したとき，尾崎行雄《おざきゆきお》や犬養毅《いぬかいつよし》らが，薩摩《さつま》藩や長州藩(山口県)出身者による藩閥《はんばつ》政治を打倒して議会政治を樹立しようとした運動で，この結果，桂内閣は総辞職に追いこまれた。

問24　エは，「日ソ共同宣言」ではなく「日ソ中立条約」が正しい。なお，日本は第二次世界大戦後，日ソ共同宣言(1956年)によりソ連(ソビエト連邦)と国交を回復した。

問25　第二次世界大戦後，アメリカを中心とする資本主義諸国とソ連(ソビエト連邦)を中心とする社会主義諸国の対立が長く続いた。この対立は，米ソが直接戦火を交えることのない争いだったことから，「冷たい戦争(冷戦)」とよばれた。1980年代後半，ソ連国内や東ヨーロッパ諸国の民主化が進んだことから融和《ゆうわ》への動きが進み，1989年，アメリカのブッシュ(父)大統領とソ連のゴルバチョフ書記長(のち大統領)が地中海の国マルタで会談し，冷戦の終結を宣言。1991年，ソ連が解体されたことで完全に終結した。

問26　日露戦争(1904～05年)の講和条約であるポーツマス条約により，日本は樺太《からふと》(サハリン)の南半分をロシアから譲《ゆず》り受けた。

問27　Ⅰ　日本国憲法は1946年11月３日に公布され，翌47年５月３日に施行された。現在，11月３日は文化の日，５月３日は憲法記念日として国民の祝日になっている。　**Ⅱ**　**a**　大日本帝国憲法では，主権(政治を決める最高権力)は天皇にあるとされ，国民は天皇の臣下という意味で「臣民」とよばれた。また，納税の義務と兵役の義務が臣民の義務として明記されていた。なお，日本国憲法では，納税の義務，子どもに普通教育を受けさせる義務，勤労の義務の３つが国民の義務として明記されている。　**b**　日本国憲法は国民主権，基本的人権の尊重，平和主義を三大原則としている。第25条は生存権についての規定である。　**Ⅲ**　アは「生存権」，ウは「教育を受ける権利」，エは「労働三権」の１つで，いずれも社会権にふくまれる。イの表現の自由は，「精神の自由」として自由権にふくまれる。

問28　X　イタイイタイ病の説明として正しい。なお，四大公害病はイタイイタイ病のほか，有機水銀(メチル水銀)を原因とする水俣《みなまた》病(熊本県水俣市周辺)，新潟水俣病(新潟県阿賀野《あがの》川流域)，亜硫《ありゅう》酸《さん》ガスを原因とする四日市ぜんそく(三重県四日市市)で，いずれもおもに高度経済成長期に発生した。　Y　公害が大きな問題になると，政府は環境基準を示した公害対策基本法(1967年)を制定し，その運用機関として環境庁(現在の環境省)を設置した。なお，同法を発展させる形で環境基本法(1993年)が制定された。

問29　グラフⅠをみると，1990年以降，沖縄県民総所得に占める基地関連収入割合は，５％程度と低い水準で推移している。また，表Ⅱをみると，基地跡地の経済効果と雇用者数は，返還後に大幅に増えている。よって，グラフⅠと表Ⅱをふまえると，米軍基地が沖縄の経済に大きく貢献《こうけん》しているとはいえない。

理　科　＜第１次試験＞（40分）＜満点：100点＞

解　答

1 (1) ①　ア　②　ア，オ　(2) ①　ア，ウ　②　エ　③　右の図　**2** (1)　ア　(2)　光合成　(3)　③，④，⑤　(4)　イ　(5)　ア　(6)　(例)　二酸化炭素は植物の光合成に利用され，夏の気温が高い時期は吸収量が多くなり，冬は吸収量が減少するため。　**3** (1)　B　(2)　(例)　温度によって，水に溶ける量にほとんど変化がないため。　(3)　55%　(4) ①　75g　②　10g　(5)　解説のグラフを参照のこと。　**4** (1)　毎秒333m　(2)　400m　(3)　**ア**　同じ　**イ**　350　**ウ**　343　(4)　ウ　(5)　毎秒345m　(6)　396m

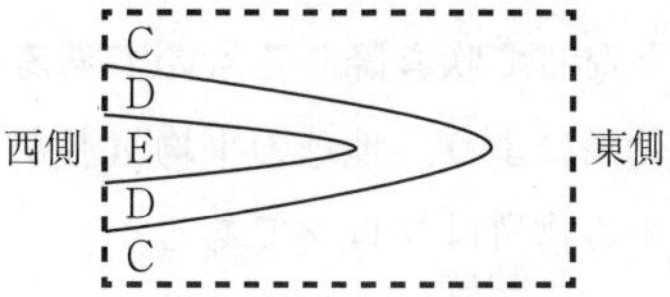

解　説

1 **地層のでき方や地層からわかることについての問題**

(1) ①　地層の逆転は見られませんでしたと述べられており，地層ができるときには土砂が下から順にたい積するので，アが選べる。なお，地層はふつう海でできるが，湖や陸上の窪地《くぼち》などでもできるので，ウとエは必ずいえることではない。また，図１の地層Ａと地層Ｂの境界は，地層Ｂがたい積した後に続けて地層Ａがたい積したためにできたので，オとカは誤っている。　②　２つ以上の地層が連続的にたい積している図１のような状態を整合といい，地層どうしの境目はまっすぐになる。一方，その土地が隆起《りゅうき》して地上に出て風化や侵食《しんしょく》を受け，再び沈降《ちんこう》して海底などになったところに新しい地層がたい積すると，その境目は図２のようにでこぼこになる。このような地層の重なり方を不整合というので，オは必ずいえる。また，①と同様に，アも必ずいえる。

(2) ①　アサリの仲間の化石のように，地層がたい積した当時の環境《かんきょう》を知る手がかりになる化石を示相化石という。限られた環境にすむ生物が適しており，どんな環境にでもすめる生物は適さない。また，存在期間がある程度長く，現在の生物と比較《ひかく》して生息環境について推察できるものが適している。したがって，アとウが選べる。なお，イとオは，地層ができた時代を類推する手がかりとなる示準化石の条件である。　②　地層に含《ふく》まれている化石から，地層Ｄは新生代，地層Ｅは古生代にできたことがわかる。これらの地層の間には中生代の地層がなく，できた時代が連続していないので，不整合と考えられる。　③　地層が横から押《お》される力によって波のように曲がることをしゅう曲という。図４では，地層Ｅの上下に地層Ｄがあり，その上と下に地層Ｃがある。また，東側の面は地層Ｃだけが観察できましたと述べられている。よって，この地域の地層は，しゅう曲をして解答の図のようになっていると考えられる。

2 **自然界における二酸化炭素の循環《じゅんかん》についての問題**

(1)　現在の大気（空気）の体積の約78％は窒素《ちっそ》，約21％は酸素がしめており，残りの約１％にはアルゴン（約0.93％）や二酸化炭素（約0.04％）などの気体が含まれている。

(2)　図１の矢印②は，植物が大気中の二酸化炭素を取り込《こ》むようすを表している。植物は，体内にある葉緑体で光のエネルギーを利用して，二酸化炭素と水を材料に，養分（デンプン）をつくり出している。このはたらきを光合成といい，このとき酸素もつくり出されて放出される。

(3)　図１の矢印⑨は，二酸化炭素が大気中に移動していることから，菌《きん》類・細菌類の呼吸により二酸化炭素が発生するようすとわかる。呼吸はすべての生物が行っているので，矢印③，矢印④，矢印⑤があてはまる。

(4)　ア　フェーン現象は，湿《しめ》った風が山を越《こ》えるさいに雲をつくって雨を降らせ，乾《かわ》いた高温の風となって吹《ふ》き降りるものである。　イ　大気中の二酸化炭素が増えると，二酸化炭素による温室効果により，地球の平均気温が上昇《じょうしょう》する地球温暖化が引きおこされる。　ウ　オゾン層を破壊《はかい》する物質はフロンである。　エ　ヒートアイランド現象の原因としては，自動車やビルの冷暖房《ぼう》などの排熱《はいねつ》が大気中に多く出されることや，地面をおおうアスファルトやコンクリートが昼の間に吸収した熱を夜間に放出することなどがあげられる。

(5)　図２で，10℃，30℃のどちらのグラフも，光の強さがある一定の強さよりも強くなると，二酸化炭素の吸収量は一定になっていて，それ以上は増えていない。したがって，アが誤っている。

(6)　春から夏にかけては草木の葉がしげり，光合成量が増えることで二酸化炭素の吸収量が多くなるので，大気中の二酸化炭素の割合が減少する。一方，秋から冬にかけては草木の葉が少なくなり，光合成量が減ることで二酸化炭素の吸収量が少なくなるので，大気中の二酸化炭素の割合が増加する。これを毎年くり返すので，グラフが図３のようにぎざぎざになる。

3　ものの溶《と》け方についての問題

(1)　物質20ｇを50ｇの水に溶かすのは，物質40ｇを100ｇの水に溶かすときと同じ割合になるので，図のたて軸の値が40ｇとなるときの水の温度を読みとると，物質Ａは26～27℃くらい，物質Ｃは40℃となっている。また，物質Ｂは０℃でも70ｇよりも多く溶けている。よって，最も低い温度で水50ｇにすべて溶ける物質は物質Ｂである。

(2)　食塩は，温度によって溶ける量がほとんど変化しないので，飽和水溶液《ほうわすいようえき》をつくってその温度を下げても，固体の食塩を取り出すことはほとんどできない。

(3)　図より，物質Ｂは，60℃の水100ｇに120ｇまで溶けるので，60℃の水40ｇには，$120\times\frac{40}{100}=48$(ｇ)まで溶ける。したがって，物質Ｂは加えた50ｇのうち48ｇが溶け，$48\div(40+48)\times100=54.5\cdots$より，水溶液の濃度《のうど》は55％となる。

(4)　①　図より，物質Ａは60℃の水100ｇに100ｇまで溶けるので，60℃における飽和水溶液の濃度は，$100\div(100+100)\times100=50$(％)である。よって，60℃の飽和水溶液150ｇ中に溶けている物質Ａの重さは，$150\times\frac{50}{100}=75$(ｇ)と求められる。　②　10℃に冷やしたとき，水溶液には物質Ａが，$75-62=13$(ｇ)溶けている。また，図より，物質Ａは10℃の水100ｇに20ｇまで溶ける。したがって，10℃に冷やしたときの水の重さは，$100\times\frac{13}{20}=65$(ｇ)とわかるので，蒸発させた水の重さは，150－75

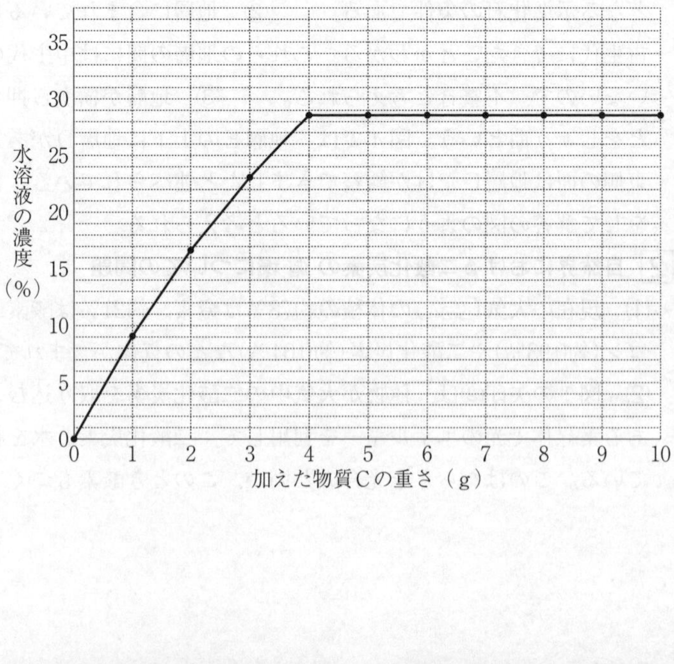

−65＝10(ｇ)になる。

⑸　図より，物質Ｃは，40℃の水100ｇに40ｇまで溶けるので，40℃の水10ｇには，$40\times\frac{10}{100}=4$(ｇ)まで溶ける。これをふまえ，40℃の水10ｇに物質Ｃを１ｇずつ加えていったときの濃度を求めると，最初は０％で，その後は，１÷(10＋１)×100＝9.09…(％)，２÷(10＋２)×100＝16.66…(％)，３÷(10＋３)×100＝23.07…(％)，４÷(10＋４)×100＝28.57…(％)となり，一定になる。よって，上のグラフのように表せる。

4　音の伝わり方についての問題

⑴　実験１で，音は700ｍの距離《きょり》を2.1秒かけて進んでいるので，700÷2.1＝333.3…より，この日の音の速さは毎秒333ｍとなる。

⑵　音は地点Ｂと建物Ｋの間を2.4秒で往復しているので，333×2.4÷２＝399.6より，地点Ｂと建物Ｋの間の距離は400ｍである。

⑶　**ア**　風も音も，地点Ａから地点Ｂに向かう向きとなっている。　**イ**　風の影響《えいきょう》で速くなった音の速さは毎秒，700÷2.0＝350(ｍ)と求められる。　**ウ**　350−7.0＝343より，この日の風がないときの音の速さは毎秒343ｍとなる。

⑷　地点Ａから地点Ｃに進む音の速さは毎秒，343−7.0＝336(ｍ)である。よって，700÷336＝2.08…より，地点Ｃで音が聞こえたのは懐中《かいちゅう》電灯の光が見えてから2.1秒後となる。

⑸　地点Ｄから地点Ｅに進む音の速さは毎秒，360÷1.0＝360(ｍ)であり，これは風の速さ(毎秒15ｍ)が加わった速さなので，この日の風がないときの音の速さは毎秒，360−15＝345(ｍ)と求められる。

⑹　地点Ｅから建物Ｌに向かう音と，建物Ｌで反射して地点Ｅに向かう音は，速さの比が，360：(345−15)＝12：11なので，かかる時間の比は，$\frac{1}{12}:\frac{1}{11}=11:12$となる。よって，音が地点Ｅから建物Ｌまで進むのにかかった時間は，$2.3\times\frac{11}{11+12}=1.1$(秒)なので，地点Ｅから建物Ｌまでの距離は，360×1.1＝396(ｍ)とわかる。

国語　＜第１次試験＞（50分）＜満点：150点＞

解答

一　**問１**　①～⑩　下記を参照のこと。　⑪　あんうん　⑫　せんとう　⑬　じゅひょう　⑭　ふる(い)　⑮　たわら　**問２**　**ａ**　三　**ｂ**　五　**ｃ**　十　**問３**　**Ⅰ**　百　**Ⅱ**　立つ　**二**　**問１**　**ａ**　オ　**ｂ**　カ　**ｃ**　エ　**問２**　**ⅰ**　男性　**ⅱ**　女性　**問３**　(例)　AIの偏った判断に応じて，差別される人が出てきたということ。　**問４**　ア　**問５**　イ　**問６**　**Ⅰ**　多様性　**Ⅱ**　(例)　自分自身を新しいテクノロジーに合わせて作り変える　**三**　**問１**　イ　**問２**　(例)　亡くなった人も喪主の奥さんもまだ若いうえに，小さなお子さんもいたので，気の毒に感じていたから。　**問３**　ウ　**問４**　**Ｘ**　(例)　責任　**Ｙ**　(例)　悲しみ　**Ｚ**　まるで～します　**問５**　⑴　(例)　自分の頑張りを認めてもらうことで，苦しい現状を乗り越える活力を得ようとした　⑵　(例)　パパをきれいにしてくれた「私」に感謝の気持ちを伝えるため。　**問６**　ア

●漢字の書き取り

一 問１ ① 絵札 ② 根底 ③ 豊富 ④ 岸辺 ⑤ 水平 ⑥ 姿勢 ⑦ 歌詞 ⑧ 絹糸 ⑨ 暮(れる) ⑩ 退(く)

解 説

一 漢字の書き取りと読み，慣用句の知識

問１ ① トランプで，キング，クイーン，ジャックの描《えが》かれた12枚の札など。 ② ものごとのおおもととなる大事な部分。 ③ たっぷりあるようす。 ④ 岸のあたり。 ⑤ 水面のように平らなさま。重力のはたらく方向と直角に交わる方向。 ⑥ 体の構え。または，心構え。 ⑦ 歌曲・歌謡《かよう》曲などの歌の文句。 ⑧ 蚕の繭《まゆ》から取った糸。 ⑨ 音読みは「ボ」で，「暮色」などの熟語がある。 ⑩ 音読みは「タイ」で，「引退」などの熟語がある。 ⑪ 今にも雨が降り出しそうな，暗い雲。比喩《ひゆ》的に，危機が迫《せま》ってきそうな気配のこと。 ⑫ 戦い。敵対する集団が，互《たが》いに武力を行使すること。 ⑬ 大気中の霧《きり》や水蒸気が，樹木に吹《ふ》きつけられて凍《こお》ったもの。 ⑭ 音読みは「フン」で，「奮起」などの熟語がある。 ⑮ 音読みは「ヒョウ」で，「土俵」などの熟語がある。

問２ **a** 「一矢《いっし》を報いる」は，自分に向けられた非難や攻撃《こうげき》に対して，効果があるかはともかくとして，少しでも反論・反撃すること。「二の足を踏《ふ》む」は，一歩目は踏み出したが二歩目は踏み出せず足踏みすることから，“迷って進めないこと”を表す。 **b** 「二足のわらじをはく」は，同じ一人の人間が，両立しにくい職業を兼《か》ねること。「三拍子《さんびょうし》そろう」は，三つの要件がすべて備わっていること。 **c** 「一石を投じる」は，反響《はんきょう》をよぶような問題を投げかけるという意味。「四の五の言う」は，あれやこれやと不平や言い訳を言うこと。

問３ Ⅰ 「百も承知」は，“十分わかっている”という意味。「うそ八百」は，うそばかりであること。 Ⅱ 「顔が立つ」は，面目が保たれること。「角が立つ」は，ものの言い方や態度が相手の感情を刺激《しげき》して，人間関係が円満にいかなくなること。

二 出典は2020年１月15日付「朝日新聞」夕刊掲載《けいさい》の「〈思考のプリズム〉AIのバイアス問題　人間を「機械」にする罠《わな》(伊藤亜紗《いとうあさ》著)」による。

AIにバイアスがあることを紹介《しょうかい》し，バイアスをなくす必要があることと，AIに人間を判断させることに潜《ひそ》む本当の危険性を指摘《してき》している。

問１ **a** 直前の「バイアス」は，注で「かたより」という意味だと説明されているので，直後の「偏見《へんけん》や差別」とほぼ同じ意味である。よって，前の内容を後で言いかえるはたらきを持つ「すなわち」が選べる。 **b** AIは女性に対するバイアスを持っていないはずなのに，実際に動かしてみると，女性に対する意外なバイアスが発見されたという文脈である。よって，前のことがらを受けて，それに反する意外な内容を述べるときに用いる「ところが」が合う。 **c** 続く部分では，直前の「採用試験にAIを用いる動き」が「アマゾン以外にも広がっている」ことの例が説明されている。したがって，具体的な例をあげるときに用いる「たとえば」がふさわしい。

問２ ⅰ，ⅱ 同じ段落に「『女子大学』『女子チェスクラブ部長』など『Woman《ウーマン》』という言葉が入っている履歴《りれき》書を低く評価する傾向《けいこう》」とあるので，「差別」されているⅱは「女性」である。一方，「全社員のうち約６割」を占《し》めている多数派のⅰは「男性」となる。

問３ 「米アマゾン社」の採用試験のAIは，「女性を差別する採用システム」となっている。また，

「複数の米大手企業」の採用試験のAIは，「まひや吃音《きつおん》の当事者など，流暢《りゅうちょう》な発語が難しい応募者をあらかじめ排除《はいじょ》するもの」となっている。どちらの場合も，使用したAIにバイアスがあったために，応募者の一部が差別されるという問題が生じている。

問４　傍線《ぼうせん》部①の前の「ここ」は直前の段落の内容を指しており，直前の段落では，AIの「バイアスをなくすために，学習に用いるデータに多様性をもたせ」，「『人間』なるものの定義を精緻《せいち》化していく」ことについて述べられている。これは，AIに「人間」についての多様なデータを学習させれば，定義が精緻化してバイアスをなくせるという考え方にもとづいているので，アがよい。

問５　直後の一文に「人間とは，横断歩道がなくたって道を渡るような自由な存在なのだ」とあるように，人間は交通規則を破ることもある存在なので，イがあてはまる。

問６　Ⅰ　空らんの後に「その人だけの世界を持っている」とあり，この内容は，最後から三つ目の段落で「多様性」と関連づけて説明されている。　Ⅱ　傍線部③の二文後に「新しいテクノロジーが登場すると，人間はむしろ自分の方をそれに合わせて作り変えてしまう傾向がある」とあり，これが筆者の「不安」にあたる。

三　出典は大森《おおもり》あきこの『最後に「ありがとう」と言えたなら』による。ご主人を突然《とつぜん》亡《な》くした奥様《おくさま》がずっと笑っていた理由を知り，「私」は奥様やその娘《むすめ》と心を通わせていく。

問１　直後の一文に「怪訝《けげん》そうな顔」とあり，この言葉は注で「わけがわからなくて納得《なっとく》がいかない表情」という意味だと説明されているので，「喪主《もしゅ》さんの気持ちをはかりかねている」とあるイが選べる。なお，この時点では奥様が笑っていた理由はわかっていないので，エは合わない。

問２　前に「亡くなったご主人は30代で，バイクの事故で突然帰らぬ人となりました。喪主の奥様も30代で小さなお子さんがいるとお聞きしています」とあるように，今回の通夜は亡くなった人や奥様がまだ若く，小さな子どももいる。その一家を気の毒に思う「私」の気持ちが，「大きなメイクバッグは心なしか，いつもより重い気がします」や「前日降った雪が固く張り付き，行く手を阻《はば》んでいるように見えます」という部分に表れているといえる。

問３　「提案」は直後の「ご主人とおふたりだけの時間を作りませんか？」というもので，この「提案」があったからこそ，それまで頑張《がんば》って笑っていた奥様は自分の心に正直になり，ご主人に頭を撫《な》でてもらいながら泣くことができた。よって，ウがふさわしい。

問４　Ｘ　空らんの直前の「育てていかなければならない」にふさわしい言葉は，「責任」である。　Ｙ　「笑ってないと泣いてしまいそうになる」とあるので，「悲しみに沈《しず》まないように『笑う』」とするのが合う。　Ｚ　空らんの後に「ご主人が亡くなったというつらい現実から少しでも離《はな》れて，『子供を不安にさせないように』するための奥様の『振《ふ》る舞《ま》』いの一つ」とあるので，安置室での奥様の娘に対する「まるでお父さんが生きているように話します」という振る舞いがぬき出せる。

問５　⑴　続く部分に「私，頑張ったよね」とあるとおり，奥様はご主人から「いい子，いい子」してもらうことで自身の頑張りを認《みと》めてもらい，つらい現実を乗り越《こ》えようとしているのだと考えられる。　⑵　娘の「いい子，いい子」は，「パパをきれいにしてくれてありがとう」という感謝の気持ちを「私」に伝えるためのものである。

問６　最後の場面の「あっ，ご主人のいい子，いい子だ！」からは，生前のご主人が奥様や娘に対してそのように振る舞っていたようすや，一家が愛情に包まれていたようすがうかがえる。よって，「家族の絆《きずな》」がふさわしい。

Dr.福井の
入試に勝つ！脳とからだのウルトラ科学

睡眠時間や休み時間も勉強!?

みんなは寝不足になっていないかな？　もしそうなら大変だ。睡眠時間が少ないと，体にも悪いし，脳にも悪い。なぜなら，眠っている間に，脳は海馬《かいば》という部分に記憶をくっつけているんだから。つまり，自分が眠っている間も頭は勉強しているわけだ。それに，成長ホルモン（体内に出される背をのばす薬みたいなもの）も眠っている間に出されている。昔から言われている「寝る子は育つ」は，医学的にも正しいことなんだ。

寝不足だと，勉強の成果も上がらないし，体も大きくなりにくく，いいことがない。だから，睡眠時間はちゃんと確保するように心がけよう。ただし，だからといって寝すぎるのもダメ。アメリカの学者タウブによると，10時間以上も眠ると，逆に能力や集中力がダウンしたという研究報告があるんだ。

睡眠時間と同じくらい大切なのが，休み時間だ。適度に休憩するのが勉強をはかどらせるコツといえる。何時間もぶっ続けで勉強するよりも，50分勉強して10分休むことをくり返すようにしたほうがよい。休み時間は，散歩や体操などをして体を動かそう。かたまった体をほぐして，つかれた脳を休ませるためだ。マンガを読んだりテレビを見たりするのは，頭を休めたことにならないから要注意！

頭の疲れに関連して，勉強の順序にもふれておこう。算数の応用問題や理科の計算問題，国語の読解問題などを勉強するときには，脳のおもに前頭葉という部分を使う。それに対して，国語の知識問題（漢字や語句など）や社会などの勉強では，おもに海馬《かいば》という部分を使う。したがって，それらを交互に勉強すると，１日中勉強しても疲れにくい。

Dr.福井（福井《ふくい》一成《かずしげ》）…医学博士。開成中・高から東大・文Ⅱに入学後，再受験して翌年東大・理Ⅲに合格。同大医学部卒。さまざまな勉強法や脳科学に関する著書多数。

2023年度 逗子開成中学校

【算　数】〈**第２次試験**〉(50分)〈満点：150点〉

注意　・定規・コンパス・筆記用具以外の使用は認めません。
・考え方を書く指示がある問題以外は，答えだけを書いてください。
・答えに単位が必要な問題は，必ず単位をつけて答えてください。
・答えが分数になる場合は，それ以上約分できない一番簡単な分数で答えてください。また，仮分数は帯分数に直してください。
・図やグラフをかいて答える問題に対し，定規・コンパスを忘れた場合は手がきでていねいにかいてください。

1　次の□にあてはまる数を求めなさい。

(1)　$5+5\times(5\times5\times5+5)-5\times\{5\div5+5\times(5+5)\}=$ □

(2)　$1.2\times1.9+0.48\times13-0.03\times36+17.16\div13=$ □

(3)　$2-\left\{\left(\frac{3}{5}-\square\right)\div\frac{2}{9}+1\frac{4}{7}\right\}=\frac{1}{35}$

2　次の各問いに答えなさい。

(1)　父は現在41さい，２人の子どもは９さいと６さいです。２人の子どもの年れいの合計が父の年れいと等しくなるのは何年後ですか。

(2)　119と289の最小公倍数を求めなさい。

(3)　ズーくん，シーくん，カイくん，セイくんの４人が１つずつプレゼントを持ち寄り交換することにしました。４人とも自分以外の子が持ってきたプレゼントを受け取りました。このような交換方法は全部で何通りありますか。

(4)　Ａくん，Ｂくん，Ｃくんの３人が２人ずつ200ｍ走で勝負をしました。Ａくんがゴールしたとき，Ｂくんはゴールの手前25ｍの位置にいました。次の勝負ではＣくんが180ｍ走ったときに，Ｂくんはゴールしました。このとき，ＡくんとＣくんが勝負したとき，どちらが何ｍ差を付けて勝ちますか。ただし，３人はいつも一定の速さで走ります。

⑸　下の図１の三角形 ABC を，点Cを中心に時計回りに19°回転させた図形が三角形 DEC です。このとき，角 x の大きさを求めなさい。

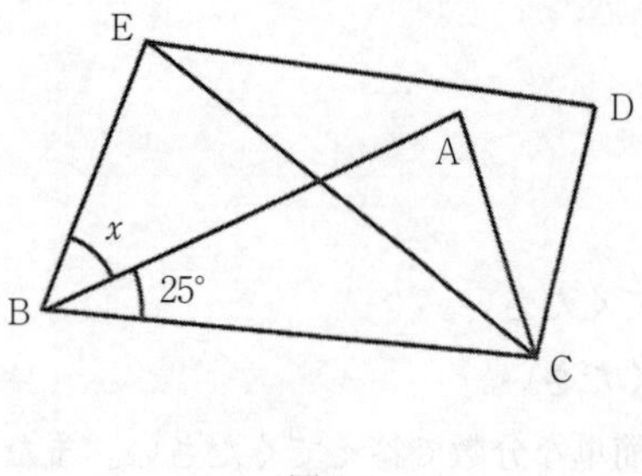

図１

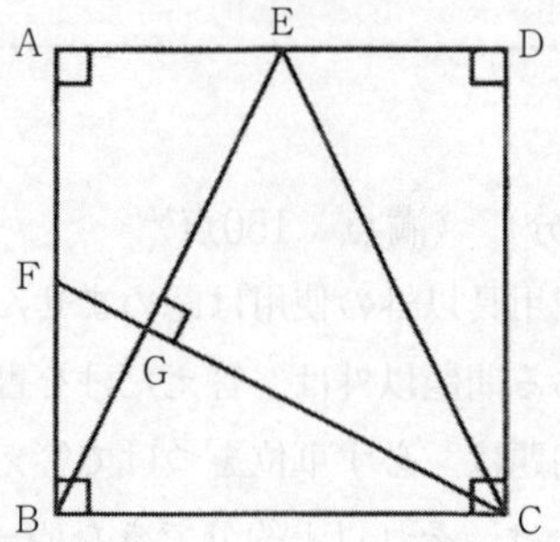

図２

⑹　上の図２の直角三角形 CEG の面積は25cm^{2}です。点Eは辺 AD の真ん中の点，点Fは辺 AB の真ん中の点です。このとき正方形 ABCD の面積を求めなさい。

3　ZK 社で働いている社員Mさんが，１人で毎日休まず働けば72日で終わる仕事があります。また同じ会社の社員Gさんと Mさんが２人で毎日休まず働けば，この仕事は18日で終わります。このとき，次の各問いに答えなさい。

⑴　社員Gさんが１人で毎日休まず働くと，この仕事は何日で終わりますか。

実際には毎日休まず働くと大変なので，⑵，⑶は次のルールで働くことにします。

・社員Mさんは，５日連続で働き２日連続で休むことをくり返す
・社員Gさんは，１日働き１日休むことをくり返す

⑵　ルールにしたがって社員Mさんが１人でこの仕事を終わらせるには，始めてから何日かかりますか。

⑶　ルールにしたがって社員Mさんと社員Gさんが協力してこの仕事を終わらせるには，２人で始めてから何日かかりますか。

4　図１のように，１辺が２cmの正方形の中に半径１cmの円の一部を組み合わせて模様を作り，囲まれた部分に斜線を引きました。この模様の付いた正方形を正方形A，正方形Aの斜線部分の図形を分銅Aと呼ぶことにします。次に，正方形Aを図２のように，いろいろな大きさの正方形になるようにしきつめていきます。このとき，あとの各問いに答えなさい。ただし円周率は3.14とします。

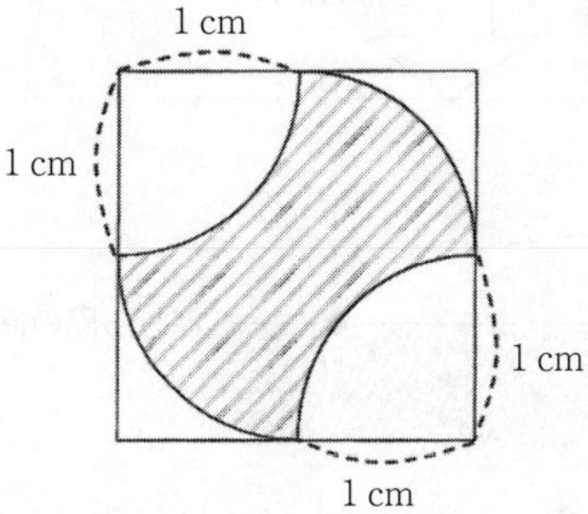

図１

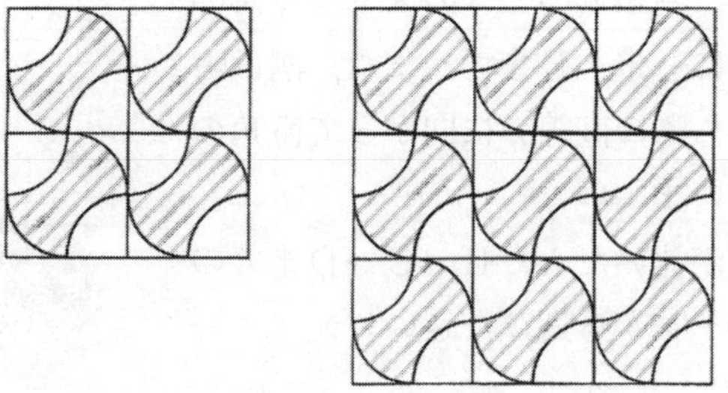
図２

(1)　正方形Aを１辺が12cmの正方形になるようにしきつめたとき，分銅Aの面積の合計を求めなさい。

(2)　正方形Aをしきつめていくと，色の付いていない部分にも分銅Aと合同な図形が現れます。これを分銅Bと呼ぶことにします。１辺が12cmの正方形になるようにしきつめたときに現れる分銅Bの面積の合計を求めなさい。

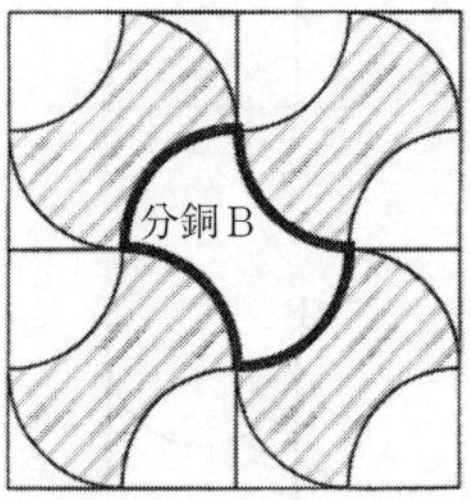

(3)　分銅Aと分銅Bの面積の合計が初めて1000cm^2より大きくなるのは，１辺の長さが何cmの正方形に正方形Aをしきつめたときですか。

5　ズトシくんはＺ湾で遠泳をしました。下の図はズトシくんが泳いだ経路の一部です。まず点Ａから，波打ち際の直線 n に直角の向きに泳ぎ始め，沖へ27分泳いで点Ｂに着きました。次に向きを変え，直線 n に平行の向きに泳ぎましたが，実際には潮があって点Ｃまで流されました。点Ｃから再び向きを変えＡＢと平行に13分泳ぎ点Ｄにたどり着きました。泳いだ時間は合計48分で泳いだ距離は合計1858.5ｍでした。

このとき，次の各問いに答えなさい。ただし，潮の速さ，潮が無いときのズトシくんの泳ぐ速さは常に一定とします。また，潮は海の沖から波打ち際の直線 n に向かって直角の向きに流れています。

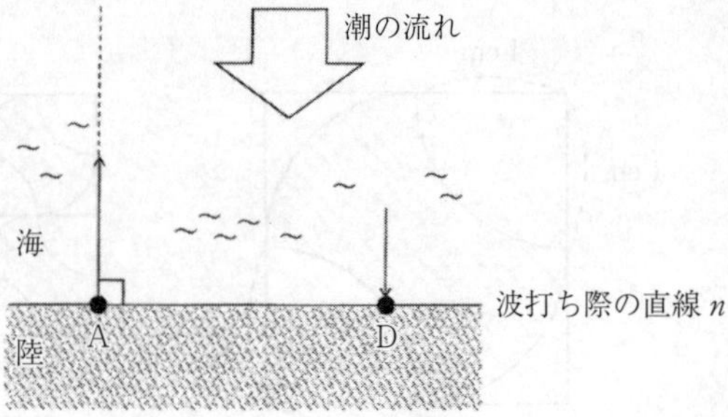

(1)　ズトシくんが泳いだＡ→Ｂ→Ｃ→Ｄまでの経路を次の(ア)～(ク)から選びなさい。

(ア)
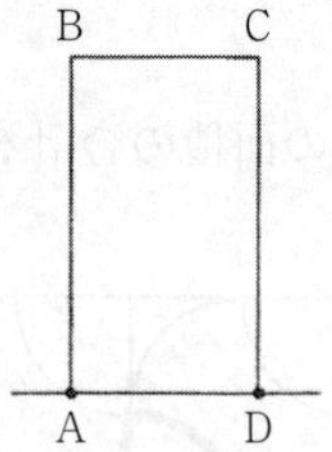

(イ)
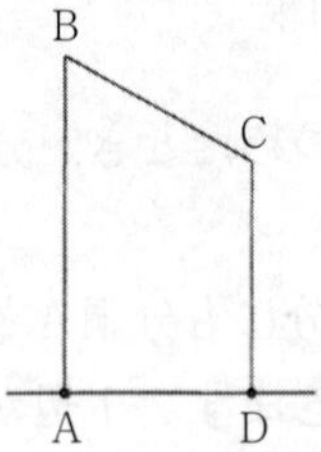

(ウ)
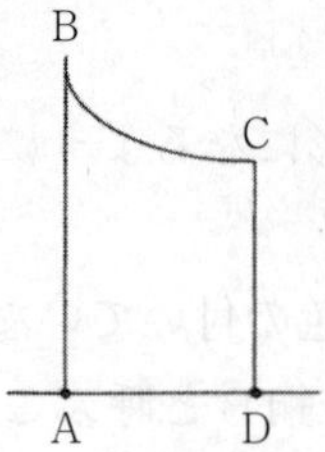

(エ)
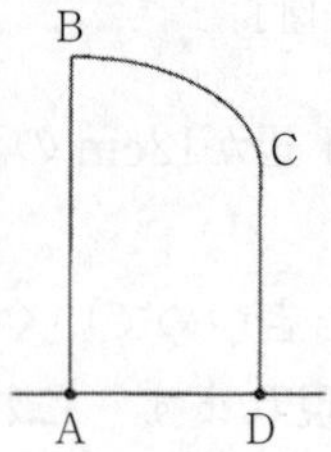

(オ)
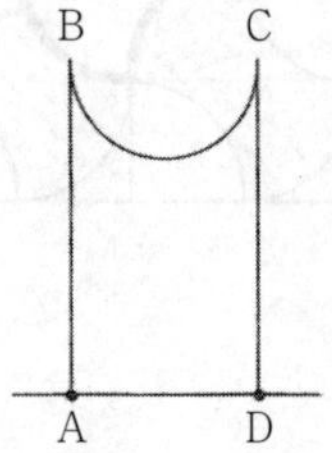

(カ)
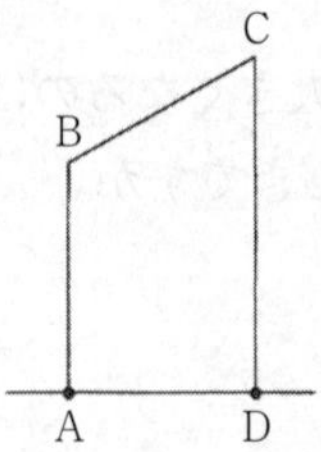

(キ)
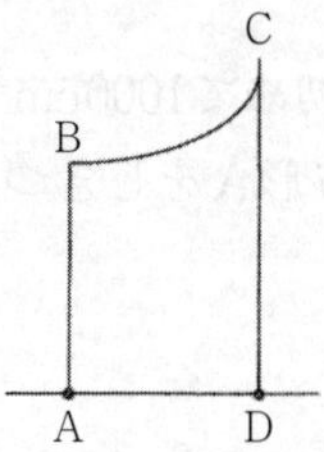

(ク)
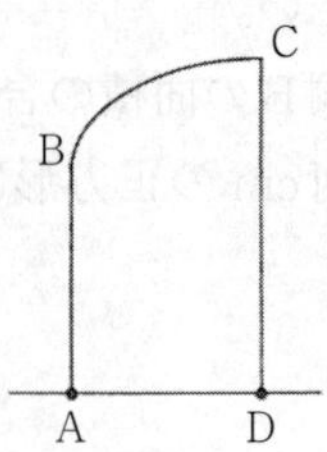

(2)　潮が無いときのズトシくんの泳ぐ速さと潮の速さの比を求めなさい。

(3)　BC 間の距離は350ｍでした。潮の速さは分速何ｍですか。ただし，答えだけではなく，途中の考え方も書きなさい。

【社　会】〈第2次試験〉（40分）〈満点：100点〉

1　次の文章を読み，以下の各問いに答えなさい。

①三浦半島は，東は東京湾，西は相模湾に面しており，起伏《きふく》にとんだ丘陵《きゅうりょう》が半島中央部から海岸近くまで連続しています。平坦地《へいたんち》は少ないものの，優良な②港湾に恵《めぐ》まれた地域です。

三浦半島北西部に位置する逗子市は面積17.28km^2，北は③鎌倉市と横浜市，東は④横須賀市，南は三浦郡葉山町に隣接《りんせつ》しています。主に丘陵と平地からなり，その中をいくつかの⑤川が流れています。三浦半島の相模湾に面した地域は⑥日本海流の影響《えいきょう》で温暖湿潤な⑦気候で，とりわけ逗子の夏は涼《すず》しく，冬は暖かな気候のため古くから保養地として知られていました。鉄道や高速道路の整備によって，東京・横浜への交通の便が良くなると⑧大規模な開発がおこなわれ，逗子の姿は大きく変貌《へんぼう》しました。こうした開発は逗子に限らず，三浦半島の他の地域でもおこなわれ，多くの緑地が失われていきました。一方で，市民による⑨自然環境の保全・保存活動などがおこなわれるようになりました。

問1　下線部①に関連して，三浦半島の平地では1960年代まで稲作が盛《さか》んでした。稲作に関して述べた次の文章を読んで，以下の各問いに答えなさい。

> 主食である米の増産と安定した供給をはかるため，政府は1942年に定められた法律に基づいて米の生産を管理・統制しました。しかし，米の需要《じゅよう》は戦後の食生活の変化にともない縮小しました。1971年より国が米の生産量を調整してきた（　X　）政策は2018年に廃止《はいし》され，農家は自らの判断で米の生産をおこなうことができるようになりました。

Ⅰ．文章中の空らん(X)に入る適切な語句を漢字で答えなさい。

Ⅱ．(X)政策がおこなわれた秋田県の湖沼《こしょう》を，次のア～エから一つ選び，記号で答えなさい。

ア．霞ヶ浦《かすみがうら》　イ．満濃池《まんのういけ》　ウ．八郎潟《はちろうがた》　エ．印旛沼《いんばぬま》

問2　下線部②に関連して，三浦半島には，日本有数のマグロ水揚港《みずあげこう》である三崎港があります。三崎港は遠洋漁業の基地としても知られています。遠洋漁業について述べた次の文章中の空らん(X)～(Z)に入る適切な語句の組み合わせとして正しいものを，以下のア～クから一つ選び，記号で答えなさい。

> 遠洋漁業の漁獲量は1973年から1979年までの6年間でおよそ半分にまで減少しています。その要因は1973年の（　X　）により，燃料価格が上がったことや，1970年代後半から世界各国が（　Y　）を設定し，自国の沿岸から（　Z　）海里の水域内において，外国の漁船が魚を捕ることを制限するようになったためです。

ア．X―バブル崩壊　Y―領海　Z―12
イ．X―バブル崩壊　Y―領海　Z―200
ウ．X―バブル崩壊　Y―排他的経済水域　Z―12
エ．X―バブル崩壊　Y―排他的経済水域　Z―200
オ．X―石油危機　Y―領海　Z―12
カ．X―石油危機　Y―領海　Z―200
キ．X―石油危機　Y―排他的経済水域　Z―12
ク．X―石油危機　Y―排他的経済水域　Z―200

問３　下線部③に関連して，鎌倉彫《かまくらぼり》について述べた次の文章を読んで，以下の各問いに答えなさい。

鎌倉市およびその周辺の地域で生産されている鎌倉彫は，（　Ｘ　）に指定されています。（　Ｘ　）とは，「製造過程の主要部分が手づくりであること」や「一定の地域で産地を形成していること」などの要件を満たした製品のうち，法律に基づいて（　Ｙ　）大臣が指定したものです。

Ⅰ．文章中の空らん(Ｘ)に入る適切な語句を漢字６字で答えなさい。

Ⅱ．文章中の空らん(Ｙ)に入る適切な語句として正しいものを，次のア～エから一つ選び，記号で答えなさい。

ア．国土交通　　イ．文部科学　　ウ．経済産業　　エ．農林水産

問４　下線部④に関連して，横須賀市は京浜工業地帯の一部です。現在の京浜工業地帯について述べた次の文Ｘ・Ｙの正誤の組み合わせとして正しいものを，以下のア～エから一つ選び，記号で答えなさい。

Ｘ：東京を中心に印刷業が盛んである。

Ｙ：京浜工業地帯の工業生産出荷額は中京工業地帯よりも多い。

ア．Ｘ―正しい　Ｙ―正しい　　イ．Ｘ―正しい　Ｙ―誤り

ウ．Ｘ―誤り　　Ｙ―正しい　　エ．Ｘ―誤り　　Ｙ―誤り

問５　下線部⑤に関連して，次の【資料１】【資料２】は日本のある川の航空写真です。各資料中の河川Ａ・Ｂの名称《めいしょう》をそれぞれ漢字で答えなさい。

【資料１】

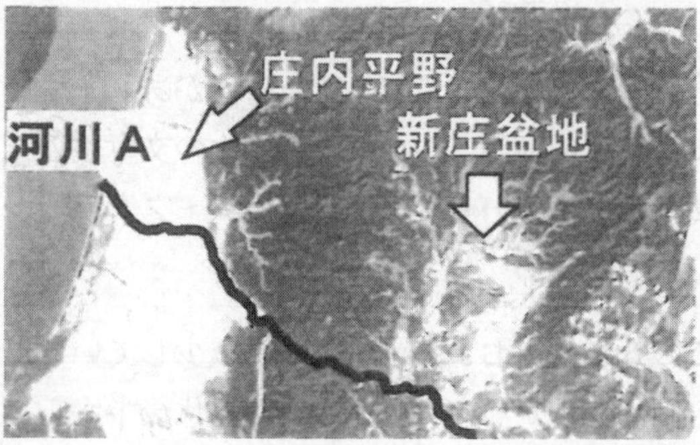

【資料２】

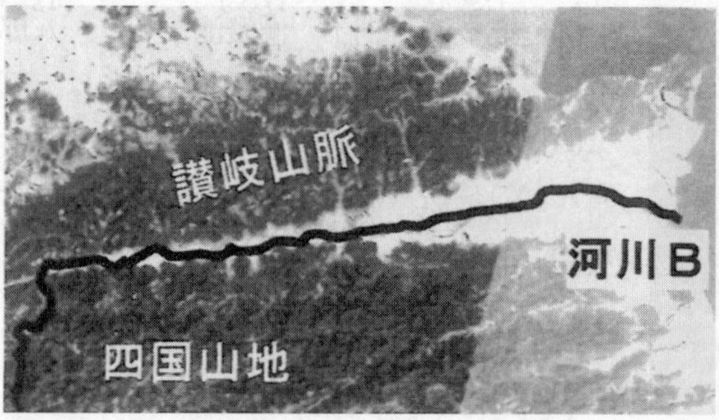

（『国土地理院地図』より作成）

問６　下線部⑥に関連して，寒流と暖流がぶつかるところを何といいますか。漢字２字で答えなさい。

問７　下線部⑦に関連して，本州では，太平洋側と日本海側で気候の違《ちが》いがみられます。要因の一つに季節風があげられます。次の文中の(Ｘ)・(Ｙ)にあてはまる方位として正しいものを，以下のア～エからそれぞれ一つ選び，記号で答えなさい。

太平洋側では夏に（　Ｘ　）の季節風などの影響で降水量が多く，日本海側では冬に（　Ｙ　）の季節風などの影響で降水量が多い。

ア．北東　　イ．北西　　ウ．南東　　エ．南西

問８　下線部⑧に関連して，1965年から1975年にかけて逗子の人口は，約１万4000人増加しました。その要因として考えられることを，次の【地図１】・【地図２】と【資料】をふまえて答えなさい。

【地図１】　1965年の逗子周辺

【地図２】　1975年の逗子周辺

（【地図１】・【地図２】ともに『国土地理院地図』より作成）

【資料】

(『朝日新聞』1970年7月15日)

問9　下線部⑨に関連して，自然環境を大きく損《そこ》なうおそれのある開発をおこなう際，自然環境にどれほどの影響があるかを事前に調査・予測することを何といいますか。8字で答えなさい。

2　次の文章を読み，以下の各問いに答えなさい。

三浦半島では原始・古代の遺跡《いせき》が発見されており，中でも横須賀市にある①夏島《なつしま》貝塚や逗子市の池子《いけご》遺跡などからは当時の人々の生活の様子を知ることができます。そして，本校の屋上からは，4世紀後半につくられた②長柄桜山《ながえさくらやま》古墳群《こふんぐん》がみられます。

③大宝律令により全国は国・郡・里に分けられ，三浦半島は相模国に含《ふく》まれました。その後，聖武天皇の命令により，④（Ａ）が逗子に神武寺《じんむじ》を建て，現在も残っています。また東大寺⑤正倉院の史料には，相模国に⑥天武天皇の血をひく人物の土地が存在していたことが記されています。

⑦平安時代に⑧荘園が広がると，荘園を守るために武力が必要とされるようになり，武士が登場しました。⑨前九年合戦で源氏に従い，その恩賞として三浦の地を与えられた三浦氏が，三浦半島で有力になりました。

鎌倉幕府成立後，三浦氏は北条氏とともに幕府をささえる有力な⑩（Ｂ）となりました。のちに北条氏と対立を深め，⑪13世紀半《なか》ばには力を失いました。しかし，⑫三浦氏が造営や造仏に関わった寺院は，この地に多く残されました。

1590年，⑬（Ｃ）は，小田原の北条氏を滅《ほろ》ぼし，功労のあった徳川家康に北条氏の領地であった関東を与えました。これにともなって三浦半島も徳川氏の領地になりました。江戸に幕府が開かれると，江戸湾(現在の東京湾)の出入り口として三浦半島は重要な地域となり，浦賀には全国の物資が集められ，⑭廻船《かいせん》で運ばれた荷物が売買されました。19世紀に入ると，外国船が盛んに来航し，1853年には，ペリーの艦隊《かんたい》が浦賀沖に現れ，開国を要求しました。幕府は翌年に日米和親条約を締結《ていけつ》し，⑮200年以上続いた鎖国政策が終わりました。

明治時代になると，横須賀は海軍の重要拠点《きょてん》になり，三浦半島各地に多くの⑯軍事施設がつくられました。中でも，横須賀造船所は当時日本最大級の造船・修理施設で，その一部は現在も在日米軍横須賀基地内で使用されています。また近くには，連合艦隊司令長官であった⑰東郷平八郎が乗り，指揮をとった戦艦《せんかん》三笠《みかさ》も保存されています。

このように三浦半島には，歴史の舞台《ぶたい》となった場所が多く残されています。みなさんも身近な地域を通して歴史を学んでいきましょう。

問１　下線部①に関連して，夏島貝塚は縄文時代の遺跡です。縄文時代についての説明文として正しいものを，次のア～エから一つ選び，記号で答えなさい。

ア．死者の埋葬《まいそう》は，死体の手足を折り曲げる屈葬《くっそう》でおこなわれた。

イ．祈《いの》りやまじないがおこなわれ，祭祀《さいし》には銅鐸《どうたく》や銅矛《どうほこ》が用いられた。

ウ．各集落が自給的な生活をしており，交易はおこなわれなかった。

エ．代表的な遺跡は佐賀県の吉野ケ里遺跡や静岡県の登呂遺跡である。

問２　下線部②に関連して，この古墳は大阪府にある大仙古墳と同じ形をしています。右の図中の枠《わく》線内を参考にこの古墳の形状を漢字で答えなさい。

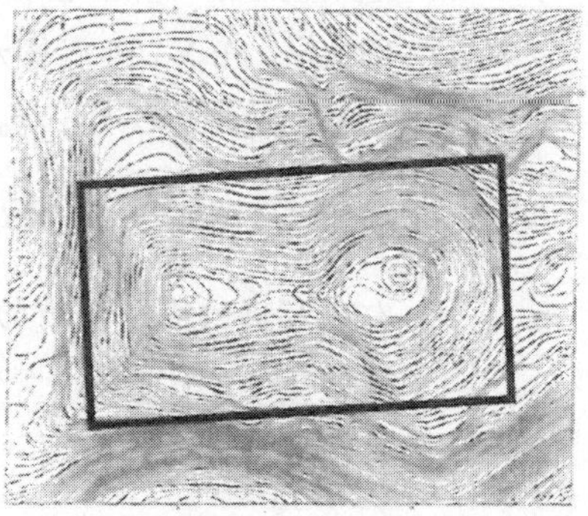
(『三浦半島考古学事典』より作成)

問３　下線部③について，以下の各問いに答えなさい。

Ⅰ．大宝律令が制定されたのは何世紀ですか。数字で答えなさい。

Ⅱ．大宝律令で定められた九州諸国の軍事・行政をまとめ，外交の窓口でもあった役所を何といいますか。漢字で答えなさい。

問４　下線部④について，空らん(Ａ)には，東大寺の大仏造立《ぞうりゅう》の際に僧侶《そうりょ》の最高位である大僧《だいそう》正《じょう》に任命され，物資や人手を集めた人物が入ります。その人物名を漢字で答えなさい。

問５　下線部⑤について，正倉院の建築様式として正しいものを，次のア～エから一つ選び，記号で答えなさい。

ア．書院造　　イ．寝殿造　　ウ．校倉造　　エ．数寄屋造り

問６　下線部⑥について，天武天皇は皇位をめぐる戦いに勝利して即位《そくい》しました。その戦いを何といいますか。解答らんに合うように漢字で答えなさい。

問７　下線部⑦に関連して，平安時代後期に入ると，浄土教《じょうどきょう》が貴族や庶民の間で流行しました。それにともなって，各地で盛んに阿弥陀如来像《あみだにょらいぞう》がつくられるようになりました。その理由について，当時の社会的な状況と浄土教の教えの内容に触れて，答えなさい。

問８　下線部⑧について，荘園について述べた次の文Ｘ・Ｙの正誤の組み合わせとして正しいものを，以下のア～エから一つ選び，記号で答えなさい。

Ｘ：荘園への国司の立ち入りを拒否《きょひ》する権利を不輸の権という。

Ｙ：荘園は，江戸時代初期まで存続した。

ア．Ｘ―正しい　Ｙ―正しい　　イ．Ｘ―正しい　Ｙ―誤り

ウ．Ｘ―誤り　　Ｙ―正しい　　エ．Ｘ―誤り　　Ｙ―誤り

問9　下線部⑨について，前九年合戦がおこった地域はどこですか。右の地図中のア～エから正しいものを一つ選び，記号で答えなさい。(地図中の境界線は現在の県境です。)

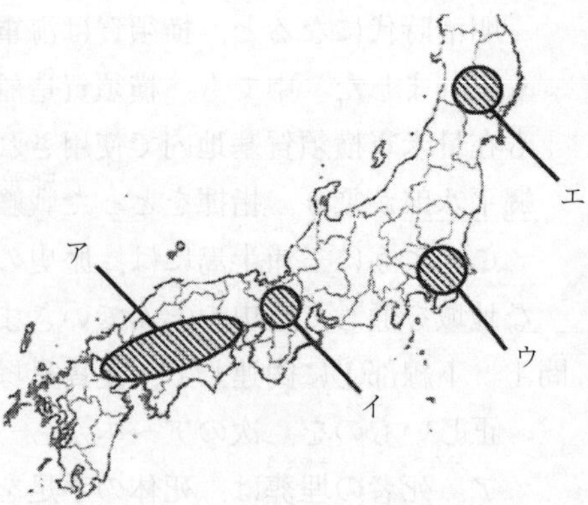

問10　下線部⑩について，空らん(B)には，将軍と主従関係を結んだ武士を指す名称が入ります。漢字3字で答えなさい。

問11　下線部⑪に関連して，13世紀のできごとについて述べた次の文章中の波線部ア～エのうち，**誤っているもの**を一つ選び，記号で答えるとともに，正しく直したものを答えなさい。

> 13世紀，モンゴル帝国が建国されました。アチンギス＝ハンは都をイ大都において，国号をウ元と定めました。朝鮮半島のエ高麗はモンゴル帝国の属国となりました。

問12　下線部⑫に関連して，次の文章を読んで以下の各問いに答えなさい。

> 右の写真は横須賀市の常楽寺《じょうらくじ》にある不動明王像《ふどうみょうおうぞう》です。これは，i鎌倉幕府で配下の武士を統率した機関の長官に就いた三浦一族の和田義盛が，ii運慶一門につくらせたものであるといわれています。

Ⅰ．文章中の下線部 i について，この機関として正しいものを，次のア～エから一つ選び，記号で答えなさい。

ア．公文所　イ．政所　ウ．侍所　エ．問注所

Ⅱ．文章中の下線部 ii について，この人物が制作にかかわった作品として正しいものを，次のア～エから一つ選び，記号で答えなさい。

ア．法隆寺釈迦三尊像《しゃかさんぞんぞう》　イ．東大寺南大門金剛力士像《なんだいもんこんごうりきしぞう》

ウ．広隆寺弥勒菩薩像《みろくぼさつぞう》　エ．東大寺盧舎那仏坐像《るしゃなぶつざぞう》

問13　下線部⑬について，空らん(C)に入る人物の姓名を漢字で答えなさい。

問14　下線部⑭に関連して，次の文章中の下線部の語句の読み方を3字で答えなさい。

> 房総《ぼうそう》から常陸《ひたち》にかけての海域はいわしの漁場であり，いわしを加工した干鰯が江戸や浦賀に運ばれました。干鰯は粉末にして水や尿と混ぜて使われる，農業生産に欠かせない肥料でした。

問15　下線部⑮について，江戸幕府による鎖国政策に関連するできごとについて述べた次のア～エを，古いものから順に並べ替えて，記号で答えなさい。

ア．島原・天草一揆がおこった。

イ．スペイン船の来航が禁止された。

ウ．日本人の海外渡航が禁止された。

エ．ポルトガル船の来航が禁止された。

問16　下線部⑯に関連して，かつて逗子市にあった弾薬庫《だんやくこ》についての次の文章を読んで以下の各問いに答えなさい。

ⅰ1937年，海軍は逗子市の一部の土地を買い取り，翌年弾薬庫をつくりました。戦後，アメリカ軍に引き継《つ》がれ，ⅱ朝鮮戦争やベトナム戦争ではここから弾薬が補給されました。弾薬庫だった場所は現在，米軍基地で働く人たちの住宅地となっています。

Ⅰ．文章中の下線部ⅰについて，この年におきた，日中戦争開戦のきっかけとなった事件を漢字で答えなさい。

Ⅱ．文章中の下線部ⅱについて述べた次の文X・Yの正誤の組み合わせとして正しいものを，以下のア～エから一つ選び，記号で答えなさい。

X：朝鮮戦争がはじまると，GHQの指示により警察予備隊がつくられた。

Y：朝鮮戦争は1953年に休戦し，現在も休戦状態が続いている。

ア．X—正しい　Y—正しい　イ．X—正しい　Y—誤り
ウ．X—誤り　Y—正しい　エ．X—誤り　Y—誤り

問17　下線部⑰に関連して，東郷平八郎の率いる艦隊が活躍《かつやく》した日本海海戦がおこなわれた戦争を，次のア～エから一つ選び，記号で答えなさい。

ア．日清戦争　イ．日露戦争　ウ．西南戦争　エ．太平洋戦争

3　次の文章を読み，以下の各問いに答えなさい。なお，憲法の条文は，現代かなづかいに改めています。

憲法は，国民の権利や①国会や内閣のあり方など「国のかたち」を定める基本的な決まりです。日本国憲法の98条には，「この憲法は，国の（ 1 ）であって，②その条規に反する法律，命令，詔勅及《しょうちょくおよ》び国務に関するその他の行為の全部又は一部は，その効力を有しない。」と定められています。

日本国憲法には，三つの原則があります。一つ目は，③国の政治のあり方を最終的に決定する権限が国民にあることです。憲法41条では「国会は，（ 2 ）の最高機関であって，国の唯一《ゆいいつ》の立法機関である。」と④選挙によって国民から選ばれた代表者で構成されている国会を政治の中心に位置づけています。

二つ目は，基本的人権の尊重です。憲法では人権を侵すことのできない永久の権利として保障し，憲法13条では「（ 3 ）に反しない限り，立法その他国政の上で，最大の尊重を必要とする。」と規定しています。そして憲法14条では，法の下の平等が定められています。このように憲法では，さまざまな人権を保障していますが，社会の変化にともなって憲法に直接規定されていない「⑤新しい人権」が主張されています。

三つ目は，平和主義です。二度と戦争がおこることのないように憲法9条では戦争放棄《ほうき》が定められています。近年，憲法9条の条文内容変更《へんこう》も含めた憲法改正の議論が高まっています。憲法は，国の（ 1 ）であり，法律よりも厳しい改正条件が設けられていて，改正には，最終的に国民投票で⑥【 A 】の賛成が必要となります。

憲法には，国民の権利だけでなく，国民の義務についても規定されています。納税の義務は，国民全体の人権，特に社会権を守るために必要な政府の財源を確保するためには欠かせません。一方で，私たち納税者は納めた税金がどのように使われているのかを監視《かんし》するため，国会や地方議会の予算審議《しんぎ》に関心を持ち，⑦税制度が公平・公正かについて考えていく必要があります。

問１　文章中の空らん(１)～(３)に入る適切な語句を答えなさい。ただし，(３)は５字で，それ以外は漢字で答えなさい。

問２　下線部①について，国会と内閣との関係について述べた次の文Ｘ・Ｙの正誤の組み合わせとして正しいものを，以下のア～エから一つ選び，記号で答えなさい。

Ｘ：内閣総理大臣は必ず衆議院議員でなければならない。

Ｙ：国会が内閣総理大臣を任命する。

ア．Ｘ―正しい　Ｙ―正しい　　イ．Ｘ―正しい　Ｙ―誤り

ウ．Ｘ―誤り　　Ｙ―正しい　　エ．Ｘ―誤り　　Ｙ―誤り

問３　下線部②に関連して，法律・政令・条例などが憲法に違反《いはん》していないかどうかを判断する裁判所の権限を何といいますか。漢字７字で答えなさい。

問４　下線部③について，この考え方を何といいますか。漢字４字で答えなさい。

問５　下線部④に関連して，比例代表制ではドント式という方法で各政党の当選者数を決めています。ドント式とは，各政党の得票数を１，２，３…と順番に整数で割っていき，その商が大きい順に議席を配分し，定数分を振《ふ》り分ける方法です。

定数が８の選挙区で，Ａ～Ｃの３つの政党の得票数が右の表のようになった場合，ドント式で振り分けると**Ｂ党が獲得する議席数**はいくつになりますか，解答らんに合うように数字で答えなさい。

	A党	B党	C党
得票数	3,000	1,800	1,500

問６　下線部⑤について，国や地方公共団体に情報公開を求める権利を何といいますか，答えなさい。

問７　下線部⑥について，空らん【Ａ】に入る語句として正しいものを，次のア～エから一つ選び，記号で答えなさい。

ア．４分の１以上　　イ．３分の１以上　　ウ．過半数　　エ．３分の２以上

問８　下線部⑦に関連して，ふるさと納税という制度があります。この制度は，応援《おうえん》したい自治体に寄付をすると，その金額に応じて，現在住んでいる自治体に納める住民税や国に納める所得税が軽減される仕組みです。そして，多くの自治体から，さまざまな返礼品を受け取れることから，この制度を利用する人が増えています。一方で，この制度には，さまざまな問題が指摘されています。どのような問題が考えられますか。次の【資料１】～【資料３】をふまえて，説明しなさい。

【資料１】　東京都世田谷区在住のふるさと納税をした人，しなかった人の例

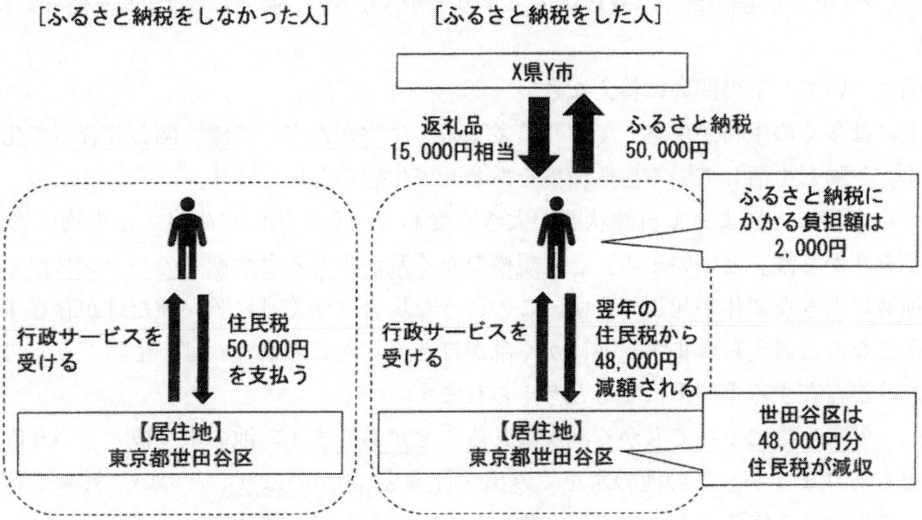

【資料２】　世田谷区への寄付額とふるさと納税による区民税(住民税)の減収額

年度	2015	2016	2017	2018	2019	2020	2021
寄付額	0.2	1.3	0.8	1.1	1.0	4.1	1.5
区民税減収額	2.6	16.5	31	41	54	56	70

(単位：億円)

【資料３】　世田谷区からのお知らせ(2021年10月発行)

(【資料１】～【資料３】は区のおしらせ「せたがや」より作成)

【理　科】〈第２次試験〉（40分）〈満点：100点〉

注意　図やグラフをかく場合は，ていねいにはっきりとかきなさい。必要ならば定規を使ってもかまいません。

1　生態系について，下の問いに答えなさい。

地球上には多くの生物が生息しており，多くの a 生物がたがいに深く関わり合って生活をしています。生物と生活している自然環《かん》境をあわせて生態系といいます。

台風や山火事などによって自然状態が大きく変わり，その場所に生息する生物に影響《えいきょう》を与えることを「かく乱」といいます。b 大規模なかく乱が生じると生態系のバランスがくずれ，生物の種数に大きな変化が起こります。このような場合はかく乱に強い種だけが存在するような生態系になると考えられます。逆にかく乱がほとんど起こらなければ，生物どうしの競争に強い種だけが存在する生態系になると考えられます。

また，c 外来生物によってもかく乱が生じることがあります。池の水を抜くという内容のテレビ番組もありますが，この池の水をくみ出す作業を d「かいぼり」といい，外来生物を駆《く》除することで生態系を守ることや，水質浄《じょう》化などを目的としています。

(1)　下線部ａについて，生物が食べる食べられるという関係でつながっていることを何といいますか。

(2)　下線部ｂについて，かく乱の規模と生物の種数の関係を表したグラフとして適したものを次のア～エから１つ選び，記号で答えなさい。

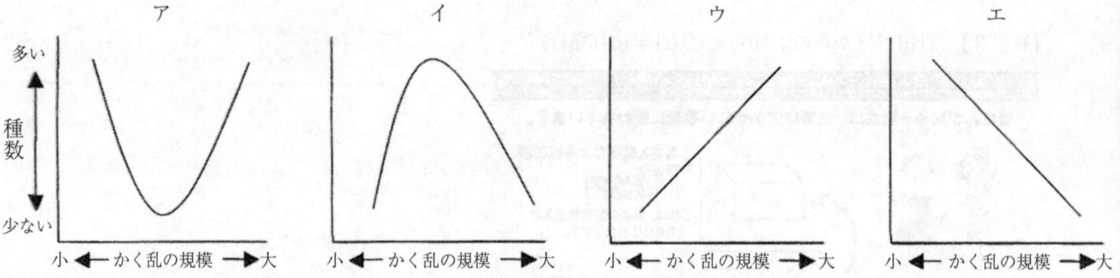

(3)　下線部ｃの具体例として，誤っているものを次のア～オから１つ選び，記号で答えなさい。

ア．セイヨウタンポポが繁殖《はんしょく》した結果，カントウタンポポの数が減ってしまった。

イ．森林を伐《ばっ》採したことで生物の住みかが減り，生物の種数が減ってしまった。

ウ．アメリカザリガニが水生こん虫や小さな魚類を捕《ほ》食してしまう。

エ．ペットショップで買った亀を近くの川に逃がしてしまう。

オ．日本のワカメがオーストラリアの沿岸で繁殖してしまった。

(4)　下線部ｄについて，ある池でかいぼりを行い，外来生物であるオオクチバスを除去しました。図１，図２はオオクチバスの除去前と除去後のトンボ類の幼虫の個体数の変化，タナゴ類の個体数の変化をそれぞれ表しています。これらの図から読み取れることとして正しいものを次のページのア～オから１つ選び，記号で答えなさい。

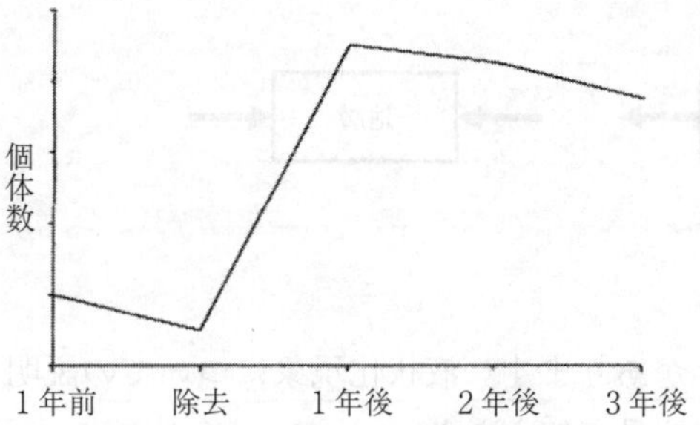

図１　トンボ類の幼虫の個体数変化

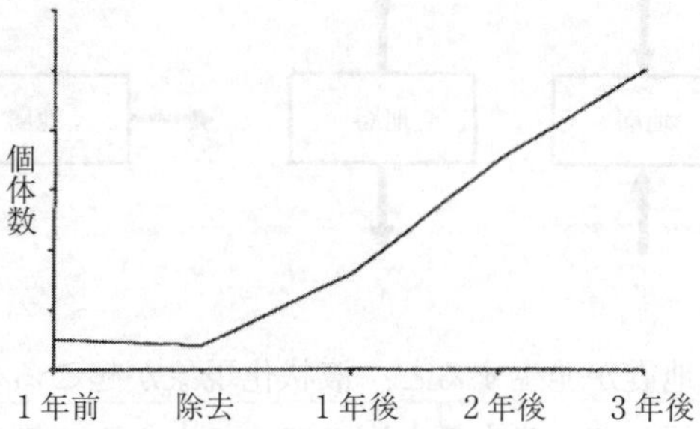

図２　タナゴ類の個体数変化

ア．オオクチバスはトンボ類の幼虫やタナゴ類に捕食されていた。
イ．オオクチバスはトンボ類の幼虫よりもタナゴ類を好み多く捕食する。
ウ．タナゴ類やトンボ類の幼虫の個体数の減少はオオクチバスとは無関係だった。
エ．タナゴ類はトンボ類の幼虫を捕食している。
オ．オオクチバス以外にもトンボ類の幼虫の個体数を減らす要因がある。

(5)　2015年９月に国連サミットで「持続可能な開発目標」というより良い世界を目指すための国際目標が提示されました。全17の目標のうち，目標15は「陸の豊かさも守ろう」となっています。森林の減少を止め，陸の生態系を守るための取り組みを行うことを目標としています。
①　「持続可能な開発目標」をアルファベット４文字で表しなさい。
②　地球の森林の面積は，25年間で約1300000km^2減少しています。これと同じだけの量が日本の森林で減少したとすると，日本の森林は何年間で全て失われますか。日本の国土面積を378000km^2，日本の森林の面積は国土の65％とし，小数第１位を四捨五入して整数で答えなさい。

2　日本は世界的に見ても地震《しん》が多い国です。それは，厚さ100km程度のプレートと呼ばれる岩石の板が日本付近に４枚あり，となりあって動いているためです。地震について，下の問いに答えなさい。

(1)　プレートがとなりあって動いているために，大地には大きな力が加わります。ある崖《がけ》を観察したところ，図１のように地層ａ，ｂ，ｃがずれていました。

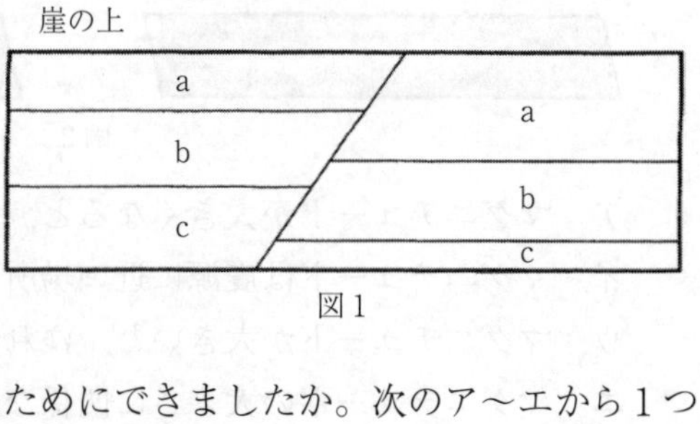

図１

①　崖に見られた地層のずれを何といいますか。漢字２文字で答えなさい。
②　この地層のずれは，どの方向から力が加わったためにできましたか。次のア～エから１つ選び，記号で答えなさい。

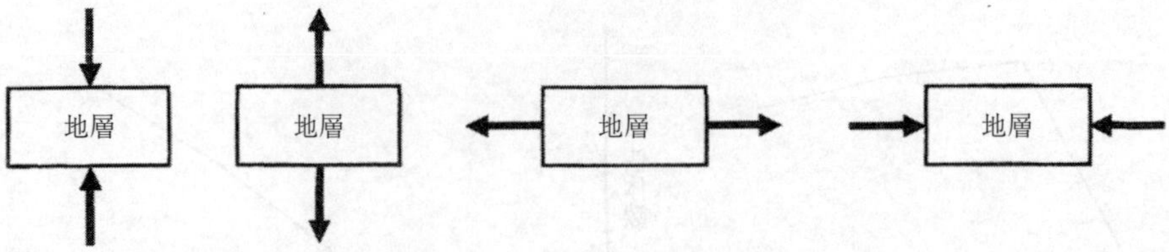

ア　　　イ　　　ウ　　　エ

③　地震が発生すると，液状化現象が起こるときがあります。液状化現象についての説明として誤っているものを次のア～エから１つ選び，記号で答えなさい。

ア．うめ立て地や三角州などで起こりやすい。

イ．重い建物がうき上がったりする。

ウ．地震のゆれで地中の土砂と水が分かれる。

エ．地面が液体のようになる。

④　震源が海底にあると，津波が起こるときがあります。津波についての説明として正しいものを次のア～エから１つ選び，記号で答えなさい。

ア．地震のゆれの伝わる速さよりも津波の速さは速い。

イ．津波の速さは水深が深いところほど速い。

ウ．陸地に近づくほど津波の高さは低くなる。

エ．火山のふん火で津波が発生することはない。

(2)　地震の大きさは，震度とマグニチュードで表します。震度は，ある場所での地震によるゆれの強さを表し，マグニチュードは地震そのものの大きさ(規模)を表します。これは，電球の明るさと電球に照らされた周りの明るさとの関係によく似ています。図２に示すように明るさの異なる２種類の電球で，同じ高さから机を照らしています。この実験からわかることを下のア～エから１つ選び，記号で答えなさい。

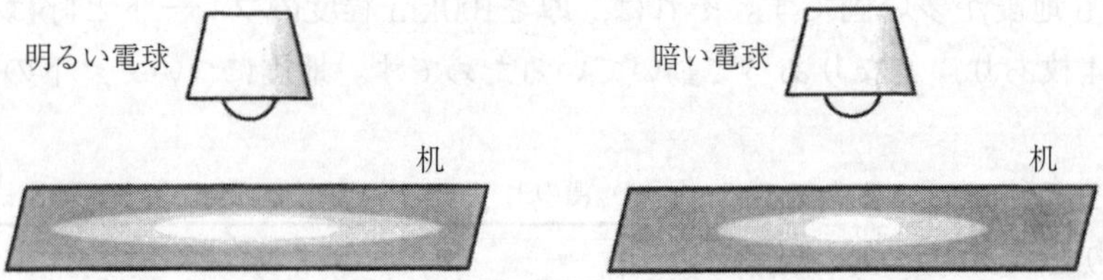

図２

ア．マグニチュードが大きくなると，同じ場所の震度は大きくなる。

イ．マグニチュードは震源に近い場所では大きく，遠い場所では小さくなる。

ウ．マグニチュードが大きいと，ゆれの範《はん》囲はせまくなる。

エ．マグニチュードの大きさに関係なく，震度はどこでも同じになる。

(3)　地震のゆれは地震波によって起こります。地震が起こると，Ｐ波とＳ波という２種類の地震波が震源から同時に発生します。Ｐ波は伝わる速さが秒速７km くらいです。Ｓ波は伝わる速さが秒速４km くらいで強いゆれを起こします。

緊《きん》急地震速報は，先に伝わるＰ波を機械などで検知した段階で，Ｓ波が伝わってくる前に危険が迫《せま》っていることを知らせる仕組みです。

図３は，都市Ａ，都市Ｂのある地震の震源(震央)Ｘからの距離を模式的に示しています。

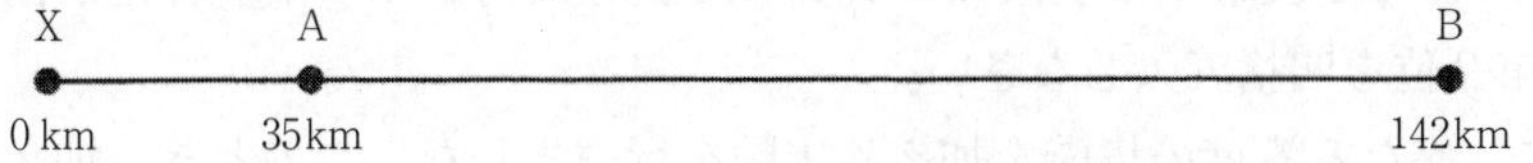

図３

① 都市ＡにＰ波が到《とう》着するのは，地震発生から何秒後ですか。

② 都市ＡにＰ波が到着してから，0.5秒後に都市Ｂで緊急地震速報を受信しました。都市ＢにＳ波が達するのは，緊急地震速報を受信してから何秒後ですか。

3 気体の性質について，下の問いに答えなさい。

(1) ６種類の気体Ａ～Ｆは，水素，酸素，二酸化炭素，ちっ素，アンモニア，塩化水素のいずれかであることがわかっています。次のような実験を行いました。

［実験１］

気体Ｂ，Ｃ，Ｄをそれぞれ試験管にとり，火のついた線香を入れると気体ＢとＤではやがて火が消え，気体Ｃでは激しく燃えた。

［実験２］

気体Ａにしめった赤色リトマス紙を近づけると青色に変化した。

［実験３］

気体Ｅを水に溶《と》かし，さらに亜鉛《あえん》を加えると気体Ｆが発生した。

［実験４］

気体Ｂを石灰水に吹《ふ》き込《こ》むと，白くにごった。

① 気体Ａ～Ｆについて，気体の性質を正しく述べているものを次のア～クからそれぞれ選び，記号で答えなさい。

ア．地球温暖化の原因の一つとなっている。

イ．植物の光合成で発生する。

ウ．鼻をさすにおいがあり，空気よりも重い。

エ．においがなく，空気よりも非常に軽い。

オ．卵が腐《くさ》ったようなにおいがある。

カ．黄緑色をしており，殺菌《きん》作用がある。

キ．上方置換《かん》法でしか集められない。

ク．空気の約80％を占《し》めている。

② 水に溶かすことができ，その水溶《よう》液にBTB溶液を加えたときに黄色に変化する気体をＡ～Ｆからすべて選び，記号で答えなさい。

(2) チョークや大理石の主成分である炭酸カルシウムは，塩酸と反応して二酸化炭素を発生します。ある濃《のう》度の塩酸100mLに炭酸カルシウムを加える実験を行いました。このとき，反応した炭酸カルシウムの重さと発生した二酸化炭素の重さの関係を調べたところ，表１のような結果が得られました。

表１ 炭酸カルシウムの重さと発生した二酸化炭素の重さの関係

炭酸カルシウムの重さ(ｇ)	2.0	4.0	6.0	8.0	10.0
発生した二酸化炭素の重さ(ｇ)	0.88	1.76	2.64	3.30	3.30

①　この塩酸100mLとちょうど反応する炭酸カルシウムの重さは何ｇですか。答えが割り切れないときは，小数第２位を四捨五入しなさい。

次に，大理石3.0ｇに，異なる濃度の塩酸を加える実験を行いました。このとき，加えた塩酸の体積と発生した二酸化炭素の重さの関係を調べたところ，表２のような結果が得られました。ただし，大理石に含《ふく》まれる炭酸カルシウム以外の成分は，塩酸と反応しないものとします。

表２　加えた塩酸の体積と発生した二酸化炭素の重さの関係

加えた塩酸の体積(mL)	20	40	60	80	100
発生した二酸化炭素の重さ(ｇ)	0.44	0.88	1.10	1.10	1.10

②　この結果より，加えた塩酸の体積(mL)と発生した二酸化炭素の重さ(ｇ)の関係をグラフに書きなさい。

③　用いた大理石3.0ｇには，炭酸カルシウムが何％含まれていますか。答えが割り切れないときは，小数第２位を四捨五入しなさい。

4　ばねを使った[実験１]～[実験３]について，下の問いに答えなさい。ただし，ばねの重さは考えないものとします。

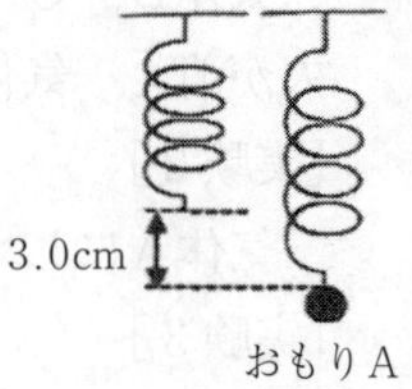

図１

[実験１]

図１のように，ばね１つにおもりＡを１つつるすと，ばねが3.0cmのびたところでおもりは止まりました。

(1)　このばねに，別のおもりＢを３つつるすと，ばねは13.5cmのびました。おもりＢの重さは，おもりＡの重さの何倍ですか。

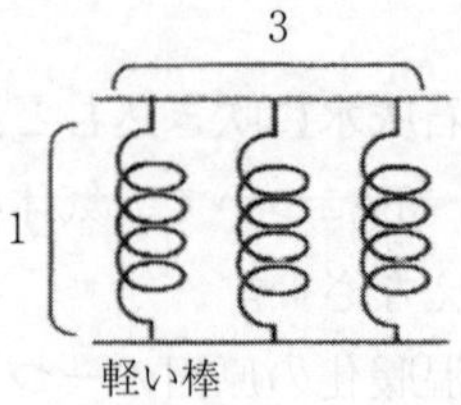

図２　(1,3)

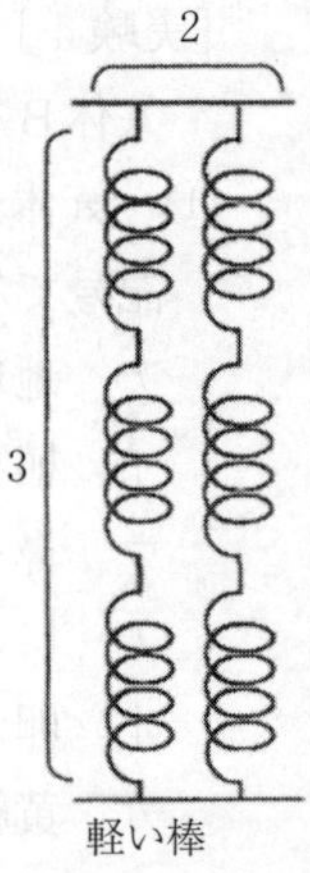

図３　(3,2)

[実験２]

図２，図３のように，[実験１]で使ったばねと同じ種類のばねを複数組合わせ，軽い棒につなぎました。このときばねはのびませんでした。そこに[実験１]のおもりＡを１つつるし，この棒が下がった距離《きょり》を調べたところ，結果は表１のようになりました。表１の「ばねの組合わせ」にある数字は(縦につないだ数，横につないだ数)を表します。図２のつなぎ方は(１，３)，図３は(３，２)になります。

表１　ばねの組合わせと棒が下がった距離の関係

ばねの組合わせ	(１，１)	(１，２)	(１，３)	(１，４)	(２，１)	(２，２)	(２，３)	(２，４)
棒が下がった距離(cm)	3.0	1.5	1.0	0.75	ア	イ	ウ	エ

(2)　表１のアとウにあてはまる数値をそれぞれ答えなさい。答えが割り切れないときは，小数第２位を四捨五入しなさい。

(3)　棒が下がった距離が，表１のイ，エと同じになる組合わせをそれぞれ１つずつ答えなさい。答えは表１にない組合わせでもかまいません。

(4)　ばねの組合わせが(３，２)のとき，おもりＡを１つつるすと棒は何cm下がりますか。答えが割り切れないときは，小数第２位を四捨五入しなさい。

［実験３］

［実験２］のように，ばねを組合わせて軽い棒でつなぎ，図４のように［実験１］と同じおもりＡをつるしました。この状態から図５のようにおもりを下に引いてばねを引きのばして手をはなすと，軽い棒とおもりは上下の往復運動をくり返しました。この往復運動５回にかかる時間を，ばねの組合わせを変えながら調べたところ，結果は表２のようになりました。

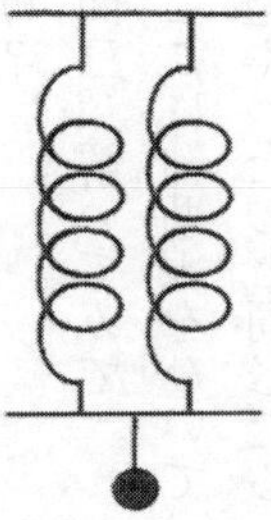

おもりＡ

図４

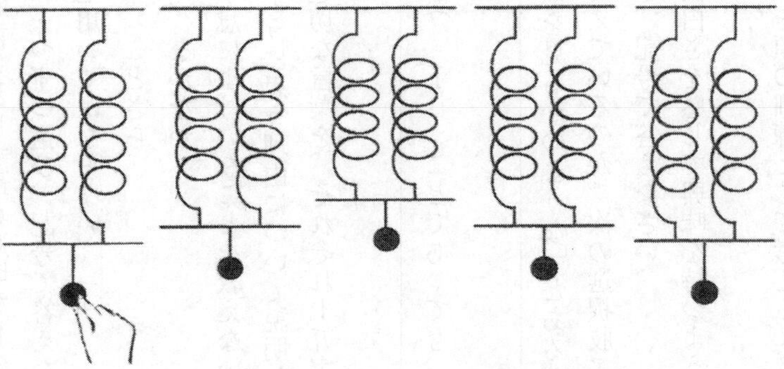

図５　軽い棒とおもりＡの往復運動１回の様子

表２　ばねの組合わせと５往復にかかる時間の関係

ばねの組合わせ	（１，１）	（１，２）	（１，３）	（１，４）	（２，１）	（２，２）	（２，３）	（２，４）
時間(秒)	6.36	4.50	3.65	3.18	9.00	6.36	5.20	4.50

(5)　表２の結果から，横につなぐばねの数が４倍になると５往復にかかる時間は何倍になりますか。

(6)　ばねの組合わせが（４，１）のとき，５往復にかかる時間は何秒ですか。表１と表２の結果を使い，小数第１位まで答えなさい。

ア「だめだ。わかんない」
イ「え、そうだっけ？」
ウ「じゃあこれ、問三。解いてみて」
エ「ほら、こことここに補助線をひいて」
オ「どうして。先週やったのと同じだろ」

問二　[A]～[C]に入る言葉として最も適切なものを、次の選択肢ア～エからそれぞれ一つずつ選び、記号で答えなさい。ただし、同じ記号を二度以上用いてはならない。

ア　そもそも　　イ　ことさら
ウ　ますます　　エ　なかなか

問三　――線部①「ご子息によけいなことを教えないで下さい」とあるが、「僕」がそのように思う理由について説明した、次の（Ⅰ）・（Ⅱ）に当てはまる適切な言葉を、それぞれ十五字以内で答えなさい。

> 藤巻先生の話が（　Ⅰ　）ことであっても、それを和也は（　Ⅱ　）から。

問四　――線部②「珍獣を見るかのような」とあるが、「珍獣」とはどのような人をたとえているのか。次の選択肢ア～エから最も適切なものを一つ選び、記号で答えなさい。

ア　珍しいものに面白さを感じて興味を持つような、好奇心にあふれた人。
イ　やっかいな計算を頭の訓練として考えるような、切り替えのはやい人。
ウ　難しく思える計算もすんなりと解いてしまうような、計算が得意な人。
エ　誰もが嫌に思えるものに面白さを感じるような、普通とは変わった人。

問五　――線部③「そっと息を吐き、天井へと視線をずらす」とあるが、この時の「僕」の心情について説明しなさい。

問六　藤巻家の家庭教師である「僕」は、「和也」を学力的にはどのように評価しているのか、説明しなさい。

問七　本文の表現や内容についての説明として最も適切なものを、次の選択肢ア～エから一つ選び、記号で答えなさい。

ア　尊敬する藤巻先生の息子なので何とか和也の成績をあげたいという「僕」の少しの焦《あせ》りが、「舌打ちしそうになった」という言葉で表現されている。
イ　和也から「教授と教え子って似てくるもんなの？」と言われ有頂天になった「僕」が、和也に対して普段よりも積極的に話しかけている様子が描かれている。
ウ　和也に勉強を教える「僕」の視点で描かれ、学習に意欲的ではない和也に手こずり、苦労している「僕」の様子や心情が率直に表現されている。
エ　「藤巻教授の血をひいた息子の頭」という言葉から、「僕」が和也の将来に期待していて、今後彼が立派な科学者になれると感じていることが読み取れる。

教えないで下さい。

藤巻教授は偉大な科学者であり、偉大な科学者の常として、客観的な事実を尊重する。さらに、その事実は＊1あまねく平等かつ正確に開示されるべきだと信じてもいる。しかし、事実をあえて指摘《してき》しないほうが円滑《えんかつ》に進むような局面も世の中には多々存在するというのもまた、＊2厳然《げんぜん》たる事実だ。

「コツをつかめば、[A] 楽しいもんだよ」

　これも事実である。難問が解ければすっきりするし、無心で数字と向きあっている間は悩みも気がかりも忘れられる。僕がここのところ気に入っているのは、藤巻先生の講義で習った低気圧の理論計算だ。発達過程での波動や＊3擾乱《じょうらん》といった変数を考えあわせ、数式を組みたてていく。日頃なにげなく目のあたりにしている数々の気象現象は、おおむね数学的に表現できてしまうのだ。

「楽しい？　計算が？」

　和也が②珍獣《ちんじゅう》を見るかのような目を僕に向ける。

「じゃあ、頭の訓練と思えばいい。脳みそは使わないと鈍るから、鍛《きた》えるにこしたことはない」

　僕自身も、気乗りしない科目については、そう割りきって片づけたものだった。たとえば国語や社会科だ。さらに興味の持てない美術や体育に関しては、思考力より精神力を磨くつもりで乗りきった。

「いいよ別に、どうせおれの脳みそなんてたいしたもんじゃないし。先生や親父とは、[B] 出来が違うからさ」

　おれは頭が悪いから、と和也はことあるごとに言う。返却されたテストの答案用紙を僕に見せるときも、問題が解けずに投げ出すときも、[C] ＊4卑屈《ひくつ》になるでもなく、あっけらかんと開き直ってみせる。でも、それは言い訳にすぎないと僕は思う。和也は頭が悪いわけじゃない。話していればわかる。こうして屁《へ》理屈をこねてみせるのだって、それなりに頭の回転が速いからこそできることだろう。大きな声では言えないが、他の家庭教師先には、もっとぼんやりした生徒も少なくない。さっき母親にも話したとおり、和也はきっと「やればできる」。努力と向上心が足りないだけだ。怠《なま》けずに勉強すれば、順当に成績は上がるに違いない。

　だいたい、藤巻教授の血をひいた息子の頭が悪いわけがないじゃないか。

　和也に計算の続きをさせておいて、僕は残りのプリントに目を通した。あと三週間で終わらせるには、いくらか急いだほうがよさそうだ。一問も手をつけられていない国語の宿題も発見してしまい、担当外《がい》ながら心配になってくる。

「できたかい？」

「まだ」

　ほがらかに答えた和也の手もとをのぞいて、舌打ちしそうになった。中途半端にとぎれた数式のかわりに、高層ビルの絵が描かれている。珍しく真剣に手を動かしていると思ったらこれだ。なまじ巧《うま》いのがかえって腹立たしい。

　③そっと息を吐き、天井へと視線をずらす。科学を志す者の端《はし》くれとして、僕は合理性を重んじる。感情的になってもろくなことはない。ことに、小生意気な中学生を相手にしている場合は。

（瀧羽麻子『博士の長靴』ポプラ社）

注　＊1　あまねく…広く。
　　＊2　厳然たる…動かしがたい。
　　＊3　擾乱…大気の小さな乱れ。
　　＊4　卑屈…いじけて、自分をいやしめること。

問一　[I]～[V]には次のいずれかの会話文が当てはまる。これらを正しい順序に並べ替えて記号で答えなさい。

ウ　まだ考え得るすべての手段を使ったわけではない。
エ　すべての方法を使い果たし、どうしようもない状態だ。

問六　――線部④「聴くというのも、話を聴くというより、話そうとして話しきれないその疼きを聴くということだ」とあるが、この部分に関しての、次の対話文を読んで後のⅰ・ⅱに答えなさい。

A君　――線部④では、「話そうとして話しきれないその疼きを聴く」とあるね。
B君　人には、いざ相手に話をしようとしても、なかなか話しきれない部分があると思うよ。やはり、相手に自分の気持ちの全てを伝えるのは難しいことだから、相手の［ａ］しないと、その人は話をすることもないかもしれない。
A君　なるほど。だから、「聴く」場合には、［ｂ］ということが大切なんだね。
B君　そう。そしてそれは、相手の言っていることやその考えを一緒になって考えたり、相手と同じ気持ちになろうとしたりするのではなくて、相手と［ｃ］ということなんだ。
A君　わかった。それが相手を理解するということなんだね。

ⅰ　［ａ］・［ｂ］に当てはまる最も適切な言葉を、［ａ］は〈文章Ⅰ〉から七字、［ｂ］は〈文章Ⅱ〉から八字で抜き出してそれぞれ答えなさい。
ⅱ　［ｃ］に当てはまる適切な言葉を、〈文章Ⅰ〉の語句を使って十字以上十五字以内で答えなさい。

問七　――線部⑤「ほんとうのコミュニケーションが生まれる」とあるが、「ほんとうのコミュニケーション」とは、どのようなことを通して生まれるのか、〈文章Ⅰ〉・〈文章Ⅱ〉を踏まえて説明しなさい。

三

次の文章を読んで、後の各問に答えなさい。

「うちの親父もそう言ってる。教授と教え子って似てくるもんなの?」
そうだとしたら光栄だ。僕は藤巻教授を尊敬している。願わくは、将来は彼のような一流の研究者になりたい。
「あのさ先生、言っとくけどほめてないよ」
和也が僕の顔をのぞきこみ、あきれたように言い添えた。僕は気を取り直して、プリントを一枚渡した。
［Ⅰ］
つまらなそうに握った鉛筆を、和也はものの三分で放り出した。
［Ⅱ］
［Ⅲ］
［Ⅳ］
［Ⅴ］
僕は和也の鉛筆を拾って、いびつな七角形の内側に線を二本書き足してやった。
「ああ、そっか。それで?」
「あとは公式にあてはめればいい」
鉛筆を返し、「計算してみて」と命じる。危ないところだった。ごく自然な相槌《あいづち》につられて、つい自分で解いてしまいそうになった。
和也がうらめしげにため息をつく。
「ねえ、こういう計算とかって、コンピュータを使えば、一瞬でできちゃうんでしょ? こないだ親父が言ってたよ。だったらわざわざ人間が時間かけてやらなくてもよくない?」
藤巻先生、と僕は胸の中でつぶやいた。①ご子息によけいなことを思います。ともかく聴いていることが根本で、言われることをずっと聴いている。ときどき誤解され、カウンセラーなどというと、いろいろなことを教えてくれたり、指導したり助言したりすると思われますが、そういうことをすることはほとんどありません。ときどきしますが、まずないです。大半は聴いているわけです。

（中略）

考えてみると、人間は話を聴いているようだけれど、とことん話を聴くということは本当にないのではないでしょうか。どこか途中で話を折ってしまう、やめてしまう。ところがわれわれは徹底的に聴いています。ただそのときに、職業として自分の体験をだんだん深めていきますとわかるのですが、やはり普通の人とは違う聴き方をしていると思います。

どんなふうに聴いているかというと、言われていることを必死になって聴いて、それについて必死になって考えてということはしません。そういう聴き方ではありません。

（河合隼雄・立花　隆・谷川俊太郎『読む力・聴く力』岩波書店）

注　＊1　肯う…承知する。
＊2　尽きない…終わることがない。
＊3　調停員…対立する双方の間に入り、争いをやめさせる人。
＊4　観念…あきらめること。
＊5　修羅場…激しい争いの場。
＊6　差異…他のものと異なる点。
＊7　葛藤…互いに譲らず対立すること。

問一　[X]・[Y]に当てはまる最も適切な言葉を、次の選択肢ア～エからそれぞれ一つずつ選び、記号で答えなさい。ただし、同じ記号を二度以上用いてはならない。

ア　すなわち　イ　そして　ウ　しかし　エ　たとえば

問二　[Z]に当てはまる最も適切な言葉を、次の選択肢ア～エから一つ選び、記号で答えなさい。

ア　話さば聴け、話さなくても聴け。
イ　話さば聴け、黙らば聴き出せ。
ウ　話さば黙れ、黙らば聴け。
エ　話さなくとも聴き出せ。

問三　――線部①「このお母さんは素敵だなと思った」とあるが、その理由として最も適切なものを、次の選択肢ア～エから一つ選び、記号で答えなさい。

ア　性が合わなくても、日頃から息子と何度も言葉を交わす中でその人柄の良さを認めているから。
イ　性が合わなくても構わないとでもいうような口ぶりに、親子の強い結びつきが感じられるから。
ウ　性が合わず息子との関係が悪くても、我慢しながら暮らしていこうとする忍耐力を感じたから。
エ　自分と自分以外の人とは、ものの見方や感じ方が違って当然だということを自覚しているから。

問四　――線部②「そんなにかんたんにわかられてたまるか」とあるが、そのように発言する理由を説明した次の（　）に当てはまる適切な言葉を、二十字以内で答えなさい。

「わかる、わかる」とうわべだけの言葉で返されると、むしろ（　　　）ように感じられるから。

問五　――線部③「万策尽きた」の言葉の意味として最も適切なものを、次の選択肢ア～エから一つ選び、記号で答えなさい。

ア　様々な方法がすべてだめだったが、それを認めたくない。
イ　すべての手段に効果がなく、別の手立てを考えている。

だなと思った。ひとには言ってもわからないことがある。それを知ったうえでそれでもいっしょにいる。わからなくてもたがいの信頼が揺るがないことを肌で感じている……。性が合わなくてもいい、いやむしろ合わなくて当然なのだ。

「納得」という言葉がある。「納得」というのは不思議な心持ちで、「あなたの言うことはわかるけど、納得できない」と、わたしたちはしばしば口にする。逆に、「あなたの言っていることはわたしには＊1肯《うべな》うことはできないけれど、でも納得はできる」とか「事はそれで解決したわけではないけれど、納得はした」と口にすることもある。

このように、「納得」にはどうも、事態の理解、事態の解決には＊2尽きないものが含まれているようだ。だから、わかってもらいたいと願って口を開いたひとが、「わかる、わかる」と相手にすらすら言葉を返されると、「②そんなにかんたんにわかられてたまるか」と、逆に頑《かたく》なになるのだろう。

ある家庭裁判所の＊3調停員からおもしろい話を聞いたことがある。離婚の調停で、双方《そうほう》がそれぞれの言い分をぶつけ合った果てに「③万《ばん》策《さく》尽きた」「もうあきらめた」「いくら言ってももう無駄だ」と＊4観《かん》念《ねん》したとき、そのぎりぎりの決裂のときにこそ、ほんとうの話しあいの途《みち》が微《かす》かに開けることがあるというのだ。訴え合いのプロセス、交渉のプロセスが尽くされてはじめて開けてくる途がある、と。

言葉のぶつけ合いの果てに、相手方のなかにその相手（つまり、このわたし）の心根《こころね》をうかがうような想像力もしくは関心がふと芽生えたことを察知したとき、［　Y　］この＊5修羅場《しゅらば》から降りずに、果てしなく苦しいこの時間を共有してくれたことそのことにふと意識が及んだときに、「納得」ということが起こるというわけだろう。その意味では、「納得」は、事態の解決というより、その事態に自分とは違う立場からかかわるひととの関係のあり方をめぐって生まれる心持ちなのだろう。

④聴《き》くというのも、話を聴くというより、話そうとして話しきれないその疼《うず》きを聴くということだ。そして聴き手の聴く姿勢を察知してはじめてひとは口を開く。そのときはもう、聴いてもらえるだけでいいのであって、理解は起こらなくていい。妙にわかられたら逆に腹が立つというものだ。

こうして一つ、たしかなことが見えてくる。他者の理解とは、他者と一つの考えを共有する、あるいは他者と同じ気持ちになることではないということだ。むしろ、苦しい問題が発生しているまさにその場所にともに居合わせ、そこから逃げないということだ。

こういう交わりにおいて、言葉を果てしなく交わすなかで、同じ気持ちになるどころか、逆に両者の＊6差異《さい》がさまざまの微細《びさい》な点で際立ってくる。「ああ、このひとはこういうときこんなふうに感じ、こんなふうに惑うのか」と、細部において、ますます自分との違いを思い知ることになる。それが他者を理解するということなのである。そして差異を思い知らされつつ、それでも相手をもっと理解しようとしてその場に居つづけること、そこにはじめて⑤ほんとうのコミュニケーションが生まれるのではないかと思う。このことはもっと大きな社会的次元においても、つまり現代社会の多文化化《マルチカルチュラル》のなかで起こるさまざまな＊7葛藤《かっとう》や衝突《しょうとつ》のなかでも、同じように言えるはずだ。

（鷲田清一『わかりやすいはわかりにくい？』ちくま新書）

〈文章Ⅱ〉

今日の話の題目ですが、私は先ほども言いましたように「聴く」ことが私の本職と言っていいと思います。何をしているかというと、訪ねて来られた方の相談をするときに、根本は「聴く」ということです。相撲に「押さば押せ、引かば押せ」と、押しが相撲の根本だという言葉がありますが、私はカウンセラーの根本は「［　Z　］」だと

2023年度 逗子開成中学校

【国　語】〈第二次試験〉（五〇分）〈満点：一五〇点〉

注意　１、字数制限のある問題では、句読点やかっこ、その他の記号も一字として数えます。

２、問題文には、設問の都合で、文字・送りがななど、表現を改めたり、はぶいたところがあります。

一　次の各問に答えなさい。

問一　次の①～⑮の各文の――線部のカタカナを漢字で書き、――線部の漢字の読み方をひらがなで書きなさい。

①　ユウソウ料がかかる。
②　警報をカイジョする。
③　文字をカクダイする。
④　ジュクレンした技。
⑤　商品のザイコを調べる。
⑥　キチョウな体験をする。
⑦　田舎にキセイする。
⑧　犯人がツカまる。
⑨　閉会式にノゾむ。
⑩　ボタンをトめる。
⑪　安易な考え。
⑫　光沢のある服。
⑬　友の歓迎を受ける。
⑭　両親を拝みたおす。
⑮　木が朽ち果てる。

問二　次の①・②の各文の～～線部がかかる言葉をそれぞれ一つずつ抜き出し、記号で答えなさい。

①　なかなかア話し合ってイ歩み寄れるウ状況にはエないとオ思う。
②　何が今ア彼にイとってウ必要なのかを、エ彼のオ立場でカ考える。

問三　次の①～③の各文の――線部は、体の一部分を使った慣用句である。それぞれの（　）に当てはまる最も適切な漢字一字を答えなさい。

①　優勝チームに試合を申し込んだが、残念ながら（　）であしらわれて試合を組んでもらえなかった。
②　彼がスピーチに失敗して（　）を落としている様子は、見ていて本当に気の毒だった。
③　面倒くさがりの父が、ようやく重い（　）を上げて、海外旅行に必要なパスポートの申請に出かけた。

二　次の〈文章Ⅰ〉・〈文章Ⅱ〉を読んで、後の各問に答えなさい。

〈文章Ⅰ〉

言葉というのは不思議なもので、交わせば交わすほどたがいの違いが際立《きわだ》ってくる。たがいに理解しあうということ、相手のことをわかるということは、相手と同じ気持ちになることだと思っているひとが多い。［　X　］それは理解ではなく合唱みたいなものであって、同じものを見ていても感じることがこんなにも違うのかというふうに、違いを思い知らされることが、ほんとうの意味での理解ではないかと思う。

以前、友人の家族と会ったとき、母親が自分の息子を指さして、「この子とは性《しょう》が合いませんねん」と言った。①このお母さんは素敵

2023年度

逗子開成中学校　▶解説と解答

算　数　＜第２次試験＞（50分）＜満点：150点＞

解　答

[1] (1) 400　(2) 8.76　(3) $\frac{23}{45}$　[2] (1) 26年後　(2) 2023　(3) ９通り　(4) Ａくんが42.5m差を付けて勝つ　(5) 55.5度　(6) $83\frac{1}{3}$cm^2　[3] (1) 24日　(2) 100日　(3) 32日　[4] (1) 72cm^2　(2) 50cm^2　(3) 34cm　[5] (1) (イ)　(2) 24：7　(3) 分速12.25m

解　説

[1] 計算のくふう，逆算

(1)　５＋５×(５×５×５＋５)－５×{５÷５＋５×(５＋５)}＝５＋５×(125＋５)－５×(１＋５×10)＝５×１＋５×125＋５×５－５×１－５×５×10＝５×(１＋125＋５－１－50)＝５×80＝400

(2)　1.2×1.9＋0.48×13－0.03×36＋17.16÷13＝1.2×1.9＋1.2×0.4×13－0.03×30×1.2＋1.32＝1.2×1.9＋1.2×5.2－1.2×0.9＋1.2×1.1＝1.2×(1.9＋5.2－0.9＋1.1)＝1.2×7.3＝8.76

(3)　$2-\left\{\left(\frac{3}{5}-\square\right)\div\frac{2}{9}+1\frac{4}{7}\right\}=\frac{1}{35}$より，$\left(\frac{3}{5}-\square\right)\div\frac{2}{9}+1\frac{4}{7}=2-\frac{1}{35}=\frac{70}{35}-\frac{1}{35}=\frac{69}{35}$，$\left(\frac{3}{5}-\square\right)\div\frac{2}{9}=\frac{69}{35}-1\frac{4}{7}=\frac{69}{35}-\frac{11}{7}=\frac{69}{35}-\frac{55}{35}=\frac{14}{35}=\frac{2}{5}$，$\frac{3}{5}-\square=\frac{2}{5}\times\frac{2}{9}=\frac{4}{45}$　よって，$\square=\frac{3}{5}-\frac{4}{45}=\frac{27}{45}-\frac{4}{45}=\frac{23}{45}$

[2] 年れい算，整数の性質，場合の数，速さと比，角度，相似，辺の比と面積の比

(1)　現在の「子どもの年れいの合計」は，９＋６＝15(さい)なので，現在の「父の年れい」と「子どもの年れいの合計」の差は，41－15＝26(さい)である。また，「父の年れい」は１年に１さいずつ増え，「子どもの年れいの合計」は１年に２さいずつ増えるから，これらの差は１年で，２－１＝１(さい)ずつ縮まる。よって，等しくなるのは，26÷１＝26(年後)とわかる。

図１

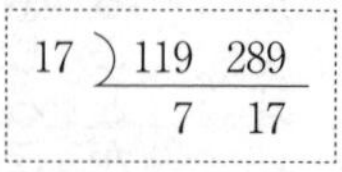

(2)　右の図１より，119と289の最小公倍数は，17×７×17＝2023とわかる。

(3)　ズーくんがシーくんからもらい，ほかの子も自分以外の子からもらう交換《こうかん》方法は，右の図２のように３通りある。同様に，ズーくんがカイくん，セイくんからプレゼントをもらい，ほかの子も自分以外の子からもらう交換方法も３通りずつある。よって，４人とも自分以外の子からもらう交換方法は，３×３＝９(通り)とわかる。

図２

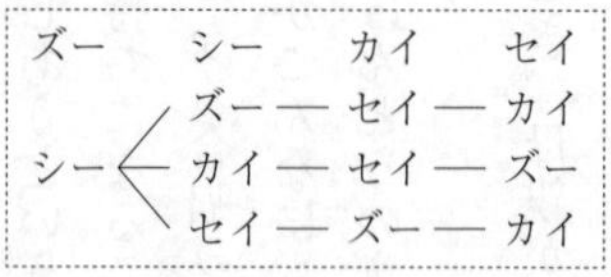

(4)　Ａくんが200m走る間にＢくんは，200－25＝175(m)走るので，ＡくんとＢくんの速さの比は，200：175＝８：７である。また，Ｂくんが200m走る間にＣくんは180m走るから，ＢくんとＣくんの速さの比は，200：180＝10：９となる。よって，これらの比をそろえると右の図３のようになるので，

図３

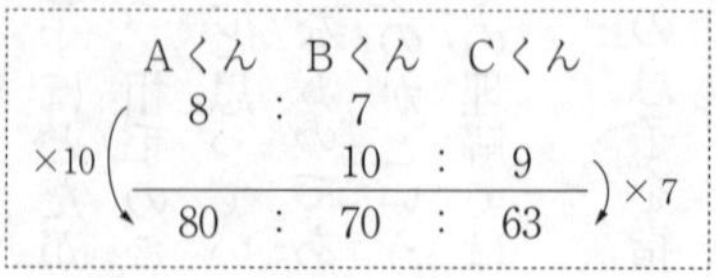

Ａくんと Ｃくんの速さの比は80：63とわかる。したがって，Ａくんと Ｃくんが勝負したとき，Ａくんが200m走る間に Ｃくんは，$200\times\frac{63}{80}=157.5$(m)走るから，Ａくんが，200－157.5＝42.5(m)の差を付けて勝つ。

図４

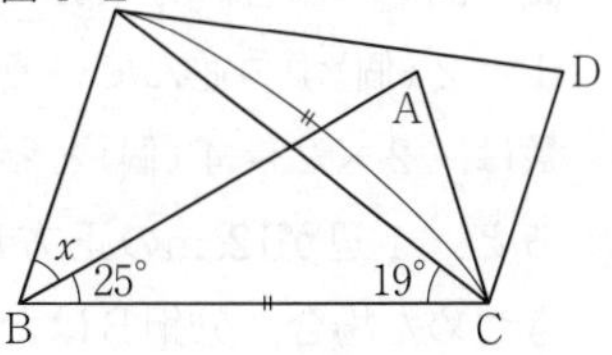

(5)　右の図４で，三角形ABCと三角形DECは合同だから，BCとECの長さは等しい。よって，三角形CEBは二等辺三角形なので，角EBCの大きさは，(180－19)÷２＝80.5(度)とわかる。したがって，角 x の大きさは，80.5－25＝55.5(度)と求められる。

図５

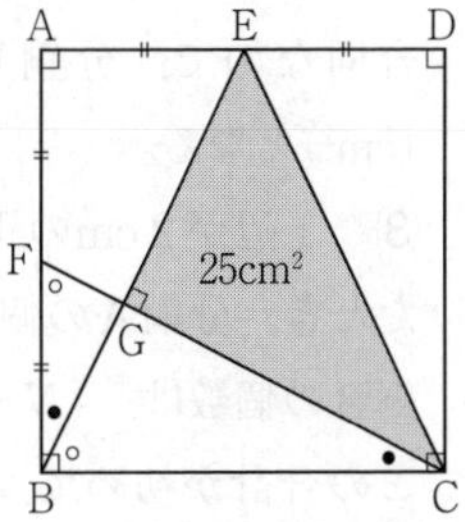

(6)　右の図５で，●印と○印の角の大きさはそれぞれ等しいから，三角形FGB，三角形BGC，三角形FBCは相似である。また，FB：BC＝$\frac{1}{2}$：１＝１：２である。よって，FG：GB＝BG：GC＝１：２より，FG：GC＝１：$\left(2\times\frac{2}{1}\right)$＝１：４となるので，三角形FGBの面積を①とすると，三角形BGCの面積は，①×４＝④，三角形FBCの面積は，①＋④＝⑤とわかる。ここで，三角形EBCは，BCを底辺と考えたときの高さが三角形FBCの２倍だから，その面積は，⑤×２＝⑩である。すると，三角形CEGの面積は，⑩－④＝⑥，正方形ABCDの面積は，⑩×２＝⑳となる。したがって，正方形ABCDの面積は，$25\times\frac{20}{6}=83\frac{1}{3}$($cm^2$)と求められる。

３　仕事算，周期算

(1)　仕事全体の量を72と18の最小公倍数である72とすると，Ｍさんが１日にする仕事の量は，72÷72＝１となり，ＧさんとＭさんが１日にする仕事の量の合計は，72÷18＝４となるので，Ｇさんが１日にする仕事の量は，４－１＝３とわかる。よって，Ｇさんが１人でするときにかかる日数は，72÷３＝24(日)と求められる。

(2)　Ｍさんは，５＋２＝７(日)ごとに同じ働き方をくり返し，この７日で，１×５＝５の仕事をする。よって，72÷５＝14余り２より，Ｍさんが１人で仕事をする場合，この働き方を14回くり返し，さらに，２÷１＝２(日)かかるので，始めてから，７×14＋２＝100(日)で仕事が終わる。

(3)　Ｍさんは７日ごと，Ｇさんは，１＋１＝２(日)ごとに同じ働き方をくり返すので，ＭさんとＧさんを合わせて考えると，７と２の最小公倍数である14日ごとに同じ働き方をくり返す。右上の表より，この14日でする仕事の量は，Ｍさんが，１×10＝10，Ｇさんが，３×７＝21とわかるから，合わせると，10＋21＝31となる。よって，72÷31＝２余り10より，この働き方を２回くり返し，さらに10の仕事をしたところで終わる。ここで，表の４日目までにちょうど，１×４＋３×２＝10の仕事が終わるから，仕事が終わるまでの日数は，14×２＋４＝32(日)と求められる。

Ｍさん	1	1	1	1	1	0	0	1	1	1	1	1	0	0
Ｇさん	3	0	3	0	3	0	3	0	3	0	3	0	3	0

４　平面図形―面積，図形と規則

(1)　下の図①で，矢印のように移動すると，斜線《しゃせん》部分は対角線の長さが２cmの正方形になる。よって，分銅Ａ１個の面積は，２×２÷２＝２(cm^2)とわかる。また，下の図②(１辺が６cmの正方形になるようにしきつめた場合)で，分銅Ａはたて・横に，６÷２＝３(個)ずつ並んでいるから，分銅Ａの個数は，３×３＝９(個)と求められる。同様に考えると，１辺が12cmの正方形になるようにしきつめた場合，分銅Ａはたて・横に，12÷２＝６(個)ずつ並ぶので，分銅Ａの個数は，６×

６＝36(個)と求められる。したがって，分銅Ａの面積の合計は，２×36＝72(cm²)になる。

図①

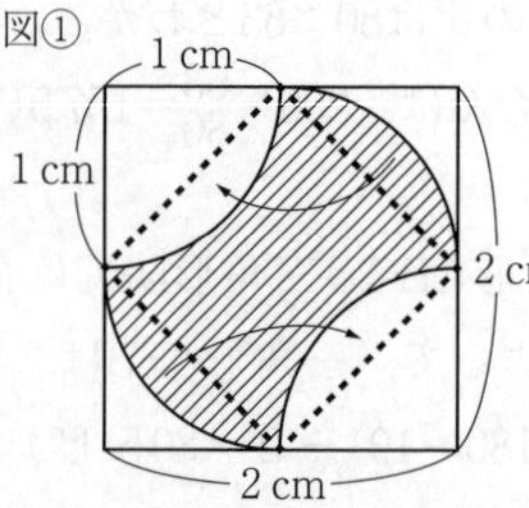

図②

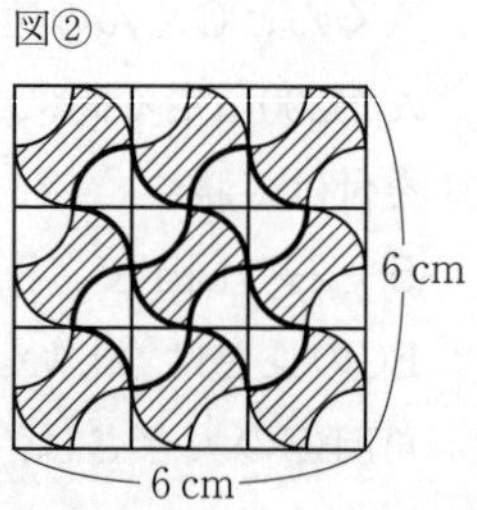

⑵　図②の場合，分銅Ｂはたて・横に，３－１＝２(個)ずつ並んでいるので，分銅Ｂの個数は，２×２＝４(個)とわかる。同様に考えると，１辺が12cmの正方形になるようにしきつめた場合，分銅Ｂはたて・横に，６－１＝５(個)ずつ並ぶから，分銅Ｂの個数は，５×５＝25(個)と求められる。また，分銅Ｂは分銅Ａと合同なので，分銅Ｂ１個の面積も２cm²である。よって，分銅Ｂの面積の合計は，２×25＝50(cm²)となる。

⑶　１辺が２cmの正方形をたて・横にN個ずつしきつめたとき，分銅Ａの個数は(N×N)個と表すことができ，分銅Ｂの個数は，(N－１)×(N－１)個と表すことができる。この合計が初めて，1000÷２＝500(個)より多くなるときを求めればよいから，右上の図③より，N＝17のときとわかる。よって，このときの正方形の１辺の長さは，２×17＝34(cm)である。

図③

N	14	15	16	17
N×N	196	225	256	289
(N－１)×(N－１)	169	196	225	256
合計	365	421	481	545

5　速さと比

⑴　潮は直線nに向かって直角の向きに一定の速さで流れているので，Ｂから陸と平行に一定の速さで泳ぐときには，一定の割合で陸の方向に流される。よって，正しい経路は(イ)である。

⑵　潮が無いときの泳ぐ速さを分速①m，潮の速さを分速[1]mとすると，AB間の距離《きょり》は，(①－[1])×27＝①×27－[1]×27＝㉗－[27](m)，CD間の距離は，(①＋[1])×13＝①×13＋[1]×13＝⑬＋[13](m)となる。また，BC間を泳いだ時間は，48－(27＋13)＝８(分)で，このとき，ADと平行に，①×８＝⑧(m)泳ぎ，BAと平行に，[1]×８＝[8](m)流されている。よって，右の図のように表すことができ，ED間の，[8]＋⑬＋[13]＝⑬＋[21](m)とAB間の距離が等しいから，㉗－[27]＝⑬＋[21]より，㉗－⑬＝[21]＋[27]，⑭＝[48]，①：[1]＝$\frac{1}{14}$：$\frac{1}{48}$＝24：７とわかる。つまり，潮が無いときの泳ぐ速さと潮の速さの比は24：７である。

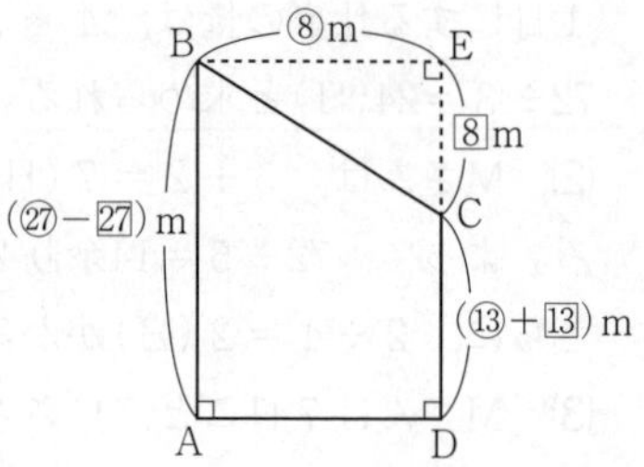

⑶　⑵の①と[1]の比を用いると，AB間，CD間の距離はそれぞれ比の，(24－７)×27＝459，(24＋７)×13＝403にあたる。この合計が，1858.5－350＝1508.5(m)なので，比の１にあたる距離は，1508.5÷(459＋403)＝1.75(m)と求められる。よって，潮の速さは分速，1.75×７＝12.25(m)とわかる。

社　会　＜第２次試験＞(40分)＜満点：100点＞

解　答

[1]　**問1**　Ⅰ　減反　　Ⅱ　ウ　　**問2**　ク　　**問3**　Ⅰ　伝統的工芸品　　Ⅱ　ウ　　**問4**

イ　**問５**　**河川Ａ**…最上(川)　**河川Ｂ**…吉野(川)　**問６**　潮目(潮境)　**問７**　**Ｘ**　ウ　**Ｙ**　イ　**問８**　(例)　土地(丘陵)が開発されて，住宅がつくられた。これによって多くの人が移り住んだので，人口増加につながった。　**問９**　環境アセスメント　**2**　**問１**　ア　**問２**　前方後円墳　**問３**　Ⅰ　８(世紀)　Ⅱ　大宰府　**問４**　行基　**問５**　ウ　**問６**　壬申(の乱)　**問７**　(例)　平安時代後期になると，戦乱や疫病などによる社会不安，末法思想の流行により，阿弥陀仏を信仰することによって極楽浄土へと導いてもらおうとする教えが広がったから。　**問８**　エ　**問９**　エ　**問10**　御家人　**問11**　ア，フビライ＝ハン　**問12**　Ⅰ　ウ　Ⅱ　イ　**問13**　豊臣秀吉　**問14**　ほしか　**問15**　イ→ウ→ア→エ　**問16**　Ⅰ　盧溝橋(事件)　Ⅱ　ア　**問17**　イ　**3**　**問１**　**1**　最高法規　**2**　国権　**3**　公共の福祉　**問２**　エ　**問３**　違憲立法審査権　**問４**　国民主権　**問５**　２(議席)　**問６**　知る権利　**問７**　ウ　**問８**　(例)　同じ行政サービスを受けているにもかかわらず，ふるさと納税をした人としなかった人との間で住民税の負担に差があるという，不公平な状態が生まれる。また，ふるさと納税の利用者が増えることにより，世田谷区の住民税収入が減少し，区民全体が十分な行政サービスを受けられなくなる恐れがある。

解　説

1　三浦半島の自然や産業についての問題

問１　Ⅰ　米は日本人の主食であるため，米の生産と流通を政府が管理する食糧管理制度がとられてきた。しかし戦後，食生活の変化(西洋化)により米の消費量が減少すると，政府は1970年ごろから米の栽培面積を減らす減反《げんたん》政策を進めるようになり，田を畑に替《か》えて米以外の作物を栽培《さいばい》する転作や，田を休ませる休耕が奨励《しょうれい》された。その後，米をめぐる状況の変化により，2018年に減反政策は廃止された。　Ⅱ　八郎潟(秋田県)は，かつては琵琶湖(滋賀県)につぐ日本第２位の面積を持つ湖であったが，干拓により大部分が陸地化され，干拓地には大潟村が建設された。これにより米の増産が図られたが，減反政策のあおりを受けることになった。なお，アの霞《かすみ》ヶ《が》浦《うら》は茨城県，イの満濃《まんのう》池は香川県，エの印旛《いんば》沼は千葉県にある湖沼《こしょう》。

問２　Ｘ～Ｚ　日本の遠洋漁業は，1960年代後半から70年代初めにかけては，漁業種類別の水揚《みずあ》げ量が最も多かった。しかし，第一次石油危機(1973年)の影響で燃料である石油の価格が大幅に上昇したことや，各国が沿岸から200海里以内を漁業専管水域と定めて外国船の操業を制限するようになったことから水揚げ量が急落し，その後も減少が続いている。漁業専管水域はその後，地下資源の開発の権利などもふくむ排他的経済水域として設定されるようになった。統計資料は『日本国勢図会』2022／23年版による(以下同じ)。

問３　Ⅰ，Ⅱ　伝統的工芸品は，100年以上の歴史を持つ伝統工芸品をおもな対象として経済産業大臣が指定する。神奈川県の伝統的工芸品には漆器《しっき》の「鎌倉彫《ぼり》」「小田原漆器」，木工品の「箱根寄《よせ》木細工《ぎざいく》」の３品目がある。

問４　Ｘ　京浜工業地帯は東京都と神奈川県の東京湾岸を中心に発達した工業地帯で，機械工業の割合が高いが，東京周辺では出版・印刷業がさかんである。　Ｙ　2019年の製造品出荷額の第１位～第５位は中京工業地帯，阪神工業地帯，関東内陸工業地域，瀬戸内工業地域，京浜工業地帯の順となっている。

問５　【資料１】の河川Ａは最上川で，山形県内をおおむね北へ向かって流れ，米沢《よねざわ》盆地・山形盆地を貫くように流れたのち，新庄《しんじょう》盆地で北西へ向きを変え，庄内平野を経て酒田市で日本海に注ぐ。最上川は，富士川(山梨県・静岡県)，球磨《くま》川(熊本県)とともに日本三急流の１つに数えられている。【資料２】の河川Ｂは吉野川で，四国地方をおおむね東へ向かって流れ，徳島市で紀伊水道(太平洋)に注ぐ。「四国三郎」の別名を持ち，「坂東《ばんどう》太郎(利根川)」「筑紫《つくし》次郎(筑後《ちくご》川)」とともに「三大暴れ川」とよばれる。また，讃岐《さぬき》平野(香川県)をかんがいする香川用水の水源でもある。

問６　暖流と寒流がぶつかる海域は潮目(潮境)とよばれる。えさとなるプランクトンが多く発生することから魚が多く集まり，好漁場となる。日本近海では，北上する暖流の日本海流(黒潮)と南下する寒流の千島海流(親潮)がぶつかる三陸沖付近が潮目として知られている。

問７　**Ｘ**，**Ｙ**　夏は，南東の季節風が太平洋上空で大量の水蒸気をふくみ，また台風の通り道にもなるため，太平洋側の地域の降水量が多くなる。一方，冬は，北西の季節風が日本海をわたるときに大量の水蒸気をふくみ，日本列島の中央を走る山脈にぶつかって雲を発生させるため，日本海側の地域の降雪量(降水量)が多くなる。

問８　【地図２】の中央部をみると，【地図１】で丘陵《きゅうりょう》だったところに「鎌倉逗子ハイランド」ができている。また，これは【資料】より住宅地とわかる。これらのことから，丘陵が開発されて住宅地がつくられ，多くの人々が移り住むようになったため，人口が増加したと考えられる。

問９　公害などの社会的影響を防ぐため，大規模開発のさいには環境への影響を事前に調査・予測することが義務づけられている。これを環境アセスメント(環境影響評価)という。

2　三浦半島にまつわる歴史についての問題

問１　ア　縄文時代，死者の埋葬《まいそう》では手足を折り曲げる「屈葬《くっそう》」という形式がとられた。　イ，エ　弥生時代についての説明文である。　ウ　交易は縄文時代にもさかんだったといわれている。

問２　大阪府堺市に位置する大仙《だいせん》(仁徳天皇陵)古墳は前方後円墳で，日本最大の古墳として知られている。前方後円墳は日本独特の古墳の形式といわれ，上空から見ると前が四角く後ろが円形になっている。図中の枠線内では，左側が前，右側が後ろにあたる。

問３　Ⅰ　大宝律令が制定されたのは701年のことなので，これは８世紀にあたる。なお，「世紀」は100年ごとに区切る数え方。例えば21世紀は2001年から2100年で，最後の年からゼロを２つとると，世紀を表す数字になる。　Ⅱ　律令制度のもと，朝廷の出先機関として現在の福岡県に大宰《だざい》府《ふ》が設けられた。大宰府は「遠《とお》の朝廷《みかど》」ともよばれ，外交・防衛の拠点《きょてん》とされるとともに，九州地方の統治にあたった。

問４　奈良時代，僧の行基は各地をまわり，民衆に仏の教えを説くとともに，人びとを指導して橋や用水路などをつくった。当時，寺院や僧は国の管理下に置かれていたため，行基の活動はこれを破るものとして弾圧を受けたが，東大寺(奈良県)の大仏づくりが決まると，朝廷は民衆への影響力が大きい行基に寄付集めなどを行わせた。その後，行基は最高僧位である大僧正《だいそうじょう》に任じられた。

問５　東大寺の正倉院は，切り口が三角形の長材を井桁《いげた》に組んだ「校倉《あぜくら》造」の建物として知られる。なお，アの「書院造」は室町時代，イの「寝殿《しんでん》造」は平安時代，エの「数寄屋《すきや》造り」は江戸時代に登場する。

問６　飛鳥時代の671年に天智天皇が亡くなると，翌672年，弟の大海人《おおあまの》皇子と子の大友皇子の間で皇位をめぐる争いが起こった。これを壬申《じんしん》の乱といい，勝利した大海人皇子は即位《そくい》して天武天皇となった。

問７　平安時代後半，戦乱や疫病《えきびょう》などによる社会不安が高まり，加えて末法思想(仏教の教えが正しく行われなくなり，乱世になるという考え)が流行したことで，阿弥陀《あみだ》仏にすがって極楽浄土《じょうど》に往生《おうじょう》しようという浄土教信仰が広まった。

問８　X　平安時代後半には，地方の豪族などが都の有力貴族や寺社に土地を寄進し，みずからは荘官となって実際に土地を管理する形の荘園が増えた。そうした荘園の中には，領主である貴族から税を納めなくてもよい不輸の権や，役人の立ち入りを断る不入の権をあたえられるものも多かった。　Y　荘園は，豊臣秀吉による検地(太閤《たいこう》検地)により完全に消滅《しょうめつ》した。

問９　前九年合戦(前九年の役)は平安時代後半の1051～62年，東北地方で発生した。その後，後三年合戦(後三年の役)も1083～87年に同地方で起こり，２つの合戦で活躍《かつやく》した源義家《よしいえ》が東国に源氏の地盤を築くことになった。なお，奥州藤原氏は義家が去った後に勢力を広げた地元豪族で，平泉《ひらいずみ》(岩手県)を拠点《きょてん》に清衡《きよひら》・基衡《もとひら》・秀衡《ひでひら》の３代にわたって栄えた。

問10　鎌倉時代，将軍(幕府)と御家人とは，領地を仲立ちとした「御恩」と「奉公《ほうこう》」の関係で結ばれていた(封建制度)。将軍は御家人の領地を保護し，手がらがあれば新しい領地を与えた(御恩)。一方，御家人は鎌倉の警備を行ったり，「いざ鎌倉」という一大事には，御恩に報《むく》いるため命をかけて戦ったりした(奉公)。

問11　13世紀，チンギス＝ハンがモンゴル帝国を築き，その孫フビライ＝ハンが中国に元を建国した。よって，アが誤っている。なお，フビライは朝鮮半島の高麗《こうらい》をしたがえた後，日本に襲来している(元寇《げんこう》)。

問12　Ⅰ　鎌倉幕府では，財政や政務一般を担当する政所《まんどころ》，御家人の統率や軍事・警察の仕事を担当する侍所《さむらいどころ》，裁判を担当する問注所《もんちゅうじょ》が置かれた。よって，ウが正しい。なお，アの公文所《くもんじょ》は政所の前身である。　Ⅱ　東大寺の南大門に安置されている金剛《こんごう》力士像は，運慶《うんけい》・快慶《かいけい》ら慶派一門によってつくられた。なお，アの法隆寺(奈良県)の釈迦三尊《しゃかさんぞん》像，ウの広隆寺(京都府)の弥勒菩薩《みろくぼさつ》像(半跏《はんか》像)は，飛鳥時代につくられた。また，エの東大寺盧舎那仏坐像《るしゃなぶつざぞう》はいわゆる「奈良の大仏」で，奈良時代につくられた。

問13　1590年，豊臣秀吉は小田原(神奈川県)の北条氏を倒して全国統一を達成し，北条氏が支配していた関東地方の領地をすべて徳川家康に与えた。

問14　江戸時代には，綿などが商品作物(商品として売る作物)として栽培され，鰯《いわし》を干した干鰯《ほしか》や，菜種や大豆から油を搾《しぼ》ったあとの油かすなどの金肥《きんぴ》(お金で買い求める肥料)が，肥料として広く用いられるようになった。

問15　アは1637～38年，イは1624年，ウは1635年，エは1639年のできごとなので，年代の古い順にイ→ウ→ア→エとなる。

問16　Ⅰ　1937年，北京《ペキン》郊外の盧溝橋《ろこうきょう》で日中両軍が衝突《しょうとつ》した。盧溝橋事件とよばれるこのできごとをきっかけに，日本は中華民国(中国)との全面戦争に突入した(日中戦争)。　Ⅱ　X　1950年に朝鮮戦争がはじまると，日本に駐留《ちゅうりゅう》していたアメリカ軍が大韓民国(韓国)を支援するために出撃し，その間の日本国内の治安を守るためとして，GHQ(連合国軍最高司令官総司令部)の指示により警察予備隊が創設された。警察予備隊は1952年に保安隊，1954年に自衛隊に改編され，現在に至っている。　Y　朝鮮戦争は1953年に休戦協定が結ばれた。現在も休戦中であり，朝鮮半島は南の大韓民国(韓国)と北の朝鮮民主主義人民共和国(北朝鮮)に分断されたままとなっている。

問17 東郷平八郎が率いる連合艦隊がロシアのバルチック艦隊を撃破した日本海海戦は，日露戦争(1904～05年)の勝敗を決する海戦であった。なお，アの日清戦争は1894～95年，ウの西南戦争は1877年，エの太平洋戦争は1941～45年のできごと。

3 日本国憲法の三大原則をもとにした問題

問１ **1** 憲法は，国の基本方針を示し，あらゆる法令を規定するものなので，「最高法規」とよばれる。 **2** 日本国憲法第41条は，「国会は，国権の最高機関であって，国の唯一《ゆいいつ》の立法機関である」と規定している。 **3** 国民全体の幸福や利益のことを「公共の福祉《ふくし》」といい，これに反する場合，権利の主張は認められなかったり制限されたりする。

問２ X，Y 内閣総理大臣は，国会議員の中から国会の指名で選ばれ，天皇に任命される。なお，これまでに参議院議員が指名された例はないが，衆議院議員を指名することが決められているわけではない。

問３ 裁判所は，法律や内閣の行為などが憲法に違反していないかどうかを，具体的な裁判を通して判断する権限を持つ。これを違憲立法審査権といい，裁判所が違憲と判断した法律や行為などは無効とされる。

問４ 日本国憲法は国民主権(主権在民)，基本的人権の尊重，平和主義(戦争放棄《ほうき》)を三大原則としている。国民主権は，政治を決める最高権力である主権が国民にあることを表す。

問５ 説明に従って表を完成させると右の表のようになり，Ａ党は４議席，Ｂ党とＣ党は２議席ずつとわかる。

	Ａ党	Ｂ党	Ｃ党
得票数	3,000	1,800	1,500
１で割る	① 3,000	② 1,800	③ 1,500
２で割る	③ 1,500	⑥ 900	⑦ 750
３で割る	⑤ 1,000	600	500
４で割る	⑦ 750	450	375
５で割る	600	360	300

問６ 情報の公開を求める権利を「知る権利」という。「環境権」「プライバシーの権利」「自己決定権」などとともに，新しい人権として主張されている。

問７ 日本国憲法第96条では，「この憲法の改正は，各議院の総議員の３分の２以上の賛成で，国会が，これを発議し，国民に提案してその承認を経なければならない。この承認には，特別の国民投票又《また》は国会の定める選挙の際行われる投票において，その過半数の賛成を必要とする」と定められている。

問８ 【資料１】【資料２】より，世田谷区民がふるさと納税をすると，世田谷区に入るべき区民税が減ることがわかる。また，【資料３】は，世田谷区の行政サービスに必要な区民税が，ふるさと納税のために減っていることを伝えている。ふるさと納税をした人としなかった人を比べると，同じ行政サービスを受けているのに区民税の負担に差があるので，不公平な状態といえる。また，ふるさと納税の利用者が増えることで世田谷区の住民税(区民税)収入が減り，行政サービスの質が低下するおそれもある。

理 科 ＜第２次試験＞(40分)＜満点：100点＞

解 答

1 (1) 食物連鎖 (2) イ (3) イ (4) オ (5) ① SDGs ② ５年間 **2**

(1) ① 断層　② エ　③ イ　④ イ　(2) ア　(3) ① ５秒後　② 30秒後

3 (1) ① **A** キ　**B** ア　**C** イ　**D** ク　**E** ウ　**F** エ　② B，E

(2) ① 7.5ｇ　② 解説の図を参照のこと。　③ 83.3％　**4** (1) 1.5倍　(2) **ア** 6.0　**ウ** 2.0　(3) **イ** （例）（１，１）　**エ** （例）（１，２）　(4) 4.5cm　(5) 0.5倍　(6) 12.7秒

解説

1 生態系についての問題

(1) 緑色植物は光合成により自分で養分をつくり出すことができるが，動物は自分で養分をつくり出せない。そのため，ほかの生物から養分を取り入れなければ生きていけず，草食動物は緑色植物を食べることにより，肉食動物は草食動物を食べることにより，直接・間接的に緑色植物がつくった養分を取り入れて生きている。このように，生物どうしが「食べる食べられる」の関係で鎖《くさり》のようにつながっていることを，食物連鎖《れんさ》という。

(2) 大規模なかく乱が生じるとかく乱に強い種だけが存在することになり，かく乱がほとんど起こらなければ，生物どうしの競争に強い種だけが存在する生態系になると述べられている。よって，かく乱の規模が大きいときも小さいときも生物の種類は少なくなるので，イのグラフが選べる。

(3) 外来生物とは，元々日本に生息していなかった生物が人間の活動によってほかの国や地域から持ち込《こ》まれ，それが繁殖《はんしょく》して野生化した生物のことである。したがって，イが誤っている。

(4) ア　オオクチバス(一般《いっぱん》にブラックバスともいう)がトンボ類の幼虫(ヤゴ)やタナゴ類に捕食《ほしょく》されていたならば，図１，図２とも，オオクチバスの除去後にエサがなくなるため個体数が減るはずである。しかし，実際には１年後までに個体数が増えているので，誤っている。なお，タナゴはコイ科の小型の在来魚で，ヤゴとともにオオクチバスに捕食される。　イ，エ　図１，図２からは読み取れない。　ウ　図１，図２とも，オオクチバスの除去の１年後までは個体数が増えているので，除去前にタナゴ類やトンボ類の幼虫が減少していたのは，オオクチバスに捕食されていたためだと考えられる。　オ　図１で，個体数が１年後以降，じょじょに減っているので，正しい。

(5) ①「持続可能な開発目標」は，SDGsと略される。SDGsは2015年の国連総会で採択《さいたく》された，2030年までに進めるべき行動指針で，17分野にわたる目標と，それらを達成するための具体的な目安である169のターゲットからなっている。　② 地球の森林面積は１年間に，1300000÷25＝52000(km^2)ずつ減少しているので，378000×0.65÷52000＝4.725より，約５年間で失われることになる。

2 地震《じしん》と大地の動きについての問題

(1) ① 地層の両側から大きな力がはたらいてその力にたえ切れなくなると，地層が断ち切られてずれることがある。このような地層のずれを断層という。　② 地層がエのように左右から押《お》される向きに大きな力を受けると，図１のように断層の面の上側の層が下側の層よりも上方にずれる断層が生じる。このような断層を逆断層という。なお，地層がウのように左右に引っ張られる向きに大きな力を受けると，断層の面の上側の層が下側の層よりも下方にずれる断層が生じる。このような断層を正断層という。　③ 液状化現象が起こると，重い建物が沈《しず》み込《こ》んだり，下水管やマンホールがうき上がったりすることがある。よって，イが誤っている。　④ ア　地震の波の速

さは，速く伝わるＰ波が秒速５～７kmほど，ゆっくり伝わるＳ波が秒速３～４kmほどである。一方，津波の速さは，水深が深いところで秒速200ｍほど，浅いところで秒速10ｍほどである。そのため，津波は地震のしばらく後にやってくる。　イ，ウ　津波の速さは，水深が深いところほど速く，浅いところほど遅《おそ》い。そのため，陸地に近い浅い海岸では，後から届く波が前の波に追いついて重なり，さらに高い津波となって押し寄せることがある。　エ　2022年にトンガで発生した津波のように，海底火山の爆発《ばくはつ》的なふん火にともなう津波などもある。

⑵　図２の実験では，電球そのものの明るさがマグニチュードにあたり，机の上の明るさが震度にあたる。　ア　明るい電球の方が，机の上の同じ場所の明るさが明るくなる。　イ　電球そのものの明るさは，電球からの距離《きょり》によらず一定である。　ウ　明るい電球の方が，机の上の明るく照らされる範囲《はんい》が広くなる。　エ　電球そのものの明るさに関係なく，電球の真下が最も明るく，そこから遠ざかるほど暗くなる。

⑶　①　都市ＡにＰ波が到着《とうちゃく》するのは，地震発生から，35÷７＝５(秒)後である。　②　都市Ｂで緊急地震速報を受信するのは，地震発生から，５＋0.5＝5.5(秒)後である。また，都市ＢにＳ波が到着するのは，地震発生から，142÷４＝35.5(秒)後である。したがって，都市ＢにＳ波が達するのは，緊急地震速報を受信してから，35.5－5.5＝30(秒)後となる。

３　いろいろな気体の性質についての問題

⑴　①　実験１より，気体Ｃは酸素である。また，実験２より，気体Ａはアンモニアである。アンモニアは水に溶《と》けやすく，その水溶液《すいようえき》はアルカリ性を示すので，アンモニアにしめった赤色リトマス紙を近づけると青色に変化する。さらに，実験３で，気体Ｅの水溶液が亜鉛《あえん》を溶かし，気体Ｆが発生しているので，気体Ｅは塩化水素(水溶液は塩酸)，気体Ｆは水素とわかる。そして，実験４より，気体Ｂは二酸化炭素と決まるので，残った気体Ｄはちっ素となる。それぞれの気体の性質は，水素はエ，酸素はイ，二酸化炭素はア，ちっ素はク，アンモニアはキ，塩化水素はウがあてはまる。なお，オは硫化《りゅうか》水素，カは塩素の性質である。　②　BTB溶液は，酸性で黄色，中性で緑色，アルカリ性で青色を示す。二酸化炭素の水溶液は炭酸水，塩化水素の水溶液は塩酸で，どちらも酸性を示すので，この２つの気体があてはまる。

⑵　①　表１で，炭酸カルシウムの重さが2.0ｇ～6.0ｇのときは，発生した二酸化炭素の重さが炭酸カルシウムの重さに比例して増えているので，炭酸カルシウムはそれぞれすべて反応しているとわかる。また，炭酸カルシウムの重さが8.0ｇ以上になると，発生した二酸化炭素の重さは3.30ｇで一定となっているので，このとき100mLの塩酸はすべて反応していることになる。よって，100mLの塩酸とちょうど反応する炭酸カルシウムの重さは，$2.0\times\frac{3.30}{0.88}=7.5$(ｇ)と求められる。　②　表２の数値を黒丸でかき入れてから直線で結ぶと，右のグラフのようになる。　③　①より，1.10ｇの二酸化炭素は，$7.5\times\frac{1.10}{3.30}=2.5$(ｇ)の炭酸カルシウムから発生する。したがって，2.5÷3.0×100＝83.33…より，用いた大理石3.0ｇには炭酸カルシウムが83.3％含《ふく》まれている。

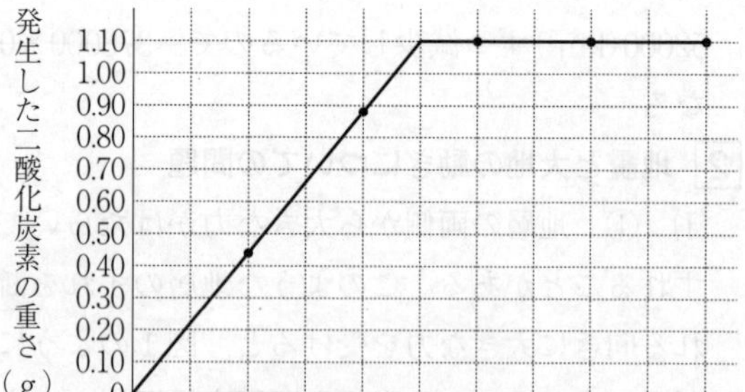

4　ばねと力についての問題

⑴　ばねののびはつるしたおもりの重さに比例するので，おもりＢ３つの重さはおもりＡの，13.5÷3.0＝4.5(倍)である。よって，おもりＢ１つの重さはおもりＡの，4.5÷３＝1.5(倍)とわかる。

⑵　（２，１)は(１，１)を縦に２つつないだものなので，アは，3.0×２＝6.0(cm)となる。また，（２，３)は(１，３)を縦に２つつないだものなので，ウは，1.0×２＝2.0(cm)となる。

⑶　⑵と同様に考えると，イは，1.5×２＝3.0(cm)となるので，（１，１)があてはまる。また，エは，0.75×２＝1.5(cm)となるので，（１，２)があてはまる。なお，イと同じになる組合せは(３，３)，（４，４)，…などでもよく，エと同じになる組合せは(３，６)，（４，８)，（５，10)，…などでもよい。

⑷　（１，２)のときをもとにすると，（３，２)のときに棒が下がる距離は，1.5×３＝4.5(cm)と求められる。

⑸　（１，１)と(１，４)について計算すると，５往復にかかる時間は，3.18÷6.36＝0.5(倍)になる。なお，（２，１)と(２，４)について計算しても同様である。

⑹　表２で，５往復にかかる時間は，（１，１)と(２，２)のときに同じ6.36秒になっているので，（４，４)のときも6.36秒になると考えられる。また，⑸より，（４，４)のときの５往復にかかる時間は，（４，１)のときの0.5倍になる。したがって，6.36÷0.5＝12.72より，（４，１)のとき，５往復にかかる時間は12.7秒となる。

国　語　＜第２次試験＞（50分）＜満点：150点＞

解　答

一　**問１**　①～⑩　下記を参照のこと。　⑪　あんい　⑫　こうたく　⑬　かんげい　⑭　おが(み)　⑮　く(ち)　**問２**　①　エ　②　ウ　**問３**　①　鼻　②　肩　③　腰　二　**問１**　Ｘ　ウ　Ｙ　イ　**問２**　ア　**問３**　イ　**問４**　(例)　わかってもらいたいことを理解していない　**問５**　エ　**問６**　ａ　聴く姿勢を察知　ｂ　とことん話を聴く　ｃ　(例)　果てしなく苦しい時間を共有する　**問７**　(例)　相手と言葉を交わす中で，自分との違いを思い知らされつつも，相手をもっと理解しようとして，その人の話を徹底的に聴くこと。　三　**問１**　Ⅰ　ウ　Ⅱ　ア　Ⅲ　オ　Ⅳ　イ　Ⅴ　エ　**問２**　Ａ　エ　Ｂ　ア　Ｃ　イ　**問３**　Ⅰ　(例)　客観的な事実として正しい　Ⅱ　(例)　勉強しない口実に使ってしまう　**問４**　エ　**問５**　(例)　宿題を心配する自分を気にもせず，絵を描いている和也を腹立たしく思うが，感情的になってはいけないと，心を落ち着かせようとしている。　**問６**　(例)　頭の回転が速いのに，学習への努力が足りないせいで，能力が発揮されていない。　**問７**　ウ

●**漢字の書き取り**

一　**問１**　①　郵送　②　解除　③　拡大　④　熟練　⑤　在庫　⑥　貴重　⑦　帰省　⑧　捕(まる)　⑨　臨(む)　⑩　留(める)

解　説

一　漢字の書き取りと読み，言葉のかかり受け，慣用句の完成

問１　①　手紙や荷物などを郵便で送ること。　②　禁止や制限，中止になっていた状態をやめて，元の状態にもどすこと。　③　広げて大きくすること。　④　よくなれていて上手なこと。　⑤　商品が倉庫の中にあること。また，その商品。　⑥　非常に大切なようす。　⑦　故郷に帰ること。　⑧　音読みは「ホ」で，「捕獲《ほかく》」などの熟語がある。　⑨　音読みは「リン」で，「臨席」などの熟語がある。　⑩　音読みは「リュウ」「ル」で，「留意」「留守」などの熟語がある。　⑪　考えもなく気楽に行うようす。　⑫　なめらかな表面が光を受けて発する輝《かがや》き。つや。　⑬　喜んで迎《むか》えること。　⑭　音読みは「ハイ」で，「拝見」などの熟語がある。　⑮　音読みは「キュウ」で，「老朽」などの熟語がある。

問２　①，②　言葉のかかり受けでは，直接つなげてみて意味のまとまるところが答えになるので，①は「なかなか」→「ないと」，②は「今」→「必要なのかを」となる。

問３　①「鼻であしらう」は，“軽蔑《けいべつ》した態度で冷たく扱《あつか》う”という意味。　②「肩《かた》を落とす」は，気力をなくしてがっくりとするようす。　③「重い腰《こし》を上げる」は，ようやくあることに取りかかるようす。

二　出典は鷲田清一《わしだきよかず》の『わかりやすいはわかりにくい？―臨床哲学《りんしょうてつがく》講座』，河合隼雄《かわいはやお》・立花隆《たちばなたかし》・谷《たに》川俊太郎《かわしゅんたろう》の『読む力・聴《き》く力』による。相手のことをわかるとはどういうことかを説明し，そのためには相手の話を聴く必要があることを指摘《してき》している。

問１　X　「理解」とは「相手と同じ気持ちになること」ではなく「違《ちが》いを思い知らされること」であるという文脈なので，前後で逆の内容が置かれるときに使う「しかし」が合う。　Y　「『納《なっ》得《とく》』ということが起こる」ためには，「言葉のぶつけ合いの果てに～察知したとき」と「この修羅《しゅら》場から降りずに～意識が及《およ》んだとき」という二つの条件が必要であるという文脈なので，前の内容を受けてさらにつけ加えるときに使う「そして」がふさわしい。

問２　同じ一文の「押《お》さば押せ，引かば押せ」に対応する表現が入る。「押さば」は相談者が話す場合，「引かば」は相談者が話さない場合にあたる。また，二つの「押せ」は，カウンセラーが「言われることをずっと聴いている」ことにあたる。よって，アが選べる。

問３　続く部分に「わからなくてもたがいの信頼《しんらい》が揺《ゆ》るがないことを肌《はだ》で感じている」，「性《しょう》が合わなくてもいい」とあるので，これらを「親子の強い結びつき」，「性が合わなくても構わない」と言い換《か》えているイがよい。

問４　「わかってもらいたいと願って口を開いたひと」は，その内容が「かんたん」ではないことを自覚している。そのため，相手から「『わかる，わかる』とうわべだけの言葉で返される」と，「わかってもらいたい」ことを相手が理解していないことが明らかになるので，「逆に頑《かたく》なになる」のだと考えられる。

問５　「万策尽《ばんさくつ》きる」は，“あらゆる手段・方法を試してみたが，どれも効果がなく，どうしようもなくなる”という意味。

問６　a　空欄ａの前後に「相手の」，「しないと」とあることに注意する。「相手」に必要とされる条件について，傍線《ぼうせん》部④の直後の一文で，「聴き手の聴く姿勢を察知してはじめてひとは口を開く」と述べられている。　b　〈文章Ⅱ〉では，カウンセラーが相談者から「とことん話を聴く」

ことの重要性について語られている。　**c**　Ｂ君の二回目の発言は，〈文章Ⅰ〉の最後から二つ目の段落の内容と重なっている。空欄ｃは「苦しい問題が発生しているまさにその場所にともに居合わせ，そこから逃《に》げない」にあたる内容で，これは二つ前の段落の「果てしなく苦しいこの時間を共有してくれた」を言い換えたものである。

問７　傍線部⑤の直前に「そこにはじめて」とあるので，その直前の「差異を思い知らされつつ，それでも相手をもっと理解しようとしてその場に居つづけること」が前提条件といえる。また，〈文章Ⅱ〉では，カウンセラーが相談者から「とことん話を聴く」ことの重要性について語られている。これらの点を踏《ふ》まえてまとめればよい。

三　**出典は瀧羽麻子《たきわあさこ》の『博士の長靴《ながぐつ》』による。**和也の家庭教師である「僕《ぼく》」は，和也が勉強を怠《なま》けたがるために苦心する。

問１　Ⅰ　前後に「プリントを一枚渡《わた》した」，「つまらなそうに握《にぎ》った鉛筆《えんぴつ》」とあるので，「僕」は和也にウのように言い，和也もいったんは問題を解こうとしたのだと考えられる。　Ⅱ　「ものの三分で放り出した」ようすには，根気のない「だめだ。わかんない」が合う。　Ⅲ～Ⅴ　Ⅴの直後の一文に「線を二本書き足してやった」とあるので，Ⅴは「補助線」についてのエである。残ったⅢとⅣは，オ→イとすると，「僕」の指摘に和也が答える流れになり，文意が通る。

問２　**A**　計算を嫌《いや》がる和也に対して，和也が思うであろう以上に計算は楽しいと語る場面なので，予想よりよいようすを表す「なかなか」がふさわしい。　**B**　「先生や親父《おやじ》」の「脳みそ」は元々がよいから鍛《きた》える価値があるが，「おれの脳みそなんてたいしたもんじゃない」から鍛えなくてもよいという文脈なので，“最初から”という意味の「そもそも」がよい。　**C**　“とりわけ”という意味を表す「ことさら」を入れると，「ことさら卑屈《ひくつ》になるでもなく」と「あっけらかんと」が，どちらも和也のあっさりした態度を表すことになる。

問３　Ⅰ　直後の段落で描《えが》かれているように，藤巻教授は「客観的な事実を尊重する」が，「僕」は「事実をあえて指摘しない」ほうがよいことも多いと考えている。　Ⅱ　「こういう計算とかって，コンピュータを使えば，一瞬《いっしゅん》でできちゃう」という藤巻教授の言葉を，和也は勉強を怠けるための口実に使っている。

問４　和也にとって，「計算」は「わざわざ人間が時間かけてやらなくてもよ」い嫌なものである。しかし，それを「僕」が「楽しい」と言ったために，和也は傍線部②のような態度をとったと考えられる。よって，エがふさわしい。

問５　「僕」は和也の「宿題」の進み具合を知って「心配になって」いるが，和也はそんな「僕」の気も知らずに「高層ビルの絵」を描いている。そのため「僕」は「腹立たしい」が，「感情的になってもろくなことはない」と自分に言い聞かせ，静かに息を吐《は》きながら，和也から視線をそらしたのだと考えられる。

問６　「僕」は和也について，「それなりに頭の回転が速い」，「努力と向上心が足りないだけだ。怠けずに勉強すれば，順当に成績は上がるに違いない」と評価している。

問７　ア　「僕」が和也に勉強を教えているのは，「和也の成績をあげ」るためではなく，「宿題」を「あと三週間で終わらせる」ためである。　イ　「教授と教え子って似てくるもんなの？」と和也に言われて，「僕」は「光栄だ」と思ったが，すぐさま「言っとくけどほめてないよ」と言い添《そ》えられている。　ウ　本文はすべて「僕」の視点で描かれており，「小生意気な中学生」である和也に「僕」が手こずり苦労するようすや心情が，率直に表現されている。　エ　計算を嫌がる和也に対して，「僕」は「じゃあ，頭の訓練と思えばいい」と，「割りきって片づけ」させようとしている。

2023 年度　逗子開成中学校

【算　数】〈第３次試験〉（50分）〈満点：150点〉

注意　１．定規・コンパス・筆記用具以外の使用は認めません。
　　　２．解答用紙への記入上の注意
・考え方を書く指示がある問題以外は，答えだけを書いてください。
・答えに単位が必要な問題は，必ず単位をつけて答えてください。
・答えが分数になる場合は，それ以上約分できない一番簡単な分数で答えてください。また，仮分数は帯分数に直してください。
・図やグラフをかいて答える問題に対し，定規・コンパスを忘れた場合は，手がきでていねいにかいてください。

1　次の□にあてはまる数を求めなさい．

(1) $0.673\times1+1.673\times2+2.673\times3+3.673\times4=\square$

(2) $\frac{11}{17}\times8\frac{1}{2}+\frac{5}{12}-3\frac{1}{4}\times1\frac{7}{26}+1\frac{5}{24}=\square$

(3) $\left\{\frac{4}{3}-\left(\frac{22}{15}-\square\right)\div1.25\right\}\times1\frac{1}{2}=1.04$

2　次の各問いに答えなさい．

(1) 153 を A で割ると 9 あまり，175 を A で割ると 7 あまります．このような整数 A のうち最も大きい数を求めなさい．

(2) 右の図のような正六角形 ABCDEF があります．辺EF の真ん中の点を M とします．正六角形 ABCDEF の面積が 48 cm^2 であるとき，斜線部分の面積を求めなさい．

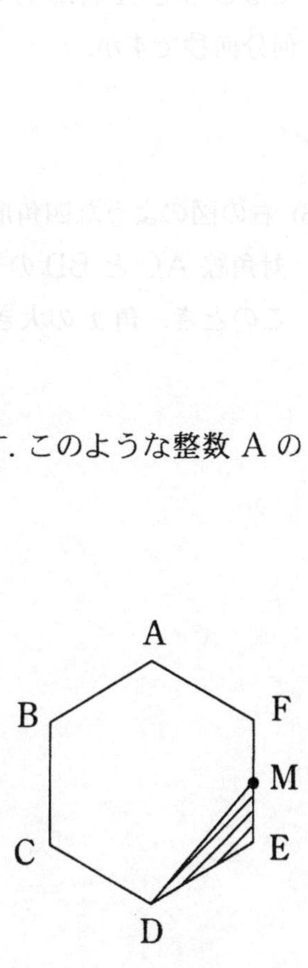

(3) 右の図のように，たてと横が等しい間かくで 20 個の点が並んでいます．このうち 4 点を選んでそれらを頂点とする正方形を作ります．このとき，正方形は全部で何個できますか．

(4) ある本を読むのに，1 日目は全体の $\frac{1}{4}$ を読み，さらに 6 ページを読みました．2 日目は残りの $\frac{1}{3}$ を読み，さらに 4 ページを読みました．3 日目は残りの $\frac{1}{2}$ を読み，さらに 2 ページを読んだところ，残りは 60 ページになりました．この本は全部で何ページありますか．

(5) A 君と B 君が池のまわりを同じ地点から同時に出発します． 2 人がたがいに反対方向にまわると 1 分 20 秒後にはじめて出会い，2 人が同じ方向にまわると 5 分 20 秒後にはじめて A 君が B 君を追い抜きます．A 君がこの池を 1 周するのにかかる時間は何分何秒ですか．

(6) 右の図のような四角形 ABCD があります．
対角線 AC と BD の交点を点 E とします．
このとき，角 x の大きさを求めなさい．

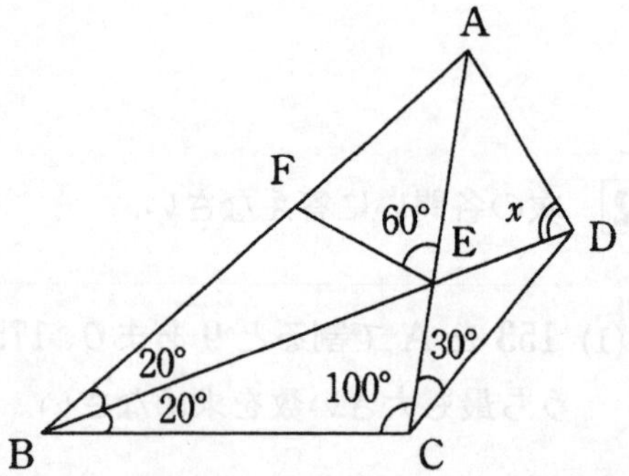

3 ある商店では，商品Ｘを毎日開店前に600個ずつ仕入れています．この商店にはＡさん，Ｂさん，Ｃさんの３人の店員が働いています．

(1) 閉店後，商品Ｘの在庫が1200個でした．次の日からＡさんだけで毎日商品Ｘを一定数売り続けたら，15日間ですべてを売り切ることができました．Ａさんは商品Ｘを毎日何個売りましたか．

商品Ｘの在庫が増えてきたため，閉店後に在庫の数を数えました．この在庫の数だと経験上，Ｂさんだけで毎日商品Ｘを一定数売り続けると20日間で売り切ることができます．また，Ｂさんよりも1.2倍の個数を売り続けることができるＣさんだけで毎日商品Ｘを一定数売り続けると10日間で売り切ることができます．このとき，次の各問いに答えなさい．

(2) 商品Ｘの在庫は何個ありましたか．

(3) 次の日からＢさんとＣさんの２人が交代で商品Ｘを売ることにしました．最初はＢさんだけで何日間か売り，残りの日をＣさんだけで売ったところ，２人あわせて12日間で売り切ることができました．Ｃさんは商品Ｘを何個売りましたか．

4 下の図のように，１辺の長さが２cmである立方体ABCD－EFGHがあります．辺BC，CD，CG，EHの真ん中の点をそれぞれI，J，K，Lとします．また，この立方体を３点B，D，Eを通る平面で切り分けたときの断面の面積を3.46 cm^2とします．このとき，次のページの各問いに答えなさい．

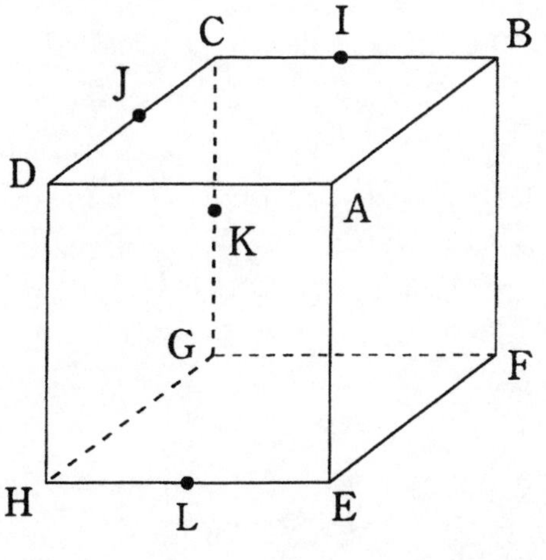

(1) この立方体を次の３点を通る平面で切り分けたとき，断面の形を答えなさい．

①３点Ｉ，Ｊ，Ｋ　　　②３点Ｉ，Ｊ，Ｌ

(2) この立方体を３点Ｉ，Ｊ，Ｋを通る平面で切り分けたとき，点Ａを含む立体の表面積を求めなさい．

(3) この立方体を３点Ｉ，Ｊ，Ｌを通る平面で切り分けたとき，点Ａを含む立体の表面積を求めなさい．

5 整数Ｘについて，Ｘの各位の数の和がＸの約数になっているとき，整数Ｘを「ハーシャッド数」と呼びます．例えば，整数12は，各位の数の和は１＋２＝３であり，３は整数12の約数になっているため，12はハーシャッド数です．整数15は，各位の数の和は６であり，６は整数15の約数になっていないので，15はハーシャッド数ではありません．このとき，次の各問いに答えなさい．

(1) 整数418に最も近いハーシャッド数を求めなさい．

(2) １から1000までの整数のうち，各位の数の和が10であり，かつハーシャッド数になる整数をすべて求めなさい．

(3) １から100000までの整数のうち，各位の数の和が５であり，かつハーシャッド数になる整数は全部で何個ありますか．ただし，答えだけでなく途中の考え方も書きなさい．

【社　会】〈第３次試験〉（40分）〈満点：100点〉

1　次の文章を読み、あとの問いに答えなさい。

2021年に夏季東京オリンピック・（　１　）、2022年に冬季北京オリンピック・（　１　）が開催《かいさい》されました。①障がい者を対象とする（　１　）は、1960年に②ローマで第一回が開催されました。（　１　）は、③イギリスの④ロンドン郊外《こうがい》の病院で⑤第二次世界大戦で負傷した兵士のリハビリとしてとりいれられたスポーツがはじまりとされています。

今回の東京大会と北京大会はコロナ禍《か》という状況《じょうきょう》で開催されましたが、選手たちの活躍は私たちに感動を与えてくれました。一方で、⑥さまざまな問題も見えてきました。

東京大会では、⑦いかなる種類の差別も受けないというオリンピックの精神に反した⑧女性を見下すような発言がありました。また建設された施設の多くが、将来赤字経営になるのではないかと言われています。赤字がでた場合は、⑨税金で補われることになるかもしれません。1964年に開催された東京大会の時は、国立競技場や体育館などの施設が、大会後も大いに活用されました。また、この開催をきっかけにつくられた東海道新幹線は、1970年に⑩大阪で（　２　）がおこなわれたので、東京大会との連続性もあり有益なものとなりました。

北京大会では、雪不足により人工雪が使われましたが、⑪地球の温暖化は、冬季オリンピックの開催を難しくさせます。⑫過去に冬季オリンピックを開催した都市で、2080年に開催可能なのは⑬札幌のみという調査結果もあります。特に冬季オリンピックは、スキー場建設のために⑭森林を伐採《ばっさい》するなど、夏季オリンピックより環境への負荷が大きいといわれます。

オリンピックそのものを見直すべきという意見もあります。近年のオリンピックは莫《ばく》大《だい》な経費がかかることから⑮オリンピックの商業化がすすんでいます。国際オリンピック委員会が放映権をメディアに売ることで収益を得たり、企業に※スポンサーになってもらうことでオリンピックが開催されるようになりました。東京大会で、みなし⑯公務員という立場にある組織委員の元理事が、企業から賄賂《わいろ》を受け取った疑いにより逮捕《たいほ》されましたが、これはオリンピックの商業化を利用した事件といえます。これらのことから、オリンピックの商業化に関わる問題点を見直し、⑰本来のオリンピック精神を取りもどすために、オリンピック発祥《はっしょう》の国（　３　）で常に開催することも検討《けんとう》されています。

※スポンサー…オリンピックなど催《もよお》し物の目的に賛同し、お金やサービスなどを提供する人や団体のこと

問１　文中の空らん（　１　）～（　３　）に最も適切な語句を答えなさい。（　２　）は漢字５字で答えなさい。

問２　下線部①について、障がいをもった人や高齢《こうれい》者などの社会的弱者に対して特別視せず、誰《だれ》もが社会の一員であると考えることを何といいますか、カタカナ10字で答えなさい。

問３　下線部②について、ローマはある国の首都です。その国名を答えなさい。

問４　下線部③について、各問いに答えなさい。

Ⅰ．2022年９月、在位70年にわたったイギリスの君主が亡くなられました。この君主を答えなさい。

Ⅱ．世界には、イギリス以外にもイギリスの君主を国家元首としている国があります。そのなかで、オセアニア州にある国を、次のア～エのうち一つ選び、記号で答えなさい。

ア．カナダ　　　　　　　イ．オーストリア
ウ．ニュージーランド　　エ．インド

問５　下線部④について、ロンドン郊外にある旧グリニッジ天文台を通る経度０度の線を何といいますか、漢字５字で答えなさい。

問６　下線部⑤に関連して、太平洋戦争に関して述べたＸとＹの文の正誤の組み合わせとして正しいものを、次のア～エのうち一つ選び、記号で答えなさい。

Ｘ．東条英機内閣の時に日本は真珠湾攻撃をおこない、アメリカと戦争状態に入った。

Ｙ．日本の無条件降伏を要求するポツダム宣言が、アメリカ・イギリス・中国の名により発表された。

ア．Ｘ：正しい　Ｙ：正しい　　イ．Ｘ：正しい　Ｙ：誤り
ウ．Ｘ：誤り　　Ｙ：正しい　　エ．Ｘ：誤り　　Ｙ：誤り

問７　下線部⑥に関連して、東京大会でスタッフ向けのお弁当が大量に廃棄《はいき》されたことが問題となりました。このように、本来食べられるにもかかわらず捨てられてしまう食べ物を何といいますか、５字以内で答えなさい。

問８　下線部⑦に関連して、部落差別問題の解決を目指し、1922年に結成された組織の名称《めいしょう》を漢字で答えなさい。

問９　下線部⑧に関連して、採用や昇進《しょうしん》などの面で男女に平等な機会を与えるよう、企業に努力を求める1985年に制定された法律名を、漢字で答えなさい。

問10　下線部⑨について、直接税と間接税の違《ちが》いを、税を負担する人と税を納める人の関係をふまえて説明しなさい。

問 11　下線部⑩について、下の地形図は大阪府の箕面《みのお》とその周辺をあらわしています。この地形図の説明として**誤っているもの**を、次のア～エのうち一つ選び、記号で答えなさい。

（『国土地理院地図』より作成）

ア．箕面と如意谷《にょいだに》の２地域にそれぞれ交番がある。
イ．郵便局は、六個山《ろっかやま》の頂上から見ると北西の方角にある。
ウ．六個山には、針葉樹と広葉樹の両方が植生している。
エ．温泉は、箕面駅から見て北の方向に位置している。

問 12　下線部⑪に関連して、下の表は、国別の温室効果ガス総排出《はいしゅつ》量をあらわしたものです。表のA～Cには、アメリカ合衆国・インド・中国いずれかの国があてはまります。A～Cにあてはまる国名の組み合わせとして正しいものを、次のア～カのうち一つ選び、記号で答えなさい。

温室効果ガス総排出量（百万ｔ）

	1990年	2010年	2019年
A	2361	8485	10619
B	5112	5701	5246
C	602	1668	2422
ロシア	2685	2046	2209
日本	1064	1147	1071

（『日本国勢図会2022/23』より作成。温室効果ガス総排出量は二酸化炭素換算のもの。）

ア．Ａ：アメリカ合衆国　　Ｂ：中国　　Ｃ：インド
イ．Ａ：アメリカ合衆国　　Ｂ：インド　　Ｃ：中国
ウ．Ａ：中国　　Ｂ：アメリカ合衆国　　Ｃ：インド
エ．Ａ：中国　　Ｂ：インド　　Ｃ：アメリカ合衆国
オ．Ａ：インド　　Ｂ：中国　　Ｃ：アメリカ合衆国
カ．Ａ：インド　　Ｂ：アメリカ合衆国　　Ｃ：中国

問 13　下線部⑫に関連して、過去に日本では長野で冬季オリンピックが開催されました。長野県に関する各問いに答えなさい。

Ⅰ．長野県の説明として**誤っているもの**を、次のア～エのうち一つ選び、記号で答えなさい。

ア．日本有数の避暑地《ひしょち》として知られる軽井沢がある。
イ．諏訪湖より流れ出る天竜川が県内を通過する。
ウ．噴火で大きな被害を出した御嶽山《おんたけさん》が他県との境にある。
エ．長良川では伝統的な鵜飼《うかい》がおこなわれている。

Ⅱ．下の表は、ある野菜の都道府県別2020年産の収穫《しゅうかく》量をあらわしています。野菜の名称を答えなさい。

	収穫量（単位ｔ）
長野	182,200
茨城	91,700
群馬	54,800
長崎	35,900
兵庫	29,300

（『日本国勢図会2022/23』より作成）

問14 下線部⑬について、札幌より緯度が高い都市を、次のア～エのうち一つ選び、記号で答えなさい。

ア．旭川　　イ．函館　　ウ．苫小牧　　エ．室蘭

問15 下線部⑭に関連して、ブラジルでは、熱帯林を切り開いて、バイオ燃料の原料となる植物を栽培しています。その植物のうち、多くを占めるものを、次のア～エのうち一つ選び、記号で答えなさい。

ア．コーヒー　　イ．アブラヤシ　　ウ．米　　エ．さとうきび

問16 下線部⑮に関連して、今回の東京大会では、五大全国紙（読売新聞・朝日新聞・毎日新聞・産経新聞・日本経済新聞）がスポンサーになりました。これは過去のオリンピックでも例のないことでした。このように、複数の大手報道機関がスポンサーとなることで生じると考えられる問題を、メディアの役割をふまえてあなたの考えを述べなさい。

問17 下線部⑯について、日本の公務員は民間企業の労働者に認められている労働基本権が制限されています。労働基本権の中で、日本国憲法第28条に規定されている労働三権は、団結権・団体行動権と、あともう一つは何ですか。漢字で答えなさい。

問18 下線部⑰に関連して、北京大会が続《つづ》くなか、ロシアはウクライナ侵攻を継続《けいぞく》し、平和の祭典という精神に反する行動をとりました。その後ロシアがウクライナの原子力発電所を占拠《せんきょ》したので、安全性の調査のために国際原子力機関の職員が派遣《はけん》されました。国際原子力機関をアルファベット４字で答えなさい。

2 次の文章を読み、あとの問いに答えなさい。

日本は、新期造山帯の（　１　）造山帯に属する国で、火山が多く温泉も多いです。なかでも、①愛媛県の道後温泉、兵庫県の有馬温泉、②和歌山県の南紀白浜《なんきしらはま》温泉は、『古事記』や『日本書紀』にも記述がある古い温泉です。

はじめて温泉という単語が出てくるのは『（　２　）国風土記』で、効能《こうのう》や温泉の特徴などが記されています。『（　２　）国風土記』には、島根県にある玉造《たまつくり》温泉の記述があり、天皇や皇族だけでなく、一般庶民たちも温泉地に出かけ楽しんでいたことが記されています。

正倉院には、入浴をすすめる仏教の経典が残っています。また、仏教は山岳《さんがく》信仰と結びついたこともあり、③僧らによってさまざまな温泉が発見されました。

平安時代には、貴族たちが山の奥深くにある寺社にお参りするようになると、新しい温泉を知る機会となりました。日本で初めて世界遺産となった温泉は、和歌山県の（　３　）古道の道中にあります。（　３　）古道は（　３　）大社などをお参りする人たちが歩いた参詣道《さんけいみち》です。また、平安時代の物語文学の代表的な作品である④『源氏物語』にも、温泉が登場します。

⑤鎌倉時代になると、東日本の温泉地が広く知られるようになりました。代表的なものに箱根温泉や草津温泉があります。箱根温泉のなかでも、箱根湯本は（　４　）湾に近く、箱根の玄関口となるひらけた場所にあったことから、早くから温泉が利用されていました。

戦国時代には、北条早雲が（　４　）国の統治を進めるなかで、箱根の温泉を保護しました。草津温泉は、合戦で傷を負った兵が温泉を使用するため、⑥甲斐の武田信玄が、一般《いっぱん》の人々の入浴を禁止した期間もありました。加賀では、浄土真宗の信者による（　５　）一揆がおこり、以後100年近く自治がおこなわれました。この時期に、加賀の温泉の特徴《とくちょう》である惣湯《そうゆ》とよばれる共同浴場ができたとされています。その後、豊臣秀吉による百姓らの武器を取りあげる（　６　）をきっかけに、温泉の近くに住んで惣湯を管理し、宿を経営する人もあらわれました。

⑦江戸時代後期には、江戸の町人たちも富士山に行った後に箱根に宿泊するようになり、温泉が療養《りょうよう》だけでなく、遊び楽しむ場となっていきました。⑧山口県の湯田《ゆだ》温泉には、幕末から明治にかけて活躍した⑨木戸孝允、大久保利通、伊藤博文などが訪れました。また、⑩日本で最初に温泉を化学的に分析《ぶんせき》したのは、鳴滝塾を開設した（　７　）とその助手とされています。

問１　文中の空らん（　１　）～（　７　）に最も適切な語句を答えなさい。なお、（　７　）はカタカナで、それ以外は漢字で答えなさい。

問２　下線部①について、愛媛県には、タオルの生産で日本有数の都市があります。この都市名を、漢字で答えなさい。

問３　下線部②について、和歌山県の天神崎《てんじんざき》を別荘《べっそう》地として開発する計画が持ち上がったことをきっかけに、美しい自然や歴史的建造物を市民の寄付で買い取り、保存していく運動がおこりました。この運動を何といいますか、カタカナで答えなさい。

問４　下線部③について、真言宗を開いた僧で、日本各地に温泉の発見者として伝説が残る人物を、漢字で答えなさい。

問５　下線部④に関連して、下の絵は「源氏物語絵巻」の一部です。ここで描《えが》かれているような、日本の風物を柔《やわ》らかい線と美しい色どりで描いた手法を何といいますか、漢字３字で答えなさい。

問６　下線部⑤について、次のア～エの鎌倉時代のできごとを、古い順番に並《なら》べかえ、記号で答えなさい。

ア．弘安の役がおこった。

イ．六波羅探題が設置された。

ウ．『金槐《きんかい》和歌集』が編纂《へんさん》された。

エ．御成敗式目が制定された。

問７　下線部⑥に関連して、甲斐は現在の山梨県にあたります。下の２つの地図は山梨県の同じ地域をあらわしており、地図１は1911年、地図２は1970年のものです。この２つの地図を見て、各問いに答えなさい。

地図１

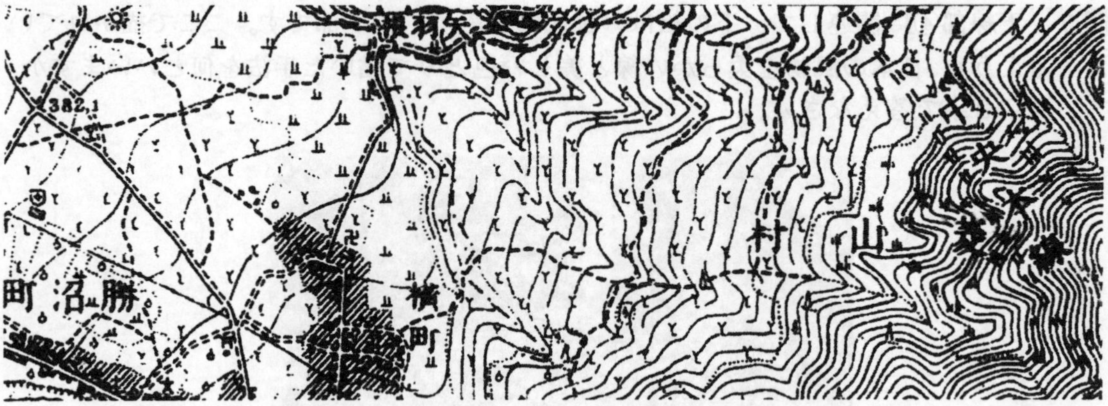

地図２

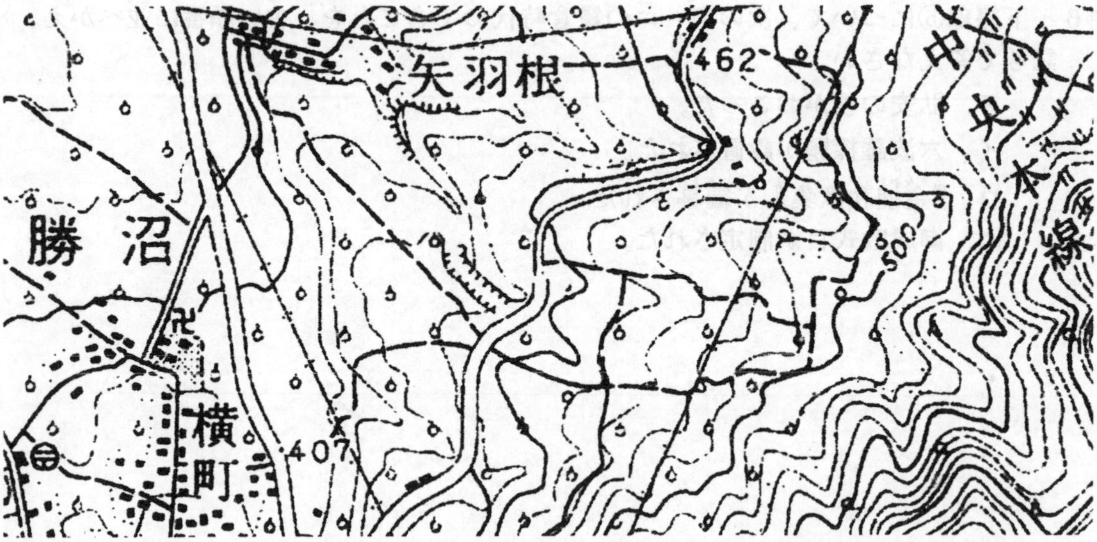

(『国土地理院地図』より作成)

Ⅰ．地図１と地図２では、土地の利用がどのように変化したか、答えなさい。

Ⅱ．土地の利用が、地図２のように変化するのは1930年以降です。その理由を、その前年におこった世界の経済に影響を与えたできごとをふまえて答えなさい。

問８　下線部⑦について、江戸時代に関する説明として正しいものを、次のア～エのうち一つ選び、記号で答えなさい。

ア．新井白石は、徳川綱吉に生類憐《あわれ》みの令の制定をすすめた。

イ．徳川吉宗は、農民たちの生活を細かく定めた公事方御定書を制定した。

ウ．松平定信は、大阪周辺を幕府の領地にしようとする上知令をだした。

エ．井伊直弼は、朝廷の許可を得ずに日米修好通商条約を結んだ。

問９　下線部⑧について、秋吉台の周辺で採掘《さいくつ》される地下資源を利用して、山陽小野田市や宇部市で盛《さか》んな工業を答えなさい。

問10　下線部⑨について、各問いに答えなさい。

Ⅰ．下線部⑨の人物たちはある使節団の一員で、右の写真はその時のものです。この使節団の団長で、写真中央にすわっている人物の姓名を、漢字で答えなさい。

Ⅱ．伊藤博文に関する説明として正しいものを、次のア～エのうち一つ選び、記号で答えなさい。

ア．征韓論がしりぞけられ、西郷隆盛とともに、政府を去った。

イ．日本の代表として、日露戦争の講和条約を締結した。

ウ．皇帝の権力が強いドイツの憲法を参考に憲法草案を作成した。

エ．衆議院議員選挙で勝利し、帝国議会で初代内閣総理大臣に選ばれた。

問11　下線部⑩に関連した次の文章を読み、文章中の空らん（　X　）にあてはまるものを、以下のア～エのうち一つ選び、記号で答えなさい。

温泉に行くと、温泉の成分などに関する内容が表示されています。しかし、その表示の仕方が温泉利用者にわかりにくいと（例：温泉に水を加えているが、天然温泉100％と看板などに書いてあり、利用者が誤解しやすい）、景品表示法違反《いはん》となる場合があります。その際、公正取引委員会や（　X　）庁が調査をおこない、（　X　）庁が業者に対して指導などをおこないます。

ア．環境　　イ．観光　　ウ．文化　　エ．消費者

3 日本の漁業に関する次の各問いに答えなさい。

問１　下の二つの表からわかる日本の漁業の課題を答えなさい。

	平成25年	平成26年	平成27年	平成28年	平成29年	平成30年	令和元年	令和２年
漁業就業者数	18.1	17.3	16.7	16.0	15.3	15.2	14.5	13.6

（単位：万人）

「漁業就業者」とは、満 15 歳以上で過去１年間に漁業の海上作業に年間 30 日従事した人をいう。

（農林水産省「漁業労働力に関する統計」より作成）

	平成27年	平成28年	平成29年	平成30年	令和元年	令和２年
日本の平均年収（単位：万円）	420	422	432	441	436	433
沿岸漁船漁家平均年収（単位：万円）	261	235	219	186	169	112

（上段：国税庁「令和３年分民間給与実態統計調査」より作成）

（下段：農林水産省「漁業経営に関する統計」より作成）

問２　下の資料は、宮城県の東松島市でおこなわれている事業を簡単《かんたん》に説明したものです。なぜこの事業が、問１であげられた漁業の課題の解決を期待できるのか、資料をふまえて、あなたの考えを述べなさい。

資料

事業名　海洋※ビッグデータを活用したスマート漁業モデル事業

目的

漁師の経験、勘《かん》に頼《たよ》っていた漁業を、ビッグデータを利用した漁業に変えていく

・データの内容

気象・潮流・水中の画像・漁獲

※ビッグデータ…情報通信技術が進歩したことで集められた膨大《ぼうだい》な量のデータのこと

（(社) 東松島みらいとし機構より作成）

【理　科】〈第3次試験〉(40分)〈満点：100点〉

注意　図やグラフをかく場合は，ていねいにはっきりとかきなさい。必要ならば定規を使ってもかまいません。

1　血液に含《ふく》まれる糖について，下の問いに答えなさい。

私たちは炭水化物を食べると体内で消化し，ブドウ糖として吸収します。このブドウ糖は日々の活動するためのエネルギーとして使われます。このとき，血液中に含まれるブドウ糖の濃《のう》度を「血糖値」といい，通常，ブドウ糖は空腹時で血液 100 mL あたり 80～100 mg 含まれています。1 mg は 1 g の 1000 分の 1 です。食後は吸収したブドウ糖が血液に含まれるため，血糖値が高くなります。血糖値が高くなると，インスリンという物質が体内に分泌《ぴっ》され，血液によって全身に運ばれます。このインスリンが細胞にはたらきかけるとブドウ糖の消費が促《そく》進されて血糖値を下げることができます。

（1）炭水化物を分解する消化こう素を次のア～エから1つ選び，記号で答えなさい。

ア．アミラーゼ　　イ．ペプシン　　ウ．トリプシン　　エ．リパーゼ

（2）分解された栄養素は小腸にある突《とっ》起から吸収されます。この突起のことを何といいますか。

（3）吸収した栄養分は血液を使って全身に運ばれます。栄養分を運ぶはたらきがあるものを次のア～エから1つ選び，記号で答えなさい。

ア．赤血球　　イ．白血球　　ウ．血小板　　エ．血しょう

血糖値が高い状態で維《い》持されてしまう病気を糖《とう》尿《にょう》病《びょう》といいます。

図1，図2はヒトA～C 3名の食事前後の血糖値の変化，食事前後に分泌されるインスリンの量の変化をそれぞれ表しています。

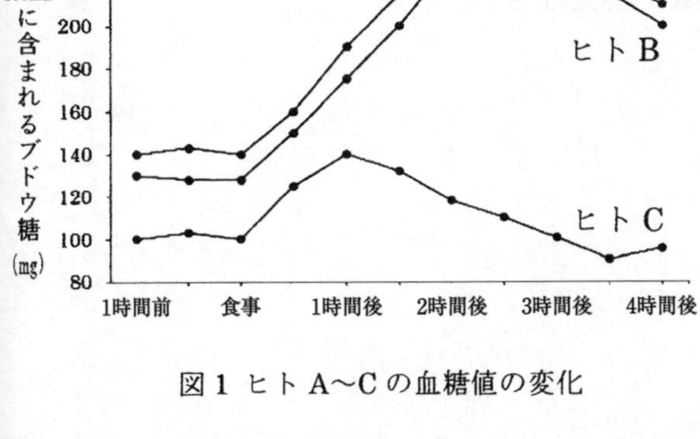

図1 ヒトA～Cの血糖値の変化

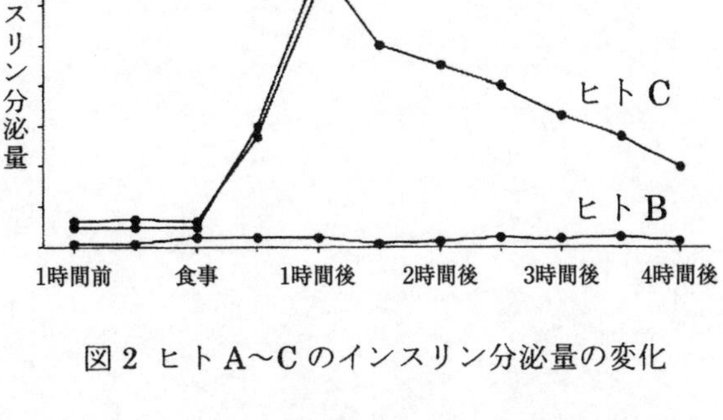

図2 ヒトA～Cのインスリン分泌量の変化

（４）ヒトＡ，Ｃについて正しく説明している文を次のア～エからそれぞれ１つずつ選び，記号で答えなさい。

ア．分泌したインスリンが体内で正常にはたらいていない。

イ．体内でインスリンが十分な量，分泌されていない。

ウ．食事により摂《せっ》取したデンプンをブドウ糖に分解することができない。

エ．血糖値の変化は正常の範《はん》囲内であり，健康な人である。

（５）ヒトＢの食後２時間後に十分な量のインスリンを注射したところ，注射しないときと比べると，血糖値の変化の仕方に違いが生じました。このときの血糖値の変化を表すグラフとして正しいものを下の図のア～エから１つ選び，記号で答えなさい。

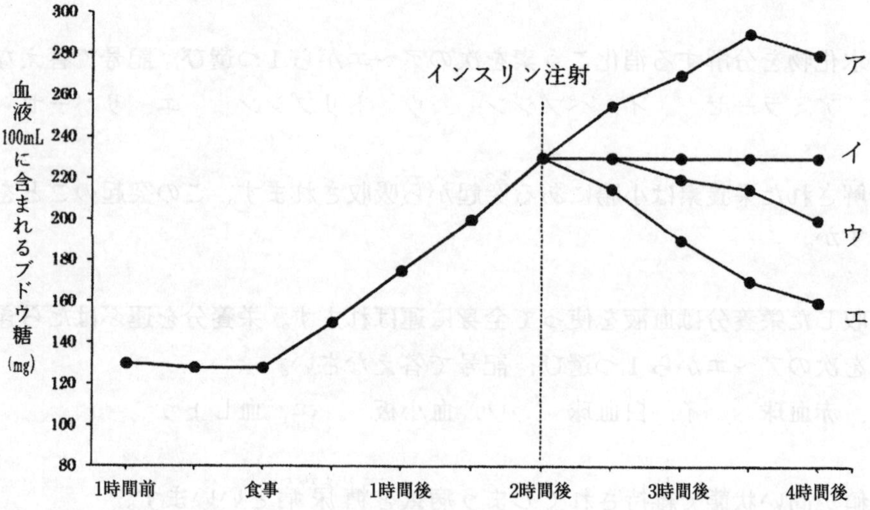

（６）図１よりヒトＣの血糖値は食事をした１時間後に140 mgまで上昇し，３時間後には100 mgまで減少したことがわかりました。このとき，１分あたり細胞で消費されたブドウ糖の量は何 mgですか。ただし，減少したブドウ糖は全て細胞で消費されたと仮定し，ヒトＣの総血液量は4.5 Lとします。答えが割り切れないときは，小数第１位を四捨五入して整数で答えなさい。

2 地球の海と陸と大気(地球を包む空気)は，たがいに影響《えいきょう》をおよぼしあって様々な現象を起こします。このことについて，下の問いに答えなさい。

（１）よく晴れた昼間に海岸付近では，海風が吹《ふ》きます。海風が吹いたときの空気の流れを示した矢印はどれですか。次のア～エから１つ選び，記号で答えなさい。

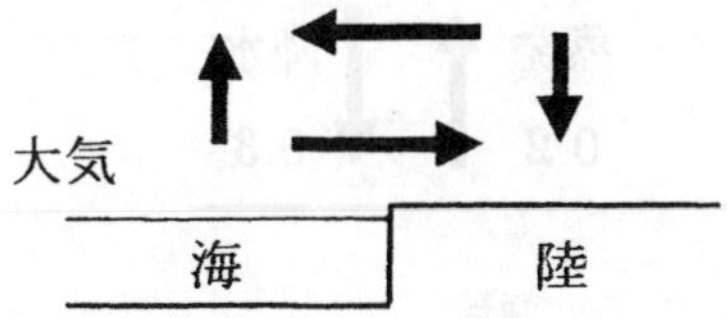

ア

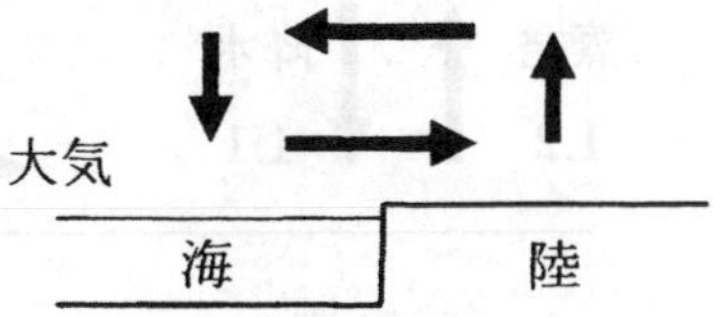

イ

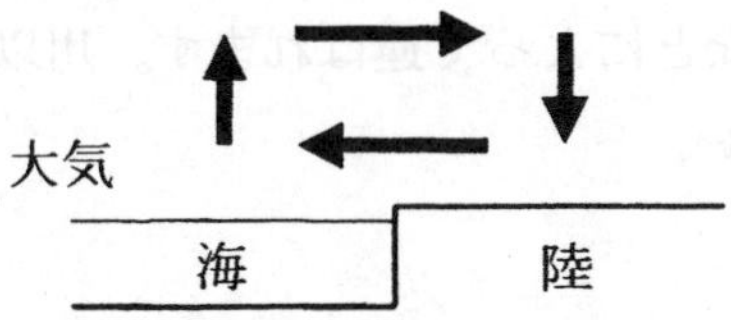

ウ

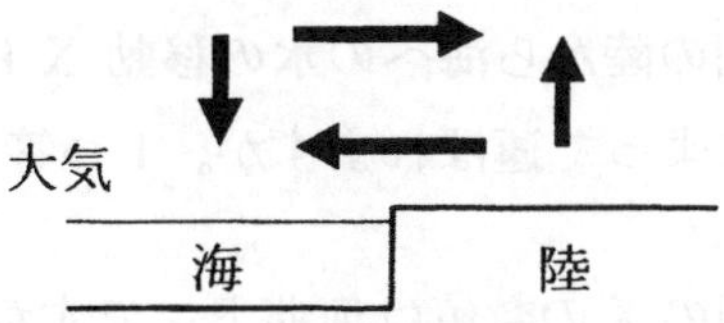

エ

（２）海面上で発生する霧《きり》について，発生の仕組みを次のようにまとめました。

海で発生する霧は，（　あ　）海水と海面近くの暖かく（　い　）空気が接することで，空気中の水蒸気が（　う　）になるために発生する。日本付近では，北海道の海で発生することが多い。

① 文章中の空欄《らん》（　あ　），（　い　）にあてはまる言葉の組合せを次のア～エから１つ選び，記号で答えなさい。

	あ	い
ア	暖かい	乾《かわ》いた
イ	暖かい	湿《しめ》った
ウ	冷たい	乾いた
エ	冷たい	湿った

② 文章中の空欄（　う　）にあてはまる言葉を答えなさい。

（３）下の図は地球上の水の移動を示したものです。図中の矢印は水の移動の向きを，数値は１日あたりの水の移動量を示していて単位は兆トンです。降水とは，陸や海に降る雨や雪のことをいいます。

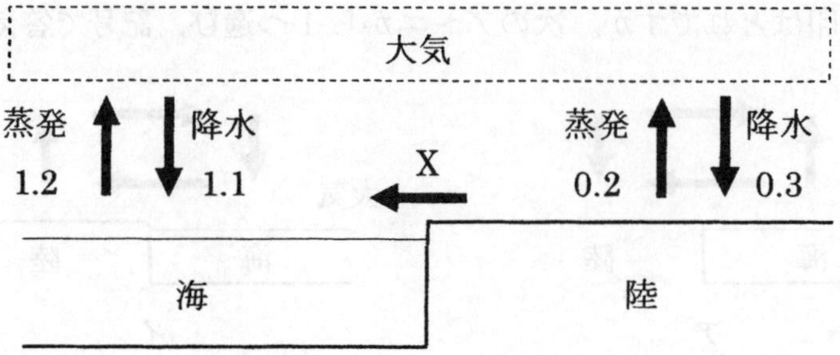

①　図の陸から海への水の移動 X は，川などによって運ばれます。川以外では，何によって運ばれますか。１つ答えなさい。

②　図の X の数値は何兆トンですか。

③　大気には，約 14 兆トンの水が水蒸気や雲として存在しています。この水は約何日分の降水量になりますか。

3　火力発電所で石油や石炭などから電気がつくられるとき，温室効果ガスである二酸化炭素が空気中に出されます。そのため，私たちが火力発電所でつくられた電気を使うことは空気中に二酸化炭素を出す原因になっています。私たちの電気使用量を知る方法，そして電気使用量を減らす方法について，下の問いに答えなさい。

（１）私たちが１カ月に使う電気使用量を求めてみましょう。家庭にある電化製品には必ず「800 W(ワット)」のようにワット数の表示があります。

1000 W は 1 kW(キロワット)で，1 kW の電化製品を１時間使用した場合，電気使用量は 1 kWh(キロワット時《じ》)です。

①　1000 W のそうじ機を毎日 10 分使用した場合，１カ月(30 日間)の電気使用量は何 kWh ですか。

②　ある家庭で１日に使われる電気の使用量の 15 %が冷蔵庫によるものであり，その使用量は１日あたり 2.1 kWh でした。この家庭の１カ月(30 日間)の電気使用量は何 kWh ですか。

（２）学校やデパートなどの建物は，私たちが快適に過ごすために多くの電気を使用しています。これらの建物の電気使用量を減らす方法について考えてみましょう。発電所でつくられた電気の使用量は，「創エネルギー」と「省エネルギー」という２つの方法で減らすことができます。創エネルギーとは使う電気をその建物で発電することで，省エネルギーとは建物の電気使用量を減らすことです。

① 創エネルギーでは，太陽光や風力による発電がよく使われます。この２つに加え，水力，地熱，バイオマスなどによってつくられた，くり返し利用できるエネルギーのことを何といいますか。

② 省エネルギーの方法は建物が使う，空調・換《かん》気・照明・給湯・昇《しょう》降機の５つの項《こう》目に分けて考えることができます。表１を参考に，照明の省エネルギーの方法を１つ考え，簡単に書きなさい。

表１

項目	省エネルギーの方法
空調	建物内の床下に水の通るパイプを通し，床の温度を調節することで，部屋全体ではなく，人のいる床に近い空間だけを中心に温めたり，冷やしたりする。
換気	建物の中を風の通り方を計算したつくりにし，換気扇《せん》をなるべく使わずに換気できるようにする。
給湯	蛇《じゃ》口からお湯を使うたびに加熱して温めるのではなく，つくったお湯を保温できるタンクにためておく。
昇降機	エスカレーターを人が近づいたときだけ動くようにし，それ以外のときは止めておく。

（３）ある建物を建てかえるときに，省エネルギーと創エネルギーを組合わせて，発電所でつくられた電気を使わないように設計しました。建てかえる前後で表２のように電気使用量を減らし，また，太陽光発電の器具(太陽光パネル)を設置することにしました。

表２　建てかえる前後の建物の１日あたりの電気使用量

	空調	換気	照明	給湯	昇降機
建てかえ前の電気使用量(kWh)	1600	100	270	15	15
建てかえ後の電気使用量(kWh)	720	70	80	15	15

① 表2について説明した次のア～エの文のうち正しいものをすべて選び，記号で答えなさい。

ア．建てかえ前の電気使用量全体のうち，80％は空調で使われている。

イ．換気の電気使用量は，建てかえる前後で70％減る。

ウ．電気使用量の合計は，建てかえる前後で半分以下に減る。

エ．電気使用量全体のうち，給湯の割合は建てかえた後のほうが小さい。

② 建てかえた後の建物が，発電所でつくられた電気を使わないようにするためには，1年(365日)で1241 kWhの電気をつくることができる太陽光パネルを少なくとも何枚設置する必要がありますか。

4 酸性の水溶《よう》液とアルカリ性の水溶液が混ざり合い，たがいの性質を打ち消し合うことを中和といいます。中和について，塩酸と水酸化ナトリウム水溶液を混ぜ合わせる［実験1］，［実験2］を行いました。下の問いに答えなさい。

［実験1］

A～Hの8つのビーカーに塩酸30 cm^3ずつとり，そのうち7つのビーカーにそれぞれ量の異なる水酸化ナトリウム水溶液を加えて良くかき混ぜて新たな水溶液を作りました。それらの水溶液を十分に乾燥《かんそう》させ，残った固体の重さを調べたところ，表1のような結果が得られました。

表1　加えた水酸化ナトリウム水溶液の体積と残った固体の重さの関係

	A	B	C	D	E	F	G	H
水酸化ナトリウム水溶液の体積(cm^3)	0	5	10	15	20	25	30	35
残った固体の重さ(g)	0	0.87	1.74	2.61	3.48	4.35	4.95	5.55

（1）水溶液DとGにそれぞれBTB溶液を加えると水溶液の色は何色になりますか。

（2）この塩酸80 cm^3を中和するために必要な水酸化ナトリウム水溶液は何cm^3ですか。また，その水溶液を十分に乾燥させて残る固体の重さは何gですか。答えが割り切れないときは，小数第2位を四捨五入しなさい。

(3) この水酸化ナトリウム水溶液 1 cm^3 には，何 g の水酸化ナトリウムが溶《と》けていますか。答えが割り切れないときは，小数第 2 位を四捨五入しなさい。

(4) 新たにこの塩酸 50 cm^3 をビーカーにとり，同じ水酸化ナトリウム水溶液 30 cm^3 を加えました。この水溶液を十分に乾燥させて残る固体の重さは何 g ですか。小数第 2 位を四捨五入して答えなさい。

(5) 濃度を 2 倍にした塩酸 18 cm^3 をビーカーにとり，濃度を 1.5 倍にした水酸化ナトリウム水溶液 40 cm^3 を加えました。この水溶液を十分に乾燥させて残る固体の重さは何 g ですか。小数第 2 位を四捨五入して答えなさい。

[実験 2]

[実験 1] で用いたものとは濃度の異なる塩酸と水酸化ナトリウム水溶液を用意し，この塩酸 100 cm^3 に対して同様の実験を行ったところ，表 2 のような結果が得られました。

表 2　加えた水酸化ナトリウム水溶液の体積と残った固体の重さの関係

水酸化ナトリウム水溶液の体積(cm^3)	0	20	40	60	80	100	120
残った固体の重さ(g)	0	2.36	4.72	7.08	9.25	10.85	12.45

(6) この塩酸 20 cm^3 を中和するために必要な水酸化ナトリウム水溶液は何 cm^3 ですか。答えが割り切れないときは，小数第 2 位を四捨五入しなさい。

問五　――線部④「痛痒を感じまいと思ったりしている」とあるが、このように思う理由として最も適切なものを次の選択肢ア〜エから一つ選び、記号で答えなさい。

ア　敗れた以上は潔《いさぎよ》く命を捨てる覚悟でいたにも関わらず、助命されたのはむしろ迷惑であり、また与一の恩着《おんき》せがましい態度にも嫌悪《けんお》感を感じているから。

イ　命を助けてもらったものの、勝者の権利として勝手に嫁にしてしまうなど敗者に対し何の配慮もない者には、礼儀を尽くす必要などないと考えたから。

ウ　自分より武力で劣っているにも関わらず、勝者側にいることで思うまま妻にしようとする思い上がりを腹立たしく思い、身の程を知らせようと思ったから。

エ　命は助けられたが、戦においては敵の情けに心を動かされず非情に徹《てっ》するべきであり、たとえ好意を踏みにじったとしても理解を得られると思ったから。

問六　――線部⑤「誰かの館の松で、つがいの鳥が幸せそうに囀る」とあるが、この文が本文中で果たしている役割について述べているものとして最も適切なものを、次の選択肢ア〜エから一つ選び、記号で答えなさい。

ア　仲むつまじい二羽の鳥の様子によって、板額御前と与一がこの後結ばれる結末を暗示している。

イ　仲の良い二羽の鳥の囀りをきっかけに重苦しい空気が一変し、緊張がゆるんだ様子を表現している。

ウ　松の木の二羽の幸福な姿が、非情と思われた源氏の人々の和《なご》やかな暮らしぶりを象徴している。

エ　二羽の鳥の平和で心温まる様子を描くことで、戦に明け暮れる人の世の愚かさと対比している。

問七　――線部⑥「板額御前は、阿佐利与一の妻になり」とあるが、なぜ板額御前は心変わりし、与一の妻となったのか。その理由について、アテルイの子孫である彼女自身のこれまでの生き方も踏まえて説明しなさい。

問二　――線部①「西の者たち」とあるが、板額御前は「西の者たち」をどのような人々と考えているか。次の一文の（　ア　）～（　ウ　）に入る漢字二字を、それぞれ考えて答えなさい。

自分たちの（　ア　）のために、北国の人々の（　イ　）を奪い、森を開くなど（　ウ　）を破壊した人々。

問三　――線部②「西念が田村麻呂で、お前がアテルイになる」とはどういうことか。この説明として最も適切なものを次の選択肢ア～エから一つ選び、記号で答えなさい。

ア　西念と幕府が企《くわだ》てた罠にはまり、資盛が東国に追いやられてしまうこと。
イ　幕府の命令には逆らえない西念が、やむをえず資盛に兵を向けてくること。
ウ　西念という男を信用しすぎたために、戦に敗れるかもしれないということ。
エ　助けたいという西念の意向を幕府が聞き入れず、資盛が殺されてしまうこと。

問四　――線部③「与一は西国や奥州の戦で活躍した大功臣。されど、与一の方から何かお願いするのを、この重忠は初めて見た気がいたしまする」とあるが、この言葉により重忠はどのようなことを頼家に訴えているのか。次の（　　）に入る言葉を考えて答えなさい。

普段は無欲な与一がこのように言うということは、（　　　　　）ということ。

問一 ――線部ｘ「安否」・――線部ｙ「ほとぼりが冷め（る）」の意味として、最も適切なものを次のそれぞれの選択肢ア～エから一つずつ選び、記号で答えなさい。

ｘ 安否 … ア 無事かどうか　イ どこへ行ったのか　ウ 何をしているのか　エ 今の心境

ｙ ほとぼりが冷め（る）… ア 人々の評価が変わること。　イ 人々が思いやりを取り戻すこと。
ウ 人々の関心が薄まること。　エ 人々が心のゆとりをなくすこと。

この後、越後平氏は源氏鎌倉幕府軍の圧倒的な兵力の前に敗れ、板額御前は足を負傷し捕らえられてしまう。そして御前は二代将軍　源《みなもとの》　頼家《よりいえ》の前に連行され、裁かれることになった。処刑するかどうか、頼家が周囲の者に問いかけた時、鎌倉幕府軍の大将だった阿佐利与一が頼家に対し、意見を述べた。

同書
一一五ページ一六行目～一一九ページ最終行

三 次の文章を読んで、後の各問に答えなさい。なお、設問の都合上、本文は省略されているところがある。

時は鎌倉時代。平氏を倒した鎌倉幕府は、その後、越後《えちご》平氏を討つため越後に兵を送ることにした。しかし幕府軍の大将の佐々木西念《さいねん》と阿佐利《あさり》与一《よいち》は越後平氏を助けたいと思い、城主の城《じょう》資盛《すけもり》に使者を出し、言い分は聞くので戦わず降伏《こうふく》するよう勧《すす》めた。それを敵の罠《わな》ではないかと疑う資盛は叔母《おば》の板額御前《はんがくごぜん》を呼び、幕府側の申し出を信じて降伏するか、全滅を覚悟して戦うかについて話し合うことにした。

なお、板額御前はこの物語の主人公であり、まだ年は若いが男以上に屈強な無双《むそう》の女騎《じょき》(天下一の女騎馬武者)として有名だった。その昔、大和朝廷軍の坂上田村麻呂と戦い、降伏した後に、大和朝廷にだまされて捕らえられ、処刑された東北の豪族・蝦夷《えぞ》のアテルイの子孫である。

鎌倉幕府方 —— 大将・佐々木西念、阿佐利与一

⇔

越後平氏方 —— 城主・城資盛、板額御前

〔編集部注…課題文は著作権上の問題により掲載しておりません。作品の該当箇所につきましては次の書籍を参考にしてください〕

・武内 涼 著『敗れども負けず』(新潮文庫 二〇二〇年一〇月発行)
九七ページ四行目〜一〇〇ページ八行目
(途中省略された箇所があります。)

問四　――線部②「心が折れそうになる」とあるが、どういうことか。これについて説明したものとして最も適切なものを次の選択肢ア～エから一つ選び、記号で答えなさい。
ア　友達になりたいと思った気持ちが一変し、互いに憎しみの心が芽生えつつあること。
イ　友達になれると思っているが、予想外な周囲の反対にとまどいを感じていること。
ウ　友達になりたいけれど、それは所詮《しょせん》は無理なことではないかと諦《あきら》めかけていること。
エ　友達になりたい気持ちが薄れ、もうどうでもよいと投げやりになりつつあること。

問五　――線部③について。この話が人間に対して示している「意外な真実と可能性」とはどのようなことか。本文中の言葉を用いて説明しなさい。

問六　――線部④「第二次世界大戦中、鬼畜米英と呼んで抱いたおそれと憎しみはいったいなんだったのか」とあるが、筆者はここでどのようなことを訴えていると考えられるか。最も適切なものを次の選択肢ア～エから一つ選び、記号で答えなさい。
ア　日本人が欧米人に対して抱いた本能的な恐怖心は世代を超えて受け継がれ、憎しみにまで発展してしまったこと。
イ　自分の考えを強く主張することのない日本人は大勢《おおぜい》の意見にむやみに同調し、信じ込んでしまう危険があること。
ウ　閉鎖的な島国で生きてきた日本人には、異質な者に対しては精神が不安定になり、攻撃的になる傾向があること。
エ　当時の日本人の米・英国人への悪感情は、戦争に向かうために一方的に思い込まされたものにすぎなかったこと。

問七　――線部⑤「ぜひ『あらしのよる』を体験してほしいと思う」とあるが、筆者はこれはどのようなことによって可能になるのだと訴えているのか、説明しなさい。

このように友好的な関係になったのは、この地域ではたった一つの群れだけである。他の数万のゴリラたちはまだ人間に強い恐怖と敵意を抱いている。しかし、それがいつか変わる日が来ると私は確信している。それは人間社会にもいえることではないだろうか。⑤ぜひ「あらしのよる」を体験してほしいと思う。

（山極寿一『ゴリラからの警告「人間社会、ここがおかしい」』毎日新聞出版）

注　＊1煩悶……悩み苦しむこと。　＊2ファンタジー……空想の話。　＊3翻弄……相手をもてあそぶこと。
＊4機微……簡単には察することができない微妙な事情。　＊5タンザニア……東アフリカの一国。

問一　□に、これを含む熟語が「捕食される側から見た殺す方の動物」という意味になるように、最も適切なものを次の選択肢ア～エから一つ選び、記号で答えなさい。

ア　天　　イ　外　　ウ　宿　　エ　大

問二　（ a ）・（ b ）に入る言葉として最も適切なものを次の選択肢ア～エからそれぞれ一つずつ選び、記号で答えなさい。ただし、同じ記号を二度以上用いてはならない。

ア　つまり　　イ　すると　　ウ　しかし　　エ　また

問三　――線部①『あらしのよるに』という作品は、イソップ物語の『ありときりぎりす』などと同様に動物を主人公としたたとえ話だが、これらの作品はなにを伝えるために作られたものか。最も適切にまとめて言い表している言葉を本文中から十一字で抜き出して答えなさい。

たわいもない＊2ファンタジーというなかれ。ここには③意外な真実と可能性が描かれている。ヤギはオオカミに食べられるものという常識はいったいだれが決めたのだろうか。オオカミはヤギを食べなければ本当に生きていけないのか。ヤギにとってオオカミは永遠に［　］敵なのだろうか。

実は、こうした一見常識に見える絶対的敵対関係を、人間は勝手につくり、そしてまた勝手に解消してきたのである。私が長らく研究してきたゴリラは、その人間の身勝手な常識に＊3翻弄《ほんろう》されてきた。十九世紀の半ばにアフリカで欧米人により「発見」されて以来、ゴリラは凶暴なジャングルの巨人として有名になった。人間を襲い、女性をさらっていくという話を真《ま》に受けて、多くのゴリラが殺された。（　a　）、中央アフリカの低地ではゴリラは肉資源として昔から狩猟の対象にされている。人間はゴリラにとってオオカミのような存在なのだ。しかし、ゴリラの平和な暮らしが明らかになると、その見方は一転し、今度は人間の大切な隣人として観光の目玉になった。低地でもゴリラはもはや食料とは見なされなくなりつつある。

人間どうしの関係でも同じことがいえる。江戸時代には、日本人にとって欧米人たちは人間を食う鬼と見られていた。④第二次世界大戦中、鬼畜米英《きちくべいえい》と呼んで抱いたおそれと憎しみはいったいなんだったのか。今だって、テロ集団やテロ国家は抹殺《まっさつ》せねばならない存在とされている。〈中略〉

昔から寓話《ぐうわ》やファンタジーは、動物の姿を借りて人間社会の＊4機微を描きだし、私たちが見習うべき教訓を語りかけてきた。

「あらしのよる」から私たちは何を学ぶのか。それは、一見とても変更しようのない関係も、気持ちのもち方で変えられるということだ。知能の高い人間だけに可能な話ではない。野生のチンパンジーも時折《ときおり》肉食をする。＊5タンザニアのマハレで五十年も研究を続けている日本人研究者によれば、近年獲物《えもの》の種類が変わってきたそうだ。昔はイノシシやカモシカの仲間を食べていたのに、今はほとんどサルしか食べない。これはチンパンジーの狩猟イメージが変わったためだという。

アフリカでは、人間を襲うライオンもいるが、人間に敬意を示して距離を置くライオンもいる。それは、ライオンと人間双方が長い時間をかけて友好的な関係を築いてきたからだ。私は、ゴリラが人間の食料にされていた地域で、武器も餌《えさ》も使わずにゴリラと仲よくなろうと努力してきた。最初ゴリラたちは私たちを見るなり逃げ去り、追うと恐ろしい声をあげて攻撃してきた。突進を受けて、私も頭と足に傷を負った。（　b　）、敵意のないことを辛抱《しんぼう》強く示し続ければ、ゴリラは態度を変えて人間を受け入れてくれる。十年近くかかったが、やっとゴリラと私たちは落ち着いて向かい合えるようになった。

問二　次の①～⑤の各文の内容を表す慣用句に用いられる単語の組み合わせを、後の語群Ａ・Ｂからそれぞれ一つずつ選び、記号で答えなさい。ただし、同じ記号を二度以上用いてはならない。

①　僕の在籍している野球部はここのところ試合のたびに連戦連勝。この勢いだと県大会優勝もいけそうだ。

②　親友の恥ずかしい秘密をうっかり他の人にしゃべってしまった。彼はいまだにそのことで僕に文句を言っている。

③　修学旅行の夜、消灯後、部屋のみんなで盛り上がっていたが、先生が見回りに来た瞬間、静まりかえった。

④　あの人は係の仕事があるのに、それもしないで別の部屋で他の友達とおしゃべりをしている。

⑤　大臣にインタビューを試みたが、肝心《かんじん》な政策については論点をはぐらかされてしまった。

Ａ群……　ア　油　イ　風　ウ　波　エ　煙　オ　根　カ　水　キ　雲

Ｂ群……　あ　乗る　い　売る　う　打つ　え　立つ　お　持つ　か　巻く　き　差す

二　次の文章を読んで、後の各問に答えなさい。なお、設問の都合上、本文は省略されているところがある。

京都の南座で①『あらしのよるに』という新作歌舞伎《かぶき》を見たことがある。中村獅童《しどう》さんがオオカミのガブを、尾上松也《おのえまつや》さんがヤギのメイを演じる。獅童さんのだみ声と松也さんのすっとんきょうな声音がオオカミとヤギにぴったりで、見事なはまり役である。

ある嵐の晩に、小屋に逃げこんだガブとメイが、暗闇のなかでお互いの正体がわからないままに話をしながら仲のいい友達になる。翌日の昼に再会を約束して、顔を合わせてみたら、食う食われるの関係にあるオオカミとヤギだったというわけだ。二人は互いの動物の領域で＊１煩悶《はんもん》する。オオカミにとってヤギはごちそうだし、ヤギにとってオオカミは［　　］敵だ。それぞれが仲間に説き伏《ふ》せられて②心が折れそうになる。しかし最後には、それまでの歴史的関係よりも、「あらしのよる」に友達になった気持ちを優先して、手をとり合って歩むという物語だ。

2023年度

逗子開成中学校

【国　語】〈第三次試験〉（五〇分）〈満点：一五〇点〉

注意　１、字数制限のある問題では、句読点やかっこ、その他の記号も一字として数えます。
２、問題文には、設問の都合で、文字・送りがななど、表現を改めたり、省略したところがあります。

一　次の各問に答えなさい。

問一　次の①～⑮の各文の――線部のカタカナを漢字で書き、――線部の漢字の読み方をひらがなで書きなさい。

①　ゴウインな部員の勧誘は控えよう。
②　友人を家にショウタイする。
③　生まれコキョウに帰る。
④　経済重視のフウチョウを嘆く。
⑤　世界各国のシュノウが集結する。
⑥　ランニングで海岸をオウフクする。
⑦　犯人の家をホウイする。
⑧　軍団をシキする大将。
⑨　税金をオサめる。
⑩　美しくスんだ川の水。
⑪　善と悪は表裏一体だ。
⑫　部下に冷淡な上司。
⑬　人間としての器が大きい人だ。
⑭　夏も盛りを迎えた。
⑮　若者に日本の未来を委ねよう。

2023年度

逗子開成中学校　▶解　答

※　編集上の都合により，第３次試験の解説は省略させていただきました。

算　数　＜第３次試験＞（50分）＜満点：150点＞

解　答

1　(1)　26.73　(2)　3　(3)　$\frac{2}{3}$　2　(1)　24　(2)　$4\ \mathrm{cm}^2$　(3)　30個　(4)　264ページ　(5)　2分8秒　(6)　80度　3　(1)　680個　(2)　3000個　(3)　7200個　4　(1)　①　正三角形　②　正六角形　(2)　$23.365\mathrm{cm}^2$　(3)　$17.19\mathrm{cm}^2$　5　(1)　420　(2)　190，280，370，460，550，640，730，820，910　(3)　57個

社　会　＜第３次試験＞（40分）＜満点：100点＞

解　答

1　**問１**　１　パラリンピック　２　万国博覧会　３　ギリシア(ギリシャ)　**問２**　ノーマライゼーション　**問３**　イタリア　**問４**　Ⅰ　エリザベス女王(２世)　Ⅱ　ウ　**問５**　本初子午線　**問６**　ア　**問７**　フードロス　**問８**　全国水平社　**問９**　男女雇用機会均等法　**問10**　(例)　直接税は，税を負担する人と納める人が同じで，間接税は，税を負担する人と納める人が異なる。　**問11**　イ　**問12**　ウ　**問13**　Ⅰ　エ　Ⅱ　レタス　**問14**　ア　**問15**　エ　**問16**　(例)　メディアは本来，公正な情報を伝える役割をになっているが，大手メディアの多くがスポンサーとなっていると，東京オリンピックに関する不都合な情報が国民に伝わらない可能性がある。　**問17**　団体交渉(権)　**問18**　IAEA　2　**問１**　１　環太平洋　２　出雲　３　熊野　４　相模　５　一向　６　刀狩(令)　７　シーボルト　**問２**　今治(市)　**問３**　ナショナルトラスト(運動)　**問４**　空海　**問５**　大和絵　**問６**　ウ→イ→エ→ア　**問７**　Ⅰ　(例)　多くが，桑畑から果樹園に変化した。　Ⅱ　(例)　世界恐慌の影響で，生糸の輸出が減ったため。　**問８**　エ　**問９**　セメント(工業)　**問10**　Ⅰ　岩倉具視　Ⅱ　ウ　**問11**　エ　3　**問１**　(例)　沿岸漁船漁家の年収が日本の平均年収と比較すると低いので，漁業に従事する人が増えない。　**問２**　(例)　データを使って漁業をおこなうので，魚が集まっている漁場を見つけることができたり，値段の高い魚をとれるようになったりする可能性がある。これにより，漁業に従事する人の収入増加が期待できるので，就業者数が増えて，課題の解決につながると考えられるから。

理　科　＜第３次試験＞（40分）＜満点：100点＞

解　答

1 (1) ア　(2) じゅう毛(じゅう突起)　(3) エ　(4) **ヒトA**…ア　**ヒトC**…エ　(5) エ　(6) 15mg　2 (1) イ　(2) ① エ　② 水　(3) ①（例） 地下水　② 0.1兆トン　③ 10日分　3 (1) ① 5kWh　② 420kWh　(2) ①（例） 再生可能エネルギー　②（例） 人が近づいたときだけ照明がつくようにする。　(3) ① ア，ウ　② 265枚　4 (1) **D** 黄色　**G** 青色　(2) **水酸化ナトリウム水溶液**…66.7cm^3　**残る固体の重さ**…11.6g　(3) 0.12g　(4) 5.2g　(5) 8.8g　(6) 15cm^3

国　語　＜第３次試験＞（50分）＜満点：150点＞

解　答

一 **問1** ①～⑩ 下記を参照のこと。　⑪ ひょうり　⑫ れいたん　⑬ うつわ　⑭ さか(り)　⑮ ゆだ(ね)　**問2** ① **A** ウ　**B** あ　② **A** オ　**B** お　③ **A** カ　**B** う　④ **A** ア　**B** い　⑤ **A** エ　**B** か　二 **問1** ア　**問2** **a** エ　**b** ウ　**問3** 私たちが見習うべき教訓　**問4** ウ　**問5**（例） 一見常識に見える絶対的な敵対関係は実は人間が勝手につくり出したものなので，それは気持ちの持ち方で変えることも可能であること。　**問6** エ　**問7**（例） たとえ憎しみ合っている関係であっても，いつか変わる日が来ると信じ，長い時間をかけて辛抱強く敵意のないことを示し続けること。　三 **問1** **x** ア　**y** ウ　**問2**（例） **ア** 利益　**イ** 生命　**ウ** 自然　**問3** エ　**問4**（例） よほど強い希望であると察せられるので，ぜひ望み通りにしてあげてほしい　**問5** イ　**問6** ア　**問7**（例） 敗者に非情な敵と思っていたが，与一の優しさに触れ，獲物にも敬意を払う自分たちと同じように，与一が敗者への思いやりがある者と知り，心を許したから。

●漢字の書き取り

一 **問1** ① 強引　② 招待　③ 故郷　④ 風潮　⑤ 首脳　⑥ 往復　⑦ 包囲　⑧ 指揮　⑨ 納(める)　⑩ 澄(んだ)

Memo

2022年度　逗子開成中学校

〔電　話〕(046) 871－２０６２
〔所在地〕〒249-8510　神奈川県逗子市新宿２－５－１
〔交　通〕JR横須賀線－「逗子駅」より徒歩12分
京浜急行線－「逗子・葉山駅」より徒歩12分

【算　数】〈第１次試験〉(50分)〈満点：150点〉

注意　・定規・コンパス・筆記用具以外の使用は認めません。
・考え方を書く指示がある問題以外は，答えだけを書いてください。
・答えに単位が必要な問題は，必ず単位をつけて答えてください。
・答えが分数になる場合は，それ以上約分できない一番簡単な分数で答えてください。また，仮分数は帯分数に直してください。
・図やグラフをかいて答える問題に対し，定規・コンパスを忘れた場合は手がきでていねいにかいてください。

1　次の□にあてはまる数を求めなさい。

(1)　$125-59+105-60+85-61+65-62+45-63+25-64=\square$

(2)　$9-3\times2\frac{1}{7}\div\left\{2-\left(2\frac{3}{7}-\frac{3}{8}\times4\right)\right\}=\square$

(3)　$\{(11+0.5)\times0.8-2.25\times\square\}\div1\frac{2}{15}=1\frac{1}{2}$

2　次の各問いに答えなさい。

(1)　一郎君は算数のテストを複数回受けました。前回までの一郎君の算数のテストの平均点はちょうど81点でした。今回受けた算数のテストの得点は95点であったため，平均点はちょうど83点になりました。一郎君は算数のテストを全部で何回受けましたか。

(2)　底面の半径が20cm，高さ30cmの円柱の容器に，底から10cmのところまで水が入っています。この容器に，たて12cm，横12cm，高さ30cmの四角柱のおもりを底まで入れると，水面の高さは底から何cmになりますか。小数第２位を四捨五入して答えなさい。ただし，円周率は3.14とします。

(3)　連続した47個の整数があります。これらの整数を偶数と奇数の２つのグループに分け，それぞれのグループの和を求めました。これらの差が46であるとき，この47個の整数の中で，もっとも小さい整数はいくつですか。

(4)　次郎君はまっすぐな道を自転車で毎時12kmの速さで走っています。また，その道を次郎君が走っている方向に10分間かくでバスも走っています。次郎君が16分ごとにバスに追いこされるとき，バスの速さを求めなさい。

(5)　右の図は，１辺８cmの正方形ABCDに点Bと点Cを中心とし正方形の１辺を半径として２個のおうぎ形を描いたものです。図のアの部分とイの部分の面積の差を求めなさい。ただし，円周率は3.14とします。

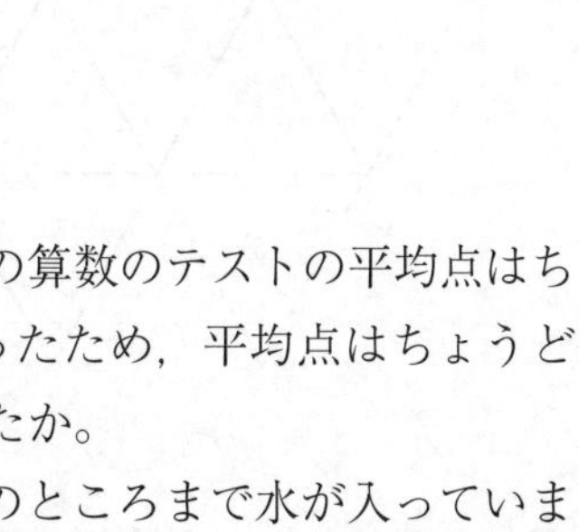

(6)　下の図１は，各面がすべて正三角形でできた立体(正八面体)です。図２は図１の立体の展開図です。いま，図２のクの正三角形を切り取ったとき，図３の①～⑤の中からどの正三角形を１つ補うと，図１の正八面体の展開図になりますか。①～⑤の中からふさわしいものをすべて選びなさい。

図１

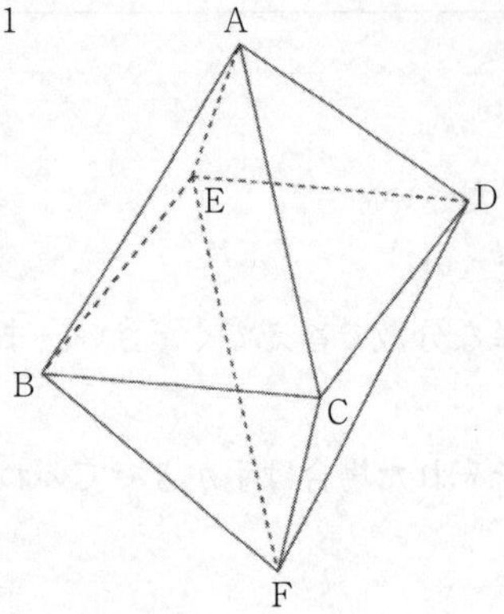

図２

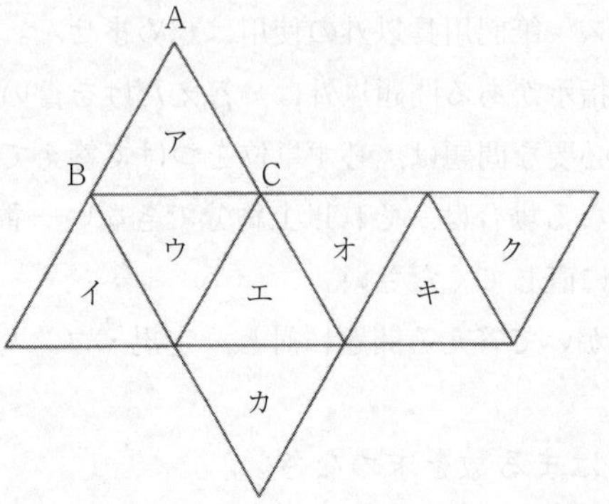

図３

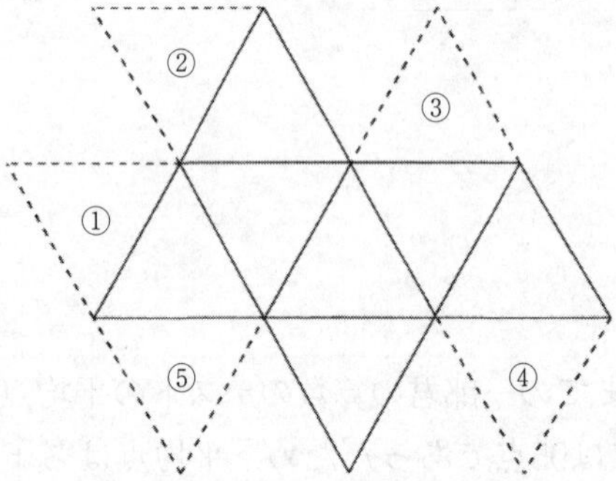

3　あるイベント会場の入場ゲートで，受付けを開始しようとしたところ，すでに660人の人が受付けの順番を待っています。その後も毎分10人の割合で人が増えていきます。今までの経験から，入場ゲートの窓口を３つにして受付けを開始すると，ちょうど60分で受付けの順番を待つ人がいなくなることがわかっています。このとき，次の各問いに答えなさい。

(1)　１つの窓口では１分間に何人，受付けができますか。

(2)　窓口を５つにして受付けを開始すると，受付けの順番を待つ人がいなくなるのにかかる時間は何分何秒ですか。

(3)　窓口を５つにして受付けを開始し，途中で窓口をさらに４か所増やしたところ，受付けを開始してからちょうど18分で受付けの順番を待つ人がいなくなりました。最初の５か所の窓口で受付けをしていた時間は何分何秒ですか。

4　子供たちに配るためにアメを用意しました。９個入りの袋にアメをつめると，アメは余ることなくちょうどつめることができます。用意したアメの個数は，150個以上300個以下です。このとき，次の問いに答えなさい。

(1)　７個入りの袋にアメをつめていくと，アメは余ることなくちょうどつめることができました。

このとき，用意したアメの個数として考えられる数をすべて答えなさい。

(2)　７個入りの袋にアメをつめていくと，最後の袋にはアメを５個しか入れることができませんでした。このとき，用意したアメの個数として考えられる数をすべて答えなさい。

(3)　９個入り，７個入り，５個入りの袋を用意し，アメの個数を

　　９，７，５，５，９，７，５，５，９，７，５，５，…

のように規則的にアメをつめていくと，最後の袋にはアメを１個しか入れることができませんでした。最後の袋が５個入りの袋であったとき，用意したアメの個数として考えられる数をすべて答えなさい。

5　１から５までの数字が一つずつ書かれた５枚のカードを一列に並べます。並べた５枚のカードの数を左から順にA，B，C，D，Eとし，となり合ったカードの数字の積，$A \times B$，$B \times C$，$C \times D$，$D \times E$の中で，最も大きい数をMとします。太郎君と花子さんはMの値をいろいろ変えたときに，５枚のカードの並べ方は何通りになるのかを考えています。次の２人の会話を読んで，各問いに答えなさい。

> 太郎：最初に５枚のカードの並べ方は全部で何通りあるかを考えてみようよ。
>
> 花子：カードはすべて異なるから，カードの並べ方は(　ア　)通りになるね。
>
> 太郎：次にMが20になるときの５枚のカードの並べ方を考えてみよう。
>
> 花子：Mが20になるには，４と５のカードがとなり合えばいいから，そうなるカードの並べ方を調べてみると…(　イ　)通りになるね。
>
> 太郎：じゃあ最後にMが12以下になる５枚のカードの並べ方は何通りあるか考えてみよう。
>
> 花子：Mが12以下になるときを考えればいいから…まず，Mが一番小さくなるのは，１と２のカードがとなり合ったときだから…
>
> 太郎：花子さんちがうよ。１と２のカードがとなり合っても，他のとなり合った数字の積のほうが大きくなるから，Mは２をとれないよ。３，４といった小さい値もMはとれないよ。
>
> 花子：じゃあ，Mが12以下でとれる値はどんな数が…５，６，８といった数はとれるのかしら。
>
> 太郎：花子さん，発想を変えて今まで求めた値を利用して考えてみようよ。

(1)　(ア)に入る数を求めなさい。

(2)　(イ)に入る数を求めなさい。

(3)　Mが12以下になる５枚のカードの並べ方は何通りあるか求めなさい。ただし，答えだけではなく，途中の考え方も書きなさい。

【社　会】〈第１次試験〉（40分）〈満点：100点〉

次の文章を読んで，各問いに答えなさい。

2022年は，日本で初めての鉄道が新橋～横浜間に開業してから150年という節目の年にあたります。日本での鉄道開業に先立ち，世界で初めて本格的な鉄道が(　１　)で開業したのは①1830年のことでした。世界に広がる鉄道の情報はやがて日本にも伝えられ，②1854年には将軍への献上《けんじょう》品の一つとして蒸気機関車の模型がアメリカからもたらされました。それ以前の日本では，陸上での移動といえば③道を歩いたり，馬に乗ったりなどでしたので，蒸気機関車の模型は人びとを驚《おどろ》かせました。江戸幕府を倒した明治新政府は(　１　)などから招いた技術者の力を借り，産業の発展などを目的として，1872年に鉄道を開業させました。その後も鉄道建設は進められ，1889年には東京・大阪・神戸が鉄道で結ばれました。

鉄道を建設したのは政府だけではありません。1880年代には④上野～熊谷《くまがや》間に鉄道を開業した日本鉄道会社などの私鉄も登場し，全国に鉄道網《もう》が整備されていきました。(　２　)が小説『坊《ぼっ》ちゃん』で「マッチ箱のよう」と表現した汽車を⑤松山に走らせた伊予《いよ》鉄道は，このころに登場した私鉄の一つです。私鉄の中には神社・仏閣を目的地とするものも登場しました。10世紀に建立《こんりゅう》された⑥成田山新勝寺《しんしょうじ》を目的地とした成田鉄道や，⑦12世紀に建立された川崎大《かわさきだい》師《し》を目的地とした大師《だいし》電気鉄道はその一例です。

私鉄が増えていくと，鉄道会社同士の連携《れんけい》が不十分などの問題点があげられるようになりました。そこで日本が(　１　)と同盟を結んで戦った日露戦争後には私鉄の主な路線が国有化されました。1918年に立憲政友会の⑧原敬を首相とする内閣が成立すると，政府は国有鉄道の建設に力を入れました。国有鉄道の運営にあたった⑨鉄道院を鉄道省に昇格《しょうかく》させて権限を強め，⑩原の地元を通る山田線などの鉄道建設を推《お》し進めたのです。こうして国有鉄道が拡大して⑪鉄道輸送量が増加する一方，国有の幹線鉄道網を補《おぎな》う存在として位置づけられた私鉄も，都市人口の増加などを背景に発展していきました。1937年に⑫日中戦争がおこると，1938年には議会の承認なしに戦争に必要な物資や労働力を動員できる権限を政府にあたえる法律である(　３　)が公布され，鉄道はますます軍事輸送の重要な手段として利用されるようになりました。軍事関係者や軍需《ぐんじゅ》物資の輸送，⑬空襲などの危険を避《さ》けて大都市から地方に移動する人々の輸送などを担《にな》い，戦争が続く中で休まず運行を続けたのです。

第二次世界大戦が終わると国有鉄道の経営は政府ではなく，新たに生まれた公共企業体である日本国有鉄道(国鉄)によって担われるようになりました。⑭戦後赤字に陥《おちい》った国鉄は一時的に黒字化を達成した時期もあり，そのころには⑮東海道新幹線の開業や⑯高度経済成長で高まる旅行熱をとらえた⑰周遊券の販売《はんばい》など，さまざまな取り組みがおこなわれました。しかし，このような取り組みにもかかわらず，人件費の増大や，自動車の普及による利用者数の伸《の》び悩《なや》みなどの影響《えいきょう》で，国鉄は慢性的《まんせいてき》な赤字経営に陥っていきました。そうした中，1987年に国鉄は⑱民営化され，その事業はJRグループ各社により受け継《つ》がれて現在に至っています。一方の私鉄も，戦後まもなくは人件費の高まりなどでほとんど利益を得られない状況《じょうきょう》が続きました。その後，高度経済成長期に人口がますます都市部へ集中すると，通勤客の利用増加などによって大手私鉄を中心として経営が上向いていきました。こうした私鉄のなかには，⑲百貨店，遊園地，不動産事業など，さまざまな事業を展開して高い利益をあげるものも出てきました。

このように約150年にわたって日本の交通を支え続けている鉄道ですが，近年はさまざまな課題や困難に直面しています。その一つが，相次ぐ⑳自然災害や鉄道設備の老朽《ろうきゅう》化への対応です。防災対策や北海道と本州を結ぶ(　４　)トンネルなど大規模な鉄道設備の修繕《しゅうぜん》には多くの時間や費用がかかることが見込まれています。災害後の復旧も大きな課題です。例えば，東日本大震災は線路に大きな被害《ひがい》をもたらし，多くの鉄道が運休に追い込まれました。その復旧には時間も費用もかかり，㉑東京都と宮城県を結ぶ常磐《じょうばん》線の全線が復旧したのは，地震発生から約９年がたった2020年３月のことでした。さらに鉄道会社を苦しめたのが，新型コロナウイルス感染症《かんせんしょう》の流行です。感染予防のための人々の移動自粛《じしゅく》は鉄道各社の売上を押《お》し下げ，2020年度にはJR各社や大手私鉄など多くの会社が赤字に転落しました。例えば，利用者の減少など，従来から苦しい経営が続いていた㉒JR北海道は，過去最大の赤字に陥ってしまいました。

こうした課題や困難に立ち向かう取り組みも始まっています。大規模災害への対応や地域の活力の向上など，政府が推進する交通施策《しさく》の基本理念が㉓交通政策基本法で定められ，鉄道橋の補強や駅の耐震《たいしん》化などが進められつつあります。被災後の復旧についても，㉔国の予算から助成を受けられる対象が拡大されるなど，制度の整備が進んでいます。合わせて，鉄道会社自身による経営の立て直しへの挑戦《ちょうせん》も始まっています。例えば，JR東日本は保守点検の機械化による費用の削減《さくげん》や，新鮮な海産物・農産物の輸送に新幹線を活用するなど需要《じゅよう》の増加への取り組みをおこなっています。京浜急行電鉄は持続的な成長を実現するために三浦半島の㉕地方公共団体との連携を深め，観光地の再整備を進めることで利用者数を伸ばそうとしています。さらに，地方公共団体のなかには，公共交通機関のありかたを見直し，新たなまちづくりを進めようという動きもあります。例えば，㉖富山市は，市内を走る鉄道を再整備するなどして，公共交通機関を軸《じく》としたまちづくりを進めることで，すべての人が安心して住み続けられる街の実現をめざしています。

今回は鉄道開業150年をきっかけに，鉄道をとりまく諸問題について考えてみました。現代の社会はさまざまな課題を抱《かか》えていますが，課題と向き合って解決策を模索《もさく》し続ければきっと道は拓《ひら》けるはずです。10年，20年後の社会を担い，解決策を模索するのは君たち自身です。中学・高校の６年間でさまざまな社会的な課題などについて知り，自分の考えを持って動き出せるように一緒《いっしょ》に学んでいきましょう。

問１　文中の空らん(１)～(４)にあてはまる語句を答えなさい。なお，空らんの(１)はカタカナで，それ以外は漢字で答えなさい。

問２　下線部①に関連して，19世紀前半におこった出来事はどれですか。正しいものを次のア～エから一つ選び，記号で答えなさい。

ア．モリソン号事件や幕府の鎖国政策を批判した蘭学者が処罰《しょばつ》されました。

イ．新井白石が長崎新令を出して貿易の輸出入のバランスをとりました。

ウ．ノルマントン号事件がおこり，条約改正を求める動きが高まりました。

エ．オランダ人を長崎の出島に移し，鎖国が完成しました。

問３　下線部②について，このときに将軍へ蒸気機関車の模型を献上した人物は，艦隊を率いて来日した人物ですが，それはだれですか。カタカナで答えなさい。

問４　下線部③に関連して，次の各問いに答えなさい。

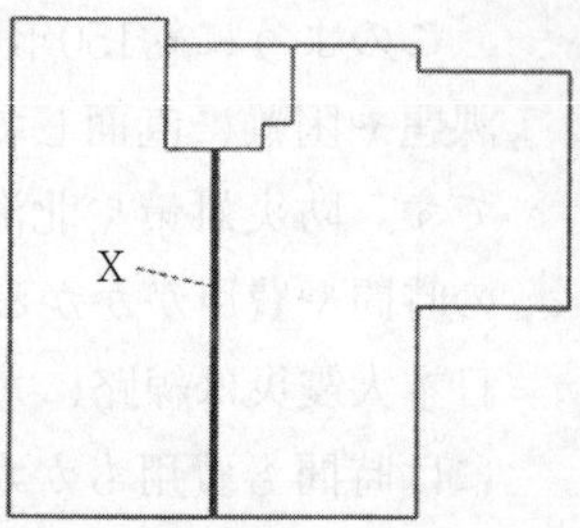

Ⅰ．右の資料は唐の都・長安にならってつくられた平城京の模式図です。平城京の中央を南北に通る，資料中のXで示された道は「◯◯大路」と呼ばれました。◯◯にあてはまる語句として正しいものを漢字２字で答えなさい。

Ⅱ．日本の道について述べた次の文を古いものから年代順に並べかえ，ア～エの記号で答えなさい。

ア．城下町が新たにつくられた安土では，道におかれた関所が廃止《はいし》され，物の流通が盛《さか》んになりました。

イ．大名行列が江戸と領国を行き来する中で，宿場町や道が整えられました。

ウ．鎌倉とその外の地域を結ぶために，山を切り開いた道が鎌倉時代に整備されました。

エ．全国が国・郡・里に分けられ，中央と各国とを結ぶ道が整備されました。

問５　下線部④に関連して，右の資料は1910年ごろの熊谷駅周辺の地形図の一部を示したものです。上野～熊谷間の鉄道が開業すると，ある商品が上野，さらには開港場横浜まで鉄道で運ばれるようになりました。その商品とは何ですか。地形図を参考にして考え，漢字２字で答えなさい。

問６　下線部⑤に関連して，次の各問いに答えなさい。

Ⅰ．次の雨温図は，秋田，高知，那覇，松山の雨温図です。このうち，松山の雨温図はどれですか。次のア～エから一つ選び，記号で答えなさい。

ア．

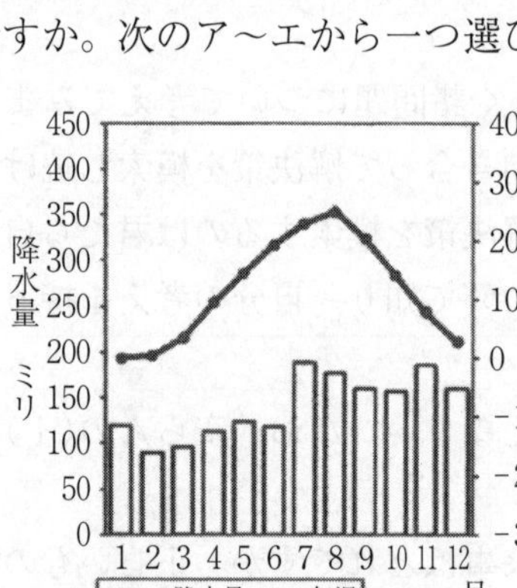

イ．

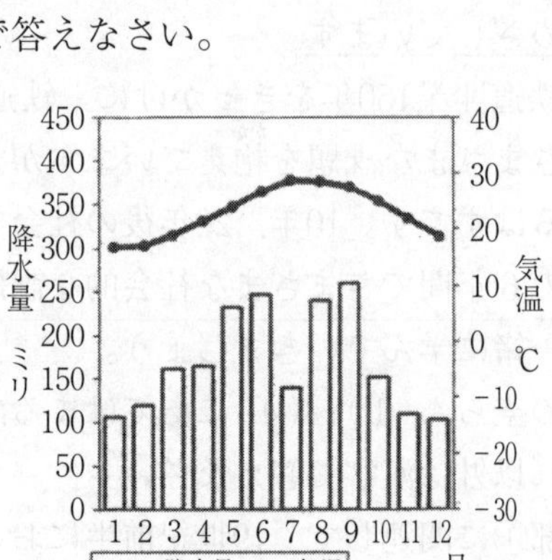

ウ.

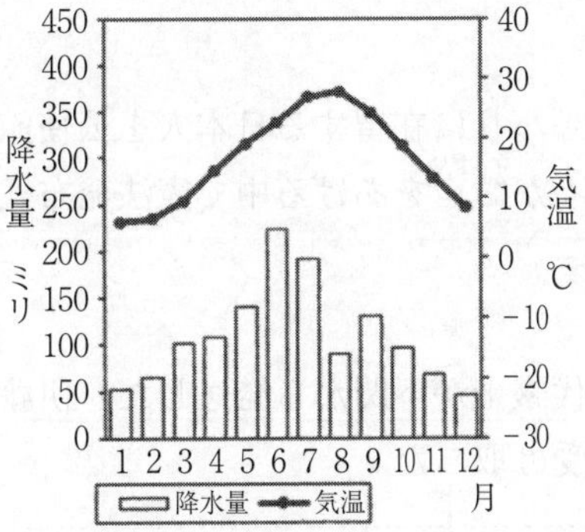

エ.

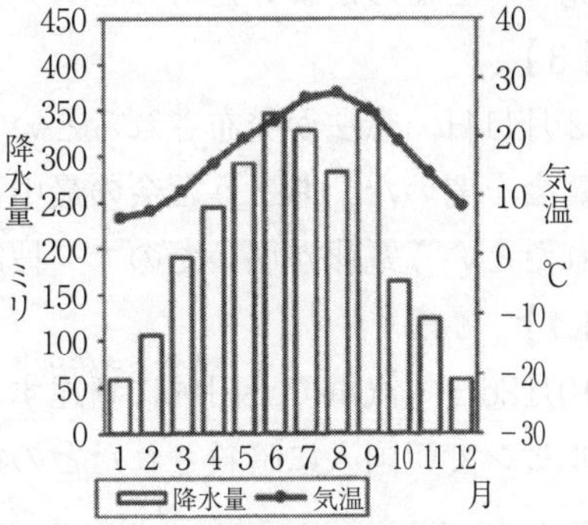

(『理科年表 2021』より作成)

Ⅱ. 松山をふくむ県について述べた文として正しいものを次のア～エから一つ選び，記号で答えなさい。

ア．県東部の都市からは淡路島を経由して本州につながる橋がかけられています。

イ．県西部の宇和海沿岸では真珠の養殖が盛んです。

ウ．県中央部の平野ではピーマンの促成栽培が盛んです。

エ．県北部の平野部には満濃池《まんのういけ》など多数のため池があります。

問７　下線部⑥について，成田山新勝寺は10世紀におこった平将門の乱が鎮《しず》まるように祈願《きがん》した僧侶《そうりょ》によって開山されたとされますが，平将門の乱がおこった地域はどこですか。右の地図中のア～エから正しいものを一つ選び，記号で答えなさい。

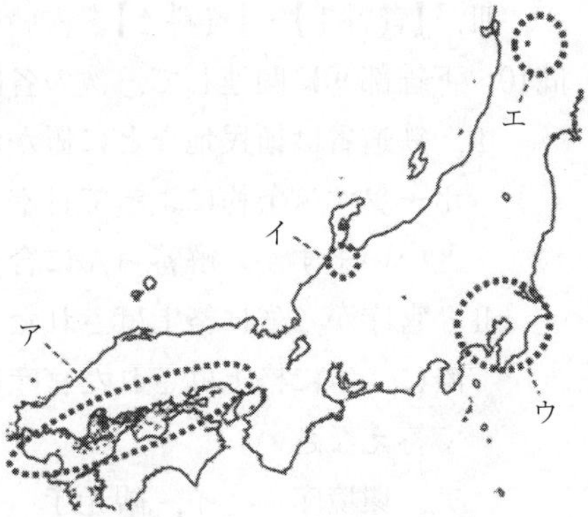

問８　下線部⑦に関連して，12世紀ごろから難しい学問や修行を必要としない，簡単でわかりやすく，実行しやすい教えを説く新しい仏教が現れました。これらの仏教のうち，阿弥陀仏を信じて念仏を唱えれば，だれもが救われると教えた浄土宗を開いた人物はだれですか。漢字で答えなさい。

問９　下線部⑧について，次の【資料１】～【資料４】は原敬が記した日記の内容の一部をわかりやすく簡潔に書き改めたものです(なお資料は年代順に並んでいません)。これを読んで各問いに答えなさい。

【資料１】

５月６日　ロシア，(a)，(b)に回答して，その勧告《かんこく》をすべて承諾《しょうだく》した。駐ロシア公使がロシア政府にリャオトン半島南部の一部を残して他は返還《へんかん》することを提案したが，ロシアは承諾せず，協議の結果，我が兵力では三国と戦うことはできないとして，やむを得ずその干渉《かんしょう》を受け入れることとなった。

【資料２】

８月15日　以前より米価暴騰《ぼうとう》のため各地に騒動《そうどう》があり，軍隊の出動までおこなわれた。よって18日に札幌で開催《かいさい》する東北での党大会は予定通り開催はするが，宴会《えんかい》などは見合わせるのがよいだろうと考えた。

【資料３】

２月11日　憲法が発布されるというので，パリに在留する日本人を公使館に招いて祝賀会を開いた。ちょうど会の最中に，人々が歓声《かんせい》をあげる中で憲法発布式がおこなわれたという電報が届いたので，披露《ひろう》した。

【資料４】

10月26日　汽車で三田尻《みたじり》に到達《とうたつ》すると前代議士が下関から発送した，伊藤博文公がハルビンで韓国人に暗殺されたとの電報を受け取った。

Ⅰ．【資料１】中の空らん（ａ），（ｂ）に入る国名として正しいものをそれぞれカタカナで答えなさい。

Ⅱ．原内閣は【資料２】の出来事のあとに誕生《たんじょう》しましたが，【資料２】の出来事の責任をとって総辞職した内閣の総理大臣はだれですか。次のア～エから正しい人物を一人選び，記号で答えなさい。

ア．犬養毅　　　イ．黒田清隆

ウ．大隈重信　　エ．寺内正毅

Ⅲ．【資料１】～【資料４】を古いものから年代順に並べかえ，１～４の数字で答えなさい。

問10　下線部⑨に関連して，次の各問いに答えなさい。

Ⅰ．鉄道省は植民地などに置かれた鉄道の監督《かんとく》もおこないました。このような鉄道のうち，ポーツマス条約によって日本が権利を獲得《かくとく》したのちに，日本が経営をおこなった鉄道を何といいますか。解答らんに合うように漢字３字で答えなさい。

Ⅱ．官庁が，省に格上げされたことはこのあとにもありましたが，2001年の中央省庁再編の際に，省に格上げされた官庁はどれですか。次のア～エから正しいものを一つ選び，記号で答えなさい。

ア．環境庁　　イ．観光庁　　ウ．宮内庁　　エ．金融庁

問11　下線部⑩について，右の資料のように，盛岡駅と釜石《かまいし》駅をつないだ山田線は以前からその建設計画があったにもかかわらず，原敬が首相に就任するまで建設が進みませんでした。その理由の一つは，山田線がＹの山地を横切るために難工事が予想されたためでした。このＹの山地を何といいますか。漢字で答えなさい。

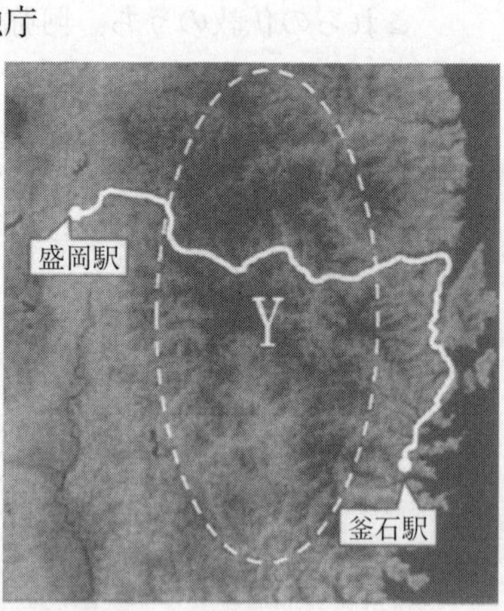

問12　下線部⑪に関連して，【資料１】は1920年度から1936年度の国有鉄道における旅客輸送量を，【資料２】は1920年と1936年の国有鉄道における主要貨物輸送量とその内訳をあらわしたものです。これらについて述べた文のうち，**誤っているもの**を下のア～エから一つ選び，記号で答えなさい。

【資料１】 国有鉄道における旅客輸送量

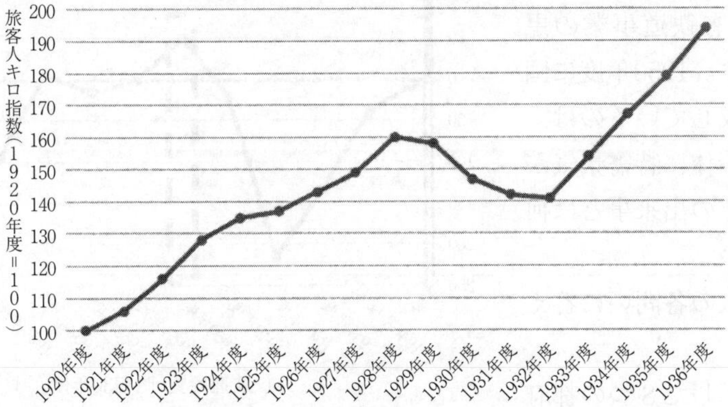

【資料２】 国有鉄道における主要貨物輸送量とその内訳

		1920年	1936年
輸送トン数(千トン)		44,376	69,115
代表的な品類の内訳(%)	鉱産品	54.8	56.3
	林産品	17.2	13.2
	農産品	9.9	10.5
	畜産品	0.9	0.6
	水産品	2.0	2.1
	化学工業品	2.3	11.9
	食品工業品	3.3	2.1
	繊維工業品	3.4	3.3

(近代日本輸送史研究会 編『近代日本輸送史―論考・年表・統計―』より作成)

ア．国有鉄道における旅客輸送量は，関東大震災がおこった年度は前年度よりも減少しました。

イ．1930年度の旅客輸送量が前年度より減少しているのは，世界恐慌をきっかけにおこった不況の影響です。

ウ．1920年に対して1936年の貨物輸送量が最も伸びたのは化学工業品です。

エ．繊維工業品の輸送量について1920年と比べて1936年は，貨物輸送量全体に占《し》める比率は下がっていますが，輸送トン数は増えています。

問13　下線部⑫について，日中戦争について述べた文として正しいものを次のア～エから一つ選び，記号で答えなさい。

ア．日中戦争のきっかけとなった盧溝橋事件を受けて，国際連盟はリットンを団長とする調査団を送りました。

イ．日中戦争はすぐには終わらず，戦いは北から南へと広がりました。

ウ．日中戦争に反対する陸軍の青年将校らが二・二六事件をおこしました。

エ．日中戦争への反対意見が広がり，日本は国際連盟の脱退《だったい》を決めました。

問14　下線部⑬について，これらの移動のうち，大都市の小学生が空襲の危険を避けるため，地方へ移動したことを「集団◯◯」といいました。◯◯にあてはまる語句を漢字２字で答えなさい。

問15　下線部⑭に関連して，右の資料は1945年度から1955年度までの国有鉄道事業の黒字・赤字を示したものです。1950年度に国有鉄道が大幅《おおはば》な黒字を達成しているのは，ある出来事によって日本全体に特需景気がもたらされたためです。その出来事とは何ですか。漢字で答えなさい。

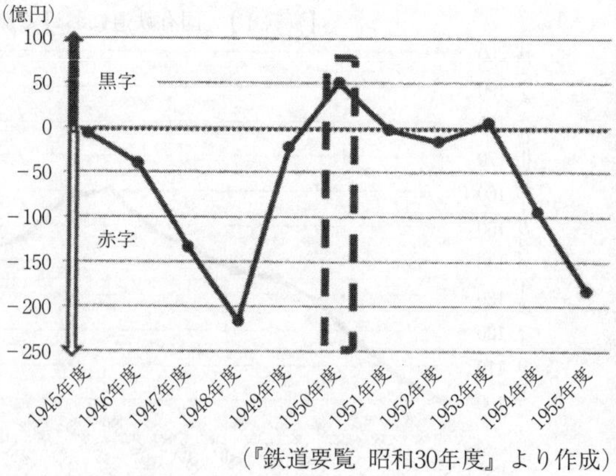

(『鉄道要覧 昭和30年度』より作成)

問16　下線部⑮に関連して，次の各問いに答えなさい。

Ⅰ．東海道新幹線は次に示した８つの都府県を通過しますが，空らんＡ・Ｂにあてはまるのは何県ですか。それぞれ答えなさい。

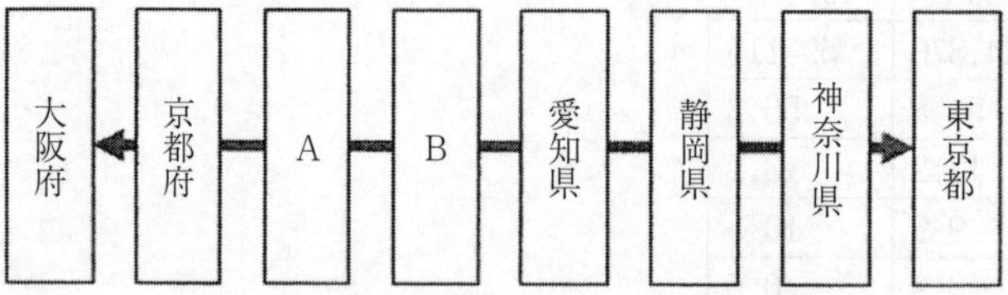

Ⅱ．東海道新幹線沿線にある都府県では工業が発達していますが，次の資料のア～エは，阪神工業地帯，中京工業地帯，東海工業地域，京浜工業地帯いずれかの2018年の製造品出荷額とその構成を示したものです。このうち阪神工業地帯にあたるものを次のア～エから一つ選び，記号で答えなさい。

	製造品出荷額等(単位：億円)	構成(単位：％)					
		金属	機械	化学	食料品	繊維	その他
ア	602,425	9.6	69.1	6.4	4.6	0.7	9.6
イ	345,443	20.9	37.7	16.8	10.9	1.3	12.4
ウ	264,195	8.9	49.3	18.0	10.9	0.4	12.5
エ	176,639	8.2	52.0	10.9	13.2	0.7	15.0

(『日本国勢図《ず》会《え》 2021/22』より作成)

問17　下線部⑯に関連して，1960年代の日本の出来事について述べた文のうち，波線部が**誤っているもの**を次のア～エから一つ選び，記号で答えなさい。

ア．日本で初めての原子力発電所が建設された茨城県東海村で原子力発電が始まりました。

イ．日韓基本条約により大韓民国との国交を回復すると，それに続いて朝鮮民主主義人民共和国との国交回復も実現しました。

ウ．『伊豆《いず》の踊子《おどりこ》』などの著作のある川端康成が日本人で初めてノーベル文学賞を受賞しました。

エ．名神高速道路に続いて，東名高速道路が開通するなど，高速道路が相次いで開通しました。

問18　下線部⑰に関連して，【資料１】はJR東日本が発売している，新潟県内１日自由乗車券(えちごワンデーパス)の乗車区間を示したもの，【資料２】は【資料１】の乗車区間(黒い太線)と主要な駅を地図上に記したものです。これを見ながら新潟駅を出発地とした，えちごワンデーパスを使った旅行計画を立てている太郎くんと次郎くんの<会話文>を読んで，その空らん(a)～(d)にあてはまる語句を＜語群＞から選び，記号で答えなさい。

【資料1】 えちごワンデーパス乗車区間

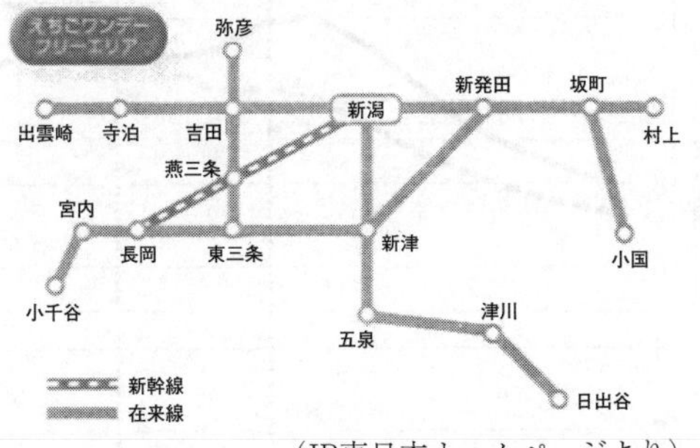

(JR東日本ホームページより)

【資料2】 地形図上のワンデーパス乗車区間

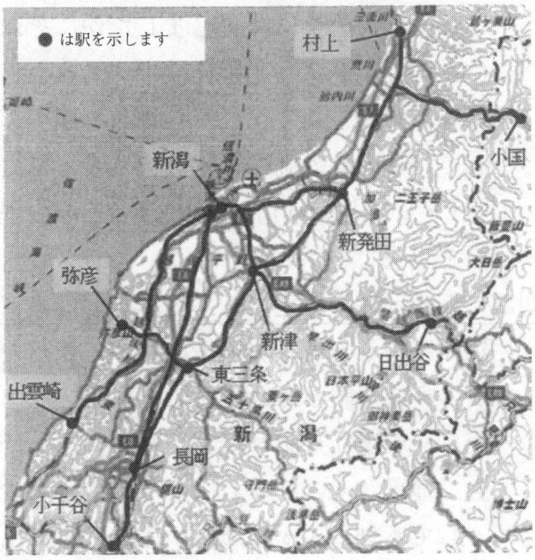

＜会話文＞

太郎：新潟駅からどこに向かう？

次郎：ぼくは伝統工芸品が好きだから，燕三条駅が気になるな。この周辺には，包丁研《と》ぎの体験などができる施設《しせつ》もあるんだって。

太郎：燕は(a)，三条は刃物の生産が古くから有名なんだよね。伝統工芸品という観点から見ると，小千谷《おぢや》駅も面白そうだね。

次郎：小千谷(b)という麻織物が有名だよね。冬の農家の副業として発達したんだって。ところで，太郎くんはどこか気になるところがある？

太郎：ぼくが気になるのは，県境を越《こ》えていく路線かな。特に小国《おぐに》駅に向かう路線は，新潟県と(c)県の県境を越えるんだよね。県をまたぐのって何かワクワクしない？

次郎：面白い観点だね。県境といえば，日出谷《ひでや》駅に向かっている磐越西線《ばんえつさいせん》は(c)県の南にある県との県境を日出谷駅の少し先で越えるんだね。

太郎：磐越西線は新潟水俣病を学習したときに学んだ(d)川の流域を走っているらしいよ。

次郎：そうなんだ！　地図を見ているといろいろな発見があって面白いね。

＜語群＞

ア．阿賀野　　イ．しぼり　　ウ．ちぢみ　　エ．福島
オ．山形　　カ．洋食器　　キ．和紙　　ク．渡良瀬

問19　下線部⑱に関連して，国鉄以外にも民営化された国営事業がありました。2005年に民営化が決定され，2007年から民営化がすすめられた組織として正しいものを次のア～エから一つ選び，記号で答えなさい。

ア．郵便局　　イ．税務署　　ウ．保健所　　エ．水道局

問20　下線部⑲に関連して，右の資料のように大型スーパーと比べて百貨店の販売《はんばい》額は1990年代前半に減少しましたが，それはなぜですか。1990年代前半におきた日本経済の大きな変化と，百貨店で販売されている商品の価格の特徴をふまえて，「バブル」という用語を用いて，その理由を説明しなさい。

百貨店・大型スーパーの販売額推移

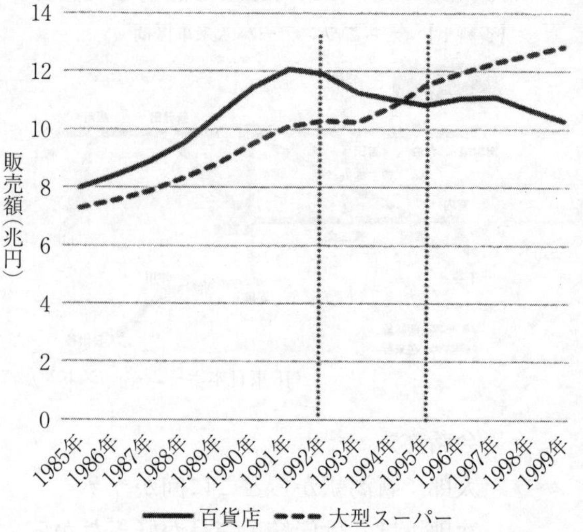

（経済産業省「商業動態統計調査」より作成）

問21　下線部⑳に関連して，日本における自然災害やその被害防止策について述べた文のうち，**誤っているもの**を次のア～エから一つ選び，記号で答えなさい。

ア．地震が多い日本では，その被害を少しでも防ぐために緊急《きんきゅう》地震速報が出されています。

イ．大雨などが原因で発生する災害の例として，地すべりや山崩《やまくず》れ，火砕流があげられます。

ウ．台風や集中豪雨などによる災害への備えとして，河川の改修や保安林の指定などがおこなわれています。

エ．北海道や東北地方の太平洋側で春から夏に吹《ふ》く寒冷な北東風(やませ)による冷害を防ぐため，品種改良などがおこなわれています。

問22　下線部㉑に関連して，次の資料は常磐線が通過する千葉県・茨城県・福島県が主な生産地となっている果実の2019年の主な生産県を示したものです。この果実とは何ですか。次のア～エから一つ選び，記号で答えなさい。

ア．ぶどう

イ．もも

ウ．日本なし

エ．くり

	収穫量（単位：t）	割合（%）
茨城	20,000	9.5
千葉	19,300	9.2
栃木	18,100	8.6
福島	16,000	7.6
鳥取	14,700	7.0
長野	12,800	6.1
福岡	8,420	4.0
熊本	8,350	4.0
全国	209,700	100.0

（『日本国勢図会 2021/22』より作成）

問23　下線部㉒について，人件費の圧縮などのさまざまな努力にも関わらず，JR北海道は新型コロナウイルス感染症の流行以前から経営が苦しい状態にありました。それには利用者の減少以外にもさまざまな理由がありますが，そのうち，次の【資料１】【資料２】から読み取れる理由について説明しなさい。

【資料１】　札幌市の雨温図

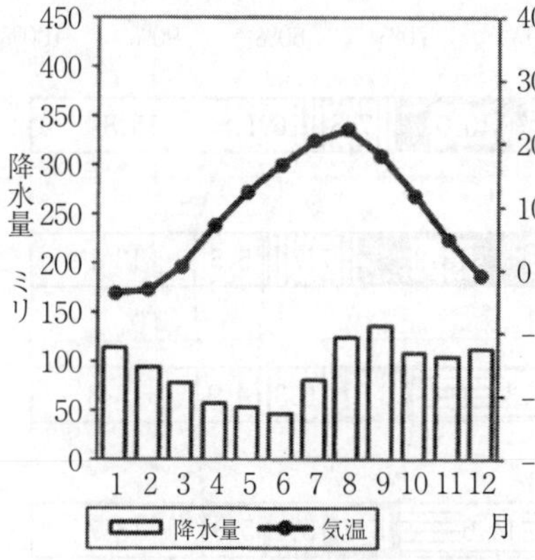

(『理科年表2021』より作成)

【資料２】　JR北海道で活躍する機械の例

(JR北海道ホームページより)

問24　下線部㉓に関連して，次の各問いに答えなさい。

Ⅰ．次の年表は交通政策基本法案が閣議決定されてから成立するまでの過程を示したものです。この中の空らん（ａ），（ｂ）にふさわしい語句を漢字で答えなさい。

2013年11月１日	交通政策基本法案が閣議決定
2013年11月12・13日	衆議院国土交通（　ａ　）で質疑・採決
2013年11月15日	衆議院（　ｂ　）で可決
2013年11月26日	参議院国土交通（　ａ　）で質疑・採決
2013年11月27日	参議院（　ｂ　）で可決

Ⅱ．次の文章は，交通政策基本法第十六条の条文の一部です。この条文と関連が最も深いと考えられる日本国憲法の条文を下のア～エから一つ選び，記号で答えなさい。

　国は，国民が日常生活及《およ》び社会生活を営むにあたって必要不可欠な通勤，通学，通院その他の人又《また》は物の移動を円滑《えんかつ》におこなうことができるようにするため，離島《りとう》に係《かかわ》る交通事情その他地域における自然的経済的社会的諸条件に配慮《はいりょ》しつつ，交通手段の確保その他必要な施策を講ずるものとする。

ア．勤労者の団結する権利及び団体交渉その他の団体行動をする権利は，これを保障する。

イ．すべて国民は，健康で文化的な最低限度の生活を営む権利を有する。

ウ．国民は，法律の定めるところにより，納税の義務を負う。

エ．学問の自由は，これを保障する。

問25　下線部㉔に関連して，次の資料は一般会計歳出の主要経費別割合の推移を示したものです。このうちＡ～Ｄは「公共事業関係費」「社会保障関係費」「地方交付税交付金」「防衛関係費」のいずれかです。このうち，「社会保障関係費」と「防衛関係費」の組み合わせとして正しいものを下のア～エから一つ選び，記号で答えなさい。

一般会計歳出の主要経費別割合の推移(会計年度)

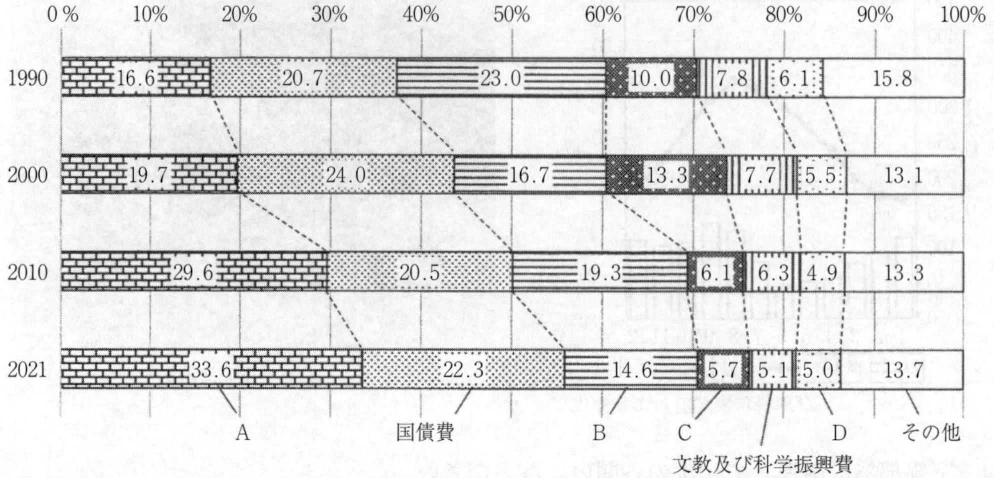

(『日本国勢図会 2021/22』より作成)

ア．社会保障関係費－A　防衛関係費－C

イ．社会保障関係費－A　防衛関係費－D

ウ．社会保障関係費－B　防衛関係費－C

エ．社会保障関係費－B　防衛関係費－D

問26　下線部㉕について，地方公共団体は地域の住民の毎日のくらしにかかわりの深い仕事をしています。これに関連して次の各問いに答えなさい。

Ⅰ．市町村がおこなっている仕事として**誤っているもの**を次のア～エから一つ選び，記号で答えなさい。

ア．出生届の受付など戸籍に関する仕事をおこなっている。

イ．保育所の設置や運営をおこなっている。

ウ．ごみの収集や処理をおこなっている。

エ．地方裁判所を設置し，民事裁判をおこなっている。

Ⅱ．市町村における政治を進めていくうえで市町村議会によって定められる，その地方公共団体の中だけで通用するきまりを何といいますか。漢字で答えなさい。

問27　下線部㉖について，次の＜文章＞は富山市が新たなまちづくりを始めた背景の一部について述べたものです。これを読んで各問いに答えなさい。

＜文章＞

従来の富山市民の豊かな生活とは，広々とした持ち家に住み，自家用車を複数所有するようなものでした。そのような生活を実現するために，より広くて安い土地を求めて郊外《こうがい》の住宅地が増加しました。道路沿いには大型スーパーや家電量販店《かでんりょうはんてん》などが立ち並び，富山市民の暮らしには自動車が欠かせないものになっていきました。こうして郊外に住宅地が増加した結果，人びとが多く暮らす地域の面積は(　a　)し，その地域の人口密度は(　b　)なっていきました。そうした状況のなか，富山市ではやがて来る人口減少にどのように備えるかが課題として考えられるようになっていきました。人口が減ると経済が縮小し，それに伴って税収も減少します。人口が減少するにもかかわらず，人びとが多く暮らす地域の面積が（　a　）し，その人口密度が（　b　）なり続けると，一人あたりにかかる行政費用が（　c　）し，十分な行政サービスを提供《ていきょう》できなくなる恐れが出てきたのです。

Ⅰ．次の【資料１】【資料２】を参考に，文章中の空らん（a）～（c）にあてはまる語句の組み合わせとして正しいものを下のア～クから一つ選び，記号で答えなさい。

【資料１】　富山市・人口集中地区の人口と面積

国勢調査年	富山市人口集中地区の人口（人）	富山市人口集中地区の面積（km^2）
1970年	151,928	25.6
1980年	184,872	39.5
1990年	209,855	49.5
2000年	214,542	52.1

（『国勢調査』より作成）

【資料２】　人口密度と一人あたり行政費用

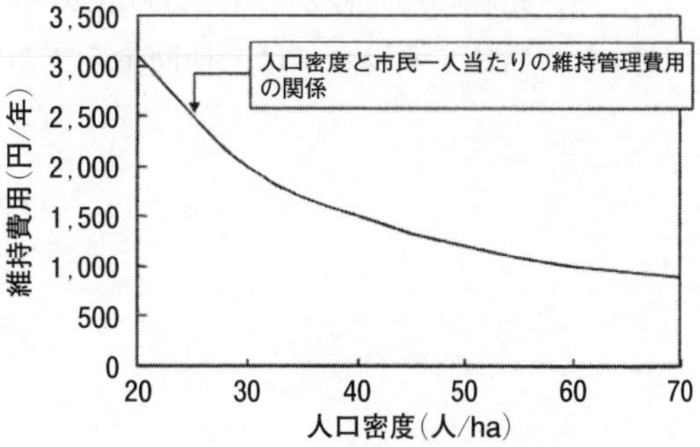

（『富山市総合交通戦略』より）

ア．a－拡大　b－高く　c－増加
イ．a－拡大　b－高く　c－減少
ウ．a－拡大　b－低く　c－増加
エ．a－拡大　b－低く　c－減少
オ．a－縮小　b－高く　c－増加
カ．a－縮小　b－高く　c－減少
キ．a－縮小　b－低く　c－増加
ク．a－縮小　b－低く　c－減少

Ⅱ．富山市は新たなまちづくりをめざす際に，鉄道などの公共交通機関を軸に置きましたが，それは次の【資料１】【資料２】から読み取れる事態に富山市が課題を感じていたためです。その課題とはどのようなものですか。「富山市では生活に自動車が欠かせなくなっていたが，」を書き始めとして，その課題について説明しなさい。

【資料１】　富山市の総人口と年齢構成

国勢調査年	総人口（人）	年齢構成（%）		
		0-14歳	15-64歳	65歳以上
2005年	421,239	13.7	64.8	21.5
2010年	421,953	13.3	62.2	24.5
2015年	418,686	12.6	59.0	28.4

（『国勢調査』より作成）

【資料２】　車が自由に使えない（免許がない，自由に使える車がない）と答えた人の年齢構成

10代	9.8%	50代	8.5%
20代	3.7%	60代	21.8%
30代	2.5%	70代	31.1%
40代	4.3%	80代以上	18.3%

（2006年「富山市の公共交通（電車やバスなど）に関する市民意識調査」より作成）

Ⅲ．次の【資料】は富山市が新たなまちづくりのためにおこなった取り組みの一つを説明したものです。これは人々にどのような行動を促《うなが》すためにおこなわれたと考えられますか。

また，この取り組みには，富山市・富山市民にとって，それぞれどのような利点があると考えられますか。富山市については＜文章＞に述べられている課題を，富山市民についてはⅡで考えた課題をふまえて，解答らんに合わせてそれぞれ説明しなさい。

【資料】　住宅取得支援事業

鉄道や路面電車の駅・停留所から半径500m以内の範囲《はんい》，もしくは運行本数の多いバス路線のバス停から半径300m以内の範囲に一戸建て住宅やマンションなどを購入《こうにゅう》して居住する場合には，補助金を支給することとした。

【理　科】〈第１次試験〉（40分）〈満点：100点〉

注意　図やグラフをかく場合は，ていねいにはっきりとかきなさい。必要ならば定規を使ってもかまいません。

1　水溶液《すいようえき》の性質について，下の問いに答えなさい。

(1)　理科室に透《とう》明な液体Ａ～Ｇがあり，中身は次に示す７種類の液体のいずれかであることはわかっていますが，ラベルがやぶれておりどれがどの液体かわかりません。これら７種類の液体を安全な方法で特定するために，次のような実験操作・観察を行いました。

水	炭酸水	塩酸	アンモニア水
石灰水	食塩水	砂糖水	

［実験１］

すべての液体の様子を観察すると，Ｄのみ泡《あわ》が出ていた。

［実験２］

すべての液体の臭《にお》いをかぐと，Ｆ，Ｇからつんとした臭いがした。

［実験３］

すべての液体を蒸発皿に少量ずつ取り，加熱するとＡ，Ｃは白い固体が残り，Ｅは黒くこげたものが残った。

［実験４］

ＡとＦをリトマス紙につけると，Ｆは青色リトマス紙が赤色に変化したが，Ａは赤色リトマス紙，青色リトマス紙のいずれも変化が見られなかった。

①　［実験１］で観察された泡は何という気体ですか。

②　BTB溶液を加えて青色に変化するものをＡ～Ｇからすべて選び，記号で答えなさい。

③　Ｃ，Ｅ，Ｆは何ですか。上の７種類の液体からそれぞれ選びなさい。

(2)　アルミニウムは塩酸にも水酸化ナトリウム水溶液にも溶《と》け，気体を発生します。ある濃《こ》さの塩酸と水酸化ナトリウム水溶液をいろいろな量で組み合わせて水溶液Ｈ～Ｐを作り，それぞれ同じ量のアルミニウムを加えて気体を発生させました。下の表は，その結果をまとめたものです。

	H	I	J	K	L	M	N	O	P
塩酸(mL)	60	90	100	120	90	150	Z	0	0
水酸化ナトリウム水溶液(mL)	0	0	0	80	90	20	70	60	20
発生した気体(mL)	72	108	108	0	X	Y	30	36	12

①　塩酸と水酸化ナトリウム水溶液を混ぜ合わせたとき，水以外にできるものは何ですか。

②　この塩酸24mLをちょうど中和するために必要な水酸化ナトリウム水溶液の体積は何mLですか。答えが割り切れないときは，小数第１位を四捨五入して整数で答えなさい。

③　表のＸ，Ｙに当てはまる数値を答えなさい。答えが割り切れないときは，小数第１位を四捨五入して整数で答えなさい。

④　水溶液Ｎでは100mL以上の塩酸を使用しました。Ｚに当てはまる数値を答えなさい。答えが割り切れないときは，小数第１位を四捨五入して整数で答えなさい。

2 神奈川県のある場所で，自作の日時計とアナログ時計（長針と短針がある時計）を用いて，次のように太陽の動きを観察しました。下の問いに答えなさい。

［観察１］

図１のように，最初に工作用紙に２本の線をかきました。２本の線は直角に交わっており，交点をアとして，長さ15cmほどの棒を工作用紙に垂直に立て，日時計を作りました。

図２は図１を真上から見た図で，30°ごとに点線をかきました。直線上のイには方位磁針をおき，工作用紙にかいた矢印が南を指すようにしたところ，図２のように棒の影《かげ》ができました。また，太陽は空を決まった向きに一定の速さで移動しています。この日は午前11時45分に太陽が南中しました。

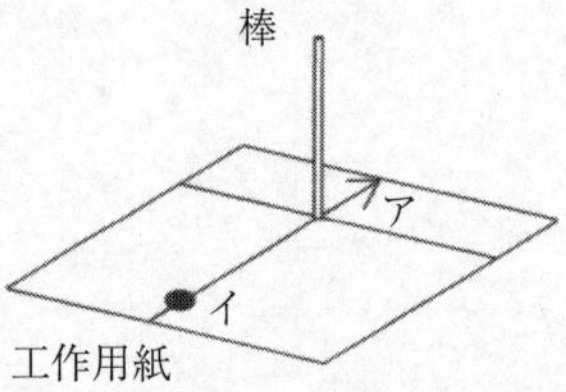

図１

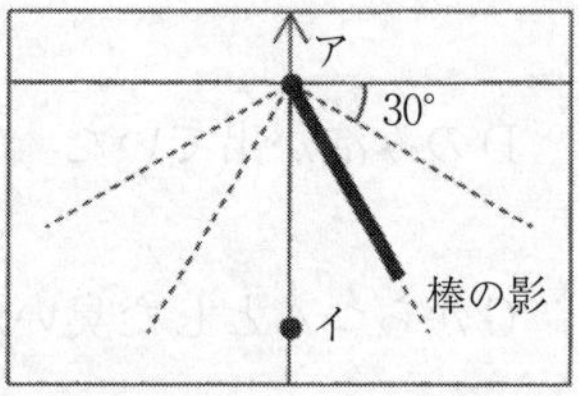

図２

［観察２］

［観察１］と同じ日の別の時刻に，同じ場所で日時計を観察したところ，図３のようになりましたが，工作用紙にかいた矢印を南に向けるのを忘れてしまいました。このとき，方位磁針は図４のようになっていました。

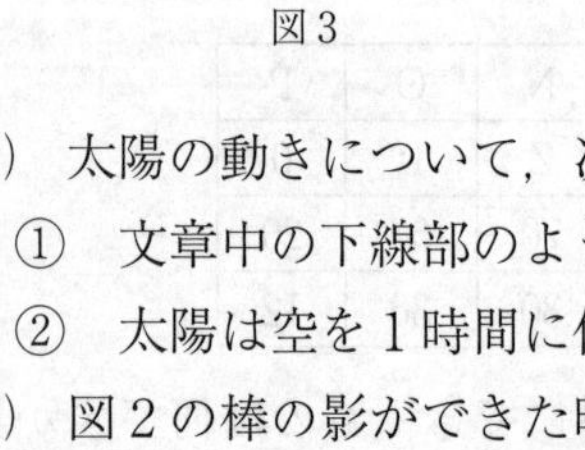

図３

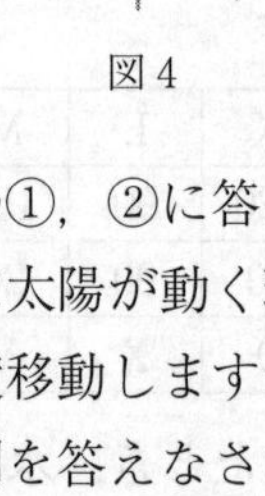

図４

(1) 太陽の動きについて，次の①，②に答えなさい。

① 文章中の下線部のように太陽が動く理由を簡単に答えなさい。

② 太陽は空を１時間に何度移動しますか。

(2) 図２の棒の影ができた時刻を答えなさい。午前，午後も書くこと。

(3) 神奈川県よりも北にある経度が同じ場所で，［観察１］と同じ時刻に図２の日時計を使って，影の長さやできる向きを観察するとどうなりますか。正しいものをア～エから１つ選び，記号で答えなさい。

ア．影の長さは短くなり，向きも変わる。

イ．影の長さは短くなり，向きは変わらない。

ウ．影の長さは長くなり，向きも変わる。

エ．影の長さは長くなり，向きは変わらない。

(4)　図3の棒の影ができた時刻を答えなさい。午前，午後も書くこと。

(5)　野外で調査するとき，方位磁針が無くても，アナログ時計と太陽の向きを使っておよその方位を下のような[方法]で求めることができます。図6の午後4時で南を示しているのは，アナログ時計の文字ばんの何時の方向ですか。1～12の数字から1つ選びなさい。

[方法]

アナログ時計を上から見ながら，図5のように正午に短針を太陽の方向に向け，文字ばんの12時の方向を南とします。

次に，図6のように午後4時に短針を太陽の方向に向けました。

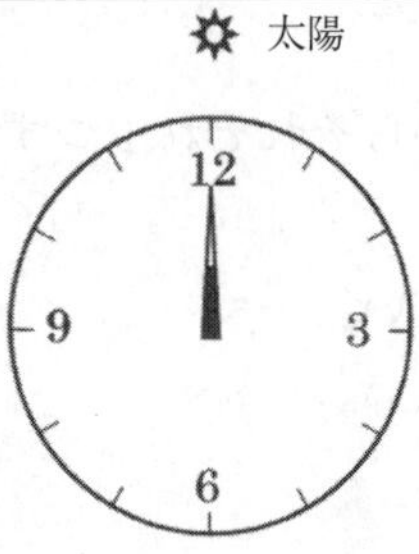

図5　正午

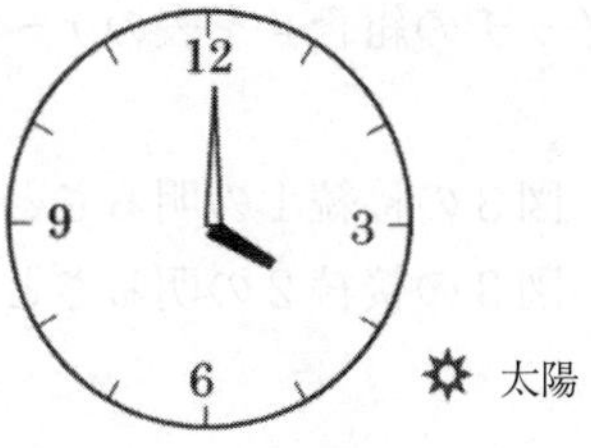

図6　午後4時

3　太郎さんは，自分の家にある明かりをつけるためのスイッチの仕組みを調べて，2つのスイッチの模型をつくりました。図1は，作成したスイッチ1，スイッチ2を表しています。太郎さんが調べたスイッチは1回押すごとに，図1の接続1と接続2の状態が切りかわります。このはたらきにより，図2のような回路につながった豆電球をつけたり消したりすることができます。この模型を使った太郎さんの実験と調査について，下の問いに答えなさい。

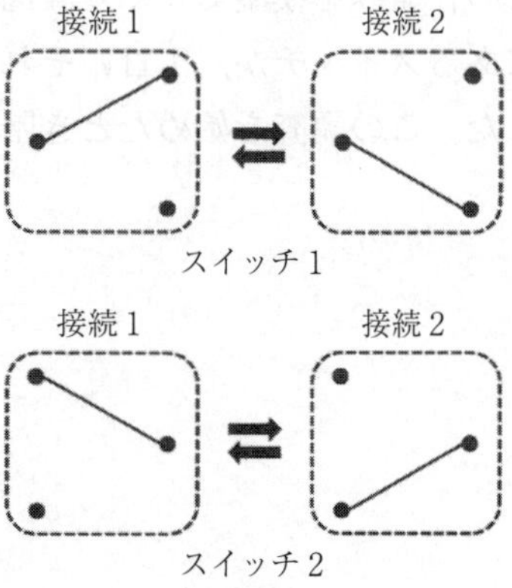

図1

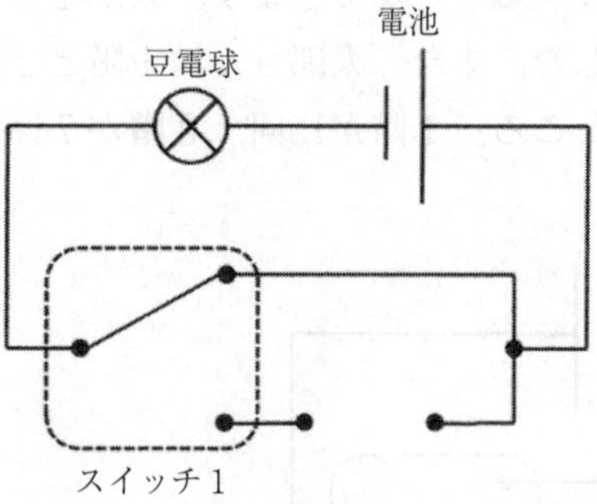

図2

[実験1]

太郎さんは模型のスイッチと，図2で使ったものと同じ種類の豆電球，電池を使って，図3，図4の回路をつくり，豆電球の明るさについて調べました。図4はスイッチ1とスイッチ2の2つのスイッチを使いました。

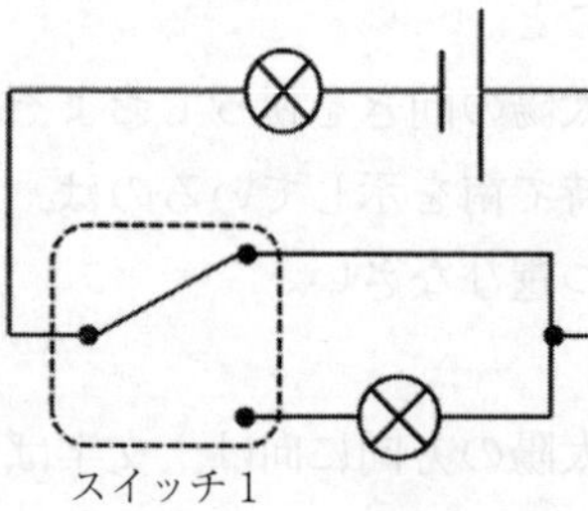

図３

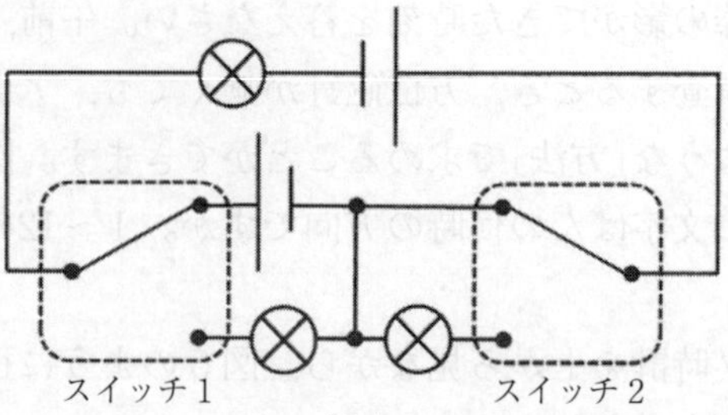

図４

(1)　図３について説明した次の文中の空欄《らん》(ア)，(イ)にあてはまる語句を答えなさい。

「スイッチを押して接続１から接続２に切りかえると，豆電球が(　ア　)つなぎになり，豆電球の明るさは(　イ　)なる。」

(2)　次の①～③の条件を満たす，図４のスイッチの組合せを表のア～オからそれぞれ１つずつ選び，記号で答えなさい。

①　図４でついている豆電球の明るさが，図３の接続１の明るさと等しい。

②　図４でついている豆電球の明るさが，図３の接続２の明るさと等しい。

③　図４で一つも豆電球がつかない。

	スイッチ１	スイッチ２
ア	接続１	接続１
イ	接続１	接続２
ウ	接続２	接続１
エ	接続２	接続２
オ	そのような組み合わせはない	

［調査］

太郎さんの家の１階と２階をつなぐ階段をてらす電球は，１階と２階のどちらにあるスイッチでもつけたり消したりすることができます。太郎さんはこの仕組みを模型でつくり，図５のように回路図をかきました。また，太郎さんは１階と２階にあるスイッチが，１日にそれぞれ何回押されるか調べたところ，１階が15回，２階が７回でした。この調査を始めたとき階段の電球は消えていました。

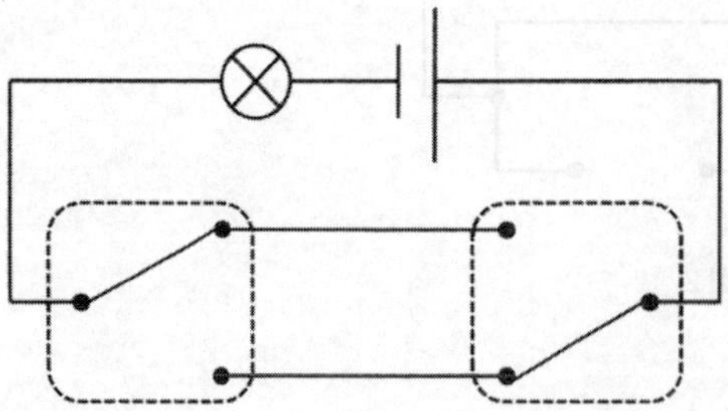

図５

(3)　調査の結果と図５の回路図から，調査の後に電球がついているか，消えているかを答え，その理由を「１階と２階のスイッチが押された回数が，」で始まる文章で説明しなさい。

［実験２］

太郎さんは図５の回路に，スイッチ３の模型を追加して，３か所のスイッチから電球をつけたり消したりすることができる模型をつくりました。図６はその回路図です。

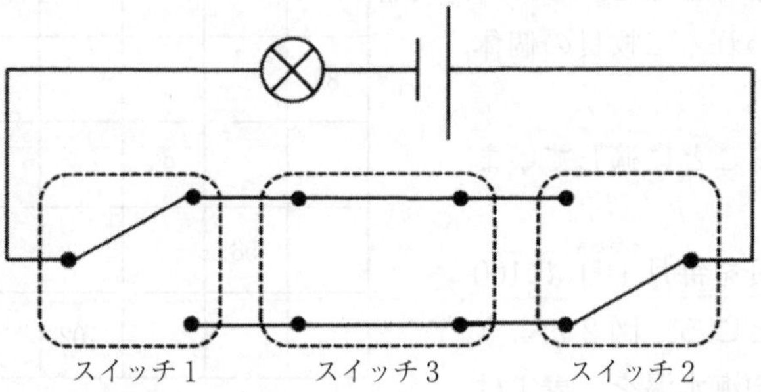

図６

(4) 図６の回路は豆電球が消えている状態を表しています。このときのスイッチ３の状態を接続１とします。下の条件を満たす，スイッチ３の接続２の状態の様子を解答欄に図示しなさい。

［条件］

・図６の状態からスイッチ１～スイッチ３のどのスイッチでも１回押すと豆電球がつき，もう１回押すと豆電球が消えます。

・スイッチ３は１回押すごとに接続１と接続２の状態が切りかわります。

・スイッチ３の接続２の状態は，図７の４つの点Ａ～Ｄのうち２点をつないだ直線を，２本以上引いてつくられています。

・２点をつないだ直線どうしが交差しても，それぞれの直線を流れる電流がまざることはありません。

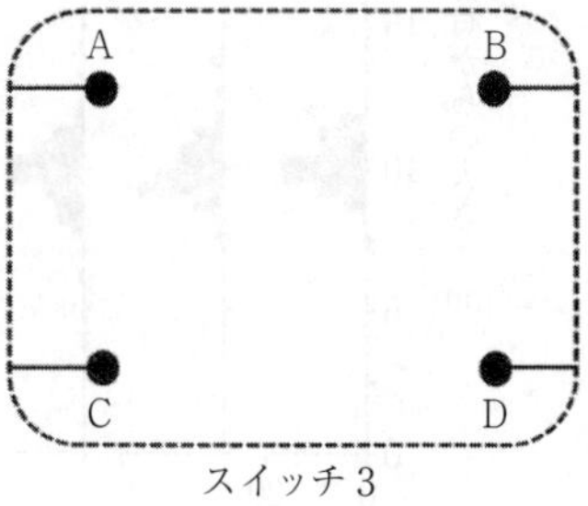

図７

4 二枚貝の生態について，下の問いに答えなさい。

(1) 二枚貝のなかまは体外で卵に精子をかけることで受精を行います。二枚貝と同じ方法で受精をする生物を次のア～オからすべて選び，記号で答えなさい。

ア．メダカ　　イ．スズメ　　ウ．カエル

エ．ネコ　　オ．ヘビ

(2) 動物は様々な方法でなかま分けをすることができます。次の空欄《らん》にあてはまる共通の語句を答えなさい。

□のある動物…サメ，ワニ，イモリ

□のない動物…アサリ，イカ，ウニ

(3) 貝は生まれたときから貝がらを持っているわけではなく，生まれてしばらくはプランクトンとして水中をただよっており，この時期の貝は幼生《ようせい》と呼ばれます。貝の幼生と同じ養分の取り方をするプランクトンを次のア～エから１つ選び，記号で答えなさい。

ア．ミカヅキモ　　イ．ヤコウチュウ

ウ．アオミドロ　　エ．ボルボックス

砂浜に生息している二枚貝の個体数を調べるために区画法《くかくほう》という方法を用いました。区画法とは，生息域にある大きさの正方形の区画を設定し，その中の一部の区画の個体数を計測することで全体の個体数を推測する方法です。

(4)　１ｍ×１ｍの25か所の区画から５か所の区画の中にいた個体数を調べたところ，図１のようになりました。この時，５ｍ×５ｍの範《はん》囲に生息していると思われる二枚貝の個体数を求めなさい。

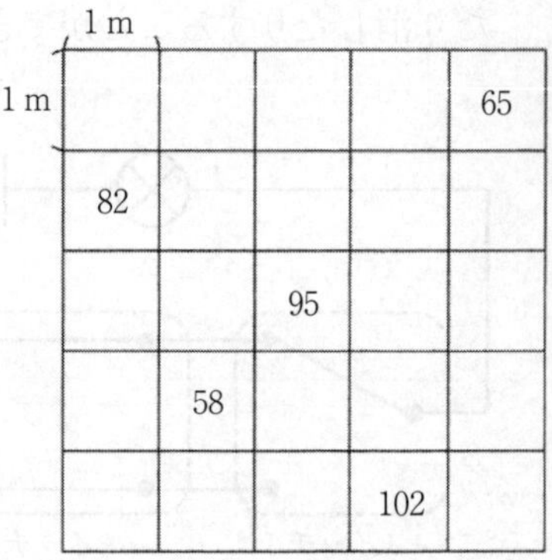

図１

(5)　区画法は魚や鳥などの個体数を調べることに適していません。その理由を答えなさい。

砂浜に生息しているある種類の二枚貝を毎月１日《ついたち》に100個体採取し，貝がらの大きさを測ったところ，図２のような結果となりました。図３は各月の平均海水温を，表１は各月の貝がらの大きさの平均値を表しています。

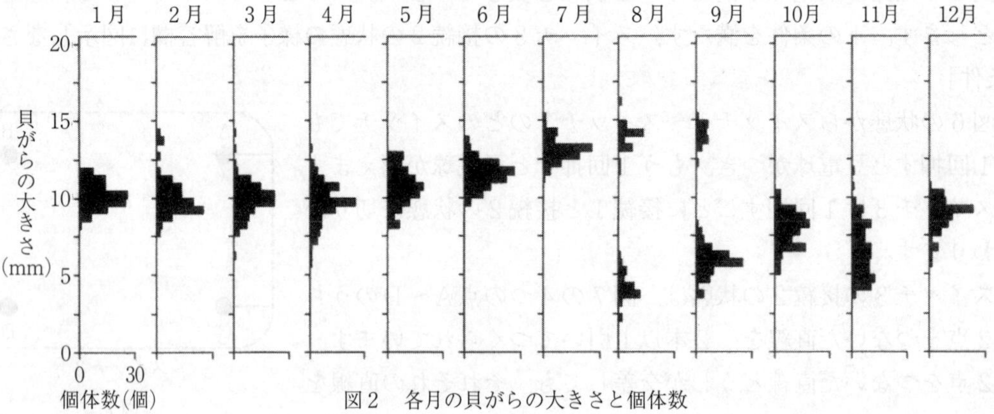

図２　各月の貝がらの大きさと個体数

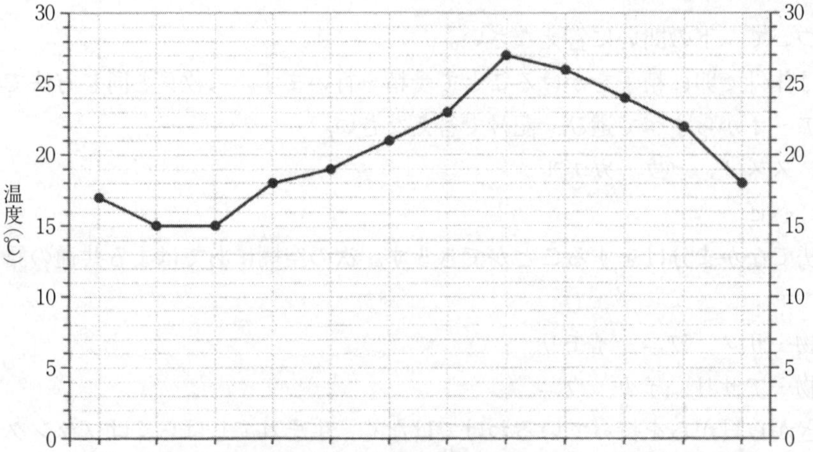

図３　各月の平均海水温

表１　各月の貝がらの大きさの平均値(mm)

１月	２月	３月	４月	５月	６月	７月	８月	９月	10月	11月	12月
9.7	9.5	9.6	9.4	10.3	11.5	13.0	7.3	7.0	7.6	6.0	8.8

(6)　採取した貝について，図２，図３，表１から読み取れることとして適当なものを次のア～クから２つ選び，記号で答えなさい。

ア．冬の間は冬眠している。

イ．貝がらの最大の大きさは13mmである。

ウ．この貝の寿命は約１年である。

エ．メスよりもオスの数が多い。

オ．貝がらの大きさが３mm以下の個体も採取することができる。

カ．海水温が28℃以上だと生息することができない。

キ．最も大きい貝を採取したのは７月である。

ク．海水温が低い時期は貝がらが小さくなっていく。

(7) 図２，図３，表１を参考に次の文章中の空欄(Ｘ)，(Ｙ)にあてはまる適当な数字を整数で答えなさい。

「この貝は卵の受精後，プランクトンとして生活し，２か月後に砂浜に定着することが分かっています。この貝は６月から産卵を始めます。産卵のピークは２回あり，６月と(Ｘ)月であることが推測できます。また，貝がらが大きくなるためには海水温が(Ｙ)℃以上である必要があり，その温度より低い期間は砂にもぐって海水温が高くなるのを待っています。」

い浮かんだという箇所に着目すべきだと思うよ。そのとき、お留伊にとってお宇多の姿は鏡のような役割を果たしたんじゃないかな。（　Ｂ　）ことに気づいたんだよ。

お姉さん　そうかあ、なるほどね。すごいねミチ君、さすが天才少年だね。

問五　本文中の【　】のお留伊と仁右衛門のやりとりについての説明として最も適切なものを、次の選択肢ア～エから一つ選び、記号で答えなさい。

ア　仁右衛門は予期せぬ出来事に困惑し追及しているが、お留伊は仁右衛門には自分の気持ちを理解してもらえるわけがないと思い、懸命にその場しのぎの嘘《うそ》でごまかそうとしている。

イ　失敗を潔く認めて観念しているお留伊に対し、仁右衛門は断固として否定しながらも、真相がどうであれ結果が覆《くつがえ》ることがない今の状況に気づき、諦《あきら》めが胸に広がり始めている。

ウ　わざと演奏を止めたにも関わらず不慮の事故として済まそうとするお留伊に対し、理由はどうであれ、仁右衛門自身は長年の指導の努力が水の泡になったことに怒りを感じている。

エ　お留伊が自身の鼓に対する根本的な考え方の誤りを「打ち違えた」と言っていることに気づかない仁右衛門は、お留伊が演奏でミスを犯《おか》したと言っていると思い込み、混乱している。

問六　――線部④「……今までのようにではなく、生まれ変わった気持ちで打ちます、どうぞお聴き下さいまし、お師匠さま」とあるが、この後、老人の前でお留伊が奏でた音楽はどのようなものであったと考えられるか、説明しなさい。

す、どうぞお聴き下さいまし、お師匠さま」〔中略〕

「いィやあ――」

こうとして、鼓は、よく澄んだ、荘厳《そうごん》でさえある音色を部屋いっぱいに反響させた。……お留伊は「男舞」の曲を打ちはじめた。

（山本周五郎「鼓くらべ」『松風の門』新潮文庫）

注 ＊1 清浄な…けがれがなく清らかな。
＊2 二の曲輪…城の周りに築いた土塁。
＊3 楽殿…音楽や舞踊を上演する建物。
＊4 嘉例…めでたい先例。
＊5 御簾…すだれ。
＊6 太守…国主大名。
＊7 嗜み…慎《つつし》み。
＊8 袱紗…大切なものを包むための布。

問一 ――線部x「躍起となって」・y「思いあがった」の意味として最も適切なものを、後のそれぞれの選択肢ア～エから一つずつ選び、記号で答えなさい。

x 躍起となって…
ア 苦しまぎれに　イ 必死になって
ウ 目覚めたように　エ いらいらして

y 思いあがった…
ア ひとりよがりな　イ 考え違いをした
ウ うぬぼれた　エ 意地の悪い

問二 ――線部①「その誇らしさと名誉の輝かしさに身が顫えるのであった」とあるが、この後、お留伊の鼓くらべに対する思いがすっかり変化してしまった様子が最も端的に表れている一文を、この――線部の後の本文中から探し、最初の四字を抜き出して答えなさい。

問三 ――線部②「……御簾の方を見ないで、いつも稽古するときと同じ気持ちでおやりなさい、大丈夫、大丈夫きっと勝ちますから」とあるが、仁右衛門のどのような心情が読み取れるか。最も適切なものを次の選択肢ア～エから一つ選び、記号で答えなさい。

ア 教え子の心の焦《あせ》りを読み取り、温かい言葉をかけて不安を取り除き、本番に集中させようとしている。
イ 殿様を恐れ多く思っているため、同じ心境と思われる教え子が緊張により失敗することを恐れている。
ウ 師匠としての立場を自覚し、教え子の自分への信頼を受け止め、精神的な支えになろうとしている。
エ 殿様の視線を意識して、細やかに教え子を気遣《づか》うふりをしつつ、自分の評価を上げようとしている。

問四 ――線部③「そして其処に、お宇多の懸命な顔をみつけた。眸のうわずった、すでに血の気を喪った唇を片方へひき歪めている顔を」について、お姉さんがミチ君に感想を聞いている。次の二人の会話文中の（A）は十二字以内、（B）は六十字以内で、それぞれあてはまる言葉を書きなさい。ただし句読点も一字とします。

お姉さん　ミチ君、お留伊がなぜ鼓を打つ手を止めてしまったのか考えてみましょう。
ミチ君　きっかけは演奏中にお宇多の顔を見たことだよね。
お姉さん　そのとき、お宇多の表情には「（　A　）」という心情が表れていたんだね。
お姉さん　きっとお留伊は優しい娘だったのね。お宇多がかわいそうになって鼓の手を止めたんだわ。
ミチ君　そういうけど……、本当にそうなのかなあ？　ぼくはお留伊がお宇多の顔を見たとき、老人の姿が思そう思うあとから、眼のまえに老人の顔があざやかな幻となって描きだされた、それからあの温雅《おんが》な声が、耳許《みみもと》ではっきり斯う囁《ささや》くのを聞いた。……音楽はもっと美しいものでございます。お留伊は振り返った。③そして其処《そこ》に、お宇多の懸命な顔をみつけた。眸《ひとみ》のうわずった、すでに血の気を喪《うしな》った唇を片方へひき歪めている顔を。

――音楽はもっと美しいものでございます、音楽は人の世で最も美しいものでございます。老人の声が再び耳によみがえって来た。……お留伊の右手がはたと止まった。

お宇多の鼓だけが鳴り続けた。お留伊はその音色と、いがいな出来事に驚いている客たちの動揺を聴きながら、鼓をおろしてじっと眼をつむった。[中略]

【「どうしたのです」

舞台から下りて控えの座へ戻ると、師匠はすっかり取り乱した様子で詰《なじ》った。「……あんなに旨《うま》く行ったのに、なぜやめたのです」

「打ち違えたのです」

「そんな馬鹿なことはない、いやそんな馬鹿なことは断じてありません、あなたはかつてないほどお上手に打った。わたくしは知っています、あなたは打ち違えたりはしなかった」

「わたくし打ち違えましたの」

お留伊は微笑しながら云った。「……ですからやめましたの、済《す》みませんでした」

「あなたは打ち違えはしなかった、あなたは」

仁右衛門は x 躍起《やっき》となって同じことを何十回となく繰り返した。

「……あなたは打ち違えなかった、そんな馬鹿なことはない」と。】

父や母や、集っていた親族や知人たちにも、お留伊はただ自分が失敗したと告げるだけであった。誰が賞を貰《もら》ったかということももう興味がなかった、ただ少しも早く帰って老人に会いたかった。森本へ帰ったのは正月七日の昏《く》れがたであった。疲れてもいたし、粉雪がちらちらと降っていたが、お留伊は誰にも知れぬように裏口から家を出て行った。

「まあお嬢さま！」

松葉屋の少女は、不意に訪ねて来たお留伊を見て驚きの眼を瞠《みは》った。……そして直《す》ぐ、訊《き》かれることは分かっているという風に、

「あのお客さまは亡くなりました」

とあたりまえ過ぎる口調で云った。「……あれから段々と病気が悪くなるばかりで、到頭《とうとう》ゆうべお亡くなりになりました。今日は日が悪いので、お葬《とむら》いは明日だそうでございます」

お留伊は裏の部屋へ通された。[中略]

困難な長い旅が終わって、老人はいまやすらかな、眼覚《めざ》めることのない眠《ねむり》の床に就いているのだ。

――ようなさいました。

お留伊には老人の死顔《しにがお》が、そう云って微笑するように思えた。

――さあ、わたくしにあなたのお手並みを聴かせて下さいまし。

「わたくしお教《おしえ》で眼が明きましたの」

お留伊は囁くように云った。「……それで色々なことが分かりましたわ、今日まで自分がどんなに醜い心を持っていたか、どんなに y 思いあがった、＊7 嗜《たしな》みのない娘であったか、ようやくそれが分かりましたわ、それで急いで帰って来ましたの、おめにかかって褒《ほ》めて頂きたかったものですから」

お留伊の頬《ほお》にはじめて温かいものが滴《したた》った。それから長いあいだ、袂《たもと》で顔を蔽《おお》いながら声を忍ばせて泣いた。……長いあいだ泣いた。

「今日こそ本当に聴いて頂きます」

やがて泪《なみだ》を押し拭《ぬぐ》って、お留伊は＊8 袱紗《ふくさ》を解きながら囁いた。

「④……今までのようにではなく、生まれ変わった気持ちで打ちま

「そうかも知れません、本当にそうかも知れません」

老人は息を休めてから云《い》った。「……市之亟はある夜自分で、鼓を持つ方の腕を折り、生きている限り鼓は持たぬと誓って、何処《いずこ》ともなく去ったと申します。……わたくしはその話を聞いたときに斯《こ》う思いました。すべて芸術は人の心をたのしませ、清くし、高めるために役立つべきもので、そのために誰かを負かそうとしたり、人を押し退《の》けて自分だけの欲を満足させたりする道具にすべきではない。鼓を打つにも、絵を描くにも、＊1清浄《しょうじょう》な温かい心がない限りなんの値打ちもない。……お嬢さま、あなたはすぐれた鼓の打ち手だと存じます、お城の鼓くらべなどにお上がりなさらずとも、そのお手並みは立派なものでございます。おやめなさいまし、人と優劣を争うことなどはおやめなさいまし、音楽はもっと美しいものでございます、人の世で最も美しいものでございます」

お留伊を迎えに来た少女が、薬湯を嚥《の》む刻《とき》だと云って入って来た。……老人は苦しげに身を起こして薬湯を啜《すす》ると、話し疲れたものか暫《しばら》く凝乎《じっ》と眼をつむっていた。

「では、聴かせて頂きましょうか」

老人はながい沈黙のあとで云った。「……もう是《これ》が聴き納めになるかも知れません、失礼ですが寝たままで御免《ごめん》を蒙《こうむ》ります」

金沢城＊2二の曲輪《くるわ》に設けられた新しい＊3楽殿《がくでん》では、城主前田侯をはじめ重臣たち臨席のもとに、＊4嘉例《かれい》の演能を終わって、すでに鼓くらべが数番も進んでいた。

これには色々な身分の者が加わるので、城主の席には＊5御簾《みす》が下ろされている。お留伊は控えの座から、その御簾の奥をすかし見しながら、幾度《いくど》も総身《そうしん》の顫《ふる》えるような感動を覚えた。……然《しか》しそれは気臆《きおく》れがしたのではない。楽殿の舞台でつぎつぎに披露される鼓くらべは、まだどの一つも彼女を惧《おそ》れさせるほどのものがなかった。彼女の勝ちは確実である。そしてあの御簾の前に進んで賞を受けるのだ。遠くから姿を拝んだこともない＊6太守《たいしゅ》の手で、一番の賞を受けるときの自分を考えると、①その誇らしさと名誉の輝かしさに身が顫えるのであった。

やがて、ずいぶん長いときが経ってから、遂《つい》にお留伊の番がやって来た。

「落ち着いてやるのですよ」

師匠の仁右衛門《じんうえもん》は自分の方でおろおろしながら繰り返して云った。

「②……御簾の方を見ないで、いつも稽古するときと同じ気持ちでおやりなさい、大丈夫、大丈夫きっと勝ちますから」

お留伊は静かに微笑しながらうなずいた。

相手はやはり能登屋《のとや》のお宇多《うた》であった。［中略］

そして曲がはじまった。お留伊は自信を以《もっ》て打った、鼓はその自信によく応《こた》えて呉《く》れた。使い慣れた道具ではあったが、かつてそのときほど快く鳴り響いたことはなかった。……三ノ地へかかったとき、早くも充分の余裕を持ったお留伊は、ちらと相手の顔を見やった。

お宇多の顔は蒼白《あおざ》め、その唇《くちびる》はひきつるように片方へ歪《ゆが》んでいた。

［中略］

その時である、お留伊の脳裏にあの旅絵師の姿がうかびあがって来た、殊《こと》に、いつもふところから出したことのない左の腕が！——あの人は観世市之亟さまだった。

お留伊は愕然《がくぜん》として、夢から醒《さ》めたように思った。

老人は、市之亟が鼓くらべに勝ったあとで自分の腕を折り、それも鼓を持つ方の腕を、自ら折って行衛をくらましたと云ったではないか。……いつもふところへ隠している腕が、それだ。——市之亟さまだ、それに違いない。

イ　自然界の見事な調和への感嘆
ウ　共生とは異なる実態への皮肉
エ　身勝手な振る舞いへの非難

問五　――線部④「できるだけ少ない蜜を提供しつつ、なんとしても昆虫の体に花粉がついて、昆虫がいやでも花粉を運んでしまうような花の構造ができあがっていったのである」とあるが、この様子を最も端的に表現している漢字二字の語をこの――線部より前の本文中から探し、抜き出して答えなさい。

問六　――線部⑤「人間はじつに浅はかに利己的であった」とあるが、どういうことか説明しなさい。ただし、「自然破壊」という言葉を必ず用いること。

問七　次のア～オについて、本文の内容に合うものは○、合わないものは×で答えなさい。

ア　自然と触れ合うために作られた公園などは、人間が表面的な自然を楽しみつつ快適に過ごせることを目的としており、自然の仕組みが除去されているものが多い。
イ　生態系の微妙なバランスの中で生きる各生物種は、調和が崩れそれぞれの生存が脅《おびや》かされる事態に陥《おちい》った場合、互いに連携し、協力し合うことがある。
ウ　人里は自然に恵まれた環境ではあるが、人工的に造られたものであるため結局は擬似自然の枠《わく》を超えるものではなく、そこに自然の論理が入り込むことはできない。
エ　人間以外の動物の多くは自然の中で他者を顧《かえり》みず自分の欲望のままに振る舞うが、一定のラインで本能的に自然への負担を考慮し、行動を慎《つつし》む傾向がある。
オ　自然との共生は、生態系との調和を目指して人間が自身の行動を統制することで可能になるとする考え方に対し、筆者は否定的な見解を持っている。

三　次の文章を読んで、後の各問に答えなさい。なお、設問の都合上、本文は省略されているところがある。

裕福な家に生まれ、美しく勝ち気な娘だったお留伊《るい》は、殿様の御前《ごぜん》で鼓《つつみ》の名手が腕を競う「鼓くらべ」の出場者に選ばれ、日々稽古《けいこ》に明け暮れていたが、いつからともなく、見知らぬ老人が庭先にお留伊の鼓を聴きに来るようになった。旅絵師だというその老人は、常に左手をふところに隠している得体の知れない男であったが、お留伊は次第に言葉を交わすようになった。ある日、老人が重い病気にかかったと聞いて見舞いに行ったお留伊に、老人は十年以上前に行われた鼓くらべの言い伝えについて話し始めた。それは観世市之亟《かんぜいちのじょう》と六郎兵衛《ろくろべえ》という負けず嫌いで激しい気性をもつ二人が技を競い、市之亟が打ち込みの精魂込めた気合いで六郎兵衛の鼓を割り、勝利したという伝説の試合についてであった。

打込む気合だけで、相手の打っている鼓の皮を割ったのである。一座はその神技に驚嘆して、「友割りの鼓」といまに語り伝えている。

「わたくしは福井の者ですが」

と老人は話を続けた。「……あのときの騒ぎはよく知って居《お》ります、市之亟の評判はたいそうなものでございました。……けれど、それほどの面目《めんぼく》をほどこした市之亟が、それから間もなく何処《どこ》かへ去って、行衛《ゆくえ》知れずになったということを御存じでございますか」

「それも知っています。あまり技が神《しん》に入ってしまったので、神隠しにあったのだと聞いています」

いいのであって、花粉など運んでやるつもりは毛頭ない。

この両者の「利己」がぶつかりあったとき、花はますます精巧な構造を発達させることになった。④できるだけ少ない蜜を提供しつつ、なんとしても昆虫の体に花粉がついて、昆虫がいやでも花粉を運んでしまうような花の構造ができあがっていったのである。

人間も動物であるから、利己的にふるまうのは当然である。しかし、動物たちは利己的であるがゆえに、損することを極端に嫌う。浅はかに利己的にふるまいすぎてしっぺ返しを食ったときに、やっとそれをやめるのではなく、もっと「先」を読んでいるらしい。どのようにしてそれを予知するのかわからないが、これはどうも損になりそうだと思ったら、もうそれ以上進まないのである。その点では、動物たちのほうが徹底して利己的である。きわめて賢く利己的だと言ってもよかろう。

⑤人間はじつに浅はかに利己的であった。［ c ］これからは自然が自然の論理でふるまうのを許せるぐらいに「賢く利己的に」ふるまうべきではなかろうか？

（日高敏隆『人間はどういう動物か』ちくま学芸文庫）

注　＊1　エコトーン…ここでは、様々な植物や生物が生息する場所という意味。
＊2　剪定…枝の一部を切ること。
＊3　擬似…本物によく似た、にせもの。
＊4　利己的…自分の利益を中心に考える様子。
＊5　コスト…品物の生産に必要な費用や労力。

問一　［ a ］～［ c ］に入る言葉として最も適切なものを次の選択肢ア～オから一つずつ選び、記号で答えなさい。ただし、同じ記号を二度以上用いてはならない。

ア　そして　イ　しかし　ウ　ましてや　エ　それとも　オ　では

問二　――線部①「人間の論理にしたがって、自然に変化を加える。しかし、自然は自然なりに、自然の論理にもとづいて押し戻してくる」とあるが、その例として最も適切なものを次の選択肢ア～エから一つ選び、記号で答えなさい。

ア　遊泳禁止区域であるにも関わらず、多くの人が無視して海で泳いでいたところ、潮の流れが急変し、沖に流され多数の遭難者が出る事態となった。

イ　果樹園で害虫を絶滅させるため大量の農薬を使用したところ、果物の内部に人体に有害な物質が残ってしまっていることが発覚し、大きな被害が出た。

ウ　印鑑《いんかん》・薬の原料にするために、象牙《ぞうげ》を求める大国が存在することによって、大規模な密猟が横行し、アフリカゾウが絶滅の危機に直面している。

エ　村人が家畜を襲う狼を駆除《くじょ》した結果、狼によって適度に間引《まび》きされていた鹿が大量に増えて農作物を食い荒らし、人々の生活が困窮する状況になった。

問三　――線部②「われわれの幻想にすぎなかったのではないか」とあるが、筆者は「自然界のバランス」についてどのように考えているか。端的にまとめた説明になるように、次の（　）に五十字以内で書きなさい。

自然界のバランスは（五十字以内）ということ。

問四　――線部③「『共生』」とあるが、この表現にはどのような意味が含まれているか。最も適切なものを次の選択肢ア～エから一つ選び、記号で答えなさい。

ア　生き物たちの生きる知恵への賞賛

二　次の文章を読んで、後の各問に答えなさい。なお、設問の都合上、本文は省略されているところがある。

人里《ひとざと》においては、人間が人間の意図にもとづいて、[a]①人間の論理にしたがって、自然に変化を加える。しかし、自然は自然なりに、自然の論理にもとづいて押し戻してくる。この押し合いが続く間は、＊1エコトーンとしての人里は維持される。

人里は心なごむ自然であり、人はそこに自然を見、そこから自然の論理を学ぶことができる。自然の論理を知ること――それは今日の人間にとってきわめて大切な意味をもっている。ぼくが「人里をつくろう」と訴えているのもそのためである。

[b]、人里をつくるにはどうしたらよいのか。それは人間の論理の無理押しをしないことである。自然が自然の論理で押し返してくるのを許すことである。

人間はしばしば自然の巻き返しを嫌い、自然の論理を徹底的につぶしてしまおうとする。道は完璧に舗装《ほそう》し、側溝《そっこう》は水を流す目的だけのためにコンクリートで固める。林の木の侵入を食い止めるため芝生にして、それを維持する。そしていかにも自然らしく見えるように植木を植え、その植木はこぎれいに＊2剪定《せんてい》する。

このようにして生じるものは人里ではなく、たんに＊3擬似《ぎじ》人里、人里もどきにすぎない。人里もどきには自然の論理ははたらいていない。わずかながらはたらくとしても、人間は人間の論理にしたがって、自然が生やした草を刈り、虫を退治する。一見、自然のように見えても、そこに自然はない。徹底的に人間の論理で貫かれているからである。今、あちこちでつくられている「自然の森」や「水と緑の公園」は、そのほとんどすべてがこのような人里もどきであると言ってよい。

なぜそれがいけないのか？　それは人間が「自然界のバランス」を崩しているからだ、と考える人がいる。残念ながらそうではない。人間が「自然と共生する」姿勢を忘れているからだと言う人もいる。これも残念ながらあたっていない。

「自然界のバランス」「自然と人間の共生」というようなことはよく言われる。いかにも人を納得させるひびきをもったことばである。けれど、近年の動物行動学あるいは行動生態学の研究を見ていると、どうもそのようなものは②われわれの幻想にすぎなかったのではないかという気がしてくる。

昔の生態学は、自然界のバランス、生態系（エコシステム）の調和、ということを強調した。そして、人間がこのバランスを崩さないようにすれば、自然と共生していけると考えた。しかしこの一〇年、二〇年ほどの間に明らかになってきたとおり、自然界の中では、動物も植物もそれぞれの個体がそれぞれ自分自身の子孫をできるだけたくさん後代に残そうとして、きわめて＊4利己《りこ》的にふるまっているように見える。かつて信じられていた「種族保存のためのシステム」というものもなく、個体がそれぞれ他人を蹴落としてもいいから自分だけは子孫を残そうと、きわめて利己的にふるまっている結果として、種族が維持され、進化も起こるのである。「自然界のバランス」なるものも、そこになにか予定調和的なバランスがあって、自然はそれを目指して動いている、というようなものではけっしてない。［中略］結果的にバランスが保たれているにすぎないのだ。

自然界に見られる③「共生」についても同じような見方ができる。花と昆虫のみごとな共生に、われわれは心を打たれる。けれどこれも、花と昆虫が「お互いうまく生きていきましょう」と言ってやっていることではないらしい。花は昆虫に花粉を運んでもらえばよいのであって、つくるのに＊5コストのかかる蜜など提供したくはない。昆虫は昆虫で、自分たちの食物である蜜を花からできるだけたくさん奪えば

二〇二二年度 逗子開成中学校

【国語】〈第一次試験〉（五〇分）〈満点：一五〇点〉

注意 1、字数制限のある問題では、句読点やかっこ、その他の記号も一字として数えます。
2、問題文には、設問の都合で、文字・送りがななど、表現を改めたところがあります。

一 次の各問に答えなさい。

問一 次の①～⑮の各文の――線部のカタカナを漢字で書き、――線部の漢字の読み方をひらがなで書きなさい。

① 反対者が多いのはイガイだった。
② 生きるキボウを決して捨てるな。
③ 友人の結婚をシュクフクする。
④ 目的をタッセイした。
⑤ この釣り竿はシンシュク自在だ。
⑥ ハクラン会が開催された。
⑦ 休日は体育館をカイホウする。
⑧ 事件はヒゲキ的な結末を迎えた。
⑨ 王者が声援をアびて入場してきた。
⑩ 王の意見に異をトナえた。
⑪ 意志薄弱な男は情けないぞ。
⑫ コロナ禍に便乗した悪徳商法だ。
⑬ それは悪霊の仕業に違いない。
⑭ 海のそばに新居を構える。
⑮ 青年は大きな志を持って生きよ。

問二 次の各文の内容を表した言葉になるように、言葉内の（①）～（⑤）にそれぞれ入る漢字として最も適切なものを、後の選択肢ア～サから一つずつ選び、記号で答えなさい。ただし、同じ記号を二度以上用いてはならない。

○ 織田信長はこれまでの常識の枠《わく》にとらわれず、桶狭間《おけはざま》の戦いや長篠《ながしの》の戦いでは敵方が予想もつかない戦法によって勝利した。
→（①）想天外

○ 貧しい農民の子にすぎなかった豊臣秀吉は、織田信長の家臣になって以来またたく間に出世し、織田家の重臣に名を連ねた。
→（②）角を現す

○ 徳川家康は幼少期は大名の人質として過ごし、成人して後は信長、秀吉に仕え、苦労に耐えてチャンスを待った。
→（③）の上にも三年

○ 多くの戦国武将が自国の利益のために戦争を重ねる中、上杉謙信は強者に脅《おびや》かされる弱者を助けるために戦った。
→（④）を見てせざるは勇無きなり

○ 貴族に仕える武士の立場から身を立てて権力を手中にした後に衰退し滅亡した平氏は、勢いのある者でもいつかは力を失うという人間世界のありようを示している。
→栄（⑤）盛衰

ア 石　イ 利　ウ 鬼　エ 功　オ 頭
カ 岩　キ 枯　ク 奇　ケ 華　コ 義
サ 光

2022年度

逗子開成中学校 ▶解説と解答

算　数　＜第１次試験＞（50分）＜満点：150点＞

解　答

1 (1) 81　(2) 3　(3) $3\frac{1}{3}$　2 (1) 7回　(2) 11.3cm　(3) 23　(4) 毎時32km　(5) 36.48cm^2　(6) ①，②　3 (1) 7人　(2) 26分24秒　(3) 10分30秒　4 (1) 189個，252個　(2) 180個，243個　(3) 225個　5 (1) 120通り　(2) 48通り　(3) 36通り

解　説

1 数列，四則計算，逆算

(1) $125-59+105-60+85-61+65-62+45-63+25-64=(125+105+85+65+45+25)-(59+60+61+62+63+64)=(125+25)\times6\div2-(59+64)\times6\div2=450-369=81$

(2) $9-3\times2\frac{1}{7}\div\left\{2-\left(2\frac{3}{7}-\frac{3}{8}\times4\right)\right\}=9-\frac{3}{1}\times\frac{15}{7}\div\left\{2-\left(\frac{17}{7}-\frac{3}{2}\right)\right\}=9-\frac{45}{7}\div\left\{2-\left(\frac{34}{14}-\frac{21}{14}\right)\right\}=9-\frac{45}{7}\div\left(\frac{28}{14}-\frac{13}{14}\right)=9-\frac{45}{7}\div\frac{15}{14}=9-\frac{45}{7}\times\frac{14}{15}=9-6=3$

(3) $(11+0.5)\times0.8=11.5\times0.8=9.2$より，$(9.2-2.25\times\square)\div1\frac{2}{15}=1\frac{1}{2}$，$9.2-2.25\times\square=1\frac{1}{2}\times1\frac{2}{15}=\frac{3}{2}\times\frac{17}{15}=\frac{17}{10}=1.7$，$2.25\times\square=9.2-1.7=7.5$　よって，$\square=7.5\div2.25=\frac{7.5}{2.25}=\frac{750}{225}=\frac{10}{3}=3\frac{1}{3}$

2 平均とのべ，水の深さと体積，整数の性質，速さと比，面積，展開図

図Ⅰ

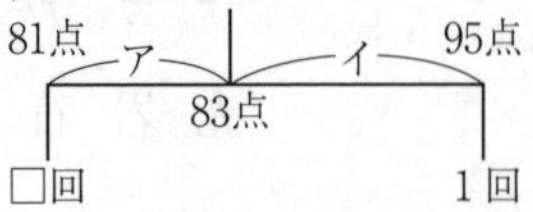

(1)　前回までの回数を□回として図に表すと，右の図Ⅰのようになる。図Ⅰで，ア＝83−81＝２(点)，イ＝95−83＝12(点)だから，□×２＝１×12と表すことができ，□＝１×12÷２＝６(回)と求められる。よって，今回までの回数の合計は，６＋１＝７(回)とわかる。

図Ⅱ

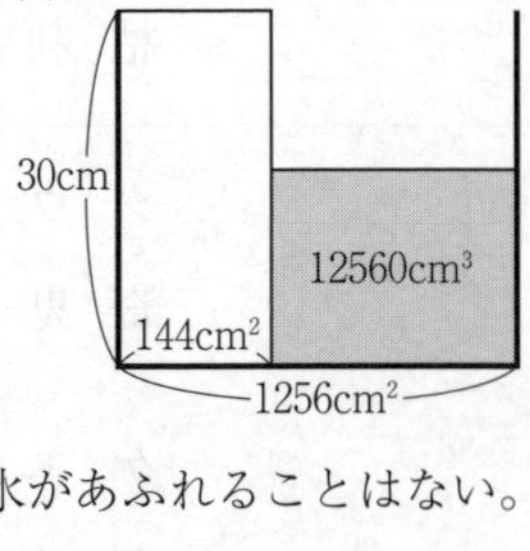

(2)　容器の底面積は，$20\times20\times3.14=400\times3.14=1256(\text{cm}^2)$，おもりの底面積は，$12\times12=144(\text{cm}^2)$である。また，容器に入っている水の体積は，$1256\times10=12560(\text{cm}^3)$である。よって，おもりを入れたときのようすは右の図Ⅱのようになり，水が入っている部分の底面積は，$1256-144=1112(\text{cm}^2)$なので，このときの水面の高さは，$12560\div1112=11.29\cdots(\text{cm})$と求められる。したがって，小数第２位を四捨五入すると11.3cmとなる。なお，これは30cmよりも低いので，容器から水があふれることはない。

図Ⅲ

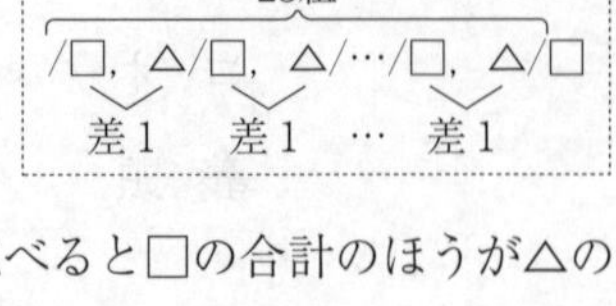

(3)　連続した整数を２個ずつの組に分けると，47÷２＝23余り１より，23組できて１個余る。また，どの組も２つの整数の差は１だから，右の図Ⅲのように表すことができる(□と△は，一方が偶数《ぐうすう》，もう一方が奇数《きすう》を表している)。ここで，23組だけを比べると△の合計のほうが□の合計よりも，１×23＝23大きく，全体を比べると□の合計のほうが△の

合計よりも46大きいから，最後の□は，23＋46＝69とわかる。よって，もっとも小さい整数は，69－47＋１＝23である。

(4)　次郎君とバスの進行のようすは右の図Ⅳのようになり，次郎君が16分で走る道のりを，バスは，16－10＝６(分)で走る。よって，次郎君とバスの速さの比は，$\frac{1}{16}:\frac{1}{6}=3:8$ なので，バスの速さは毎時，$12\times\frac{8}{3}=32$(km)と求められる。

図Ⅳ
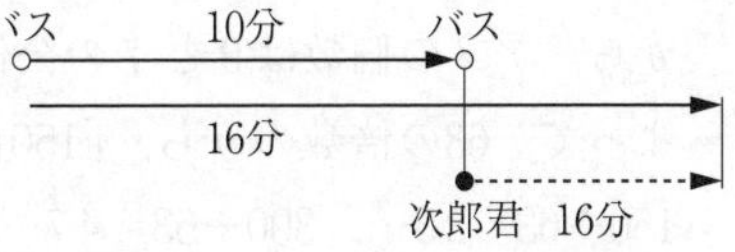

(5)　右の図Ⅴで，ウの部分とエの部分は合同だから，アの部分とイの部分の面積の差は，(ア＋ウ)の部分と(イ＋エ)の部分の面積の差と等しくなる。はじめに，(イ＋エ)の部分は半径が８cmの四分円なので，その面積は，$8\times8\times3.14\times\frac{1}{4}=16\times3.14=50.24$($cm^2$)となる。また，正方形ABCDの面積は，８×８＝64(cm^2)であり，(ア＋ウ)の部分の面積は，64－50.24＝13.76(cm^2)とわかる。よって，アの部分とイの部分の面積の差は，50.24－13.76＝36.48(cm^2)と求められる。

図Ⅴ
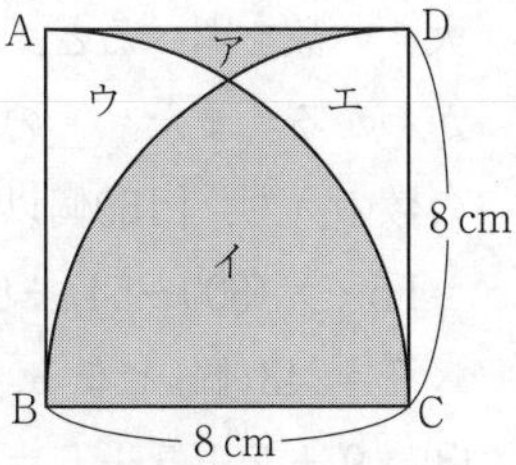

(6)　問題文中の図１の頂点Ａ～Ｆについて，ＡとＦ，ＢとＤ，ＣとＥがそれぞれ向かい合っているから，展開図ではとなりの面にあることに注意しながら，頂点の記号を問題文中の図２，図３に書き移すと，それぞれ右の図Ⅵ，図Ⅶのようになる。クは三角形AEBなので，図Ⅶの①，②に三角形を補えばよい。

図Ⅵ
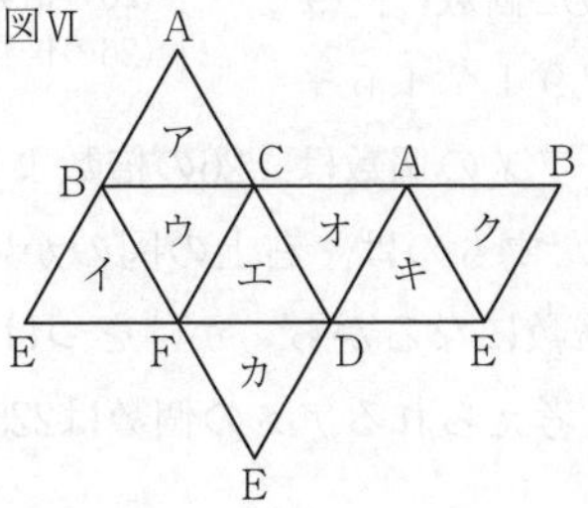

図Ⅶ
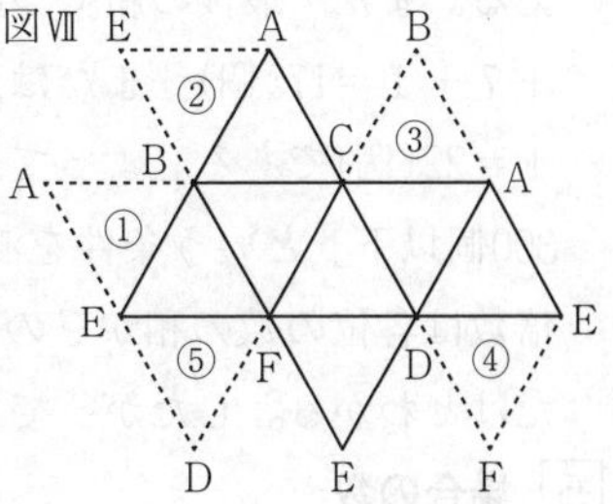

3　ニュートン算

(1)　60分で新しく加わる人数は，10×60＝600(人)だから，窓口が３つのときには，最初にいた660人と合わせると，60分で，660＋600＝1260(人)が受付けをする。よって，１つの窓口では１分間に，1260÷３÷60＝７(人)の受付けができる。

(2)　窓口を５つにすると，１分間に，７×５＝35(人)の受付けができ，その間に新しく10人が加わるから，受付けの順番を待つ人は１分間に，35－10＝25(人)の割合で減る。よって，受付けの順番を待つ人がいなくなるのに，660÷25＝26.4(分)かかる。これは，60×0.4＝24(秒)より，26分24秒となる。

(3)　18分で新しく加わった人数は，10×18＝180(人)だから，18分で，660＋180＝840(人)が受付けをしている。また，窓口を５か所にすると１分間に35人，窓口を，５＋４＝９(か所)にすると１分間に，７×９＝63(人)の受付けができる。よって，上の図のようにまとめることができ，９か所で18分受付けをしたとすると，63×18＝1134(人)が受付けをするから，実際よりも，1134－840＝294(人)多くなる。５か所にすると１分あたり，63－35＝28(人)少なくなるので，５か所で受付けをした時間は，294÷28＝10.5(分)と求められる。これは，60×0.5＝30

窓口５か所(１分間に35人) 窓口９か所(１分間に63人)	合わせて 18分で840人

(秒)より，10分30秒となる。

[4] 整数の性質，調べ

(1)　９個入りの袋《ふくろ》でも７個入りの袋でも，アメをつめていくとちょうどつめることができることから，アメの個数は９と７の公倍数とわかる。また，９と７の最小公倍数は，９×７＝63である。よって，63の倍数のうち，「150個以上300個以下」という条件を満たすものを求めればよいので，150÷63＝2.3…，300÷63＝4.7…より，考えられるアメの個数は，63×３＝189(個)と，63×４＝252(個)となる。

(2)　アメの個数は，９の倍数であり，７の倍数より５大きい数でもある。そこで，７の倍数より５大きい数を調べると，{5，12，19，26，33，40，47，54，…}となり，54は９の倍数でもあることがわかる。また，＿の数は，54以降，９と７の最小公倍数である63ごとにあらわれる。よって，＿の数のうち，「150個以上300個以下」という条件を満たすものを求めればよいので，(150−54)÷63＝1.5…，(300−54)÷63＝3.9…より，考えられるアメの個数は，54＋63×２＝180(個)と，54＋63×３＝243(個)となる。

(3)　９＋７＋５＋５＝26(個)を組にして考える。また，最後の組でつめた個数は，９＋７＋１＝17(個)，または，９＋７＋５＋１＝22(個)である。よって，アメの個数は，26の倍数より17または22大きい数であり，「150個以上300個以下」という条件を満たすものは，右上の図のかげをつけた部分の数となる。さらに，９の倍数は各位の数の和が９の倍数になるから，かげをつけた部分のうち，９の倍数でもあるのは225だけとわかる。したがって，考えられるアメの個数は225個である。

(26の倍数)…	130	156	182	208	234	260	286
(26の倍数)＋17…	147	173	199	225	251	277	303
(26の倍数)＋22…	152	178	204	230	256	282	308

[5] 場合の数

(1)　{1，2，3，4，5}のカードを一列に並べるとき，１枚目は５通り，２枚目は残りの４通り，３枚目は残りの３通り，４枚目は残りの２通り，５枚目は残りの１通りの並べ方がある。よって，カードの並べ方は全部で，５×４×３×２×１＝120(通り)となる。

(2)　４と５をまとめて[45]とし，{1，2，3，[45]}の４枚のカードを一列に並べることを考えると，１枚目は４通り，２枚目は残りの３通り，３枚目は残りの２通り，４枚目は残りの１通りの並べ方があるから，並べ方は，４×３×２×１＝24(通り)ある。同様に，[45]の左右を入れかえて[54]とした場合も，並べ方は24通りある。よって，４と５がとなり合う並べ方は全部で，24×２＝48(通り)と求められる。

(3)　1，2，3，4，5を一列に並べるとき，となり合った数字の積として考えられる数は，小さい順に，2，3，4，5，6，8，10，12，15，20となる。よって，Mが12以下になる並べ方の数を求めるには，(1)で求めた120通りから，Mが20の場合とMが15の場合の並べ方の数を除けばよい。また，(2)よりMが20の場合は48通りとわかるので，Mが15の場合だけを調べればよい。Mが15になるのは３と５がとなり合っている場合だから，(2)と同様に考えると48通りとなる(右上の図の㋐)。ただし，このうち４と５がとなり合う場合はMが20になってしまうので，除く必要がある。{1，2，[354]}の３枚の並べ方は，３×２×１＝６(通り)あり，同様に，{1，2，[453]}の並べ方も６通りあるから，３と５，５と４がそれぞれとなり合っている場合

㋐　{1，2，4，[35]}
　　{1，2，4，[53]}　➡48通り
㋑　{1，2，[354]}
　　{1，2，[453]}　➡12通り

は，６×２＝12(通り)ある(㋑)。したがって，*M*が15の場合は，48－12＝36(通り)とわかるので，*M*が12以下の場合は，120－(48＋36)＝36(通り)と求められる。

社　会　＜第１次試験＞（40分）＜満点：100点＞

解　答

問１　**１**　イギリス　**２**　夏目漱石　**３**　国家総動員法　**４**　青函　**問２**　ア　**問３**　ペリー　**問４**　Ⅰ　朱雀　Ⅱ　エ→ウ→ア→イ　**問５**　生糸　**問６**　Ⅰ　ウ　Ⅱ　イ　**問７**　ウ　**問８**　法然　**問９**　Ⅰ　**a**，**b**　ドイツ，フランス　Ⅱ　エ　Ⅲ　３→１→４→２　**問10**　Ⅰ　南満州(鉄道)　Ⅱ　ア　**問11**　北上山地　**問12**　ア　**問13**　イ　**問14**　疎開　**問15**　朝鮮戦争　**問16**　Ⅰ　**A**　滋賀(県)　**B**　岐阜(県)　Ⅱ　イ　**問17**　イ　**問18**　**a**　カ　**b**　ウ　**c**　オ　**d**　ア　**問19**　ア　**問20**　(例)　バブル崩壊をきっかけに日本経済は不景気になり，スーパーに比べて価格の高い商品をそろえた百貨店の商品が売れなくなった。　**問21**　イ　**問22**　ウ　**問23**　(例)　北海道には雪が多い地域があるため，除雪作業などが発生し，費用がかかる。　**問24**　Ⅰ　**a**　委員会　**b**　本会議　Ⅱ　イ　**問25**　イ　**問26**　Ⅰ　エ　Ⅱ　条例　**問27**　Ⅰ　ウ　Ⅱ　(例)　(富山市では生活に自動車が欠かせなくなっていたが，)高齢化が進み，自動車を自由に使えずに生活に困る人が増えることが課題と考えられた。　Ⅲ　**〈どのような行動を促すためか〉**…(例)　人々に公共交通機関を利用しやすい場所に居住することを促すため。／**〈富山市の利点〉**…(例)　交通の便利な場所に人々が集中して居住することで，行政費用が下がる。／**〈富山市民の利点〉**…(例)　公共交通機関が利用しやすくなり，自動車が使えない高齢者も快適に暮らせる。

解　説

鉄道の歴史を題材とした問題

問１　**１**　18世紀後半，イギリスで蒸気機関が改良され，実用化されたことで産業革命が起こり，19世紀前半には蒸気機関車による鉄道が史上初めて開通した。また，1872年，イギリスからの資金とイギリス人の鉄道技師の指導によって，新橋(東京都)―横浜(神奈川県)間に日本で最初の鉄道が開通した。その後，日本はイギリスと日英同盟(1902年)を結び，日露戦争(1904～05年)を戦った。　**２**　夏目漱石《そうせき》は明治・大正時代を代表する作家で，代表作の『坊《ぼ》っちゃん』は松山市(愛媛県)とゆかりが深い。　**３**　日中戦争(1937～45年)の長期化により，政府は国内の戦時体制を確立するため，1938年に国家総動員法を制定し，労働力や物資の統制運用を議会の承認なしに行えるようにした。　**４**　1988年，北海道と本州を結ぶ青函《せいかん》トンネルが開通し，それぞれの間を鉄道で行き来できるようになった。なお，この年には本州と四国を鉄道と道路で結ぶ瀬戸大橋も開通した。

問２　アは，19世紀前半の1839年に起こった蛮社《ばんしゃ》の獄《ごく》の説明である。なお，イの新井白石による長崎新令の発令は1715年，ウのノルマントン号事件は1886年，エのオランダ商館を長崎の出島へ移転したのは1641年のこと。

問３　1853年，アメリカの東インド艦隊《かんたい》司令長官ペリーが４隻《せき》の軍艦(黒船)を率いて浦賀《うらが》(神奈川県)に来航すると，江戸幕府は翌54年に日米和親条約を結んだ。条約の調印のさい，ペリーから蒸気機関車の４分の１模型のほか，ミシン，電信機，望遠鏡など約140点が贈られた。

問４　Ⅰ　平城京(奈良県)は，唐(中国)の長安を手本につくられた中国式の本格的な都である。都の北部には皇居や役所がある平城宮(大内裏《だいだいり》)があり，東西南北に碁盤《ごばん》の目のように整備された道が特色の条坊《じょうぼう》制が採用された。中央を南北に走る朱雀大路《すざくおおじ》をはさんで，東側(大内裏から見て左側)が左京，西側が右京に分けられており，左京のさらに東側に外京《げきょう》が張り出していた。　Ⅱ　アの安土城(滋賀県)の築城は安土桃山時代，イの大名の参勤交代は江戸時代，ウの鎌倉街道の整備は鎌倉時代，エの全国に国・郡・里が置かれたのはおおむね奈良時代のことなので，年代の古い順にエ→ウ→ア→イとなる。

問５　地形図の南側に広がっている「Y」は桑《くわ》畑で，桑の葉は蚕のエサとされた。当時は養蚕業がさかんで，蚕の繭《まゆ》からつくる生糸は日本の重要な輸出品であった。なお，桑畑の地図記号は現在，２万5000分の１の地形図では使われなくなっている。

問６　Ⅰ　松山市は瀬戸内の気候に属し，年間降水量が少ないので，ウがあてはまる。なお，アは日本海側の気候に属する秋田市，イは亜《あ》熱帯の気候に属する那覇《なは》市(沖縄県)，エは太平洋側の気候に属する高知市の雨温図。　Ⅱ　愛媛県西部の宇和海沿岸では，真珠《しんじゅ》の養殖《ようしょく》がさかんである。よって，イが正しい。なお，アの淡路島《あわじ》(兵庫県)を経て本州とつながっているのは徳島県，ウのピーマンの促《そく》成《せい》栽培がさかんなのは高知県，エの満濃《まんのう》池など数多くのため池があるのは讃岐《さぬき》平野のある香川県。

問７　平安時代中ごろ，地方の豪族がみずからの土地を守るため武装するようになった。これが武士のおこりで，こうした武士のうち，関東地方で平将門《まさかど》が，瀬戸内海で藤原純友《すみとも》が反乱を起こし，中央の貴族たちをあわてさせた。なお，成田山新勝寺は千葉県成田市にある。

問８　12世紀(平安時代末期から鎌倉時代初め)，法然《ほうねん》は，ひたすら「南無阿弥陀仏《なむあみだぶつ》」と念仏を唱えることでみなが平等に極楽浄土《じょうど》に往生できると説いて浄土宗を開き，武士や庶民《しょみん》に広く受け入れられた。

問９　Ⅰ　【資料１】は，1895年にロシアがドイツとフランスを誘《さそ》い，日本に圧力をかけた三国干渉《かんしょう》について記したものである。　Ⅱ　【資料２】は1918年の米騒動《そうどう》について記したもので，原敬《はらたかし》は米騒動の責任をとって総辞職した寺内正毅《まさたけ》内閣のあとを受け，初の本格的な政党内閣を組織した。なお，アの犬養毅《いぬかいつよし》はこれ以後，イの黒田清隆《きよたか》とウの大隈重信《おおくましげのぶ》はこれ以前の首相。　Ⅲ　【資料３】は大日本帝国憲法の発布(1889年)，【資料４】は伊藤博文《ひろぶみ》の暗殺(1909年)について記したものなので，年代の古い順に３→１→４→２となる。

問10　Ⅰ　ポーツマス条約(1905年)では，日本はロシアから樺太《からふと》(サハリン)の南半分や南満州鉄道の権利を譲《ゆず》り受けた。　Ⅱ　2001年の中央省庁再編では，環境庁が環境省に格上げされた。なお，イの観光庁は国土交通省，ウの宮内庁とエの金融《きんゆう》庁は内閣府に属する。

問11　釜石《かまいし》駅(岩手県)は三陸海岸(太平洋側)，盛岡駅(岩手県)は北上盆地(内陸部)に位置し，その間のYには北上山地(高地)がある。

問12　【資料１】によると，関東大震災が起きた1923年の国有鉄道における旅客輸送量は，前年より増えている。よって，アが誤っている。

問13　日中戦争は，北京《ペキン》郊外で日中両軍が衝突《しょうとつ》した盧溝橋《ろこうきょう》事件(1937年)をきっかけとして始まり，戦いが南北に拡大して長期化した。よって，イが正しい。なお，アのリットン調査団の派遣は満州事変(1931～33年)のとき，ウの二・二六事件の発生は1936年，エの日本の国際連盟脱退は1933年のこと。

問14　太平洋戦争(1941～45年)末期，アメリカ軍による日本本土への空襲《くうしゅう》が本格化すると，その被害を避《さ》けるため，都市部に集中する人や産業を地方に分散させる政策がとられた。これを疎開《そかい》といい，大都市の小学生を集団で地方に移住させる学童疎開や，工場の地方への移転などが行われた。

問15　1950年に朝鮮戦争が始まると，日本を占領していたアメリカ軍が国連軍の主力として朝鮮半島に出撃《しゅつげき》し，日本に大量の軍需《ぐんじゅ》物資を発注したことから，日本は「特需景気」とよばれる好景気をむかえ，経済の復興が早まった。

問16　Ⅰ　**Ａ**，**Ｂ**　東海道新幹線は東京駅―新大阪駅間で８つの都府県を通り，京都府と愛知県の間には滋賀県(Ａ)と岐阜県(Ｂ)がある。　Ⅱ　阪神工業地帯はほかの工業地帯に比べて金属工業の割合が高いので，イがあてはまる。なお，アは中京工業地帯，ウは京浜工業地帯，エは東海工業地域。統計資料は『日本国勢図会』2021／22年版による(以下同じ)。

問17　大韓民国(韓国)との国交は日韓基本条約(1965年)の調印により正常化したが，朝鮮民主主義人民共和国(北朝鮮)とはいまだに国交が開かれていない。よって，イが誤っている。

問18　**ａ**，**ｂ**　新潟県の燕《つばめ》市は洋食器，小千谷《おぢや》市は麻織物の小千谷ちぢみの産地として知られる。　**ｃ**　新潟県は，北東部で山形県と隣接《りんせつ》している。　**ｄ**　新潟水俣《みなまた》病は阿賀野《あがの》川流域で発生した，有機水銀を原因物質とする公害病である。熊本県水俣市の水俣病，三重県四日市市の四日市ぜんそく，富山県神通《じんずう》川流域のイタイイタイ病とともに，「四大公害病」に数えられる。

問19　2007年，郵政三事業(郵便・郵便貯金・簡易保険)が民営化された。

問20　グラフを見ると，1992年から1995年にかけて，大型スーパーは販売額が増えたが，百貨店は減っていることがわかる。一般に，大型スーパーは日常生活に欠かせない食料品や日用品を販売しているが，百貨店はブランド品や高級品を販売する。この時期には「バブル景気」が崩壊《ほうかい》して不景気になったため，消費者が値段の高い商品を買うのをひかえたことが影響《えいきょう》している。

問21　火砕《かさい》流は火山の噴火《ふんか》によって起こるので，イが誤っている。

問22　日本なしの収穫量は，茨城県が全国一である。なお，アのぶどうとイのももの収穫量は，山梨県が全国一。エのくりの収穫量も茨城県が全国一だが，以下，熊本県，愛媛県と続く。

問23　【資料１】より，札幌市(北海道)の冬の降水量(降雪量)は多いとはいえない。しかし，気温が低く一度降った雪は根雪として残るので，【資料２】のような除雪車により，鉄道のレールに積もった雪を取り除かなければならない。その費用がかさむのが，経営の悪化に影響している。

問24　Ⅰ　**ａ**，**ｂ**　法律案が国会に提出されると，衆参両議院とも，まず委員会(ａ)で審議され，その後に本会議(ｂ)で可決される。　Ⅱ　資料に「国民が日常生活及《およ》び社会生活を営むにあたって必要不可欠」とあり，これは日本国憲法第25条の生存権に関係するので，イがあてはまる。なお，アは第28条(労働三権の保障)，ウは第30条(納税の義務)，エは第23条(学問の自由)。

問25　社会保障関係費は年金や医療《いりょう》・介護《かいご》などにあてられる費用で，歳出の中で最も大きな割合を占《し》める。また，防衛関係費は国土の防衛にあてる費用で，文教及び科学振興費よりも少ない。なお，Ｂは地方交付税交付金，Ｃは公共事業関係費。

問26　Ⅰ　地方裁判所は国の機関なので，エが誤っている。　Ⅱ　地方公共団体は憲法と法律の範《はん》囲《い》内で，その地域だけに通用する条例を定めることができる。

問27　Ⅰ　ａ～ｃ　都市の郊外に住宅地が増加すると，人々が暮らす面積は拡大し，そのぶん人口密度は低くなる。また，人々が暮らす領域が広がるため，一人あたりにかかる行政費用は増加する。

Ⅱ　【資料１】より，富山市では高齢化が進んでいることがわかる。また，【資料２】より，車が自由に使えないと感じる高齢者が多い傾向《けいこう》にあることがわかる。よって，富山市では高齢化が進み，自動車を自由に使えずに生活に困る人々が増えることが課題となっていたと推測できる。　Ⅲ　【資料】の住宅取得支援事業では，住民に公共交通機関を利用しやすい場所に居住することを促《うなが》している。これにより富山市は，交通の便利な場所に人々が集中して住むことで，行政費用を下げることができるという利点がある。また，富山市民も公共交通機関が利用しやすくなることで，自動車が使えなくても快適な生活を送れるという利点がある。なお，都市の中心部に行政機関や公共施設などを集中させる都市の形態をコンパクトシティといい，富山市でも高齢化と人口減少社会に対応するため，コンパクトシティ構想を打ち出している。

理　科　＜第１次試験＞（40分）＜満点：100点＞

解　答

1 (1) ①　二酸化炭素　②　C，G　③　**C**　石灰水　**E**　砂糖水　**F**　塩酸　(2) ①　塩化ナトリウム　②　16mL　③　**X**　18　**Y**　108　④　130　2 (1) ①（例）　地球が一定の速さで自転しているから。　②　15度　(2)　午前９時45分　(3)　エ　(4)　午後３時45分　(5)　2　3 (1)　**ア**　直列　**イ**　暗く　(2) ①　イ　②　ウ　③　オ　(3)　消えている／**理由**…(例)　(１階と２階のスイッチが押された回数が,)ともに奇数であり，両方のスイッチがそれぞれ調査前と逆の接続状態になっているため，回路の豆電球と電池がつながらないから。　(4)　右の図　4 (1)　ア，ウ　(2)　背骨　(3)　イ　(4)　2010個体　(5)（例）　区画をまたがって移動してしまうと正確に個体数を数えることができないため。　(6)　ウ，オ　(7)　**X**　9　**Y**　18

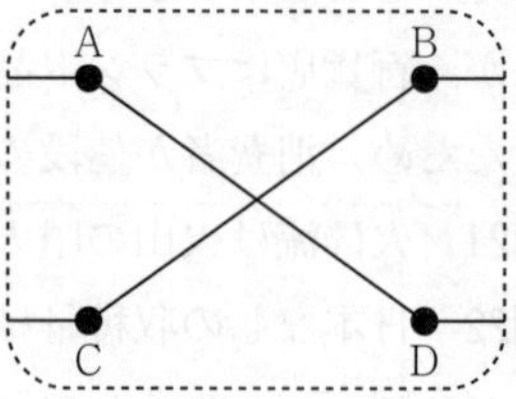

解　説

1　水溶液《すいようえき》の性質についての問題

(1)　実験１より，Dは炭酸水で，溶《と》けていた二酸化炭素が泡《あわ》となって出ている。実験３より，A，Cは一方が石灰水で，もう一方が食塩水，Eは砂糖水となる。また，実験４より，Fは酸性，Aは中性とわかる。よって，Aは食塩水，Cは石灰水である。さらに，実験２より，F，Gは一方が塩酸で，もう一方がアンモニア水となるので，Fは塩酸，Gはアンモニア水となり，残ったBは水となる。BTB溶液は酸性で黄色，中性で緑色，アルカリ性で青色を示すので，BTB溶液を加えて青色に変化するのは，アルカリ性の石灰水とアンモニア水である。

(2)　①　塩酸と水酸化ナトリウム水溶液を混ぜ合わせると中和が起き，塩化ナトリウム(食塩)と水ができる。　②　水溶液Kでは，塩酸と水酸化ナトリウム水溶液が，120：80＝３：２の体積比で過不足なく中和しているため，発生した気体(水素)が０mLとなっている。したがって，塩酸24mLをちょうど中和するために必要な水酸化ナトリウム水溶液の体積は，$24\times\frac{2}{3}=16$(mL)と求められる。　③　**X**　水溶液Ｌでは，塩酸90mLと，$90\times\frac{2}{3}=60$(mL)の水酸化ナトリウム水溶液が過不足なく中和して，90－60＝30(mL)の水酸化ナトリウム水溶液が残っている。また，水溶液Ｏと水溶液Ｐの結果より，水酸化ナトリウム水溶液20mLがすべてアルミニウムと反応すると，12mLの気体が発生する。よって，Ｘは，$12\times\frac{30}{20}=18$(mL)となる。　**Y**　水溶液Ｍでは，水酸化ナトリウム水溶液20mLと，$20\times\frac{3}{2}=30$(mL)の塩酸が過不足なく中和して，150－30＝120(mL)の塩酸が残っている。また，水溶液Ｈ，水溶液Ｉ，水溶液Ｊの結果より，この実験で用いたアルミニウムは塩酸90mLと過不足なく反応して，108mLの気体を発生する。したがって，Ｙには108が当てはまる。　④　水溶液Ｎで使用した100mL以上の塩酸は，$100\times\frac{2}{3}=66\frac{2}{3}$(mL)以上の水酸化ナトリウム水溶液と過不足なく中和するので，水溶液Ｎで水酸化ナトリウム水溶液が残っていたとすると，その体積は，$70-66\frac{2}{3}=3\frac{1}{3}$(mL)以下となり，30mLの気体は発生させられない。よって，水溶液Ｎで残っていたのは塩酸であり，気体を30mL発生させた塩酸の体積は，水溶液Ｈの結果より，$60\times\frac{30}{72}=25$(mL)とわかる。また，70mLの水酸化ナトリウム水溶液と過不足なく中和する塩酸の体積は，$70\times\frac{3}{2}=105$(mL)である。したがって，Ｚは，25＋105＝130(mL)と求められる。

2　日時計についての問題

⑴　①　太陽は空を東から西へ一定の速さで移動している。これは，地球がおよそ一定の速さで西から東に，１日に１回自転しているからである。　②　太陽は空を24時間でおよそ360度移動するので，１時間あたりでは，360÷24＝15(度)移動している。

⑵　図２で，太陽が南中した午前11時45分には，棒の影《かげ》が北の方向(イの方向)にできる。そして，図２の棒の影は北から30度西寄りの方向にできているので，太陽は南から30度東寄りの位置にある。太陽は30度動くのに，30÷15＝２(時間)かかるので，図２の時刻は，午前11時45分－２時間＝午前９時45分と求められる。

⑶　神奈川県よりも北にある場所では，同じ時刻での太陽の高さが低くなるので，棒の影の長さは長くなる。また，神奈川県と経度が同じ場所では，太陽の南中時刻が同じであり，同じ時刻の影の向きも変わらないと考えられる。

⑷　図３，図４より，棒の影は北から60度東寄りの方向にできているので，太陽は南から60度西寄りの位置にある。太陽は60度動くのに，60÷15＝４(時間)かかるので，図３の時刻は，午前11時45分＋４時間＝午後３時45分と求められる。

⑸　太陽は南の空を右向きに動き，これと同じように，アナログ時計の針は右回りに動く。太陽は，１時間あたり15度動くので，正午から午後４時までに南から，15×４＝60(度)右向きに動く。図６では，午後４時に短針が太陽の方向に向けられているので，南の方向は，文字ばんの４時の方向から左回りに60度もどった２時の方向となる。

3　スイッチのはたらきについての問題

⑴　**ア**　図３で，スイッチを押《お》して接続１から接続２に切りかえると，電池から出た電流は分かれることなく２つの豆電球を順に通るので，豆電球は直列つなぎになる。　**イ**　２個の豆電球を直列につないだ部分の抵抗《ていこう》(電流の流れにくさ)は，１個の豆電球の抵抗の２倍になる。そのため，接続２のときについている豆電球１個あたりの明るさは，接続１のときについている豆電球よりも暗くなる。

(2)　図３で，スイッチ１を接続１にしたときに豆電球に流れる電流の大きさを１とすると，スイッチ１を接続２にしたときに豆電球に流れる電流の大きさは，１÷２＝0.5となる。また，図４でついている豆電球に流れる電流の大きさは，スイッチの組み合わせが表のアのときには２，イのときには，２÷２＝１，ウのときには，１÷２＝0.5，エのときには，１÷３＝$\frac{1}{3}$となる。豆電球は同じ大きさの電流が流れる場合には明るさが等しく，電流が流れない場合にはつかないため，①はイ，②はウ，③はオである。

(3)　図５で，スイッチ１，スイッチ２はどちらも，奇数《きすう》回押すと調査前と逆の接続状態になり，偶《ぐう》数《すう》回押すと調査前と同じ接続状態になる。調査では，１階と２階のスイッチが押された回数がそれぞれ15回，７回でどちらも奇数だったので，調査後はどちらのスイッチも調査前と逆の接続状態となっており，電球は消えている。

〔ほかの解き方〕　調査前には電球が消えていて，スイッチ１，スイッチ２のどちらを押しても電球をつけたり消したりできるので，押した回数の合計が偶数のときには電球が消え，奇数のときには電球がつく。調査では，１階と２階のスイッチが押された回数が合計で，15＋７＝22(回)であり，これは偶数なので，電球は消えている。

(4)　図６のスイッチ３の接続２を解答の図のようにすると，条件をすべて満たすことができる。

4　二枚貝の生態についての問題

(1)　体外で卵に精子をかけることで受精を行う生物は，水中で卵を産む動物である。メダカ，カエルはどちらも，メスが水中に卵を産むときにオスが卵に精子をかける。このような受精を体外受精という。これに対して，体内で行われる受精のことを体内受精といい，スズメ，ネコ，ヘビは体内受精を行う。

(2)　サメなどの魚類やワニなどのハ虫類，イモリなどの両生類には，背骨(セキツイ)がある。このような動物をセキツイ動物といい，ほかに鳥類，ほ乳類がある。これに対して，アサリ，イカ，ウニなどの背骨がない動物を無セキツイ動物という。

(3)　貝の幼生やヤコウチュウは動物プランクトンで，植物プランクトンなどを食べて養分を取っている。なお，ミカヅキモ，アオミドロ，ボルボックスは植物プランクトンである。

(4)　調べた５か所の区画の中にいた個体数の平均は１区画あたり，(65＋82＋95＋58＋102)÷５＝80.4(個体)なので，５ｍ×５ｍの範囲《はんい》(25か所の区画)に生息していると考えられる二枚貝の個体数は，80.4×25＝2010(個体)と求められる。

(5)　区画法は，植物などの移動しない個体や，動きの遅《おそ》い動物の個体などの数を数える場合に適している。魚や鳥などは，区画をまたがって移動してしまうことが多いので，区画法では正確に個体数を数えることができない。

(6)　ア　冬眠《とうみん》とは，動物が冬の寒い間，活動をやめて穴の中などで眠ったようにして冬を越《こ》すことである。図２，図３，表１からは，二枚貝の活動のようすはわからない。　イ　図２を見ると，７～９月には貝がらの大きさが15mmをこえる貝が採取されている。　ウ　図２より，８月に貝がらの大きさが７mm以下だった貝がしだいに大きくなり，翌年の９月に12～15mmほどになることがわかる。よって，この貝の寿命は約１年である。　エ　オス・メス別の個体数は数えていない。　オ　図２を見ると，８月には貝がらの大きさが３mm以下の個体も採取している。　カ

図３で，平均海水温の最高は27℃なので，海水温が28℃以上で生息することができるかどうかはわからない。　キ　図２で，最も大きい貝を採取したのは８月である。　ク　表１で，海水温が低い２月から３月にかけて，貝がらの大きさの平均値がわずかに大きくなっているので，海水温が低い時期は貝がらが小さくなっていくとはいえない。

⑺　**X**　６月に産卵された卵から生まれた貝は，２か月後の８月に砂浜に定着する。そのようすは，図２では８月に，貝がらの大きさが７mm以下のものとして現れている。その後，11月に再び，貝がらの大きさが７mm以下のものが複数採取されていて，これらは２か月前の９月に産卵された卵から生まれた貝と判断できる。　**Y**　図２で，貝がらの大きさが大きくなっている期間は４月から12月までで，図３ではこの間の平均海水温は18℃以上となっている。

国　語　＜第１次試験＞（50分）＜満点：150点＞

解　答

一　**問１**　①～⑩　下記を参照のこと。　⑪　はくじゃく　⑫　びんじょう　⑬　しわざ　⑭　かま(える)　⑮　こころざし　**問２**　①　ク　②　オ　③　ア　④　コ　⑤　キ　二　**問１**　**a**　ア　**b**　オ　**c**　イ　**問２**　エ　**問３**　(例)　予定調和を目指すのではなく，それぞれの個体が利己的に振る舞っている結果もたらされる　**問４**　ウ　**問５**　進化　**問６**　(例)　人間は自然からの大きなしっぺ返しにより自分たちの生存が危うくなることも予測できず，自分たちの利益のための自然破壊を止められないこと。　**問７**　ア　○　イ　×　ウ　×　エ　×　オ　○　三　**問１**　**x**　イ　**y**　ウ　**問２**　誰が賞を　**問３**　イ　**問４**　**A**　(例)　絶対に相手に負けたくない　**B**　(例)　自分の音楽は相手を必死に打ち負かそうとする醜いものであり，清浄な温かい心から生まれる本当の音楽とはかけ離れている　**問５**　エ　**問６**　(例)　他人と競うためのものではなく，自分を正しい道に導いてくれた老人に対する感謝をこめて演奏する，温かい心をもととした本当の音楽。

●漢字の書き取り

一　問１　①　意外　②　希望　③　祝福　④　達成　⑤　伸縮　⑥　博覧　⑦　開放　⑧　悲劇　⑨　浴(びて)　⑩　唱(えた)

解　説

一　漢字の書き取りと読み，四字熟語の完成

問１　①　思いがけないようす。　②　こうなってほしいと望むこと。　③　幸福を祝うこと。　④　あることを成しとげること。　⑤　伸《の》びたり縮んだりすること。　⑥「博覧会」は，さまざまな生産品や工芸品などを一般《いっぱん》の人々に見せることで，産業や文化の振興《しんこう》をはかったり，販路《はんろ》を開拓《かいたく》したりすることを目的に開催《かいさい》される会。　⑦　誰《だれ》でも自由に利用したり，出入りしたりできるようにすること。　⑧　悲惨《ひさん》なできごとや不幸を主題とした演劇。転じて，世の中の悲しくいたましいできごと。　⑨　音読みは「ヨク」で，「浴室」などの熟語がある。　⑩　音読みは「ショウ」で，「唱和」などの熟語がある。　⑪「意志薄弱」は，ものごとを行おうとする意志が弱いこと。　⑫　ある機会を，自分に都合のよいように利用すること。　⑬　行い。

⑭　音読みは「コウ」で，「構成」などの熟語がある。　⑮　こうしようと心に決めた思い。音読みは「シ」で，「志望」などの熟語がある。訓読みにはほかに「こころざ(す)」がある。

問２　①「奇想《きそう》天外」は，普通《ふつう》では思いもよらないほど変わっているようす。　②「頭角を現す」は，“才能や学識などが人よりもすぐれていて目立ち始める”という意味。　③「石の上にも三年」は，我慢《がまん》強く辛抱《しんぼう》して待てばいつかは成功することのたとえ。　④「義を見てせざるは勇無きなり」は，“人として当然行うべきことだと知りながらそれをしないのは，臆病《おくびょう》者である”という意味。　⑤「栄枯盛衰《えいこせいすい》」は，さかんになるときもあれば，衰《おとろ》えるときもあること。

二　**出典は日高敏隆《ひだかとしたか》の『人間はどういう動物か』による。**人里をつくるためには自然の論理を尊重することが大切であると述べ，自然のバランスとはどのようなものかを考察している。

問１　**a**「人里においては，人間が人間の意図にもとづいて」，また，「人間の論理にしたがって，自然に変化を加える」のだから，あることがらに続いてもう一つのことがらが起こるときに用いる「そして」が入る。　**b**　筆者は「『人里をつくろう』と訴《うった》えている」が，それならば，「人里をつくるにはどうしたらよいのか」というつながりである。よって，前の内容を受けて，次のことがらを導くときに使う「では」がよい。　**c**「人間はじつに浅はかに利己《りこ》的であった」が，これからは「『賢《かしこ》く利己的に』ふるまうべきではなかろうか？」という文脈なので，前のことがらを受けて，それに反する内容を述べるときに用いる「しかし」が合う。

問２　傍線《ぼうせん》部①は，人間が自然に手を加えれば，自然もまたその仕組みによってあるべき状態に戻《もど》そうと，人間へ巻き返しをはかろうとすることにあたる。エが，このことを説明した例としてふさわしい。

問３　以前のわれわれは，「なにか予定調和的なバランスがあって，自然はそれを目指して動いている」と信じており，それを「自然界のバランス」だと考えていた。しかし，実際には，「自然界の中では，動物も植物もそれぞれの個体がそれぞれ自分自身の子孫をできるだけたくさん後代に残そうとして，きわめて利己的にふるまっているように見える」のである。個体がそれぞれ，きわめて利己的にふるまっている結果として，たまたま「自然界のバランス」は保たれているのだといえる。

問４「花と昆虫《こんちゅう》のみごとな共生に，われわれは心を打たれる」が，「花は昆虫に花粉を運んでもらえばよい」のであり，昆虫は「蜜《みつ》を花からできるだけたくさん奪《うば》えばいい」のである。花と昆虫が，お互《たが》いに利己的にふるまった結果，そこにバランスが生まれたにすぎず，両者は共に生きようとしたわけではない。それなのに，その現象が共生と名づけられているので，そのことへの皮肉をこめ，筆者はカギカッコをつけて「共生」と表現したのだと考えられる。

問５　傍線部④は直前の「花はますます精巧《せいこう》な構造を発達させ」たことをくわしく説明している内容なので，「進化」がぬき出せる。

問６「動物たちは利己的であるがゆえに，損することを極端《きょくたん》に嫌《きら》う」ため，「これはどうも損になりそうだと思ったら，もうそれ以上進まない」とある。これに対して，人間は「浅はかに利己的にふるまいすぎてしっぺ返しを食ったときに，やっとそれをやめる」。つまり，人間は自分たちの生存が危うくなるまで自然破壊《はかい》をやめることができないという点で，「浅はかに利己的」なのだといえる。

問７　**ア**「今，あちこちでつくられている『自然の森』や『水と緑の公園』は，そのほとんどすべて」が，「徹底的《てっていてき》に人間の論理で貫《つらぬ》かれ」た「擬似《ぎじ》人里，人里もどきにすぎない」のだから，正しい。　**イ**　「『自然界のバランス』なるものも，そこになにか予定調和的なバランスがあって，自然はそれを目指して動いている，というようなもの」ではなく，それぞれの個体がきわめて利己的にふるまった結果として，たまたまバランスが保たれているにすぎないので，ふさわしくない。　**ウ**　人里は「人間が人間の意図にもとづいて，そして人間の論理にしたがって，自然に変化を加え」たものだが，そこでは「自然は自然なりに，自然の論理にもとづいて押し戻してくる」。つまり，「自然が自然の論理で押し返してくるのを許す」のが人里なのだから，合わない。　**エ**　動物は，「自然への負担を考慮《こうりょ》」するのではなく，自分が損をしそうだと思ったら利己的なふるまいをやめるのだから，合わない。　**オ**　「昔の生態学は，自然界のバランス，生態系(エコシステム)の調和，ということを強調」し，「人間がこのバランスを崩《くず》さないようにすれば，自然と共生していけると考えた」が，「この一〇年，二〇年ほどの間に明らかになってきた」ことをふまえて，このような考え方は間違《まちが》っているのではないかと筆者は考えているので，よい。

三　**出典は山本周五郎《やまもとしゅうごろう》の『松風の門』所収の「鼓《つづみ》くらべ」による。**見知らぬ老人に，音楽で優劣《ゆうれつ》を競《きそ》うことの愚《おろ》かさを教えられたお留伊《るい》が，鼓くらべを途中《とちゅう》でやめたいきさつを描《えが》いている。

問１　**x**　「躍起《やっき》」は，むきになるさま。　**y**　「思い上がる」は，“実際よりも自分を立派だと思いこむ”という意味。

問２　このときのお留伊は，「太守の手で，一番の賞を受けるときの自分」を想像し，「身が顫《ふる》える」ほど興奮《こうふん》していた。しかし，鼓くらべに臨んだお宇多《うた》の，勝利へと醜《みにく》く執着《しゅうちゃく》するようすを見た彼女《かのじょ》は，ふと老人の「清浄《しょうじょう》な温かい心」がなければ音楽に価値などないという言葉を思い出し，鼓を打つのをやめている。お留伊は，老人の正体が観世市之亟《かんぜいちのじょう》だったと気づくとともに，その教えに眼《め》をひらかされたのだから，「誰が賞を貰《もら》ったかということももう興味がなかった～老人に会いたかった」という一文がぬき出せる。

問３　仁右衛門《じんうえもん》は城主に畏敬《いけい》の念を抱《いだ》いており，城主の存在を意識すると緊張《きんちょう》せずにはいられなかった。そのため，お留伊も自分と同じように感じているに違いないと思い，緊張のために失敗することを心配して，「御簾《みす》の方を見ないで」と助言したのだと考えられる。

問４　**A**　お留伊がお宇多の顔を見やると，「お宇多の顔は蒼白《あおざ》め，その唇《くちびる》はひきつるように片方へ歪《ゆが》んでいた」とある。そのときお宇多は，自分がお留伊に負けそうになっているのを自覚しており，何が何でも勝ちたいと思っている。　**B**　いっぽう，そんなお宇多の姿を見たお留伊は，それは相手に勝とうとして必死になっていた自分の姿だと感じている。そして，自分の音楽は「清浄な温かい心」から生まれる本当の音楽とは異なる醜いものだったと気がついている。

問５　お留伊は，自分が「人の世で最も美しいもの」である音楽を，「誰かを負かそうとしたり，人を押し退《の》けて自分だけの欲を満足させたりする道具」にしていたことを指して，「打ち違えた」と言っている。しかし，お留伊の真意を理解できない仁右衛門は，お留伊が鼓の演奏で失敗をしたと言ったと思いこみ，失敗などなかったと言い続けたのだと考えられる。

問６　老人と出会うまでのお留伊は，「誰かを負かそうとしたり，人を押し退けて自分だけの欲を満足させたりする道具」として鼓を打っていた。しかし，この後お留伊が「生まれ変わった気持ち」で演奏した音楽は，音楽本来の美しさを教えてくれた老人に対する感謝の気持ちをこめた，「清浄な温かい心」から生まれた音楽だったと考えられる。

Dr.福井の
入試に勝つ！脳とからだのウルトラ科学

歩いて勉強した方がいい？

みんなは座って勉強しているよね。だけど，暗記するときには歩きながら覚えるといいんだ。なぜかというと，歩いているときのほうが座っているときに比べて，心臓が速く動いて(脈はくが上がって)脳への血のめぐりがよくなるし，歩いている感覚が背骨の中を通って脳をつつくので，頭が働きやすくなるからだ(ちなみに，運動による記憶力アップについては，京都大学の久保田名誉教授の研究が有名)。

具体的なやり方は，以下のとおり。まず，机の上にテキストを広げ，1ページぐらいをざっと読む。そして，部屋の中をゆっくり歩き回りながら，さっき読んだ内容を思い出す。重要な語句は，声に出して言ってみよう。その後，机にもどってテキストをもう一度読み直し，大切な部分を覚え忘れてないかをチェック。もし忘れている部分があったら，また部屋の中を歩き回りながら覚え直す。こうしてひと通り覚えることができたら，次のページへ進む。あとはそのくり返しだ。

さらに，この“歩き回り勉強法”にひとくふう加えてみよう。それは，なかなか覚えられないことがら(地名・人名・漢字など)をメモ用紙に書いてかべに貼っておくこと。ドンドン貼っていくと，やがて部屋中がメモでいっぱいになるハズ。これらはキミの弱点集というわけだが，これを歩き回りながら覚えていくようにしてみよう！　このくふうは，ふだんのときにも自然と目に入ってくるので，知らず知らずのうちに覚えることができてしまうという利点もある。

歴史の略年表や算数の公式などを大きな紙に書いて貼っておくのも有効だ。

Dr.福井(福《ふく》井《い》一成《かずしげ》)…医学博士。開成中・高から東大・文Ⅱに入学後，再受験して翌年東大・理Ⅲに合格。同大医学部卒。さまざまな勉強法や脳科学に関する著書多数。

2022年度　逗子開成中学校

〔電　話〕 (046) 871−２０６２
〔所在地〕 〒249-8510　神奈川県逗子市新宿２−５−１
〔交　通〕 JR横須賀線―「逗子駅」より徒歩12分
京浜急行線―「逗子・葉山駅」より徒歩12分

【算　数】 〈第２次試験〉 (50分) 〈満点：150点〉

注意　・定規・コンパス・筆記用具以外の使用は認めません。
・考え方を書く指示がある問題以外は，答えだけを書いてください。
・答えに単位が必要な問題は，必ず単位をつけて答えてください。
・答えが分数になる場合は，それ以上約分できない一番簡単な分数で答えてください。また，仮分数は帯分数に直してください。
・図やグラフをかいて答える問題に対し，定規・コンパスを忘れた場合は手がきでていねいにかいてください。

1　次の□にあてはまる数を求めなさい。

(1)　$\left[1+1\div\{1\div(1-1\div2)\}\right]\times12\div\{9-6\div(11-9)\times2\}=\square$

(2)　$\left\{\dfrac{3}{8}\times7\dfrac{1}{9}-\left(2-1\dfrac{5}{6}\right)\right\}\div1\dfrac{1}{6}\div\left(\dfrac{1}{2}-\dfrac{1}{5}\right)=\square$

(3)　$\left\{2.75\times1\dfrac{3}{5}-\left(4.1-2\dfrac{7}{18}\right)\div\dfrac{2}{3}\right\}\div\left(\dfrac{1}{3}+\square\right)=2$

2　次の各問いに答えなさい。

(1)　ある規則にしたがって，１，２，４，５，７，８，10，11，13，…と数が並んでいます。50番目の数は何ですか。

(2)　ボールペンをまとめて買うことになりました。24本買うと代金は2600円です。25本以上買うと，25本目から48本目までは１本100円，49本目以上は１本85円で買えます。ボールペン１本あたりの平均の値段がちょうど95円になるには，全部で何本買えばいいですか。

(3)　３つの数30，90，Aがあります。これらの数の最大公約数が15，最小公倍数が270であるとき，Aにあてはまる数を求めなさい。

(4)　A君，B君，C君，D君の４人の生徒が算数のテストを受けました。A君はB君より９点低く，B君はC君より14点高く，C君はD君より４点低く，４人の平均点は小数第２位を四捨五入して71.8点でした。A君の点数を求めなさい。

(5)　１ヶ月前，A君とB君の貯金の残高の比は５：３でした。この１ヶ月の間にA君は貯金から3000円使い，B君は1000円貯金したので，A君とB君の貯金の残高の比は５：４になりました。A君の貯金の残高は今いくらありますか。

(6)　右の図のように，１辺の長さが４cmの正方形ABCDと長方形EFGHがあります。直線AEと直線JHは平行で，三角形BJEの面積が$10cm^2$のとき，辺EIの長さを求めなさい。ただし，点B，F，C，Gと点J，D，Hはそれぞれ同じ直線上にあるものとします。

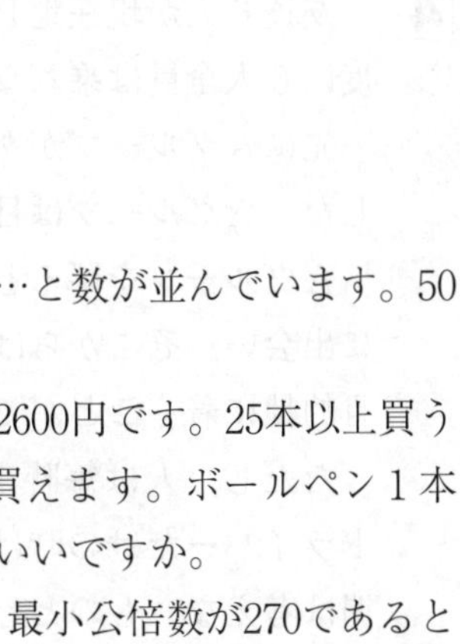

3　図のように，点Oを中心とする円とその円周上に点Aがあります。
３点P，Q，Rは点Aを出発して次のように動きます。

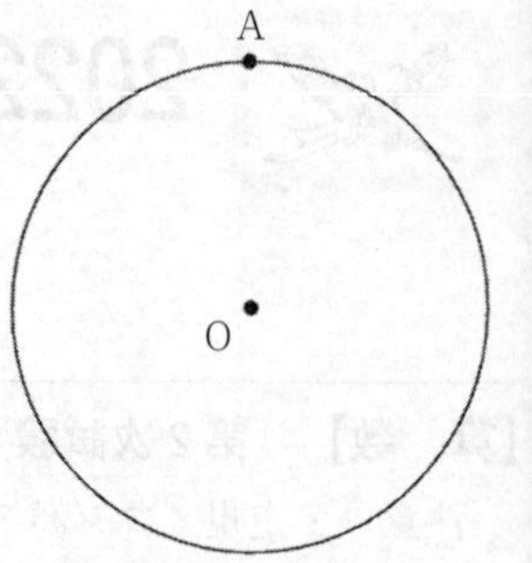

①　点Pは反時計回りに動き，２分で円を１周します。
②　点Qは反時計回りに動き，４分で円を１周します。
③　点Rは時計回りに動き，４分で円を１周します。

３点P，Q，Rは同時に点Aを出発し，上の規則で動き続け，３分後に３点とも停止するものとします。このとき，次の各問いに答えなさい。

(1)　３点が動き始めてから１秒後に，点Oと点A，点Oと点Pを結んでできる角AOPの大きさは何度ですか。

(2)　３点が動き始めてから３分間の間に，３点A，P，Qを結んでできる図形が正三角形になるのは，３点が動き始めてから何秒後ですか。すべて求めなさい。

(3)　３点が動き始めてから３分間の間に，３点P，Q，Rを結んでできる図形が二等辺三角形になり，かつそのうちの一辺が点Oを通るときがあります。それは３点が動き始めてから何秒後ですか。すべて求めなさい。

4　友達６人が現在地Pから目的地Qに行くのに，１台のタクシーを使うことになりました。一度に６人全員は乗れないので３人ずつAとBのグループに分かれました。

先にAグループがタクシーに乗って出発し，同時にBグループは目的地に向けて歩き始めました。Aグループは目的地の途中の地点Rまで車で行き，残りは歩きました。

Aグループを降ろしたタクシーはすぐに引き返し，Pから６km歩いた地点SでBグループに出会い，そこからはBグループを乗せて目的地に向かったところ，２つのグループは同時に目的地に着くことができました。このとき，次の各問いに答えなさい。

ただし，人は毎時４kmで歩き，タクシーは客を乗せているときは毎時42kmの速さで走り，ドライバーだけの時は毎時48kmの速さで走るものとします。また，車の乗り降りにかかる時間は考えないものとします。

(1)　地点Pを出発してから，タクシーがBグループと出会うまでにかかる時間を求めなさい。

(2)　RS間の距離を求めなさい。

(3)　PQ間の距離を求めなさい。

5　次の各問いに答えなさい。

(1)　１から500までの整数の中で，12でも15でも割り切れる数は何個ありますか。

(2)　１から500までの整数の中で，８または12または15で割り切れる数は何個ありますか。

(3)　Aは２桁の整数とします。１から500までの整数の中で，８でもAでも割り切れる数が６個でした。Aにあてはまる数をすべて求めなさい。ただし，答えだけではなく，途中の考え方も書きなさい。

【社　会】〈第２次試験〉（40分）〈満点：100点〉

1 次の文章を読み，以下の各問に答えなさい。

衣食住という言葉があるように，衣服・食事と並んで住居も人間の生活の重要な基盤《きばん》の一つです。では，この「住居」はどのような歴史をたどってきたのでしょうか。

①旧石器時代の日本の人々は，ほら穴や岩かげ，②動物の皮を利用したテントなどに住み，移動しながら暮らしていました。旧石器時代の終わりごろから一か所に定住するようになりました。このころから登場したのが竪穴《たてあな》住居です。

約１万年続いた③縄文時代の終わりごろ，稲作《いなさく》が伝来しました。この稲作の伝来は，単純に日本に米のつくり方が伝わったというだけでなく，稲作に適した土地に集住するという，その後の日本の住む場所の選び方に大きな影響《えいきょう》を与《あた》えました。また，稲作の伝来とともに，④収《しゅう》穫《かく》した米を蓄《たくわ》える倉庫，その米を人々に分ける⑤権力を持った人の建物などがつくられました。

その後，中国や朝鮮から知識や文化，技術が伝わる中で，権力者は，その権力の強さや大きさを示すため，⑥さまざまな特色を持った建物をつくりました。一方，庶民《しょみん》の住居も，⑦鎌倉時代以降，変化が見られました。農村ではそれまでの土の上にしきものをしいて生活していたものが，木の板で床《ゆか》をつくり，その上で生活をするようになりました。さらに，牛や馬を使った農業をしていたため，家のそばに馬小屋や牛舎《ぎゅうしゃ》がありました。

また，武士の台頭とともに，武士の生活にあわせた住居が見られるようになりました。室町時代から安土桃山時代にかけては，各地で力を持った⑧戦国大名や，産業の発展や外国との貿易により大きな利益をあげた⑨商人が文化の担《にな》い手になりました。この時代に生み出された書院造や数寄屋造《すきやづく》りは，現代の日本の建築の元となりました。

戦乱の世が終わり⑩江戸時代に入ると，農業や商工業の発展にあわせて民衆の生活が安定していきました。このころには日本各地で都市が発展しました。江戸などの大きな都市では，限られた土地に多くの人々が暮らすために，長屋《ながや》と呼ばれるものが建てられました。これは現代の集合住宅の元となったものといえるでしょう。長屋の他にも，江戸時代には現代において日本各地に残る⑪伝統的な街並みとされるものが形成されました。

⑫明治時代に入り⑬近代化が急速に進んだことで，それまでの伝統的な建物に加え，石やレンガを使用した西洋的な建物がつくられるようになりましたが，庶民の住居は江戸時代から大きく変わらない木造建築でした。

⑭1923年に発生した関東大震災では，密集した建物が震災により大きな被害を受け，復興にあわせて多くの住宅が必要になりました。これをきっかけに建物の防火性を高めた鉄筋コンクリート造りの建物がつくられるようになりました。

第二次世界大戦後，日本は⑮高度経済成長期を迎《むか》え，東京や大阪などの大都市には地方から多くの人が働くために移り住み，その結果，深刻な住宅不足を招くことになりました。このような状況《じょうきょう》に対して，国や民間の不動産会社などが大都市郊外《こうがい》に団地や住宅を建設しました。このころつくられた団地には，台所と食事をする場所を一体化するなど，サラリーマン世帯にとって機能的なつくりが取り入れられ，当時の人々の憧《あこが》れの的《まと》となりました。

現在では新しい技術で，照明や冷暖房《れいだんぼう》を自動化した便利な住宅や，太陽光発電を備えたり建物に断熱性を持たせたりするなど環境に配慮《はいりょ》した住宅がつくられています。将来みなさんが自分の家を建てるときには，どのような新しい技術が使われているでしょうか，考えてみましょう。

問１　下線部①について，旧石器時代に広く使われていた，石を打ちくだいてつくられた石器を何といいますか，漢字で答えなさい。

問２　下線部②に関連して，ナウマンゾウやオオツノジカの化石が発見された野尻湖遺跡がある県はどこですか，漢字で答えなさい。

問３　下線部③に関連して，2021年に世界文化遺産に登録された「北海道・北東北の縄文遺跡群」に含《ふく》まれ，大規模な住居跡や掘立柱《ほったてばしら》建物跡などが発見された青森県にある遺跡の名称を次のア～エから一つ選び，記号で答えなさい。

ア．登呂遺跡
イ．三内丸山遺跡
ウ．岩宿遺跡
エ．吉野ヶ里遺跡

問４　下線部④について，右の資料のような建物を何といいますか，漢字で答えなさい。

問５　下線部⑤に関連して，この時代の権力者の様子を中国の歴史書からうかがうことができます。次の文章は中国の歴史書の一部を現代の日本語に訳したものです。この歴史書の名称を解答らんにあわせて漢字５字で答えなさい。

> 邪馬台国は，もともと男子を王として，七，八十年間支配していたが，やがて倭国が乱れて何年もの間，たがいに攻《せ》め合うことが続いた。そこで諸国の王たちは合意して一人の女子を立てて王とし，卑弥呼と呼んだ。

問６　下線部⑥に関連して，下の資料Ⅰ～Ⅳの内容と，それに関係の深い人物との組み合わせとして正しいものを次のア～エから一つ選び，記号で答えなさい。

ア．Ⅰ―桓武天皇　　イ．Ⅱ―聖徳太子

ウ．Ⅲ―藤原道長　　エ．Ⅳ―行基

Ⅰ

当時の天皇が仏教の力によって国を治めようとしたなかで，その願いをかなえるために造営した仏像が置かれた建物です。

Ⅱ

仏教の寺院として建立《こんりゅう》されたもので，現存する最古の木造建築物として世界文化遺産に登録されている寺院です。

Ⅲ

当時の仏教に対する信仰《しんこう》や考え方に影響を受けていて，建物内には阿弥陀如来像がまつられており，庭園や建物で来世の様子をあらわしたものです。

Ⅳ

僧《そう》が守るべき決まりである戒律《かいりつ》を日本国内で授けることができるように，当時の天皇が中国から招いた高僧により開かれた寺院です。

問７　下線部⑦について，各問に答えなさい。

Ⅰ．鎌倉時代の農業の発展について説明した以下の文のうち，**誤っているもの**を次のア～エから一つ選び，記号で答えなさい。

ア．鉄製農具の使用が広がり，農作業の効率があがった。

イ．草を地中に埋《う》めて腐《くさ》らせたものや，草木を焼いた灰が肥料として使われた。

ウ．ききんに備えてサツマイモやジャガイモが栽培《さいばい》され始めた。

エ．桑や茶，うるしなどの商品作物の栽培が始まった。

Ⅱ．鎌倉時代の商工業の発展に関連して，鎌倉時代に日本国内で広く流通していた貨幣《かへい》は，平安時代末期に中国から多く輸入されました。この貨幣を発行した中国の王朝名を漢字で答えなさい。

Ⅲ．鎌倉時代の文化について説明した文として**誤っているもの**を次のア～エから一つ選び，記号で答えなさい。

ア．藤原定家らによって『新古今和歌集』が編さんされた。

イ．吉田兼好は『方丈記』を著《あらわ》し，自然・人間・社会を批判した。

ウ．琵琶法師によって『平家物語』が語り広められた。

エ．運慶・快慶らによって東大寺南大門の金剛力士像が制作された。

問８　下線部⑧に関連して，戦国大名が自分の領国を統治するために制定した独自のきまりを何といいますか，漢字３字で答えなさい。

問９　下線部⑨に関連して，豪商《ごうしょう》の出身で茶の湯を大成した人物の出身地における伝統工芸品として現在知られているものを次のア～エから一つ選び，記号で答えなさい。

ア．焼き物　　イ．漆器　　ウ．刃物　　エ．ちょうちん

問10　下線部⑩に関連して，江戸時代には何度か政治の立て直しがおこなわれました。これらを主導した次の人物ア～エを時代の古い順に並べかえ，記号で答えなさい。

ア．水野忠邦　　イ．松平定信　　ウ．徳川吉宗　　エ．新井白石

問11　下線部⑪に関連して，右の資料中の★は，国や地方自治体が伝統的な街並みとして指定しているもののうち，港町や船主が住んでいた集落の場所を示したものです。これらは主に江戸時代に整備された交通路に沿《そ》って分布しています。この交通路を何といいますか，解答らんに合わせて漢字で答えなさい。

問12　下線部⑫に関連して，明治時代におこった出来事として**誤っているもの**を次のア～エから一つ選び，記号で答えなさい。

ア．西南戦争　　イ．ノルマントン号事件

ウ．米騒動　　エ．八幡製鉄所の開業

問13　下線部⑬に関連して，近代化を進めるために明治政府が実施《じっし》した政策について，正しいものを次のア～エから一つ選び，記号で答えなさい。

ア．徴兵令を出し，満20歳《さい》以上のすべての国民に兵役の義務を負わせた。

イ．地租改正を実施し，土地所有者に地価の３％の税を米で納めさせた。

ウ．殖産興業を目指したが，工場の建設はすべて民間によってなされた。

エ．学制を出し，満６歳以上の男女を小学校に通わせることを義務とした。

問14　下線部⑭に関連して，1923年より前の出来事を次のア～エから一つ選び，記号で答えなさい。

ア．ロンドン海軍軍縮会議

イ．日独伊三国同盟の締結《ていけつ》

ウ．三・一独立運動

エ．世界恐慌

問15　下線部⑮に関連して，高度経済成長期の間に，一般《いっぱん》家庭にはさまざまなものが普及《ふきゅう》しました。右のグラフは各製品の家庭への普及率を示したもので，グラフ中のア～ウには３Ｃ(新・三種の神器)と総称《そうしょう》された製品がそれぞれあてはまります。それらのうち，イにあてはまる製品は何ですか，答えなさい。

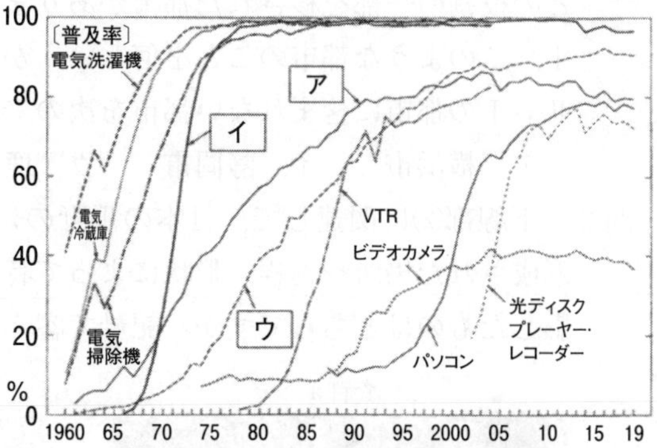

(『数字でみる日本の100年』第７版　より作成)

2　次の文章は，三郎くんと四郎くんが日本の都市についてクラスで発表したものです。以下の各問に答えなさい。

三郎くん：日本には数多くの都市があり，人口の90％以上がそこに住んでいます。①数多くある都市には，いろいろな特徴《とくちょう》があります。

四郎くん：例えば，都市のある場所ですが，多くの都市は交通の便の良い②平野に立地しています。また，都市によっては③気候にあわせて街並みなどに工夫をしているところもあります。

三郎くん：都市の歴史を振《ふ》り返ると，都市は大きな寺社や港の近く，城の周辺などに立地することで発展をしてきました。現在の④県庁所在都市の多くはもともと城下町だった場所です。

四郎くん：高度経済成長期には，東京や大阪などの大都市に産業や人口が集中したことで，大都市周辺には中心となる⑤都市の役割を補助する都市や，⑥中心となる都市に農産物や製品を供給する都市が多く現れました。⑦都市周辺では，海岸を埋め立てたり，山を削《けず》ったりすることで，人々が住む場所や働く場所がつくられていきました。

三郎くん：都市が発展していくのにあわせて，さまざまな問題が発生しました。１つは環境問題で，工場の煙《けむり》や自動車の排気《はいき》ガスによる大気汚染《おせん》，工場や家庭からの廃水による水質汚濁《おだく》などの⑧公害が各地で発生しました。

四郎くん：２つめは災害で，例えば都市の拡大に伴《ともな》い住宅地が郊外に広がることにより，人々が⑨自然災害に遭遇《そうぐう》しやすくなっていると考えられています。

三郎くん：他にも，都市の発展によって地域間で⑩人口分布に偏《かたよ》りが生じ，都市間で人口や産業が移動することで，さまざまな影響が出ています。

四郎くん：今後の都市には，単に人や産業がどれだけ多く集まるかだけでなく，人々の安全や環境にも配慮することが求められます。将来私たちがそんな都市をつくっていけたらいいと思いますし，そのためにも私たちが暮らす都市にもっと目を向ける必要があると思います。

問１　下線部①に関連して，人口が一定以上の大都市で，都道府県から福祉・衛生・都市計画などの役割の一部を移された都市があります。この都市について以下の各問に答えなさい。

Ⅰ．このような都市のことを何というか，漢字で答えなさい。

Ⅱ．Ⅰの都市に含まれない都市を次のア～エから一つ選び，記号で答えなさい。

ア．横浜市　　イ．静岡市　　ウ．鹿児島市　　エ．熊本市

問２　下線部②に関連して，日本の平野のほとんどは土砂が積もってできた沖積《ちゅうせき》平野ですが，形成された場所や過程，形状によって特徴があります。次の資料ａ・ｂのうち，三角州を撮《さつ》影《えい》したものはどちらですか。記号で答えなさい。

資料ａ

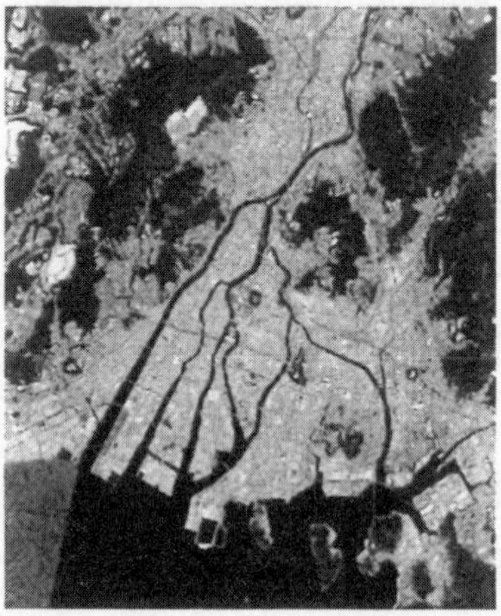

資料ｂ

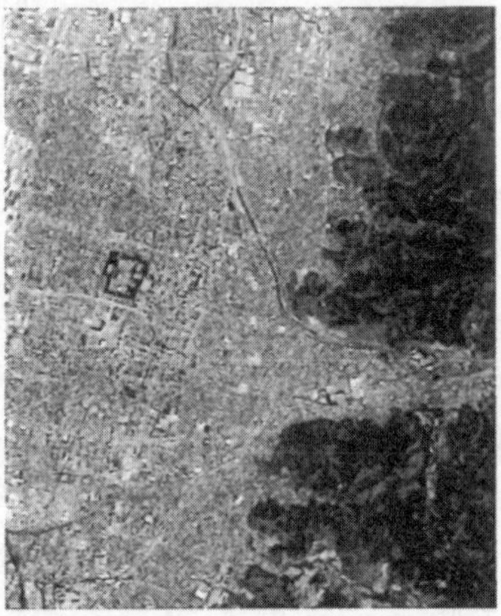

問３　下線部③について，２人は発表にあわせて次の資料１と２を示しました。これらの写真が撮影された場所としてあてはまるものを後の地図中のア～カから一つずつ選び，それぞれ記号で答えなさい。

資料１

強い風に備えるため石垣で家を囲み，屋根瓦《がわら》はしっくいで固めている。

資料２

冬の積雪に備えるため，通りの上に屋根をかけ，冬の通行を確保している。

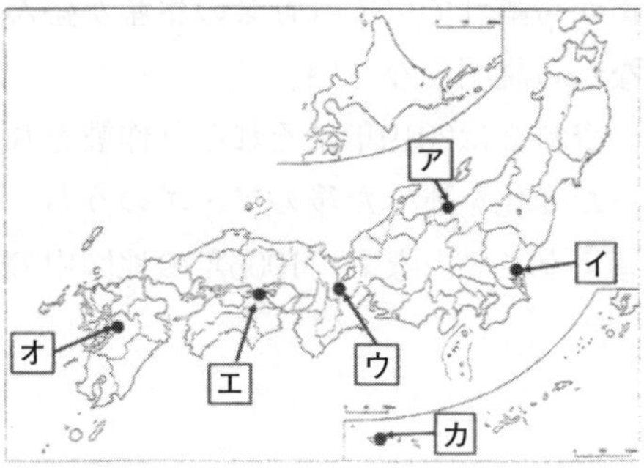

問４　下線部④に関連して，江戸時代に城下町ではなかった都市を次のア～エから一つ選び，記号で答えなさい。

ア．水戸市　　イ．長崎市　　ウ．名古屋市　　エ．和歌山市

問５　下線部⑤に関連して，次の資料は，各市区町村の人口を100人とした場合，その地域の昼間の人口を示したものです。例えば，資料中の凡例《はんれい》にある「200」は，その地域の人口100人に対して，昼間の人口が200人いることを示しています。資料から読み取ることができる都市の特徴として正しいものを後のア～エから一つ選び，記号で答えなさい。

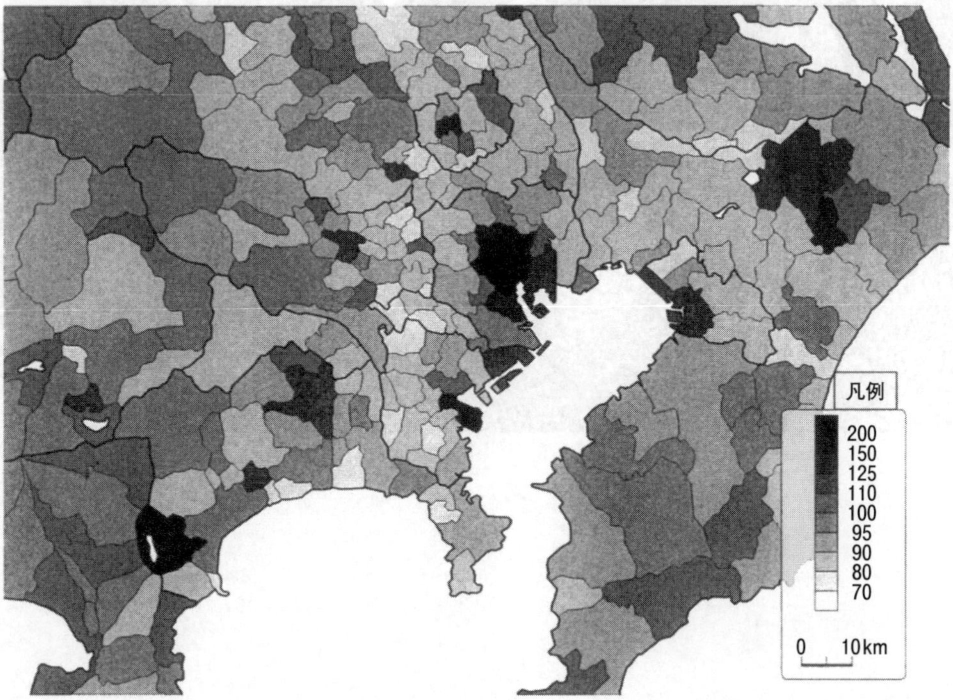

(2015年度国勢調査より作成)

ア．色の濃《こ》いところは，人口が多いことがわかる。

イ．色の薄《うす》いところは，高齢《こうれい》化《か》が進んでいることがわかる。

ウ．色の濃いところは，通勤や通学で通う人が多いことがわかる。

エ．色の薄いところは，人口密度が低いことがわかる。

問６　下線部⑥に関連して，以下の各問に答えなさい。

Ⅰ．大都市周辺で，大都市向けに野菜などを生産する農業を特に何といいますか，漢字で答えなさい。

Ⅱ．群馬県・長野県や，高知県・宮崎県は大都市から離《はな》れていても野菜の生産が盛んな地域ですが，その理由を産地の気候の特徴を示しながら説明しなさい。

問７　下線部⑦について，次の資料１は1906年，後の資料２は2019年にそれぞれ作製された地図です。この２つの地図をくらべて，地域におこった変化を述べた後のア～エのうち，文中の下線部分が**誤っているもの**を一つ選び，記号で答えなさい。なお，1906年の地図中の文字は右から左に読みます。

資料１

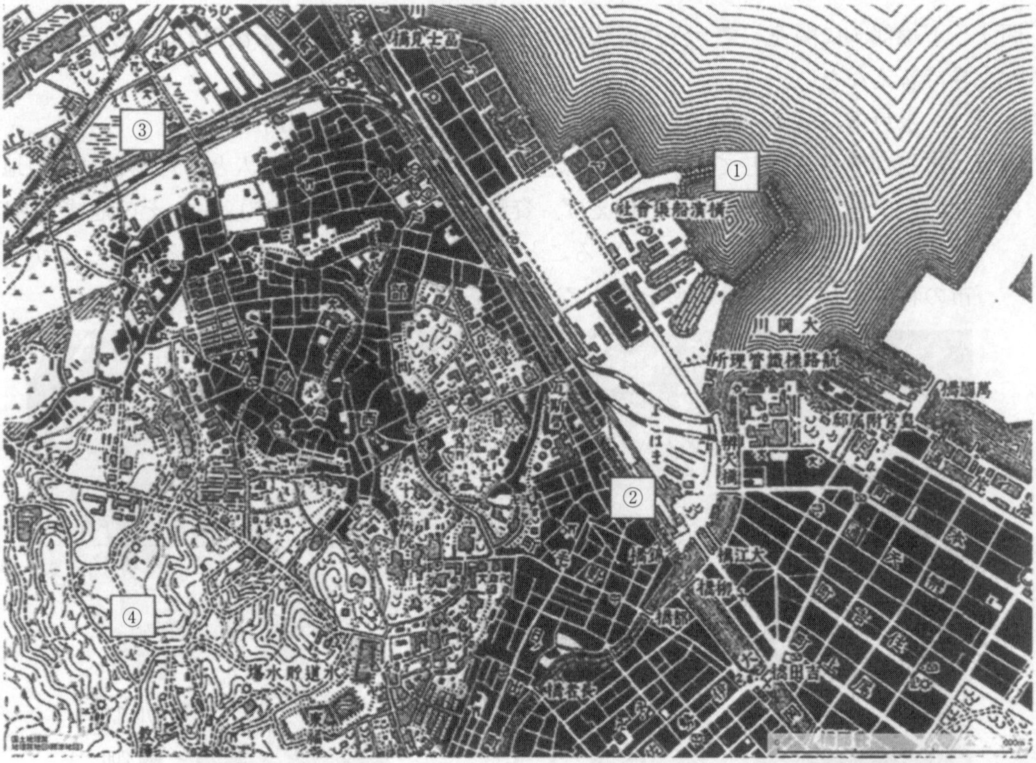

資料１・２ともに，国土地理院地理院地図より作製

資料２

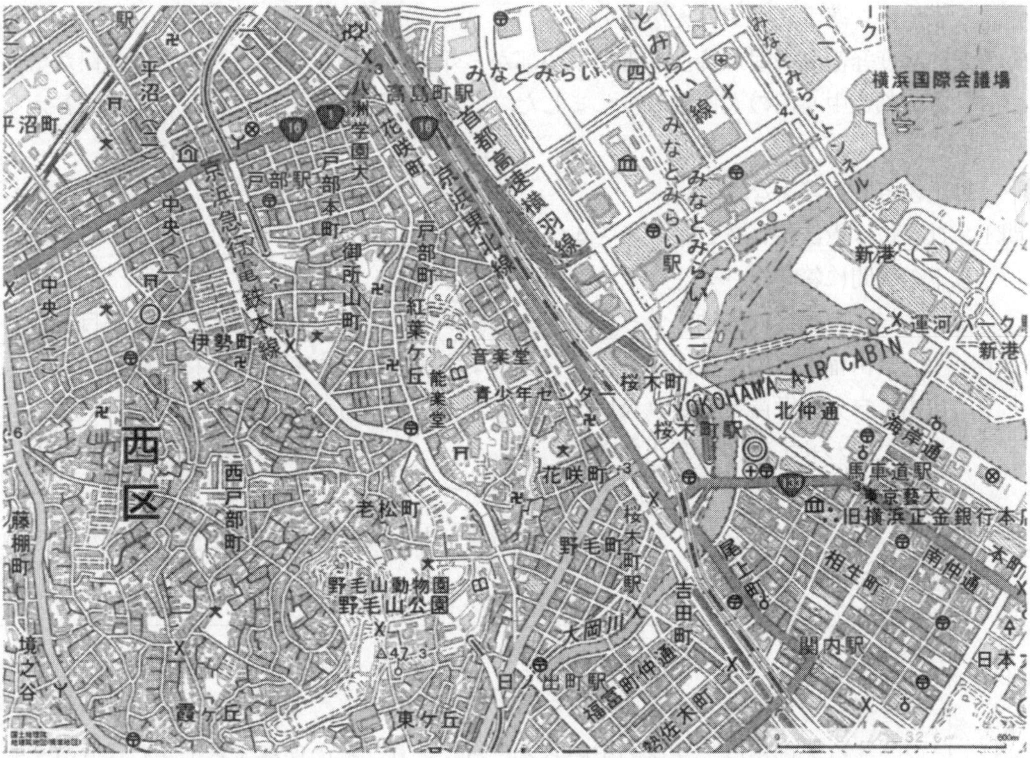

ア．資料１の①には「横浜船渠會社《せんきょがいしゃ》」という造船所がありましたが，資料２では埋め立てがおこなわれ，周辺に博物館や会議場が立地しています。

イ．資料１の②には「よこはま」駅がありましたが，資料２では駅が廃止され，鉄道も廃止されています。

ウ．資料１の③には，かつて「よこはま」駅方面から直接線路が伸びていましたが，資料２ではその線路は廃止されています。

エ．資料１の④は，かつて開発の進んでいない山でしたが，資料２では密集した住宅地となっています。

問８　下線部⑧について，公害について述べた次の文Ｘ・Ｙの正誤の組み合わせとして正しいものを後のア～エから一つ選び，記号で答えなさい。

Ｘ：大気汚染の１つである光化学スモッグは，対策の強化によって近年は全く出ていない。
Ｙ：1967年に制定された公害対策基本法は，1993年に環境基本法へ改められた。

ア．Ｘ―正しい　Ｙ―正しい　　イ．Ｘ―正しい　Ｙ―誤り
ウ．Ｘ―誤り　　Ｙ―正しい　　エ．Ｘ―誤り　　Ｙ―誤り

問９　下線部⑨について，過去の災害などをもとに，地震や土砂災害，水害などの被害予測範囲《はんい》と避難《ひなん》経路，避難場所が示されている地図のことを何といいますか，カタカナで答えなさい。

問10　下線部⑩に関連して，以下の各問に答えなさい。

Ⅰ．大都市地域によく見られる一定の地域に産業や人口が集中しすぎている状態を何といいますか，漢字２字で答えなさい。

Ⅱ．高度経済成長期以降，都市の中心部から郊外へ人口が移動し，郊外の人口が増加する一方で都市中心部の人口は減少しました。このような現象を何といいますか，答えなさい。

3　以下の各問に答えなさい。

問１　社会には憲法が存在し，さまざまな権利が憲法によって保障されています。憲法に関する以下の各問に答えなさい。

Ⅰ．すべての国民は憲法によって個人の自由が保障されており，その権利を自由権といいます。自由権にはいくつかの自由が含まれますが，そのうち居住・移転の自由，職業選択の自由，自分の財産を侵《おか》されないことなどが含まれるものをまとめて何といいますか，解答らんにあわせて漢字で答えなさい。

Ⅱ．学校に通い，学習することも憲法において保障されています。これを規定した憲法第26条について，空らんａ～ｃにあてはまる語句として正しいものを≪語群≫から一つずつ選び，それぞれ記号で答えなさい。

①　すべて国民は，法律の定めるところにより，その（　ａ　）に応じて，ひとしく教育を受ける権利を有する。
②　すべて国民は，法律の定めるところにより，その保護する子女に（　ｂ　）を受けさせる義務を負う。義務教育は，これを（　ｃ　）とする。

≪語群≫

ア．資産　　イ．能力　　ウ．普通教育　　エ．専門教育　　オ．無償　　カ．有償

問２　2021年は，衆議院の解散により衆議院議員選挙が実施されました。これに関する以下の各問に答えなさい。

Ⅰ．衆議院議員選挙では小選挙区比例代表並立制が導入されています。この方法に関する次の文Ｘ・Ｙの正誤の組み合わせとして正しいものを後のア～エから一つ選び，記号で答えなさい。

Ｘ：小選挙区の定数は289人である。
Ｙ：比例代表制では，有権者は政党名または１人の候補者名を書いて投票する。

ア．Ｘ―正しい　Ｙ―正しい　　イ．Ｘ―正しい　Ｙ―誤り

ウ．Ｘ―誤り　　Ｙ―正しい　　エ．Ｘ―誤り　　Ｙ―誤り

Ⅱ．国会議員の選挙では，有権者の数が少ない選挙区の方が，有権者の数が多い選挙区に比べて少ない票で１人の議員を選出することになり，有権者１人の票の価値が不平等な状態が生じています。このことを何といいますか，解答らんにあうように漢字で答えなさい。

Ⅲ．衆議院を解散した後の衆議院議員選挙の日から30日以内に開かれ，主に内閣総理大臣の指名をおこなう国会名を何といいますか，漢字で答えなさい。

問３　みなさんが暮らす社会では，国民が暮らしやすい社会になるようにさまざまな仕組みが作られています。これらに関する各問に答えなさい。

Ⅰ．国や地方公共団体は公共事業や公共サービスをおこなうために税金を国民から集めています。税金は大きく分けて直接税と間接税に分けられますが，このうち直接税にあてはまらないものを次のア～エから一つ選び，記号で答えなさい。

ア．所得税　　イ．住民税　　ウ．消費税　　エ．法人税

Ⅱ．すべての国民が，健康で文化的な最低限度の生活ができるように，国などが国民の生活を保障しようとする仕組みを社会保障制度といいます。次のうち，社会保障制度の中の社会保険に含まれないものを次のア～エから一つ選び，記号で答えなさい。

ア．医療《いりょう》保険　　イ．介護《かいご》保険　　ウ．火災保険　　エ．雇用《こよう》保険

Ⅲ．2021年度の国の予算の歳出《さいしゅつ》のうち，約22％が国債《こくさい》費で，全体の２番目に大きな割合です。なぜこのように大きな額を占《し》めているのか説明しなさい。その際，国債費とはどのような使い道にあてられるものかを示したうえで答えなさい。

問４　地域の状況にあった政治をその地域の住民がおこなうことを地方自治といいます。地方自治に関する以下の各問に答えなさい。

Ⅰ．地方自治をおこなう単位として地方公共団体があります。その中には首長と地方議会が存在しますが，地方議会の役割として条例の制定があげられます。条例に関する次の文Ｘ・Ｙの正誤の組み合わせとして正しいものを後のア～エから一つ選び，記号で答えなさい。

> Ｘ：条例が制定された場合には，影響の大きい隣接《りんせつ》する自治体に対しても効果を持つ。
> Ｙ：条例は，地方の状況にあわせて制定されるため，国の法律に従わなくともよい。

ア．Ｘ―正しい　Ｙ―正しい　　イ．Ｘ―正しい　Ｙ―誤り
ウ．Ｘ―誤り　　Ｙ―正しい　　エ．Ｘ―誤り　　Ｙ―誤り

Ⅱ．地域住民の意思を問うために，地方公共団体の住民によっておこなわれる投票を住民投票といいます。これに関して述べた次の文章の下線部ａ～ｄのうち，**誤っているもの**を一つ選び，記号で答えるとともに，正しくなおしたものを答えなさい。

> 住民投票にはいくつかの場合があります。例えば，国のつくる a 特別法に関する場合では，対象となる地方公共団体の住民投票で b 過半数の同意を得ることが必要です。他に，地域の特定の問題に関する場合では，c 住民投票条例に基づいておこなわれ，住民の意思を確認し，その結果には法的拘束《こうそく》力が d あります。

問５　みなさんの暮らしの中にはさまざまなものがあふれています。例えば，スーパーマーケットでは外国から入ってきたものを多く見かけます。これに関する以下の各問に答えなさい。

Ⅰ．以下にあげる国は，スーパーマーケットで売られているバナナ，サケ・マス類，コーヒー豆，衣類の主な輸入先の国です。バナナの主な輸入先としてあてはまるものを次のア～エから一つ選び，記号で答えなさい。

ア．ブラジル・ベトナム・コロンビア・グアテマラ・エチオピア

イ．チリ・ノルウェー・ロシア・アメリカ合衆国

ウ．フィリピン・エクアドル・メキシコ・グアテマラ

エ．中国・ベトナム・バングラデシュ・カンボジア・ミャンマー

Ⅱ．日本はさまざまな国から食料を輸入しています。一方で，食料自給率が先進国の中でも低く，課題となっています。次の資料は日本の果実，米，牛肉，牛乳・乳製品，野菜，穀物の自給率の推移をあらわしたものです。野菜にあてはまるものを資料中のア〜ウから一つ選び，記号で答えなさい。

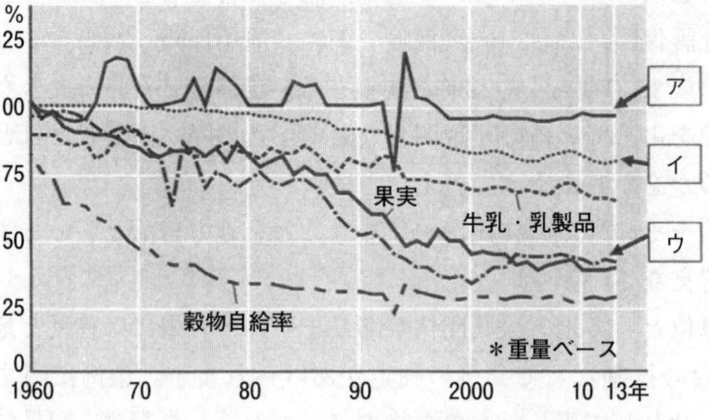

（帝国書院『新 詳《しんしょう》地理Ｂ』より作成）

Ⅲ．食料の輸入への依存《いぞん》は日本の食料供給の安定性だけでなく，環境への影響という点でも改善が求められています。生産地から消費者の食卓《しょくたく》に並ぶまでの輸送にかかった「重さ×距離《きょり》」であらわされるものを何といいますか，カタカナで答えなさい。

問６　現在，スーパーシティという未来の都市の設計が進められています。スーパーシティとはAI(人工知能)やビッグデータ(人やモノの動きなどさまざまなデータ)を活用して都市の運営を効率的におこない，公共サービスを向上したり，環境に対する影響を減らしたりということを目指しています。世界のいくつかの国で導入が進められ，日本でも国が中心となって導入を検討しています。次の資料はスーパーシティ構想によって実現する社会の一例を示したものです。この例にある「医療・福祉」，「物流・交通」の分野から出される情報を組み合わせることによって生まれる新しいサービスと，そのサービスによってもたらされる利点を資料の内容をふまえて３つ答えなさい。

資料：スーパーシティ構想の例

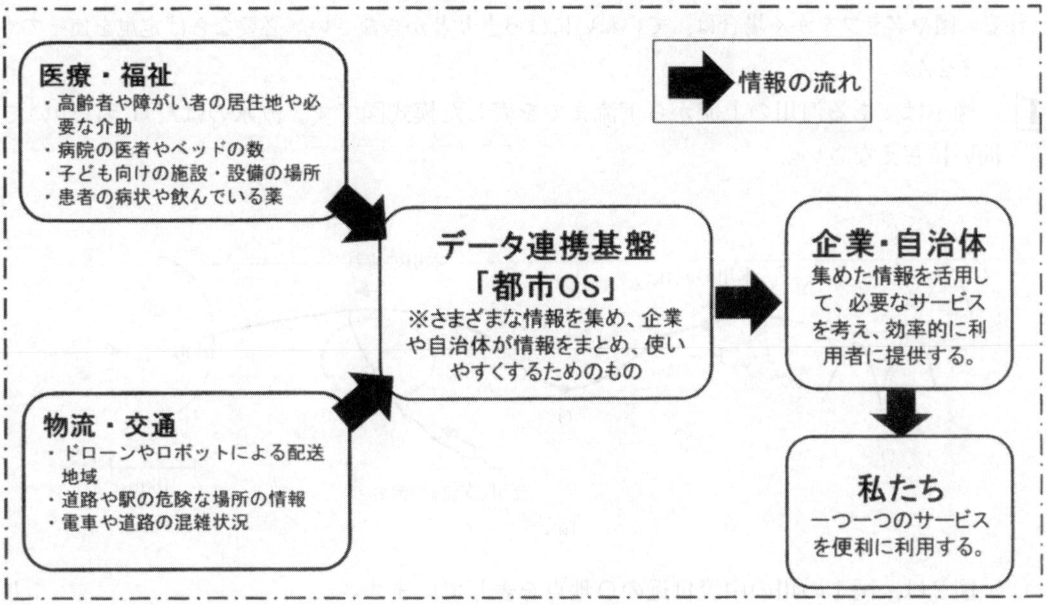

（内閣府国家戦略特区　スーパーシティ解説資料　より作成）

【理　科】〈第２次試験〉（40分）〈満点：100点〉

注意　図やグラフをかく場合は，ていねいにはっきりとかきなさい。必要ならば定規を使ってもかまいません。

1　図１は，ある河川の上流から下流までを表した模式図です。流水のはたらきについて，下の問いに答えなさい。

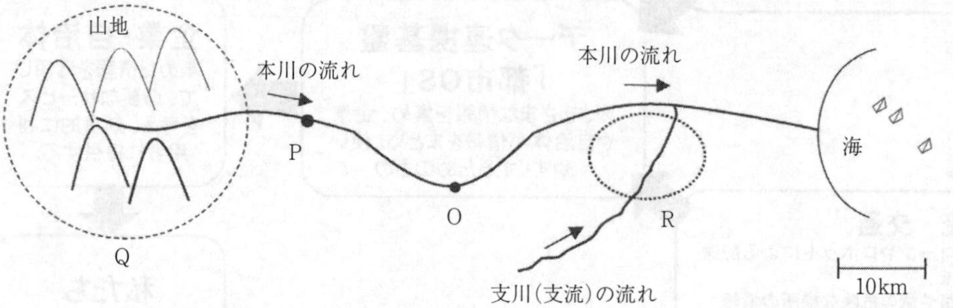

図１

(1)　図２は，図１の川の中流付近のO地点を表しています。

①　O地点より上流に向かうにつれて川の幅《はば》と地面の傾《かたむ》きはどのようになりますか。次のア～エから１つ選び，記号で答えなさい。

ア．幅は広くなり，傾きは急になる。
イ．幅は広くなり，傾きはゆるやかになる。
ウ．幅はせまくなり，傾きは急になる。
エ．幅はせまくなり，傾きはゆるやかになる。

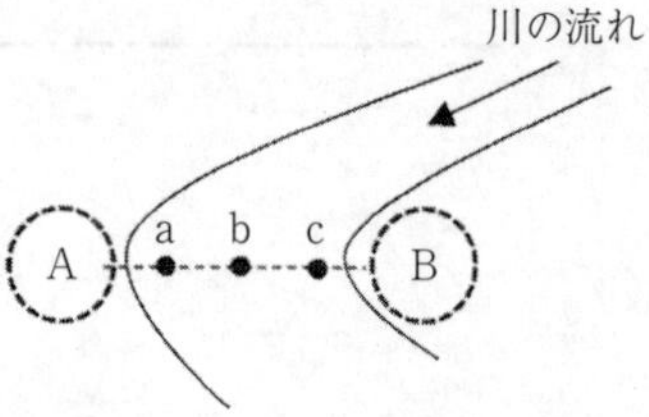

図２

②　図２のa～c地点のうち，流れが最もおそい地点と川底が最も深い地点の正しい組合せを，次のア～ケから１つ選び，記号で答えなさい。

	おそい	深い		おそい	深い		おそい	深い
ア	a	a	エ	b	a	キ	c	a
イ	a	b	オ	b	b	ク	c	b
ウ	a	c	カ	b	c	ケ	c	c

③　図２のA，Bは川の周辺の地面を表しています。がけになる場合が多いのはA，Bどちらですか。また，それは主に流れる水のどんなはたらきによってできたものですか。正しい組合せを次のア～カから１つ選び，記号で答えなさい。

ア．Aとしん食　　イ．Aとたい積　　ウ．Aと運ぱん
エ．Bとしん食　　オ．Bとたい積　　カ．Bと運ぱん

(2)　図３は，P地点の川と両岸の断面を表しています。ある時，この地域で地震が発生して地面が１回隆《りゅう》起（地面が海面に対して今より高くなること）しました。長い年月が経過すると，川のはたらきによって，太線で書かれた地面はどの様に変わりますか。解答欄《らん》に図示しなさい。ただし，地面のかたさはどの場所でも変わらないとします。

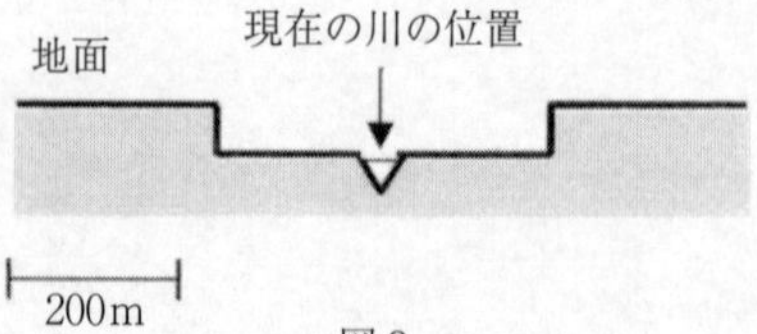

図３

(3)　近年，局地的な集中豪《ごう》雨などで川の水があふれて，水害が起こることが多くなっています。

①　図１の上流部の山地(面積を30km^2)のＱの点線で囲まれた地域に１時間に30mmの雨が10分間降りました。降った雨のうち半分が川に集まるとすると，川に流れこんだ雨水の量は，プール(体積は25m×10m×1.5m)で何はい分になりますか。

②　Ｑ地域の大雨警報が解除されて，しばらく時間が経ってから支川の水があふれ，Ｒの点線で囲まれた地域で洪《こう》水が起こりました。本川の水の量が増えたことを考えて，Ｒ地域で洪水が起こった理由を答えなさい。ただし，Ｒ地域やその上流では雨は降っておらず，また，本川の堤防などが決壊《かい》して洪水を起こしたわけではありません。

2　８月のある日の太陽が南中するお昼ごろに，レンズの直径が８cmの虫めがねと黒画用紙を使って，太陽の光を黒画用紙に集める実験を行いました。その後，［調査１］と［調査２］を行い，太陽の光を黒画用紙上の１点に集めるための虫めがねと黒画用紙の間隔《かんかく》(しょう点距離《きょり》)の計算方法を考えました。下の問いに答えなさい。

［調査１］

図１のように，虫めがねと黒画用紙を15cmの間隔をあけて平行にし，太陽の光を虫めがねを通して黒画用紙に集めました。このとき黒画用紙に集まった光の直径は２cmでした。

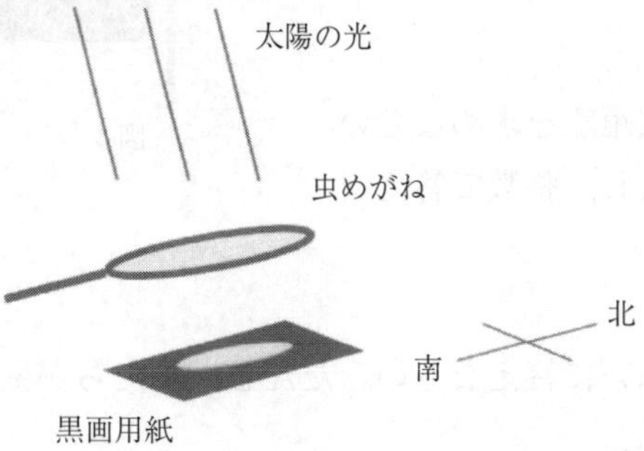

図１

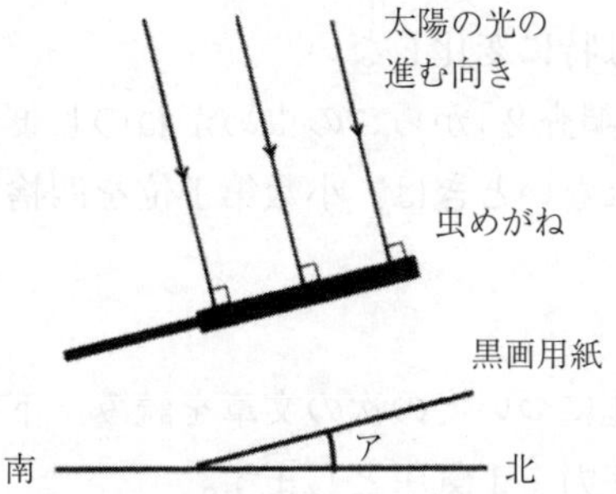

図２

(1)　図２のように，虫めがねと太陽の光との角度を90°にするためには，虫めがねを地面に対して何度傾《かたむ》ける必要がありますか。南中高度を75°として図２の角度アを答えなさい。

(2)　［調査１］だけでは，しょう点距離を求めることができません。その理由として正しいものを次のア～エから１つ選び，記号で答えなさい。

ア．しょう点距離は１つではないから。

イ．南中高度によって，しょう点距離は大きく変化するから。

ウ．黒画用紙に集まる光の直径が２cmになる黒画用紙とレンズの間隔は１つではないから。

エ．太陽の光の強さによって，しょう点距離は大きく変化するから。

［調査２］

しょう点距離を求めるために，［調査１］の状態のまま，図３のように虫めがねのレンズに「海」の形の光を通さないシールを貼《は》りました。その結果，黒画用紙に集まった光の中に，「海」の字の影《かげ》が向きを変えてうつりました。

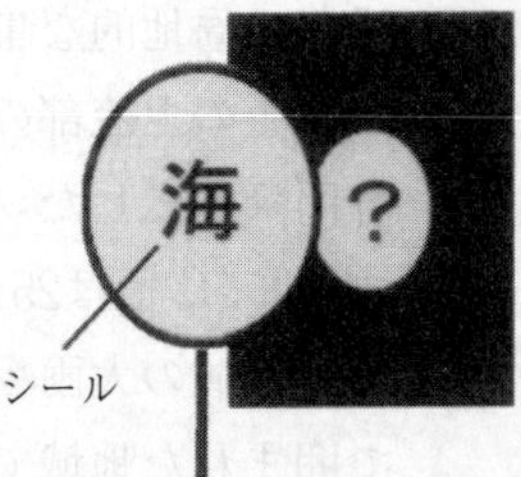

図３

(3)　このときの「海」の字の影のうつり方を次のア～エから１つ選び，記号で答えなさい。

ア　　イ　　ウ　　エ

(4)　図３の状態から，図４のように別の黒い板で虫めがねのレンズを上からおおっていくと，黒画用紙に集まっている光はどのように変化するでしょうか。次のア～エから１つ選び，記号で答えなさい。

ア．光が全体的に暗くなっていく。

イ．光の上の方から徐々《じょじょ》に消えていく。

ウ．光の下の方から徐々に消えていく。

エ．光の様子は特に変化しない。

図４

(5)　［調査１］，［調査２］からこの虫めがねのしょう点距離を求めなさい。答えが割り切れないときは，小数第１位を四捨五入し，整数で答えなさい。

3　水の状態変化についての次の文章を読み，下の問いに答えなさい。ただし，私たちが生活している地表の圧力を１気圧とします。

物質は，あたためたり冷やしたりすることでその状態が「固体」，「液体」，「気体」の間で変化します。このように，温度が変化することによって物質の状態が変化することを「状態変化」といいます。水を冷凍庫《れいとうこ》で冷やすと氷になるように，温度の変化による状態変化は身近なところでもよく観察されますが，物質は温度だけではなく圧力が変化することでも状態変化を起こします。図１は，縦軸《じく》に「圧力(気圧)」，横軸に「温度(℃)」をとり，水がさまざまな温度，圧力においてどの状態にあるかを示したもので，「状態図」と呼ばれます。また，図中の矢印Ａ～Ｆは状態変化を表しています。例えば，矢印Ａはある圧力において，圧力を変えずに温度

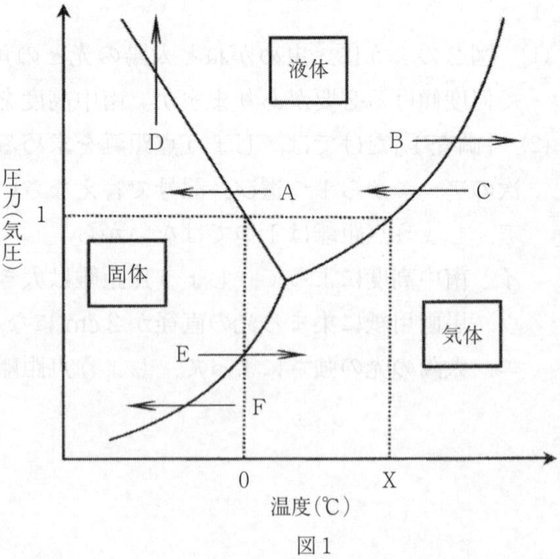

図１

を小さくすると液体から固体へ変化，すなわち水は氷に変化することを意味します。

(1)　図１の矢印Ｂが表す状態変化を何といいますか。

(2)　Ｘは何℃ですか。整数で答えなさい。

(3)　図２のように，ペットボトル飲料のラベルには「凍《こお》らせないでください」と注意書きがされていることがありますがなぜですか。その理由を答えなさい。

図２

(4)　次の水に関わる現象と，その現象に関係する図１の矢印Ｃ～Ｆの組み合わせとして正しくないものはどれですか。表のア～エから１つ選び，記号で答えなさい。

	現象	図１の矢印
ア	冷凍庫の中の氷が小さくなる。	Ｅ
イ	アイススケートは，氷の上でスムースに滑《すべ》ることができる。	Ｄ
ウ	冬の日の朝，校庭に霜柱《しもばしら》ができていた。	Ｆ
エ	マスクをしたまま眼鏡をかけると，眼鏡がくもった。	Ｃ

(5)　熱量に関する次の①～③に答えなさい。ただし，水１ｇの温度を１℃上げるのに必要な熱量は4.2Ｊ(ジュール)です。

①　25℃の水100ｇを50℃にするために必要な熱量は何Ｊですか。

②　０℃の氷90ｇをあたため，すべてを30℃の水にするのに41390Ｊの熱量を必要としました。氷１ｇをとかすために必要な熱量は何Ｊですか。答えが割り切れないときは，小数第１位を四捨五入して整数で答えなさい。

③　プロパンガス１Ｌを燃焼すると，３Ｌの二酸化炭素と90000Ｊの熱量が発生します。メタンガス１Ｌを燃焼すると，１Ｌの二酸化炭素と36000Ｊの熱量が発生します。ある量のプロパンガスとメタンガスが混ざった気体を燃焼すると1.95Ｌの二酸化炭素が発生し，同時に発生した熱量で１kgの水の温度を15℃上げることができました。燃焼する前の気体に含《ふく》まれていたプロパンガスは何Ｌですか。答えが割り切れないときは，小数第２位を四捨五入しなさい。ただし，発生した熱量はすべて水の温度を上げるために使われたものとします。

4 人の消化について，下の問いに答えなさい。

私たちは食べ物に含《ふく》まれている栄養を取り入れることによって，成長し活動を行っています。しかし，人の体は食べ物の中の栄養をそのままの状態で吸収することができません。そのため消化という活動をすることによって体内に吸収しやすいものに変えています。図１は消化器官を模式的に表したものです。A～Eは消化器官を，a～eは消化の際にはたらく液体を表しています。

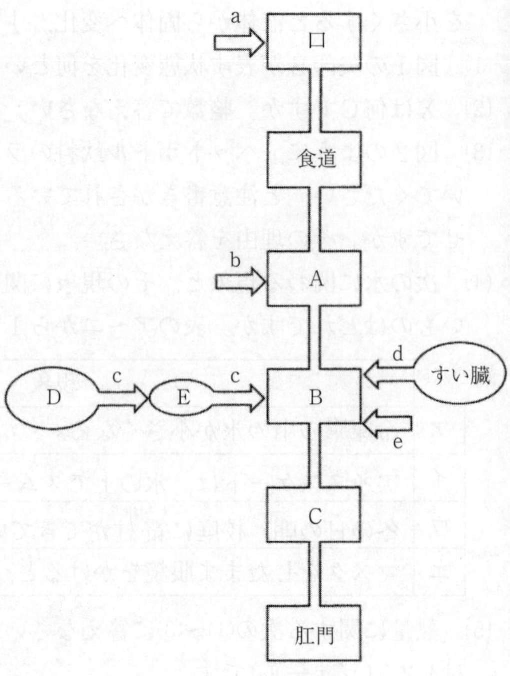

図１

(1) 器官Eの名前を答えなさい。

(2) 脂肪《しぼう》を分解する消化酵《こう》素を含む液体をa～eから１つ選び，記号で答えなさい。また，脂肪を分解する酵素名を答えなさい。

(3) 液体c，d，eはアルカリ性の状態で器官Bに分泌《ぶんぴつ》されます。アルカリ性である理由として「液体d，eに含まれる消化酵素がアルカリ性の環境でよくはたらくため」以外に考えられることを簡単に答えなさい。

(4) 図２はメスのフナを解ぼうしたものです。図２のア～エのうち，消化に関係のない器官を１つ選び，記号で答えなさい。

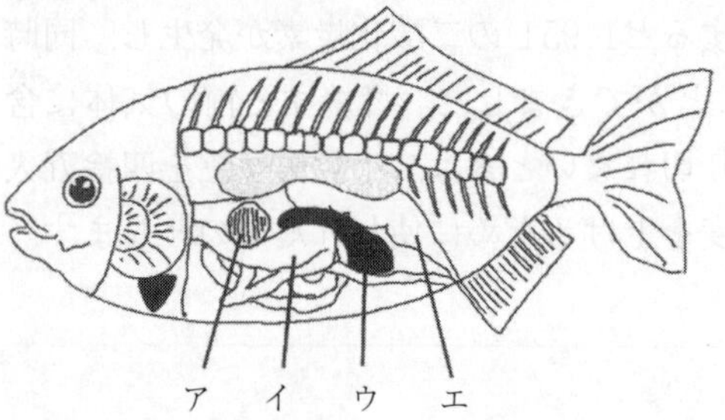

図２

(5) 図１の器官Dに含まれている酵素Xのはたらきを調べるために，ブタの器官D，二酸化マンガン，過酸化水素水を用いて次のような実験を行いました。ブタの器官Dにはヒトと同じ酵素Xが含まれています。

［実験］

６本の試験管F～Kを用意し，それぞれ次のような操作をしました。

試験管F　ブタの器官D２gに３％の過酸化水素水３mLを加える。

試験管G　二酸化マンガン２gに３％の過酸化水素水３mLを加える。

試験管H　100℃のお湯で煮込《にこ》んだブタの器官D２gを40℃まで冷まし，３％の過酸化水素水３mLを加える。

試験管Ｉ　100℃のお湯で煮込んだ二酸化マンガン２ｇを40℃まで冷まし，３％の過酸化水素水３mL を加える。

試験管Ｊ　０℃に冷したブタの器官Ｄ２ｇを40℃にし，３％の過酸化水素水３mL を加える。

試験管Ｋ　０℃に冷した二酸化マンガン２ｇを40℃にし，３％の過酸化水素水３mL を加える。

上の操作の後，試験管Ｆ～Ｋを40℃に保ち10分置いたところ，試験管Ｆ，Ｇ，Ｉ，Ｊ，Ｋから気体が発生し，線香の火を近づけると明るく燃えだしました。試験管Ｈは変化がありませんでした。

①　実験結果からわかることとして正しいものを次のア～オからすべて選び，記号で答えなさい。

ア．酵素Ｘと二酸化マンガンは０℃に冷やしてしまうとはたらきを失う。

イ．酵素Ｘと二酸化マンガンは０℃に冷やしても40℃の環境ではたらくことができる。

ウ．酵素Ｘと二酸化マンガンは100℃のお湯で煮込んでしまうとはたらきを失う。

エ．酵素Ｘは100℃のお湯で煮込むとはたらきを失うが，二酸化マンガンは100℃のお湯で煮込んでもはたらくことができる。

オ．酵素Ｘは温度に関係なくはたらくことができる。

②　試験管Ｆから発生した気体の量を時間の経過とともに調べたところ，図３のようになりました。過酸化水素水を加えてから10分後に，試験管Ｆにある操作を行ったところ，図４のようになりました。このとき行った操作として正しいものを次のア～オから１つ選び，記号で答えなさい。

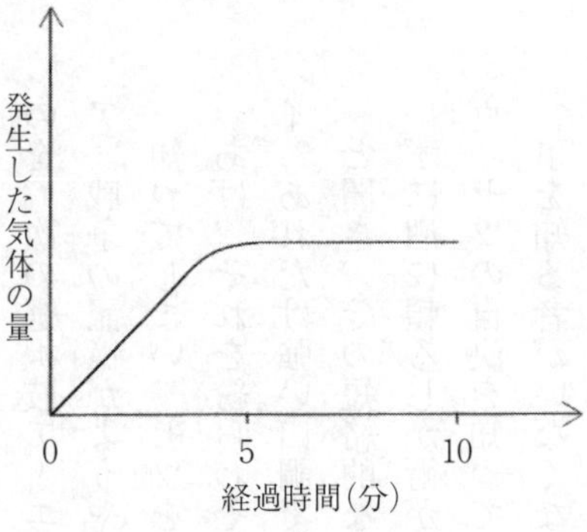

図３

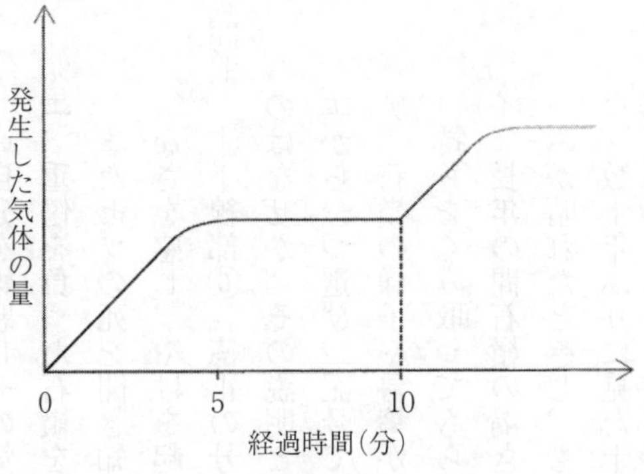

図４

ア．器官Ｄをさらに加えた。

イ．二酸化マンガンをさらに加えた。

ウ．過酸化水素水をさらに加えた。

エ．温度を40℃よりも高くした。

オ．温度を40℃よりも低くした。

＊４　馬乗り攻撃…壕の上に穴をあけ、そこから火炎放射器で火炎を浴びせたり、爆弾を投じたりする攻撃。

問一　X に入る語句として最も適切なものを、次の選択肢ア～オから一つ選び、記号で答えなさい。

ア　軽視　イ　敵視　ウ　無視　エ　正視　オ　凝視

問二　――線部①「徳正はぼんやり聞いた」とあるが、この場面における徳正の様子を説明したものとして最も適切なものを、次の選択肢ア～エから一つ選び、記号で答えなさい。

ア　絶望的な戦局で倒れていく兵たちの声を、自分も置き去りにされた事実に失望しながら、すがるように聞いている。

イ　戦争という極限状態のなか、置き去りにされる兵たちの声を、どうすることもできずに無気力に聞いている。

ウ　周囲で動けずにうめく兵たちの声を、自分も同じ運命をたどるのであろうと自暴自棄に聞いている。

エ　米軍が攻撃しているが、周囲の兵たちのうめき声を、つかの間の安らぎを感じながら聞いている。

問三　――線部②「水の粒子がガラスの粉末のように痛みを与えながら全身に広がっていく」とあるが、この時の徳正の心情を五十字以内で説明しなさい。

問四　――線部③「鱗が一枚一枚剝がれ落ちていく黒い蛇の尾」とはどのような様子を表現しているのか。四十字以内で説明しなさい。

問五　――線部④「逃げる途中ではぐれて、その後の行方は知らない、と徳正は嘘をついた」とあるが、徳正がこのような嘘をついたのは、何を恐れたからか。次の（　）に当てはまるように、本文中から三十字以内で抜き出し、初めと終わりの五字を答えなさい。

（三十字以内）ということ。

問六　――線部⑤「徳正が酒浸りになるようになった理由は他にあった」とあるが、その理由とは何か。その説明として最も適切なものを、次の選択肢ア～エから一つ選び、記号で答えなさい。

ア　戦争の記憶がようやく遠ざかりはじめた矢先に、セツの死を知ってしまい、セツを失った悲しみと戦争への強い怒りがこみあげ、それを紛らわそうとして酒に逃げたということ。

イ　あれだけ強い口調で再会を約束したセツが手榴弾で自決したと聞き、その短絡的な行為は許せないが、どうすることもできずに酒に頼るしか術がなかったということ。

ウ　セツの自決を知って深く悲しむ一方で、石嶺と自分との出来事を知る者がいなくなったことに少なからず安心し、そんな醜い自分を嫌悪しその気分をごまかしたかったということ。

エ　重傷を負った石嶺を救うことができなかったことに加え、今またセツの死を聞き知って、大切な人を守れない自分のふがいなさを感じ、やけを起こしてしまったということ。

問七　――線部⑥「徳正の号泣が響いた」とあるが、徳正が号泣したのはなぜか。その説明として最も適切なものを、次の選択肢ア～エから一つ選び、記号で答えなさい。

ア　石嶺の様子や言葉から、長年罪悪感で苦しみ続けた自分の気持ちをくみ取ってもらえたように思えて感極まったから。

イ　長年の間石嶺の渇きを潤したことで、ようやく石嶺の強い恨みが晴れたと感じ、もう苦しまなくて済むと安堵したから。

ウ　数十年ぶりに見た十七歳の石嶺の姿と現在の自分を比べてしまい、これから老いていくばかりの自分に絶望したから。

エ　一心に水を飲む石嶺にやり場のない怒りが湧いたが、石嶺は理解してくれる様子も無く、ただ虚しいだけだったから。

［中略］

二十七の時、魚商《いうぁきない》をしているウシと知り合って一緒になった。祖母の喜びようはなかった。二つ上のウシは気が強い分、人情持ちだったから、祖母が亡くなるまでの三年間、実の親以上に尽くしてくれた。二人きりになると、徳正の酒の量が増え、博打《ばくち》にまで手を出すようになった。ウシは子供ができないことが原因かと思い、ひそかに病院に通った。

しかし、⑤徳正が酒浸りになるようになった理由は他にあった。祖母の四十九日の席で、村の老女たちの会話から、徳正は宮城セツのことを偶然知った。

たどり着いた時、糸満の外科壕は米軍の＊4馬乗り攻撃を受けてすでに爆破されていた。以後、宮城セツの消息はつかめないまま、徳正は島の最南端の摩文仁海岸に追い詰められていった。実は、セツたちも一日前にほとんど同じ道を通って摩文仁海岸に着いていた。そして、徳正が爆風を受けて気を失い、漂っていた波打ち際から二百メートルも離れていない岩場で、同僚の女子学生五名と手榴弾で自決を遂げていたのだった。

親戚や客が帰った後、徳正は独り浜に降りた。水筒と乾パンを渡し、自分の肩に手を置いたセツの顔が浮かんだ。悲しみとそれ以上の怒りが湧いてきて、セツを死に追いやった連中を打ち殺したかった。同時に、自分の中に、これで石嶺のことを知る者はいない、という安堵《あんど》の気持ちがあるのを認めずにはおれなかった。声を上げて泣きたかったが、涙は出なかった。酒の量が一気に増えたのはそれからだった。以来、石嶺のこともセツのことも記憶の底に封じ込めて生きてきたはずだった。

徳正の足をいたわるように掌で足首を包み、石嶺は一心に水を飲んでいる。涼しい風が部屋に吹き込む。まどの外に海の彼方《かなた》から生まれる光の気配がある。いつもなら、とっくに姿を消している時刻だった。はだけた寝間着《ねまき》の間から酒でぶよぶよになった腹が見える。臍《へそ》のまわりだけ毛の生えたその生白い腹と、冬瓜のように腫れた右足の醜さ。自分がこれから急速に老いていくのが分かった。ベッドに寝たまま、五十年余ごまかしてきた記憶と死ぬまで向かい合い続けねばならないことが恐かった。

「イシミネよ、赦《ゆる》してとらせ……」

土気色《つちけいろ》だった石嶺の顔に赤みが差し、唇にも艶《つや》が戻っている。［中略］

唇が離れた。人差し指で軽く口を拭《ぬぐ》い、立ち上がった石嶺は、十七歳のままだった。正面から見つめる睫《まつげ》の長い目にも、肉の薄い頬にも、朱色の唇にも微笑《ほほえ》みが浮かんでいる。ふいに怒りが湧いた。

「この五十年の哀れ、お前が分かるか」

石嶺は笑みを浮かべて徳正を見つめるだけだった。起き上がろうともがく徳正に、石嶺は小さくうなずいた。

「ありがとう。やっと渇きがとれたよ」

きれいな標準語でそう言うと、石嶺は笑みを抑えて敬礼し、深々と頭を下げた。壁に消えるまで、石嶺は二度と徳正を見ようとはしなかった。薄汚れた壁にヤモリが這ってきて虫を捕らえた。

明け方の村に、⑥徳正の号泣が響いた。

（目取真　俊『水滴』文春文庫）

注　＊1　冬瓜…ウリ科の植物。「すぶい」は、沖縄の方言。

＊2　糸満の外科壕に向かう…米軍に追い詰められた日本軍は、糸満も含む沖縄本島南部への撤退を始めていた。

＊3　腹を縛った巻脚絆…巻脚絆は、すねの部分を革や布で巻き上げ、擦り傷などから守るもの。ここでは、怪我の応急処置のため、腹を縛るのに用いられている。

たある日、突然徳正の右足が＊1冬瓜《すぶい》のようにふくれあがり、親指の先から水が噴き出した。それから夜ごと、戦地に置き去りにされた負傷兵たちの亡霊が徳正のベッドを訪れ、彼の足に口をつけ、そこから滴《したた》る水を飲んでいくようになった。徳正はその中に、自分の友人だった石嶺《いしみね》も混じっていることに気づく。兵士たちの亡霊が現れて二週間ほどたった日の夜明け方、石嶺の亡霊はただ一人で現れ徳正の足に口をつけた。そうされながら徳正は、腹部に重傷を負った石嶺と最後に別れた夜のことと女子学徒隊に加わり看護班の一員として行動していた宮城セツとの一件を思い出していた。

「私達は＊2糸満《いとまん》の外科壕《ごう》に向かうから、必ず後を追ってきて」

徳正の肩をつかんでセツは強い口調で言った。石嶺の顔にそっと手を伸ばして別れを告げると、髪を二つに結んだ後ろ姿が、崖《がけ》を滑り降りて木の陰に消えた。

どれだけの間そこに座り込んでいたのか分からなかった。目の前を移動していく兵隊の姿はしだいに低く歪《ゆが》んでいった。前かがみに杖《つえ》にすがっていたのが四つん這《ば》いになり、腹這《はらば》いになって、手足をもがれた両棲《りょうせい》類のような影が身をくねらせて進んでいく。置き去りにされることへの恨みや怒声、泣き声が、泥を這いずりまわる音に混じる。崖を滑り落ち、その下で動けなくなった兵達のうめき声を、①徳正はぼんやり聞いた。

トクショウ……。

かすかにそう呼ばれたような気がした。

「石嶺」

耳元で呼んだが返事はなかった。頬《ほお》を近づけるとかすかな呼吸があった。徳正は体をずらし石嶺の体を横にした。＊3腹を縛った巻脚絆《まききゃはん》がよじれて小さな音を立てた。セツの渡してくれた紙包みから乾パンを取り出して手に握らせる。水筒の水を掌《てのひら》に受けて、白い歯ののぞく唇《くちびる》の間にこぼした。あふれた水が頬を伝わるのを目にした瞬間、徳正は我慢できなくなって、水筒に口をつけ、むさぼるように水を飲んだ。息をついた時、水筒は空になっていた。②水の粒子がガラスの粉末のように痛みを与えながら全身に広がっていく。徳正はひざまずいて、横たわる石嶺の姿を眺めた。闇《やみ》と泥水がゆっくりと浸透し、もう起こすこともできないほど重くなったように見える。壕の中の声が聞こえなくなっていた。空の水筒を腰のあたりに置いた。

「赦《ゆる》してとらせよ、石嶺……」

徳正は斜面を滑り降り、木々の枝に顔を叩かれながら、森を駆け抜けた。月明りに白い石灰岩の道が浮かび、倒れた兵が黒い貝のように見えた。③鱗《うろこ》が一枚一枚剥《は》がれ落ちていく黒い蛇《へび》の尾が道の向こうに見える。その後を追って走っていた徳正は、死んでいると思った兵の伸ばした手に引っ掛かって倒れた。這ってくる兵の手を払って立ち上がろうとした時、右の足首に痛みが走った。置き去りにされる恐怖が込み上げてくる。徳正は足を引きずって走り続けた。ふいに背後で炸《さく》裂《れつ》音が響いた。森の中腹に立て続けに閃光《せんこう》が走る。米軍に発見されることを恐れ、徳正は走りながら、手榴弾《てりゅうだん》で自決した兵士を罵《ののし》った。

四日後、徳正は島の最南端の摩文仁《まぶに》海岸で米軍の捕虜《ほりょ》となった。気を失って波打ち際を漂《ただよ》っているところを救われたのだった。それ以来、収容所でも、村に帰ってからも、誰かにふいに、石嶺を壕に置き去りにしてきたことを咎《とが》められはしないか、と恐れる日が続いた。

村に帰って一週間ほど経った時、石嶺の母が訪ねてきた。米軍支給の缶詰や芋《いも》を持ってきて、身内のことのように無事を喜んでくれる姿を［X］できなかった。④逃げる途中ではぐれて、その後の行方は知らない、と徳正は嘘《うそ》をついた。

といっていいでしょう。

イ　そのような「改革」の実施によって何が起きたか。

ウ　国際的な大学ランキングは著しく低下しましたし、大学生の学力低下への批判はやむことがありません。

エ　２０１０年代に明らかになってきたのは、日本の大学の教育研究水準の停滞です。

問二　――線部①「コンテンツという言葉が日本語に定着した」とあるが、この言葉が定着した後に起こった社会的な現象の説明として最も適切なものを、次の選択肢ア～エから一つ選び、記号で答えなさい。

ア　書物・放送番組は異なる基準で評価されていたが、「コンテンツ」という言葉があらゆる場面で用いられるのと同時に、それらの評価基準がそれぞれ再考されるようになった。

イ　情報化により「コンテンツ」という概念が生まれ、創作物を「コンテンツ」として見なすようになったが、書物もその例外ではなく、書物は「消費するもの」とみなされるようになった。

ウ　ネットの普及によって文化や知識に対する見方の変化がもたらされたが、書物や放送番組を視聴する端末がスマートフォンのようにコンパクトになったことで、それらが「コンテンツ」と見なされるようになった。

エ　本来、時間をかけて深く思考して身につけるはずの知識が、ネットが発達したことが要因となって「コンテンツ」と認識されるようになり、知性を軽視する風潮が社会全体でより一層強まった。

問三　[Y] に当てはまる言葉を、[Y] より後の本文中から二字で抜き出して答えなさい。

問四　――線部②「皮肉なことに」とあるが、「皮肉」であるのはここではどのような点か。そのことについて説明した次の文の（Ⅰ）（Ⅱ）に適切な言葉を指示に従って答え、文を完成させなさい。

> 学生達が（Ⅰ　二十字以内）ことによって、大学教育には（Ⅱ　十五字以内）と気づいてしまった点。

問五　空欄 [Z] に当てはまる内容として最も適切なものを、次の選択肢ア～エから一つ選び、記号で答えなさい。

ア　このような経験したことのない難局に対するために必要な知とは、すでに誰かによって形作られパッケージされている「コンテンツ」ではありえない、

イ　このような経験したことのない難局を迎えた時には、もっともらしいことを言う言論に惑わされることのない、冷静沈着なものの見方が必要だ、

ウ　このような経験したことのない難局に対したときには、社会的弱者に目を向けることを忘れてはならず、それは「知性」がなくては実行できない、

エ　このような経験したことのない難局を打開するために必要な施策は、大学をはじめとする教育機関が社会全体に良質な教育サービスを施すことに他ならない、

問六　本文中で説明されている大学の機能低下はなぜ起こるのか。本文全体を踏まえて説明しなさい。

三

次の文章を読んで、後の各問に答えなさい。なお、設問の都合上、本文は省略されているところがある。

> 沖縄のある村に住む徳正《とくしょう》は、かつて一人の少年兵として太平洋戦争末期の沖縄戦に参戦した経験がある。戦後数十年経っ

くなり、「オンライン授業はうんざりだ」「早く大学を再開してくれ」と声をあげる学生たちこそが、そのことに気づきつつあるのかもしれません。

教育内容＝コンテンツが、オンライン授業のかたちで学生に伝達されている現在の大学の状況は、いわば(政府が、あるいは社会が理想とした)「勉強に純化された大学」です。授業と授業の間の移動時間や、友人との雑談や、サークル活動などといった「勉学と直接関係ない」要素をすべて排除した、純化された「知識コンテンツのインストール」に多くの人々が不満を漏《も》らしている。この事実は、勉強以外の無駄なことがむしろ大学の本質であったことを示しているのではないでしょうか。

いえ、もっと強く言いましょう。「大学は勉強するところではない」のです。

大学とは「学術の中心として、高い教養と専門的能力を培うとともに、深く真理を探究して新たな知見を創造し、これらの成果を広く社会に提供することにより、社会の発展に寄与する」(教育基本法第７条)と定められている制度です。「新たな知見を創造し」というところがポイントです。大学とは「まだ存在しない知」を生み出すことこそがその存在根拠なのです。

つまり大学とは、知識を商品のように学生に売るところではありません。また、知識を持った「人材」を育成して企業に送り出すためのところでもない。そうではなく、大学とは、一人一人の学生の知的成長を促すための場所や機会を提供することで、社会にとって必要な知を維持し、そこから新しい知を生産するための場です。

それはハードディスクにソフトウエアをインストールすることよりも、公園で子供たちが創意工夫して遊んでいる状況に似ています(教員や図書館は「ジャングルジム」のような遊具に似ています。その「使い方」に定まった決まりはありません)。「知」とはデジタルデータではなく、身体と感情を持った人間一人一人が身につけ、実践し、対話し、試行錯誤する中でしか「役立たない」。大学とはそのために用意された場です。新型コロナウイルスが社会にもたらした「良い影響」がもしあったとするならば、ただオンラインで勉強だけすることが「大学の学び」ではない、ということに人々が気づいたことではないでしょうか。

コロナ禍がわれわれに教えたことは、[Z]という簡明な事実です。われわれはメディアで発言する専門家の意見の「食い違い」を日常的に目にしています。ある専門家は「ＰＣＲ検査を拡大すべきだ」と主張し、別の専門家は「無闇な検査は控えるべきだ」と言う。あちらの専門家は「いち早く都市をロックダウンすべきだ」と言い、こちらの専門家は「経済への悪影響を考えるべきだ」と言う。

われわれはこのコロナ禍を解決してくれる解決策がどこかにあるはずだ、と信じたい。しかしそんなものは「まだ」どこにもない。コロナ禍を乗り越える知見はコンテンツとしては「まだ」存在していないのです。それは身銭を切って必死に考え、調査し、研究している「誰か」がこれから生み出す「かもしれない」ものです。それを担うのが「知」の仕事であり、大学の仕事なのです。

(増田 聡「『大学の学び』とは何か」
／内田 樹・編『ポストコロナ期を生きるきみたちへ』晶文社)

注 ＊1 シラバス…大学などで授業の内容やスケジュールについてまとめられた資料。

問一 [X]に当てはまるように、次のア〜エを最も適切な順番に並べかえなさい。

ア すなわち政府による「大学は明示したカリキュラム通りに勉強させるところであるべきだ」という「改革」は逆効果だった、

「コンテンツ」という言葉があります。音楽や映画といったエンタテインメント表現を指して使われることが多い言葉ですが、書物や放送番組、インターネットで見聞きすることができるさまざまな情報も指しますし、最近では大学の講義でさえ「コンテンツ」と呼ばれることが少なくありません。大雑把にいえば、「情報のひとまとまり」くらいの意味で広く使われている言葉です。

①コンテンツという言葉が日本語に定着したのはさほど古いことではありません。新聞記事データベースなどで調べてみると、「コンテンツ」は、９０年代なかば頃に日本語の空間の中に急浮上してきた言葉だとわかります。それまでの「作品」や「楽曲」、「番組内容」といった言葉をひとまとめに塗り替えるように「コンテンツ」という言葉は流布しました。

言葉の変化とは、単に「同じものを違う言葉で指すようになった」ことではありません。一つの、あるいは複数の言葉が別の言葉にとってかわられるとき、その背景には社会の「ものの見方」の変化が横たわっています。言葉の変化は社会の変化です。

コンテンツという言葉の浮上は、社会における文化や知識をとらえる枠組みの変化を示しています。それをもたらした要因の一つはインターネットの社会への普及でしょう。１９９５年はウインドウズ９５が発売され、パソコンからのネット接続が容易になった年です。インターネットは異なった種類の多様な表現や知識をデジタルデータという共通の状態に還元することで、情報の流通を著しく便利にしました。かつては別々のメディアによって支えられ、各々異なるかたちでわれわれの思考や感性を形作っていたさまざまな知識や文化表現は、９０年代なかばを境としてデジタルデータのかたちで一括して扱われ、消費される傾向が進んでいくことになります。

「コンテンツ」という概念は、知識や表現の質的な違いよりも、それが「ひとかたまり」の情報として同等に扱えることを強調します。書物と放送番組が同じく「コンテンツ」であると名指しされるようになると、それを評価する観点もまた似通ってきます。かつては、書物とテレビ番組は別のメディア、別の世界、別の価値基準に属するものでした。テレビ番組であればそれは速報性によって評価され、書物であればそれが人間の知性にどのように深い影響を与えるかにより評価されました。

しかし「コンテンツ」として同一のスマートフォンで視聴される対象になれば、その区別は融解《ゆうかい》していきます。「面白いか」「泣けるか」「笑えるか」。あるいは送り手にとっては、そのコンテンツがどれだけ「売れるか」。異なるメディアに隔てられ、異なる基準により評価されていた知識や情報や表現は、今や横並びに測られるようになりました。

かつては、知識とはそれとの長い格闘の末に身につけるものでした。それが「コンテンツ」と呼ばれるようになってから、教育のあり方も変化したように感じます。何かのために必要な知識は、どこかに「コンテンツ」として存在しており、必要ならそれを見つけて「アクセス」しさえすればいい、という感覚が、学生や社会に浸透したように感じます。

先に触れた、「カリキュラム通りに学生をしっかり勉強させる」ことを目指した大学「改革」の背景にあった考え方は、私の考えでは、知識や能力を「コンテンツ」としてとらえる考え方です。学費を払った分に見合うだけの知識や能力が得られる場として、つまり、「知」を Y のように取引するような場へと大学は変化させられてきました。

しかし、大学教育は「コンテンツをインストールする」こととは本質的に異なります。②皮肉なことに、コロナ禍によって大学に通えな

二〇二二年度 逗子開成中学校

【国 語】〈第二次試験〉（五〇分）〈満点：一五〇点〉

注意 1、字数制限のある問題では、句読点やかっこ、その他の記号も一字として数えます。

2、問題文には、設問の都合で、文字・送りがななど、表現を改めたところがあります。

一 次の各問に答えなさい。

問一 次の①～⑮の各文の――線部のカタカナを漢字で書き、――線部の漢字の読み方をひらがなで書きなさい。

① マドを開ける。

② 戦国時代のブショウの遺品を展示する。

③ イッコクも早く帰りたい。

④ 親フコウな行動。

⑤ レンアイ小説を読む。

⑥ 火星タンサ機が完成した。

⑦ 花モヨウの着物を着る。

⑧ 忘れ物をトドける。

⑨ 野菜をチョゾウする。

⑩ ジョウブに育つ。

⑪ 先祖を敬う。

⑫ 幼い妹を連れる。

⑬ 紅しょうがを食べる。

⑭ 危険を避ける。

⑮ 事実を誇張して伝える。

問二 慣用句を用いた次の①～⑤の各文について、適切な用い方のものは○、適切でない用い方のものは×で答えなさい。

① Aさんには煮え湯を飲まされたので、もう信用できない。

② B君の発表は、初めに発表した人の二の足を踏むような発表だったので、あまり独創性が感じられなかった。

③ いつも世話になってばかりいるので、C君はすみに置けない人だなあ。

④ D先生は角が取れて、すっかり元気がなくなってしまった。

⑤ E先輩はリーダーシップがあり、今回の会合も音頭を取って進めてくれた。

二 次の文章を読んで、後の各問に答えなさい。

政府は９０年代以降、大学を大きく「改革」していきます。それまで事細かに規制されていた（けれども厳格には守られていなかった）教育カリキュラムを、各大学がある程度自主的に決定できるようにする一方、カリキュラムや＊1シラバスをきっちりと整備させ、授業内容を詳細に定めることを求めました。そして、事前に定められた通りに授業を提供するよう、大学に求めたのです。つまり、大学を「学生に勉強させるための場所」として徹底しようとした、と言えるでしょう。

X

なぜそのようなことが起こるのでしょうか。学生をカリキュラム通りに「きっちりと勉強させる」仕組みを強化すれば、学生の学力は向上するように思えます。それなのにむしろ大学の教育や研究能力は低下してしまった。その背景にはわれわれの社会の「知」というものの捉え方の変化が横たわっているように思えるのです。

別の角度から考えてみましょう。

2022年度

逗子開成中学校 ▶解説と解答

算 数 ＜第２次試験＞（50分）＜満点：150点＞

解 答

[1] (1) 6 (2) $7\frac{1}{7}$ (3) $\frac{7}{12}$ [2] (1) 74 (2) 92本 (3) 135 (4) 71点 (5) 14000円 (6) 5 cm [3] (1) 3度 (2) 80秒後，160秒後 (3) 60秒後，180秒後 [4] (1) 1時間30分 (2) 30.4km (3) 42.4km [5] (1) 8個 (2) 108個 (3) 18，36，72，80

解 説

[1] 四則計算，逆算

(1) $〔1+1\div\{1\div(1-1\div2)\}〕\times12\div\{9-6\div(11-9)\times2\}=〔1+1\div\{1\div(1-0.5)\}〕\times12\div(9-6\div2\times2)=\{1+1\div(1\div0.5)\}\times12\div(9-6)=(1+1\div2)\times12\div3=(1+0.5)\times12\div3=1.5\times12\times\frac{1}{3}=6$

(2) $\left\{\frac{3}{8}\times7\frac{1}{9}-\left(2-1\frac{5}{6}\right)\right\}\div1\frac{1}{6}\div\left(\frac{1}{2}-\frac{1}{5}\right)=\left\{\frac{3}{8}\times\frac{64}{9}-\left(\frac{12}{6}-\frac{11}{6}\right)\right\}\div\frac{7}{6}\div\left(\frac{5}{10}-\frac{2}{10}\right)=\left(\frac{8}{3}-\frac{1}{6}\right)\div\frac{7}{6}\div\frac{3}{10}=\left(\frac{16}{6}-\frac{1}{6}\right)\div\frac{7}{6}\div\frac{3}{10}=\frac{15}{6}\times\frac{6}{7}\times\frac{10}{3}=\frac{50}{7}=7\frac{1}{7}$

(3) $2.75\times1\frac{3}{5}-\left(4.1-2\frac{7}{18}\right)\div\frac{2}{3}=2\frac{3}{4}\times\frac{8}{5}-\left(\frac{41}{10}-\frac{43}{18}\right)\div\frac{2}{3}=\frac{11}{4}\times\frac{8}{5}-\left(\frac{369}{90}-\frac{215}{90}\right)\div\frac{2}{3}=\frac{22}{5}-\frac{154}{90}\times\frac{3}{2}=\frac{22}{5}-\frac{77}{30}=\frac{132}{30}-\frac{77}{30}=\frac{55}{30}=\frac{11}{6}$より，$\frac{11}{6}\div\left(\frac{1}{3}+\square\right)=2$，$\frac{1}{3}+\square=\frac{11}{6}\div2=\frac{11}{6}\times\frac{1}{2}=\frac{11}{12}$ よって，$\square=\frac{11}{12}-\frac{1}{3}=\frac{11}{12}-\frac{4}{12}=\frac{7}{12}$

[2] 数列，平均とのべ，整数の性質，和差算，倍数算，面積

(1) 右の図１のように組に分けると，各組の左側には１で始まり３ずつ増える数が並び，各組の右側には２で始まり３ずつ増える数が並ぶ。50番目の数は，50÷２＝25(組)の右側の数だから，２＋３×(25－１)＝74と求められる。

図１

| 1，2 | 4，5 | 7，8 | 10，11 | …

1組 2組 3組 4組

(2) 24本目までの１本あたりの値段は，$2600\div24=\frac{325}{3}$(円)と考えることができ，48本を超《こ》えた分の本数を□本として図に表すと，右の図２のようになる。図２で，かげをつけた部分の面積と太線で囲んだ部分の面積は，どちらも全体の金額の合計を表しており，これらの面積は等しいから，(ア＋イ)の部分とウの部分の面積も等しくなる。そして，(ア＋イ)の部分の面積は，$\left(\frac{325}{3}-95\right)\times24+(100-95)\times24=440$(円)である。よって，ウの部分の面積も440円なので，□＝440÷(95－85)＝44(本)となり，このようになるのは全部で，48＋44＝92(本)買うときとわかる。

図２

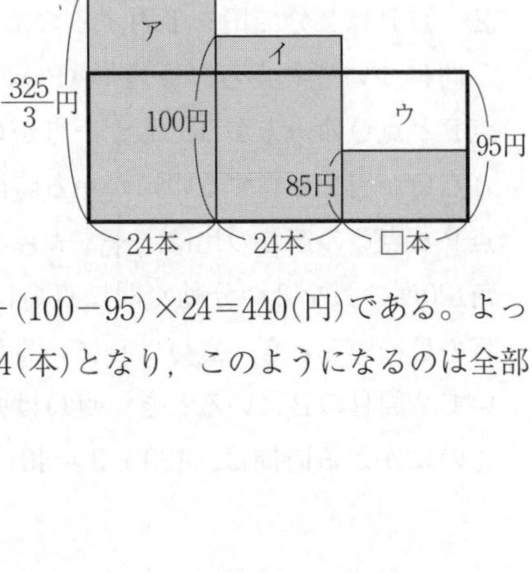

(3)　30，90，Aの最大公約数が15だから，Aは15の倍数であり，Aを素数の積で表すと３と５が含《ふく》まれる。また，30，90，270をそれぞれ素数の積で表すと，右の図３のようになる。図３で，３つの(　)に含まれる素数の中で最も多い個数が，〈　〉の中の素数の個数になる。よって，Aの(　)の中には３が２個含まれている必要があるから，A＝３×３×３×５＝135と求められる。なお，Aの(　)の中に２が含まれていると，最大公約数が，２×３×５＝30になってしまうので，条件に合わない。

図３

30＝(２　　　　)×３×５
90＝(２×３　　)×３×５
A＝(　　　　)×３×５
270＝〈２×３×３〉×３×５

(4)　４人の平均点は，小数第２位を四捨五入して71.8点だから，71.75点以上71.85点未満である。また，(平均点)＝(合計点)÷(人数)より，(合計点)＝(平均点)×(人数)となる。よって，４人の合計点は，71.75×４＝287(点)以上，71.85×４＝287.4(点)未満なので，287点とわかる。したがって，４人の点数について右上の図４のようにまとめることができ，アの点数は，14－９＝５(点)，太線部分の合計は，５＋14＋４＝23(点)となるから，Ｃ君の点数は，(287－23)÷４＝66(点)，Ａ君の点数は，66＋５＝71(点)と求められる。

図４

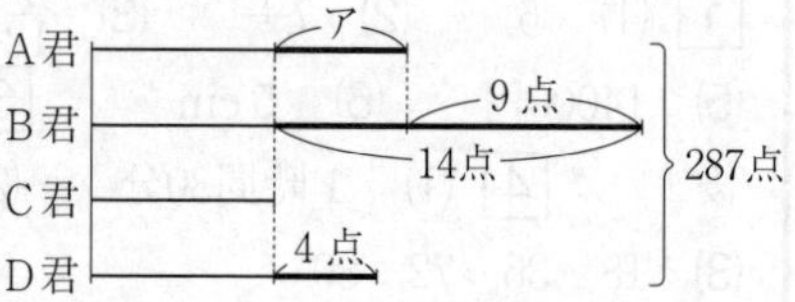

(5)　１ヶ月前のＡ君とＢ君の貯金の残高をそれぞれ⑤円，③円とすると，(⑤－3000)：(③＋1000)＝５：４と表すことができ，P：Q＝R：Sのとき，P×S＝Q×Rとなるので，(⑤－3000)×４＝(③＋1000)×５となる。よって，⑤×４－3000×４＝③×５＋1000×５，⑳－12000＝⑮＋5000，⑳－⑮＝5000＋12000，⑤＝17000(円)とわかるから，Ａ君の貯金の残高は今，17000－3000＝14000(円)である。

(6)　右の図５で，ABとEFは平行だから，三角形EBJと三角形EAJの面積は等しい。よって，三角形EAJの面積も10cm²になる。さらに，AEとJHは平行だから，三角形EAJと三角形EADの面積も等しくなる。したがって，三角形EADの面積も10cm²なので，EIの長さは，10×２÷４＝５(cm)と求められる。

図５

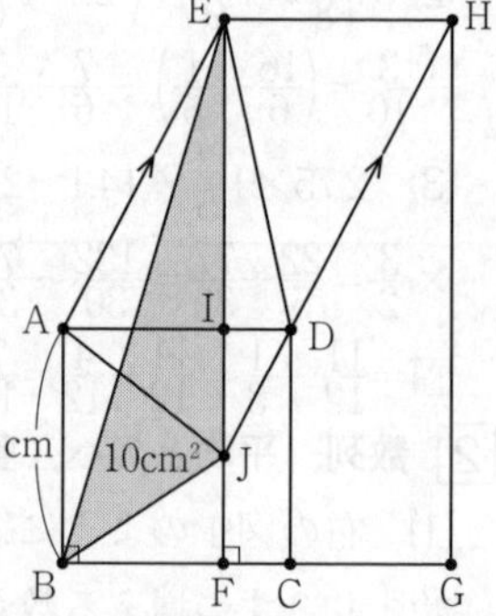

3　平面図形―図形上の点の移動，速さ

(1)　点Ｐは，60×２＝120(秒)で円を１周するから，１秒後の角AOPの大きさは，360÷120＝３(度)とわかる。

(2)　点Ｐは２分で円を１周するので，点Ｐが円を，３÷２＝$1\frac{1}{2}$(周)する間について考える。三角形APQが正三角形になるのは，右の図１で，点Ｐと点Ｑの一方がＢ，もう一方がＣにいるときである。ここで，点Ｐと点Ｑが円を１周するのにかかる時間の比は，２：４＝１：２だから，点Ｐと点Ｑの速さの比は，$\frac{1}{1}$：$\frac{1}{2}$＝２：１である。つまり，点Ｐが中心角120度の弧《こ》を２つ分動く間に点Ｑは弧を１つ分動くので，点Ｐが１周目のＣにいるとき，点ＱはＢにいる(…㋐)。次に，点Ｐが弧を４つ分動いて２周目のＢにいるとき，点Ｑは弧を２つ分動いてＣにいる(…㋑)。また，点Ｐが弧を１つ分動くのにかかる時間は，120÷３＝40(秒)である。よって，㋐は，40×２＝80(秒後)，㋑は，40×４

図１

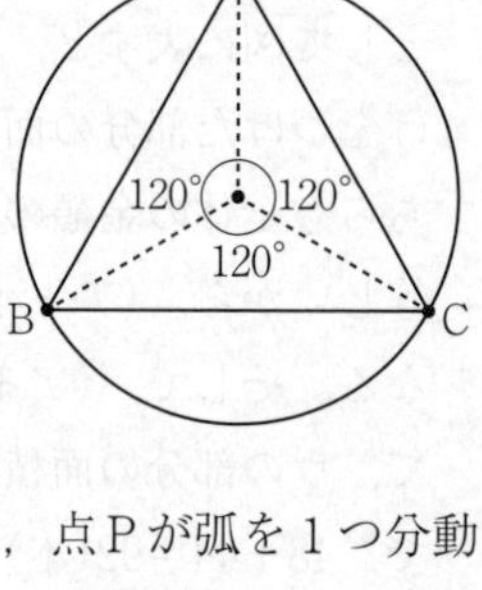

＝160(秒後)と求められる。

(3)　三角形の一辺が点Oを通るとき，その辺は円の直径になるので，三角形PQRが直角二等辺三角形になるときを考える。また，点Qと点Rの速さは同じだから，点Qと点Rは常に直線AOを軸《じく》として線対称《せんたいしょう》の位置を動く。よって，条件に合うのは，右の図２のように，点Pが円を$\frac{1}{2}$周したとき(…㋒)と，円を$1\frac{1}{2}$周したとき(…㋓)である(㋒のときには，点Pが中心角90度の弧を２つ分動く間に，点Qと点Rは弧を１つ分動き，㋓のときには，点Pが弧を６つ分動く間に，点Qと点Rは弧を３つ分動く)。また，点Pが円を$\frac{1}{2}$周するのにかかる時間は，120÷２＝60(秒)である。したがって，㋒は60秒後，㋓は，60×３＝180(秒後)とわかる。

図２

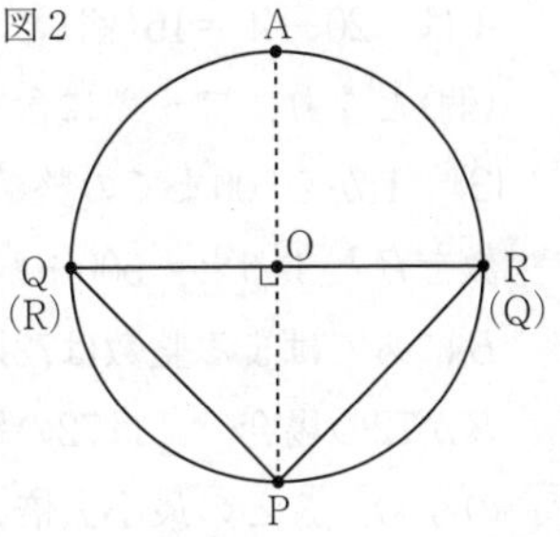

4 速さと比

(1)　このときの進行のようすは，右のグラフのようになる。ＢグループはPS間を毎時４kmの速さで歩いたから，ＢグループがPS間にかかった時間(ア)は，６÷４＝1.5(時間)と求められる。これは，60×0.5＝30(分)より，１時間30分となる。

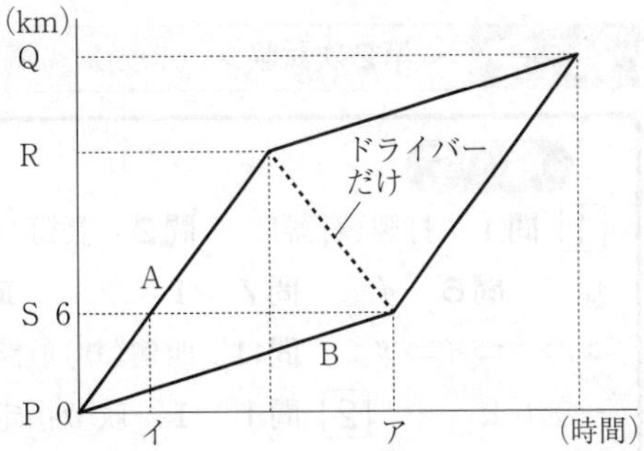

(2)　タクシーがPS間にかかった時間(イ)は，６÷42＝$\frac{1}{7}$(時間)なので，タクシーがSR間を往復するのにかかった時間は，$1.5-\frac{1}{7}=\frac{19}{14}$(時間)である。このとき，行きと帰りの速さの比は，42：48＝７：８だから，行きと帰りにかかった時間の比は，$\frac{1}{7}:\frac{1}{8}$＝８：７とわかる。この比の和の，８＋７＝15が$\frac{19}{14}$時間にあたるので，帰りにかかった時間は，$\frac{19}{14}\times\frac{7}{15}=\frac{19}{30}$(時間)となり，RS間の距離《きょり》は，$48\times\frac{19}{30}$＝30.4(km)とわかる。

(3)　ＡグループとＢグループが同時に目的地に着いたのは，どちらも同じ距離を同じ速さで歩いたりタクシーで進んだりしたためである。よって，RQ間の距離はSP間の距離と同じ６kmであり，PQ間の距離は，６＋30.4＋６＝42.4(km)と求められる。

5 整数の性質，集まり

(1)　右の図１より，12と15の最小公倍数は，３×４×５＝60とわかる。12でも15でも割り切れる数は，12と15の公倍数(最小公倍数である60の倍数)なので，500÷60＝８余り20より，１から500までの整数の中では８個ある。

図１

3) 12　15
　　 4　 5

図３

2) 8　12　15
2) 4　 6　15
3) 2　 3　15
　　 2　 1　 5

(2)　右の図２のア～キに含まれる整数の個数を求める。500÷８＝62余り４，500÷12＝41余り８，500÷15＝33余り５より，８の倍数は62個，12の倍数は41個，15の倍数は33個とわかる。また，右上の図３より，８と12と15の最小公倍数は，２×２×３×２×１×５＝120と求められるので，500÷120＝４余り20より，エは４個とわかる。次に，(1)よりエとオの合計は８個となり，オは，８－４＝４(個)となる。さらに，８と15の最小公倍数は，８×15＝120，

図２

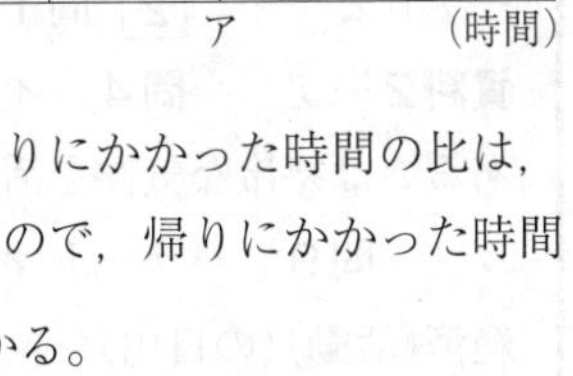

８と12の最小公倍数は24だから，＿の計算と，500÷24＝20余り20より，カは，４－４＝０(個)，キは，20－４＝16(個)とわかる。よって，イは，41－(８＋16)＝17(個)，ウは，33－(８＋０)＝25(個)となり，ア～キに含まれる整数の個数は，62＋17＋25＋４＝108(個)と求められる。

(3)　１から500までの整数の中で，８でもAでも割り切れる数が６個あるとき，８とAの最小公倍数をBとすると，500÷Bの商は６以上７未満になるから，500÷６＝83.3…，500÷７＝71.4…より，Bにあてはまる整数は72以上83以下とわかる。さらに，Bは８の倍数なので，72または80となる。Bが72の場合，Aは72の約数だから，考えられる２桁《けた》のAの値は{12, 18, 24, 36, 72}となる。このうち，８との最小公倍数が72になるのは{18, 36, 72}である。また，Bが80の場合，Aは80の約数なので，考えられる２桁のAの値は{10, 16, 20, 40, 80}となる。このうち，８との最小公倍数が80になるのは80だけである。よって，Aにあてはまる数は{18, 36, 72, 80}とわかる。

社　会　＜第２次試験＞（40分）＜満点：100点＞

解　答

[1] **問１**　打製(石器)　**問２**　長野(県)　**問３**　イ　**問４**　高床倉庫　**問５**　魏志倭人伝　**問６**　イ　**問７**　Ⅰ　ウ　Ⅱ　宋　Ⅲ　イ　**問８**　分国法　**問９**　ウ　**問10**　エ⇒ウ⇒イ⇒ア　**問11**　西廻(り)航路　**問12**　ウ　**問13**　エ　**問14**　ウ　**問15**　カラーテレビ　[2] **問１**　Ⅰ　政令指定都市　Ⅱ　ウ　**問２**　a　**問３**　**資料１**…カ　**資料２**…ア　**問４**　イ　**問５**　ウ　**問６**　Ⅰ　近郊農業　Ⅱ　(例)　大都市よりも温暖あるいは寒冷な気候を活かして促成栽培や抑制栽培を行っているから。　**問７**　イ　**問８**　ウ　**問９**　ハザードマップ　**問10**　Ⅰ　過密　Ⅱ　ドーナツ化(現象)　[3] **問１**　Ⅰ　経済(活動)(の自由)　Ⅱ　**a**　イ　**b**　ウ　**c**　オ　**問２**　Ⅰ　イ　Ⅱ　一票(の)格差　Ⅲ　特別国会(特別会)　**問３**　Ⅰ　ウ　Ⅱ　ウ　Ⅲ　(例)　国債費は国の借金の返済費のことで，国が国債を多く発行しているため返済費が大きくなっている。　**問４**　Ⅰ　エ　Ⅱ　d，ありません　**問５**　Ⅰ　ウ　Ⅱ　イ　Ⅲ　フードマイレージ　**問６**　(例)　高齢者や体の不自由な人の住所の情報と，ドローンやロボットによる配送地域の情報を組み合わせ，必要な人のもとに自動で物品を配送し，買い物に行くことが難しい人でも買い物がしやすくなる。／託児所や多目的トイレの位置や利用状況と交通機関の混雑状況，駅や道路の施設の情報から，子ども連れの人やベビーカーを利用する人に使いやすい経路を提供することで，安心して出かけられるようになる。／視覚や聴覚に障がいがある人の歩いている場所の情報と，駅のホームや道路などの危険な場所の情報から，障がいがある人に危険を知らせたり，安全な経路を知らせたりすることで，安全に外出できるようになる。

解　説

[1] 住居の歴史を題材とした問題

問１　旧石器(先土器)時代には，人々は石を打ち欠いただけの打製石器を道具として使っていた。

問２　野尻湖《のじりこ》遺跡は長野県にある旧石器時代の遺跡で，ナウマンゾウやオオツノジカなどの大型動物の化石が発見されている。

問３　三内丸山遺跡は，青森県で発見された日本最大級の縄文時代前〜中期の遺跡である。最大で500人前後が住んでいたと考えられている集落跡で，大型掘立《ほったて》柱建物跡や大型竪穴《たてあな》住居跡などが発《はっ》掘《くつ》されているほか，クリやマメなどを栽培していたことが確認されている。この遺跡をふくめた北海道と青森・岩手・秋田３県の縄文時代の遺跡は，「北海道・北東北の縄文遺跡群」としてユネスコ(国連教育科学文化機関)の世界文化遺産に登録されている。なお，アの登呂《とろ》遺跡(静岡県)とエの吉野ヶ里遺跡(佐賀県)は弥生時代，ウの岩宿遺跡(群馬県)は旧石器時代の遺跡。

問４　資料の建物は高床倉庫で，弥生時代に稲作が広まったことにともない，米などの収穫物を保存するためにつくられた。高床倉庫は，湿気《しっけ》やねずみの害を防ぐために床を地上から高くし，柱にはねずみ返しを設け，取りはずしのできるはしごを用いて荷物を運んだ。

問５　資料は中国の歴史書『魏志《ぎし》』倭人伝《わじんでん》の一部で，３世紀ごろ(弥生時代後期)の倭(日本)に邪馬《やま》台国《たいこく》という強い国があり，30あまりの小国を従えた女王の卑弥呼《ひみこ》が呪術《じゅじゅつ》(まじない)によって国を治めていたことなどが記されている。

問６　ア　資料Ⅰは東大寺(奈良県)で，「桓武《かんむ》」ではなく「聖武」が正しい。桓武天皇は794年に平安京(京都府)に都を移した天皇である。　イ　資料Ⅱは法隆寺で，聖徳太子が大和《やまと》国(奈良県)斑《いか》鳩《るが》に建てた。　ウ　資料Ⅲは平等院鳳凰《ほうおう》堂(京都府)で，「道長」ではなく「頼通《よりみち》」が正しい。道長は頼通の父で，頼通とともに摂関《せっかん》政治の全盛期を築いた。　エ　資料Ⅳは唐招提寺《とうしょうだいじ》(奈良県)で，「行基」ではなく「鑑真《がんじん》」が正しい。行基は奈良時代，民間布教にあたり，東大寺の大仏づくりに協力した僧である。

問７　Ⅰ　サツマイモは南蛮《なんばん》貿易で日本にもたらされ，ジャガイモは江戸時代初めに日本に入ってきたとされているものなので，鎌倉時代には栽培されていない。よって，ウが誤っている。　Ⅱ　鎌倉時代には，平安時代末に平清盛が行った日宋貿易が継続《けいぞく》され，宋(中国)からは銅銭(宋銭)や陶《とう》磁器《じき》，書籍などが輸入され，日本からは金，硫黄《いおう》，刀剣《とうけん》などが輸出された。　Ⅲ　吉田兼好《けんこう》が著した随筆は『徒然草《つれづれぐさ》』で，随筆『方丈記《ほうじょうき》』を著したのは鴨長明《かものちょうめい》なので，イが誤っている。

問８　戦国大名たちがそれぞれ自分の領地を支配するために定めたきまりは，分国法とよばれる。武田氏が定めた「甲州法度之次第《はっとのしだい》」(「信玄《しんげん》家法」)や今川氏の「今川仮名《かな》目録」などがよく知られている。

問９　織田信長や豊臣秀吉に仕えて茶道を大成した千利休《せんのりきゅう》は，堺(大阪府)出身の豪商であった。堺では，戦国時代に商人らによって自治が行われ，「自由都市・堺」としてヨーロッパにも知られた。また，伝統的工芸品の「堺打刃物」の生産が受けつがれている。

問10　アの水野忠邦《ただくに》は天保《てんぽう》の改革(1841〜43年)，イの松平定信は寛政《かんせい》の改革(1787〜93年)，ウの徳川吉宗は享保《きょうほう》の改革(1716〜45年)，エの新井白石は正徳《しょうとく》の治《ち》(1709〜16年)を行った。よって，年代の古い順にエ⇒ウ⇒イ⇒アとなる。

問11　資料の★は日本海側や瀬戸内海沿岸に分布しており，西廻《まわ》り航路の寄港地を表している。西廻り航路は東北地方や蝦夷《えぞ》地(北海道)と，「天下の台所」とよばれた大坂(大阪)を結ぶ航路で，東北地方と江戸を結ぶ東廻り航路とともに，江戸の商人河村瑞賢《ずいけん》によって開かれた。

問12　米騒動《そうどう》(1918年)は，大正時代(1912〜26年)のできごとである。なお，アの西南戦争は1877年，イのノルマントン号事件は1886年，エの八幡製鉄所(福岡県)の操業開始は1901年で，いずれも明治時代(1868〜1912年)のできごと。

問13　ア「国民」ではなく「男子」が正しい。イ「米」ではなく「現金」が正しい。ウ殖産興業《しょくさんこうぎょう》で建設された工場は，軍事工場や，富岡製糸場(群馬県)のような官営の模範《もはん》工場が中心であった。エ 学制の説明として正しい。

問14　アのロンドン海軍軍縮会議が開かれたのは1930年，イの日独伊三国軍事同盟が締結《ていけつ》されたのは1940年，ウの三・一独立運動が起こったのは1919年，エの世界恐慌《きょうこう》が始まったのは1929年のことである。よって，ウが1923年より前のできごとになる。

問15　「３Ｃ(新・三種の神器《じんぎ》)」は高度経済成長期(1950年代後半～1970年代初め)の後半に家庭に普及《ふきゅう》したカー(自動車)・カラーテレビ・クーラー(エアコン)を指し，それぞれグラフ中のア～ウにあてはまる。なお，高度経済成長期の前半に普及した「三種の神器」は，白黒テレビ・電気洗濯《せんたく》機・電気冷蔵庫。

2 日本の都市についての問題

問１　Ⅰ　人口が50万人以上(実際には一定の条件を満たした人口おおむね70万人以上)で，内閣が定める政令の指定によって道府県が持つ事務や財政の権限の一部をゆずり受けている都市を，政令指定都市という。市の区域を分けて区が設置されるほか，新たな地方交付税などの財源があたえられる。また，府県を経由しないで国と直接，行政上の手続きができる。　Ⅱ　政令指定都市は2021年末現在，右の表のように全国に20市ある。

政令指定都市

北海道	札幌市
宮城県	仙台市
埼玉県	さいたま市
千葉県	千葉市
神奈川県	横浜市，川崎市，相模原市
新潟県	新潟市
静岡県	静岡市，浜松市
愛知県	名古屋市
京都府	京都市
大阪府	大阪市，堺市
兵庫県	神戸市
岡山県	岡山市
広島県	広島市
福岡県	福岡市，北九州市
熊本県	熊本市

問２　三角州は，川の上流から運ばれた土砂が河口に堆積《たいせき》してできる地形で，資料ａがあてはまる。なお，資料ｂは扇《せん》状地《じょうち》で，河川が山地から急に平地に出たところに土砂が堆積してできる，扇《おうぎ》形のゆるやかな傾斜《けいしゃ》地である。

問３　資料１は亜《あ》熱帯の気候に属する沖縄県(カ)の伝統的な民家で，「強い風」とは台風のことである。「しっくい」は石灰《せっかい》にのりなどを加えてねった白いコンクリート状のもので，屋根瓦《がわら》が吹《ふ》き飛ばされるのを防ぐはたらきをしている。また，資料２は雁《がん》木《ぎ》で，日本海側の気候に属する新潟県(ア)などの豪雪地帯で見られる。

問４　イの長崎市は，古くから港町として栄えてきた。なお，徳川氏の一門である親藩《しんぱん》のうち，水戸藩(茨城県)，尾張《おわり》藩(愛知県西部)，紀伊藩(和歌山県)は「御三家」とよばれて特に重視され，アの水戸市は水戸藩，ウの名古屋市は尾張藩，エの和歌山市は紀伊藩の城下町から発展した。

問５　資料で，昼間の人口が100よりも多い地域(色の濃《こ》いところ)は，企業や学校が多く，昼間に通勤・通学で人々が集まっていると考えられる。よって，ウが正しい。

問６　Ⅰ　大都市の郊外では，都市向けの野菜や果物・花き類を栽培する近郊農業がさかんである。Ⅱ　長野県の野辺山原や群馬県の嬬恋《つまごい》村などの山間部では，夏でも涼しい高原の気候を利用し，収穫時期を通常よりも遅くする野菜(レタス，キャベツ，はくさいなど)の抑制《よくせい》栽培(高冷地農業)がさかんに行われている。ほかの産地の露地《ろじ》栽培のものの出荷量が減って価格が高くなる夏から秋にかけて，「高原野菜」として首都圏《けん》などに出荷し，大きな利益をあげている。一方，高知県や宮崎県の平野部では，沖合を暖流の日本海流(黒潮)が流れているため冬でも比較《ひかく》的暖かい気候を利用し，ビニールハウスや温室などの施設を使って，ピーマン・キュウリなどの野菜を，ほかの産地の露地ものの出荷量が減って価格が高くなる秋から春ごろにかけて栽培・出荷する促成《そくせい》栽培がさかんである。

問７　資料１の②の位置は，資料２では「桜木町駅」付近にあたる。また，この駅にはJR線(複線以上)を示す「▬▭▬」が通っている。よって，イが誤っている。

問８　Ｘ　光化学スモッグは大気汚染《おせん》の一種で，自動車の排気ガスなどが太陽光にふくまれる紫外《しがい》線《せん》で光化学反応を起こすことにより発生する。現在でも，日ざしが強く風が弱い夏の日の昼間に発生することがある。　Ｙ　公害が大きな問題になると，政府は環境基準を示した公害対策基本法(1967年)を制定し，その運用機関として環境庁(現在の環境省)を設置した。同法は，環境基本法(1993年)の制定にともなって廃止された。

問９　国や地方公共団体が作成する，発生の可能性がある自然災害の被害《ひがい》予測や避難《ひなん》場所などを示した地図を，ハザードマップという。火山の噴火《ふんか》や洪水《こうずい》，土砂崩《どしゃくず》れなどに備えたものが，各地でつくられている。

問10　Ⅰ　都市などに人口が集中し，住宅が不足したり生活環境が悪化したりした状態を過密という。一方，人口の流出などによって地域社会の活力が低下し，小中学校や病院，公共交通機関などがなくなって普通の社会生活が営みにくい状態を過疎《かそ》という。　Ⅱ　高度経済成長期に地方から東京への人口の移動が活発になって都心部の人口が急増すると，都心部の地価が上昇したり，ごみ問題などの都市問題が生じたりするようになった。そのため，1960年代になると，郊外や近県(神奈川県や千葉県，埼玉県など)で住宅地の開発が進み，そこに移り住む人が増えて都心部の人口が減少するドーナツ化現象が見られた。その後，1980年代後半のバブル経済期に都心部の地価が異常なほど上がったが，その崩壊《ほうかい》によって地価が下がった。そのため，2000年代には都心部でマンション建設などの再開発が進み，職住近接(職場の近くに住むこと)を好む人も増えたことから，都心部の人口が再び増加し始める都心回帰現象が見られるようになった。

3 日本の政治や経済・社会についての問題

問１　Ⅰ　日本国憲法で保障されている自由権は，身体の自由，精神の自由，経済(活動)の自由に分けられる。居住・移転や職業選択《せんたく》の自由，自分の財産を侵《おか》されないこと(財産権の不可侵)は，経済(活動)の自由にふくまれる。　Ⅱ　**ａ～ｃ**　日本国憲法第26条は，その１項で国民が「その能力に応じて，ひとしく教育を受ける権利を有する」ことを保障するとともに，２項で「保護する子女に普通教育を受けさせる義務」があることを定め，さらに「義務教育は，これを無償《むしょう》とする」ことも規定している。なお，ここでいう「無償」とは，公立の小・中学校においては授業料を徴《ちょう》収《しゅう》しないことを意味する。

問２　Ⅰ　Ｘ，Ｙ　衆議院議員総選挙で採用されている小選挙区比例代表並立制は，１つの選挙区から１人が当選する小選挙区選挙と，全国を11ブロックに分けて有権者が政党名を書いて投票し，その得票数に比例して議席を配分する比例代表選挙を組み合わせた制度で，小選挙区選挙で289人，比例代表選挙で176人が選ばれる。なお，参議院の比例代表選挙では，政党名と候補者名のどちらでも投票できる。　Ⅱ　議員１人あたりの有権者の数が選挙区によって大きく異なる問題を「一票の格差」といい，一般に，過疎化が進む農村部の一票より，過密化が進む都市部の一票の重みが軽いという傾向にある。　Ⅲ　衆議院が解散されたときは，解散の日から40日以内に衆議院議員総選挙が行われ，その選挙の日から30日以内に特別国会(特別会)が召集《しょうしゅう》される。特別国会では，最初に解散したときの内閣が総辞職し，その後，内閣総理大臣の指名選挙が衆参両院で行われる。

問３　Ⅰ　税を納める義務のある人と実際に負担する人が同じ税を直接税，異なる税を間接税という。消費税は代表的な間接税で，商品を買ったりサービスを受けたりしたときにかかる。　Ⅱ　火災保険は火事による損害を補償するための保険で，民間企業があつかう。　Ⅲ　税収だけでは歳入が足りない場合，国は国債《こくさい》を発行して不足分を補う。国債費は政府が過去に発行した国債の元金や利子の返済にあてる費用で，近年はその巨額の費用が国の財政を圧迫《あっぱく》している。

問４　Ⅰ　条例は憲法や法律の範囲内で地方公共団体が定める規則で，その地域だけに適用される。　Ⅱ　住民投票には，①日本国憲法に規定された，特定の地方公共団体だけに適用される特別法を制定するさいにこれを承認するかどうかを問うもの，②地方自治法に規定された，議会の解散や首長・議員の解職を求める住民の直接請求《せいきゅう》が行われた場合，これに賛成するかどうかを問うもの，③原子力発電所の建設の是非《ぜひ》や市町村合併《がっぺい》の是非など，特定の問題について住民の意思を問うため，住民投票条例にもとづいて行われるもの，の３種類があり，近年は③の住民投票が各地でしばしば実施されている。③の住民投票は，憲法や法律より下位にある条例を根拠《こんきょ》としているので，その結果に法的拘束《こうそく》力はない(つまり，首長や議会がその結果に従う義務はない)。

問５　Ⅰ　バナナは熱帯性の作物で，フィリピン，エクアドル，メキシコなどがおもな輸入先となっている。なお，アはコーヒー豆，イはサケ・マス類，エは衣類のおもな輸入先。統計資料は『日本国勢図会』2021／22年版による(以下同じ)。　Ⅱ　日本の野菜の自給率は79％ほどなので，イが選べる。なお，アは米，ウは牛肉である。また，日本の食料自給率(供給熱量自給率)は38％と低く，先進国の中では最低の水準である。　Ⅲ　「フードマイレージ」は農畜産物などの食料品(フード)が生産地から運ばれてきた距離《きょり》(マイレージ)に注目する考え方で，食料品の重さ(トン)と輸送距離(キロ)をかけ合わせた数値で示され，この値が小さいほど二酸化炭素の排出量が少なく，環境への負担も少ないと判断される。なお，地元で生産された食材を地元で消費する「地産地消」には，フードマイレージをおさえる効果がある。

問６　「医療《いりょう》・福祉《ふくし》」や「物流・交通」に散らばっている情報を，「データ連携《れんけい》基盤『都市OS』」に集約・統合して活用するという要点をふまえてまとめる。

理　科　＜第２次試験＞(40分)＜満点：100点＞

解　答

[1] (1) ①　ウ　②　キ　③　ア　(2)　右の図　(3)　①　200はい分　②　(例)　本川の水が支川に逆流したため。

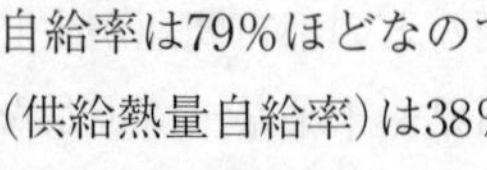

[2] (1)　15度　(2)　ウ　(3)　エ　(4)　ウ　(5)　12cm

[3] (1)　蒸発　(2)　100℃　(3)　(例)　水は氷になると体積が大きくなり，容器が破損するおそれがあるから。　(4)　ウ　(5)　①　10500 J　②　334 J　③　0.4 L

[4] (1)　たんのう　(2)　d，リパーゼ　(3)　(例)　胃液で酸性になった食べ物を中和するため。　(4)　エ　(5)　①　イ，エ　②　ウ

解　説

1　流水のはたらきについての問題

⑴　①　川の上流は，水量が少ないので，川幅《はば》がせまい。また，中流よりも土地の高低差が大きいので，地面の傾《かたむ》きが急である。　②，③　川が曲がって流れているところでは，曲がりの外側(図２のA)の方が流れが速く，川底がしん食作用によりけずられて深くなり，川岸は急ながけになっている場合が多い。一方，内側(B)は外側よりも流れがおそく，土砂が積もって川底は浅くなっていて，川原ができていることも多い。

⑵　川のある地域や川底を含《ふく》む一帯が隆起《りゅうき》し，それまでの川底があらたに平らな川岸となり，さらに川がもとの川原をほり下げるという大地の変化がくり返されると，階段状の地形ができる。このような地形を河岸段丘《だんきゅう》という。図３で，地面が１回隆起すると，もとの川原がほり下げられて，川原がもう１段できる。

⑶　①　30km^{2}は，30×1000×1000＝30000000(m^2)，　1時間は60分，30mmは，30÷1000＝$\frac{3}{100}$(m)なので，降った雨のうち半分が川に集まるとすると，川に流れこんだ雨水の量は，30000000×$\frac{3}{100}$×$\frac{10}{60}$×$\frac{1}{2}$＝75000(m^3)となる。よって，この量はプールで，75000÷(25×10×1.5)＝200(はい分)になる。　②　通常時に支川から本川に川の水が流れこむのは，本川の水位が支川の水位よりも低いからである。ところが，本川の水の量が増えて，本川の水位が支川の水位よりも高くなると，通常時とは逆に，本川の水が支川に逆流するので，支川の水位があがる。さらに，支川の水は本川に流れこめなくなって，合流する部分にたまる。このようにして，R地域で洪水《こうずい》が発生したと考えられる。

2　虫めがねを通った光の進み方についての問題

⑴　図２で，太陽の光の進む向きと地面との間の角度(太陽の南中高度)は75度なので，角度アは，180－75－90＝15(度)とわかる。

⑵　太陽の光は，虫めがねを通った後，しょう点に集まるように進み，しょう点を通った後，再び広がるように進む。そのため，黒画用紙に集まる光の直径が２cmになる黒画用紙とレンズの間隔《かんかく》は２つあるので，調査１だけではしょう点距離《きょり》を求めることができない。

⑶　図３で，黒画用紙がしょう点よりレンズに近い位置にあるときには，黒画用紙の上に「海」の字の小さい影《かげ》が，上下左右同じ向きにできる。一方，黒画用紙がしょう点より遠い位置にあるときには，黒画用紙の上に「海」の字の小さい影が，上下左右反対の向きにできる。したがって，エが選べ，黒画用紙はしょう点より遠い位置にあることがわかる。

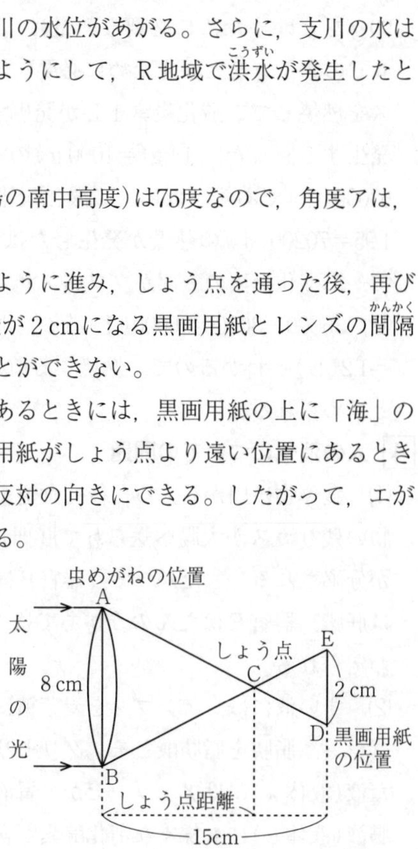

⑷　⑶で述べたように，黒画用紙はしょう点より遠い位置にあるので，黒画用紙に集まっている光は下の方から徐々《じょじょ》に消えていく。

⑸　調査１，調査２より，右の図のように表すことができる。三角形ABCと三角形DECは相似であり，相似比は，８：２＝４：１なので，しょう点距離は，15×$\frac{4}{4+1}$＝12(cm)と求められる。

3　水の状態変化についての問題

⑴　液体から気体になるBの状態変化を蒸発(気化)という。

⑵　Xは，１気圧のときに液体の水がふっとうして水蒸気になる温度で，100℃である。

⑶　水が氷になると，体積が約1.1倍に増える。そのため，水が凍《こお》ったときにペットボトルが破損することがある。

⑷　ア　ＥやＦのように，固体から液体になることなく直接気体に変わる変化やその逆の変化を昇華《しょうか》という。冷凍庫《れいとうこ》の中にある氷は，表面から少しずつ昇華していき，小さくなることがある。　イ　アイススケートは，スケート靴《ぐつ》の刃《は》の圧力により氷がとけて液体の水になり(Ｄ)，刃と氷の間に水の膜《まく》ができるため，氷の上を滑《すべ》ることができる。　ウ　霜柱《しもばしら》は，はじめに地表面の水が凍り，それによって地中の水が地表に吸い上げられて凍った結果，柱状の氷になったものである。よって，Ａの変化(凝固《ぎょうこ》)に関わる現象といえる。なお，空気中の水蒸気がＦの変化(昇華)により氷になったものは，霜と呼ばれる。　エ　Ｃのような，気体から液体への変化を凝縮(液化)という。マスクをしたまま眼鏡《めがね》をかけると，はいた息に含まれる水蒸気が眼鏡のレンズで冷やされて凝縮し，細かい水滴《すいてき》(液体)に変化するため，眼鏡がくもることがある。

⑸　①　水100ｇの温度を，50－25＝25(℃)上げるのに必要な熱量は，4.2×100×25＝10500(Ｊ)である。　②　氷を加熱すると，加えられた熱は氷がとけるのに使われるため，氷がすべてとけるまで温度は上昇しない。そして，氷が全部とけた後，水の温度は上昇していく。41390Ｊの熱量のうち，０℃の水90ｇを30℃にするために必要な熱量は，4.2×90×30＝11340(Ｊ)なので，０℃の氷90ｇをとかすために必要な熱量は，41390－11340＝30050(Ｊ)となり，30050÷90＝333.8…より，０℃の氷１ｇをとかすために必要な熱量は334Ｊと求められる。　③　プロパンガス，メタンガスを燃焼して二酸化炭素１Ｌが発生すると，それぞれ，90000÷３＝30000(Ｊ)，36000Ｊの熱量が発生する。また，１kg(＝1000ｇ)の水の温度を15℃上げるために必要な熱量は，4.2×1000×15＝63000(Ｊ)である。仮に，二酸化炭素1.95Ｌがすべてメタンガスから発生したとすると，36000×1.95＝70200(Ｊ)の熱量が発生したはずであり，実際よりも，70200－63000＝7200(Ｊ)多い。そこで，二酸化炭素の一部がプロパンガスから発生したとすると，発生した熱量は二酸化炭素１Ｌあたり，36000－30000＝6000(Ｊ)減る。よって，プロパンガスから発生した二酸化炭素は，7200÷6000＝1.2(Ｌ)とわかるので，燃焼する前の気体に含まれていたプロパンガスは，１×1.2÷３＝0.4(Ｌ)と求められる。

4　人の消化についての問題

⑴　食べ物は口から入った後，食道を通って胃に入り，小腸へ移動して養分を吸収された後，食べ物の残りカスが大腸へ送られて肛門《こうもん》から排出《はいしゅつ》される。また，小腸にはすい臓からすい液(液体ｄ)が分泌《ぶんぴつ》される。したがって，器官Ｂは小腸と考えられるので，器官Ａは胃，器官Ｃは大腸，器官Ｄは肝臓《かんぞう》，器官Ｅはたんのうがあてはまる。たん汁《じゅう》(液体ｃ)は，肝臓でつくられてたんのうにたくわえられる。

⑵　すい液には，デンプンを麦芽《ばくが》糖に分解するアミラーゼ，タンパク質をアミノ酸に分解するトリプシン，脂肪《しぼう》を脂肪酸とモノグリセリドに分解するリパーゼなどの消化酵素《こうそ》が含まれている。なお，だ液(液体ａ)にはアミラーゼが，胃液(液体ｂ)にはタンパク質をペプトンに分解するペプシンが，腸液(液体ｅ)にも様々な消化酵素が含まれているが，たん汁には消化酵素が含まれていない。

⑶　胃液には塩酸が含まれているので，たん汁やすい液，腸液がアルカリ性であると，食べ物を中和するのにつごうがよいと考えられる。

(4)　エは卵巣《らんそう》で，消化には関係がない。なお，アはたんのう，イは腸，ウは肝臓である。

(5)　①　過酸化水素水に二酸化マンガンを加えると，過酸化水素水に含まれている過酸化水素が分解して酸素と水ができる。このとき，二酸化マンガンは過酸化水素が分解するのを助けるはたらきをするだけで，それ自身は変化しない(触媒《しょくばい》という)。また，二酸化マンガンのかわりに肝臓を用いても，過酸化水素が分解して酸素と水ができる。試験管Ｈ以外の試験管では，火のついた線香を近づけると線香が明るく燃えだしたので，酸素が発生している。試験管Ｊ，試験管Ｋの結果より，アは誤っており，イは正しい。試験管Ｈ，試験管Ｉの結果より，ウは誤っており，エは正しい。40℃以外の状態で過酸化水素水を加える実験を行っていないので，オは判断できない。　②　図３では，およそ５分後以降，気体(酸素)が発生しなくなっている。これは，過酸化水素水に含まれている過酸化水素が全て分解されたためである。酵素Ｘのはたらきは失われていないので，10分後に過酸化水素水をさらに加えると，再び酸素が発生するようになる。

国　語　＜第２次試験＞（50分）＜満点：150点＞

解答

一　問１　①～⑩　下記を参照のこと。　⑪　うやま(う)　⑫　おさな(い)　⑬　べに　⑭　さ(ける)　⑮　こちょう　問２　①　○　②　×　③　×　④　×　⑤　○

二　問１　イ→エ→ウ→ア　問２　イ　問３　商品　問４　(例)　Ⅰ　勉強に純化されたオンライン授業を受講した　Ⅱ　勉強以外の無駄なことが必要だ　問５　ア　問６　(例)　大学教育は，本来は労力を費やして新たな知見を創造することが重要なのに，あらゆるものを「コンテンツ」としてとらえる社会全体の動きが教育にもあてはめられた結果，大学教育の質の低下につながったから。　三　問１　エ　問２　イ　問３　(例)　重傷を負った石嶺に飲ませる貴重な水を自分が飲んでしまったことに，強い罪悪感を抱いている。　問４　(例)　ゆっくり逃げていく兵士達の列から，一人ずつ力つきてたおれ，脱落していくようす。　問５　石嶺を壕に～はしないか　問６　ウ　問７　ア

●漢字の書き取り

一　問１　①　窓　②　武将　③　一刻　④　不孝　⑤　恋愛　⑥　探査　⑦　模様　⑧　届(ける)　⑨　貯蔵　⑩　丈夫

解説

一　漢字の書き取りと読み，慣用句の知識

問１　①　音読みは「ソウ」で，「車窓」などの熟語がある。　②　武士を率《ひき》いる者。　③　わずかの時間。　④　子どもが親に対して守るべき道を守らないこと。「親不孝」は，親を大切にしなかったり，悲しませたりすること。　⑤　愛し合い，慕《した》い合う感情。　⑥　探《さぐ》りを入れて調べること。　⑦　装飾《そうしょく》のためにほどこす図形や絵。　⑧　訓読みしかない漢字で，「届出」などの熟語がある。　⑨　物をたくわえておくこと。　⑩　健《すこ》やかでしっかりしているさま。　⑪　音読みは「ケイ」で，「敬意」などの熟語がある。　⑫　音読みは「ヨウ」で，「幼少」などの熟語がある。　⑬　音読みは「コウ」「ク」で，「紅白」「真紅」などの熟語がある。

⑭　音読みは「ヒ」で，「避難」などの熟語がある。　⑮　大げさな表現をすること。

問２　①「煮《に》え湯を飲まされる」は，“信用していた人に裏切られてひどい目にあう”という意味。②「二の足を踏《ふ》む」は，一歩目は踏み出したが二歩目は踏み出せず足踏みすることから，“迷って進めない”ことを表す。　③「すみ(隅)に置けない」は，“思っていたよりも才能があったり世間を知っていたりして，ばかにできない”という意味。　④「角が取れる」は，“とげとげしさがなくなって，性格がおだやかになる”という意味。　⑤「音頭を取る」は，“先頭に立ってほかの人々をまとめる”という意味。

二　出典は内田樹《うちだたつる》編の『ポストコロナ期を生きるきみたちへ』所収の「『大学の学び』とは何か(増《ます》田聡《だ さとし》著)」による。90年代以降，政府が行った大学改革が失敗に終わった理由を説明し，大学や知識というもののあり方について考察している。

問１　直前の「大学を『学生に勉強させるための場所』として徹底《てってい》」するという政府の取り組みを，「そのような」で受けたイが最初になる。そして，政府による「改革」の結果，「日本の大学の教育研究水準」が停滞《ていたい》することになったと述べつつ，筆者は「国際的な大学ランキング」や「大学生の学力」の低下を取りあげたものと考えられるので，エ→ウが続く。こうした状況《じょうきょう》から，政府の施《し》策《さく》はむしろ「逆効果だった」といえるのだから，アが最後に来る。

問２「コンテンツ」という言葉の浮上《ふじょう》をもたらした要因の一つに，インターネットの普及《ふきゅう》が考えられると筆者が述べている点をおさえる。かつて，書物ならば人間の知性にどれだけ深い影響《えいきょう》を与《あた》えられるか，テレビ番組ならば速報性が「評価」の基準となっていたが，デジタルデータの形式で「コンテンツ」としてひとくくりに扱《あつか》い，送受信できるインターネットの登場によって，それぞれの「価値」は薄《うす》れ，いかに「売れるか」で評価されるようになったと指摘《してき》されている。つまり，別々のメディアによって支えられ，各々異なるかたちで人々の思考や感性をつくりあげてきたさまざまな知識や文化表現は，単に「消費するもの」となりさがったのだから，イがふさわしい。

問３　「『カリキュラム通りに学生をしっかり勉強させる』ことを目指した大学『改革』の背景にあった考え方」は，「知識や能力を『コンテンツ』としてとらえる考え方」である。そのような考え方にもとづいて，大学は「学費を払《はら》った分に見合うだけの知識や能力が得られる場」，つまり，「知」を売り物のように「取引するような場」へと変化したのだから，「商品」がぬき出せる。

問４　Ⅰ，Ⅱ「教育内容＝コンテンツが，オンライン授業のかたちで学生に伝達されている現在の大学」は，「勉強に純化された」状態にあるといえるが，学生たちがそのようなオンライン授業を受けた結果，「勉強以外の無駄《むだ》なことがむしろ大学の本質」であることに気づいた点が「皮肉」なのだといえる。なお，「皮肉」は予想や期待に反し，思い通りにいかないさま。

問５　コロナ禍《か》において，「メディアで発言する専門家の意見の『食い違い』を日常的に目にして」いる人々は，「このコロナ禍を解決してくれる解決策がどこかにあるはずだ」と願うが，「そんなものは『まだ』どこにもない」と述べられている。つまり，「コロナ禍を乗り越《こ》える知見はコンテンツとしては」現時点で存在しておらず，これから生み出していかなければならないのだから，アがあてはまる。

問６「かつては，知識とはそれとの長い格闘《かくとう》の末に身につけるもの」であり，大学の役割は，「新たな知見を創造」することであった。しかし，「知識や能力を『コンテンツ』としてとらえる考え方」にもとづいて大学「改革」が行われた結果，大学教育は「知識コンテンツ」をインストールするものになってしまい，大学の教育研究機能は低下したのである。

三 **出典は目取真《めどるま》俊《しゅん》の『水滴《すいてき》』による。**セツが石嶺《いしみね》のために残してくれた水筒《すいとう》の水を飲み干《ほ》してしまったことをずっと悔《く》やんでいた徳正《とくしょう》は，戦後数十年たって，不思議な体験をする。

問１　徳正が村に帰ると，石嶺の母は身内のように無事を喜んでくれたが，徳正は後ろめたさのために，その姿をまっすぐに見ることができなかったのである。よって，エが選べる。

問２　徳正は，重傷を負った石嶺とともに，その場に座《すわ》りこんでいた。戦場で，「目の前を移動していく兵隊の姿」をながめながら，徳正は，置き去りにされる兵たちの声を，気のぬけた状態でただ聞いていたものと考えられるので，イが合う。

問３　セツが置いていった水筒の水は，本来は，重傷を負った石嶺に飲ませるためのものであった。徳正もそれを理解していて，最初は石嶺に飲ませようとしていたが，途中《とちゅう》で我慢《がまん》できなくなって，水筒の水を飲み干してしまった。飲んだ水が全身にしみわたると同時に，石嶺のための水を飲んでしまったことに対する罪悪感が，徳正の体中に広がっていったのである。

問４　「黒い蛇《へび》」は兵士達の隊列を，「鱗《うろこ》」は一人一人の兵士をたとえた表現である。傍線《ぼうせん》部③は，一人また一人と倒《たお》れていく兵士を置き去りにしていく兵士達のようすを表している。

問５　徳正は，米軍の捕虜《ほりょ》になって生き延びることができたが，「石嶺を壕《ごう》に置き去りにしてきたことを咎《とが》められはしないか」と恐《おそ》れたために，石嶺のことを聞かれると，「逃《に》げる途中ではぐれて，その後の行方《ゆくえ》は知らない」と嘘《うそ》をついたのである。

問６　セツが自決していたことを知って，徳正は悲しみ，そして腹を立てた。しかし，それと共に，「これで石嶺のことを知る者はいない，という安堵《あんど》の気持ち」も感じた。そんな自分を恥《は》じて，徳正が飲む酒の量は一気に増えたのだから，ウがよい。

問７　徳正の右足から水を飲むうちに，「土気色《つちけいろ》だった石嶺の顔に赤みが差し，唇《くちびる》にも艶《つや》が戻《もど》って」きた。唇を離《はな》して立ち上がった石嶺は，十七歳《さい》のままで，微笑《ほほえ》みを浮《う》かべていた。徳正は，そんな石嶺に腹を立てたが，石嶺は微笑みを浮かべて徳正を見つめるだけだった。そして，「ありがとう。やっと渇《かわ》きがとれたよ」と言うと，「敬礼し，深々と頭を下げ」ている。石嶺の態度から，自分の罪が許されたことを知り，長年の罪悪感から解放されて，徳正は号泣《ごうきゅう》したのである。

Memo

2022年度　逗子開成中学校

〔電　話〕　(046) 871－２０６２
〔所在地〕　〒249－8510　神奈川県逗子市新宿２－５－１
〔交　通〕　JR横須賀線 ―「逗子駅」より徒歩12分
京浜急行線 ―「新逗子駅」より徒歩12分

【算　数】〈第３次試験〉（50分）〈満点：150点〉

注意　１．定規・コンパス・筆記用具以外の使用は認めません。
　　　２．解答用紙への記入上の注意
・考え方を書く指示がある問題以外は，答えだけを書いてください。
・答えに単位が必要な問題は，必ず単位をつけて答えてください。
・答えが分数になる場合は，それ以上約分できない一番簡単な分数で答えてください。また，仮分数は帯分数に直してください。
・図やグラフをかいて答える問題に対し，定規・コンパスを忘れた場合は，手がきでていねいにかいてください。

1　次の $\square$ にあてはまる数を求めなさい．

(1) $\left\{(252+5)\times 32-252\times 7+5\times 18\right\}\div 25=\square$

(2) $1\frac{1}{9}\times\left\{\frac{9}{10}+1\frac{7}{8}\times\left(2\frac{5}{6}-3\frac{3}{4}\div 4\frac{1}{2}\right)\right\}=\square$

(3) $2.6\div\frac{5}{13}-\left(2.4-\square\right)\times 4\frac{2}{5}=1.92$

2　次の各問いに答えなさい．

(1) Ａ，Ｂ，Ｃの３個のおもりがあります．ＡとＢの重さの平均はＡとＣの重さの平均より５ｇ重く，ＢとＣの重さの平均は14ｇでした．Ｂの重さは何ｇですか．

(2) ある学校で，昨年度の生徒数は男子と女子をあわせて500人いました．今年度は，昨年度に比べて男子が10％増え女子が10％減ったため，全体として10人減りました．今年度の男子の生徒の人数は何人ですか．

(3) 次のように，ある規則にしたがって分数が並んでいます．

$$\frac{1}{200},\ \frac{6}{197},\ \frac{11}{194},\ \frac{16}{191},\ \frac{21}{188},\ \cdots$$

このとき，はじめて１より大きくなる分数は，はじめから数えて何番目の分数ですか．

(4) 図の平行四辺形 ABCD について，BE : EC＝2 : 1，CF : FD＝3 : 1 とするとき，EG : FH を求めなさい．

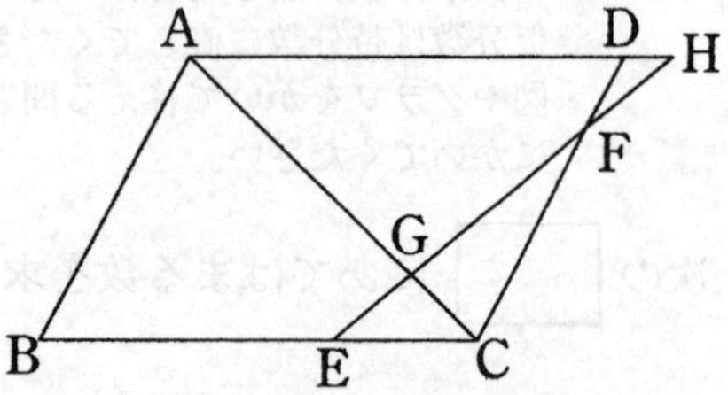

(5) 次の図は，立方体を４つ組み合わせたものです．立方体の辺を通って点 A から点 B へ行くには，何通りの方法がありますか．ただし，遠回りをせず，もっとも短い距離で行くこととします．

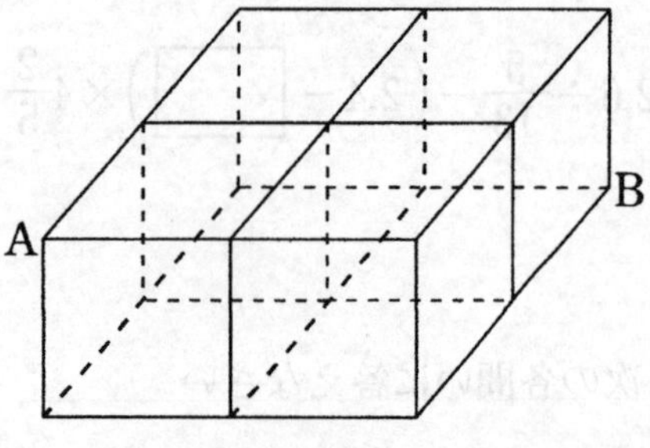

(6) A 君が６分で進む距離を B 君は 10 分で進むことができます．また，B 君が C 君より８分遅れて同じ方向に進むと，B 君が出発してから 12 分後に C 君に追いつきます．A 君と C 君がそれぞれ 6 km 進むのにかかる時間の差が 48 分であるとき，B 君の進む速さを求めなさい．

3 m, nをそれぞれ整数とし，mがnで何回割れるかを表す記号を$[m, n]$とします．例えば，mがnでa回割り切れるが，$a+1$回は割り切れないときは，$[m, n]=a$となります．mがnで1回も割り切れないときは，$[m, n]=0$となります．具体的に考えると，50は5で2回割り切れますが，3回は割り切れないので，$[50, 5]=2$となります．このとき，次の各問いに答えなさい．

(1) $[8748, 3]$を求めなさい．

(2) $[1800, a]=2$と$[4050, a]=2$が同時に成り立つような整数aのうち，最大のものを求めなさい．

(3) $[m, 2]=4$と$[m, 3]=3$が同時に成り立つような整数mにおいて，30000に最も近い整数mを求めなさい．

4 ある学校の生徒全員に，水泳とマラソンについてのアンケートを行いました．それぞれ得意か苦手かのどちらかを選んでもらったところ，次の4つのことがわかりました．

① 水泳は得意だがマラソンが苦手な生徒の人数は，生徒全員の人数の$\frac{5}{6}$倍であった．

② 水泳は苦手だがマラソンが得意な生徒の人数は，水泳は得意だがマラソンが苦手な生徒の人数の$\frac{2}{15}$倍であった．

③ マラソンが得意な生徒の人数は16人であった．

④ 両方とも得意な生徒の人数は1人以上であった．

このとき，次の各問いに答えなさい．

(1) 水泳は苦手だがマラソンが得意な生徒の人数は，生徒全員の人数の何倍であるか求めなさい．

(2) 水泳が得意な生徒の人数が94人であったとき，生徒全員の人数を求めなさい．

(3) 水泳が得意な生徒よりマラソンが苦手な生徒の方が多いとき，生徒全員の人数を求めなさい．

5 長さが 12 cm の線分 AB について，次の各問いに答えなさい．ただし，円周率は 3.14 とします．

(1) 図１のように，線分 AB 上に１辺の長さが 4 cm の正方形と半径 1 cm の円アがあります．円アを正方形にそって，矢印の方向にすべることなく，円イに重なるまでころがします．このとき，円アの中心がえがく線の長さは何 cm ですか．

図１

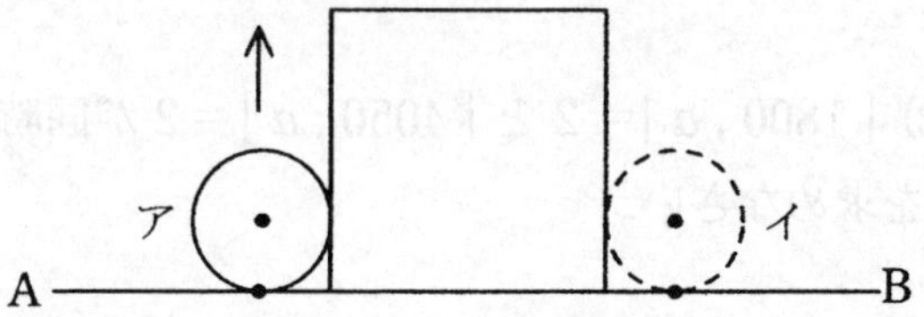

(2) 図２のように，線分 AB 上に半径 1 cm の半円と半径 1 cm の円ウがあります．円ウを半円にそって，矢印の方向にすべることなく，円エに重なるまでころがします．このとき，円ウの中心がえがく線の長さは何 cm ですか．ただし，答えは小数第３位を四捨五入しなさい．

図２

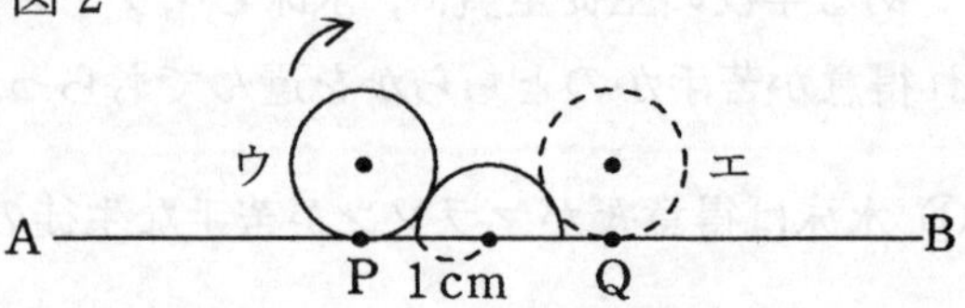

(3) (2)で円ウが円エまでころがったときに円ウが通る部分の図形をオとします．解答用紙の図に図形オをかき入れ，図形オの部分に斜線を引きなさい．
次に，図３（図３には図形オはかいてありませんが，あるものとして考えます）のように点 A 上に半径 1 cm の円カがあります．円カを矢印の方向にすべることなく，最初は線分 AB 上を，次に図形オにそって，最後に線分 AB 上を円キに重なるまでころがします．PQ の長さを 3.46 cm とするとき，円カの中心がえがく線を解答用紙の図（さきほど図形オをかき入れた図）にかき入れなさい．ただし，作図をする上で，補助でかいた線は消さないこと．さらに，円カの中心がえがく線の長さは何 cm か求めなさい．ただし，答えだけではなく途中の考え方も書き，答えは小数第３位を四捨五入しなさい．

図３

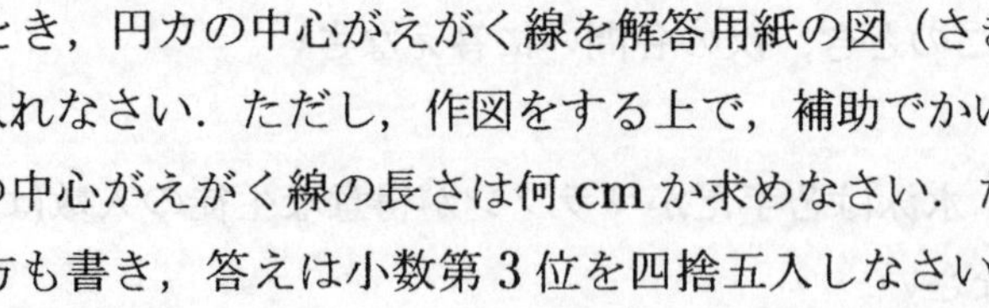

【社　会】〈第３次試験〉（40分）〈満点：100点〉

1　水や川に関する次の文章【A】～【C】をよく読んで以下の設問に答えなさい。

【A】

地球は「水の惑星《わくせい》」とよばれ、その表面積のうち約（　1　）％が海洋にあたります。さらに、その水のうち大部分が海水であり、淡《たん》水は約2.5％程度しかありません。この淡水の大部分はa）氷河や万年雪です。私たち人間や動物が利用できる淡水は約0.8％に相当する量でしかありません。この水は、ほとんどがb）地下水として存在し、河川やc）湖沼《こしょう》の淡水は約0.01％とごくわずかです。

問１　文章中の空らん（　1　）にあてはまる数字を次のア～エから一つ選び、記号で答えなさい。

ア．３０　　イ．５０　　ウ．７０　　エ．９０

問２　下線部a）に関連して、200万年ほど前の地球は氷河時代であったと考えられています。氷河時代の日本について述べた次の説明文Ｘ・Ｙについて、その正誤の組み合わせとして正しいものを次のア～エから一つ選び、記号で答えなさい。

Ｘ：現在のような列島ではなくユーラシア大陸と陸続きであった。
Ｙ：海水面は、今よりも100m以上高かった。

ア．Ｘ―正しい　Ｙ―正しい　　イ．Ｘ―正しい　Ｙ―誤り
ウ．Ｘ―誤り　Ｙ―正しい　　エ．Ｘ―誤り　Ｙ―誤り

問３　下線部b）に関連した次の文章を読み、空らん（　　）にあてはまる語句をカタカナで答えなさい。

現在、（　　）中央新幹線の整備が進められています。最高時速500㎞になるといわれ、2027年に品川―名古屋間の開業を予定しています。この工事にあたっては、地下水の流量や水質をめぐって、流域の自治体・県民・事業者との間で議論が重ねられています。

問４　下線部c）に関連して、日本の湖沼に関する説明文として正しいものを次のア～エから一つ選び、記号で答えなさい。

ア．洞爺《とうや》湖・宍道《しんじ》湖は、カルデラ湖として有名です。
イ．日本の湖のなかで、最も深い湖は十和田湖です。
ウ．八郎潟は、日本の代表的な干拓地として有名です。
エ．サロマ湖のうなぎ、浜名湖のホタテ貝など養殖が盛《さか》んな湖もあります。

【B】

「森は海の恋人《こいびと》」運動という言葉を知っていますか。この運動は、d）気仙沼《けせんぬま》でカキ養殖に関わる人々が、豊かな海や川をとりもどすためには、豊かな森が必要だという考え方にもとづいて、植林活動をおこなうことからはじめたものです。気仙沼に注ぐ大川《おおかわ》上流のe）岩手県室根山《むろねさん》に、ブナ・ナラ・クヌギなどの落葉広葉樹の植林を続けています。

カキの漁場は、汽水域《きすいいき》（淡水と海水が混じりあう水域）です。例えば、日本有数のカキ産地として有名な広島湾には、上流域に豊かな森の広がる太田川が注いでいます。この運動が開始されたのは、今から30年ほど前にフルボ酸鉄という成分を通じて、森と海のつながりが科学的に解明されてからです。しかし、当初その関わりは沿岸域の汽水域に限定されていると考えられていました。ところが世界有数の漁場の一つと言われるf）三陸海岸沖の生態系に、中国とロシアの国境を流れる全長4500㎞の巨大河川アムール川のフルボ酸鉄が関与していることが発表されました。海と森の深い関係が明らかになっているのです。

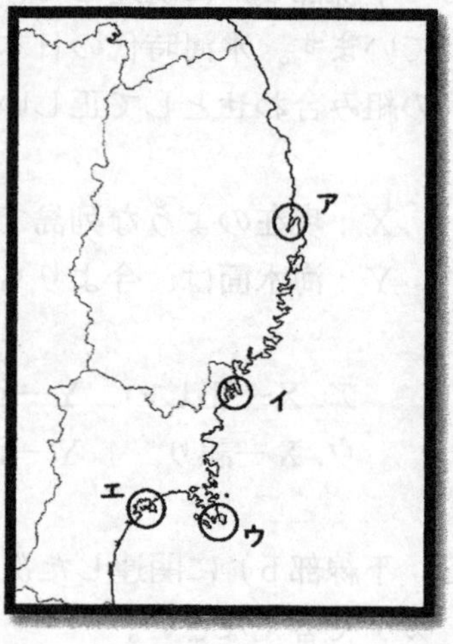

問５　下線部d）に関連して、次の各問いに答えなさい。

Ⅰ．気仙沼のある場所として正しいものを右の地図中のア～エから一つ選び、記号で答えなさい。

Ⅱ．Ⅰで選んだ場所の特徴《とくちょう》やそれに関連した文として正しいものを次のア～エから一つ選び、記号で答えなさい。

ア．海岸線が入り組んでいるため、津波の被害を受けにくいです。
イ．山地が海にしずんでできた海岸です。
ウ．このような海岸は、大隅半島にもみられます。
エ．水深がどこも深く船の出入りがしにくいため、漁港としては向いていません。

Ⅲ．気仙沼の経度と緯度の組み合わせとして正しいものを次のア～エから一つ選び、記号で答えなさい。なお兵庫県明石市は、東経135度00分／北緯34度39分に位置します。

ア．東経127度40分　／　北緯26度12分
イ．東経130度24分　／　北緯33度35分
ウ．東経136度37分　／　北緯36度35分
エ．東経141度34分　／　北緯38度54分

問６　下線部ｅ）に関連して、次の各問いに答えなさい。

Ⅰ．次の文の空らん（　①　）・（　②　）にあてはまる語句の組み合わせとして正しいものを以下のア～エから一つ選び、記号で答えなさい。

> 岩手県を含《ふく》む東北北部は、（　①　）にかけて、（　②　）が長い期間ふくと、冷害が発生することがあります。

ア．①―初夏～夏　②―からっ風　イ．①―初冬～冬　②―からっ風
ウ．①―初夏～夏　②―やませ　　エ．①―初冬～冬　②―やませ

Ⅱ．岩手県は、畜産業がさかんな地域として有名です。次の表は、家畜の都道府県別頭数の上位５都道府県（2019年）をまとめたものです。空らん（　①　）～（　④　）には、以下のア～エの家畜のいずれかがあてはまります。空らん（　①　）・（　②　）にあてはまる家畜をそれぞれ一つずつ選び、記号で答えなさい。

	（　①　）	（　②　）	（　③　）	（　④　）
1位	北海道	宮崎	北海道	鹿児島
2位	栃木	鹿児島	鹿児島	宮崎
3位	熊本	岩手	宮崎	北海道
4位	岩手	青森	熊本	群馬
5位	群馬	北海道	岩手	千葉

（『日本国勢図会《ずえ》2021/22年版』）

ア．肉用牛　イ．乳用牛　ウ．豚　エ．肉用若鶏（ブロイラー）

問７　下線部ｆ）に関連して、三陸海岸沖は、海流がぶつかりあう恵まれた漁場として有名です。Ⅰ）北からの海流とⅡ）南からの海流の名をそれぞれ答えなさい。

【C】

利根川は、新潟県と群馬県の県境にそびえる三国《みくに》山脈を水源とし、多数の支流をあわせながら（　２　）平野を北西から南東へ流れ、ｇ）千葉県銚子市とｈ）茨城県神栖《かみす》市の境でｉ）太平洋に注ぐ大河です。また、流れの一部は江戸川となり、東京湾に注いでいます。流域は、群馬県、長野県、栃木県、茨城県、（　３　）県、ｊ）千葉県、東京都と一都六県におよび、全長は322 kmで信濃川に続き、日本国内において２位、流域面積は、国内最大の河川です。利根川は「坂東《ばんどう》太郎」の異名を持ち、「筑紫《つくし》次郎」のｋ）筑後川、「四国三郎」の吉野川とあわせ、日本三大暴れ川の一つに数えられています。

問８　空らん（　２　）にあてはまる地名を漢字で答えなさい。

問9　下線部g）に関連して、銚子港は日本有数の水揚《みずあげ》量を誇ります。これに関連して、日本の主な漁港について述べた説明文として**誤っているもの**を次のア～エから一つ選び、記号で答えなさい。

ア．北海道釧路港は、北洋漁業の中心地の一つです。

イ．青森県八戸港は、東北地方有数の水揚量を誇る漁港です。

ウ．静岡県焼津港は、遠洋漁業の中心地の一つです。

エ．鳥取県境港は、太平洋側有数の水揚量を誇る漁港です。

問10　下線部h）に関連して、次の各問いに答えなさい。

Ⅰ．神栖市を含めた地域に広がる工業地域名を答えなさい。

Ⅱ．Ⅰの工業地域について述べた説明文として、正しいものを次のア～エから一つ選び、記号で答えなさい。

ア．絹織物産業から精密機械工業に転換することで発展しました。

イ．砂丘につくった掘り込み式の人工港を中心に発展しました。

ウ．岸壁に囲まれた天然の良港を改修して利用しました。

エ．内陸にありましたが、高速道路の整備によって発展しました。

Ⅲ．Ⅰの工業地域近辺の地図に掲載《けいさい》されている地図記号を集めてみました。この地域の性格を考えると、**誤っているもの**を次のア～エから一つ選び、記号で答えなさい。

ア．

イ．

ウ．

エ．

問11　下線部i）に関連して、次の文章の空らんにあてはまる語句を漢字2字で答えなさい。なお、空らんにはすべて同じ語句がはいります。

利根川下流域の低湿地帯を、一般に（　　）地帯とよびます。筑波山を含む（　　）筑波国定公園として指定されています。また、佐原《さわら》の町並みは、（　　）の町として知られ、観光客を集めています。

問12　空らん（　３　）にあてはまる県名を漢字で答えなさい。

問13　下線部j）に関連して、京葉工業地域について述べた説明文として、正しいものを次のア～エから一つ選び、記号で答えなさい。

ア．出荷額のうち、化学工業の占める割合が特に高い。

イ．情報が集まりやすいため、千葉県内では印刷業が最もさかんです。

ウ．特に自動車・電気機器などの製造がさかんです。

エ．製紙・パルプ工業や楽器・オートバイ生産がさかんです。

問14　下線部k）に関連して、筑後川が流入する海の名を答えなさい。

2 利根川に関する次の文章をよく読んで以下の設問に答えなさい。

利根川は、古くから度重《たびかさ》なる氾濫《はんらん》と流路の変更《へんこう》が記録されています。また、ａ）利根川周辺地域の様子が現在と大きく異なっていたことが分かっています。

利根川の治水が大きく意識されるようになったのは、（　１　）が江戸に入ってからです。江戸に政治の中心が移ってから、利根川の治水は重要課題となりました。江戸時代初期までは、ｂ）利根川は江戸湾（現在の東京湾）に注ぐ川でしたが、東北地方や北関東から江戸への水運の確保や新田開発の推進を発端《ほったん》に、利根川を東にうつす動きがはじまりました。17 世紀半《なか》ばには、今の銚子市に流れるようになったと考えられています。一方、利根川の水運を支える改修もさかんにおこなわれ、ｃ）寛永年間の 1641 年に江戸川の開削《かいさく》、ｄ）享保年間の 1728 年に見沼代《みぬまだい》用水の完成をみるなど、現在の物流の基礎《きそ》となるような工事がおこなわれました。

利根川の支流、吾妻《あがつま》川上流にそびえる（　２　）山は、たびたび噴火を繰り返してきました。その中でも、1783 年の噴火では、大きな被害《ひがい》がでました。この頃、江戸幕府ではｅ）田沼意次が失脚《しっきゃく》しています。また、利根川流域ではｆ）明治時代以後もしばしば大洪水が発生しました。特にｇ）1947 年のカスリーン台風では大洪水が発生し、その被害は大きく、決壊《けっかい》した水は、現在の東京都葛飾区や江戸川区まで及びました。その後、洪水の被害を防ぐために、ダムの建設や各地に水をポンプで高い所にくみあげるなどの治水計画が立てられてきました。

利根川の支流の渡良瀬川、鬼怒《きぬ》川は現在では利根川に合流して太平洋に注いでいますが、古くは利根川、渡良瀬川は別々に東京湾に注ぎ、鬼怒川は直接太平洋に注いでいたといわれています。

渡良瀬川は、古くから水運に利用されてきました。川沿いの（　３　）は、江戸時代には「西の西陣」「東の（　３　）」とならび称《しょう》せられる絹織物の産地でした。しかし、渡良瀬川は、（　４　）鉱毒事件により汚染《おせん》された歴史もあり、一時は生物が棲《す》めない川となったこともありました。

鬼怒川一帯は、かつて豪族の下毛野《しもつけの》氏によって支配されていました。上流には日光があり、鎌倉時代以降、下毛野氏の流れをくむｈ）宇都宮氏の支配下におかれました。また、川沿いの茨城県常総《じょうそう》市には、ｉ）歌舞伎で有名な累ヶ淵《かさねがふち》の舞台となった法蔵寺《ほうぞうじ》もあります。

問１　文中の空らん（　１　）～（　４　）にあてはまる人名・地名・語句を漢字で答えなさい。（　１　）は姓・名で答えること。

問２　下線部ａ）に関連して、次の各問いに答えなさい。

Ⅰ．次の文章を読み、空らん（　①　）～（　③　）にあてはまる語句を漢字で答えなさい。

・現在の稲敷《いなしき》市浮島《うきしま》地区は陸地ですが、『常陸国（　①　）』には、奈良時代に、周囲は海であったことを推測できる記述があります。『（　①　）』は、奈良時代に国ごとに作成された地誌のことです。
・約 4500 首の歌をまとめた日本最古の和歌集『（　②　）』には、香取《かとり》の海の情景をよんだ歌が収められています。
・720 年に完成した歴史書『（　③　）』には、ヤマトタケルが香取の海を通ったと記されています。

Ⅱ．下の地図は、7～8 世紀頃の地形をあらわしたものです。図中の●は、この地域の権力を持つ者がまつられていた場所の分布を示しています。この場所を何といいますか、漢字２字で答えなさい。

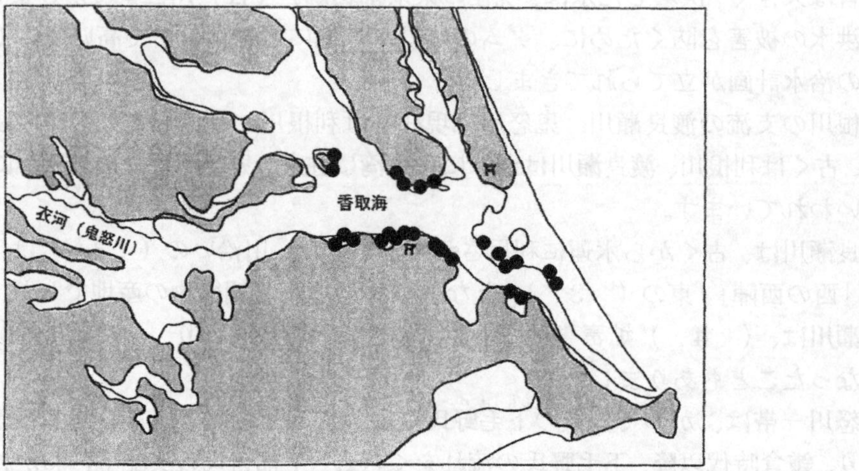

＊白い部分は低地・川・海をあらわし、その他は台地をあらわします

（久保純子「『常総の内海』香取平野の地形と歴史時代における環境変遷」より作成）

問３　下線部ｂ）に関連して、利根川沿い出身の人物に関する次の文章を読んで、空らん（　①　）・（　②　）にあてはまる語句・人名を答えなさい。なお、（　①　）は漢字２字で、（　②　）は姓・名を漢字で答えなさい。

2021 年は、塙《はなわ》 保己一《ほきいち》没後 400 年でした。保己一は、江戸時代の（　①　）者で、平曲家《へいきょくか》です。彼は、少年時代に失明し、平曲家として活躍しました。平曲家とは、『平家物語』を語る人のことです。その後、学問をこころざし、賀茂真淵《かものまぶち》に（　①　）を学びました。賀茂真淵は、（　①　）を大成し『古事記伝』をあらわした（　②　）の師にあたります。1793 年、幕府に願い出て和学講談所という学問所を開き、古書や古い記録を集めて分類・編纂《へんさん》しました。

問４　下線部ｃ）に関連して、徳川家光の時代に起こった出来事として**誤っているもの**を次のア～エから一つ選び、記号で答えなさい。

ア．参勤交代が制度化されました。

イ．島原・天草一揆が起こりました。

ウ．オランダ商館が出島に移されました。

エ．生類憐みの令が出されました。

問５　下線部ｄ）に関連して、享保の改革で実施された幕府の政策として正しいものを次のア～エから一つ選び、記号で答えなさい。

ア．大名に対して、石高１万石につき 100 石の米を幕府に納めさせました。

イ．物価上昇の状況をふまえて、株仲間の解散を命じました。

ウ．外国船の打ち払いを決定しました。

エ．大名に対して、飢饉《ききん》に備えて米をたくわえる囲米を命じました。

問６　下線部ｅ）に関連して、この人物について述べた説明文として正しいものを次のア～エから一つ選び、記号で答えなさい。

ア．上知令を出しました。

イ．人返しの法を出しました。

ウ．天保の飢饉をきっかけに失脚しました。

エ．老中として財政を立て直そうとしました。

問７　下線部ｆ）に関連して、次の各問いに答えなさい。

Ⅰ．明治時代に香取を訪れた人物について述べた次の文章の空らん（　①　）・（　②　）にあてはまる語句をそれぞれ漢字で答えなさい。なお（　①　）は漢字７字とします。

正岡子規は、俳句、短歌、新体詩など日本の近代文学に影響《えいきょう》を与えたことで有名です。（　①　）が発布された 1889（明治 22）年の、４月３日～７日までの旅を『水戸紀行』としてまとめています。東京～利根川～水戸まで徒歩 120 ㎞の旅でした。正岡は５年後、（　②　）戦争に記者として従軍したことも知られています。

Ⅱ．明治時代に関連して、次の〈資料１〉・〈資料２〉は、発行時期が異なる歴史学習漫画の一コマで、ともに「韓国併合」に関して、発言している伊藤博文が描《えが》かれています。その表現や描き方にふれた上で、あなたは、どのような点に注意をして歴史を勉強していかなければならないと考えますか。簡潔に説明しなさい。

〈資料１〉

『少年少女日本の歴史』（小学館 1983）

〈資料２〉

『はじめての日本の歴史』（小学館 2016）

問８　下線部ｇ）に関連して、この前後の時期の出来事について述べた次の文ア～エを古い順に並べ直し、記号で答えなさい。

ア．日本はポツダム宣言を受けいれて降伏しました。

イ．サンフランシスコ平和条約が結ばれました。

ウ．日本国憲法が施行されました。

エ．警察予備隊がつくられました。

問９　下線部ｈ）に関連して、宇都宮氏に関する出来事について述べた次の文ア～エを古い順に並べ直し、記号で答えなさい。

ア．宇都宮頼綱《よりつな》は、源実朝をめぐる事件で、謀反《むほん》の疑いをかけられました。

イ．宇都宮国綱《くにつな》は、文禄の役に参加しました。

ウ．宇都宮公綱《きんつな》は、南朝方につき足利尊氏と対立しました。

エ．宇都宮朝綱《ともつな》は、奥州藤原氏との戦いで功績をあげ恩賞をもらいました。

問10　下線部ｉ）に関連して、歌舞伎の役者絵を描いた東洲斎写楽は有名です。写楽が描いたような多《た》色《しょく》刷《ず》りの版画を漢字３字で答えなさい。

3 次の文と表をよく読んで以下の設問に答えなさい。

次の表は、「特定都市河川浸水被害対策法等の一部を改正する法律」(通称《つうしょう》「流域治水関連法」)の2021(令和3)年のa)国会における審議《しんぎ》の流れです。

2月2日	衆議院議案受理
3月23日	衆議院付託《ふたく》　b)(A)委員会
4月8日	c)衆議院可決
	参議院議案受理
4月14日	参議院付託 (A) 委員会
4月28日	参議院可決
5月10日	公布
7月15日	一部施行

*付託…議案の審査を任せること

問1　下線部a)に関連して、次の各問いに答えなさい。

Ⅰ．次の文は、『日本国憲法』第41条です。空らん(①)・(②)にあてはまる語句を漢字で答えなさい。

> 国会は、国権の(①)機関であって、国の唯一の(②)機関である。

Ⅱ．次の文章は、国会の種類について述べたものです。空らん(①)～(③)にあてはまる語句を、(①)・(②)は漢字で、(③)は解答らんにあうように答えなさい。

> 問題文にある「流域治水関連法」が話し合われたのは、毎年1月に開かれる(①)においてです。一方、臨時国会は(②)が必要と認めたとき、または衆議院・参議院いずれかの議院の総議員の(③)以上の要求があったときに開かれます。

問2　下線部b)に関連して、次の各問いに答えなさい。

Ⅰ．空らん(A)にあてはまるものを次のア～エから一つ選び、記号で答えなさい。

ア．予算　　イ．総務　　ウ．財務　　エ．国土交通

Ⅱ．Ⅰの委員会では、災害に関する研究者や公的機関の専門家を呼び、意見を聞いています。このような場を何といいますか、漢字で答えなさい。

問3　下線部c)に関連して、次の各問いに答えなさい。

Ⅰ．参議院にくらべて衆議院の方が、強い権限が与えられています。これを何といいますか、解答らんにあうように漢字で答えなさい。

Ⅱ．Ⅰについて述べた説明文として**誤っているもの**を次のア～エから一つ選び、記号で答えなさい。

ア．予算の議決について、衆参両議院が異なる議決をおこない、弾劾裁判を開いたにも関わらず、意見が一致しなかったときは、衆議院の議決が国会の議決となります。

イ．内閣総理大臣の指名について、衆参両議院が異なる議決をおこない、両院協議会を開いたにも関わらず、意見が一致しなかったときは、衆議院の議決が国会の議決となります。

ウ．内閣不信任の決議は衆議院のみができます。

エ．法律案の議決について、衆参両議院が異なる議決をした場合は、衆議院の出席議員の３分の２以上の賛成で再可決すると成立します。

問４　次の〈資料１〉〈資料２〉は、流域治水関連法をうけて、全国で検討されている流域治水プロジェクトに関するものです。両資料をよく読んだ上で、本プロジェクトが提案する流域治水の考え方と課題を説明し、あわせてその課題を克服するためにはどのような解決方法があるのか、あなたの考える解決方法を解答らんにあうように説明しなさい。

〈資料１〉流域治水プロジェクトについて

今回の法律で、ダムや堤防《ていぼう》にたよる水害対策からの転換《てんかん》がはかられました。流域治水とは、ダムや堤防といった従来の対策に加えて、流域に関わるあらゆる関係者が協働して水害対策をおこなう考え方のことです。あらゆる関係者がおこなう対策とは、山間部など上流部の集水域から、平野部で洪水に見舞われがちな氾濫《はんらん》域まで、流域全体を視野にいれて考えていきます。ダムやため池、遊水地や堤防などの充実に加え、土地利用の規制や避難《ひなん》行動の促進も含まれています。

しかし、各流域治水協議会の地域関係者は市町村首長や国や地域に関する組織の関係者にとどまります。すなわち、地域住民の代表者が少なく、地域におけるあらゆる立場の関係者が、プロジェクトに関われていないのが現状です。

〈資料２〉流域治水プロジェクトの実例

国がすすめる田んぼダムという仕組みは、地域住民の協力により、無償《むしょう》で提供される田んぼをダムの替わりに使う、というものです。これは、雨が多く降った時に、あえて川沿いの田んぼに水を流し、川の流水量を減らすことで、洪水の被害を少なくするものとして注目されています。しかし、あまりにも多くの豪雨が集中して降ってしまった場所では、田んぼにがれきが流入して土がえぐられる被害が起きており提供された田んぼの作物の、収穫への影響が心配されています。

【理　科】〈第３次試験〉（40分）〈満点：100点〉

注意　図やグラフをかく場合は，ていねいにはっきりとかきなさい。必要ならば定規を使ってもかまいません。

1　植物は種子を作り，子孫を残すことができます。しかし，私たちが普段食べている野菜や果物には種子が入っていないものがあります。種なしブドウや種なしスイカなど人が手を加えたり，品種改良をしたりすることで種子の入っていない果実を作ることができます。植物の種子形成について，下の問いに答えなさい。

（１）スイカの種子は発芽に必要な養分を子葉にたくわえています。スイカの種子と同じ特徴《とくちょう》を持つ種子を作る植物を次のア～エから１つ選び，記号で答えなさい。

ア．クリ　　イ．トウモロコシ　　ウ．カキ　　エ．ホウレンソウ

（２）種子が発芽するときに必要なものを次のア～カからすべて選び，記号で答えなさい。

ア．肥料　　イ．水　　ウ．適当な温度　　エ．日光　　オ．土　　カ．空気

（３）植物の種子のでき方について次の文中の空欄《くうらん》（　X　），（　Y　）にあてはまる語句を答えなさい。

「被子植物は受粉をしたあと，めしべの（　X　）がふくらみ果実になり，（　X　）の中の（　Y　）が種子となる。」

（４）５種類のミカンA～E種を用意しました。これらのミカンを調べると種子が入っているものと入っていないものがありました。この違いには次の３つの性質が関係しています。

性質１　花粉に問題があり，受粉しても種子を作ることができない。
性質２　めしべに問題があり，受粉しても種子を作ることができない。
性質３　自分の作った花粉では受粉ができず，種子を作ることができない。他の個体が作った花粉なら受粉し，種子を作ることができる。

この３つの性質のうち，どれか１つでもあてはまった場合は種子ができない可能性があります。もしA～E種が性質１～３を持っていない場合は，どの花粉をどのめしべにつけても種子を作ることができます。そこで，A～E種の持つ性質を特定するために次のような実験を行いました。

［実験］　A～E 種それぞれの花粉を取り出し，同種のめしべにつけたところ次の表のような結果となりました。○は種子を作ることができた，×は種子を作ることができなかったことを表しています。

	A 種花粉	B 種花粉	C 種花粉	D 種花粉	E 種花粉
A 種めしべ	×	Z			
B 種めしべ		×			
C 種めしべ			×		
D 種めしべ				○	
E 種めしべ					×

① 次のア～オはミカン A～E 種のいずれかの特徴を表しており，A～E 種が同じ特徴を持っていることはありません。D 種の特徴を次のア～オから 1 つ選び，記号で答えなさい。

ア．性質 1 を持っている。　イ．性質 2 を持っている。

ウ．性質 3 を持っている。　エ．性質 1 と 2 を持っている。

オ．性質 1～3 を持っていない。

② D 種の花粉を E 種のめしべにつけたところ，種子を作ることができませんでした。また，E 種の花粉を D 種のめしべにつけても種子を作ることができませんでした。この結果から，E 種の特徴を①の選択肢《せんたくし》ア～オから 1 つ選び，記号で答えなさい。

③ D 種の花粉を B 種のめしべにつけたところ，種子を作ることができませんでした。このとき，表の Z に適した記号（○，×）を答えなさい。ただし，この条件では分からない場合は△と答えなさい。

2 気体を発生させる実験について，下の問いに答えなさい。

（1）右の図のような二股《ふたまた》試験管を使い，オキシドールと二酸化マンガンを反応させて気体を発生させました。

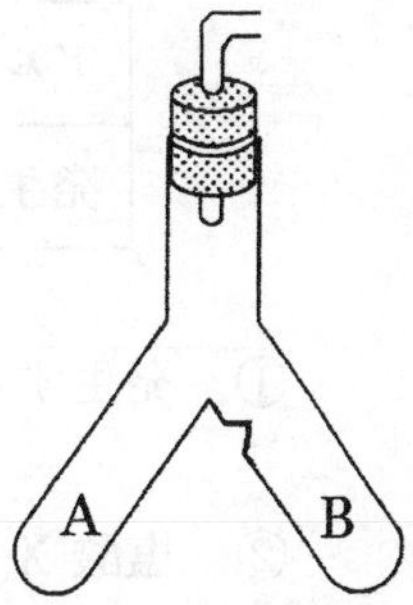

① 図の二股試験管の使用方法を説明した次の文章中の空欄《くうらん》（ あ ）～（ え ）にあてはまる言葉の組み合わせとして正しいものを下のア～エから**1**つ選び，記号で答えなさい。

「まず始めに固体である二酸化マンガンを（ あ ）側に，液体であるオキシドールを（ い ）側に入れます。次に，二股試験管をかたむけ，（ う ）側から（ え ）側へ薬品を移し，反応させます。」

	（ あ ）	（ い ）	（ う ）	（ え ）
ア	A	B	A	B
イ	B	A	A	B
ウ	A	B	B	A
エ	B	A	B	A

② 発生する気体は何ですか。

③ この反応において二酸化マンガンは，反応の前後で変化せず，触媒《しょくばい》としてはたらいています。触媒のはたらきを説明しなさい。

④ 濃度《のうど》が**3.4** ％のオキシドール**50** g と二酸化マンガンを反応させると**0.8** g の気体が発生しました。次に，濃度の異なるオキシドール**75** g を同じ二酸化マンガンと反応させると**3.0** g の気体が発生しました。このオキシドールの濃度は何％ですか。答えが割り切れないときは，小数第**2**位を四捨五入しなさい。

（2）ある濃度の塩酸X 50 mLにアルミニウムを加えて気体を発生させました。下の表は，加えたアルミニウムの質量と，発生した気体の体積をまとめたものです。

アルミニウムの質量(g)	0.1	0.2	0.5	0.8	1.0
発生した気体(mL)	125	250	625	750	750

① 発生する気体は何ですか。

② 塩酸X 50 mLとちょうど反応するアルミニウムの質量は何gですか。答えが割り切れないときは，小数第2位を四捨五入しなさい。

③ 塩酸X 80 mLにアルミニウムを1.5 g加えたとき，反応せずに残るアルミニウムは何gですか。答えが割り切れないときは，小数第3位を四捨五入しなさい。

④ 濃度の異なる塩酸Y 70 mLを用意し，同様の実験を行ったところ，1.26 gのアルミニウムとちょうど反応しました。塩酸Xと塩酸Yの濃度の比を整数で答えなさい。

3 身近にあるさまざまな道具には，てこの原理の工夫が取り入れられています。それらの支点，力点，作用点の並び方を調べてみると表1のように3つのグループA～Cに分けることができます。下の問いに答えなさい。

表1

グループ	支点，力点，作用点の並び方
A	支点－力点－作用点　（または作用点－力点－支点）
B	力点－支点－作用点　（または作用点－支点－力点）
C	支点－作用点－力点　（または力点－作用点－支点）

（1）次の図1～図3の道具は，表1のいずれかのグループに分類されます。それぞれどのグループに分類されますか。A～Cから選び，記号で答えなさい。

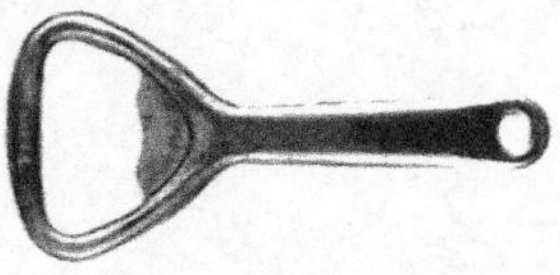
図1 せんぬき

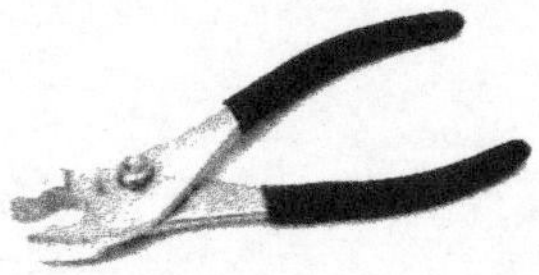
図2 ペンチ

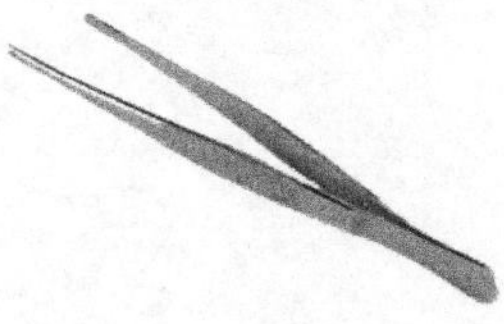
図3 ピンセット

（２）グループＡの特徴《とくちょう》として正しい文には○，正しくない文には×と答えなさい。

ア．作用点に同じ大きさの力を加える場合，力点に加える力の大きさは力点と支点の距離《きょり》が近いほうが小さい力ですむ。

イ．作用点に同じ大きさの力を加える場合，力点に加える力の大きさは力点と作用点の距離が近いほうが小さい力ですむ。

ウ．作用点にかかる力の大きさは，力点に加える力の大きさより大きくはできない。

（３）図４のはさみについて，次の文中の空欄《くうらん》（　Ｘ　）～（　Ｚ　）にあてはまる語句の組み合わせとして正しいものを次のア～クから１つ選び，記号で答えなさい。

「はさみで紙を切るとき，はさみの刃《は》が閉じるにつれて，（　Ｘ　）の位置が支点と（　Ｙ　）ことにより，紙を切るために必要な力は（　Ｚ　）なる。」

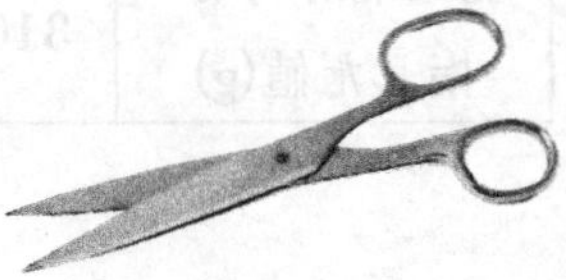

図４ はさみ

	X	Y	Z		X	Y	Z
ア	力点	近づく	大きく	オ	作用点	近づく	大きく
イ	力点	近づく	小さく	カ	作用点	近づく	小さく
ウ	力点	離れる	大きく	キ	作用点	離れる	大きく
エ	力点	離れる	小さく	ク	作用点	離れる	小さく

次に，グループＡの並び方で棒を支える様子を図５のように表しました。支点に台があり，作用点におもりがつるしてあります。また，力点にはそのおもりを支えられるような向き(上向き)に力の矢印をかいてあります。

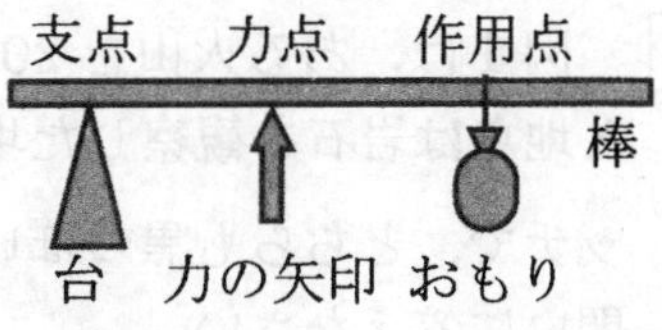

図５　グループＡ

（４）解答欄の棒に，図５にならって台，おもり，力の矢印をかき足し，グループＢを表す図を完成させなさい。

グループＡの並び方を，おもさのわからない 100 cm の棒で図６のようにつくりました。棒には左端《はし》から 10 cm ごとにめもりがつけてあり，10 cm の位置を支点として台を置き，90 cm の位置を作用点として 120 g のおもりをつるしました。この状態で 70 cm の位置を力点としてばねばかりで引き，棒を水平にするとばねばかりは 310 g を指しました。続いて，作用点と力点の位置を変えず，支点の位置を変えてばねばかりの指す値を調べると表２の結果になりました。ただし，棒のおもさは棒のある一点にすべてかかるとします。

表２

支点の位置(cm)	10	20	30	40
ばねばかりが指した値(g)	310	288	255	200

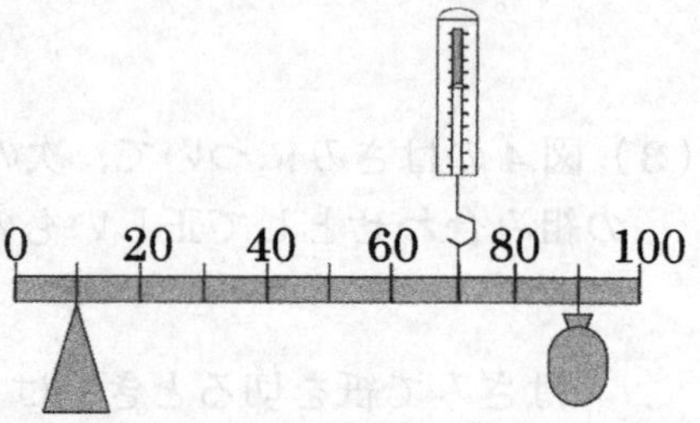

図６

（５）棒のおもさがかかる位置は棒の左端から何 cm のところですか。次のア～エから１つ選び，記号で答えなさい。

ア．10 cm　　イ．20 cm　　ウ．30 cm　　エ．40 cm

（６）棒のおもさは何 g ですか。答えが割り切れないときは，小数第１位を四捨五入し，整数で答えなさい。

4　図１は，ある火山を 20 m 間隔《かく》でかかれた等高線で示しています。▲印は火口で，A 地点は岩石を観察した場所です。図２は，A 地点で観察した２種類の火成岩のスケッチで，どちらも黒っぽい粒《つぶ》と白っぽい粒が見られました。火山活動について，次の問いに答えなさい。

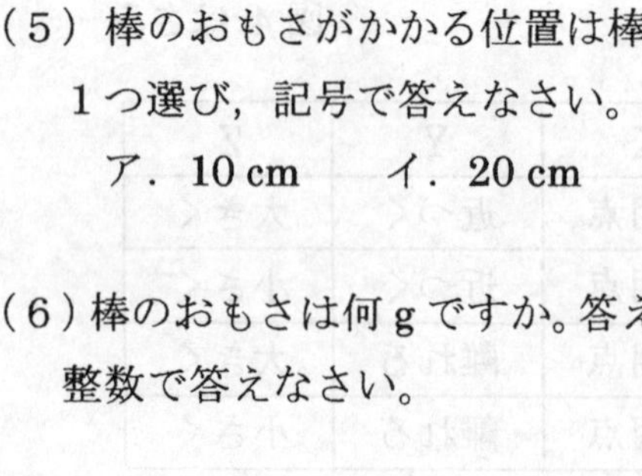

図１

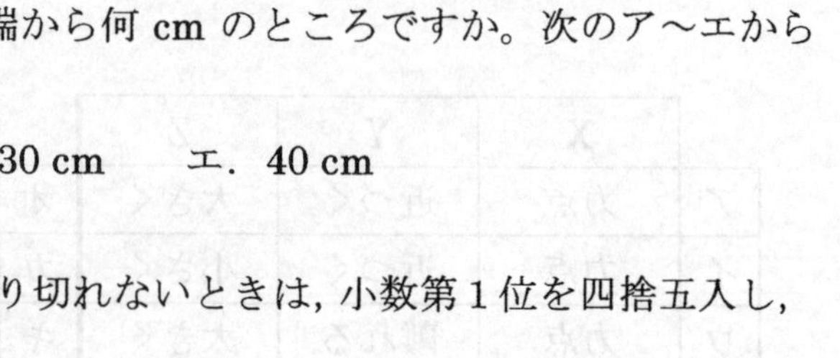

図２

（１）図２の火成岩 a，b のでき方について正しいものを次のア～エから１つ選び，記号で答えなさい。

ア．火成岩 a と火成岩 b は同じくらいの時間をかけてできた。

イ．火成岩 a は火成岩 b よりもゆっくり時間をかけてできた。

ウ．火成岩 b は火成岩 a よりもゆっくり時間をかけてできた。

エ．火成岩のでき方に時間は関係しない。

（２）図２の火成岩 b の名前を，次の［説明］のように色指数《いろしすう》を利用して調べました。下の表は６種類の主な火成岩と色指数の関係を示しています。

［説明］

右の図のように，とう明のうすいプラスチック板にかいた格子《こうし》点「・」(総数 25 点)を火成岩 b のスケッチの上にのせ，黒っぽい色の粒と重なる格子点の数を数えます。そして，次の式を使って色指数を求めます。

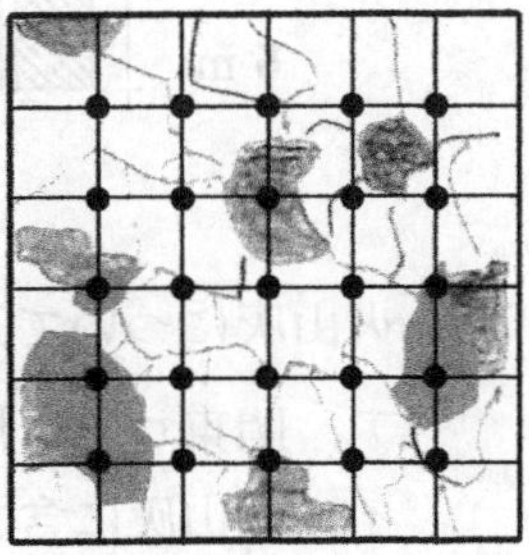

$$色指数(\%)=\frac{黒っぽい粒と重なる格子点の数}{格子点の総数}\times 100$$

火成岩	火山岩	流もん岩	安山岩	げんぶ岩
	深成岩	花こう岩	せん緑岩	はんれい岩
色指数		10 ％より小さい	10 ％～35 ％	35 ％～60 ％

①　火成岩 b の名前は何ですか。上の表の中から選びなさい。

②　色指数の値が小さいほど火成岩全体の色はどのようになりますか。

（３）図３は，図１の B～M の各地点のボーリング調査から作った柱状図です。この図を見ると，火山灰(あ)の層と火山灰(い)の層が見られます。この火山灰は図１の中の火山がふん火したときにたい積したもので，この火山は少なくとも２回ふん火しています。火山灰の層は，ふん火した当時の上空の風に影響《えいきょう》され，また，火口に近いほど厚くたい積しています。

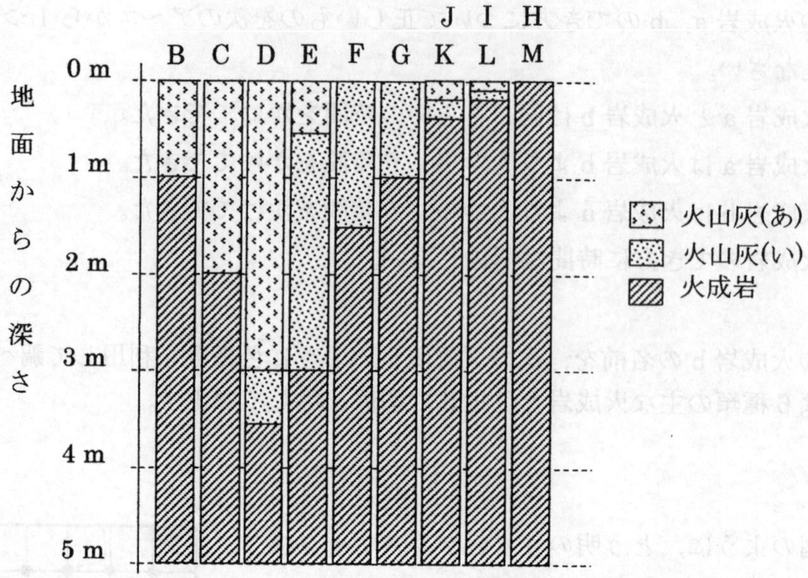

図3

① 火山灰について正しいものを次のア～エから1つ選び，記号で答えなさい。

ア．関東ローム層には，火山灰は含《ふく》まれていない。

イ．火山灰に含まれる粒には，白っぽいものや黒っぽいものがある。

ウ．火山灰に含まれる粒には，角が丸まったものが多い。

エ．火山灰が長い年月をかけて固まり，石灰岩になる。

② D地点を地面から掘《ほ》ると，火山灰(い)の層が最初に見られるのは標高何mですか。

③ 火山灰(あ)，(い)がたい積した順番と風向きを示した矢印の組み合せとして最も適当なものを，次のア～クから1つ選びなさい。ただし，「→」は西から東を，「←」は東から西を表しています。

	先にたい積	風向き	後にたい積	風向き
ア	火山灰(あ)	→	火山灰(い)	→
イ	火山灰(あ)	→	火山灰(い)	←
ウ	火山灰(あ)	←	火山灰(い)	→
エ	火山灰(あ)	←	火山灰(い)	←
オ	火山灰(い)	→	火山灰(あ)	→
カ	火山灰(い)	→	火山灰(あ)	←
キ	火山灰(い)	←	火山灰(あ)	→
ク	火山灰(い)	←	火山灰(あ)	←

問三　——線部①「二人の旅には本質的な違いがいくつもある」とあるが、どのような違いがあるのか。次の文の空欄に入る言葉を指示に従って答えなさい。

（　八字以上十二字以内　）があるかないかの違い。

問四　——線部②「自分は思い違いをしていた」とあるが、どういうことか。次の文の空欄に入る言葉をそれぞれ指示に従って答えなさい。

（　Ⅰ　「若い頃」を必ず入れて、二十字以上三十字以内　）に過ぎないのに、現在の旅は（　Ⅱ　二十字以上三十字以内　）と思い込んでいたということ。

問五　本文を通じて、旅について筆者はどうすることが大事だと考えているか。説明しなさい。

問六　本文の内容に合致するものとして最も適切なものを次の選択肢ア〜エから一つ選び、記号で答えなさい。

ア　たとえ「余儀ない旅」をしていたとしても、その旅が自分にとって忘れがたい旅になることがある。
イ　『深夜特急』の旅は何からも影響されていない独自性のある旅だと筆者は思っていたが、実は違っていた。
ウ　森本さんはサハラ砂漠の厳しい環境下で過酷な経験をしたため、今でもサハラの旅を夢に見てしまう。
エ　近場のありきたりな観光地でも、自分がどういう気持ちで旅をしたかで記憶に残る旅になりうる。

になったとすれば、それは足跡を残す旅だったからというのではなく、なによりその旅をいきいきと生きていたからだったにちがいない。好奇心を全開にして旅を生き切った。たぶん、どのような旅でも、その人が旅をいきいきと生きていれば、そこに引かれる線は濃く、太いものになり、忘れがたいものになるのだろう。

まず、一歩を。

（沢木耕太郎『銀河を渡る　全エッセイ』新潮社）

注　＊１　克明に……一つ一つ細かいところまで。
　　＊２　余儀ない……他にとるべき方法がない。やむをえない。
　　＊３　杉本博司……写真家。ニューヨークのジャパン・ソサエティーで、天正少年遣欧使節をテーマにした展覧会を開き、少年たちの辿ったルートを写真や工芸品で紹介した。
　　＊４　評言……批評のことば。
　　＊５　松田先生…筆者が大学時代にスペイン語を教わった教師。

問一　［Ａ］～［Ｃ］に入る言葉として最も適切なものを次の選択肢ア～カから一つずつ選び、それぞれ記号で答えなさい。ただし同じ記号を二度以上用いてはならない。

ア　なるほど　　イ　もはや　　ウ　せめて　　エ　あくまで　　オ　もっとも　　カ　かえって

問二　〰〰線部「買いかぶり」の意味として最も適切なものを次の選択肢ア～エから一つ選び、記号で答えなさい。

ア　実際以上に高く評価すること。　　イ　独りよがりの判断を下すこと。
ウ　世間一般の考え方をすること。　　エ　人から伝え聞いて確証がないこと。

関係づけるところまでは行っていなかったが、［B］、もしかしたら私は、松田先生を介して、無意識のうちに彼らと同じコースを辿っていたと言えなくもないのだ。

それまで、私は、『深夜特急』の旅では、まっさらな砂浜に足跡をつけるような旅をしていたと思っていた。ところが、私の眼の前には見えない点線のようなルートがあり、それを辿って行っていたと言えなくもなかったのだ……。

そして、いま、こんなふうに思うようになっている。

もしかしたら足跡を残す旅と足跡を辿る旅とのあいだには、あまり差はないのかもしれない。まっさらと思えている前途にも、見えない点線がついていて、それを無意識に辿っているだけかもしれないからだ。

かつて私は国内で「坂本龍馬脱藩の道」と名付けられたルートを歩いたことがあった。

それには龍馬研究家が作成した地図があった。私はその地図にしたがって四国を横断した。まさにそれは誰かの足跡を辿る旅だった。

だが、私にとってその地図のルートは、具体的にはほとんど何もわからないも同然の道だった。曖昧《あいまい》であやふやな「点線」のようなルート。しかし、私が実際に歩くことで、その点線の中にある個々の点はひとつにつながり、実線になっていったのだ。

あるいは、誰かがお膳《ぜん》立てしてくれたツアーのようなものでも同じなのかもしれない。そこではかなりきっちりとした予定が立てられているだろう。だが、たとえどれほど綿密に立てられた予定のルートでも、出発するまでは単なる点線にすぎない。旅人がそのルートを実際に歩むことで初めて実線としてつながるのだ。

つまり、たとえどのような旅であっても、ルート上の点線は［C］点線にすぎず、旅人が一歩を踏み出さなければ永遠に実線になることはなく、点線のままだということなのだ。

それがどんな旅であってもいい。遠くサハラ砂漠に赴く旅でもいいし、一泊二日で近郊の桜の名所を訪ねる旅でもいい。いや、日帰りで温泉に入るための旅でもいい。大切なことは、一歩を踏み出すこと、そして点線のルートを実線にすることだ。

そして、さらに、こんなふうにも思う。

森本さんの『サハラ幻想行』の旅と、私の『深夜特急』の旅が、当人にとって他の旅とは比べ物にならないくらい「濃い」ものたぶん、それは年齢のせいなのだろう。人は齢《とし》を取るにしたがって、自分の足跡をつける旅ではなく、自分の関心のある人の足跡を辿る旅をするようになるのかもしれない。四国八十八カ所の巡礼の旅が、弘法大師という人の足跡を辿る旅であるように。そう思って、自分を納得させていた。

ところが、去年の末、ある文章を読んで、もしかしたらそうではないのかもしれないと思うようになった。もしかしたら②自分は思い違いをしていたのではないかと。

それは「カーサ・ブルータス」という雑誌のウェブサイトに載っていたひとつの記事だった。鈴木芳雄という方が、「*3杉本博司　天国の扉」という展覧会のレビューを書いていたのだ。［　中略　］

《沢木の代表的な著作『深夜特急』にも天正遣欧使節の影がちらつくのである。いや、ちらつくどころか、『深夜特急』は沢木版ひとり遣欧使節だったのだと思えてくるのだ。香港からロンドンに向かうだけなら、スペイン、ポルトガルを通る必要はないのにイベリア半島の突端サグレスまで行っていることや、マカオに長居してしまっている（ギャンブルにハマってしまったためかもしれないが）ことも見過ごせない。天正の少年たちは船で、沢木は二十世紀に乗合バスで西を目指した》

私はその中の「ひとり遣欧使節」という言葉に驚かされたのだ。

少々、買いかぶりの*4評言だが、言われてみれば、確かに、戦国時代の少年たちが海を船に乗って行ったコースを、私は陸でバスに乗って向かったと言えなくもない。

天正少年遣欧使節のコースは、マカオ、マラッカ、ゴア、リスボン、マドリード、フィレンツェ、ローマというもので、そのローマでは法王と感動の面会をしている。同じように、私は、『深夜特急』の旅で、マカオもマラッカもゴアもリスボンもマドリードもフィレンツェもローマも訪れている。［A］、私がローマで会わなければならなかったのは法王ではなく、日本人画家の未亡人だったが。

私の旅のコース選択が、*5松田先生がスペイン語の授業中に話してくれた「雑談」の影響を受けていたということは自分でも認識していた。松田先生の授業は、常に、十五分ほどスペイン語の教科書をさらうと、あとは自分の研究テーマである十六、七世紀の日欧交渉史の話になってしまっていたのだ。そこによく出てきた人名はフランシスコ・ザビエルとルイス・フロイスだったが、地名は、マカオであり、マラッカであり、ゴアであり、リスボンであり、ローマだった。その地名を「天正少年遣欧使節」と最後に近く、森本さんはこんなことを言った。

「ずいぶんあちこち旅してきましたが、僕の心のなかにいちばん濃く焼き付いているのは、この旅です。いまだにサハラの夢を見る。夢の中で砂の音が聞こえるんですよ。ほかの旅は消えていくけど、サハラの旅が僕の中から消えることはないと思う」

その森本さんとの対談が終わって、私はこう考えるようになった。

①二人の旅には本質的な違いがいくつもある。私のユーラシアへの旅は本当に貧しいものだったが、森本さんは朝日新聞から潤沢《じゅんたく》な資金を得ていたためサハラでは実に豊かな旅をすることができた。ガイドを雇い、ロバを調達するなどということが難くできた。旅の期間も、私の一年に対して、森本さんの旅の核心部分は三日間にすぎないという長さの違いがあった。さらに森本さんには岩絵を見たいという具体的な目的があったが、私にはなかった。ロンドンという漠然とした目的地はあったが、それすらも変更可能な目的地に過ぎなかった。

違いは多くある。だが、その二つの旅にはたったひとつ共通点があった。それはどちらもが強烈な「夢見た旅」であっただけでなく、ルートを自分で考え、見つけていったという共通点があったのだ。私たちは誰かの足跡を辿《たど》るのではなく、私たちが自分の足跡をつける旅をしていた。

そして、私はこう思うようになった。

確かに旅には「夢見た旅」と「＊2余儀《よぎ》ない旅」の二つがあるが、その「夢見た旅」にも、自分の足跡を残す旅と誰かが踏み残した足跡を辿る旅の二つがあるのではないかと。

そして、そのとき、こうも思ったのだ。

もしかしたら、『深夜特急』の旅から二十五年が過ぎ、最近の自分は足跡をつける旅をしなくなっているのではないか、と。最近の旅が『深夜特急』の旅ほどの鮮やかな色彩を持たなくなっているのは、それが原因なのではあるまいか……。

その対談からさらに多くの歳月が過ぎたが、とりわけ、近年は、その傾向がますます強くなっているような気がしてならなかった。大きな旅の多くが誰かの足跡を追う旅、辿る旅になってしまっている。［　中略　］

Aさん「『自分の目を訓練する』にはどうすればいいのかしら。」
Bくん「美しい物や（ア）を見抜く目を養えるといいんじゃないかな。」
Cさん「私たちは（イ）な物に注目しがちだけど、本当に美しい物はそうではなくて（ウ）に見えるかもしれないわね。」
Dくん「しかも（エ）はどれも似たように見えても、中身は美しくないものも世の中にはたくさんあるよ。」
Aさん「もう！　美しくて、しかも（ア）って一体どこにあるのよ！」
Bくん「端的に言えば、それは（オ）だよ。」
Cさん「そうね。たとえ（カ）物でも、（オ）に由来している物なら美しいわね。」
Aさん「なるほど！　（オ）の物なら何でも美しいのね！」
Dくん「いや、同じ（オ）の物でも、質が変化してしまっている物もあるよ。大事なことはその物の（キ）を見極めること。僕たちのお母さんだって、野菜を買う時、（キ）に注目していいものを選んでいるんだと思うよ。そこまでできることが『自分の目を訓練する』ことになるんじゃないかな。」

三

次の文章の筆者である沢木耕太郎は、かつて自身の旅を元にした『深夜特急』という紀行小説を書いて話題となった。朝日新聞の元記者である森本哲郎が旅行記『サハラ幻想行』を再刊するにあたり、筆者との対談を希望した。次の文章はそれに続く場面である。これを読んで、後の各問に答えなさい。なお、設問の都合上、本文は省略されているところがある。

再刊される『サハラ幻想行』のための巻末対談は、小さなホテルの一室を借りて行われた。話題は森本さんの『サハラ幻想行』の旅を中心に、時に私の『深夜特急』の旅にも及びながら多岐《たき》にわたったが、常に引き寄せられるように戻っていっては語られつづけたのが「砂漠」についてだった。［中略］

森本さんは三十年以上前の『サハラ幻想行』の旅について＊1克明《こくめい》に記憶していた。それは、私が二十五年前の『深夜特急』の旅について克明に記憶しているのと同じだった。

問二　本文には次の一文が抜けている。入る箇所として最も適切な箇所を本文の［A］～［D］から選び、記号で答えなさい。

> この目の存在に気附《づ》きさえすれば、すでに第一歩であり、自ずと道は拓《ひら》けて来るのである。

問三　――線部①「耳についても同じことが言える」とあるが、その例として最も適切なものを次の選択肢ア～エから一つ選び、記号で答えなさい。

ア　敬語を使いこなすことが美しい日本語だと決めつけること。
イ　論理的な説明が正しいことを言い当てていると思い込むこと。
ウ　大声で語られる演説が真実を述べていると信用すること。
エ　世間に発信されたメッセージが一般常識に通じると誤解すること。

問四　――線部②「自分の目で物を見、自分の頭で考えなければならない」とあるが、どういうことか。〔文章Ⅰ〕をよく読んで、説明しなさい。

問五　〔文章Ⅱ〕を読んだ生徒たちが次のように話し合いをした。会話文中の（ア）～（カ）には漢字二字の語を、（キ）には漢字一字の語をそれぞれ答えなさい。〔文章Ⅰ〕〔文章Ⅱ〕から抜き出しても、自分で考えても、どちらでもよい。

かかる偽物の美しさの味を覚えてしまうと、＊６堅気《かたぎ》の美しさ、本物の美しさにはなかなか戻れない。本物はあっさりしていて、つつましく、なるべく人目につかないようにしているからである。そして、道行く人を呼びとめないからである。

真なるもの、偽なるもの、美しいもの、きたないもの、これらが、この世の中にうようよと雑居しているのである。ちょっと見ればみな同じような顔をしている。真の本も偽の本も、書物の形をしていることに相違はないのである。美しい心も、きたない心も、同じ皮膚の下にかくされている。玉肌《たまはだ》の下に、必ずしも玉の如《ごと》き心が在るとは限らないから面倒である。しかし、私たちは自分の目を訓練することによって、多少ともこの錯誤をさけることが出来ると思う。そして、偽物を斥《しりぞ》けて、真物を選び、美しいものを身の周りに積み重ねることによって、私たちは生活を豊富にし、日々を愉《たの》しむことが出来る。＊７徒《いたずら》に物質の乏しきを歎《なげ》くよりは、目を修養することによって、富者になることを＊８心がくべきだと思う。

（〔文章Ⅰ〕〔文章Ⅱ〕ともに、青柳瑞穂『ささやかな日本発掘』講談社文芸文庫）

注
＊１　ロイド眼鏡……眼鏡のデザインの一つ。縁が太い円形の眼鏡。
＊２　塩梅……ぐあい。
＊３　障眼……眼球内に障害があって物の見えなくなる病気。
＊４　万朶……多くの花の枝。
＊５　かかる……このような。
＊６　堅気……まともなこと。
＊７　徒に……無益に。無駄に。
＊８　心がく……心がける。

問一　［Ｘ］に入る最も適切な語を漢字一字で答えなさい。

見るためには、その一輪から出発し、その一輪を見るという目を養うことが肝心《かんじん》である。［中略］私たちは目が開いている以上、もっと他のものをも、桜を見るような目で、見る必要がある。そう思って、私たちの周囲を見ると、じつに、春夏秋冬、桜の花は何時《いつ》でも咲いているのである。桜どころか、もっと、もっと美しいものが、ごろごろ転がっているのである。灰色には灰色の美しさがある。赤の方が灰色より美しいという理屈は絶対に成り立たないのである。目につきやすいものの方が、目立たないものより美しいということも絶対にないのである。健康な目さえ持っていれば、赤色も灰色も同格の色である筈で、赤の方が目立って美しく見えるのは、その人の目が病気にかかっているせいである。

これは何も目に限ったわけでなく、①耳についても同じことが言える。［中略］

目を訓練し、健全にすることによって、日本の文化を向上させることも可能だと、私は信じている。私の目は、私自身の目であって、他人の目ではないのである。②自分の目で物を見、自分の頭で考えなければならない。桜の花が見事だからといって、富士山が神々しいからといって、なにもすぐに見事とも、神々しいとも思う必要はないのである。

〔文章Ⅱ〕

どんなものが美しいかと言えば、それは真なるものである。どんなものが真であるかと言えば、それは自然のものである。自然の呈《てい》する色彩で、きたない色というものは絶対にない。青葉の緑は、枯葉の紅と同質の美しさをもつ。そして、人間が作ったものでも、例えば布地の染色など、染料を植物からとったものが美しいのもそのためである。上手に作ったお茶は、色も味も植物的で、自然である。魚の鮮度についても同じことが言える。この自然の色を呑《の》み込んでしまえば、それは布地にも肉にもお茶にも適用できて、同じ価《あたい》で、いい物が買える。美しいということは、けっして「みてくれ」だけではないのである。食物では、美味《うま》いことが美しいことである。そして、美味い肉は、風味の豊かな茶は、必ず「みてくれ」も美しいのである。こうして、目を養うことによって、私たちは物質的にも、精神的にも大きな利益を得るのである。私は市場などで、物を買っている主婦たちを往々にして見るが、目のある主婦は、いいものに手を出す。魚の色をすぐに見分ける。そのような主婦は、果物を買っても、純粋なものを見分ける。魚も果物も、要するに同じである。

偽物《にせもの》は不自然な色をしている。そのくせ、妙にきらびやかで、人目を惹きやすく出来ている。［中略］そして、一度、＊5

二　次の〔文章Ⅰ〕〔文章Ⅱ〕を読んで、後の各問に答えなさい。なお、設問の都合上、本文は省略されているところがある。

〔文章Ⅰ〕

誰でも花の美しさは知っている。爛漫《らんまん》と咲き誇った全山の桜花でなくとも、垣根のわきに人知れず咲いている小さな菫《すみれ》の花にも心が惹《ひ》かれる。着物の美しさも、人々は知っている。また、西の空を赤く染める夕焼雲にも感嘆《かんたん》の声をはなつ。

しかし、花や着物や雲ばかりが美しいわけではないのである。ただ、これらの物は色が比較的派手だから、眼につきやすく、そして、眼の神経を刺激しやすいからである。［中略］眼の悪い人、視力の弱い人には、よほど刺激の強い色でないと、ハッキリしないであろう。私たちは、なんでも見えると自負しているものの、じつは私たちの視力は千差万別で、それは想像以上だろうと思う。[A]

私は自分が近視であることを長い間知らずにいたが、何かの拍子《ひょうし》に近眼鏡をかけて見て、初めて星の美しさを知った記憶がある。少なくとも私は、星があのようにチカチカと、それこそダイヤモンドのように輝くことを知らなかったのである。私は世界が私のために新しくなったような気さえした。[B]

このような、肉体的な近視は、眼医者もあるし、眼鏡屋もあるので、事はきわめて簡単だけれど、この肉体的両眼ではない目（心の目というのとも少しちがっていると思うが）になると、これには＊1ロイド眼鏡も、金縁《きんぶち》眼鏡もないので、いささか厄介《やっかい》である。夜店で安物を買って、早速《さっそく》に映画館で間に合うという＊2塩梅《あんばい》にはいかないのである。[C]

厄介といったところで、これは人々が考えるほどではないと、私は思っている。少なくとも、いかに目の悪い人であっても、＊3障眼《そこひ》ほどの難病ではあるまいと思う。要は、桜の花を、花嫁さんの着物を、夕焼雲を美しいと思うだけの目さえあればいいのである。むしろ、恐ろしいことは、肉体的両眼以外にも、それと匹敵し得る同格の目が、われわれには備わっているのを忘れていることである。[D]

桜の花が美しいのは、それが派手な色をしており、特にそれが群集をなしているので、目につきやすいからである。もちろん、数の美しさということも在《あ》り得る。しかし、数の美しさは個の美しさから成立している筈《はず》である。烏《からす》が集っても、烏合《うごう》の[X]にしかならない。＊4万朶《ばんだ》の桜花が美しいのは、その一輪一輪が美しいからであるに相違ない。だから、桜の花の美しさを真に

② 凶悪犯に追いかけられて倉庫の中に隠れていたが、なんと携帯電話のアラームが鳴ってしまった！　その音を聞きつけた犯人が、今まさに倉庫の扉を開けようとしている……。

〔四字熟語〕（　）（　）（　）命

③ 野外コンサート会場を襲った突然の雷雨に、スタッフも観客たちもどうしていいかわからずあちこち動き回るばかりでうろたえていた。

〔四字熟語〕（　）（　）左（　）

④ 平凡な政治家としてスタートしたK氏だが、数々の交渉や人間関係でもまれた結果、今では政界の裏も表も知り尽くしたしたたかな政治家となった。

〔四字熟語〕（　）（　）山（　）

⑤ 文化祭でお化け屋敷をする際に、みんなが同じ作業をするのではなくて、声が大きくて元気なAくんはお客の呼び込み、手先が器用なBさんは室内装飾の準備、絵がうまいCさんはポスター作りという風に作業を分けることにした。

〔四字熟語〕（　）材（　）（　）

字群［　適　百　不　千　自　往　心　絶　］

二〇二二年度
逗子開成中学校

【国　語】〈第三次試験〉（五〇分）〈満点：一五〇点〉

注意　1、字数制限のある問題では、句読点やかっこ、その他の記号も一字として数えます。
　　　2、問題文には、設問の都合で、文字・送りがななど、表現を改めたところがあります。

一　次の各問に答えなさい。

問一　次の①～⑮の各文の――線部のカタカナを漢字で書き、――線部の漢字の読み方をひらがなで書きなさい。

① 小説をサッシにまとめる。
② ビルの壁をホシュウする。
③ パレードで国王をゴエイする。
④ 長年に渡ってセンノウされる。
⑤ 僕のアイボウは犬のクロだ。
⑥ ケイソツな行動を注意される。
⑦ ワンパクな弟に手を焼く。
⑧ 自由ボウエキで国が豊かになる。
⑨ 体内に栄養をタクワえる。
⑩ イソガしくて遊ぶひまもない。
⑪ 夏至にみんなで集まろう。
⑫ 素人にはわからない差だ。
⑬ 簡便さばかりを求めてはいけない。
⑭ あちこちの川が干上がる。
⑮ 荷物を担いで歩く。

問二　次の①～⑤の各文で説明されている内容は、「独立独歩」のように同じ字が二字含まれる四字熟語で表すことができる。それぞれの文にふさわしい四字熟語になるように、空欄に入る漢字を答えなさい。ただし、繰り返し出てくる二字は後の字群から選びなさい。また、同じ字を二度以上選んではならない。

① Ｓくんはクラスで友達をからかってばかりいたので、遠足のグループ分けの時、クラスのみんなにＳくんと同じグループになることを嫌がられてしまった。
〔四字熟語〕（　）（　）（　）得

2022年度 逗子開成中学校 ▶解　答

※　編集上の都合により，第３次試験の解説は省略させていただきました。

算　数　＜第３次試験＞（50分）＜満点：150点＞

解　答

1　(1)　262　(2)　$5\frac{1}{6}$　(3)　$1\frac{3}{10}$　2　(1)　19 g　(2)　220人　(3)　26番目　(4)　12：13　(5)　30通り　(6)　毎時８km　3　(1)　7　(2)　15　(3)　30672　4　(1)　$\frac{1}{9}$倍　(2)　108人　(3)　126人　5　(1)　13.14cm　(2)　4.19cm　(3)　**図**…右の図／**長さ**…15.01cm

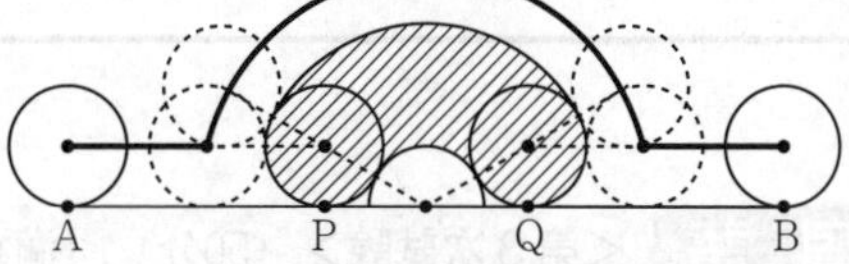

社　会　＜第３次試験＞（40分）＜満点：100点＞

解　答

1　**問１**　ウ　**問２**　イ　**問３**　リニア　**問４**　ウ　**問５**　Ⅰ　イ　Ⅱ　イ　Ⅲ　エ　**問６**　Ⅰ　ウ　Ⅱ　①…イ　②…エ　**問７**　Ⅰ　千島(海流)　Ⅱ　日本(海流)　**問８**　関東　**問９**　エ　**問10**　Ⅰ　鹿島臨海(工業地域)　Ⅱ　イ　Ⅲ　エ　**問11**　水郷　**問12**　埼玉　**問13**　ア　**問14**　有明海　2　**問１**　**１**　徳川家康　**２**　浅間　**３**　桐生　**４**　足尾銅山　**問２**　Ⅰ　①　風土記　②　万葉集　③　日本書紀　Ⅱ　古墳　**問３**　①　国学　②　本居宣長　**問４**　エ　**問５**　ア　**問６**　エ　**問７**　Ⅰ　①　大日本帝国憲法　②　日清　Ⅱ　(例)　資料１は韓国併合に積極的，資料２は韓国併合に消極的であることをセリフから読み取ることができる。また，同一人物であるにも関わらず，資料１は厳しそうな人柄で，資料２は優しそうな人柄で描かれている。異なる伊藤博文の姿やセリフからイメージや表現だけに左右されず，学んでいる知識の何が正しいか常に考えていく必要がある。　**問８**　ア→ウ→エ→イ　**問９**　エ→ア→ウ→イ　**問10**　浮世絵　3　**問１**　Ⅰ　①　最高　②　立法　Ⅱ　①　通常国会(常会)　②　内閣　③　４(分の)１　**問２**　Ⅰ　エ　Ⅱ　公聴会　**問３**　Ⅰ　(衆議院の)優越　Ⅱ　ア　**問４**　**考え方**…(例)　従来おこなわれていたダムや堤防による対策に加えて，集水域から氾濫域にいたる流域全体のあらゆる関係者が協力して治水をおこなうという考え方。　**課題**…(例)　地域住民が関わるべきなのに，関わることができていないこと。　**解決方法**…(例)　関係者の関わり方の実例を示し，流域に住む多くの人々の協力を得る仕組みをつくること。

理　科　＜第３次試験＞（40分）＜満点：100点＞

解　答

1　⑴　ア　⑵　イ，ウ，カ　⑶　X　子ぼう　Y　はいしゅ　⑷　①　オ　②　エ　③　○　2　⑴　①　イ　②　酸素　③　（例）　自らは変化せず，反応を早める。　④　8.5％　⑵　①　水素　②　0.6 g　③　0.54 g　④　2：3　3　⑴　図１…C　図２…B　図３…A　⑵　ア　×　イ　○　ウ　○　⑶　キ　⑷　右の図　⑸　エ　⑹　300 g　4　⑴　ウ　⑵　①　せん緑岩　②　（例）　白っぽく見える。　⑶　①　イ　②　597m　③　カ

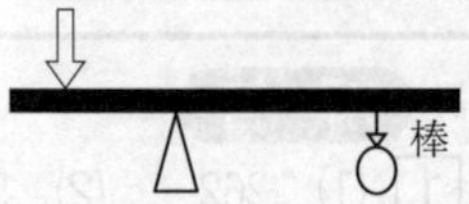

国　語　＜第３次試験＞（50分）＜満点：150点＞

解　答

一　**問１**　①～⑩　下記を参照のこと。　⑪　げし　⑫　しろうと　⑬　かんべん　⑭　ひあ(がる)　⑮　かつ(いで)　**問２**　①　自業自(得)　②　絶体絶(命)　③　右往(左)往　④　海千(山)千　⑤　適(材)適所　二　**問１**　衆　**問２**　D　**問３**　ウ　**問４**　（例）　目につきやすいものだけにとらわれるのではなく，目立たなくても個が持つ美しさをきちんと見つめ，世間の評価ではなく自分の価値観で美を評価するということ。　**問５**　**ア**　本物(真物)　**イ**　派手(華美)　**ウ**　地味(質素)　**エ**　外見(表面，外面，外目，上辺)　**オ**　自然　**カ**　人工　**キ**　色　三　**問１**　**A**　オ　**B**　ア　**C**　エ　**問２**　ア　**問３**　（例）　資金と期間の長さと目的　**問４**　Ⅰ　（例）　若い頃も足跡をつける旅ではなく，足跡を追う旅をしていた　Ⅱ　（例）　年齢のせいで足跡を追う旅になってしまった　**問５**　（例）　どんな場所でも夢見ているだけではなく，実際に自分でその地に出向いて歩くことで，その地を自分のものとして体感し，さらに好奇心を全開にして旅をするということ。　**問６**　エ

●漢字の書き取り

一　**問１**　①　冊子　②　補修　③　護衛　④　洗脳　⑤　相棒　⑥　軽率　⑦　腕白　⑧　貿易　⑨　蓄(える)　⑩　忙(しく)

Memo

Memo

2025年度用

中学スーパー過去問

■編集人 声の教育社・編集部
■発行所 株式会社 声の教育社

〒162-0814 東京都新宿区新小川町8-15
☎03-5261-5061(代) FAX03-5261-5062
https://www.koenokyoikusha.co.jp

本書の内容についての一切の責任は当社にあります。内容・解説・解答・その他は当社ホームページよりお問い合わせ下さい。

カコを追いかけ
ミライをつかめ
「今の説明、もう一回」を何度でも
web過去問
ストリーミング配信による入試問題の解説動画
もっと古いカコモンないの?
カコ過去問
「さらにカコの」過去問をHPに掲載(DL)
声の教育社
詳しくはこちらから

よくある解答用紙のご質問

01

実物のサイズにできない

拡大率にしたがってコピーすると，「解答欄」が実物大になります。配点などを含むため，用紙は実物よりも大きくなることがあります。

02

A3用紙に収まらない

拡大率164％以上の解答用紙は実物のサイズ（「出題傾向＆対策」をご覧ください）が大きいために，A３に収まらない場合があります。

03

拡大率が書かれていない

複数ページにわたる解答用紙は，いずれかのページに拡大率を記載しています。どこにも表記がない場合は，正確な拡大率が不明です。

04

１ページに２つある

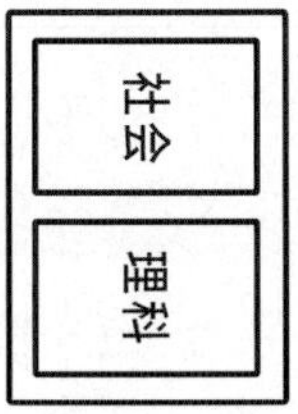

１ページに２つ解答用紙が掲載されている場合は，正確な拡大率が不明です。ほかの試験回の同じ教科をご参考になさってください。

逗子開成中学校

【別冊】入試問題解答用紙編

解答用紙は本体からていねいに抜きとり、別冊としてご使用ください。

※　実際の解答欄の大きさで練習するには、指定の倍率で拡大コピーしてください。なお、ページの上下に小社作成の見出しや配点を記載しているため、コピー後の用紙サイズが実物の解答用紙と異なる場合があります。

入試結果表

年度	回	項目	国語	算数	社会	理科	4科合計	合格者
2024	第1次	配点(満点)	150	150	100	100	500	最高点
		合格者平均点	89.0	103.8	79.7	73.4	345.9	429
		受験者平均点	77.3	91.9	73.7	65.2	308.1	最低点
		キミの得点						315
	第2次	配点(満点)	150	150	100	100	500	最高点
		合格者平均点	91.7	99.7	75.1	68.7	335.2	388
		受験者平均点	79.3	78.6	66.5	54.4	278.8	最低点
		キミの得点						314
	第3次	配点(満点)	150	150	100	100	500	最高点
		合格者平均点	94.5	101.9	78.4	70.5	345.3	407
		受験者平均点	80.5	74.4	71.1	55.1	281.1	最低点
		キミの得点						321
2023	第1次	配点(満点)	150	150	100	100	500	最高点
		合格者平均点	105.6	102.8	65.8	69.5	343.7	430
		受験者平均点	95.5	84.7	59.3	61.6	301.1	最低点
		キミの得点						312
	第2次	配点(満点)	150	150	100	100	500	最高点
		合格者平均点	94.4	112.6	76.2	80.5	363.7	442
		受験者平均点	85.5	84.9	67.1	69.6	307.1	最低点
		キミの得点						344
	第3次	配点(満点)	150	150	100	100	500	最高点
		合格者平均点	109.9	119.1	69.1	69.9	368.0	430
		受験者平均点	89.5	91.8	56.6	56.6	294.5	最低点
		キミの得点						339
2022	第1次	配点(満点)	150	150	100	100	500	最高点
		合格者平均点	90.1	115.3	69.6	71.8	346.8	417
		受験者平均点	80.0	98.4	63.5	64.2	306.1	最低点
		キミの得点						313
	第2次	配点(満点)	150	150	100	100	500	最高点
		合格者平均点	96.5	88.7	72.9	59.6	317.7	374
		受験者平均点	81.4	69.1	67.3	50.0	267.8	最低点
		キミの得点						295
	第3次	配点(満点)	150	150	100	100	500	最高点
		合格者平均点	83.0	102.2	76.3	72.0	333.5	431
		受験者平均点	71.8	77.7	66.3	61.9	277.7	最低点
		キミの得点						307

表中のデータは学校公表のものです。ただし、４科合計は各教科の平均点を合計したものなので、目安としてご覧ください。

２０２４年度　　逗子開成中学校

算数解答用紙　第１次

番号		氏名		評点	／150

1	(1)		(2)		(3)	

2	(1)		(2)		(3)	
	(4)		(5)			
	(6)					

3	(1)		(2)		(3)	

4	(1)		(2)	
	(3)			

5	(1)		(2)	
	(3)			

（注）この解答用紙は実物を縮小してあります。Ｂ５→Ａ３（163%）に拡大コピーすると、ほぼ実物大の解答欄になります。

〔算　数〕150点（推定配点）

1～4　各８点×15＜2の(6)，4の(3)は完答＞　5　(1)，(2)　各８点×２　(3)　途中の考え方…７点，答え…７点

2024年度　逗子開成中学校

社会解答用紙　第1次

番号		氏名		評点	／100

1

問1	1		2		問2	Ⅰ		Ⅱ	
問3		問4		問5		問6	Ⅰ		Ⅱ
問7	資料1		資料2		資料3		問8		
問9	a								
	b								
問10		問11	Ⅰ	年　月　日	Ⅱ				

2

問1		問2							
問3	天皇名	天皇							
	目的								
問4		問5		問6					
問7	→　→　→	問8		問9		問10			
問11		問12	名称		位置		問13		
問14	Ⅰ								
	Ⅱ								
問15									

3

問1		問2	Ⅰ		Ⅱ		
問3		問4		問5			
問6	Ⅰ	問題点					
		解決策					
	Ⅱ	問題点					
		解決策					

（注）この解答用紙は実物を縮小してあります。Ｂ５→Ａ３（163％）に拡大コピーすると、ほぼ実物大の解答欄になります。

〔社　会〕100点（推定配点）

1　問1～問8　各2点×13　問9　a　2点　b　3点　問10，問11　各2点×3　2　問1，問2　各2点×2　問3　天皇名…2点，目的…3点　問4～問6　各2点×3　問7　3点＜完答＞　問8～問10　各2点×3　問11，問12　各3点×2＜各々完答＞　問13　2点　問14　Ⅰ　2点　Ⅱ　5点　問15　2点

3　問1　2点　問2　各3点×2　問3～問6　各2点×7

2024年度　逗子開成中学校

理科解答用紙　第1次

番号		氏名		評点	/100

1

(1) ア	(1) イ	(1)ウ

(1) エ	(2)	(3)

(4)

(5)	(6)

(7) 土砂がたまると

2

(1)①	(1)②
(2)	(3)

(4) かん臓 → 　　　　→ 頭の細胞

(5)① I	(5)① II	(5)②

(5)③

3

(1)	(2) A	(2) B

(2)C	(2)D	(3)

(4)①	(4)② cm³

(4)③ 塩酸 Y（　　）を 水酸化ナトリウム水よう液 Z（　　） cm³

4

(1)① m/秒	(1)② 秒	(2) 倍
(3) m	(4) g	(5) 段

（注）この解答用紙は実物を縮小してあります。169%拡大コピーをすると、ほぼ実物大の解答欄になります。

〔理　科〕100点(推定配点)

1 (1) 各2点×4　(2)～(7) 各3点×6　2 (1) 各2点×2　(2)～(4) 各3点×3＜(4)は完答＞ (5) ①, ② 各3点×2＜①は完答＞　③ 4点　3 各3点×9　4 各4点×6

2024年度　逗子開成中学校

国語解答用紙　第一次

番号　　氏名　　評点 ／150

一

問一
①　②　③　④　⑤
⑥　⑦　⑧　⑨　⑩ める な
⑪　⑫　⑬　⑭ やか　⑮ し　り

問二
① i　ii　② i　ii　③ i　ii　④ i　ii　⑤ i　ii

二

問一 i　ii　問二

問三

問四

問五　問六　問七

三

問一 a　b　問二　問三　問四　問五

問六

問七

（注）この解答用紙は実物を縮小してあります。B5→B4（141％）に拡大コピーすると、ほぼ実物大の解答欄になります。

〔国　語〕150点(推定配点)

一　各1点×20＜問2は各々完答＞　二　問1，問2　各5点×3　問3，問4　各15点×2　問5～問7　各7点×3　三　問1　各5点×2　問2～問5　各6点×4　問6，問7　各15点×2

２０２４年度　　逗子開成中学校

算数解答用紙　第２次

番号		氏名		評点	／150

1	(1)		(2)		(3)	

2	(1)		(2)		(3)	
	(4)		(5)		(6)	

3	(1)		(2)		(3)	

4	(1)	X　　Y	(2)	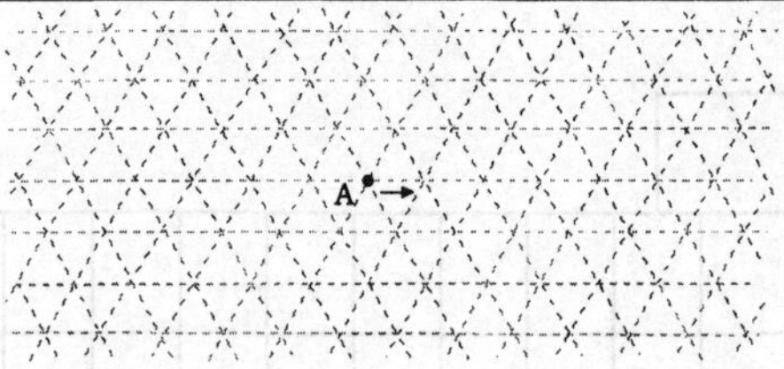
	(3)			

5	(1)		(2)	
	(3)			

（注）この解答用紙は実物を縮小してあります。Ｂ５→Ａ３（163%）に拡大コピーすると、ほぼ実物大の解答欄になります。

〔算　数〕150点（推定配点）

1～4　各８点×15＜4の(1)は完答＞　5　(1)，(2)　各８点×２　(3)　途中の考え方…７点，答え…７点

2０２４年度　　　逗子開成中学校

社会解答用紙　第２次

番号		氏名		評点	／100

1

問1	Ⅰ		Ⅱ				
問2	Ⅰ		Ⅱ	記号		正しい語句	
問3	Ⅰ						
	Ⅱ	a		b			
		c		d		e	
問4	Ⅰ		Ⅱ		Ⅲ		
問5	a		b		c		

2

問1	Ⅰ		Ⅱ		Ⅲ	a		b	
	Ⅳ	a							
		b							
問2									
問3	a		b						
問4	Ⅰ								
	Ⅱ								

3

問1	Ⅰ		Ⅱ			
問2	Ⅰ		Ⅱ		Ⅲ	
問3	Ⅰ		Ⅱ			
問4						
問5	Ⅰ		Ⅱ			
問6	a		b			
	c		d			

（注）この解答用紙は実物を縮小してあります。Ｂ５→Ａ３（163%）に拡大コピーすると、ほぼ実物大の解答欄になります。

〔社　会〕100点（推定配点）

1　問１，問２　各２点×４<問２のⅡは完答>　問３　各３点×６　問４，問５　各２点×６<問４のⅠは完答>　2　問１　Ⅰ～Ⅲ　各２点×４　Ⅳ　各３点×２　問２　３点　問３　各２点×２　問４　各３点×２　3　問１，問２　各２点×５<問１のⅡは完答>　問３，問４　各３点×３　問５　各２点×２　問６　各３点×４

2024年度 理科解答用紙 第2次 逗子開成中学校

番号	氏名	評点
		/100

1

(1)	(2)
(3) → → → →	(4)
(5)	(6) ①
(6)②	

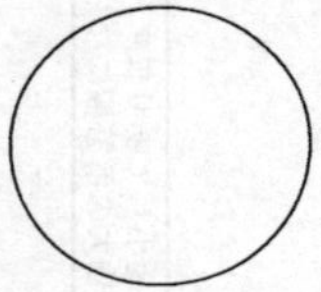

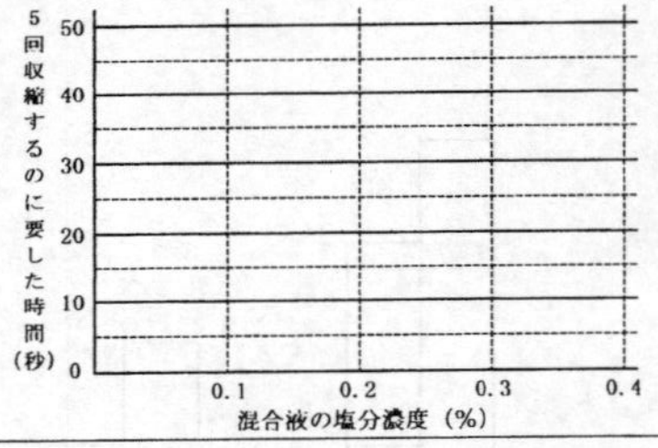

2

(1)	(2)
(3)	
(4)① g/cm³	(4)② g

3

(1)	(2)
(3)	(4) m
(5)	
(6) km	

4

(1)①	(2)③
(1)②	
(2)①	
(2)② g	
(2)④ L	
(2)⑤ g	

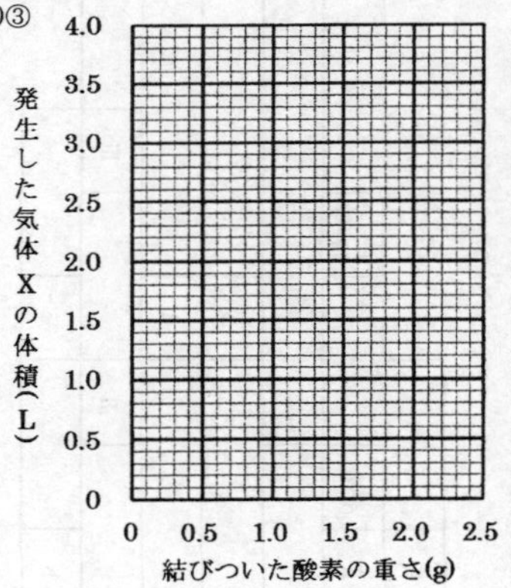

（注）この解答用紙は実物を縮小してあります。B５→A３（163%）に拡大コピーすると、ほぼ実物大の解答欄になります。

〔理　科〕100点(推定配点)

1～4　各４点×25＜1の(2)，(3)，2の(2)は完答＞

2024年度　逗子開成中学校

国語解答用紙　第二次

番号		氏名		評点	/150

一

問一					
	①	②	③	④	⑤
	⑥	⑦	⑧　る	⑨　う	⑩　く
	⑪	⑫	⑬	⑭　でる	⑮　れた

問二	①	②	③	④	⑤

二

問一	A	B	問二		問三	→ → → →

問四

問五

問六

問七

三

問一	A	B	C	問二		問三	

問四　Ⅰ　Ⅱ

問五

問六

問七　ⅰ　ⅱ　ⅲ

(注)　この解答用紙は実物を縮小してあります。B5→B4(141%)に拡大コピーすると、ほぼ実物大の解答欄になります。

〔国　語〕150点(推定配点)

一　各1点×20　二　問1，問2　各5点×3　問3～問6　各6点×4<問3は完答>　問7　15点　三　問1～問3　各5点×5　問4，問5　各6点×3　問6　15点　問7　各6点×3

２０２４年度　　逗子開成中学校

算数解答用紙　第３次

番号		氏名		評点	／150

1	(1)		(2)		(3)	

2	(1)		(2)		(3)	
	(4)		(5)		(6)	

3	(1)		(2)		(3)	

4	(1)		(2)		(3)	

5	(1)		(2)	
	(3)			

（注）この解答用紙は実物を縮小してあります。Ｂ５→Ｂ４（141%）に拡大コピーすると、ほぼ実物大の解答欄になります。

〔算　数〕150点（推定配点）

1～4　各８点×15　5　(1)，(2)　各８点×２　(3)　途中の考え方…７点，答え…７点

２０２４年度　　逗子開成中学校

社会解答用紙　第３次

番号		氏名		評点	／100

問１　1　2　3　4

問２　問３　問４　Ⅰ　遺跡　Ⅱ

問５　Ⅰ　Ⅱ　A　地名　農業の特徴　B　地名　農業の特徴

問６　問７　Ⅰ　Ⅱ　Ⅲ

問８

問９　Ⅰ　Ⅱ　Ⅲ

問10　問11　問12

問13　Ⅰ　Ⅱ　Ⅲ

問14　Ⅰ　Ⅱ　Ⅲ　a　b

問15　Ⅰ　→　→　Ⅱ

問16　Ⅰ　Ⅱ　A　工業地帯・工業地域　都市　B　工業地帯・工業地域　都市　C　工業地帯・工業地域　都市　Ⅲ

問17　Ⅰ　Ⅱ

問18　Ⅰ　A　B　Ⅱ　Ⅲ　Ⅳ

問19

（注）この解答用紙は実物を縮小してあります。Ｂ５→Ａ３（163％）に拡大コピーすると、ほぼ実物大の解答欄になります。

〔社　会〕100点（推定配点）

問１　各３点×４　問２～問４　各２点×４　問５　Ⅰ　２点　Ⅱ　各３点×２＜各々完答＞　問６～問８　各２点×５　問９　Ⅰ，Ⅱ　各２点×２　Ⅲ　４点　問10～問14　各２点×10　問15　各３点×２＜Ⅰは完答＞　問16～問18　各２点×12＜問16のⅡは各々完答＞　問19　４点

２０２４年度　逗子開成中学校

理科解答用紙　第３次

番号		氏名		評点	/100

1

(1)	(2)
(3)	(4)
(5)	(6)　(7)①

(7)②　←15字

(7)③

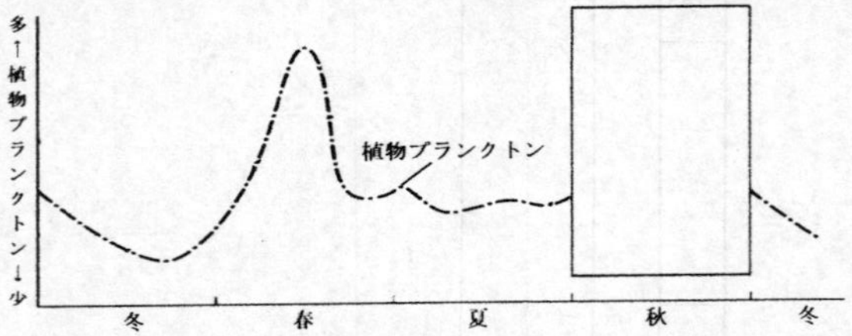

(7)④

2

(1)①　cm	(1)②　cm	
(2)①　倍	(2)②　倍	(2)③　倍

3

(1)

(2)

(3)①	(3)②	(3)③　℃	(4)

4

(1)

(2)　%	(3)	(4)
(5)①　g	(5)②　g	

（注）この解答用紙は実物を縮小してあります。167%拡大コピーをすると、ほぼ実物大の解答欄になります。

［理　科］100点(推定配点)

1　(1)～(6)　各３点×6＜(5)は完答＞　(7)　①　３点　②，③　各４点×2　④　３点　2～4　各４点×17

2024年度　逗子開成中学校

国語解答用紙　第三次

番号		氏名		評点	/150

一

問一　①　②　まる　③　れる　④　⑤　⑥　⑦　⑧　⑨　⑩　る　⑪　ける　⑫　む　⑬　⑭　なる　⑮

問二　Ⅰ　A　B　Ⅱ　個

問三　Ⅰ　Ⅱ

二

問一　問二　問三　問四

問五　1　2　3　4

問六　Ⅰ　Ⅱ

問七

問八

問九

問十　Z　W

問十一

問十二

(注)　この解答用紙は実物を縮小してあります。Ｂ５→Ａ３(163%)に拡大コピーすると、ほぼ実物大の解答欄になります。

〔国　語〕150点(推定配点)

一　各１点×20　二　問１～問８　各７点×12　問９　15点　問10，問11　各７点×３　問12　10点

２０２３年度　逗子開成中学校

算数解答用紙　第１次

番号		氏名		評点	／150

1	(1)		(2)		(3)	

2	(1)		(2)		(3)	
	(4)		(5)		(6)	

3	(1)		(2)		(3)	

4	(1)		(2)		(3)	

5	(1)		(2)	
	(3)			

（注）この解答用紙は実物を縮小してあります。Ｂ５→Ｂ４（141％）に拡大コピーすると、ほぼ実物大の解答欄になります。

〔算　数〕150点（推定配点）

1～4　各８点×15　5　(1)，(2)　各８点×２　(3)　途中の考え方…７点，答え…７点

２０２３年度　　逗子開成中学校

社会解答用紙　第１次

番号		氏名		評点	／100

問１	1		2		3						
	4										
問２	Ⅰ	a		b		Ⅱ		問３	Ⅰ		Ⅱ
問４	Ⅰ		Ⅱ		発電	問５					
問６											
問７		問８	Ⅰ				Ⅱ				
問９		問10		問11		問12					
問13	遺跡名		遺跡	位置		問14	→	→	→		
問15											
問16	Ⅰ										
	Ⅱ										
問17											
問18		問19		問20	→	→	→				
問21											
問22	Ⅰ	「直接国税(　　　)円以上を納める満(　　　)歳以上の男性」		Ⅱ							
問23	運動	問24		問25		書記長	問26				
問27	Ⅰ	年	月	日	Ⅱ	a		b			
	Ⅲ										
問28											
問29											

（注）この解答用紙は実物を縮小してあります。Ｂ５→Ａ３(163%)に拡大コピーすると、ほぼ実物大の解答欄になります。

〔社　会〕100点(推定配点)

問１～問４　各２点×11　問５，問６　各３点×２　問７～問11　各２点×６　問12　３点　問13　各２点×２　問14　３点＜完答＞　問15　２点　問16　Ⅰ　２点　Ⅱ　４点　問17　４点　問18，問19　各２点×２　問20　３点＜完答＞　問21　２点　問22　各３点×２＜Ⅰは完答＞　問23～問28　各２点×９　問29　５点

2023年度　逗子開成中学校

理科解答用紙　第1次

番号		氏名		評点	/100

1

(1) ①	(1) ②	
(2) ①		(2) ③ 西側　東側
(2) ②		

2

(1)	(2)
(3)	(4)
(5)	
(6)	

3

(1)	
(2)	
(3) %	(5)
(4) ① g	
(4) ② g	

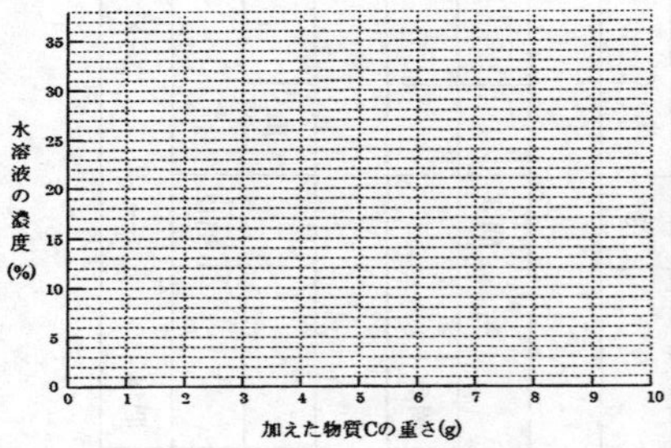

4

(1) 毎秒　m	(2) m	
(3)(ア)	(3)(イ)	(3)(ウ)
(4)	(5) 毎秒　m	(6) m

（注）この解答用紙は実物を縮小してあります。Ｂ５→Ａ３（163%）に拡大コピーすると、ほぼ実物大の解答欄になります。

〔理　科〕100点(推定配点)

1～4　各４点×25＜1の(1)の②，(2)の①，2の(3)，(4)は完答＞

二〇二三年度　逗子開成中学校

国語解答用紙　第一次

番号　　氏名　　評点　／150

一

問一　①　②　③　④　⑤
⑥　⑦　⑧　⑨　れる　⑩　く
⑪　⑫　⑬　⑭　い　⑮

問二　a　b　c

問三　I　II

二

問一　a　b　c

問二　i　ii

問三

問四

問五

問六　I　II

三

問一

問二

問三

問四　X　Y　Z　最初　〜　最後

問五　(1)　(2)

問六

（注）この解答用紙は実物を縮小してあります。B5→B4（141%）に拡大コピーすると、ほぼ実物大の解答欄になります。

〔国　語〕150点（推定配点）

一　各1点×20　二　問1，問2　各5点×5　問3　10点　問4，問5　各5点×2　問6　I　5点　II　10点　三　問1　5点　問2　15点　問3，問4　各5点×4　問5　(1)　15点　(2)　10点　問6　5点

2023年度　　　逗子開成中学校

算数解答用紙　第2次

番号		氏名		評点	／150

1	(1)		(2)		(3)	

2	(1)		(2)		(3)	
	(4)	が　　m 差を付けて勝つ	(5)		(6)	

3	(1)		(2)		(3)	

4	(1)		(2)		(3)	

5	(1)		(2)	
	(3)			

（注）この解答用紙は実物を縮小してあります。Ｂ５→Ｂ４（141％）に拡大コピーすると、ほぼ実物大の解答欄になります。

〔算　数〕150点(推定配点)

1～4　各８点×15　5　(1)，(2)　各８点×２　(3)　途中の考え方…７点，答え…７点

2023年度　　逗子開成中学校

社会解答用紙　第2次

番号		氏名		評点	／100

1

問1	Ⅰ		Ⅱ		問2		
問3	Ⅰ		Ⅱ		問4		
問5	河川A	川	河川B	川	問6		
問7	X		Y				
問8							
問9							

2

問1		問2		問3	Ⅰ	世紀	Ⅱ
問4		問5		問6	の乱		
問7							
問8		問9		問10			
問11	記号	正しく直したもの		問12	Ⅰ	Ⅱ	
問13		問14		問15	→	→	→
問16	Ⅰ	事件	Ⅱ	問17			

3

問1	1		2		3		
問2		問3		問4			
問5	議席	問6		問7			
問8							

（注）この解答用紙は実物を縮小してあります。B５→A３(163%)に拡大コピーすると、ほぼ実物大の解答欄になります。

〔社　会〕100点(推定配点)

1 問1　各2点×2　問2　3点　問3～問7　各2点×8　問8　4点　問9　2点　2 問1～問6　各2点×7　問7　4点　問8　3点　問9，問10　各2点×2　問11　3点<完答>　問12～問14　各2点×4　問15　3点<完答>　問16　Ⅰ　2点　Ⅱ　3点　問17　2点　3 問1　各2点×3　問2　3点　問3，問4　各2点×2　問5　3点　問6，問7　各2点×2　問8　5点

2023年度　逗子開成中学校

理科解答用紙　第2次

番号	氏名	評点
		/100

1

(1)	(2)
(3)	(4)
(5) ①	(5) ② 年間

2

(1) ①	(1) ②
(1) ③	(1) ④
(2)	
(3) ① 秒後	(3) ② 秒後

3

(1) ① A	(1) ① B	(1) ① C	(1) ① D
(1) ① E	(1) ① F	(1) ②	
(2) ① g	(2) ②		
(2) ③ %			

(2) ②

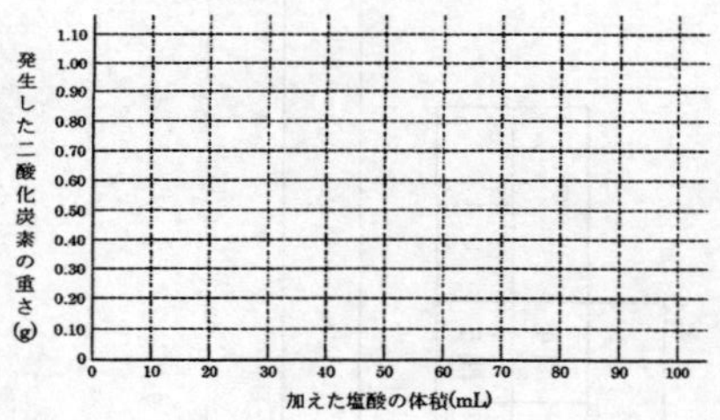

4

(1) 倍	(2) ア	(2) ウ
(3) イ (,)	(3) エ (,)	
(4) cm	(5) 倍	(6) 秒

（注）この解答用紙は実物を縮小してあります。167%拡大コピーをすると、ほぼ実物大の解答欄になります。

〔理　科〕100点(推定配点)

1, 2　各3点×13　3　(1)　①　各3点×6　②　4点<完答>　(2)　各4点×3　4　(1)～(3)　各3点×5　(4)～(6)　各4点×3

2023年度 逗子開成中学校

国語解答用紙 第二次

番号 | 氏名 | 評点 /150

一

問一 ① ② ③ ④ ⑤ ⑥ ⑦ ⑧ ⑨まる ⑩む める ⑪ ⑫ ⑬ ⑭ ⑮み ち

問二 ① ②　問三 ① ② ③

二

問一 X Y　問二　問三

問四　問五

問六 i a b　ii c

問七

三

問一 I II III IV V　問二 A B C

問三 I II

問四

問五

問六

問七

(注) この解答用紙は実物を縮小してあります。B5→B4(141%)に拡大コピーすると、ほぼ実物大の解答欄になります。

〔国　語〕150点(推定配点)

一 各1点×20　二 問1 各3点×2　問2, 問3 各5点×2　問4 8点　問5 5点　問6 i 各6点×2　ii 7点　問7 15点　三 問1 8点＜完答＞　問2 各3点×3　問3 各7点×2　問4 5点　問5 15点　問6 10点　問7 6点

２０２３年度　逗子開成中学校

算数解答用紙　第３次

番号		氏名		評点	／150

1	(1)		(2)		(3)	

2	(1)		(2)		(3)	
	(4)		(5)		(6)	

3	(1)		(2)		(3)	

4	(1)	①	②	(2)		(3)

5	(1)		(2)	
	(3)			

（注）この解答用紙は実物を縮小してあります。Ｂ５→Ｂ４(141%)に拡大コピーすると、ほぼ実物大の解答欄になります。

〔算　数〕150点(推定配点)

1～3　各８点×12　4　(1)　各４点×２　(2)，(3)　各８点×２　5　(1)，(2)　各８点×２＜(2)は完答＞　(3)　途中の考え方…７点，答え…７点

2023年度　逗子開成中学校

社会解答用紙　第３次

番号	氏名	評点
		／100

1

問1　1　2　3

問2　問3

問4　Ⅰ　Ⅱ　問5

問6　問7　問8

問9

問10

問11　問12　問13　Ⅰ　Ⅱ

問14　問15

問16

問17　権　問18

2

問1　1　2　3　4　5　6　7

問2　市　問3　運動　問4

問5　問6　→　→　→

問7　Ⅰ　Ⅱ

問8　問9　工業　問10　Ⅰ　Ⅱ

問11

3

問1

問2

（注）この解答用紙は実物を縮小してあります。Ｂ５→Ａ３（163％）に拡大コピーすると、ほぼ実物大の解答欄になります。

〔社　会〕100点（推定配点）

1　問１～問９　各２点×12　問10　４点　問11～問15　各２点×６　問16　４点　問17，問18　各３点×２　2　問１～問５　各２点×11　問６，問７　各３点×３<問６は完答>　問８～問11　各２点×５　3　問１　４点　問２　５点

2023年度　逗子開成中学校

理科解答用紙　第3次

番号		氏名		評点	/100

1

(1)	(2)

(3)	(4) ヒトA	(4) ヒトC

(5)	(6) mg

2

(1)	
(2) ①	(2) ②
(3) ①	
(3) ② 兆トン	(3) ③ 日分

3

(1) ① kWh	(1) ② kWh
(2) ①	
(2) ②	
(3) ①	(3) ② 枚

4

(1) D 色	(1) G 色	

(2) 水酸化ナトリウム水溶液 cm^3	残る固体の重さ g
(3) g	(4) g
(5) g	(6) cm^3

（注）この解答用紙は実物を縮小してあります。167％拡大コピーをすると、ほぼ実物大の解答欄になります。

〔理　科〕100点(推定配点)

1 各3点×7　2 各4点×6　3 (1) 各3点×2　(2) ① 4点　② 5点　(3) 各4点×2＜①は完答＞　4 各4点×8

二〇二三年度　逗子開成中学校

国語解答用紙　第三次

番号　　氏名　　評点 ／150

一

問一　①　②　③　④　⑤　⑥　⑦　⑧　⑨ める　⑩ んだ　⑪　⑫　⑬　⑭ り　⑮ ね

問二　① A B　② A B　③ A B　④ A B　⑤ A B

二

問一　問二 a b　問三　問四

問五

問六

問七

三

問一 x y　問二 ア イ ウ　問三

問四

問五　問六

問七

（注）この解答用紙は実物を縮小してあります。B5→B4（141％）に拡大コピーすると、ほぼ実物大の解答欄になります。

〔国　語〕150点（推定配点）

一 各1点×20　二 問1　6点　問2　各4点×2　問3　9点　問4　6点　問5　15点　問6　7点　問7　15点　三 問1，問2　各4点×5　問3　6点　問4　10点　問5　6点　問6　7点　問7　15点

２０２２年度　逗子開成中学校

算数解答用紙　第１次

番号		氏名		評点	／150

1	(1)		(2)		(3)	

2	(1)		(2)		(3)	
	(4)		(5)		(6)	

3	(1)		(2)		(3)	

4	(1)		(2)		(3)	

5	(1)		(2)	
	(3)			

（注）この解答用紙は実物を縮小してあります。Ｂ５→Ａ３（163%）に拡大コピーすると、ほぼ実物大の解答欄になります。

〔算　数〕150点（推定配点）

1～4　各８点×15＜2の(6)は完答，4は各々完答＞　5　(1)，(2)　各８点×２　(3)　途中の考え方…７点，答え…７点

２０２２年度　　　逗子開成中学校

社会解答用紙　第１次

番号		氏名		評点	／100

問１	1		2		3				
	4								
問２		問３							
問４	Ⅰ		Ⅱ	→	→	→	問５		
問６	Ⅰ		Ⅱ		問７		問８		
問９	Ⅰ	a		b		Ⅱ			
	Ⅲ	→	→	→					
問10	Ⅰ		鉄道	Ⅱ		問11		問12	
問13		問14		問15					
問16	Ⅰ	A	県	B	県	Ⅱ		問17	
問18	a		b		c		d		問19
問20									
問21		問22							
問23									
問24	Ⅰ	a		b		Ⅱ		問25	
問26	Ⅰ		Ⅱ						
問27	Ⅰ								
	Ⅱ	富山市では生活に自動車が欠かせなくなっていたが、							
	Ⅲ	＜どのような行動を促すためか＞							
		＜富山市の利点＞							
		＜富山市民の利点＞							

（注）この解答用紙は実物を縮小してあります。Ｂ５→Ａ３（163％）に拡大コピーすると、ほぼ実物大の解答欄になります。

〔社　会〕100点（推定配点）

問１～問３　各２点×６　問４　Ⅰ　２点　Ⅱ　３点＜完答＞　問５～問８　各２点×５　問９　Ⅰ，Ⅱ　各２点×３　Ⅲ　３点＜完答＞　問10～問19　各２点×16　問20　３点　問21～問26　各２点×９　問27　Ⅰ　２点　Ⅱ　３点　Ⅲ　各２点×３

2022年度　逗子開成中学校

理科解答用紙　第１次

番号		氏名		評点	／100

1	(1) ①	(1) ②	
	(1) ③ C	E	F
	(2) ①	(2) ② mL	
	(2) ③ X mL	Y mL	(2) ④ Z mL

2	(1) ①		
	(1) ② 度	(2)	(3)
	(4)	(5)	

3	(1) ア	イ	
	(2) ①	(2) ②	(2) ③
	(3)		(4)
	(3)〔理由〕１階と２階のスイッチが押された回数が，		

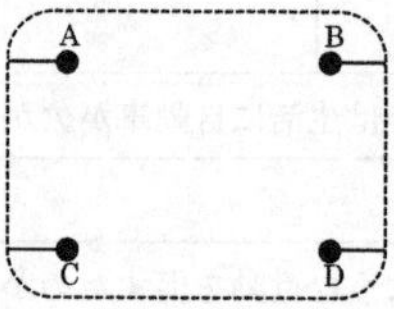

4	(1)	(2)	(3)
	(4) 個体		
	(5)		
	(6)	(7) X	Y

（注）この解答用紙は実物を縮小してあります。Ｂ５→Ａ３(163%)に拡大コピーすると、ほぼ実物大の解答欄になります。

〔理　科〕100点(推定配点)

1 (1)　各３点×5＜②は完答＞　(2)　①～③　各３点×4　④　４点　2 (1)～(3)　各３点×4　(4)，(5)　各４点×2　3 (1)，(2)　各３点×5　(3)，(4)　各４点×2＜(3)は完答＞　4 (1)～(3)　各３点×3＜(1)は完答＞　(4)，(5)　各４点×2　(6)，(7)　各３点×3＜(6)は完答＞

二〇二二年度　逗子開成中学校

国語解答用紙　第一次

番号　　氏名　　評点 ／150

一

問一　①　②　③　④　⑤　⑥　⑦　⑧　⑨ びて　⑩ えた　⑪　⑫　⑬　⑭ える　⑮

問二　①　②　③　④　⑤

二

問一　a　b　c

問二

問三

問四

問五

問六

問七　ア　イ　ウ　エ　オ

三

問一　x　y

問二

問三

問四　A　B

問五

問六

（注）この解答用紙は実物を縮小してあります。B5→B4（141%）に拡大コピーすると、ほぼ実物大の解答欄になります。

〔国　語〕150点（推定配点）

一　各1点×20　二　問1　各3点×3　問2　5点　問3　15点　問4，問5　各5点×2　問6　15点　問7　各3点×5　三　問1　各3点×2　問2，問3　各5点×2　問4　A　5点　B　15点　問5　5点　問6　20点

２０２２年度　　逗子開成中学校

算数解答用紙　第２次

番号		氏名		評点	／150

1	(1)		(2)		(3)	

2	(1)		(2)		(3)	
	(4)		(5)		(6)	

3	(1)		(2)	
	(3)			

4	(1)		(2)		(3)	

5	(1)		(2)	
	(3)			

（注）この解答用紙は実物を縮小してあります。Ｂ５→Ａ３（163%）に拡大コピーすると、ほぼ実物大の解答欄になります。

〔算　数〕150点(推定配点)

1〜4　各８点×15＜3の(2)，(3)は完答＞　5　(1)，(2)　各８点×２　(3)　途中の考え方…７点，答え…７点＜完答＞

２０２２年度　逗子開成中学校

社会解答用紙　第２次

番号		氏名		評点	／100

1

問１	石器	問２	県	問３		問4						
問5	『　　』	問６										
問7	Ⅰ		Ⅱ		Ⅲ		問８				問９	
問10	⇒	⇒	⇒	問11	り							
問12		問13		問14		問15						

2

問１	Ⅰ		Ⅱ		問2		
問３	資料１		資料２		問４		問５
問６	Ⅰ						
	Ⅱ						
問７		問8		問9			
問10	Ⅰ		Ⅱ	現象			

3

問１	Ⅰ	の自由	Ⅱ	a		b		c
問２	Ⅰ		Ⅱ	の	Ⅲ			
問３	Ⅰ		Ⅱ					
	Ⅲ							
問4	Ⅰ		Ⅱ	記号		正しい答え		
問5	Ⅰ		Ⅱ		Ⅲ			
問6	1.							
	2.							
	3.							

（注）この解答用紙は実物を縮小してあります。Ｂ５→Ａ３（163%）に拡大コピーすると、ほぼ実物大の解答欄になります。

〔社　会〕100点（推定配点）

1　各２点×17＜問10は完答＞　2　問１～問５　各２点×７　問６　Ⅰ　２点　Ⅱ　３点　問７～問10　各２点×５　3　問１，問２　各２点×７　問３　Ⅰ，Ⅱ　各２点×２　Ⅲ　３点　問４～問６　各２点×８＜問４のⅡは完答＞

2022年度　　逗子開成中学校

理科解答用紙　第2次

番号		氏名		評点	／100

1

(1) ①　(1) ②　(1) ③　(2)

地面

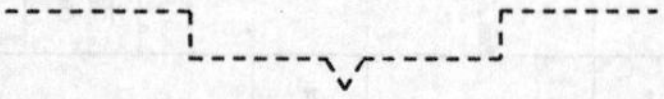

(3) ①　はい分

(3) ②

2

(1)　度　(2)　(3)

(4)　(5)　cm

3

(1)　(2)　℃

(3)

(4)

(5) ①　J　(5) ②　J　(5) ③　L

4

(1)　(2) 記号　酵素名

(3)

(4)　(5) ①　(5) ②

（注）この解答用紙は実物を縮小してあります。Ｂ５→Ｂ４(141%)に拡大コピーすると、ほぼ実物大の解答欄になります。

〔理　科〕100点(推定配点)

1～4　各4点×25＜4の(5)の①は完答＞

2022年度　逗子開成中学校

国語解答用紙　第二次

番号　　氏名　　評点 /150

一

問一　①　②　③　④　⑤　⑥　⑦　⑧　⑨ ける　⑩　⑪　⑫ う　⑬ い　⑭　⑮ ける

問二　①　②　③　④　⑤

二

問一　→　→　→

問二

問三

問四　Ⅰ　Ⅱ

問五

問六

三

問一

問二

問三

問四

問五　初め　〜　終わり

問六

問七

（注）この解答用紙は実物を縮小してあります。B5→A3（163%）に拡大コピーすると、ほぼ実物大の解答欄になります。

〔国　語〕150点(推定配点)

一　各1点×20　二　問1　8点<完答>　問2，問3　各6点×2　問4　各8点×2　問5　6点　問6　20点　三　問1，問2　各6点×2　問3　20点　問4　15点　問5　9点　問6，問7　各6点×2

２０２２年度　　逗子開成中学校

算数解答用紙　第３次

番号		氏名		評点	／150

1	(1)		(2)		(3)	
2	(1)		(2)		(3)	
	(4)		(5)		(6)	
3	(1)		(2)		(3)	
4	(1)		(2)		(3)	
5	(1)		(2)			

5 (3)

円カの中心がえがく線の長さを求める考え方と計算式

図形オの作図（斜線で表す）と 円カの中心がえがく線の作図

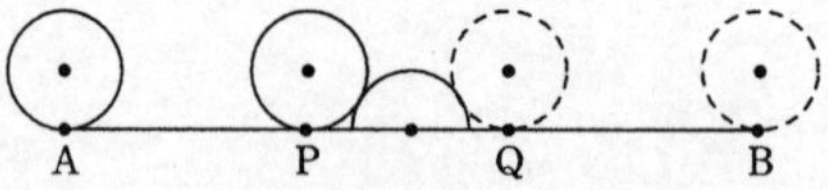

（注）この解答用紙は実物を縮小してあります。Ｂ５→Ａ３(163%)に拡大コピーすると、ほぼ実物大の解答欄になります。

〔算　数〕150点(推定配点)

1～4　各８点×15　5　(1)，(2)　各８点×２　(3)　考え方と計算式…４点，答え…４点，作図…各３点×２

２０２２年度　逗子開成中学校

社会解答用紙　第３次

番号		氏名		評点	／100

1

問１		問２		問３		問４	
問５	Ⅰ		Ⅱ		Ⅲ		
問６	Ⅰ		Ⅱ	①		②	
問７	Ⅰ	海流	Ⅱ	海流	問８		
問９		問10	Ⅰ	工業地域	Ⅱ		Ⅲ
問11		問12		問13		問14	

2

問１	1		2		3		
	4						
問２	Ⅰ	①		②		③	
	Ⅱ		問３	①		②	
問４		問５		問６			
問７	Ⅰ	①		②			
	Ⅱ						
問８	→ → →	問９	→ → →	問10			

3

問１	Ⅰ	①		②			
	Ⅱ	①		②		③	（　　）分の（　　）
問２	Ⅰ		Ⅱ		問３	Ⅰ	衆議院の（　　）　Ⅱ
問４	考え方						
	課題						
	解決方法						

〔社　会〕100点(推定配点)

1　各２点×21　2　問１　各２点×４　問２　Ⅰ　各１点×３　Ⅱ　２点　問３～問６　各２点×５　問７　Ⅰ　各２点×２　Ⅱ　３点　問８～問10　各２点×３＜問８，問９は完答＞　3　問１　Ⅰ　各１点×２　Ⅱ　各２点×３　問２～問４　各２点×７

２０２２年度　逗子開成中学校

理科解答用紙　第３次

番号		氏名		評点	／100

1	(1)	(2)	
	(3) X	Y	
	(4) ①	(4) ②	(4) ③
2	(1) ①	(1) ②	
	(1) ③		(1) ④　%
	(2) ①	(2) ②　g	(2) ③　g
	(2) ④　X ： Y ＝　：		
3	(1) 図１	図２	図３
	(2) ア	イ	ウ
	(4)　棒		
	(3)	(5)	(6)　g
4	(1)	(2) ①	(2) ②
	(3) ①	(3) ②　m	(3) ③

〔理　科〕100点(推定配点)

1　各３点×７＜1の(2)は完答＞　2　(1)　①，②　各３点×２　③，④　各４点×２　(2)　①　３点　②～④　各４点×３　3　(1)～(3)　各３点×７　(4)　４点　(5)　３点　(6)　４点　4　各３点×６

二〇二二年度　逗子開成中学校

国語解答用紙　第三次

番号　氏名　評点 /150

一

問一　① ② ③ ④ ⑤ ⑥ ⑦ ⑧ ⑨ える ⑩ しく ⑪ ⑫ ⑬ ⑭ がる ⑮ いで

問二　①□□□得　②□□□命　③□□左□　④□□山□　⑤□村□□

二

問一　問二　問三

問四

問五　ア　イ　ウ　エ　オ　カ　キ

三

問一　A　B　C　問二　問三

問四　I　II

問五

問六

（注）この解答用紙は実物を縮小してあります。B5→A3（163%）に拡大コピーすると、ほぼ実物大の解答欄になります。

〔国　語〕150点（推定配点）

一　各1点×20　二　問1～問3　各5点×3　問4　20点　問5　各3点×7　三　問1　各2点×3　問2　5点　問3　8点　問4　各15点×2　問5　20点　問6　5点

中学後見返し